西安碑林史

路远◎著

任继愈题

【修订版】

西安出版社

修订版序言

張岂之

西安碑林是我国重要的历史文化博物馆之一，也是从宋以来保存至今的重要历史文化遗迹，收藏自汉代以来至民国时期经典石刻数千方，是名副其实的碑刻之林。它经历过独特的历史演变历程，记载了中华民族优秀传统文化传播、推广的历史进程，是一座鲜活的石质图书馆，在当前传承和创新中华优秀传统文化中具有不可替代的历史意义。

西安碑林的镇馆之宝——唐《开成石经》，刊刻于唐代大和七年（833）至开成二年（837），原石立于唐长安城务本坊的国子监内，宋时移至府学北墉，即现西安碑林博物馆，在现址已有八百多年的历史。《开成石经》共有刻石114块，每石两面刻字，计228面，60余万字，内容包括《周易》《尚书》《诗经》《周礼》《仪礼》《礼记》《春秋左氏传》等12部儒家经典及《五经文字》《九经字样》两部儒经字样典籍，乾隆年间补刻《孟子》，儒家十三经至此刻石齐全。它是中国历史上至今保存最完整的一部石质经刻，被誉为“古本之终，今本之祖”。

西安碑林刻石拥有重要的思想、文化、艺术、历史、教育等价值。如所藏唐玄宗御注三经，即《孝经》《道德经》《金刚经》，便比较早地昭示了治国者融会儒释道三教的努力和尝试，在思想文化会通方面有学术研究价值。其他如书法各体各家的众多范本，原石收藏，弥足珍贵。

历史上，西安碑林经历了风风雨雨，其八百多年的历史，记载了宋以来碑林的沿革，也反映了历代文人学士对中华优秀传统文化传承和保护的贡献。琳琅满目的碑刻资料，至今依然是人们进行学术研究、文献整理、观摩学习的重要资料。

1998年，西安出版社出版了路远同志撰著的《西安碑林史》一书，集中探讨西安碑林历史，受到社会各界的欢迎。曾请任继愈先生题写书名，史念海先生撰写序言。路远同志并未止步于已有的成绩，而是继续不懈耕耘，精益求精。他不断拓宽视野，坚持在碑刻文献、金石著作、地方史志、碑林旧档中挖掘和搜集碑林史的相关资料，努力对已获资料做更深入的考证和解读，不断修改和充实原有书稿。20年后，作者终于完成了《西安碑林史》的修订本，即将由西安出版社再版。这种脚踏实地、锲而不舍的学术研究精神，值得肯定。

此次修订，增加了不少内容。如，附录三《西安碑林史人物志》，收录唐末至民国人物小传83篇，有述有评，这是对为西安碑林的形成、延续和发展做出贡献的历代前贤的纪念和表彰。再如，修订版补充了大量插图，包括不同时期入藏碑林的重要碑刻的拓本、重要史料和文档的照片，以及近代以来相关代表性人物的照片，可谓图文并茂，雅俗共赏。全书引文和注释更加规范严谨。

总之，路远同志修订后的《西安碑林史》，资料丰富，考证细密，结构合理，层次清晰，文笔朴实流畅，希望能继续受到读者的欢迎。

如何把西安碑林的文化遗产管理好、保护好、利用好、发展好，需要各方面积极努力，不断探索。去年年初以来，在陕西省委省政府的决策和省市相关部门的领导下，西安碑林博物馆开始筹备和论证扩建工程，即西安碑林将在现址基础上进行扩建。这是西安碑林面临的一次重大机遇，也是重要的历史挑战。我应邀参加了西安碑林博物馆扩建工程的专家研讨会，并被聘为该项目的顾问。如今我国改革开放伟业已届40年，我国综合国力不断增强，我们应进一步加强对文化遗产的保护，增强全民族的文化自信。这里，借着《西安碑林史》修订版出版的机会，真诚地希望西安碑林博物馆能够抓住这次机遇，精心规划，精心设计，妥当处置，稳步推进，努力建成一座古典与现代相融合的一流博物馆，让西安碑林的宝藏得到更好的保护和展示，为中华优秀文化的传承和发展做出新贡献。

序

史念海

西安出版社送来路远同志所著《西安碑林史》一书的清样，嘱为序言。书稿很长，只能粗粗阅过，但其题材重大，记述周详，值得向读者推介。

中国古代碑刻的历史悠久，数量巨大，内涵丰富，历来受到世人瞩目，尤为学者所珍视。特别是保存至今的古代碑文墓志，堪称与官修私撰的古籍有同样重要的文献价值，不仅是历史学、考古学、古文字学、古文献学的重要研究对象，也为其他多种学科的研究提供了丰富的实物资料。西安碑林久已闻名于世。其所庋藏的历代碑刻，不论在数量上，还是在内容上，在国内都是首屈一指的，这与古都西安的历史地位也是十分相称的。这里不仅有唐代《开成石经》这样卷帙浩繁的石刻典籍，更有诸多精湛的唐代书法名碑，还有多方搜集的大批历代墓志以及精美的汉唐石雕艺术品，使西安碑林在中国文化史和世界文化史上也占有一席之地，成为全中国乃至全人类的共同财富。

然而这样一座著名的历史文化宝库，与属于考古发现的秦兵马俑坑一类古代文化遗址不同，它今天的规模，乃是自北宋以来几近千年而逐步形成的结果，是由我们的祖先一代接一代不断积累起来的巨大物质和精神财富。因此，我们今天不仅要全面地整理和研究碑林中丰富的石刻资料，也应该对碑林形成和发展的历史演变进行深入的研究，以便更好地继承和发扬祖国优秀的文化传统。这是西安碑林基础研究中不可或缺的重要方面，是应当加以重视的。

路远同志有志于此，他在占有大量资料的基础上，爬梳缕析，索隐钩沉，终于完成了《西安碑林史》这部专著，可喜可贺！

书中有关西安碑林的历史沿革，作者的考述可谓脉络清晰，层次分明，既汲取前贤的研究成果，又提出自己的独到见解，把从唐末五代迄至中华人民共和国这千余年间西安碑林形成和发展的轮廓勾勒出来，反映了西安碑林发展史研究的最新成果。特别是在书中，作者还把所能收集到的记载碑林创修过程中的有关碑文作为附录，不仅为自己的立论列出了依据，还为后哲的深入研究提供了素材，俾史与志相得益彰，从而提高了本书的学术和实用价值。另外，本书文笔通俗流畅，亦见作者力避学术专著中的文字枯涩，在行文中是下了一番功夫的。像这样把古代碑刻一类枯燥的题目，写得颇具可读性，诚属不易，这种努力是值得肯定和赞许的。

当然，这部专著毕竟是作者第一部西安碑林史，自有待来日进一步修改和充实。但作为老一辈的文史工作者，我特别希望像路远同志这样的中青年学者们，为祖国文化遗产的整理研究，为民族优秀传统的发扬光大，多加努力，多出成果，多有建树，多作贡献，超迈前人，不断前进！

因此不惮辞费，乐为之序。

一九九八年五月一日，时年八十六。

目　录

第二章　金元时期的碑林

第三章　明代的碑林

第四章　清代的碑林

第五章　民国时期的碑林

第六章　中华人民共和国成立后的西安碑林

附　　录

书评与推荐

绪 论

人类从诞生的第一天起，便与地球上随处可得的石头结下了不解之缘。制作石器，被认为是人类脱离动物界的最重要的标志，而石器从打制到磨制，又象征着人类社会由以狩猎和采集为主要生产方式的旧石器时代，发展到以农业和畜牧业为主要生产方式的新石器时代。石头不仅用来制作生产工具，古人还用石头建造金字塔、神庙、宫殿、城池、陵墓和万里长城。直到今天，石头仍是重要的建筑材料。当人类萌发最初的艺术冲动时，他们又把从大自然汲取的灵感和对天地万物的认识与感受诉诸石头，这便是发现于西班牙和法国的著名的旧石器时代晚期洞穴壁画，以及分布于世界许多地区的岩画。当人类走向成熟，文明的曙光驱散蒙昧的黑暗之后，他们依旧用石头来雕造心目中最神圣最令人敬畏的形象，于是便有了埃及的狮身人面像和卡纳克神庙众多的神像，亚述王宫的人面有翼公牛，波斯帝国波塞波里斯王宫精美的浮雕，古典时期希腊、罗马无与伦比的石雕艺术，以及犍陀罗的佛像，中国的龙门、云冈……当世界上最古老的几个文明中心产生了文字之后， 人们开始将他们希望永垂不朽的言辞雕刻在石头上，于是又有了遍布于世界各地的形形色色的碑石刻铭。

一、碑石刻铭——人类共有的一种历史文化现象

文字作为记录语言的书写符号系统，需要有载体，即书写材料。在造纸术发明和推广之前几千年间，人类曾使用过各种各样的书写材料。在古代两河流域，苏美尔人最早在粘土泥板上用削尖的芦苇压写楔形字符，泥板晒干或烘干后便成为今日所说的“泥板文书”。这种书写材料后来被西亚各古代民族所采用，前后延续近三千年。在古代埃及，人们将尼罗河盛产的一种称作纸莎草的芦苇剥去外皮，取其茎心，粘合加压后制成莎草纸，用削尖的芦苇笔蘸颜料进行书写。这种书写材料后来广泛流行于其他地中海沿岸国家，并沿用至公元 6 世纪，前后也有三千余年。在古代印度，当地盛产的一种棕榈叶（亦称贝叶）曾经是主要的书写材料。在古代中国，我们的祖先将文字刻于龟甲、兽骨和青铜器皿上，写于竹片、木片和丝帛上。当然，古人曾使用过的书写材料还有许多，如羊皮纸、金属板、白桦树皮等等，但是有一点似乎不约而同，在世界各地，人们或迟或早都选择了石头作为自己文字符号的载体。

在各个古老的文明中心，还在文字产生的初期阶段，甚至与文字产生的同时，便出现了石刻铭文。

与其他材料相比，石头有着显而易见的优越性，它更适宜于刻写那些期望使之流传久远的文字。所以，在造纸术、印刷术发明和推广之后，甚至到了电话、电报、无线电、录音、录像乃至电脑网络等现代传播媒体十分普及的今天，人们对石头依然情有独钟，继续刻石立碑，把它作为文字信息的重要载体。

从人类发明文字并将其应用于文献记录开始，几千年过去了，有多少珍贵的文献资料随着它们的物质载体一起被无情地毁灭了，然而碑石刻铭却能较多地保存下来，成为历史的见证物。文艺复兴之后欧洲兴起的铭刻学，产生于北宋、盛极于清代乾嘉时期的中国金石学，都把古代碑石刻铭作为主要研究对象。随着近代考古学的产生与发展，在世界各地不断有新的碑石刻铭和其他古代文献被发现，许多早已无人知晓的死文字也被陆续破译。冰冷的石头“说话” 了，它们向今天的人们讲述着一个个民族的盛衰荣辱。人们的历史视野因此被大大扩展。

在被古希腊人称为“美索不达米亚”的西亚两河流域，早在乌鲁克文化时期（前3500—前3100），便产生了世界上最古老的苏美尔象形文字，同时也产生了最早的石刻铭文。进入苏美尔早王朝时期后，这种表意的象形文字向表音文字转化，开始出现音节符号。到了公元前2600年前后，苏美尔文字中音节符号已广泛使用，并逐渐演变为一种表词—音节文字，其形态也因粘土泥板的大量采用而由早期的图形符号演变为楔形符号。具有表音功能的苏美尔楔形文字，后来被西亚许多民族用来拼写自己的语言，如阿卡德人、埃兰人、赫梯人、乌拉尔图人、巴比伦人、亚述人、波斯人等，因而又形成了不同体系的楔形文字。从19世纪起，欧洲学者在西亚地区不断进行考古发掘，除发现大量泥板文书外，还有古代两河流域各个历史时期遗留下的许多碑石刻铭，主要是颂扬统治者业绩和征伐的纪功碑，以及墓碑、界碑、石雕像的刻铭等等，如苏美尔早王朝时期的《安那叶姆鹫碑》，阿卡德王国的《纳拉姆辛战胜碑》，新苏美尔时期的古地亚石雕像铭文，巴比伦王国的《汉穆拉比法典碑》，以及古波斯帝国的《贝希斯敦纪功刻石》。这些都是研究古代两河流域和古代波斯历史文化的宝贵资料。而用古波斯文、巴比伦文、新埃兰文三种楔形文字刻成的《贝希斯敦纪功刻石》，则成了 19 世纪英国学者 H. C. 罗林森解读古波斯文的突破口，而这一突破又成为释读所有西亚楔形文字的基础。

在古代埃及铜石并用时代晚期的格尔塞文化时期（约前 3500—前 3100），已产生了最早的象形文字。这种由原始的图画符号演变而来的表意文字，后来又逐渐分化为指意符号和音节符号，其后又产生了一音一符的 24 个辅音字母，最终形成复合的辅音—表词文字体系。由于书写材料、功用的不同和年代的早晚，古埃及文字的书体又分为“圣书体”“僧侣体”“世俗体”三种。金字塔、神庙和宫殿的墙壁上、碑石上以及其他宗教纪念物上的铭文，均为“圣书体”，它更多地保留着原始文字的图案化因素。公元前 3100 年前后，上、下埃及实现统一。自此直至公元前 332 年埃及被马其顿王亚历山大征服，埃及经历了早王朝时代、古王国时代、中王国时代、新王国时代、后王朝时代等历史时期，共 31 个王朝。在这近三千年的漫长岁月里，古埃及人留给现代世界的不仅是金字塔、神庙、宫殿等宏伟的建筑遗迹和精美的雕刻、绘画艺术品，他们还留下了丰富的文献资料，除莎草纸文献外，也包括大量的碑石刻铭。如作为上、下埃及统一、王朝时代开始之实物证据的《那尔迈调色板》，古王国时代第四王朝著名的狮身人面像前的《梦之碑》，第五王朝的《巴勒莫石碑》，从第五王朝末开始出现的金字塔铭文，出现于中王国时代、流行于新王国时代的方尖碑，卡纳克和鲁克索神庙遗址的大量铭文，以及最重要、最著名的属托勒密王朝时期的《罗赛塔石碑》。这件现珍藏于伦敦不列颠博物馆的《罗赛塔石碑》，是 1799 年拿破仑远征军一名叫布萨尔的军官在亚历山大城附近罗赛塔镇挖掘时偶然发现的，它用希腊文、古埃及文的圣书体和世俗体三种书体刻成。1822 年法国学者 J. F. 商博良对碑文的成功破译，使直接阅读古埃及大量莎草纸文献和碑石刻铭成为可能，从而奠定了埃及学的基础，并促进了近代考古学的产生和发展。

在古代文明的另一个发祥地——印度河流域，大约在公元前 2500 年，便出现了一种属青铜时代文化的相当发达的城市文明。考古学上以其主要城址命名，称为哈拉帕文化。该文化从公元前第二千年上半期开始衰落，到公元前 1500 年前后完全灭亡。哈拉帕文化时期已出现文字，不过至今未发现大型石刻铭文，只发现一些石刻印章。此外，还有一种刻有图案和铭文的方形铜板，称“红铜文书”。这一古老文字目前尚未解读。约公元前第二千年中期，一支被称为印度—雅利安人的游牧部落，从中亚越过兴都库什山进人印度河流域。他们比哈拉帕文化的居民落后得多。在进入印度后约一千年间，未留下任何文字史料，直到公元前 6 世纪，印度河流域和恒河流域的雅利安人才完成了部落社会向国家的转化，产生了字母系统的文字。这种文字用以拼写古雅利安语的婆罗谜字母和伽罗斯底字母（亦译作佉卢字母），与西亚的阿拉美亚字母有着亲缘关系。可惜当时的书写材料是棕榈叶，未能留存至今日。现存古代印度最早的碑石刻铭，是印度历史上第一个统一帝国的缔造者—— 阿育王（前 273—前 232 年在位）时代的遗物。阿育王完成了统一大业后，即下令全国各地立柱刻石，铭文内容均为记述阿育王战功政绩和宣扬王道佛法的诏谕，统称阿育王石刻和石柱。1837 年，英国学者 J ·普林塞普释读阿育王铭文成功，使之成为研究南亚古代史和佛教史的重要资料。

总之，在包括中国在内的世界各古代文明中心，在古典时代的希腊、罗马，在中世纪的欧洲，乃至在太平洋彼岸——孕育了玛雅文明、印加文明的美洲大陆， 碑石刻铭作为一种人类共同的历史文化现象，普遍存在着。有着不同历史渊源，不同文化背景，操着不同语言，使用不同文字的各民族先民们，赋予冰冷的石头以“生命”，让它们作为历史的见证人，把世界历史大舞台上的一幕幕悲喜剧告诉自己的后代。

二、中国古代碑刻的源流与特点

中国最早的成体系的文字是商代晚期出现的甲骨文，年代约在公元前 14—前 11 世纪。这是一种以象形符号记写古汉语单音节词的已经相当成熟的表词文字，其构字方法不仅有象形、假借，还出现了形声字，已具备了汉字结构的基本形式。很显然，在此之前，这种文字还应有一个形成和发展的过程。仰韶文化陶器上的刻画符号，大汶口文化和良渚文化陶器上的单个字符，都很难算作定型的文字。1991 年秋至 1992 年夏，山东大学考古专业在第四次和第五次发掘山东邹平县丁公遗址时，发现了山东龙山文化时期的多字陶文。在一块磨光灰陶平底盆的底部残片上，刻有 11 个象形文字，目前虽不能释读，但这肯定不是单个的字符。据专家推断，这是自右而左、自上而下竖读的一段文辞。该陶片出土的地层关系清楚，属龙山文化晚期偏早阶段，即公元前

2200 —前 2100 年[①]。这一重大发现说明，龙山文化很可能已拥有了自己的文字体系。至于这一文字体系是否与殷墟甲骨文有直接的承继关系，还很难说，有待于进一步的考古发掘，但它肯定对甲骨文的形成产生过影响，很可能是甲骨文的源头之一。也就是说，甲骨文这一成熟的文字体系中，包含着它的基因。

由于丁公多字陶文的发现，中国“文字的发明及其应用于文献记录”（恩格斯《家庭、私有制和国家的起源》）的历史，很可能上溯至龙山文化晚期，即公元前第三千年之末。这样，虽然比其他古代文明中心要晚，但也晚不了许多。而且，由以象形为基础的甲骨文一步步演变成的方块汉字体系，是世界上最古老文字中唯一沿用至今的。它不像世界上大多数文字那样走上纯粹表音的道路，最后发展成字母—音素文字。汉字在本质上始终是表意的，其表意词素“意旁”与表音词素“声旁”相互结合的形声结构，适应着不同历史时期汉语的发展，最终形成一种表意兼表音的完善的词素文字。

中国古代之所谓“碑”，据古文献记载，先秦时已有。如《仪礼・聘礼》曰：“饪一牢，鼎九，设于西阶前，陪鼎当内廉，东面北上，上当碑，南陈。”郑玄注：“宫必有碑，所以识日景，引阴阳也。……其材，宫庙以石，窆用木。”[②]又《礼记・祭义》曰：“祭之日，君牵牲……既入庙门，丽于碑。”郑玄注：“丽，犹系也。”又《礼记・檀弓》曰：“公室视丰碑，三家视桓楹。”郑玄注：“丰碑，斫大木为之，形如石碑，于椁前后四角竖之，穿中于间为鹿卢，下棺以繂绕。”[③]由此可知，先秦时的“碑”，是立于宫庙之中用来测看日影和拴系牲畜的竖石，是立于墓穴旁用来安装辘轳、引绳下棺的厚木板，与后世镌刻文字、纪事述德的“碑”，还相去甚远。根据现存实物看，用于镌刻文字

---

①《山东邹平丁公遗址第四、五次发掘简报》，《专家笔谈丁公遗址出土陶文》，均见《考古》1993 年第 4 期。方辉《山东省邹平县丁公遗址发现龙山文化多字陶文》，台北《故宫文物月刊》第 20 卷第 1 期。

②经文与郑玄注文，见新出李学勤主编简体中文标点本《十三经注疏》之《仪礼注疏》卷二十一《聘礼第八》，北京大学出版社，1998 年，第 409 页。

③两条经文及注文，见李学勤主编简体中文标点本《十三经注疏》之《礼记正义》卷四十七《祭义第二十四》，第 1321 页，卷十《檀弓下》，第 297 页，北京大学出版社，1999 年。

并称之为“碑”的石刻，始于东汉。那些立于宫庙之中的竖石，渐渐失去测日影、系牲畜的功用，被用来刻写纪功颂德的文字；立于墓穴旁的厚木板，也逐步演变成记写死者姓名、籍贯、生卒年月乃至生平事迹等纪念性文字的石质墓碑。汉碑碑首有穿有晕，便是其原始形态的反映。从这时起，“碑”发生了质的变化，加入到文字载体的行列，并成为中同古代碑刻之大宗。

真正开中国古代碑刻之先河的，是并不称为“碑”的战国时代秦国的《石鼓文》和中山国的《监囿守丘刻石》。在秦代，则有秦始皇统一全国后五次出巡留下的七处刻石。从战国到秦代，是中国古代碑刻的萌芽期，此时尚无固定称谓，形制亦无定规，且刻铭文字短少。

到了汉代，尤其是东汉，中国古代碑刻有了一个很大的发展。不仅出现了全新意义上的石碑，其形制和文字格式也形成一定之规，还出现了摩崖、石经等诸多种类，且数量大增，内容更为丰富。这是中国古代碑刻的形成和发展期。魏晋时期因屡颁禁碑之令，一时碑刻数量锐减，但埋入墓圹之中的小型墓碑却在悄悄地增多，开启了后世墓志之端。南北朝时期，刻碑之风再兴，而且墓中的小型墓碑逐步定型为方形墓志，成为中国古代碑刻中重要一类，具有很高的史料价值。

经过魏晋南北朝时期的准备和“能量的积蓄”，随着隋唐盛世的到来和中国封建社会的空前繁荣，中国古代碑刻也进入其成熟和鼎盛期。这一时期的碑刻种类齐全，形制高大，内容广泛，数量空前，各方面均超越前代，并为后世所难以企及，给我们留下了大量具有史料价值和书法艺术价值的名碑和墓志。积蓄的能量在碑刻之苑中绽发出令人目眩的烂漫百花，这与盛唐时期中国封建文化在各个方面的繁荣是相应的。宋元时期值得一提的是宋代刻帖之风的兴起，此风一直延续到清，并对中国书法艺术的发展无疑起过重要作用。到了明清，犹如中国封建社会本身陷入停滞、走向衰落一样，碑刻的数量虽然不少，但总的说来，毕竟气数已尽，再没有新的突破、新的创造了。

任何一个民族的文化，都不会是孤立地产生和发展的，都应是统一的世界历史发展全过程的一个组成部分，都应置于全人类文化发展的大背景下加以研究，碑石刻铭这一历史文化现象当然也不例外。在此，试将中外碑石刻铭从以下几个方面进行比较，在比较中认识中国古代碑刻的特点。

1. 与两河流域和古埃及相比，中国碑石刻铭的出现要晚得多，现存最早者为战国时期秦国的《石鼓文》。这是一组10件圆顶平底、形状略似鼓形的石刻，每石各刻四言诗一首，前后连贯，内容是歌咏田狩渔猎之事，后人依刻石形状称之“石鼓”。其年代按唐兰考证，应在公元前4世纪①。即便按郭沫若意见属春秋时代，亦不过公元前8世纪②。而苏美尔人最早的石刻铭文，至晚在公元前3100年就已经出现，以著名的《安那吐姆鸷碑》（约公元前2500年）计，也早于中国约两千年。记录了古埃及前王朝至第五王朝时代历代国王及其重大活动的埃及的《巴勒莫石碑》（因现藏于意大利巴勒莫的博物馆而得名），也早出中国近两千年。

比中国稍晚的是印度。阿育王石刻和石柱刻于阿育王统一印度后不久，在公元前260年前后，较《石鼓文》晚，较秦代刻石稍早。也就是说，当阿育王在印度各地的崖壁和石柱上刻下其诏谕，夸耀他建立印度第一个幅员广大的统一帝国的功绩后不久，中国的秦始皇也风尘仆仆，四处巡游、刻石（时间在公元前220—前 210年），将其统一中国的丰功伟业铭刻于石头上。中国碑石刻铭出现得晚，其原因大概在于，我们的祖先最初为自己期望传之久远的文字选择载体时，并未重视石头，而更偏爱于青铜器皿。刻于青铜器皿上的铭文后世称为金文，也叫钟鼎文，它出现于商代晚期，盛于西周。西周青铜器铭文不仅数量大，而且多长篇（如“毛公鼎”铭文长达497字），其中不少与当时历史事件有关，史料价值极高。春秋战国后，金文逐渐衰落，恰好在这时，中国最早的碑石刻铭出现了。这大概不单纯是巧合，两者间应有某种必然联系。

2. 中国碑刻的出现虽然不算很早，但后来居上，在它以后存在的两千多年间却得到了最充分的发展。中国古代碑刻形式之多样，数量之巨大，涉及

①关于《石鼓文》的年代，自其唐初被发现以来，一直众说纷纭。近代以来，罗振玉、马衡、马叙伦、郭沫若、唐兰等大学者，均参加讨论，各抒己见。本书所采用的，是唐兰先生提出的秦献公（公元前384—前362年在位）时说，他还进一步将《石鼓文》的刻制年代具体考定为秦献公十一年亦即周烈王二年（公元前374年）。参见其《石鼓文年代考》一文，载《故宫博物院院刊》1958年第1期。

①郭沫若《石鼓文研究·再论石鼓文之年代》，见《郭沫若全集·考古编》第九卷，科学出版社，1982年。郭氏认为，《石鼓文》是秦襄公八年即周平王元年（公元前770年）刻石。

内容之广泛，是任何国家和地区的碑石刻铭都无法相比的。两河流域的碑石刻铭形式比较单调，始终未形成统一的形制，多为长方形或柱形竖石。古埃及的碑石刻铭形式要丰富得多，不过金字塔铭文和神庙铭文，都与建筑装饰浮雕浑然一体，因而无独立的形制可言。惟一形成了统一形制的是方尖碑，其他碑石也多为长方形或柱形竖石。在古典时代的希腊、罗马，情况也大致相仿。而中国就不同了，碑也好，墓志也好，都在自身发展过程中形成了统一的形制，且随着时代的变化越来越规范，越来越繁复。

在各古代文明中心以及古希腊、罗马的碑石上，多刻有浮雕画面，它们与碑文内容相--致，作为碑文的图解或补充，是不可分割的一个整体。中国碑石上也有浮雕和线刻图案，还有螭首、龟趺，许多墓志边侧也刻有四神或十二生肖等图案，但它们与碑文内容无直接关系，仅为碑刻的装饰，始终处于从属地位。

从碑石刻铭的功用和内容看，中国与世界其他国家基本相同，均以纪事颂德为主，但中国古代碑刻所涉及的面却要宽泛得多。不仅皇室官宦歌功颂德要立碑， 追念死者要立碑、刻墓志，儒、释、道经典要刻石，而且兴学、修庙、补路、修桥、筑城、开渠，无事不可以立碑。还有针灸图、天文图、地图、建筑图，均可刻勒于碑石之上。这些分布于全国各地的大量碑刻，成了与历代官修史书同样重要的历史文献，为古今史家所重视，也为各种学科的研究提供了珍贵资料。

此外，由于中国文字发展的连续性，碑石上的各种书体，反映着一脉相承的汉字在不同历史时期的演变，本身就是一部直观的中国文字发展史。所以，我们无须像其他文明古国那样，劳驾西方学者去为早已失传的刻铭文字绞尽脑汁了。

3. 中国是最早对碑石刻铭进行研究的国家。《史记》就曾对秦代刻石加以著录，以后各代都注意对碑刻资料的搜集。到了宋代，则产生了专门以碑石和铜器铭文为研究对象的金石学。欧阳修的《集古录》，赵明诚的《金石录》，便是其开山之作。尤其值得一提的是，这一时期还出现了西安碑林这样的碑刻集藏地，专门收藏和陈列碑刻。至清代乾嘉之际，金石学发展到鼎盛时期，研究的范围更加广泛，不仅注意碑刻资料的搜集整理，而且用它们考证经史，为近代中国考古学的诞生奠定了基础。

文艺复兴之后，欧洲也出现了一门以古代镌刻于石头、金属、泥板、象牙等材料上的铭文为研究对象的“铭刻学”，与中国的金石学很相似，只是出现得晚了一些。最初，铭刻学主要研究古典时代希腊、罗马的遗迹、遗物，后来又将目光投向埃及和两河流域，以及波斯和印度。前面说到的释读《罗赛塔石碑》的商博良，还有释读《贝希斯敦纪功刻石》的罗林森，就是铭刻学家中的佼佼者。19 世纪初近代考古学诞生后，铭刻学成为其分支学科之一。相比之下，中国金石学由于后期陷于考据之中，没有采用更为科学的研究方法，始终未能发展成完整的学科体系，现在基本上已被考古学所取代。

4. 中国古代碑刻不仅承载着大量文字信息，还是中国独有的书法艺术的重要物质载体。汉字源出象形，它最初具有的图示性、线条性的形式，在其自身发展过程中，逐步获得了独立于字义本身的审美意义，最终形成一种抽象的线条的艺术。这是世界上任何一种文字都未达到的境界。古埃及圣书体象形文字虽然也有很强的图示性，但它更接近于浮雕图案。阿拉伯文也讲究书写艺术，但它只相当于汉字的美术字，均无法与可以运用线条抒发主观情感的中国书法相提并论。对中国人来说，每一块碑刻既是古代文献，又是审美对象。尤其是唐代以来，刻碑讲究名人撰文，名书家书丹，人们开始有意识地以碑刻形式保留书法家的创作。宋代之后更有刻帖之风兴起，把历代书法家的艺术成就固化于碑石上，传之后代，使这一传统艺术不断得到继承和发展。

三、西安碑林的历史地位

中国古代碑刻，是中华民族文化遗产的重要组成部分。西安碑林，则是最早对这部分遗产加以收藏和保护的场所。西安碑林的历史，可以追溯到唐末、五代对《开成石经》和《石台孝经》碑的第一次迁移，而其最终形成是在北宋。从那时起，神州大地上王朝更替，沧海桑田，曾有过多少风流人物昙花一现，又连同他们的故事一起，埋入荒冢青草之中，岁月之河无情地湮没了可以湮没的一切。然而西安碑林是幸运的，有赖于一代又一代仁人志士不断整修维护，不断扩充藏品，这份珍贵遗产在经历了千年历史风雨之后，终于传到了我们这一代手中。今天，西安碑林已成为一座以收藏古代碑刻和石刻艺术品为主的专题博物馆，收藏着从汉迄民国各代碑石、墓志、石雕和宗教造像三千余件，陈列展出一千一百余件，其所藏古代碑刻的数量和质量均居全国之冠。它不仅是古城西安一处名闻遐迩的文化景观，吸引着众多的中外游客，而且为不同领域的研究者提供着珍贵史料，以其丰厚的内涵在中国文化史上具有不可替代的重要地位。

首先，西安碑林堪称是一座儒家典籍的石质图书馆。唐开成二年（837）刻成的《开成石经》，是西安碑林最早的藏品，而且时至今日仍是碑林中最重要的藏品。中国古代以儒家经典刻石凡七次，除清代《乾隆石经》因年代晚近而得以保存外，其余六种能完整保存到今天的，唯有这部《开成石经》。而且在清以前六次刻经中，也以《开成石经》所刻经数最多，计有《周易》《尚书》《诗经》《三礼》《春秋三传》《孝经》《论语》《尔雅》等十二经。清康熙年间又补刻《孟子》，合称“十三经”。这部囊括了全部儒家经典的卷帙浩繁的石刻典籍，不仅在当时对统一经文、发展教育起过重要作用，也为后人校勘经书、研究经学史提供了可靠依据。今天的中国正在走向现代化，如何在文化重构过程中批判和继承以儒学为代表的中国传统文化，已成为越来越多的思想家和政治家关注的问题，而这座石质图书馆则为研究中国古代思想史、揭示儒学的特质与中国传统文化的基本精神，提供了珍贵的第一手资料。

其次，西安碑林是一座内容丰富的史料档案库。这里收藏着从北朝到明清各代数以千计的墓志，剔去那些程式化的溢美之辞，我们看到的便是一篇篇墓主的个人传记，以及与墓主相关的历史事件的记录。它们出自当时人之手，应该可信，是对官修史书的重要补充，被史学家视为证史、补史的珍贵资料。尤其是中华人民共和国成立后，西安及附近各县出土的大量唐代墓志，它们出于唐代京畿之地，墓主多为贵族显宦，志文内容涉及社会生活各个方面，对研究当时的政治、经济、文化、风俗，研究唐长安城的格局、建筑、里坊，研究唐中央政府与边疆各民族关系以及唐代中外文化交流，均有极高的史料价值。另外，在碑林中还有不少有关修庙、建学、开渠、筑城等等内容的碑刻，这又是研究地方史不可多得的资料

如前文所述，中国古代碑刻本身就构成了一部直观的中国文字发展史，而西安碑林则是这一发展史的集中展示。这里有秦始皇统一文字的历史见证

——李斯所书《峄山刻石》的宋代重刻本，其小篆书体，标志着汉字这一象形文字体系从甲骨文到钟鼎文到石鼓文，经过一步步发展，最终趋于成熟，走向统一。通过《曹全碑》《仙人唐公房碑》《熹平石经》残石等汉代碑碑刻，又可以认识趋用于秦、定形并大盛于两汉之际的隶书当年的面貌。而前秦《邓太尉祠碑》《广武将军碑》及北魏早期的《司马芳残碑》似楷似隶的书体，反映的则是隶书向楷书的过渡。西安碑林现藏的大量北朝墓志，以及北魏《晖福寺碑》等，其书体已经以楷书的面貌出现，这些重要的实物证据，说明作为现行汉字书体之主流的楷书，当时已经形成。至于碑林中收藏最丰富的唐代碑石、墓志所表现的，则是完全定型和成熟了的楷书。汉字的形态经过两千多年的演变，发展到隋唐时期，终于形成以楷书为主流，行、草、隶、篆并行的格局。这种格局一直延续至今日。

西安碑林常常被称作中国书法艺术的宝库，应该说这是恰如其分的。碑林藏石的书法艺术价值，历来受到重视。对一般观众来说，他们慕名而来，所慕的正是碑林在书法艺术上的盛名，这也是碑林这份文化遗产能够被中国普通百姓看重之处。所谓书法，是指汉字书写的艺术，而汉字之书写能够超乎其本身的实用价值，成为一种被人追求、供人欣赏的艺术，是在汉末至魏晋之间。到了唐代，中国书法艺术已臻于完美，达到鼎盛。这一时期的书坛上，名家辈出，佳作如林，百花争艳，不仅楷书成为主要书体，达到了最高境界，而且隶、篆、行、草诸种书体各有千秋，无不让人叹为观止。唐代书法艺术的成就，可以说是前无古人，后无来者。西安碑林占有地利之便，其所以成为历代书法家和今日广大书法爱好者心目中的圣地，正是由于它的藏品中有着反映中国书法艺术最高成就的诸多唐代书法名碑。有唐一代的书法名家，如虞世南、欧阳询、欧阳通、褚遂良、颜真卿、徐浩、李阳冰、张旭、怀素、柳公权等等，都有作品陈列于碑林。不少上了年纪的参观者，走进碑林后会发现，他们开蒙时临习过的书帖，其原碑大都收藏在这里。除此之外，这里还有正值隶书全盛时期的《曹全碑》《熹平石经》残石等汉代名碑，有反映一代书圣王羲之艺术成就的僧怀仁集王书《大唐三藏圣教序碑》，以及大量的北朝墓志和造像刻铭。后者书法粗犷朴野，峻爽挺朗，展现了被后世称作“魏体”，被近代包世臣、康有为推崇备至的北朝楷书别具一格的韵致。在碑林中，唐代以后宋、元、明、清乃至民国的书作，虽然无法与唐代相提并论，但亦不乏名人名作。总之，走进碑林，便如同翻开了一部中国书法艺术史，你可以在这座艺术殿堂中，探究这门独特的东方艺术的发展演变，感受它那寓于线条之中的节奏、韵律，以及超乎形式之外的意境之美。

四、西安碑林史研究的回顾

西安碑林在中国文化史上地位之高，已如上述。然而，对这笔文化遗产的研究，坦白地讲，却与其重要的地位很不相称。比如说，迄今为止，还没有一部西安碑林史问世。西安碑林的历史，按目前通行的说法，从北宋元祐二年（1087）算起，已有九百二十余年了，如果上溯至唐末首次迁移唐石经，则更是千年有余。在如此漫长的岁月中，中华民族曾经历过多少磨难，而西安碑林这份遗产终于没有毁失，这段历史本身就值得很好地回顾。相对于中华民族五千年的文明史，它虽然只是一个小小的局部和片断，但透过这朵浪花，仍可以折射出中国历史漫漫长河的辉煌，并从一个侧面说明，诞生于亚洲东部黄河与长江流域的这一支人类文明，何以绵延不断，生生不息。

以往的金石学家，不论是研究陕西地区的碑刻，还是研究全国范围的碑刻，一般都要涉及碑林，但他们所重视的，是碑林藏石的本身，或考证碑文，或鉴评书法，或追寻碑石流迁之经过，而对碑林本身的历史沿革，即便有人述说，亦寥寥数语，且多人云亦云者。明清以来的金石著作不可谓不多，但在其中却找不到多少有关碑林史的资料。当然，我们不能苛求于古人，每个时代都有自己的风尚和研究方法，明清以来尤其是乾嘉之后的金石学家们，在其时代局限之内，已经取得了他们所能取得的最高的学术成就，他们把碑林史研究的课题留给了后人。

最早对西安碑林历史进行专门研究的，是已故原陕西省博物馆馆长、著名史学家武伯纶先生。他发表于《文物》1961 年第 8 期的《西安碑林简史》一文，可谓碑林史研究的开山之作。在文中，他根据历代整修碑文和有关文献资料，第一次系统地考述了碑林的历史，从唐末缩建长安城、第一次迁置唐石经起，到北宋时期碑林形成，乃至此后各代的整修，以及碑林藏石的变化等等，文章虽不足万言，但内涵丰富，几乎面面俱到。此后相当长一段时间里，不论是武伯纶本人的著作，还是其他学者的著作，凡论及碑林历史的，均未超出该文所建立的基本框架和深度[①]。可以说，这篇文章影响了整整一代碑林研究者。然而，毕竟篇幅有限，文中的论述过于简略，许多问题只是点到为止，并未深究。如对碑林史上至关重要的金元时期，仅引用元人骆天骧《类编长安志》中的一句话，便交待了过去。另外，有关碑林形成时期的许多论点亦有可商榷之处（对此类观点，后文将会详细论及）。所以近几年来，又出现了若干研究碑林历史的文章。这些文章在武伯纶文章的基础上，或扩大研究的面，将研究的触角引向前人未曾涉及的领域和述之不详的问题[②]，或在研究的深度上下功夫，对前人几成定论的旧说提出异议，发表新的观点[③]。尽管如此，关于这一课题所做的工作还是很不够的，我们这一代应该在前人的基础上有所前进。总之一句话，以西安碑林在中国文化史上的地位而言，它需要有一部史，也应该有一部史。

大概，这就是所谓"责任感"吧。正是出于这种责任感，笔者不揣浅陋，选择了西安碑林史这一研究课题。1987 年，参与整理民国时期碑林旧档案，利用这批资料撰就《1937-1938 年整修碑林始末》一文，并以此为开端，于业务工作之余，留心搜集碑林史的资料。从 1994 年开始，笔者得以抛开其他杂务，全身心地投入到对所得资料的爬梳整理、分析研究之中。如此伏案三年，并

①武伯纶《西安历史述略》，陕西人民出版社，1979 年；《西安史话》，陕西人民出版社，1982 年；《古城集》，三秦出版社，1987 年。王翰章《碑林简史》，《文博》1984 年第 3 期。李域铮、赵敏生、雷冰《西安碑林书法艺术》，陕西人民美术出版社，1983 年。李域铮《西安碑林》，陕西人民出版社，1986 年。张伯龄《书法艺术宝库——碑林》，载陕西省博物馆碑林研究室编《西安碑林研究文稿汇编》（一），内部铅印本，1982 年。

②路远《1937-1938 年整修碑林始末》，《文博》1987 年第 5 期；《金元时期的碑林》，《碑林》集刊第 3 辑，陕西人民美术出版社，1995 年；《北宋时期碑林藏石考述》，《文博》1996 年第 6 期。李西兴《宋建学碑考》，《考古与文物》1987 年第 6 期。赵力光《西安碑林大事记》，《碑林》集刊第 1 辑，西北大学出版社，1993 年。罗宏才《抗战中陕西考古会及西安碑林部分文物移藏始末》，《碑林》集刊第 2 辑，陕西师范大学出版社，1995 年；抗战中陕西考古会及西安碑林部分文物移藏始末补述》，《碑林》集刊第 3 辑，陕西人民美术出版社，1995 年。詹望《民国时期碑林沿革史述略》，《碑林》集刊第 2 辑，陕西师范大学出版社，1995 年。

③辛德勇《西安碑林的迁置时间》，台北《历史月刊》第 60 期，1993 年 1 月。路远《西安碑林初创时期若干问题的再探讨》，《文博》1995 年第 3 期。

将研究之心得诉诸文字，便有了这本《西安碑林史》。

本书主要根据历代整修西安孔庙、府学和碑林的记事碑文，以及金石著作、地方史志和碑林旧档案提供的资料，对上自唐末、下迄中华人民共和国这千余年间碑林之形成过程，以及形成后各历史时期碑林的整修、藏石状况、建筑乃至陈列形式等诸多方面，进行全面的考察，力图将西安碑林历史的本来面目展现出来。当然，这是自己主观上想要达到的目的，我清楚地知道，这一目的尚未真正达到。究其原因，一是有关碑林历史特别是其早期历史的资料相当缺乏，二是本人功力有限。我只是在这一题目之下，尽我的努力，做了自己所能够做到的一切，而且做得十分认真。书中的观点肯定有值得商榷之处，所述之史实肯定也有不够全面的地方。我不想说“抛砖引玉”之类的套话，但我真诚地希望，这本书出版后能得到学界前辈和同仁的批评帮助，如果有机会，我会做进一步的修改和补充。我相信，只要碑林这笔宝贵的历史文化遗产存在一天，对碑林的研究就会继续下去。哪怕未来更全面、更权威的碑林史的作者，把我的这本书只当做一堆素材也好，总会对他们有所帮助的。我把能搜集到的与西安碑林历史相关的记事碑文一一录文、标点，附于书后，并把它们看作是本书重要的组成部分，正是出于这种考虑。

第一章

唐石经的迁置与碑林的形成

西安碑林作为一个收藏历代碑刻的特定场所，并不是在某一具体时间和具体地点，按照某种事先的规划和设计，一次性建成的。在这一点上，它不同于某一机构或某组建筑，有其“创建”的时间可寻。碑林的出现是一个逐步形成的过程，而这一过程自唐末韩建缩建长安城、第一次迁置唐石经时起，便已经开始。也就是说，碑林是在唐末至北宋迁置唐石经的过程中逐步形成的。从唐末五代到北宋，可以看作是碑林的形成时期或初创时期。有关碑林这一时期的史料很少，除了碑林现藏的几种碑刻之外，几乎再找不到当时人留下的任何文字记载。这给研究碑林形成时期的历史带来很大困难。虽然前辈学者筚路蓝缕，已做了不少开创性研究，但实际上，碑林的这段历史并不十分清晰，仍有不少问题尚未解决。本章根据对有关碑刻资料的理解和对当时历史背景的分析，尝试对碑林形成时期历史的基本轮廓加以复原。

第一节　碑林形成时期的历史背景

一、唐朝的衰亡和唐长安城被毁

“安史之乱”（755—763）是唐王朝由盛而衰的转折点。其直接后果，是唐王朝中央集权的丧失和藩镇割据局面的最终形成。叛乱之后，盛唐时期旧有秩序赖以存在的国家权力结构、地方行政结构、国家财政体系和土地分配制度等社会生活的各个方面，都发生了不可逆转的变化。一个能在全国推行统一行政措施的中央集权的唐帝国，失去了它存在的基础。从此，中央政府与地方藩镇之间控制和反控制的反复斗争，就构成了中唐和晚唐国家政治生活的主旋律。后来德宗、宪宗两朝虽然力图恢复中央政府权威，在与藩镇势力的斗争中也取得了一定的成果，但这些成果很快得而复失。直到唐朝灭亡，藩镇割据的局面始终未能改变。

从唐代中期开始，与地方上藩镇割据相应的，是朝廷内部的宦官专权和朋党政治。宦官本是皇帝家奴，为内廷官，不得干预政事。但在集权专制的宫廷政治中，作为皇帝最亲近奴才的上层宦官，往往能利用皇帝的信任窃取权力，插手中央政务，有时甚至会成为一股左右国家命运的政治势力。在东汉时，就曾出现过宦官专权。此后五百多年间，宦官影响国家政治生活，只属个别现象。唐代前期，宦官的作用也十分有限。唐太宗曾下诏规定，宦官不得任职三品以上。“太宗诏内侍省不立三品官，以内侍为之长，阶第四，不任以事，惟门阁守御、廷内扫除、禀食而已。”[①]但随着宦官势力的逐步膨胀，前朝的规定被抛诸脑后，玄宗时权倾朝野的高力士，便是第一个获得三品官位的宦官[②]。“安史之乱”后，军队成为国家政治生活中的决定性力量，而宦官染指军队，则是唐代宦官专权的特点和他们所以得势的关键。在平定安禄山叛乱的过程中，逃至灵武、匆匆登基的唐肃宗，任命宦官李辅国为天下兵马大元帅府行军司马，开了宦官染指军权的先例。与此同时，出于对将领们的猜忌，又派宦官出任监军，使他们得以直接参与军事。更为甚者，广德元年（763）吐蕃人攻占长安、唐代宗出逃陕州（今河南陕县）时，因宦官鱼朝恩所率之神策军（原为哥舒翰所建）保驾有功，回銮京师后，便将神策军编入禁军，“朝恩专典神策军，出入禁中”[③]，由其全权指挥。建中四年（783）朱泚兵变，唐德宗出走奉天（今陕西乾县）。次年乱平返京后，德宗“颇忌宿将，凡握兵多者，悉罢之。禁旅文场、仙鸣分统焉”，即将禁军交给他的心腹宦官窦文场、霍仙鸣指挥。至贞元十二年（796），德宗“乃以文场为左神策护军中尉，仙鸣为右神策护军中尉”[④]，正式将左右神策军的指挥权交给了宦官。自此，这支当时唐中央政府唯一能够直接调动的军队完全落入宦官之手。宦官拥有了独立的兵权，这无异于将王朝的命运和皇室的身家性命交付给了自己的家奴。如果说最初宦官的权力还仰仗皇帝的恩宠的话，那么后来他们的权力就来自手中的军队了。于是到了晚唐，不仅朝政为宦官把持，连皇帝的废立也由他们做主，甚至还会杀掉对他们造成威胁的皇帝。对待皇帝尚且如此，他们在朝中的横暴，以及朝政的腐败黑暗，就不言而喻了。总之，在唐末，宦官专权这种中国古代皇权专制制度特有的丑恶伴生物被发展到了极致。

---

①《新唐书》卷二〇七《宦者上》。另《旧唐书》卷一八四《宦官传》亦有类似记载。

②《旧唐书》卷一八四《高力士传》：（天宝）“十四载，置内侍省内侍监两员，秩正三品，以力士、思艺对任之。”

③《旧唐书》卷一八四《鱼朝恩传》。

④《旧唐书》卷一八四《窦文场、霍仙鸣传》。

所谓朋党，是指在封建官场特别是朝臣中，以家族关系、科举或宦途中的师生关系、同僚关系乃至单纯的个人恩怨等等原因结合起来，争夺权力、相互倾轧的松散的政客集团。唐代的朋党政治亦称"牛李党争”，特指缘起于宪宗朝、爆发于穆宗朝的朝廷内部两派政客集团之间的斗争，因双方领袖人物分别是牛僧孺和李德裕，故名。朋党是中国封建官僚政治的必然产物，犹如今天官场中听谓的拉帮结派，但在一般情况下，它处于隐蔽状态。英明的强有力的君主是不会容忍其朝臣结成朋党而破坏高于一切的君臣关系的。可宪宗之后的穆宗、敬宗、文宗、武宗，均懦弱庸碌，大权旁落，根本没有震慑朝臣的权威可言，加之宦官势力介入，朝廷牛、李两派争权斗争便趋于表面化，并愈演愈烈。特别是文宗朝，牛、李两党之争最为激烈，“时德裕、宗闵各有朋党，互相挤援。上患之，每叹曰：‘去河北贼易，去朝廷朋党难。’”[1]在文宗看来，朝廷中朋党之争，比叛乱的藩镇更难对付。司马光对文宗的哀叹不以为然，认为朝中朋党为患，“人主当自咎而不当以咎群臣也”[2]。其实，根本原因既不在皇帝，也不在群臣，而在于君主专制的政治制度本身。宣宗即位（847）后，公开化的朋党斗争平息了，但其影响仍然延续了很久。

藩镇割据导致唐朝中央政府对地方实际控制权的丧失，以及朝廷内部宦官专权和朋党政治所造成的腐败，无疑是唐王朝走向灭亡的重要原因，但更深刻、更根本的原因还在经济上。唐王朝不仅需要维持一个庞大的官僚机器，还需要巨额军费维持它与藩镇间的长期战争，然而它此时面对的，已不是昔日那个能源源不断向它输送税赋的稳定、富饶和辽阔的帝国了。原本经济发达的黄河流域由于战乱不已，经济遭到极大破坏，而尚能加以控制的相对稳定的长江流域和淮河流域，尤其是长江下游地区，便成了国家财政的主要来源，从而受到了加倍的榨取。这种超额榨取后果更为严重，直接破坏了江南地区的经济，是摧毁自己经济命脉的自杀行为，反过来更加剧了唐王朝的财政危机。加之各级官吏贪污腐败，横征暴敛，不堪忍受的民众只有反抗一途。爆发于乾符元年(874)的王仙芝、黄巢起义，给了病入膏肓的唐王朝以致命一击。

乾符五年（878）王仙芝战死后，两部义军统归黄巢率领，于当年渡江南

---

①《资治通鉴》卷二四五《唐纪六十一》。

②《资治通鉴》卷二四五《唐纪六十一》。

下，横扫江南。广明元年（880）十一月，起义军攻克东都洛阳，年底进入长安，唐僖宗出逃入蜀。黄巢在长安称帝，国号大齐，年号金统。虽然中和三年（883）黄巢退出了长安，不久又兵败自杀，但是，当两年后唐僖宗领着他的流亡朝廷返回长安时，全国的局面已混乱到不可收拾的地步。各地节度使无一例外都脱离了朝廷的控制，还有一些前黄巢军的将领，也拥兵自重。此时的唐王朝实质上已经不复存在，仅仅是一种象征，任何一个兵权在握的节度使，都可以致唐王朝于死地。它所以能够继续苟延残喘二十余年，不过是因为这些相互争雄的割据势力中，当时还没有谁能够占绝对优势，强大到要自己称帝的地步，他们都还想利用唐王朝这个象征，挟天子以令诸侯。

最后将唐王朝这具“植物人”的氧气管拔掉的是朱温。也是他，对长安城进行了毁灭性的破坏。朱温（852—912），宋州砀山（今安徽砀山）人。原是黄巢军将领，黄巢占据长安后，他曾任同州（今陕西大荔〉刺史。中和二年（882）九月，朱温叛变降唐，长安失去东面的屏障而终于不守。降唐后朱温被赐名全忠。第二年，被朝廷任命为宣武（今河南开封）节度使。当他站稳脚跟之后，逐步扩展对黄河流域广大地区的控制。经过十余年的经营，在军阀混战中发展起来的朱温，已强大到足以直接插手朝廷的地步。天复元年（901），朱温攻占洛阳，之后又打着"护驾”的旗号，西入关中。宦官韩全诲等胁迫唐昭宗投奔凤翔节度使李茂贞。当时与朱温素有勾结的宰相崔胤，想借朱温之力诛杀宦官，没有扈从凤翔，而是“遣使告全忠，请于岐阳迎驾，令太子太师卢知猷率百官迎全忠入京师”[①]。朱温围攻凤翔两年，李茂贞被迫求和，送昭宗返长安。朱温在长安尽杀宦官，并于第二年即天祐元年（904）正月，强迫唐昭宗迁都洛阳。当年八月，朱温杀昭宗，立其子李柷嗣位，是为唐哀帝。三年后的天祐四年（907），朱温命哀帝禅让，自己称帝，建立梁朝，定都大梁（开封），史称后梁[②]。

朱温迫昭宗东迁，并不限于宫廷和百官。《旧唐书·昭宗本纪》载：

（天佑元年正月）己酉，全忠率师屯河中，遣牙将寇彦卿奉表请

①《旧唐书》卷一七七《崔胤传》。

②《旧五代史》卷一《梁书一·太祖纪一》；《新五代史》卷一《梁本纪第一》。

> 车驾迁都洛阳。全忠令长安居人按籍迁居，彻屋木，自渭浮河而下，连甍号哭，月余不息。秦人大骂于路曰：“国贼崔胤，召砞温倾覆社稷，俾我及此，天乎！天乎！”丁巳，车驾发京师。[①]

《新五代史》亦载：“天祐元年正月，王如河中，遣牙将寇彦卿如京师，请迁洛阳，并徙长安居人以东。”[②]对于朱温强迫昭宗东迁的史实，《资治通鉴》记述稍详：

> （天佑元年正月）己酉，全忠引兵屯河中。丁巳，上御延喜楼，朱全忠遣牙将寇彦卿奉表，称邠、岐兵逼畿甸，请上迁都洛阳。及下楼，裴枢已得全忠移书，促百官东行。戊午，驱徙士民，号哭满路，骂曰：“贼臣崔胤召朱温来倾覆社稷，使我曹流离至此！”老幼繈属，月馀不绝。壬戌，车驾发长安，全忠以其将张廷范为御营使，毁长安宫室百司及民间庐舍，取其材，浮渭河而下，长安自此遂丘墟矣。[③]

这就是说，朱温不仅强迫唐昭宗和他的朝廷以及百司衙署东迁洛阳，还强迫长安的居民一同东迁，并将长安的宫殿、官署、民居全部拆除，将木料沿渭河漂浮而下。这真是一场浩劫，长安这座周、秦、汉、隋、唐诸代都城和国际性大都市，顿时变成一片废墟，遭到了毁灭性的破坏。长安和关中地区，从此失去了全国政治和文化中心的地位。

昭宗东迁是唐末历史上的大事件，也是长安这座曾经辉煌繁荣的城市由盛而衰的转折点。从本书的主题西安碑林历史来看，这一事件也是其后在北宋京兆府城中所以会出现碑林这样一个前代碑刻集藏地的重要原因。

二、五代十国战乱中的关中和长安

所谓五代十国，实质上还是唐末藩镇割据局面的延续。所不同的是，唐末

---

①《旧唐书》卷二十上《昭宗本纪》。

②《新五代史》卷一《梁本纪第一》。

③《资治通鉴》卷二六四《昭宗圣穆景文孝皇帝下》。

时还有一个象征性的李唐王朝存在，而自朱温称帝、建立梁朝后，其他节度使也纷纷改称帝王，于是在其后短短五十余年间，中国境内出现了十五个短命的政权，进入了五代十国的历史时期。所谓五代，是指建立在中原地区，可上下衔接的后梁、后唐、后晋、后汉和后周五个短命王朝。称为十国者，除了刘崇据河东十二州建立的北汉（都晋阳，今山西太原南）在北方外，其余九国均在南方，即江南地区的吴国、南唐、吴越、闽国，湖广地区的荆南、南楚、南汉，以及蜀地的前蜀、后蜀。其中有表面上对中原王朝称臣纳贡、形同藩镇者，也有不把中原王朝放在眼里，我行我素的。此外，还存在一些从唐末延续下来的独立的藩镇势力，如割据关中西部的凤翔节度使李茂贞。

唐天祐元年（904）昭宗东迁后，朱温以原华州镇国军（治所在今陕西华县）节度使韩建为佑国军节度使、京兆尹，留守长安[①]。据元人李好文《长安志图》记载：

> 新城，唐天祐元年，匡国节度使韩建筑。时朱全忠迁昭宗于洛，毁长安宫室百司及民庐舍，长安遂墟。建遂去宫城，又去外郭城，重修子城（即皇城也），南闭朱雀门，又闭延喜门、安福门，北开玄武门，是为新城（即今奉元路府治也）。城之制，内外二重。四门，门各三重，今存者惟二重，内重其址尚在。东、西又有小城二，以为长安、咸宁县治所。[②]

可知，就在昭宗东迁的当年，韩建便开始对一片废墟的长安城加以重建。他放弃了原来的外郭城与宫城，以原皇城城垣为基础，缩建为长安新城，以适应当时战乱的局势，这便是五代、北宋、金、元诸代的长安城。天祐三年（906），韩建改任淄青节度使，原淄青节度使王重师改任佑国军节度使，镇守长安。此时，包括长安在内的关中东部地区属朱温的势力范围，关中西部邠岐诸州则由凤翔节度使李茂贞控制。

朱温称帝建立后梁之后，凤翔的李茂贞据关中西部及汉中地区，保持独

①《旧五代史》卷一五《韩建传》。

②元·李好文《长安志图》卷上。见辛德勇、郎洁点校本《长安志·长安志图》，三秦出版社，2013年，第20页。

立，依旧沿用唐朝年号，与朱梁对抗。因唐光化年间（898—901）他曾进封岐王，史家或称之岐国。后梁开平三年（909），接替韩建控制同华的匡国军节度使刘知俊叛梁归岐，朱温派刘鄩入关中讨伐，刘知俊西逃。朱温遂改佑国军为永平军，由刘鄩任节度使，留守长安。后梁直至灭亡，始终未能取得对关中西部的控制权。

后梁龙德三年（923），河东节度使、晋王李存勖在魏州（今河北大名）称帝，国号唐。李存勖系沙陀突厥人，其父李克用以镇压黄巢起义起家，是唐末军阀中的著名人物。李存勖以唐王朝的合法继承人自居。不久，他攻陷大梁，灭后梁，并定都洛阳，史称后唐。长安及关中东部随即归属后唐。后唐同光二年（924），岐王李茂贞慑于李存勖威势，献地称臣，取消独立，关中西部遂归属后唐。

后唐清泰三年（936），河东节度使、亦为沙陀人的石敬瑭叛变，后唐派军讨伐，石敬瑭以割让长城以南“燕云十六州”土地为报酬，请求辽国出兵帮助。辽帝耶律德光御驾亲征，击败后唐军，直取洛阳。当年，石敬瑭入洛阳，后唐末帝自焚而死，后唐亡。石敬瑭正式称帝，国号晋，第二年迁都开封，史称后晋。石敬瑭只当了七年儿皇帝便死去，其侄石重贵继位。这位“孙皇帝”倒是有志气，拒绝向辽国称臣，并断绝两国贸易，还下诏征辽，两国处于交战状态。 开运三年（946），辽军大举南下，开封陷落。辽帝耶律德光第二年入开封。当年缔造后晋的恩主，如今又亲手掐死了它。后晋在它存在的十一年间，拥有对长安和整个关中地区的控制权。

后晋的河东节度使刘知远（亦为沙陀人）乘辽灭晋之机，于开运四年（947）在晋阳称帝起兵，反抗辽军。他率军由太原出发，很快占领洛阳、开封，改国号为汉，定都开封，史称后汉。后汉立国的当年，便派王景崇率军西入关中，讨伐反叛的凤翔节度使侯益，迎击进至关中的后蜀军。后汉乾祐元年（948）李守贞据河中（今山西永济），赵思绾据长安，王景崇据凤翔，同时反叛，后汉隐帝派郭威督军讨伐，次年灭三镇，杀李、赵、王。后汉时关中地区一直处在后汉与后蜀及后汉叛将的反复争夺中。

后汉寿命只有短短四年。后汉乾祐三年（950），郭威叛汉，第二年攻陷开封，后汉灭。郭威在开封称帝，国号周，史称后周。与此同时，刘知远之弟刘崇（后汉河东节度使）在太原宣告继承帝位，是为北汉。后周占据了整个关中地区和今安康、商洛及陕北大部。

五代时期黄河流域广大地区连年战乱，遭受极大破坏，关中地区也不例外。仅以乾祐二年（949）郭威平定三镇之役为例，战后的乾祐三年正月“丙寅，遣使诣河中、凤翔收瘗战死及饿殍遗骸，时有僧已聚二十万矣”[1]。也就是说，当战事过后，后汉朝廷派员赴战地掩埋尸骨、进行善后时，当地僧人出面聚拢的遗骸已达二十万具，而实际的数字应该更大。郭威平定三镇之役在五代还不算规模最大的战事。作为基本生产力的人口遭受如此摧残，关中地区经济凋敝，社会倒退，自不待言。相比之下，此时的南方诸国还比较安定。虽然各国统治者也多奢侈昏暴，但比起唐晚期对江淮财赋无止境的残酷搜括，毕竟要好得多。各国间虽不免冲突，但立国分治的局面，毕竟阻遏了北方的战乱波及长江流域。所以，这一时期南方地区不仅未遭破坏，而且以大城市为中心的区域经济还有所发展，尤其是江淮地区的南唐、吴越，以及四川地区的前蜀、后蜀，更显出繁盛景象。自此，中国的经济和文化重心进一步向南方转移。

三、宋朝重新统一全国及西北军事重镇——京兆府

后周存国仅十年。后周世宗柴荣驾崩的第二年即显德七年（960），统领禁军、防守京师开封的殿前都点检兼宋州归德军节度使赵匡胤，在陈桥驿发动兵变，“黄袍加身”，被诸将拥立为皇帝，回兵京师，废恭帝，北周亡。赵匡胤建立宋朝，年号建隆，仍都开封，史称北宋。当年之内，宋太祖便平定了后周境内不愿降服的节度使。他按照“先南后北”的战略，于乾德元年（963）出兵荆湖，开始了消灭南方诸割据国的战争。到开宝九年（976）他病逝时，江南各地的割据势力已全部削平，只剩下吴越国还保留着一个国王的空名号。太平兴国三年（978），吴越王钱俶进京朝见新即位的宋太宗赵光义，正式取消吴越国号，纳土归宋。统一南方后，宋朝将主攻方向转向北方。太平兴国四年（979）初，宋太宗御驾亲征，北攻太原，当年五月北汉遂灭。至此，宋朝用了16年时间，完成了全国的统一。

①《资治通鉴》卷二八九《后汉纪四·隐皇帝下》。

不过，宋朝北伐辽国、收复燕云十六州的战争就没有这么顺利了。就在北汉灭亡的当年，宋兵乘胜伐辽，围攻辽南京（今北京），久攻不下。待辽援军至，宋军大败。次年（980），宋军又在雁门关失利。对辽作战失败后，宋朝廷内部出现了战和之争。但太宗并未死心，经过几年准备后，于雍熙三年（986）发动二次北伐，最后仍以失败告终。此后，宋朝对辽采取守势，转而致力于国内中央集权统治的加强。

鉴于唐中期后藩镇割据、君弱臣强，以及五代十国时各地军阀拥兵自重、立国分治的教训，宋朝刚刚建立，宋太祖便上演了“杯酒释兵权”的一幕。他首先解除了拥立有功的禁军诸将领的兵权，将禁军牢牢掌握在自己手中。之后，他又多次在诸州拣选勇壮士兵升为禁军，并将禁军中老弱者下放诸州，以此不断加强禁军，削弱地方兵力，使得方镇兵成为不能作战的役卒，杜绝了拥兵割据的可能。对于出守各地的禁军，则采取定期轮换的“更戍法”，其统领将官也不固定，从而形成“兵无常帅，帅无常师”“将不得专其兵”的局面，禁军将领亦无可能拥兵自重。经太祖、太宗两朝逐步改革，全国军队之精锐全集中于禁军，而禁军之选练、建置、驻守、作战等一切权力，全集中于皇帝。

在官制方面，也从防止割据、集权于中央这一目的出发，作了实质性的改革。宋代地方分州（府、军〉、县两级，但对州一级加强控制，其主官直接由朝廷派朝官担任，称“知州（府、军）事”，且只用文人，不用武将，经常调换。于各州还设通判官，亦由朝廷直接派遣，使其与知州相互牵制。另外，分全国为十五路，以转运使、转运判官为朝廷特命的路一级常设官，主管所属州府的水陆转运和财政税赋。县一级主官称“知县事”，也由朝廷直接派朝官担任，达到从基层削弱州镇之权的目的。于是，朝廷不仅控制了地方官员的任免，而且将各州的行政、财政、司法之权均置于中央控制之下。

中央官制也适应集权需要。中枢机构分中书省、枢密院、三司，即政事、军事、财政三大系统，且互不统属，直接向皇帝负责。于是，统归于朝廷的权力，最后又集中于皇帝一人。可以说，宋朝将秦汉以来的专制主义中央集权制度提高到了一个新的高度。宋太祖“杯酒释兵权”时政治手腕的高超，宋朝君臣改革兵制、官制时丰富的想像力，的确让人叹服。而同样也让人扼腕慨叹的是，他们在对辽和西夏的战争中屡战屡败，屈辱苟且。宋朝把兵权统归朝廷，成功地防止了军阀割据，却由于将帅无权，且不得专其兵，而大大削弱了抵御外敌的能力。其官制复杂重叠，使官员互相牵制，有利于中央集权，但同时却造就了大批滥官冗员，官僚机构越来越庞大，效率越来越低。这些矛盾到真宗、仁宗之后愈加严重。

五代北宋之际，中国封建社会发生了重大的结构性变化，即经过唐末农民起义和五代十国的战乱，门阀世族的残余已被荡涤殆尽。所以宋朝一开国便十分重视科举考试，以大量吸收庶族地主出身的知识分子进入统治阶层。宋代的科举制度也因不再被门阀贵族操纵而更加成熟和完善，成为平民跃升到士大夫的基本途径。真宗继位后，明令考试依儒家经典，促进了宋代儒学的复兴和教育的繁荣。从仁宗朝起，开始了对拘泥于章句训诂的汉学体系的变革，对原始儒学进行新的哲学构建，产生了全新的宋学即理学。京师的国子监，遍布于全国的官办府、州、县学以及各地的私立书院，则源源不断地为宋朝统治阶级培养着后备力量。

五代时期，长安城所在的京兆府，其名称建置屡有变更。后梁时改为佑国军、大安府、永平军；后唐时改回京兆府；后晋改为晋昌军，后汉改为永兴军，而京兆府仍旧。北宋依后汉之旧，仍称京兆府，属永兴军。至道三年（997），分全国为十五路，京兆府为陕西路治所。当时的陕西路辖今关中和陕北大部，宁夏长城以南，山西西南部，河南西北部和甘肃东南部。熙宁五年（1072），又将陕西路一分为二，东为永兴军路，治所在京兆，西为秦凤路，治所在凤翔。宋代立国之初，不仅面临北方辽国的威胁，在西北还有党项族的不断侵扰。党项族为羌人之一支，唐朝时迁居至相当于今甘肃、宁夏、陕北一带，宋初时已逐渐强大。仁宗宝元元年（1038），李元昊正式称帝，建立西夏，陕北遂成为宋与西夏的主要战场。自此直到北宋灭亡，两国间时战时和，京兆府也就成了抵御西夏的西北军事重镇。

入宋之后，整个北方地区终于从唐末五代的战乱中走了出来，京兆府及关中地区的社会经济得到恢复。成书于北宋之初的《太平寰宇记》，把当时京兆府与盛唐时京兆府的户口数做了比较：“唐开元领县二十三，户三十六万二千九百九。皇朝领县十三，户主三万四千四百五十，客二万六千二百七十六。”[①]

①宋·乐史《太平寰宇记》卷二五《关西道·雍州一》。引文中所谓主户、客户，即宋代户籍制度规定，有常产的税户为主户，无常产的侨居者为客户。

可知北宋初，京兆府城连带所辖属县，主户、客户相加总户数仅 60,726 户，与盛唐时已无法相比，可见经五代战乱破坏之惨重。然而，成书于神宗元丰年间的《元丰九域志》，所记京兆府的户数，已是“户主一十五万八千七十二，客六万五千二百四十”[①]，两项相加已增至 223，312 户，可见到北宋中期，长安城及关中地区已从战争的创伤中得到了恢复。而《宋史·地理志》所记的北宋晚期的数字为：“崇宁户二十三万四千六百九十九，口五十三万七千二百八十八。”[②]这是徽宗崇宁年间京兆府的户数和人口数，又较北宋中期为高。还可以从每年缴纳的商税数额来看京兆府工商业的恢复发展。神宗熙宁十年（1077）之前，京兆府每年共收入商税 83375 贯，其中在城商税为 38446 贯，各属县场务共收商税 44929 贯，按全国商税收入数额排比，京兆府居第十六位[③]。看来，此时京兆府的工商业已比较繁荣，虽然无法与全盛时期的汉唐长安城相比，但仍是西北地区的政治、经济和文化中心。

第二节　《开成石经》和《石台孝经》碑

一、唐代经学——传统经学向宋代理学的过渡

自汉武帝采纳董仲舒建议，“罢黜百家，独尊儒术”之后，儒家学说走出了秦至汉初的低谷，一跃而成为官方哲学，并由此开始了它经学化、政治化的道路，逐步发展成为最能适应中央集权的君主专制政体和宗法血缘社会需要的理论体系。汉代的经学有今文经学和古文经学之分。今文经是指战国以来学者师徒授受传述，到汉代才以通行字体隶书写成定本的儒家经典。今文经学盛于西汉，着重阐释发挥经文“大义”，适应当时巩固封建一统的政治需要，汉武帝官学中五经博士传授的便是今文经，董仲舒则是今文经学的大师。

---

①宋·王存《元丰九域志》卷三《永兴军路》。书成于元丰三年（1080）。

②《宋史》卷八七《地理三》。

③杨德泉据《宋会要辑稿》之《食货十五》统计，见《杨德泉文集》之《试谈宋代的长安》一文，三秦出版社，1994 年，第 383 页。

古文经是指秦以前用古文书写流传至汉，或汉时才重新发现（如孔壁古经），并由汉代学者加以训释的儒家经典。古文经学保持原始儒学的传统，按字义讲解经文，训诂简明，在政治上则主张复古。古文经学盛于东汉，班固、王充、许慎、马融等是当时著名的古文经学家。两汉经学史贯穿着今文经学与古文经学的斗争。直到东汉末，马融的学生郑玄在古文经学的基础上，吸收今文经学，广采众说，遍注群经，集两汉经学之大成，这才基本上结束了古文、今文之争，而融汇两者于一身的“郑学”，就成了当时经学的主流。

东汉《熹平石经》和曹魏《正始石经》的刻立，本身也反映了今文经学与古文经学之争的背景。《熹平石经》刻于东汉熹平四年（175）至光和六年（183），立于洛阳太学，所刻者是当时仍具有官学性质的今文经，有《鲁诗》《尚书》《周易》《春秋》《公羊传》《仪礼》《论语》等七经，共四十六石，各刻其一家之章句，而将诸家异同列为校记，附于各经之后。《正始石经》刻于曹魏正始二年（241），所刻者为古文经，有《尚书》《春秋》《左传》（未刻完）。因古文难识，以古文、小篆、汉隶三种书体刻成，又称《三体石经》。两次刻经相距不过六十年，前碑皆在，后刻之经前碑已有，且同置一处，这只能用当时古文经学兴盛，要求取得正统地位来解释。

原始儒学曾充溢着人文主义的理性精神，是一种社会理想和实现这一理想的途径，而儒学被定于一尊，正是以失去这种基本精神为代价的。不管是今文经学，还是古文经学，两汉儒学的经学化使之渐入章句训诂而日趋繁琐，其政治化则使之沦为统治者规则百姓的工具而日益僵化和保守，所以后来就有了魏晋南北朝时期儒学的衰落。入唐后，为适应政治上的大一统，结束东汉以来纷纭矛盾的各派经学，唐太宗令颜师古考订五经文字，名曰《五经定本》，令孔颖达撰定五经义疏，名曰《五经正义》，作为朝廷颁行的官书。于是儒家经典从文字到解释都有了标准本。另外，唐代推行科举制，明经科专习儒经，进士科也必须习儒经，而儒经义理全依《五经正义》，不得有出入。科举考试为士人出路所在，哪里还敢去学旁门左道。于是，东汉以来师说多门的经学很快归于统一。

唐代的经学，其前期基本上仍是两汉经学的继续，是魏晋南北朝玄学与佛学兴盛之后，经学的再度复兴。唐中期以后，儒学的发展出现了转机。安史之乱后，藩镇割据形成，朝廷权威下降，被朝廷尊为官学的传统经学也受到了挑战。它表现在舍传求经学风的出现，其代表人物为啖助和他的学生陆淳等。他们所治《春秋》学，摆脱了《五经正义》的束缚，驳诘三传，按自己的理解，阐发《春秋》之微言大义，借以提出他们的政治主张。唐代古文运动的两位鼓吹者韩愈和柳宗元，也为唐代儒学的复兴做出了贡献。韩愈撰《论语笔解》《原道》《原性》，提出“道统”“性命”之说。而参与领导“永贞革新”的柳宗元，则提出“及物行道”的主张，力图改造儒学，使其为现实政治斗争服务，为儒学理论体系的改造提示了方向。总之，唐代经学上承汉学，下启宋学，是传统经学向宋代理学的过渡。

在中国历史上，宋朝远不如汉、唐那样强盛辉煌，但它却非常重要。在经济领域，地主土地占有制和租佃制已成为主要的经济形态；在政治领域，中央集权专制主义制度则进入高度成熟期；而在意识形态上，为专制主义政治服务的儒学也开始了一个新的发展时期。尤其是北宋中期，随着社会改革运动和社会批判思潮的勃兴，一时学派蜂起，如周敦颐的濂学，邵雍的象数学，司马光的史学，王安石的新学，张载的关学，程颢、程颐的洛学等。此时的思想家们已不仅仅是弃传求经，怀疑故训，而是在复兴儒学传统的旗帜下，力图摆脱章句训诂的束缚，直接探究经书义理，以一种开放的精神，吸收和融合佛、道等异质文化，使儒学更富于抽象和思辨色彩，一种充分哲理化和政治伦理化了的新儒学——宋代理学，终于取代了传统经学。之后，随着二程洛学向闽学的发展，朱熹完成了用理学改造经学的任务，将经学完全纳入理学轨道，铸成一个具有完备理论形态的理学思想体系——程朱理学。这是两宋儒学达到的最高成就。宋代以后，占统治地位的儒学基本上是理学，它统治中国思想界达千年之久。

二、《开成石经》

唐代前期，儒家经典的文字虽然归于统一，但当时尚无印刷术，经籍在传抄过程中依旧难免失正。据《封氏闻见记》载，天宝年间太学中就有了刻立石经的议论。封演写道：

> 天宝中，予在太学与博士诸生共论经籍失正，为欲建议，请立

大唐石经，迁延未发而蕃寇海内，文儒道消，至今四十六年，兵革未息。呜呼，石经之事亦俟河之清也。[①]

当时以篆书名世、自称“斯翁之后，直至小生”的李阳冰，有一篇《上李大夫论古篆书》，念念不忘用自己钻研了三十年的篆书，为国家刊刻《大唐石经》，希望南巡的御史大夫李涵回京后代奏于朝廷。他写道：

阳冰志在古篆，殆三十年。……天将未丧斯文也，故小子得篆籀之宗旨。皇唐圣运，逮兹八叶，天生克复之主，人乐维新之令，以淳古为务，以文明为理，钦若典谟，畴兹故实。诚愿刻石作篆，备书六经，立于明堂，为不刊之典，号曰大唐石经，使百代之后，无所损益。仰明朝之洪烈，法高代之盛事，死无恨矣。[②]

可惜李阳冰空有宏愿，终于未能见到唐石经。由于安史之乱及其后兵革连年，刊刻石经只能是愿望而已。这一愿望直到唐文宗开成年间才最终得以实现。

不过，在《开成石经》刻立之前，唐国子监为供儒生校正经文讹误，曾于唐代宗大历年间将整部经书直接书于屋壁之上，称《五经壁本》，亦称“壁经”。《全唐文》中有刘禹锡《国学新修五经壁本记》一文，追述了《五经壁本》之缘起：

初，大历中名儒张参为国子司业，始详定五经，书于论堂东西厢之壁。辨齐鲁之音取其宜，考古今之文取其正，繇是诸生之师心曲学，偏听臆说，咸束之而归于大同。[③]

刘禹锡称之“大历中名儒”的张参，新旧《唐书》无传，其名见于《新唐书·宰相世系表》[④]和《新唐书·艺文志》[⑤]。然而作为大历间高士名儒，在其

①唐·封演《封氏闻见记》卷二“石经”条。

②《全唐文》卷四三七。

③唐·刘禹锡《国学新修五经壁本记》，载《全唐文》卷六〇六，中华书局 1983 年影印本，第六册第 6116 页。

④《新唐书》卷七二下《宰相世系表二下》之“河间张氏”。

⑤《新唐书》卷五七《艺文志一》有“张参《五经文字》三卷”。

他人的传记中，如新、旧《唐书》之《常衮传》[1]，《旧唐书·李勉传》[2]，《旧唐书·郑絪传》[3]等，均被提及。张参开元年间举明经，至大历初任司封郎，寻授国子司业。他就是在国子司业任上校勘五经，主持书写《五经壁本》的。

张参在校勘经文的基础上，还“命孝廉生颜传经收集疑文互体，受法师儒，以为定例，凡一百六十部，三千二百三十五字，分为三卷”[4]，此即《五经文字》，当时应是附于《五经壁本》之后，一同书于屋壁的。其卷首有《五经文字序例》一文，《全唐文》亦收入。文中张参以当事者的身份，记述了国子监初书《五经壁本》的情况：

> （大历）十年夏六月，有司以职事之病，上言其状，诏委国子儒官勘校经本，送尚书省。参幸承诏旨，得与二三儒者分经钩考而共决之……卒以所刊，书于屋壁，虽未如蔡学之精密，石经之坚久，慕古之士，且知所归。[5]

文末题“大历十一年六月六日”，即776年，这是校勘经文、编纂《五经文字》和缮写壁经等工作全部完成的时间。

《封演闻见记》也记述了张参缮写《五经壁本》之事：

> 十年，有司上言：经典不正，取舍难准。诏儒官校定经本，送尚书省并国子司业张参共相验考。参遂榻定五声字样书于太学讲堂之壁，学者或就取正焉。又颁字样于天下，俾为永制。[6]

当时，正值安史之乱平息后不久，代宗一朝17年，基本是在为恢复叛乱

①《旧唐书》卷一一九《常衮传》；《新唐书》卷一五〇《常衮传》。

②《旧唐书》卷一三一《李勉传》，言及李勉礼贤下士，称其“以名士李巡、张参为判官，卒于幕，三岁之内，每遇宴饮，必设虚位于筵次。”

③《旧唐书》卷一五九《郑絪传》。传文称其“大历中，有儒学高名如张参、蒋乂、杨绾、常衮，皆相知重。”

④唐·张参《五经文字序例》，见《全唐文》卷四五八，中华书局影印本，第五册第4676页。

⑤唐·张参《五经文字序例》，见《全唐文》卷四五八。

⑥唐·封演《封氏闻见记》卷二“石经”条。

之前旧有的秩序而努力，但收效甚微。“安史之乱”带来的整个国家和社会的变化，使盛唐时期的繁盛一去不返了。虽然其间全国和朝廷内部渐趋稳定，但代价是高昂的，中央政府与地方割据势力的妥协，导致了唐王朝中央集权的逐步丧失和藩镇割据局面的最终形成。代宗一朝的恢复和整顿，当然也包括国学。永泰二年（766）即代宗即位第4年，叛乱结束后第3年，亦即初书《五经壁本》的前10年，就有一次重修国学之举。据《旧唐书·礼仪志》：“自至德后，兵革未息，国学生不能廪食，生徒尽散，堂墉颓坏，常借兵健居止。至永泰二年正月，国子祭酒萧昕上言：‘崇儒尚学，以正风教，乃王化之本也。’”于是代宗诏敕重修国学，令诸道节度、观察、都防御使等，遣子弟集京师，并宰相、朝官及神策军军将子弟，欲习业者，补国子生。“八月，国子学成祠堂、论堂、六馆院及官吏所居厅宇，用钱四万贯，拆曲江亭子瓦木助之。”[1]这里的“论堂”，亦称“讲论堂”，是鸿学巨儒讲经论道的场所，位于国子监中孔庙之西，是一座广为数亩的独立庭院，有门，有廊，有堂[2]，《五经壁本》即书写于讲论堂东西两廊的墙壁之上。

张参初书国学《五经壁本》后，这部写在墙壁上的儒家经典，还有过两次重修之举。第一次是在宪宗元和十四年（819），当时任尚书左仆射兼国子祭酒的郑余庆，曾“奏率文官俸给修两京国子监”[3]。新旧《唐书》对这次重修国学均有记载，而《册府元龟》和《唐会要》的记述要详细些，并提到郑余庆在修葺中重新缮写了“壁经”[4]。《全唐文》收人了郑余庆当时的奏文，文中也提到“缮壁经”[5]。唐宪宗是晚唐较有作为的皇帝，即位（805）后，与藩镇先后进行了7次重大军事对抗，虽未能中兴大唐，但毕竟使朝廷的权力有所恢复。此次重修国学及重新缮写壁经之举，就是在这种历史背景下发生的。

---

①《旧唐书》卷二四《礼仪志四》。

②唐·舒元舆《问国学记》，见《全唐文》卷七二七，中华书局影印本，第八册第7492—7493页。

③《旧唐书》卷一五八《郑余庆传》。

④《册府元龟》卷六〇四《学校部·奏议三》，中华书局影印本，第八册第7254页。《唐会要》卷六六《国子监》。

⑤唐·郑余庆《请抽京外官俸料修孔子庙堂奏》，见《全唐文》卷四七八，中华书局影印本，第五册第4886页。

第二次是在文宗太和初年，前引刘禹锡《国学新修五经壁本记》一文，记述的就是这次新修。此时唐文宗刚刚即位，还想有所作为，据刘禹锡文，知其即位后不去修建宫苑，而是拨巨款重修国学。此役由国子祭酒齐皞主持，博士韦公肃协助。他们利用修国学经费之节余，对已经“崩剥污蔑，澳然不鲜”的《五经壁本》再次更新。这次不是简单地重新缮写，而是易土壁为木版。对此刘禹锡文中所记颇详：

> 惩前土涂，不克以寿，乃析坚木，负墉而比之。其制如版牍而高广，其平如粉泽而洁滑，皆施阴关，使众如一，附离之际，无迹可寻，堂皇靓深，两庑相照。申命国子能通法书者，分章揆日，逊其业而缮写焉。笔削既成，雠校既精，白黑彬班。

由于直接书于土壁之上的经文无法长期保存，这次选用上好木材，比照墙壁尺寸，剖析成宽大平滑的木板，连接之处设有机关，使其相互契合，连接成整体版面，然后由善书之国学生徒，将经书缮写于木版之上。这种木版壁经较之土壁壁经是前进了一大步。遗憾的是，刘禹锡此文未署具体时间，只在文末写道：“时余为礼部郎，凡瞽宗之事，得以关决，故书之以移史官，宜附于艺文云。”这就是说，他当时正在礼部郎中任上。刘禹锡不仅是著名诗人，也是晚唐政坛上的活跃人物。早年与柳宗元参加王叔文集团，名重一时。宪宗即位后，王叔文败，他也被贬朗州（今湖南常德），从此仕途坎坷，几度还京，几度遭贬。文宗太和二年（828），刘禹锡由和州（今安徽和县）刺史任上召还，拜主客郎中。当时裴度为相，兼集贤殿大学士，雅知禹锡，荐为礼部郎中、集贤直学士。裴度太和四年（830）罢相，刘禹锡也于当年六月出为苏州刺史[①]。可见，刘禹锡任礼部郎中只能是在太和二至四年之间，这篇记文当写于此时，《五经壁本》改用木版亦应在此时。

改为木版的《五经壁本》存在的时间并不长。就在太和四年四月，时任工部侍郎兼充翰林侍讲学士的郑覃，向文宗进言：

> 经籍讹谬，博士相沿，难为改正。请召宿儒奥学，校定六籍，准

①参见新旧《唐书》中刘禹锡、裴度二人传记。

后汉故事，勒石于太学，永代作则，以正其阙。[1]

文宗采纳了郑覃的建议。但刊刻石经当时并未实行。由于朝中党争激烈，第二年李宗闵、牛僧孺上台，与李德裕相善的郑覃被罢去侍讲学士。这一建议真正付诸实施是在太和七年（833）。这年二月，李德裕复出为相[2]，五月，郑覃任御史大夫，仍召为侍讲学士，得在文宗左右。据《唐会要》载：

（太和七年）十二月，敕于国子监讲论堂两廊创立石壁九经，并孝经、论语、尔雅共一百五十九卷，字样四十卷。[3]

由此可知，文宗下旨创立“石壁九经”的确切时间是太和七年十二月，地点仍在国子监讲论堂两廊，即与《五经壁本》所在相同。太和九年（835）十月，郑覃迁尚书右仆射，兼判国子祭酒，不久又以本官同平章事。于是，郑覃以宰相兼国子祭酒的身份，主持了国子监刊刻“石壁九经”即《开成石经》的工程。

石经刊刻之前，对经文再度进行了校订。《旧唐书·郑覃传》云：

时太学勒石经，覃奏起居郎周墀、水部员外郎崔球、监察御史张宗次、礼部员外郎孔温业等校定文字，旋令上石。

此外，《开成石经》所附《新加九经字样》之前，有“中书门下牒国子监”之牒文，其中还提到“大和漆（七）年拾贰月伍日敕复定九经字体”。文宗的这道敕令，与创立“石壁九经”的敕令是同时的。此“复定九经字体”的工作由翰林侍诏朝议郎唐玄度主持完成，并产生了《新加九经字样》一卷，作为对张参《五经文字》的补充，并与《五经文字》一起附刻于《开成石经》之末。

石经刻成于文宗开成二年（837）。《开成石经》之末署有年款“开成二年丁巳岁月次于玄日维丁亥”，即开成二年九月二十六日，这应该是全部石经刊刻完毕的准确日期。《旧唐书·文宗纪》记有开成二年十月“癸卯，宰臣判国

---

①《旧唐书》卷一七三《郑覃传》。

②《新唐书》卷八《文宗本纪》

③《唐会要》卷六六《国子监》。这里的“字样四十卷”不知何指，显然有误。

子祭酒郑覃进石壁九经一百六十卷”[1]，时间稍晚，这应该是十月十四日郑覃在石经刻成之后向文宗复命交差。

从代宗大历十年（775），到文宗开成二年（837），用了六十多年时间，由土壁而木版，由木版而石刻，最后终于成就了这部卷帙浩繁的石刻典籍。（图1-1 至 1-3）《开成石经》共刻 114 石，228 面，每石高 216 厘米，宽 83—99 厘米不等，内容包括《周易》《尚书》《毛诗》《周礼》《仪礼》《礼记》《春秋左氏传》《公羊传》《穀梁传》以及《孝经》《论语》《尔雅》等十二种经书，加上所附《五经文字》和《九经字样》，共计一百六十卷，六十五万余字。

图 1-1 展室中的唐《开成石经》（旧照）

图 1-2 展室中的唐《开成石经》（现状，已加防护玻璃）

需要说明的是，《五经壁本》的“五经”，与“石壁九经”的“九经”，在这里应是同义。所谓“五经”，是《诗》《书》《易》《礼》《春秋》五种经典的总称，而

① 《旧唐书》卷一七下《文宗纪下》。

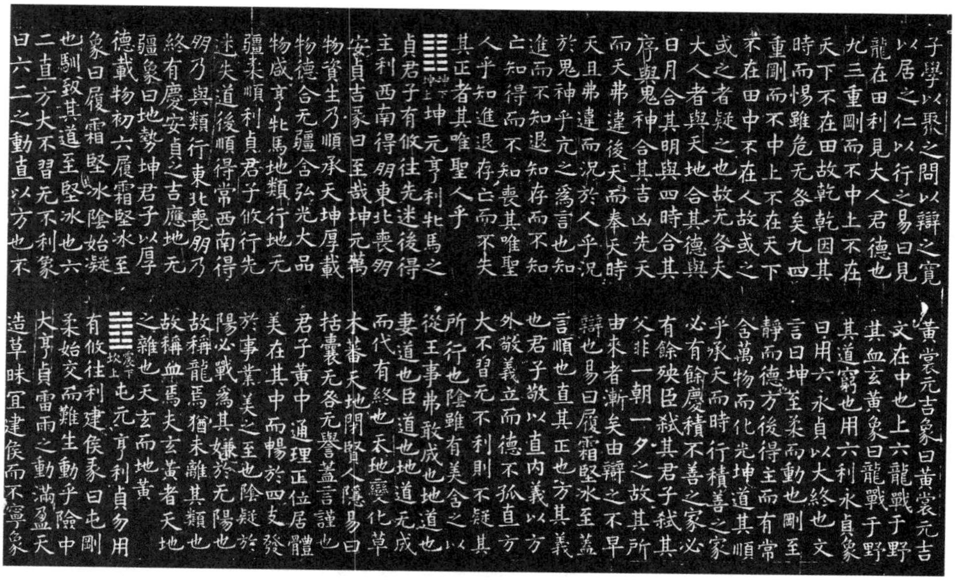

图 1-3《开成石经·周易》（拓本，局部）

“九经”则是将其中的《礼》析为《三礼》，《春秋》析为《三传》，各自单算为一经。《五经壁本》很可能并未包括《孝经》《论语》《尔雅》，而《开成石经》除“九经”外，加刻上述三经，所以又合称“十二经”。清代在此基础上又加刻《孟子》，便成为今天所说的“十三经”。

三、《石台孝经》碑

《石台孝经》碑刻立于唐玄宗天宝四年（745），要比《开成石经》早。《孝经》是儒家“十三经”中最短的一部经，今本《孝经》仅 18 章 1799 字。其著者和成书时代，历来有不同说法。有谓孔子所作，有谓曾子所作，有谓曾子弟子所作，亦有谓子思所作，但均被近代以来学者证明不能成立。考其文字本身，有袭用《孟子》《荀子》者，则《孝经》成书应在其后，又因《吕氏春秋》袭用《孝经》文字，则《孝经》成书又在其前。这就是说，《孝经》之作，与孔子、曾子无涉，是后世儒者所为，时间是在战国末期。《孝经》作为“经”，似不能与其他儒家经典相提并论，但它却为历代统治者所重视。早在汉文帝时，《孝经》已置博士。以帝王之尊为《孝经》注疏的，唐玄宗之前，就有晋元帝《孝经传》，梁武帝《孝经义疏十八卷》，梁简文帝《孝经义疏》等。这当然不是《孝经》有什么艰深的经义，需要他们注来注去，他们看重的，是这部劝孝的书对于维护宗法社会稳定、巩固其封建统治秩序的政治功用。在这一点上，唐玄宗与他的几位前辈并无不同。如果说有什么不同，那就是他对《孝经》似乎格外用心，曾两度注释。

与其他儒家经典一样，《孝经》也有今文本和古文本。今文本为郑玄注，分十八章；古文本为孔安国注，分二十二章。孔注本南朝梁时已佚，又有隋刘炫伪作孔注本传世。开元七年（719）三月，玄宗诏令诸儒质定《孝经》《尚书》古文：

> 孝经、尚书有古文本孔、郑注，其中指趣颇多踳驳，精义妙理，若无所归，作业用心，复何所适。宜令诸儒并访后进大解者，质定奏闻。①

玄宗亲自为《孝经》作注，是在三年之后，即开元十年（722）“六月辛丑，上训注孝经，颁行天下。”②二十年后的天宝二年（742），唐玄宗又第二次训注《孝经》。他这样解释再注的原因：

> 化人成俗，率繇於德本，移忠教敬，实在於孝经。朕思畅微言，以理天下，先为注释，寻亦颁行。犹恐至赜难明，群疑未尽，近更探讨，因而笔削。兼为叙述，以究源流，将发明於大顺，庶开悟於来学。宜付所司，颁示中外。③

第二年十二月，他又“诏天下民间家藏孝经一本。”④于是，《孝经》郑注本和伪孔注本皆废。就在第二次注成后，唐玄宗还亲自以隶书书写经文和注释，由国子祭酒李齐古主持刻石立于长安国子监。正因为如此，其他几位皇

① 《册府元龟》卷五十《帝王部·崇儒术第二》。
② 《旧唐书》卷八《玄宗纪上》。
③ 《全唐文》卷三二《玄宗十三》之《重颁注孝经诏》。
④ 《旧唐书》卷九《玄宗纪下》。

帝的注疏早已亡佚，而他的注文却因《石台孝经》碑而保存至今。现行之《十三经注疏》，用的就是唐玄宗的《孝经》注文。

《孝经》碑碑身为方柱形，由 4 块梯形石材围绕一方形中心石柱拼成；方形碑首箍于其上，顶作山岳形，四面浮雕云纹；其下为三层方形石台基座，台座四周刻蔓草、瑞兽纹。自台基至碑首，通高 620 厘米，碑身每面宽 132 厘米。因其形制独特，高耸于三层石台基座之上，后世称之《石台孝经》碑。其正面额部题“大唐开元天宝圣文神武皇帝注孝经台”16 字，篆书，为太子李亨所题。碑四面刻文，第一面前半为玄宗所作《孝经序》，8 行，行 55 字，隶书；自第一面后半至第四面前半，为《孝经》经文及玄宗所作注文，共 50 行，行字不等，经文大字，注文双行小字，均为隶书，以上为玄宗所书。第四面后半分为上下两截，上截刻国子祭酒李齐古为刻碑事所上表文及玄宗对其表文所作的批答，表文楷书，批答为玄宗行草书；下截刻李林甫等 45 人题名，楷书。（图 1-4、1-5）

图 1-4 《石台孝经》碑

唐玄宗李隆基是把唐王朝引向“开元盛世”、引向繁荣之顶峰的人，同时他又是把唐王朝引向“安史之乱”、引向灾难深渊的人。凭着白居易一首《长恨歌》，普通中国人知道得更多的，是他和杨玉环缠绵的爱情故事，以及他后期沉湎声色、任用奸佞、误国误己的人生败笔。其实，他年轻时英武果敢，诛讨韦氏，登基后励精图治，革除弊政，确曾有过一番作为。另外，他还是一个相当不错的书法家，尤其擅长隶书、章草。其传世书迹中，最为著名也是保存最好的，除了刻于泰山的摩崖石刻《纪太山铭》，便是西

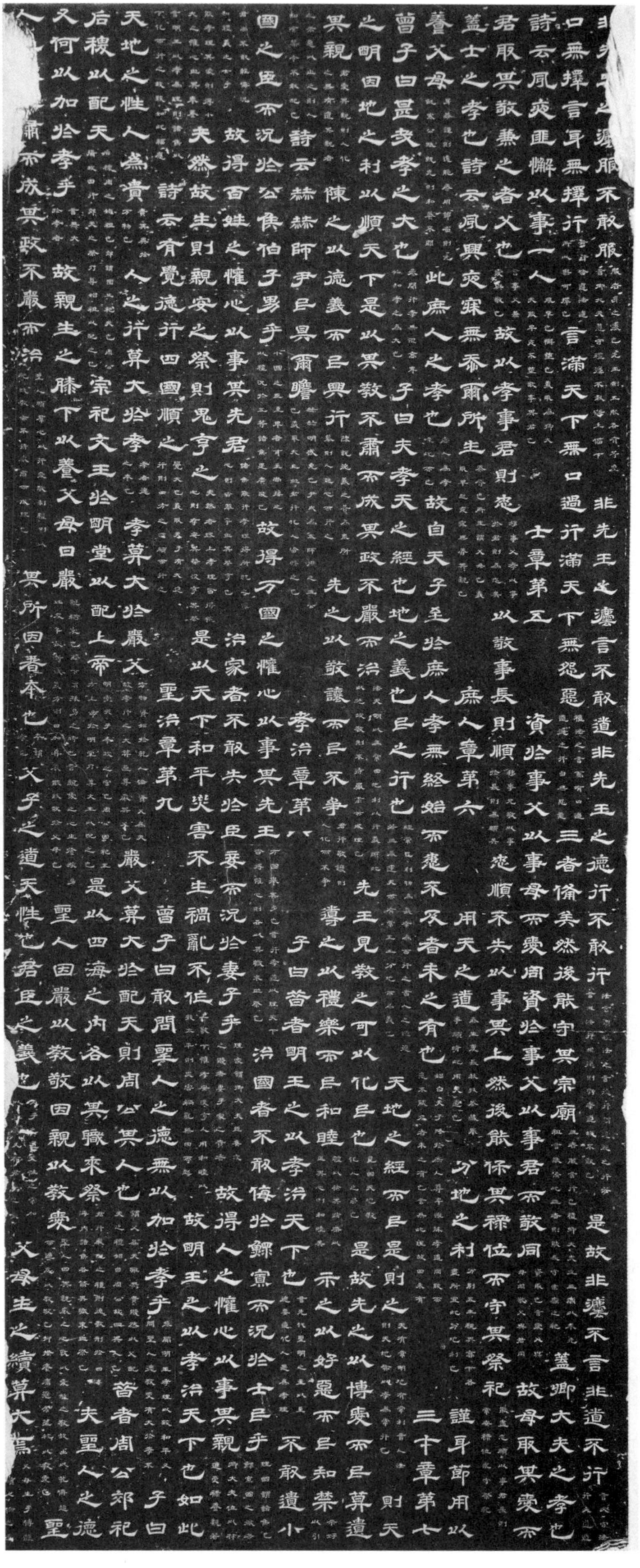

图 1-5 《石台孝经》碑（北面，拓本）

安碑林中这通《石台孝经》碑。

唐代长安国子监位于外郭城之务本坊，即皇城正南朱雀街以东正对皇城安上门之第二街东侧从北数第一坊，紧挨皇城[①]，大致相当于今天西安城南关正街与文艺路之间的北半部。国子监在该坊西部，占半坊之地。通常所说的“唐石经”，特指《开成石经》，并不包括《石台孝经》碑，只是因为它们最初同在唐国子监内，后来又一同搬迁，所以下文在考述唐石经迁置经过时，将它们一并述之。

第三节　唐石经的迁置经过

一、唐石经的第一次迁置

唐石经的第一次迁置，与唐末昭宗东迁、长安城被毁有关，与韩建在废墟之上重建长安新城有关。目前所知最早记载唐石经迁置经过的，是碑林现藏刻立于北宋建隆三年（962）的《重修文宣王庙记》碑（图 1-6）。碑文称：

> 昔唐之季也，大盗寻戈，权臣窃命。地维绝纽，八銮迁胁于东周；天邑成墟，三辅悉奔于南雍。天祐甲子岁，太尉许国□公时为居守，才务葺修，遂移太学并石经于此。

图 1-6　北宋建隆三年《重修文宣王庙记》碑

这里的“天祐甲子岁”，为唐天祐元年（904），“太尉许国□公”，是太尉许国韩公，即韩建，他是光华元年（898）昭宗自华州返

①宋·宋敏求《长安志》卷七。见辛德勇、郎洁点校本《长安志·长安志图》，三秦出版社，2013 年，第 261 页。

回长安后，被封为许国公的[1]（图 1-7）。韩建（854—912），字佐时，许州长社（今河南许昌）人。朱温胁迫昭宗东迁后，韩建任佑国军节度使，镇守长安。为便于防守，他放弃郭城、宫城，以原皇城城垣为基础，缩建了长安城。那么，原在郭城以内的国子监所在的务本坊，便成了城外，韩建于是又把已处于城外的“太学并石经”迁置于新城之内。但迁置的具体情况，以及究竟迁往城内何处，碑文未作说明。

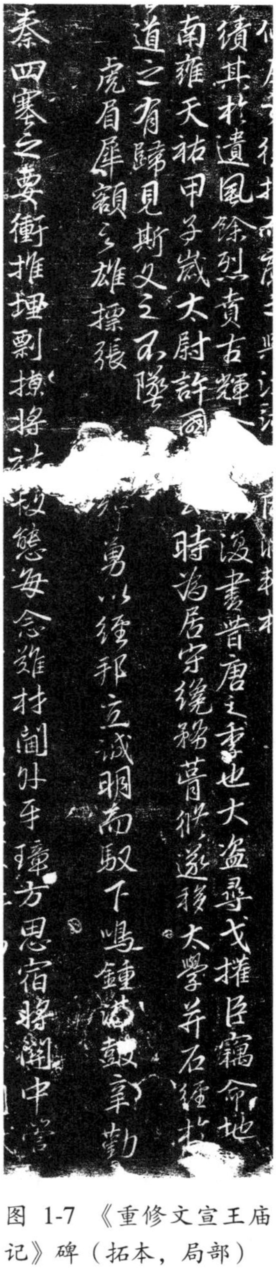
图 1-7 《重修文宣王庙记》碑（拓本，局部）

此碑文是王彦超重修京兆文宣王庙的纪事碑文，碑文所说的“移太学并石经于此”的“此”，当然是指文宣王庙，况且碑文提到重修文宣王庙时，称“霞张梦奠之楹，粉耀藏书之壁”，即一并整理了唐石经，则石经被韩建迁入新城后，应该与文宣王庙在一起。

北宋大中祥符二年（1009）《大宋永兴军新修玄圣文宣王庙大门记》碑（图 1-8），进一步证明当时唐石经确在文宣王庙内。此碑现藏西安碑林，碑文在记述文宣王庙内情况时提到：“石壁外周，既异乎藏书之所，苔碑中立，又殊乎丽牲之具。”此所谓外周之石壁，显然是指《开成石经》，而中立之苔碑，则是《石台孝经》碑无疑。碑文还说：

> 是军，古京邑也，斯庙，古国学也。自浚郊建都，降□□府，百司之盛，空余坏垣，三辅之雄，宛若列郡。然而故地虽

①《新五代史》卷四〇《韩建传》云：“光化元年，昭宗还长安，自为建画像，封建颍川郡王，赐以铁券。建辞王爵，乃封建许国公。”《旧唐书》卷二〇上《昭宗纪》亦记曰：光华元年九月“制以镇国、匡国等军节度使韩建守太傅、中书令、兴德尹，封颍川郡王，赐铁券，并御写‘忠贞’以遗之。建累上表辞王爵，乃改封许国公。”

易，旧名尚存，是以民到于今或以监名呼之。

由此可知，直到宋代，京兆人出于念旧，仍称移入城内的文宣王庙为国子监或国学，尽管后者早已不复存在了。至于文宣王庙之所在，碑文只云“闬闳不峻，阛阓附近．隘类晏宅，陋同颜巷”，仍然未作具体说明。

对唐石经第一次迁置的地点作出具体说明的，是碑林现藏北宋元祐五年（1090）《京兆府府学新移石经记》碑（图 1-9）。碑文在回顾了《开成石经》刻立经过后，接着写道：

> 旧在务本坊，自天祐中韩建筑新城，六经石本委弃于野。至朱梁时，刘鄩守长安，有幕吏尹玉羽者，白鄩请辇入城。鄩方备岐军之侵轶，谓此非急务。玉羽绐之曰：一旦虏兵临城，碎为矢石，亦足以助贼为虐。鄩然之，乃迁置于此，即唐尚书省之西隅也。

碑文说得很清楚，旧在务本坊国子监内的唐石经，是朱梁时刘鄩在其幕吏尹玉羽劝诱下，迁置于新城内“唐尚书省之西隅”的。

刘鄩（856—920），密州安丘（今山东安丘）人。后梁开平三年（909），奉命西讨刘知俊，收复长安，因功被任为永平军（以佑国军改，即长安）节度使，行大安府（后梁改京

图 1-8 《永兴军文宣王庙大门记》（拓本）

兆府为大安府）尹。“是时，西鄙未宁，密迩寇境，鄩练兵抚众，独当一面。”[①]当时，刘鄩正练兵抚众，以备凤翔李茂贞进攻，而尹玉羽也正是利用这一点，说服他将唐石经迁置于城内。这位尹玉羽，是京兆长安人，活动于唐末五代时。他成功地利用刘鄩，达到了保护唐石经的目的。

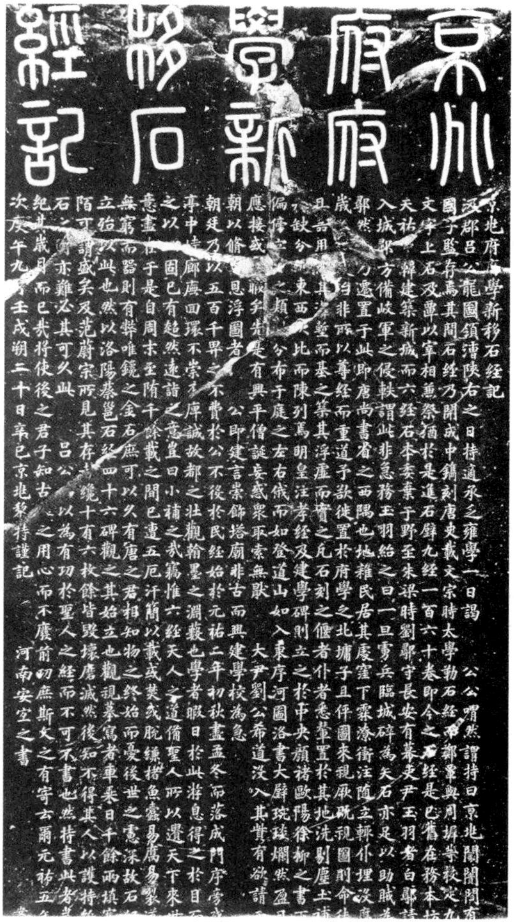

图 1-9 北宋元祐五年《京兆府府学新移石经记》碑（拓本）

据清人徐松《唐两京城坊考》及所附《西京皇城图》[②]，唐尚书省在皇城中安上门至长乐门大街以西，朱雀门至承天门大街以东，皇城自北第三横街以南，景风门至顺义门大街（第四横街）以北这样一个范围内，大致相当于今西安城北大街以西，北广济街以东，鼓楼以北，西华门街以南这一带。石经既然是迁于“唐尚书省之西隅”即其西边，当是在靠近今北广济街一侧。

《京兆府府学新移石经记》碑提供了唐石经迁置于新城内的具体地址，但与前引之《重修文宣王庙记》碑却发生了矛盾：迁置石经的主角不是韩建，而是刘鄩，而且此碑明确指出刘鄩所迁移的是“本委弃于野”的“六经石”，即唐《开成石经》。那么，究竟是谁迁移的唐石经呢？

①《旧五代史》卷二三《刘鄩传》。其事迹亦见《新五代史》卷二二《刘鄩传》。

②清·徐松《唐两京城坊考》卷一《西京·皇城》，方严点校，中华书局，1985 年；另见清·徐松撰、李建超增订之《增订唐两京城坊考》，三秦出版社，1996 年。

对这个问题，前人也注意到了。王昶《金石萃编》有建隆三年《重修文宣王庙记》碑的录文，并加有按语指出：

至黎持所记，建筑城时，经石委弃于野，刘鄩始辇入城。而碑则云韩公居守，遂移石经，彼此互异。两五代史刘郡传又不载移石经事，黎说之是否，不能定也。①

所谓“黎持所记”，指的就是元祐五年《京兆府府学新移石经记》碑，黎持是撰文者。在这里，王昶的态度是审慎的，他只是指出两碑所记彼此互异，并对黎持之说表示怀疑，但没有下结论。

毛凤枝《关中金石文字存逸考》有“石刻十二经”条，在引述黎持碑文后写道：

又建隆三年刘从义修文宣王庙记云：天祐甲子岁，太尉许国公移太学并石经于此。许国公即韩建，说与黎持记不合。韩建所移石经，当指石台孝经而言。②

他不仅指出二者的矛盾，还做出了自己的解释，即“韩建所移石经，当指石台孝经而言。”如果真如毛氏所说，问题就解决了：韩建移《石台孝经》碑于前，刘鄩移《开成石经》在后。

武伯纶同意此说，并进一步认为：唐人所谓石经，不专指《开成石经》，亦可指《石台孝经》碑，并以《全唐文》所收开成之前人王履贞《太学创置石经赋》作为证据③。但王履贞这篇赋中，不见提《孝经》与玄宗一字，况且《石台孝经》碑刻立于天宝四年（745），王履贞生卒年虽不可考，但知其为德宗贞元七年（791）进士，中间相隔“安史之乱”和肃宗、代宗两朝，差了近50年，其赋如果是说《石台孝经》碑，何言“创置”？而且在其赋中，说石经“布落落于广庭，陈严严于千尺”“削成岂劳于执简，壁立更逾于散帙”“五色差参，夫子之文章尽在，丹楹俯瞰，圣人之阃阈斯存”④，怎么看也不是单

①清·王昶《金石萃编》卷一二三“重修文宣王庙记”条下。
②清·毛凤枝《关中金石文字存逸考》卷二“西安府下”之“石刻十二经”条。
③武伯纶《西安碑林简史》，《文物》1961年第8期。
④见《全唐文》卷五四六。

说《石台孝经》碑，而更像是在说《开成石经》。看来，用此赋来证明当时《石台孝经》碑亦称石经，并进一步证明韩建所移的是《石台孝经》碑，难以让人信服。

据史籍，韩建是唐天祐元年（904），即昭宗东迁的当年，任佑国军节度使、京兆尹的，两年后，于天祐三年（906）改任青州节度使[①]。而刘鄩是朱梁开平三年（909）夏，平定同州刘知俊反叛时，取潼关，复长安，并被梁太祖任命为永平军节度使的[②]。韩、刘二人的任期仅相隔两年。了解这一点很重要，因为韩建在其两年任期内，很可能并未最终完成缩建长安城和“移太学并石经”于城内的工程，也许只完成了前者，后者只是部分完成。我们可以设想，在他离任之前，很可能只迁移了石经的一部分（是否包括《石台孝经》碑并不重要），其余未及迁移者，便留在城外，“委弃于野”。紧接着，唐朝灭亡，梁朝建立，两年后刘鄩入陕平叛，驻守长安城，才在尹玉羽劝诱下，将其余石经迁置于城内同一地点。于是，石经之迁入新城内，《重修文宣王庙记》碑记的是韩建，《京兆府府学新移石经记》碑记的是刘鄩。在没有得到进一步的证据之前，我们不妨认为，唐石经的第一次迁置是由韩建、刘鄩二人一前一后共同完成的。

二、北宋时期的京兆府孔庙与府学

唐石经被迁置于长安新城“唐尚书省之西隅”后，在北宋时期还有过两次迁置，而这两次迁置均与京兆府孔庙和府学的搬迁有关。所以，在此须对北宋时期的京兆府孔庙与府学加以考察。

1. 北宋时期的京兆府孔庙

中国古代孔庙按性质可分为两种，一种是建于孔子故里的孔氏家庙，一种是建于京师及各地官学中用以向孔子行释奠之礼的庙堂。孔氏家庙出现得很早，春秋末鲁哀公十七年（前478）即孔子去世后第二年，便于曲阜孔子旧宅建庙，内藏孔子生前所用衣、冠、琴、车、书等物，岁时奉祀。此后历代不

①《旧五代史》卷一五《韩建传》。
②《旧五代史》卷二二《刘鄩传》。

断增修，随着孔子地位越来越高，其规模越来越大，这便是延续至今日的曲阜孔庙。另外，南宋建炎二年（1128），孔子第四十八代嫡长孙衍圣公孔端友赴扬州陪祀，因金兵占曲阜而未归，随高宗赵构南渡，被赐居衢州（今浙江衢州市），繁衍至今，是为孔氏南宗，而衢州孔庙，遂成为孔氏南宗家庙。

官学中孔庙出现得比较晚。先秦时，学校中也有释奠先圣先师之礼。《礼记·文王世子》曰："凡始立学者，必释奠先圣先师"。不过那时的学校不同于后世专门传授儒家学说的官学，先圣先师亦非专指孔子。孔子和儒学家说独尊地位的确立，已到了汉武帝时。汉武帝兴太学，置博士弟子员，专门传授儒家经典，是后世官学制度的起始。然而当时只是利用博士旧有黉舍以授弟子，并无"太学"这一专门机构和学舍，当然也不会有统一的释奠孔子之礼。汉代太学设立机构，营建学舍，已到了西汉平帝元始四年（公元 4 年），由王莽主持完成。"是岁，莽奏起明堂、辟雍、灵台，为学者筑舍万区，作市、常满仓，制度甚盛。"[①]东汉和魏晋时期，太学中释奠孔子之礼已成定制[②]。

晋室东渡后，在京城建康先后重建了太学和国子学。就在重建国子学的同时，即晋孝武帝太元十一年（386），于国子学之西建"夫子庙"[③]，即专门用于释奠孔子的祭祀空间，这是迄今所知古代官学中最早出现的孔庙。在当时的北方，最早在国学建孔子庙的是那位推进汉化、尊孔崇儒的北魏孝文帝。太和十三年（489）七月，他"立孔子庙于京师"，即在平城（今山西大同）的国学建孔庙（当时国学设在中书省，亦称中书学）[④]。

唐长安国子监中孔庙的建立，有较明确的记载。唐武德二年（619），李唐王朝刚刚建立，统一战争尚在进行中，唐高祖李渊便下诏"令国子学立周公、孔子庙，四时致祭"[⑤]。不过当时是以周公为先圣，孔子以先师名分配享。至贞观二年（628）年末，唐太宗又采纳房玄龄、朱子奢的建议，"停以周公为先

①《汉书》卷九九《王莽传上》。

②《后汉书》志第四《礼仪志上》;《晋书》卷一九《礼仪志上》。

③唐·许嵩《建康实录》卷九"晋中下·烈宗孝武皇帝"条。

④《魏书》卷七下《高祖纪下》。又《魏书》卷一〇八之一《礼志一》载：太和十六年二月丁酉，孝文帝有诏曰："周文公制礼作乐，垂范万叶，可祀于洛阳。其宣尼之庙，已于中省，当别敕有司。"当月癸丑，"帝临宣文堂……授策孔子，崇文圣之谥。于是袒等就庙行事。既而，帝斋中书省，亲拜祭于庙。"

⑤《旧唐书》卷一《高祖本纪》。唐高祖的诏文见《旧唐书》卷一八九上《儒学传上》。

圣，始立孔子庙堂于国学，以宣父为先圣，颜子为先师”[①]。虞世南撰文并书写的《孔子庙堂之碑》，就是长安国子监中“始立孔子庙堂”的纪事碑[②]。贞观四年（630），唐太宗又“诏州县皆作孔子庙”[③]。自此，各地方官学中开始普遍设立孔庙。至开元二十七年（739），唐玄宗追谥孔子为文宣王，此后孔庙便又称文宣王庙。

有唐一代289年，作为全国最高学府的长安国子监及其中孔庙，随着唐王朝国运一同升沉起伏。贞观年间国子监最盛，“增筑学舍一千二百间”，在其中就读者，不仅有来自全国各地的士子，还有周边国家的留学生，“于是国学之内，八千余人，国学之盛，近古未有。”[④]“安史之乱”后唐朝由盛而衰，长安国子监及其中孔庙受时局影响，虽屡废屡兴，但一直存在到唐末昭宗东迁。昭宗东迁后，长安城一片废墟，当年韩建所以将“太学并石经”迁入新城内，应该有他的考虑。当时，名义上的唐王朝还存在，长安新城虽然规模大大缩小，理论上仍是唐朝国都。只是三年后朱温称帝，建立后梁，都汴京，长安才失去了国都的地位，同时也失去了在城中拥有太学的理由。

前引北宋建隆三年《重修文宣王庙记》碑，记述的是北宋立国之初永兴军节度、京兆尹王彦超重修京兆城中文宣王庙之事，而此庙，正是唐末韩建迁入新城的“太学”。既言“重修”，说明此前即五代时期该庙已经存在。也就是说，唐末迁人长安新城的“太学”即国子监，于五代时期演变成为京兆府城的文宣王庙，而一并迁来的唐《开成石经》，则一直立于庙中。

与北宋前期京兆府城孔庙相关的还有一块碑，即前引《大宋永兴军新修玄圣文宣王庙大门记》碑，记知永兴军府事孙仅新修孔庙大门之事。碑文称：“是军，古京邑也，斯庙，古国学也。”[⑤]说的正是这种学已不存而独存文宣王

---

①《旧唐书》卷一八九上《儒学传上》；《唐会要》卷三五“褒崇先圣”条。

②《孔子庙堂之碑》作为“始立孔子庙堂”的记事碑，应刻于新庙建成之际或稍晚，可惜原碑已不存，两种宋代重刻本又均无原碑刻立年月。笔者曾对唐长安国子监孔子庙堂的建成时间做过考证，参见拙文《西安孔庙历史溯源》，载《碑林》集刊第十辑，陕西人民美术出版社，2004年。

③《新唐书》卷一五《礼乐志五》。

④《唐会要》卷三五“学校”。

⑤此碑现藏西安碑林。

庙的变化。该碑文又云："然而故地虽易，旧名尚存，是以民到于今或以监名呼之。"即北宋时当地人出于念旧，仍将京兆城中的这座文宣王庙，称作"国子监"或"国子学"。

可以作为旁证的还有，西安碑林中有不少宋代碑刻的题记、署名，对文宣王庙的确是"以监名呼之"。如淳化四年（993）重刻《峄山刻石》，所附郑文宝题记中写道："今以徐所授模本，刊石于长安故都国子学"。乾德六年（968）所刻《摩利支天经与阴符经》，碑题下署："京兆府国子监"，碑文末题："其经永在监内流传。"大中祥符三年（1010）所刻《沙门净已书偈》，碑末题名中有"勾当国子监人邓德诚"。这些资料足以证明，北宋时京兆府城的文宣王庙，与唐长安国子监及其中孔庙有着显而易见的承续关系。

2. 北宋时期的京兆府学

入宋后，京兆城中这种有庙而无学的状况持续了很长一段时间。且不独京兆如此，全国各地大多如此。这是因为北宋前期八十余年间，统治者一直奉行重科举而轻学校的政策。当时的官学只有中央政府开办于京师的国子监，地方官学基本处于取消状态。由于自唐以来，州县皆办官学，且学中皆有孔庙，于是北宋前期各地便出现了有庙无学的状况。此正如王安石后来所说："奠先师于学而无庙，古也。近世之法，庙事孔子而无学。"[①]对此，《文献通考》亦曰："盖衰乱之后，荒陋之邦，往往庠序颓圮，教养废弛，而文庙独存。"[②]这种状况直到仁宗即位才开始发生变化。之后，北宋更有三次兴学之政，目的就在于革除北宋早期这种择而不教的科举办法产生的流弊。

第一次兴学是在仁宗庆历四年（1044），称"庆历兴学"，主要推动者是当时的参知政事范仲淹[③]。虽然仁宗下诏各州县立学，然范仲淹第二年便罢相而去，新政受挫，各州县办学与否，全在于地方官的热心程度。

第二次兴学始于神宗熙宁四年（1071），直至元丰八年（1085）神宗去世，所以称"熙宁元丰兴学"，主要推动者是当时为相的王安石。当时对科举和教

①宋·王安石《临川先生文集》卷八二《繁昌县学记》。

②宋·马端临《文献通考》卷四六《学校考七》。

③《文献通考》卷四六《学校考七》："庆历四年，参知政事范仲淹等建议精贡举，请兴学校，本行实。乃诏州县立学，本道使者选属部为教授，不足则取於乡里宿学之有道业者。"

育制度的改革，是王安石一系列改革新政的组成部分。其教育思想是“教之、养之、取之、任之”四者并重，而“教之”就是通过京师及各级官学来实现的，“欲一道德则修学校，欲修学校则贡举法不可不变”[①]。熙宁四年，国子监生员增至1000人，行三舍选察升补之法，并诏诸州置学官，率给田十顷赡士，且置小学教授。至元丰年间，王安石虽已去职，但神宗并未改变兴学政策。不过神宗去世后兴学之政又出现反复。

第三次兴学是在徽宗崇宁元年（1102），称“崇宁兴学”，主要推动者是当时为相的蔡京。他推行的仍是王安石的兴学政策，只是面更广，县亦置学，学悉置教授二员，推三舍法遍行天下，且州、县皆置小学[②]。有了前两次兴学的基础，崇宁兴学的实际成果最显著，北宋地方官学至此方可谓大盛。

北宋的京兆府学创建于仁宗景祐元年（1034），比“庆历兴学”稍早。反映这一史实的，是西安碑林现藏景祐二年二月《牒永兴军》碑和同年十一月《永兴军中书札子》这两篇石刻文献。《牒永兴军》碑的内容，是户部侍郎知永兴军范雍为创办府学事给朝廷的奏文和所得批复的牒文，刻于唐《梁守谦功德碑》碑阴（图1-10）。范雍（979—1046），字伯纯，河南（今河南洛阳）人。曾知永兴军、河中府，仁宗朝官至礼部尚书[③]。其奏文称：

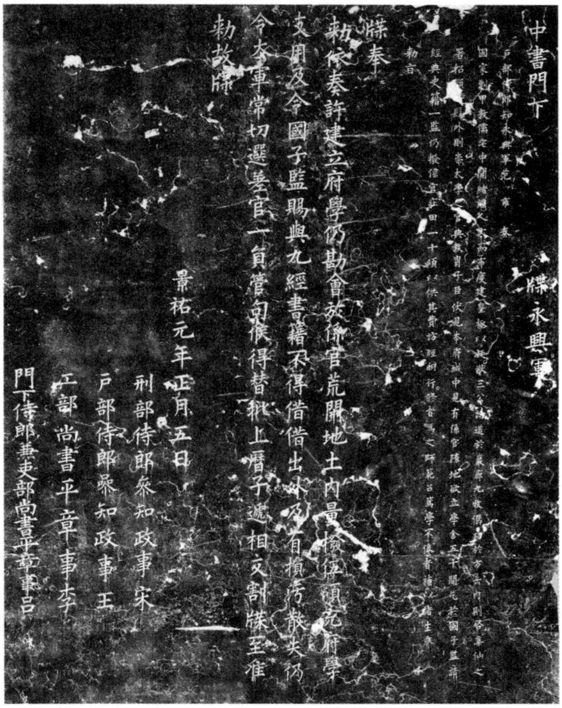

图1-10 《牒永兴军碑》（拓本，局部）

①宋·马端临《文献通考》卷三一《选举四》。

②宋·马端临《文献通考》卷四六《学校考七》。

③《宋史》卷二八八《范雍传》。

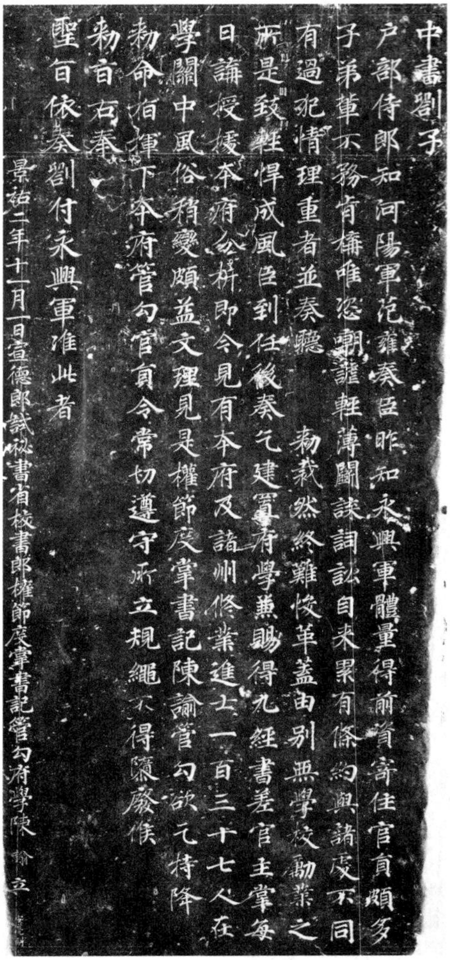

图 1-11 《永兴军中书札子》（拓本）

臣伏见本府城中见有系官隙地，欲立学舍五十间，乞于国子监请经典史籍一监，仍拨系官庄田一十顷，以供其费。请明经行修者为之师范，召笃学不倦者补以诸生。

批复的牒文称：

牒奉敕依奏，许建立府学。仍勘会于系官荒闲地土内量拨伍顷，充府学支用。及令国子监赐与九经书籍，不得假借出外及有损污散失。仍令本军常切选差官一员管勾。

牒文日期为景祐元年正月，刻石日期为景祐二年二月，应是府学建成后刻石以记其事，范雍建京兆府学的时间应在景祐元年。

《永兴军中书札子》（图 1-11）的内容，仍是范雍（时已改知河阳军）的奏文，称当时京兆府学已“有本府及诸州修业进士一百三十七人在学，关中风俗稍变，颇益文理”。并请求降敕，令该府管勾官员“常切遵守所立规绳，不得堕废”。札文未署年月，刻石时间为景祐二年十一月。

范雍创办京兆府学，是在北宋第一次兴学之前。此时地方官学尚未推广，亦无定制，地方政府兴办学校须专门奏请朝廷批准，也可见其并不普遍。初建之府学，从碑文中“学舍五十间”看，规模并不大。关于府学的地址，碑文只言府城中之“系官隙地”，未说明具体方位。另外，新建府学与城中原有孔庙的关系，以及是否在府学中新建孔庙，亦未提及。

西安碑林中还有一块《京兆府小学规》碑，是至和元年（1054）刻于梦英《篆书目录偏旁字源》碑阴的（图 1-12）。碑文中有“府学牓准使帖指挥于宣圣庙内置小学”一句，为最初京兆府学与孔庙的关系提供了线索。作为启蒙教育场所的“小学”，周代已有，以后各代或民办，或官办，延续未绝。北宋初因官学不发达，私人创立之书院盛于一时，私立之小学、书馆亦当不少。神宗熙宁四年第二次兴学时，“始令诸州置学官，率给学田十顷赡士，并置小学教授”[①]，可见当时诸州官学中已有小学。崇宁元年即第三次兴学时，则许州县学并置小学[②]，即诸县学也可建小学了。京兆府小学建得较早，至晚是在《京兆府小学规》刻碑的至和元年。根据碑文，它是建在“宣圣庙内”即孔庙之中的，其中就读者有十五岁以下学童，教学内容为学字、念书、吟诗、试赋等基础课程，显然是有别于府学的初级学校。其建置由府学“牓准”，碑文后署名者为“府学教授”“提举府学”等官员，又可见其附属于府学，受府学节制。

图 1-12　《京兆府小学规》（拓本）

既然京兆府小学设在孔庙内，那么京兆府学按理也应在孔庙内或在孔庙近旁。而当时京兆城中的孔庙，正是唐末被韩建与唐石经一起迁入新城“唐尚

①《宋史》卷一一〇《选举志三》。

②宋・马端临《文献通考》卷四六《学校考七》。

书省之西隅”的太学，宋时仍“以监名呼之”的文宣王庙（或称宣圣庙）。这就是说，京兆府学从创建之初，即与京兆孔庙及其中唐石经在一起，所以后来才又有了京兆府学、孔庙及唐石经的两度搬迁。

三、唐石经的第二次和第三次迁置

唐石经的第二次迁置，是在北宋元祐二年（1087）。前文引述的元祐五年（1090）《京兆府府学新移石经记》碑，就是这次迁置的纪事碑。碑文记述当时任陕西转运副使的吕大忠，以石经在原唐尚书省之西隅，“地杂民居，其处洼下，霖潦中注，随立辄仆，埋没腐壤，岁久折缺，殆非所以尊经而重道”为由，决定将其“徙置于府学之北墉”。吕大忠，字进伯（一作晋伯），蓝田（今陕西蓝田县）人。此次迁置“经始于元祐二年初秋，尽孟冬而落成”。孟冬为冬季的第一个月，即农历的十月，从初秋到十月底，工期为三到四个月。

对石经迁至新址后的状况，碑文是这样描述的：

> 凡石刻而偃者仆者，悉辇置于其地，洗剔尘土，补锢残缺，分为东西次比而陈列焉。明皇注孝经及建学碑则立之于中央，颜、褚、欧阳、徐、柳之书，下迨偏旁字源之类，则分布于庭之左右。

这里“分东西次比而陈列”的，显然是指有着自身序列的、由 114 石 228 面构成的《开成石经》。另外，除“明皇注孝经”即《石台孝经》碑外，碑文还列举了若干唐代书家之姓，说明与唐石经一同迁置的还有诸多唐宋名碑，它们“分布于庭之左右”，即陈列在《石台孝经》碑的两侧。

关于迁置后的建筑状况，碑文记曰：

> 门序旁启，双亭中峙，廊庑回环，不崇不庳，诚故都之壮观，翰墨之渊薮也。

既然“门序旁启”，应是为唐石经和其他唐宋碑刻另辟有专门的院落；院落中“双亭中峙”，应是为“立之于中央”的“明皇注孝经及建学碑”建立了两座碑亭；而“廊庑回环”，则是指为唐石经和诸多唐宋碑刻建有碑廊等保护性建筑。

这次迁置的时间、人物，迁置的对象和迁置后碑石的陈列、建筑状况，碑文所记都比较清楚，唯有迁置于何处，即碑文所说的“府学之北墉”在哪里，碑文并没有说明，因而就有了后人不同的看法。前文说过，景祐元年（1034）范雍创办的京兆府学，是与原有的府城孔庙和唐石经同在一处的，即也在原唐尚书省之西隅，可这里又说要把唐石经从“地杂民居，其处洼下”的原唐尚书省之西隅，“徙置于府学之北墉”，很显然，此时的府学与唐石经已不在一处。那么，吕大忠元祐二年迁置唐石经时，这个“府学之北墉”究竟在哪里呢？

图 1-13 明《重修孔庙石经记》碑

按流行的说法，这里的“府学之北墉”，指的就是碑林现址。此说由来已久，最早出现在明万历十七年（1589）《重修孔庙石经记》碑（图 1-13）碑文中。碑文称：

> 世传汉唐之末，兵燹相残，石经尝弃于野。朱梁时，始迁置尚书省之西隅。至宋元祐间，迁于学宫，即今孔庙地也。①

明人赵涵的《石墨镌华》在述及唐石经时也说：“宋元祐中，汲郡吕公始迁今学。”②吕大忠其祖为汲郡（今河南汲县）人，因称“汲郡吕公”；而这里的“今学”，无疑是指明代府学所在的碑林现址。清人毕沅《关中金石记》亦

①此碑现藏西安碑林。

②明・赵涵《石墨镌华》卷二“唐刻石经考”条。

持此说："西安府学大成殿后，旧为碑林，今称碑洞，始于宋元祐庚午龙图阁学士吕大忠。"[1]他进一步将此次迁置定为碑林的创始。此外，清代几块整修碑林的记事碑也沿袭此说[2]。所以，今人言及碑林历史，一般都把唐石经第二次迁置之北宋元祐二年即1087年，定为碑林创建的时间。1987年11月，原陕西省博物馆举办了碑林创建九百周年的纪念活动。2007年11月，西安碑林博物馆举办了碑林创建九百二十周年的纪念活动。

图1-14　金正隆二年《京兆府重修府学记》碑

然而，九百多年前刻立的《京兆府府学新移石经记》碑文本身，并未说明当时府学之所在，也没有其他当时的资料可以证明，元祐二年第二次迁置唐石经时京兆府学就在碑林现址。此说顶多只能算是后世的推测。值得注意的是，时代更靠前的金、元两代的碑刻并无这种说法，倒是有两块金代碑刻可以提供当时的京兆府学并不在碑林现址的证据。

碑林现藏金正隆二年（1157）《京兆府重修府学记》碑（图1-14）在追述京兆府学沿革时说：

①清·毕沅《关中金石记》卷四"石刻十二经及五经文字九经字样"条。此"元祐庚午"为元祐五年，是《京兆府府学新移石经记》碑刻碑之年，迁置之年碑文明确记曰"经始于元祐二年初秋，尽孟冬而落成"。

②清嘉庆十年（1805）《重修西安府学碑林记》碑称："夫碑以林名，盖上下数千年诸刻在焉。而开成石经最重，且碑之萃于郡学，由宋吕大忠移石经始也。唐时在务本坊，朱梁时刘鄩用尹玉羽请，迁尚书省之西隅，宋元祐中，始迁今学。"道光二十二年（1842）《复修碑林记》碑称："关中碑林之建，自宋龙图阁学士吕大忠移石经始。"

> 京兆旧学，在府城之坤维，地非亢爽。前宋崇宁二年，命郡县建学，以宾兴贤能。府帅枢密直学士虞公策承命诣学，谓诸生曰：鲁修泮宫，有思乐泮水、薄采其芹之颂，是知泮水以育人才也。今府城之东南隅，水易就下，地且文明，欲改卜其处可乎？诸生怡然曰：诺。乃范湖州规制，经营建立。庙学之成，总五百楹，宏模廓度，冠伟一时。

在这里，时间、地点、前因、后果，都叙述得比较清楚。虞策，字经臣，杭州钱塘（今浙江杭州）人，北宋崇宁二年（1103）正在知永兴军府事任上。此时较元祐二年迁移唐石经晚了十六年，是府帅虞策将“京兆旧学”从“府城之坤维”迁至“府城之东南隅”。而北宋时京兆府城的东南隅，其方位就在西安碑林现址。这是迄今所知碑林现址第一次出现在文字资料中。

既然“京兆旧学”是“前宋崇宁二年”才从“府城之坤维”迁来碑林现址的，那么此前的元祐二年吕大忠将唐石经“徙置于府学之北墉”，就不可能是迁置于碑林现址。这篇碑文中“京兆旧学”和“府城之坤维”如何理解，是问题的关键。

武伯纶述及这篇碑文时是这样解释的：“这里所谓学还是沿袭旧称，指的是文庙，坤维有人说是西南，应该是西北。”先生之所以这样说，是他认为《京兆府府学新移石经记》碑“所说‘府学北墉’的府学，应当即是范雍奏立的府学”。也就是说，他认为京兆府学自北宋景祐元年（1034）由范雍创建以来，一直就在碑林现址；而崇宁二年虞策所迁的并不是府学，而是文庙，此前文庙和府学并不在一起，是虞策把文庙迁来府学，即“北宋末年才把文庙和府学设在一起的”①。他所以强调坤维为西北，是想说明虞策是将文庙从其原址唐尚书省之西隅迁来的。这样，虞策崇宁迁建庙学之举，便不会与元祐二年吕大忠移唐石经于“府学之北墉”即碑林现址发生矛盾。

然而从碑文中“承命诣学，谓诸生曰”“诸生怡然曰”等句来看，虞策此次迁移的不仅有孔庙，而且有府学。至于“府城之坤维”，应是指府城西南部。古人以八卦示方位，“坤”为西南；这里的“维”作“隅”讲，即角落，如

①武伯纶《西安碑林简史》，《文物》1961 年第 8 期。

"四维"。那么"坤维"一词，不论从本义讲，还是从引申义讲，作"西北"理解都说不过去，这里的"府城之坤维"，显然不是指唐末至宋初文庙所在的唐"尚书省之西隅"，而是另有所指。

关于这一问题，今人辛德勇曾著文加以辩证。他指出：

> 据金人李栗在金海陵王正隆二年（1157 年）所撰《京兆府重修府学记》记载，"京兆旧学"设在"府城之坤维"。"坤维"是指西南部，而元代府学亦即今西安碑林是在宋元长安城的东南部，方位相差悬殊，显然不在一处。因而元祐二年吕大忠所迁石碑当即安置在城西南部，而不在碑林现址。[①]

这正是问题的症结所在。既然崇宁二年虞策才将府学、孔庙由"府城之坤维"即府城的西南部，迁至"府城之东南隅"即碑林现址，那么 16 年前吕大忠迁置唐石经时的"府学之北墉"，就不可能在碑林现址，只能在"府城之坤维"。

如果还嫌金正隆二年《京兆府重修府学记》碑对此说得不大清楚的话，那么碑林现藏之金正隆五年（1160）《重修碑院七贤堂记》碑（图 1-15），则说得明明白白。此碑文开首便说："京兆府学乃唐之太学，暨前宋崇宁岁迁来兹地。"这里明确指出，崇宁岁迁于"兹地"的是"京兆府学"，从而进一步证明元祐间京兆府学并不在碑林现址。需要说明的是，这句碑文中的"崇宁"

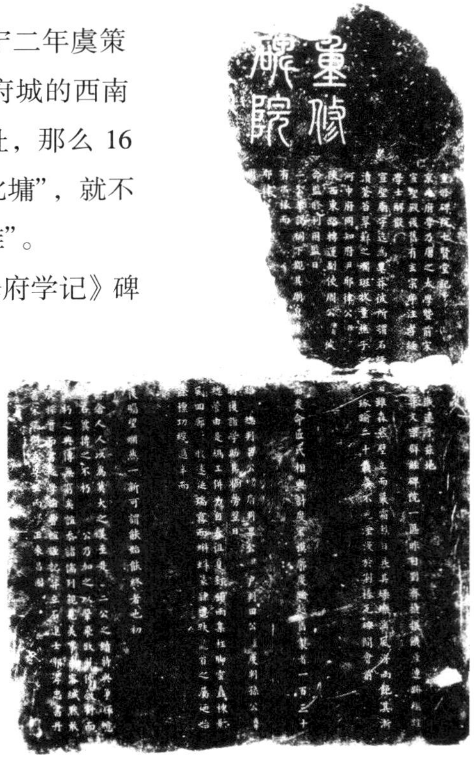

图 1-15　金《重修碑院七贤堂记》碑（拓本）

①辛德勇《西安碑林的迁置时间》，台北《历史月刊》第 60 期，1993 年 1 月。此文收入辛德勇《古代交通与地理文献研究》一书，题为《西安碑林的迁置时间新说》，中华书局，1996 年，第 216-218 页。

二字恰好残损，但“崇”字的“山”字头和“宁”字的末一笔“丁”仍依稀可辨，加之与《京兆府重修府学记》碑同为正隆间所刻，碑文相互印证，不会有错。以上二碑的刻立时间，距北宋崇宁建学不过五十余年，是迄今所能见到的对这一历史事件最早的记载，犹如今人言及“文化大革命”，基本上是当代人言当代事，较之后来明清学者的推测，当然更为可信。

值得一提的是，《京兆府重修府学记》碑没有提及的唐石经，而《重修碑院七贤堂记》碑恰好做了补充。其碑文称：“宣圣殿后，旧有玄宗序注孝经石台并文宗群经碑院一区。”既言“旧有”，当然是此前即北宋时碑院已经存在。此碑已残，在残存的后文中，还提到了“蝌蚪篆隶，龟趺龙首之属”，即其他唐宋碑刻。可见，当年虞策迁建庙学，是将《开成石经》《石台孝经》碑及“颜、褚、欧阳、徐、柳之书，下逮偏旁字源之类”即诸多唐宋碑刻，一并迁来“府城之东南隅”的。虞策把它们安置在“宣圣殿后”，既然称“碑院”，无疑是一处相对独立的建筑群落。

通过以上分析，可以得出这样的结论：北宋元祐二年（1087）由吕大忠主持的唐石经的第二次迁置，是由原唐“尚书省之西隅”迁往当时的府学所在地——“府城之坤维”的；16 年之后的崇宁二年（1103），才由虞策将府学、孔庙及唐石经一并迁建于“府城之东南隅”，即碑林现址。当然，后者已是唐石经的第三次迁置了。

现在的问题是：既然京兆府学与孔庙是崇宁二年才被虞策由“府城之坤维”迁至碑林现址的，那么它们是何时由何人从原唐“尚书省之西隅”迁到“府城之坤维”的呢？

元人骆天骧《类编长安志》有《石刻》一卷，著录了长安及附近一百四十余种碑刻，其中有《宋京兆府移文宣王庙记》碑，并注曰：“龙图阁待制知永兴军府事吴防撰，鄜州观察使石苍舒书。元丰三年二月日。”①顺便提一句，这里的撰者“吴防”，应是“吕大防”之误。吕大防（1027—1097），字微中，吕大忠之弟，系北宋名臣。据史籍，吕大防正是此时（元丰三年至五年）知永

①元·骆天骧《类编长安志》卷十《石刻》“宋京兆府移文宣王庙记”条，黄永年点校本，中华书局，1990 年，第 318 页。

兴军府事的[①]。遗憾的是，此碑已亡佚，仅存碑目，碑文内容已无从知晓。然而，仅据碑名和骆氏之注，我们仍可以断定，元丰三年（1080）或在此前不久，京兆府有过一次迁移文宣王庙之举。骆天骧这位曾供职于京兆府学的有心人为后代留下了这条证据，向我们提示了京兆孔庙由唐“尚书省之西隅”迁至“府城之坤维”的时间。

此时正值北宋第二次兴学即“熙宁元丰兴学”，此举肯定与当时朝廷兴学新政有关，虽然碑题只言移文宣王庙，实质是文宣王庙和府学一并迁移。作为地方主官的吕大防，将文宣王庙和府学从原“尚书省之西隅”另迁新址，重加修葺，以博取崇儒兴学之名，应是合理的。至于文宣王庙新址“府城之坤维”具体在什么地方，至少目前尚无法稽考。另外，这次迁移未涉及石经，所以才有七年之后的元祐二年（1087）其兄吕大忠又迁置唐石经于“府学之北墉”之举，这可以看做是元丰年间迁移的继续。

崇宁二年（1103）虞策又将孔庙和府学由“府城之坤维”迁至“府城之东南隅”即碑林现址时，恰又值北宋第三次兴学即“崇宁兴学”。经过前两次兴学的反复，第三次兴学成就最大。反映在地方上，虞策此次在“府城之东南隅”即碑林现址大兴土木，重建府学、孔庙。如《京兆府重修府学记》碑所记“庙学之成，总五百楹，宏模廓度，伟冠一时……儒衣冠而入者，日不啻千人……”所谓“楹”，本义是房屋前部的柱子，这里作房屋的单位讲，一楹为一间，也就是说，孔庙与府学的建筑规模达500间，可容纳千人就学，与当年范雍创建京兆府学时房屋不过五十间，生员不过百余人，已不可同日而语。当然，碑文或许有夸大之嫌，但此役规模浩大，应该没有问题。如此规模的工程，肯定曾立有纪事碑，可惜没有保存下来，我们今天只能依据金正隆二年《京兆府重修府学记》等碑的追述，来认识崇宁建学之举。

不过，也不是无任何线索，《类编长安志》之《石刻》卷著录有《宋永兴军创修府学记》碑和《宋永兴军府学开泮水记》碑，均注“大观元年十月立”[②]。大观元年为1107年，仅比崇宁二年（1103）晚4年。一般来说，纪事碑刻立

①吴廷燮《北宋经抚年表》卷三“永兴军路”，载二十五史刊行委员会编《二十五史补编》第六册，中华书局1955年版。

②元·骆天骧《类编长安志》卷十《石刻》，第318页。

时间要比所记事件晚一些，或者崇宁二年开始的迁建府学、孔庙和迁置石经的浩大工程，此时方告结束。所以我们几乎可以肯定：这两块碑就是虞策崇宁建学的纪事碑。碑题既言“创修府学”，当然是在新址之上重新建府学。同样让人遗憾的是，如此重要的碑刻，不知何故，也和元丰三年《宋京兆府移文宣王庙记》碑一样不知所终，仅存碑目，所记崇宁建学的具体情况便永远无法得知了。

另外，金元时期重修府学、孔庙的记事碑，追述庙学沿革者，均言宋崇宁间改建于此。除前引金代两块纪事碑外，碑林现藏元至正二十六年《大元重修宣圣庙记》碑亦云：“吾乡庙学，旧在府城坤维，宋崇宁间改建于此。”想必那时，北宋大观元年的那两块纪事碑应该还在，它们大概是元明之际或明代前期毁失的，明人赵崡《石墨镌华》已不著录此二碑。

虞策崇宁建学，较吕大忠迁置唐石经于“府学之北墉”只晚16年，较吕大防迁建孔庙、府学也只晚23年。如果孤立地看，刚迁建不久的孔庙、府学，何以这么短时间又要从“府城之坤维”迁建至“府城之东南隅”呢？尤其是那么多碑刻，迁置一次颇为不易，才过了16年又被搬迁，似乎不合情理。然而，如果我们把此次孔庙、府学和唐石经的迁置，放在北宋第三次兴学的大背景下来认识，却又在情理之中。据《文献通考》载，宋徽宗“崇宁元年八月，诏天下兴学，以三舍考选法令行天下”[①]。所谓“三舍法”，本是王安石熙宁年间第二次兴学时提出的新政之一，由于变法失败，未能贯彻。宋徽宗原本倾向于新政，即位后不久起用蔡京，渐复新法，推动了第三次兴学。在中国古代社会，“上有好者，下必有甚焉者矣”[②]，崇宁兴学新政也不例外。陆游后来就曾对崇宁兴学之弊这样写道：

> 崇宁间初兴学校，州郡建学，聚学粮，日不暇，士人入辟雍皆给券，一日不可缓，缓则谓之害学政，议罚不少贷。已而置居养院、安济坊、漏泽园，所费尤大。朝廷课以为殿最，往往竭州郡之力，仅能枝梧。[③]

---

①《文献通考》卷四六《学校考七》。

②《孟子》卷五《滕文公章句上》。

③陆游《老学庵笔记》卷二。枝梧即支吾，勉强应付之意。

虞策作为京兆地方行政长官，当然要以实际行动迎合朝廷兴学新政，于是便有了崇宁二年重建庙学、再迁石经之举。即便到了一千年后的今天，“上好下甚”这种官场锢疾，在现实生活中不是仍然屡见不鲜吗？在当下的中国，重复投资、重复建设、劳而无功、浪费资源的“首长项目”“政绩工程”还少吗？当然，虞策虽不免“上好下甚”之嫌，可当年毕竟还做了实事，建成了“总五百楹”的庙学，并为唐石经及诸多唐宋碑刻在“府城之东南隅”找到了一个不错的归宿。

当时北宋大兴地方官学的情况，还可以从崇宁年间其他地方的建学碑文中得到印证。如崇宁二年《宋京兆府武功县新作县学碑铭》称：“……十二月，有诏建州县学，讲养士之法……明年春，访隙地，禀于府，愿易庙西楼店基为学舍，知府事虞公策从之。”崇宁二年《褒城县新修县学记》碑称：“天子即位之四年，寔崇宁改元之明年也，□诏天下州县皆得立学……”崇宁三年《太平州芜湖县新学记》碑亦称：“崇宁元年仲秋，天子思欲推广神宗皇帝三舍造士之法，诏讲议司条具以闻。本司奏言……伏请县邑皆得以置学。”[①]由此可见，虞策崇宁年间迁建京兆府学、孔庙和唐石经，绝不是一孤立事件，它是宋徽宗崇宁兴学新政在地方上的反映。

虞策崇宁二年的迁置，是唐石经的第三次也是最后一次迁置。自虞策将京兆庙学和唐石经及诸多唐宋碑刻迁置于“府城之东南隅”即碑林现址之后，历金、元、明、清诸代，府学、孔庙和碑林便一直未加迁动。各代虽不断维修或重建其中建筑，但府学在孔庙之西、碑林在孔庙之北这种基本格局再没有变。明成化年间，地方官以“僻从县治，去庙甚远，师生望朔艰于行礼”为由，又将附郭的长安、咸宁二县学迁建于文庙左右两侧[②]，从而最终形成孔庙岿然居中，“三学”和碑林三面环绕的格局。

①以上三碑之录文，均见王昶《金石萃编》卷一四三。

②见西安碑林现藏明成化十一年《重修西安府学文庙记》。

第四节　碑林的形成

一、碑林形成时期历史的基本轮廓

通过以上对唐石经迁置经过及北宋京兆府学、孔庙沿革的考证和分析，碑林形成时期历史的基本轮廓已经清晰，现概述如下：

唐天祐元年（904），朱温胁迫昭宗迁都洛阳，唐长安城被毁。同年，镇守长安的佑国军节度使、京兆尹韩建，以原皇城城垣为基础缩建长安城，将原在郭城务本坊而当时已处于新城之外的国子监及其中唐石经的一部分，迁于新城内原尚书省之西隅。朱梁开平三年至乾化四年（909—914），刘鄩出守长安期间，在其幕吏尹玉羽劝诱下，又将其余石经迁置于新城内同一地点。这是唐石经亦即《开成石经》和《石台孝经》碑的第一次迁置，而此次迁置，是碑林历史的源头，是日后碑林所以能够最终形成的基础。

五代至北宋初，迁入城内的国子监演变成京兆府城孔庙，时称文宣王庙。北宋建隆三年（962），永兴军节度、京兆尹王彦超重修文宣王庙。大中祥符二年（1009），知永兴军府事孙仅新修文宣王庙大门。此时京兆府城有庙而无学，唐石经置于文宣王庙中。

北宋景祐元年（1034），知永兴军府事范雍创办京兆府学，其学址应设在文宣王庙中或近旁，即也在原唐尚书省之西隅。至和元年（1054），又附设京兆府小学于文宣王庙中。

北宋元丰三年（1080），知永兴军府事吕大防将位于原唐尚书省之西隅的文宣王庙和府学迁移至“府城之坤维”。

北宋元祐二年（1087），陕西转运副使吕大忠将唐石经及“颜、褚、欧阳、徐、柳之书，下逮偏旁字源之类”，即其他唐宋碑刻，亦迁至此处，置于“府学之北墉”，这是唐石经的第二次迁置。这时，不仅碑刻数量已初具规模，且形成了一个由碑亭和碑廊构成的相对独立的建筑群落，碑林已初具雏形。

北宋崇宁二年（1103），知永兴军府事虞策将文宣王庙和府学由“府城之坤维”，迁建于“府城之东南隅”，即碑林现址。唐石经及诸多唐宋碑刻也一并迁移，这是唐石经的第三次也是最后一次迁置。虞策不仅建起“宏模廓度，冠伟一时”的庙学，还将“玄宗序注孝经石台并文宗群经”，以及“蝌蚪篆隶，龟趺龙首之属”即诸多唐宋碑刻，安置在孔庙“宣圣殿后”，建成一个被称之“碑院”的相对独立的建筑群落。至此，一个以收藏和保护前代碑刻为目的的特定场所——碑林，终于形成。

从唐末天祐元年（904）韩建第一次迁置唐石经，到北宋崇宁二年（1103）虞策在碑林现址为唐石经及诸多唐宋碑刻找到归宿之地，整整用去了200年时间。而唐石经三度迁置所经历的这200年，则是碑林的形成时期。

从全国来讲，这200年间，中国经历了唐王朝的灭亡，五代十国的战乱，宋王朝的重新统一和国内政治经济秩序的重建。战争无情地毁灭了唐朝的辉煌和长安的繁华，全国的政治、文化中心和经济重心已经东迁和南移。入宋后，社会从历史的大动荡中逐渐恢复过来，后人在一片废墟之上重新构筑城池，建设家园。当战乱把门阀士族的残余荡涤殆尽之后，从北宋之初开始，大量庶族地主出身的知识分子通过科举进入统治阶层，出现了一个远比前代更为庞大的“文人”群体，他们对社会思想文化产生了多方面的影响。宋代不仅出现了更富思辨色彩的哲理化的新儒学——理学，还出现了寄情于山水的文人画、尚意宣情的文人书法以及更利于表达情感和意境的宋词。与此同时，知识阶层还把目光投向历史，开始热衷于古代礼乐器物的搜集、整理和研究，于是又有金石之学的兴起，而历代碑刻正是他们关注的重点。长安作为汉唐故都，往昔的辉煌虽然一去不返，可毕竟有包括碑刻在内的大量遗迹、遗物留存下来。在当时的大气候影响之下，京兆城的好古之士们，仿佛在拾掇昔日辉煌的残片，不断将散落于城郊各处的碑石集拢起来，安置于文宣王庙之中，使它们像《开成石经》一样得到应有的保护。碑林这样一座文化殿堂，它出现于长安，形成于北宋，既得益于汉唐故都深厚的文化底蕴，更得益于北宋金石学兴盛的适宜的大环境。

二、关于碑林的“创建”时间

搞清了碑林形成时期历史的基本轮廓，接下来就可以谈谈碑林的“创建”时间。

前文已经说过，碑林并不是在某一具体时间和具体地点，按照某种事先的规划和设计，一次性建成的，它的出现是一个逐步形成的过程。笔者在论及碑林早期历史时，总是谨慎地回避着“创建”“创始”“建立”之类的词，因为严格地讲，这类词并不适用于碑林。然而，像碑林这样一处著名的历史文化景观，无论是出于对外宣传的需要，还是对一般的参观者进行讲解，如果没有一个“创建”时间，而是一味强调它的形成过程，似乎说不过去，有点过于咬文嚼字。那么，我们不妨退一步，找一个权宜的办法，在这200年的形成过程中选出一个“点”，来作为碑林“创建”的象征。那么，选在什么时间更合适呢？这里有两个比较明显的“点”可供选择：

其一，是把北宋元祐二年（1087）吕大忠移唐石经于“府学之北墉”，作为碑林创建的时间，这是目前流行的观点。前文已述及，最早提出此说的是清人毕沅，后来的研究者沿用未改。毕沅所依据的，显然是《京兆府府学新移石经记》碑，并将“府学之北墉”理解为碑林现址。这一点已被证明不能成立。然而，如果我们变换角度，不计其是否迁至现址，而以藏石的规模、内容及建筑、陈列的状况来考察，那么此次迁置之后，不仅《开成石经》“分东西次比而陈列”，《石台孝经》“立之于中央”，而且还有诸多唐宋书法名碑“分布于庭之左右”。从建筑上看，“门序旁启，双亭中峙，廊庑回环”，可以说碑林之雏形已经具备，为日后的发展奠定了基础。从这种意义上讲，把这次迁置定为碑林的创始，仍然是可以接受的。

其二，是把北宋崇宁二年（1103）虞策迁移府学、文宣王庙、唐石经及其他唐宋碑刻于“府城之东南隅”即碑林现址，作为碑林创建的时间。由于记事碑的亡佚，此次迁置一直不为人重视。但是，作为一个可供选择的“点”，它明显优于前者，不仅具备了前者如藏石规模、建筑和陈列状况等诸多要素，而且还有明显优于前者之处——此次是迁至碑林现址，更具有象征意义。

以上两个“点”，哪个更合适，似乎不言而喻。笔者就主张将后者即崇宁二年虞策移唐石经于“府城之东南隅”即碑林现址，作为碑林最终形成的象征。可问题是，前者即元祐二年创建碑林说沿袭已久，影响甚广，似乎“木已成舟”，人们更愿意接受前人业已形成的“定论”。其实，毕沅所谓碑林“始于宋元祐庚午龙图阁学士吕大忠”之说，不过是著录唐石经时附带提及[①]，并

①清·毕沅《关中金石记》卷四“石刻十二经及五经文字九经字样”条。

没有做专门的考证。因为毕沅是做过陕西巡抚、陕甘总督的封疆大吏，又是著述甚丰的金石家，任职陕西期间对保护文化遗产贡献颇多，所以在后人眼里，他的观点更具“权威性”。尽管追述虞策崇宁年间迁建庙学和唐石经至碑林现址的金代碑刻文献，至今仍收藏在碑林，尽管早有学者依据这些碑刻文献对毕沅的“定论”提出质疑，可时至今日，大凡言及碑林历史者，仍在重复“北宋元祐二年创建碑林”的旧说，不愿做进一步的探究。

怎么办呢？那就再退一步，折中一下，在“崇宁二年说”被多数人接受之前，继续维持“元祐二年创建碑林”说。不过，这里应该有一个前提：必须搞清楚碑林形成时期的历史，即唐末至北宋，唐石经曾有过三次迁置，崇宁二年才由虞策迁至“府城之东南隅”即碑林现址。前文反复对唐石经的迁置经过进行考证，正是为了搞清楚客观的史实，而在搞清楚客观史实的前提下，如何对这段历史进行主观的解读和认识，不妨灵活一点。我们可以这样解读和认识：元祐二年吕大忠迁置唐石经虽然未迁至碑林现址，但当时碑林已具雏形，之后虞策是整体迁移，应该不影响其延续性。打个比方，北京大学 1898 年创立于北京（时称京师大学堂），旧址在沙滩红楼，抗战时期曾迁往昆明（西南联大），20 世纪 50 年代初与燕京大学合并，迁至今海淀校址，这些并不影响北京大学把 1898 年作为自己创建的时间。对于历史如此久远的西安碑林，就不必太加苛求了。

三、碑林最初的建筑和陈列

唐石经最初迁至“尚书省之西隅”后，是否有建筑物加以保护，当时人没有为我们留下任何记载。但是，我们仍可根据现存的相关碑刻资料加以推论。比如，北宋建隆三年（962）《重修文宣王庙记》碑在记述当时整修文宣王庙的情况时这样写道：

> 霞张梦奠之楹，粉耀藏书之壁，增华崇丽，眩目惊心。青瑮丹梁，见廊庑轩墀之洁；藻扃黼帐，有豆笾庋椟之仪。

这里的“藏书之壁”，显然是指庙中次比陈列的《开成石经》，而当时“粉耀”的对象，肯定不会是碑石本身，而是“青瑮丹梁”“廊庑轩墀”，即对文宣王庙本身的建筑和唐石经的保护建筑进行彩绘装饰。此役为北宋之初永兴军节度、京兆尹王彦超所倡，既然是“重修”是“粉耀”，那么这些保护性建筑在此前的五代时期无疑也是存在的。由此可以推断，唐石经最初迁至“尚书省之西隅”后，应该建有廊庑之类的保护性建筑。

北宋大中祥符二年（1009）《大宋永兴军新修玄圣文宣王庙大门记》碑，述及整修前的庙貌时写道：“石壁外周，既异乎藏书之所，荅碑中立，又殊乎丽牲之具。”这里的“石壁外周”，无疑是指《开成石经》，“荅碑中立”，则是指《石台孝经》碑。那么可知最初的陈列形式是：《石台孝经》碑立于中央，《开成石经》114 块碑石排列有序地环绕在它的周围。可惜此碑未言及建筑情况。

北宋元祐二年（1087）吕大忠将唐石经及诸多唐宋碑刻迁置于“府学之北墉”后，其建筑情况和陈列形式就比较清楚了。此役的纪事碑《京兆府府学新移石经记》碑前文多次引述，碑文对当时的建筑情况是这样描述的：“门序旁启，双亭中峙，廊庑回环，不崇不庳，诚故都之壮观，翰墨之渊薮也。”可知迁置之后，在“府学之北墉”即挨着府学的北墙，建有一个相对独立的院落来安置唐石经及诸多唐宋碑刻，所以“门序旁启”；中峙之双亭，显然是保护“立之于中央”的《石台孝经》碑和《建学碑》的；而回环之廊庑，则是保护“分东西次比而陈列”的《开成石经》的。这就是说，碑林最初的建筑是一组由碑亭和碑廊构成的相对独立的建筑群落。至于最初的陈列形式，碑文记述得也比较清楚：

> 凡石刻而偃者仆者，悉辇置于其地，洗剔尘土，补锢残缺，分为东西次比而陈列焉。明皇注孝经及建学碑则立之于中央，颜、褚、欧阳、徐、柳之书，下迨偏旁字源之类，则分布于庭之左右。

被两座碑亭覆盖着的《石台孝经》碑和《建学碑》，一前一后立于整个建筑群落的中轴线上；用回环之廊庑加以保护的《开成石经》，分为东西次比而陈列，从三面环绕双亭；而其他唐宋碑刻，即“颜、褚、欧阳、徐、柳之书，下迨偏旁字源之类”，则分布于庭之左右，应该是树立在双亭的两边。

北宋崇宁二年（1103）虞策将府学、孔庙及唐石经一并迁至“府城之东南隅”即碑林现址后，碑林的建筑情况和陈列形式如何，因纪事碑亡佚，已不能确切地知道。但从金正隆二年（1157）《京兆府重修府学记》碑对崇宁建学的追述来看，既然“庙学之成，总五百楹，宏模廓度，冠伟一时”，肯定对唐石经及其他唐宋碑刻也会用相应规模的建筑来加以保护。而金正隆五年(1160)《重修碑院七贤堂记》碑，是当时人记当时事，所记比较具体：

> 宣圣殿后，旧有玄宗序注孝经石台并文宗群经碑院一区。昨自刘齐扰攘，饥馑连迹，继踵学士解散，宣圣庙宇，迄为草莽。彼所谓石经者，虽森然壁立，而严霜烈日，暴其燥烁，淫风涕雨，饱其渐渍，苍苔翠藓之斓斑，牧童樵子之□琢，逾二十载，几不免湮没于荆榛瓦砾间。

碑文说的虽然是宋末金初战乱之后京兆孔庙和碑林遭受的破坏，但我们不难从中推知破坏之前即崇宁二年迁至“府城之东南隅”后碑林建筑的大致状况：当时被称作“碑院”的碑林，位于孔庙“宣圣殿后”，既谓之“碑院”，当然是一个独立的院落即独立的建筑群，与元祐二年迁至“府学之北墉”后的状况相仿。金代重修碑院时，石经“虽森然壁立”，可保护性建筑却完全毁坏，“几不免湮没于荆榛瓦砾间”。遗憾的是，此碑残断，残存碑文未言及碑院中的建筑情况和碑石的陈列形式，也未言及碑院与府学的位置关系。我们仅能从其后文对整修本身的描述中，略知一二。比如，碑文称整修后“宏模廓度，逾越旧制者一百三十有六椽”，这里的“椽”犹如“楹”，借指房屋的单位，可知当时是对碑院“旧制”有所扩建，其建筑已颇具规模。碑文中还有“四廊彩臒，远延瑞雾”句，可见当时仍以廊庑为保护性建筑的主要形式。碑文除提到“玄宗序注孝经石台并文宗群经”外，还提到“蝌蚪篆隶，龟趺龙首之属”，应是指石经之外的其他唐宋碑刻。可惜此碑未能像《京兆府府学新移石经记》碑那样，记下碑林最初的陈列形式。

总之，北宋崇宁二年虞策迁建庙学及唐石经于“府城之东南隅”即碑林现址后，历金、元、明、清诸代，府学、孔庙和碑林便一直未加迁动。遭遇了唐末、五代战乱，经历三度搬迁的唐石经，还有北宋初年以来陆续搜集到孔庙中的其他唐宋碑刻，终于在古城长安之一隅，有了一个长久的安身之所，有了一个自己的“家”。在此后九百余年的岁月里，经过一代又一代的积累，这个“家”不断扩大，终于形成今日之规模，成为一笔丰厚的历史文化遗产。

第五节　碑林最初的藏石情况

目前能见到的西安碑林最早的一份藏石目录，是民国三年（1914）由陕西省立图书馆编辑的《图书馆所管碑林碑目表》[①]。此前各代，均无现成碑目留存，欲知其藏石情况，只能从当时人的金石著作和有关碑刻资料中稽考，且时间愈向前推溯，资料愈少，困难愈大。然而，对不同历史时期碑林藏石情况的考察，是碑林史研究的一个重要方面，而且只有搞清碑林最初的藏石情况，才可能在此基础上对其后各代碑林藏石的变化作进一步考察。所以，本节从当时人的金石著作、有关记事碑文以及碑石本身等三个方面，对碑林中有可能是北宋时期入藏或直接刻立于碑林的碑石，逐一加以甄别，力图使我们对碑林最初之藏石情况的认识，更接近于历史的真实。

一、宋代金石著作的著录

碑林形成于北宋，并非偶然，与北宋时金石之学的兴起密切相关。当时，朝野上下官绅士大夫热衷于古代礼乐器物的搜集、整理和研究，碑刻则是他们关注的主要对象，因为碑刻拓本较钟鼎彝器更易搜集。长安（北宋时称京兆）作为周、秦、汉、唐故都，有包括碑刻在内的大量遗迹、遗物留存，自然会受到金石学家格外重视。北宋著名金石学家、《考古图》的作者吕大临，他的两位兄长吕大防、吕大忠就曾先后在京兆为官，且一前一后搬迁过京兆孔庙、府学和唐石经。遗留在京兆城内、城郊以及关中各地的前代碑刻，自然也成为当时金石家关注和著录的对象。

据民国容媛《金石书录目》，宋代金石著作留存至今者，有 22 人之著作 30 种。而现已不存者更多，清人李遇孙《金石学录》录有宋代金石学者 61 人，

①民国初期西安碑林由当时的陕西图书馆代管。此《图书馆所管碑林碑目表》由图书馆馆长朱先照审定，于民国三年（1914）铅印，所录者以唐宋碑刻为主，明清碑刻择其可传者录之，共 172 种。

杨殿珣、容庚《宋代金石佚书目》所列宋代金石佚书为86种[①]。就著录碑刻者而言，按刘昭瑞《宋代著录石刻纂注》的统计，碑刻著录书存佚合计共47种，留存至今者不过10种[②]。宋人著录碑刻，不外三种形式，或存目，或录文，或跋尾（考释）。不论哪种形式，都或详或略地保存了所录碑刻之碑（志）名、刻石时间、所在地点、撰书人姓名等等信息，为后人的研究提供了宝贵资料。

宋代最早著录碑刻的金石著作，是欧阳修的《集古录跋尾》，亦称《集古录》。欧阳修（1007—1072），字永叔，号醉翁、六一居士，吉州永丰（今江西永丰）人。官至翰林学士、参知政事，主修过《新唐书》《新五代史》，不仅是倡导诗文革新、开创一代文风的文坛领袖，也是开风气之先的金石学家。他博学嗜古，曾悉心收集大量碑刻拓本，“因其石本，轴而藏之”，所藏积至千卷。他以所见碑拓，“随其所得而录之”，撰就四百余篇跋尾，“有卷帙次第而无时世之先后”，此即《集古录跋尾》十卷。书成后，又嘱其子欧阳棐将其余未题跋之碑拓，“撮其大要，别为录目，因并载夫可与史传正其阙谬者，以传后学”[③]，此即《集古录目》。欧阳棐《集古录目》原书已佚，清人据《宝刻丛编》辑出其佚文，按立碑时代先后重新厘定为十卷。其跋尾也好，录目也好，均不记碑之所在，所以，不可能直接从中稽考当时碑林藏石情况。二书能向我们提供的信息是，在跋尾和目录所及近千种碑刻中，按碑名判断，有现藏西安碑林者14种，且包括如《唐公房碑》《同州圣教序碑》《臧怀恪碑》等近年才移藏碑林、北宋时肯定不在碑林的碑刻。

赵明诚的《金石录》三十卷，是宋代最重要的金石著作。赵明诚（1081—1129），字德甫（或德父），密州诸城（今山东诸城）人。他在仕途上没有太大作为，是个比较纯粹的学者。他与妻李清照志同道合，致力于收藏文物古籍、金石书画，且校勘考证，整理成帙。后遭逢“靖康之难”，夫妻流寓江南，赵明

---

①均见朱剑心《金石学》，上海商务印书馆，1948年，第28页。容媛《金石书录目》十卷，1936年中研院史语所初版，1981年台北中研院史语所又出新版。杨殿珣、容庚《宋代金石佚书目》，刊于北平燕京大学考古学社社刊《考古》第四期，1936年。

②刘昭瑞《宋代著录石刻纂注》之代序《宋代石刻著录书和所著石刻概述》，北京图书馆出版社，2006年，第1-5页。留存至今者据文中附表之存佚状况推出。

③所引均见欧阳修《集古录目序》，刊于清光绪间缪荃孙校辑《集古录目》十卷之卷首，见《石刻史料新编》第一辑第24册。《集古录跋尾》十卷亦在该册中。

诚不幸罹疾身亡。李清照忍痛整理遗稿，终于使他们毕生心血的结晶——《金石录》得以问世①。该书收录所藏金石拓本三代至隋唐共2000种，前10卷为目录，后20卷为502篇跋尾。目录在每一目下注年代和撰书人姓名，除个别几例注出所在府县外，均不注碑之所在，而跋尾重在考证，亦未说明碑在何处。以所录碑名判断，有现藏碑林者23种，其中亦包括后世才移藏碑林的碑刻。也就是说，依据赵氏《金石录》，同样无法说明北宋时已入藏碑林的是哪些碑。

郑樵的《金石略》，是其皇皇巨著《通志》中“二十略”之一。郑樵（1103—1162），字渔仲，兴化军莆田（今福建莆田）人。他一生未应科举，无心仕进，居乡间读书讲学，埋头著述，穷一生精力，于晚年终于撰成《通志》200卷，其时已入南宋。后人把它与杜佑的《通典》、马端临的《文献通考》合称为“三通”。“二十略”是该书的精华，其中《校雠略》《艺文略》《图谱略》及《金石略》等，对于文献学、目录学颇多贡献。《金石略》只录碑目，共1500余种，目下注撰书者、年代，部分注明了碑刻所在州县。书中注明存于京兆者80种，而以碑名判断，有现藏西安碑林者18种。

南宋人陈思的《宝刻丛编》，是以碑刻所在地区分类的。陈思之生卒年不详，主要活动在南宋理宗朝（1225—1264）。他是临安城中的书商，开有书肆。卖书之余，喜收藏古籍，并以所藏善本刻版梓行，且著书、编书，自刻以行世，《宝刻丛编》就是他的重要成果。他借书商之便利，久而过手碑刻拓本及金石书籍渐多，以当时（包括已在金朝统治下的北方）的京、府、州、县分类，辑成20卷，共收2700余种。地区分类之下，碑刻条目按年代顺序排出，目下则摘录各家之注或题跋，且注出书名。其所据之书，不仅有《集古录》《金石录》《隶释》《隶续》等传世者，更有《诸道石刻录》《访碑录》《京兆金石录》《复斋碑录》等已经亡佚者，这正是其可贵之处。该书虽无欧阳修、赵明诚那样的考订功夫，但它辑众家之言，且明确记载碑之所在州县，应更具资料性。书中列于京兆府者111种，长安县者162种，万年县者265种，这五百多种碑刻中，按碑名判断有现藏西安碑林者13种。可惜我们只能据此得当时京兆及附近所存碑刻的数量和名称，仍然无法确知有哪些碑刻当时已入藏碑林。

①李清照有《金石录后序》一篇，记夫妻二人好古博雅之趣及《金石录》成书经过甚详。见上海书画出版社1985年新版《金石录校证》，金文明校证，第560-570页。

宋代还出现了专以京兆一地碑刻为著录对象的金石著作，即上文刚提到的《京兆金石录》，陈思《宝刻丛编》引自该书达450余条[①]，可惜书已不传。南宋人陈振孙《直斋书录解题》录有“京兆金石录六卷”，条下注曰：“北平田槩纂，元丰五年王钦臣为序，自为后序。皆记京兆府县古碑所在，览之使人慨然。”[②]此田槩不见于史籍，生平事迹不详。北宋时有北平县（今河北完县），亦置有治所在北平县的北平军，当为田槩之籍贯。为其书作序的王钦臣，史籍有载。其字仲至，应天宋城（今河南商丘）人，家学渊源，父王洙为当时知名学者、目录学家，做过太常博士、史馆修撰。王钦臣本人做过陕西转运副使、集贤殿修撰。“钦臣平生为文至多，所交尽名士，惟嗜古，藏书数万卷，手自雠正，世称善本。”[③]田槩《京兆金石录》是迄今所知第一本专门著录长安及附近碑刻的金石著作，也是宋人最早专为一地作碑目者。当年王钦臣“览之使人慨然”，今人无缘览之，念之亦感慨不已。

总之，直接从宋人金石著作中稽考当时碑林藏石情况，是不可能的。但下文中当我们考察某一具体碑刻时，它们仍能提供一定的帮助。

二、《京兆府府学新移石经记》碑提供的线索

唐天祐元年（904）昭宗东迁、长安城被毁后，韩建、刘鄩最初将《开成石经》和《石台孝经》碑迁至新城内原尚书省之西隅时，是否还搜集过其他碑刻，无任何资料可资考证。估计进入五代后，北方战乱频仍，大概不会有人顾及。入宋之后，建隆三年（962）《重修文宣王庙记》碑和大中祥符二年（1009）《大宋永兴军新修玄圣文宣王庙大门记》碑，只说到唐石经，未言及其他碑刻。对北宋时期碑林藏石情况说得最多的，是元祐五年（1090）《京兆府府学新移石经记》碑。该碑是研究碑林早期历史的重要资料，前文已经多次引述。碑文记元祐二年（1087）吕大忠迁置唐石经至“府学之北墉”后，《开成石经》“分东西次比而陈列焉，明皇注孝经及建学碑则立之于中央，颜、褚、

①刘昭瑞《宋代著录石刻纂注》之代序《宋代石刻著录书和所著石刻概述》，表一。
②宋·陈振孙《直斋书录解题》卷八“目录类”。1987年上海古籍出版社出有新版。
③《宋史》卷二九四《王洙传》附《王钦臣传》。

欧阳、徐、柳之书，下迨偏旁字源之类，则分布于庭之左右。”碑文所记藏石，虽言之泛泛，并不具体，但毕竟列举了一些书家之姓，说明当时与唐石经一同迁置的，还有诸多唐宋碑刻，这为我们探讨当时碑林藏石情况提供了线索。现依碑文所列次序，逐一加以分析。

1. 碑文中的“颜”

碑文中的“颜”无疑是指颜真卿。碑林现有颜书之碑 7 种，其中《郭氏家庙碑》原立于明清两代的陕西布政司署旧址[1]，1950 年移藏碑林；《马璘残碑》于清光绪十七年（1891）也出土于此处，1947 年移藏碑林；《颜勤礼碑》1922 年亦出土于此，后移至新城小碑林，1948 年移藏碑林；《臧怀恪碑》一直立在三原县陵前乡三合村臧怀恪墓前，1980 年才入藏碑林。以上这 4 种颜碑，当然不可能是碑文所说的北宋时已在碑林的颜书之碑，应予排除。其余 3 种，即《颜氏家庙碑》《多宝塔感应碑》和《争座位稿》，据元人骆天骧《类编长安志·石刻卷》，元代均已在碑林，而它们应该是《京兆府府学新移石经记》碑所说的碑林最初的颜书之碑。兹分别考述如下：

《颜氏家庙碑》：此碑刻于唐建中元年（780），颜真卿自撰自书，李阳冰篆额。螭首龟趺，高 330 厘米，宽 130 厘米。碑题“唐故通议大夫行薛王友柱国赠秘书少监国子祭酒太子少保颜君家庙碑并序”。碑文四面刻，正面及碑阴各 24 行，行 47 字；两侧各 6 行，行 52 字，均楷书。额题“颜氏家庙之碑”6 字，篆书。（图 1-16、1-17）这是颜真卿为其父颜惟贞建立家庙所立的家庙碑，追叙颜氏历谱世系甚详，史料价值很高。此碑也是今

图 1-16 《颜氏家庙碑》

①明清两代陕西布政司署旧址，相当于今西安北院门街以东，西华门街以南，鼓楼以北这个范围。宋、元、明、清各代，这里均为衙署集中的政治中心区。

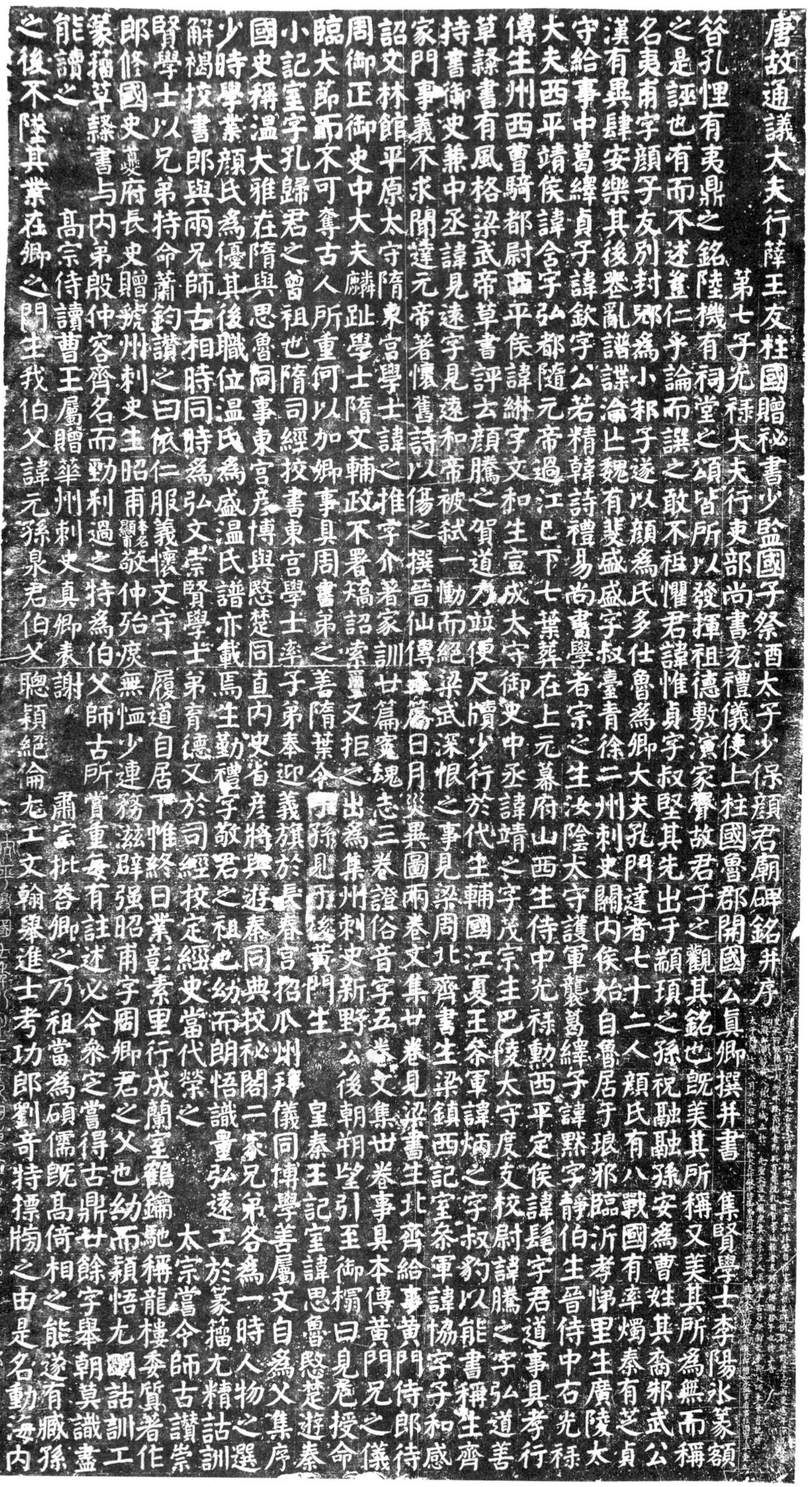

图 1-17 《颜氏家庙碑》（正面，拓本）

天能见到的颜真卿书写的最后一块碑，是他后期楷书发展到极致的“压轴”之作。就在其正面碑题下方，加刻有宋人重立题记一则，楷书，其文曰：

颜真卿之隶书，李阳冰之古篆，二俱奇绝也，好古之士重如珠璧。自唐室离乱，其碑倒于郊野尘土之内，更虑年深为牧童稚叟之所毁坏，且夫物不终否，能者即兴，有都院孔目官李延袭者，真好古博雅君子也，特上告知府郎中，移载入于府城，立于先圣文宣王庙，庶其永示多人，流传千古。乃命南岳梦英大师秉笔书记，时太平兴国七年八月廿九日移。

朝散大夫行殿中侍御史通判永兴军府事师颃　朝散大夫行尚书考功员外郎权知永兴军府事李準重立。

在正面左下方边缘，加刻重立年款一行，篆书，其文曰：

太平兴国七年八月廿九日重立，李延袭记。

楷书题记和篆书年款明确告诉我们：时任“权知永兴军府事”李準，接受“都院孔目官”李延袭的建议，将当时“倒于郊野尘土之内”的《孔子庙堂碑》，“移载入于府城，立于先圣文宣王庙”，并由宋初有名的书法家梦英“秉笔书记”，且提供了此碑由原唐长安城通化坊颜氏家庙旧址，迁入京兆府孔庙的确切时间——北宋太平兴国七年（982）。有当事人留下的这则题记为证，颜氏家庙碑》毫无疑问是碑林最早的藏石之一。欧阳修《集古录》、赵明诚《金石录》、郑樵《金石略》等宋代金石著作均著录此碑。

图 1-18 《多宝塔碑》

《多宝塔感应碑》：此碑刻于唐天宝十一年（752），岑勋撰文，颜真卿书，徐浩题额。螭首龟趺，高 285 厘米，宽 102 厘米。碑题“大唐西京千福寺多宝佛塔感应碑文”。碑文 34 行，满行 66 字，楷书。额题“大唐多宝塔感应碑”，隶书（图 1-18、

大唐西京千福寺多寶佛塔感應碑文
南陽岑勛撰
朝議郎判尚書武部員外郎琅邪顏真卿書
朝散大夫撿校尚書都官郎中東海徐浩題額

图 1-19 《多宝塔碑》（拓本）

1-19）。碑文记述天宝初年龙兴寺僧楚金禅师，于长安千福寺修建多宝佛塔，得唐玄宗资助并为宝塔书写塔额。这篇碑文是关乎盛唐时期长安佛教天台宗的一篇重要文献，也是颜真卿早期楷书的代表作。写此碑时他44岁，此时的楷书与与其后期特别是晚年的楷书有明显不同。在存世颜碑中，此碑传播最广，影响最大，后代学书者多藉此入门。碑原立于唐长安城安定坊的千福寺[①]，经唐末五代战乱，该寺已毁，而此碑是颜书中较知名者，赵明诚《金石录》、郑樵《金石略》、陈思《宝刻丛编》等宋人金石著作均有著录。虽然不像《颜氏家庙碑》那样有直接证据，但此碑元代已在碑林，金代迁置的可能性不大，它很可能也是北宋前期京兆城的好古之士移藏于碑林的，至晚不会晚于北宋末。

《争座位稿》：这是一件书法刻帖，又称《颜鲁公与郭仆射书》。北宋熙宁六至八年（1073—1075）横刻于北宋初梦英所书《抄高僧传序》之碑阴。石高152厘米，宽81厘米。全帖分上下两截刻，每截各刻32行，行书，行间有添注（图1-20）。其内容是唐广德二年（764）颜真卿写给尚书右仆射郭英乂一封书信的底稿。当时郭子仪父子率军反击吐蕃内侵，自泾阳凯旋入觐，代宗诏宰臣百僚迎于开远门，并于安福寺举行兴道之会。主持者郭英乂为取悦大宦官鱼朝恩，安排其座位时不顾班秩之高下，时任检校刑部尚书兼御史大夫的颜真卿为此写信指责他。

此书信底稿的真迹，北宋时为长安安师文、安师孟兄弟所有，同时代的苏轼、黄庭坚、米芾等，都曾通过安氏兄弟目睹过这件珍贵墨迹，苏、米二人还曾摹拓。安氏兄弟未见正史记载，据米芾《宝章待访录》，安氏为“长安大姓也”，安师文为“宣教郎”，时任“解盐池勾当官”[②]。安氏兄弟以收藏之富见称于当时，与苏轼、黄庭坚、章惇、米芾等一代名流均有交往，苏轼、黄庭坚也在自己的著作中留下了记载[③]。至于碑林现藏之《争座位稿》是何时何

①千福寺位于长安外郭城景曜门内安定坊东南隅，原为章怀太子宅，咸亨四年（673）舍宅立为寺。其旧址大致相当于今西安铁路西站之西南。

②宋·米芾《宝章待访录》“目睹”类“颜鲁公郭定襄争坐位第一帖”条，见上海古籍出版社1987年版《四库全书》第813册。

③宋·黄庭坚《山谷集》卷二八“题跋”之“跋王立之诸家书”，见上海古籍出版社1987年版《四库全书》第1113册。苏轼关于安氏的记载，见《苏轼全集》卷六十九“题跋”中“题鲁公书草”条，上海古籍出版社，2000年。

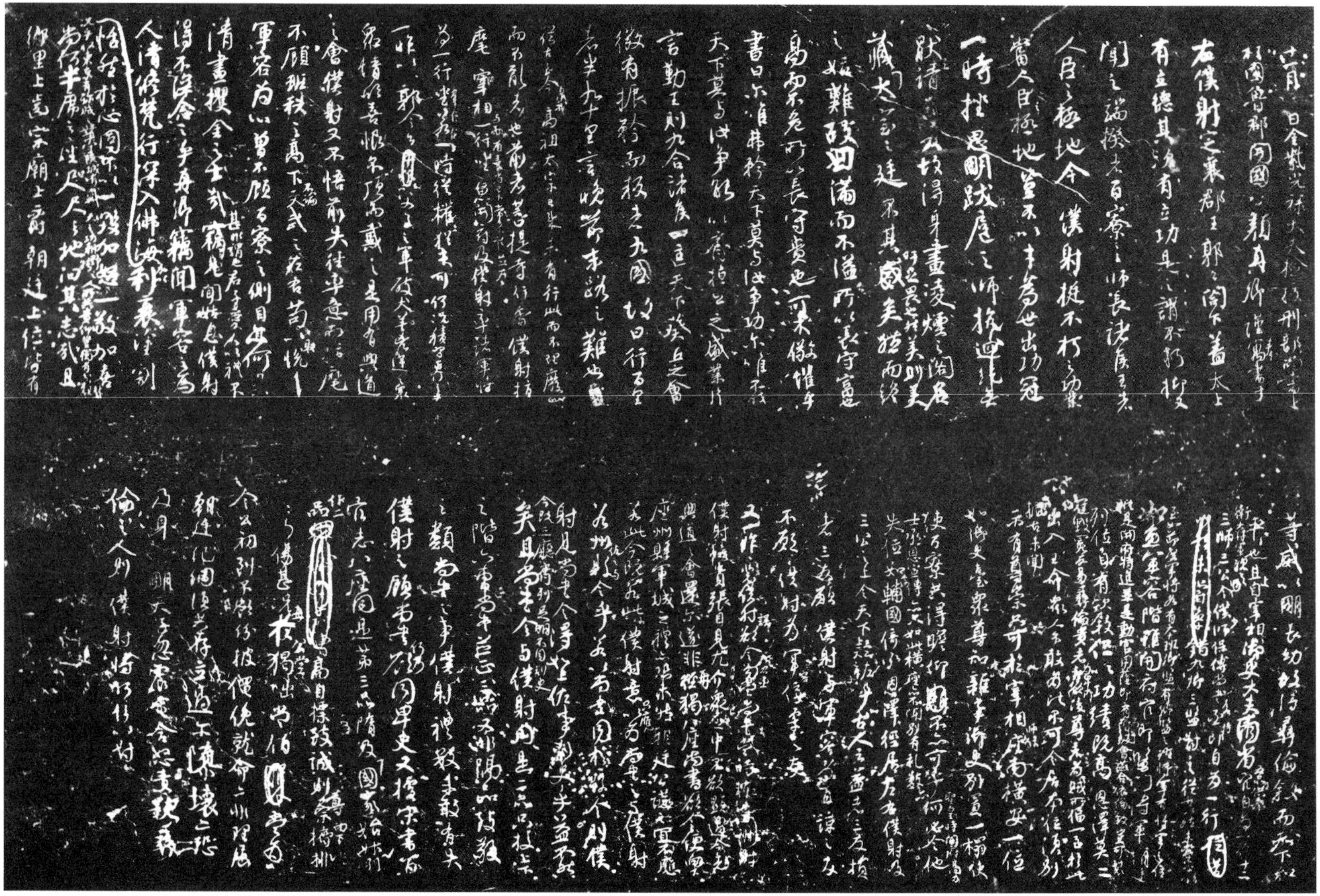

图 1-20 《争座位稿》（拓本）

人所刻，元代学者袁桷《清容居士集》中有一条题跋，为我们提供了线索：

> 坐位帖真迹在京兆安氏家，尝刻以传世。吴中复守永兴，谓安氏石未尽笔法，因再模刻。此二本余家咸有之。[①]

按袁桷所记，京兆安氏曾将此帖刻石，吴中复来京兆任职后，认为“安氏石未尽笔法”，因而重新摹刻。此吴中复，字仲庶，兴国永兴（今湖北阳新）人，《宋史》有传，其任知永兴军府事，是在熙宁六至八年（1073—1075）[②]。笔者认为，碑林现藏之《争座位稿》很可能就是吴中复的那件重刻本，他当时任京兆府最高地方长官，他将此帖直接重刻于原已立在孔庙的《抄高僧传序》碑阴，应该更为合理[③]。如果这一推论不谬，则《争座位稿》就是北宋熙宁年间吴中复任职京兆时刻于府城孔庙的，亦应是北宋时期碑林藏石。

通过以上分析，《京兆府府学新移石经记》碑所说的碑林最初的颜书之碑，便是上述3种。

2. 碑文中的“褚”

碑文中的“褚”，无疑是指褚遂良。然而，当时的褚书之碑究竟何指，却一直是桩疑案。因为碑林现藏唯一一件褚碑《同州圣教序》，是1970年才从陕西大荔县（唐代为同州治所）迁来的，此前碑林并无褚碑。对此武伯纶先生曾专门作过解释，他认为这是古人误传所致，错把僧怀仁集王羲之书的《圣教序》，当成褚遂良所书，而碑文中所说的“褚碑”，正是指碑林现藏的《集王圣教序》碑[④]。此说难以成立。褚遂良所书《雁塔圣教序》和《同州圣教序》以及《集王圣教序》，在赵明诚《金石录》中都有著录，按该书体例，本不注碑之所在，但两种褚碑却分别注明“在京兆府慈恩塔中”和“同州重立”，以

①元·袁桷《清容居士集》卷四六“题跋”中“鲁公坐位帖”条。见上海古籍出版社1987年影印文渊阁本《四库全书》第1203册。

②《宋史》卷三二二《吴中复传》。吴廷燮《北宋经抚年表》卷三“永兴军”，见1955年中华书局版《二十五史补编》第六册。

③参见路远《述西安碑林藏颜真卿书迹刻石七种》一文对《争座位稿》的考证，载《第七届中国书法史论国际研讨会论文集》，文物出版社，2009年。

④陕西省博物馆编《西安碑林书法艺术》一书所附武伯纶《西安碑林》一文，陕西人民美术出版社，1983年。

示区别，在《集王圣教序》碑目下，则注“沙门怀仁集王书”。可见宋人对这3种《圣教序》区别得很清楚。况且碑文作者黎持当时就任职于京兆府学，是迁移唐石经和诸多唐宋碑刻的当事人，更不应该发生如此错误。看来，必须有新的解释。

据郑樵《金石略》，褚书之碑当时在陕者共4种，即《雁塔圣教序》《同州圣教序》《房玄龄碑》和《孟法师碑》。《雁塔圣教序》至今仍嵌在慈恩寺大雁塔下；《同州圣教序》刚说过，1970年前一直在大荔县；《房玄龄碑》则立于礼泉县陪葬昭陵的房玄龄墓前（现已移藏昭陵博物馆内）。这3种碑当然不会是当时碑林中的褚书之碑，只剩下《孟法师碑》有可能。此碑全称“唐京师至德观主孟法师碑铭”，岑文本撰，刻于唐贞观十六年（642）。孟法师是一位女道士，讳静素，江夏安陆（今湖北安陆）人，隋文帝时应召入京居至德观，唐高祖、太宗复加隆礼，贞观十二年（638）卒，享年97岁。此碑最初应立在位于唐长安城兴道坊的至德观内。入宋后，《集古录跋尾》《金石录》《金石略》及《宝刻丛编》均有著录，后二者且注明碑在京兆，但当时究竟在京兆何处？会不会也被宋人移入京兆孔庙？

成书于北宋末年的《宣和书谱》为这一推论提供了证据。此书记宋徽宗时内府所藏诸法帖，对每位书家均有介绍文字，在对褚遂良的介绍中说：“遂良喜作正书，其摩崖碑在西洛龙门，孟法师碑在长安国子监，圣教序在长安慈恩塔中，皆世所著闻者。”[1]此书本来并不著录碑刻，但无意中却向我们透露了北宋时《孟法师碑》的下落。《宣和书谱》所说的“长安国子监”，指的就是京兆府孔庙。前文说过，唐末韩建将国子监移入新城原尚书省之西隅后，虽然演变成为京兆孔庙，可“故地虽易，旧名尚存”，直到宋代人们依然“或以监名呼之”[2]。由此可知，《孟法师碑》北宋时确在京兆孔庙，它正是《京兆府学新移石经记》碑记述的碑林最初所藏的“褚碑”，直到北宋末的宣和年间，该碑仍在碑林。

遗憾的是，这件褚遂良47岁时所书的《孟法师碑》后来从碑林消失，不

①《宣和书谱》卷三“褚遂良”条。见上海古籍出版社1987年影印文渊阁本《四库全书》第813册。

②引自北宋大中祥符二年（1009）《永兴军修文宣王庙大门记》碑，此碑现藏西安碑林。

知去向，其拓本亦罕有流传，所知者只有一件剪裱北宋拓本传世，因为是孤本，物以稀为贵，被王世贞称作“真墨池中至宝也”①。此拓本清道光年间曾为临川李宗翰所藏，以后便流入日本②（图1-21）。

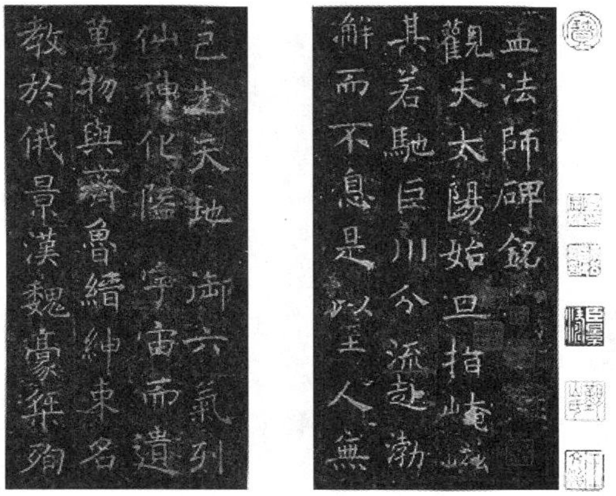

图 1-21 《孟法师碑》唐拓孤本（册页，卷首，现藏日本东京三井纪念美术馆）

3. 碑文中的“欧阳”

碑文中的“欧阳”，应是指欧阳询、欧阳通父子或其中某一位。碑林现藏欧书碑 2 种，即欧阳询所书《皇甫诞碑》和欧阳通所书《道因法师碑》。

欧阳询《皇甫诞碑》刻于唐贞观年间，原应立于长安县鸣犊镇皇甫诞墓前。其碑阴刻有北宋皇祐三年（1051）黄庶撰文的《复唯识廨院记》，此“唯识廨院”为一禅院，今已不存，当年应该就在鸣犊镇附近。据此可知，至晚在北宋皇祐三年黄庶撰此碑文时，《皇甫诞碑》已被移到“唯识廨院”中。那么它是何时又被移至碑林的？尚无法确断。明人都穆《金薤琳琅》、赵崡《石墨镌华》著录此碑时，均称其已在“西安府学”③。值得注意的是，清人朱枫《雍州金石记》记该碑所在更为具体：“今在西安府文庙棂星门内右首，与庙堂碑对。”④也就是说，它当时并不在碑林，并未和其他唐宋碑刻在一起，而是在孔庙院内。而且直到 20 世纪 50 年代初，它才被迁入碑林展室。可以肯定，欧阳询《皇甫诞碑》不是黎持碑文中说的当年“分布于庭之左右”的诸碑中

①明·王世贞《弇州续稿》卷一六六“褚河南孟法师碑铭后”条，见上海古籍出版社影印文渊阁本《四库全书》第 1284 册。

②关于《孟法师碑》及其唐拓孤本，可参阅路远《褚遂良〈孟法师碑〉曾为碑林藏石》一文，刊于《上海文博》2008 年 3 期。

③明·都穆《金薤琳琅》卷八“隋皇甫府君碑”条。明·赵崡《石墨镌华》卷一“隋皇甫诞碑”条。

④清·朱枫《雍州金石记》卷二“皇甫诞碑”条。

图 1-22 《道因法师碑》

的“欧阳”。那么，黎持所说的“欧阳”，极可能就是指欧阳通的《道因法师碑》。

另外，据《金石略》《宝刻丛编》等宋人金石著作，欧阳询所书之碑当时在陕者有 10 种之多，除《皇甫诞碑》之外，现存者还有《温彦博碑》（原在礼泉县昭陵，现存昭陵博物馆），《九成宫醴泉铭》（现存麟游县九成宫遗址），《宗圣观碑》（现存周至县楼观台）。其他如《唐昭陵刻石文》（原在礼泉县昭陵）、《张崇碑》（原在咸阳县）、《唐瑾碑》（原在万年县）等，久已毁佚，且当时入藏碑林的可能性很小。欧阳通传世书作不多，除《泉男生墓志》（现存开封博物馆）外，仅此《道因法师碑》一种，在此略作介绍。

《道因法师碑》：此碑刻于唐龙朔三年（663），李俨撰文，欧阳通书。螭首龟趺，高 312 厘米，宽 103 厘米。碑题“大唐故翻经大德益州多宝寺道因法师碑文并序”。碑文 34 行，行 73 字，楷书。碑额雕三尊佛像，其下横刻“故大德因法师碑”7 字，隶书。（图 1-22、1-23）碑座两侧线刻两组胡人形象，卷发深目，十分生动。碑主道因法师俗姓侯，曾师从彭城（今江苏徐州）靖嵩法师（537—614）习《摄大乘论》，而靖嵩是将《摄论》等唯识经论传来中土的印度僧人真谛（499—569）的弟子。碑文记道因生平事迹甚详，反映了自南朝梁陈至隋唐间唯识经论对中国佛教的影响，以及《摄论》学派的分支和传承。贞观十九年（645）玄奘取经回国，敕于长安弘福寺翻译佛经，道因是来长安协助玄奘译经的十二翻经大德之一。书者欧阳通（620—691）字通师，潭州临湘（今湖南长沙）人，系欧阳询之子，书法与其父齐名，后世并称“大小欧阳”。此碑楷书笔力险劲，筋骨铮铮，有其父成法，更有自家面目。碑原立于唐长安城怀德坊惠日寺，据骆天骧《类编长安志》，此碑元代已在碑林[①]。

继续向前追溯，作为《道因法师碑》宋初已在孔庙之证据的是，其碑阴刻

①元・骆天骧《类编长安志》卷十《石刻》“道因法师碑”条，第 305 页。

有《赠梦英诗》。僧正蒙楷书，辑陶榖、杨昭俭、王著等人赠梦英诗作，刻于北宋咸平三年（998），而碑林现藏梦英《篆书目录偏旁字源碑》，也是北宋咸平三年所刻。梦英是北宋初年活动于长安的著名书法家，碑林现有梦英所书碑刻6种，除《华严法界观残碑》系近世移入碑林者外，其余均是直接刻于京兆孔庙的。《赠梦英诗》虽然不是梦英所书，但它与同年所刻的梦英《篆书目录偏旁字源碑》一起直接刻于孔庙，应该问题不大。那么，能为《赠梦英诗》提供“载体”的《道因法师碑》，无疑当时已在孔庙，是碑林最早的藏石之一。

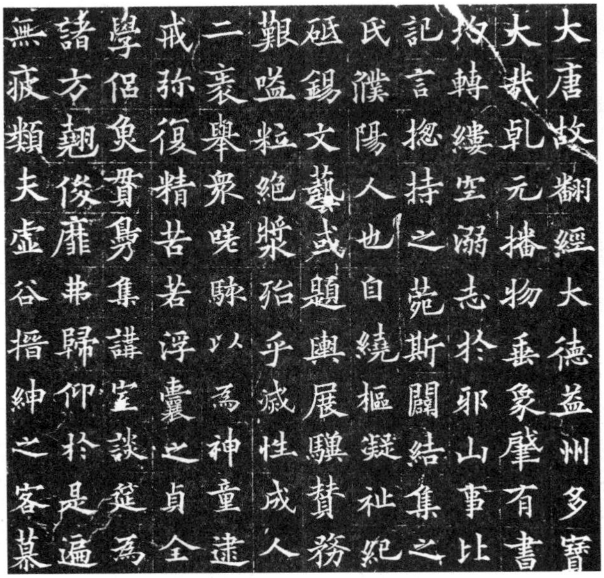

图 1-23 《道因法师碑》（拓本，局部）

4. 碑文中的“徐”

碑文中的“徐”，应是指徐浩（703—782），其字季海，越州（今浙江绍兴）人，书法名重于时，与颜真卿齐名。碑林现藏徐书之碑，仅《广智三藏和尚碑》即《不空和尚碑》一种。据郑樵《金石略》，当年徐书之碑相当多，有近40种，但多在当时的东都洛阳，在京兆者仅3种，除《不空和尚碑》外，还有《花萼楼记》碑和《一行禅师真赞碑》，均已不存。前者原在兴庆宫，花萼楼是宫中主要殿楼之一。据《类编长安志》，该碑“遭巢寇火焚毁，上犹存四十余字。在兴庆池南。”[1]就是说元代尚存残石。而《一行禅师真赞碑》，宋以后就不见金石著作再提及，大概毁失得更早。看来，只有《广智三藏和尚碑》才是黎持碑文所说的徐浩所书之碑。

《广智三藏和尚碑》： 又名“不空和尚碑”，唐建中二年（781）刻。螭首龟趺，碑高305厘米，宽99厘米。严郢撰，徐浩书。碑题“唐大兴善寺故大德

①元·骆天骧《类编长安志》卷十《石刻》“唐花萼楼火余碑”条，第312页。

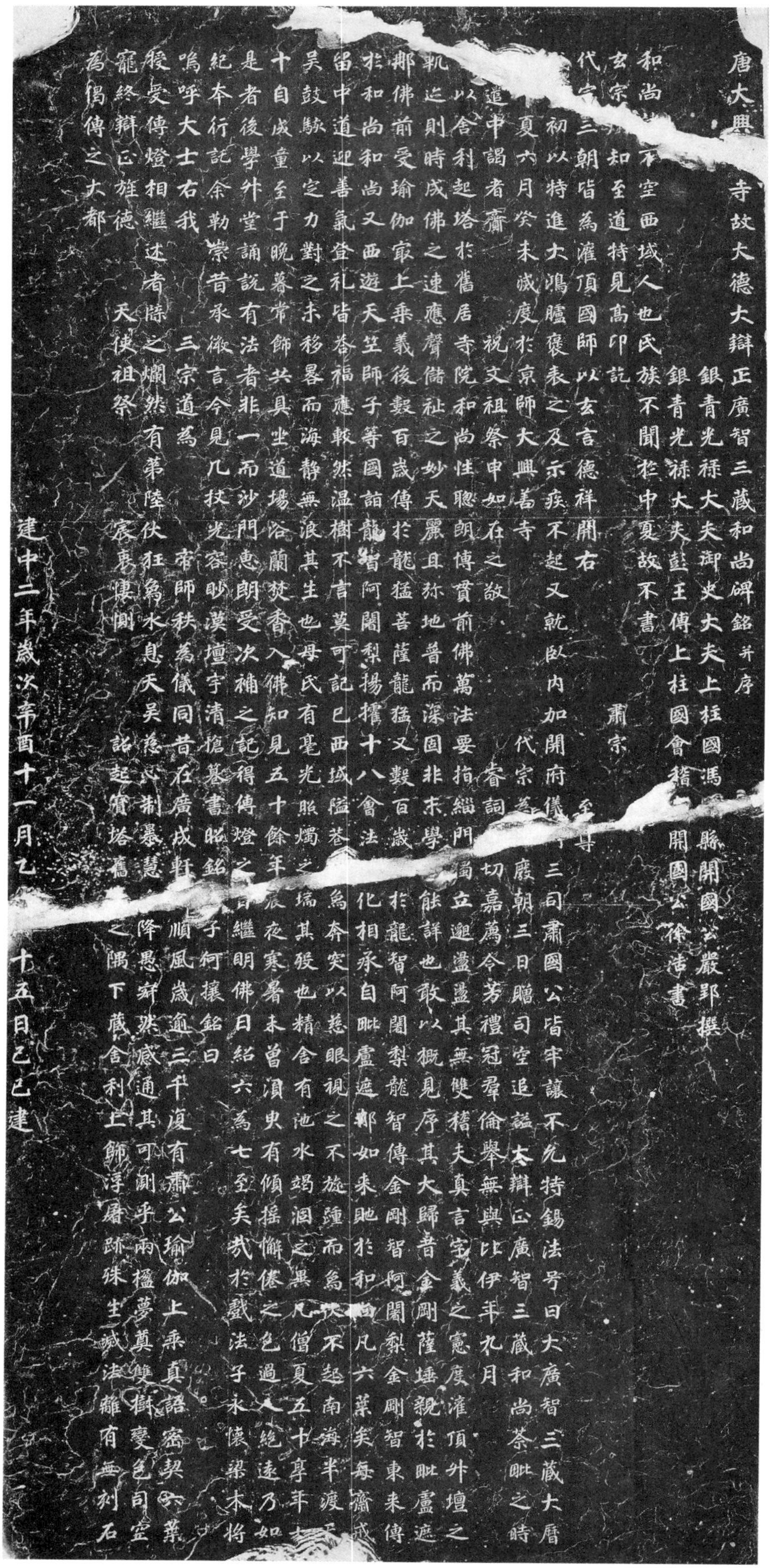

图 1-24《广智三藏和尚碑》（拓本）

大辨证广智三藏和尚碑铭并序”。碑文 24 行，满行 48 字，楷书。额题“唐大兴善寺大辨证广智三藏国师之碑”，4 行 16 字，亦为徐浩楷书。（图 1-24）碑主不空和尚（705—774），北天竺人，梵名阿目祛跋折罗，译名不空金刚。幼丧父，随叔父来到中国，入居长安。开元七年（719）不空 15 岁时，西域高僧金刚智来长安，译介密教经典，遂入拜其门下。开元二十一年（741），不空由海路前往狮子国及天竺游学，天宝五年（746）返回长安，居大兴善寺翻译经书。不空共译出密教经 77 部，120 卷。玄宗、肃宗、代宗三朝，皆为灌顶国师，密宗教派也在中土盛于一时。此碑是不空和尚圆寂七年之后所刻，最初应立于其生前所居之长安大兴善寺。《广智三藏和尚碑》是徐浩楷书代表作，根据上文的分析，北宋时已移入京兆孔庙，是碑林最早的藏石之一。

5. 碑文中的“柳”

碑文中的“柳”应是指柳公权。碑林现藏柳书之碑有 3 种，即《玄秘塔碑》《冯宿神道碑》和《迴元观钟楼铭》。后者是 1986 年才出土的，也不见于历代金石著作，应予排除。《冯宿神道碑》刻于唐开成二年（837），王起撰文，原立于万年县崇道乡冯宿墓前。此碑未见宋代金石著作著录，《类编长安志》亦未提及，最早见于明人赵崡《石墨镌华》，已称其“在西安府学”即已在碑林了。其入藏碑林的时间，当在元明之际，亦应排除。那么只余《玄秘塔碑》有可能是碑文所说的柳书之碑。

又据宋人金石著作，柳书之碑当时在陕者尚有 10 余种，留存至今的除上述 3 种外，还有今在永寿县的《刘沔碑》，今在高陵县的《李晟碑》。原在富平县的《符璘碑》，本已熬过千年历史风霜，却又毁于十年动乱。另外，柳书名碑《左神策军纪圣德碑》，据《类编长安志》，元代时仍在左军遗址[1]，大概毁于元末明初。而《魏公先庙碑》，清雍正年间出土于陕西藩署内，得残石 5 块，曾嵌于衙内壁间，后亦不知所终[2]。其他如《牛僧孺碑》《刘荣璨碑》《韦正贯碑》《濮阳长公主碑》等，宋以后金石著作不再著录，毁佚得更早。那么，黎持碑文所说的柳书之碑，就非《玄秘塔碑》莫属了。

《玄秘塔碑》：又称“大达法师碑”，唐会昌元年（841）刻。螭首方趺，高

---

①元·骆天骧《类编长安志》卷十《石刻》“唐左神策纪圣德碑”条，第 307 页。

②见清光绪十七年（1891）《增置颜柳碑记》，西安碑林现藏。

图 1-25 《玄秘塔碑》

368 厘米，宽 120 厘米。碑身上截横断。裴休撰文，柳公权书并篆额，邵建和、邵建初刻字。碑题“唐故左街僧录内供奉三教谈论引驾大德安国寺上座赐紫大达法师玄秘塔碑铭并序”。碑文 28 行，行 54 字，楷书。额题“唐故左街僧录大达法师碑铭”12 字，篆书。（图 1-25、1-26）大达法师释名端甫，俗姓赵氏，天水人，生前为安国寺寺主，“大达”是其谥号。此碑是他去世 5 年后所建的纪念碑，最初应立于唐长安兴宁坊安国寺。碑文记述大达法师少年出家，拜师修禅的经历，成名后受德宗、宪宗宠遇，出入禁中的事迹。撰文者裴休（791—846），字公美，河内济源（今河南省济源）人，文宗朝官至宰相，两《唐书》有传。此碑是柳公权楷书的代表作品，遒媚劲健，铁骨铮铮，千余年来一直被奉为学习柳书的入门之帖。其由安国寺旧址移入京兆孔庙的时间，应在北宋前期。

6. 碑文中的“偏旁字源之类”

碑文所说的“偏旁字源”，显然是指刻于宋咸平元年（999）的梦英所书《篆书目录偏旁字源碑》；既然其后缀有“之类”，应是指梦英所书的若干种碑。僧梦英，一名永牙，衡州（今湖南衡阳）人，为五代末北宋初著名书家，尤善玉筯篆，后期主要活动在京兆。碑林现藏与梦英相关的碑刻共有 8 种，其中梦英所书者 6 种，非梦英所书而与梦英有关者 2 种。其中，《华严法界观残碑》是近世才移入碑林的，可予以排除，则所余 7 种碑为：

《篆书千字文碑》： 北宋乾德三年（965）刻。梦英篆书，袁正己释字，吴廷祚建。螭首龟趺，高 327 厘米，宽 103 厘米。碑文 25 行，行 40 字，篆书，释文楷书。

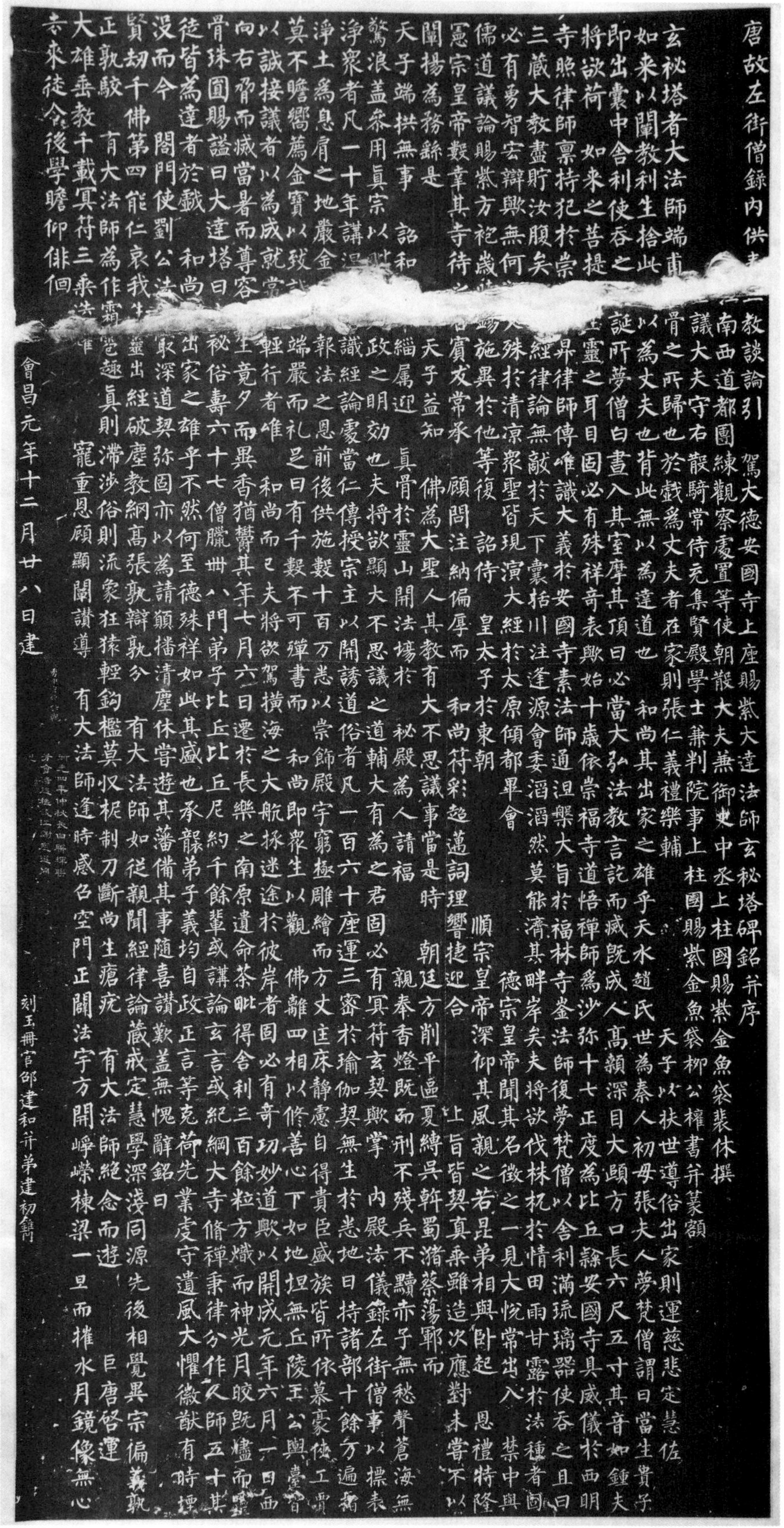

图 1-26 《玄秘塔碑》（拓本）

《篆书千字文序》：北宋乾德五年（967）刻于《篆书千字文碑》碑阴，陶穀撰文，皇甫俨书，吴廷祚建。碑文21行，满行35字，楷书。

《十八体篆书碑》：北宋乾德五年（967）刻，梦英篆书，附刻时人赠梦英诗由袁允中楷书。碑高202厘米，宽80厘米。碑文分5栏，一、二栏刻赠梦英诗，其余三栏刻梦英十八体篆书。

《重书夫子庙堂记碑》：北宋太平兴国七年（982）刻于《十八体篆书碑》碑阴，梦英书。碑文19行，满行30字，楷书。

《赠梦英诗碑》：北宋咸平元年（998）刻于唐《道因法师碑》碑阴，刻陶穀等32人赠梦英诗作33首，僧正蒙楷书。碑文分6栏，每栏33行，行14—16字不等，楷书。

《篆书目录偏旁字源碑》：北宋咸平二年（999）刻，螭首龟趺，高300厘米，宽9厘米。目录偏旁17行，行33字，由梦英篆书，附刻梦英自序、郭忠恕答书及题衔由梦英楷书（图1-27）。

《抄高僧传序》：无刻立年月，应刻于北宋初建隆、乾德年间（960—967）。陶穀撰，梦英书，郭忠恕题额。平首方趺，高152厘米，宽67厘米。碑文17行，满行24字，楷书。前文曾提到此碑，颜真卿《争座位稿》刻于其碑阴。

从《赠梦英诗碑》及《十八体篆书碑》所附赠诗看，梦英所结交者，均为当时朝廷和地方权贵名流，赠诗内容多是对其篆书的赞美，而且上述梦英之碑也多为京兆地方长官所立。据碑末署衔，《篆书千字文碑》及碑阴之“序文”，为“永兴军节度”吴廷祚建，《重书夫子庙堂记》碑为“权知永兴军府事”李準等建，《篆书目录偏旁字源碑》为“知永兴军府事”刘知信建。另外，前述《颜氏家庙碑》被“权知永兴军府事”李準移置于孔庙时，曾“命南岳梦英大师秉笔书记”。这些碑与前文所述唐碑不同，主要以书法欣赏为目的，应该是直接刻于京兆孔庙的。看来，当年京兆地方官绅不仅将倒弃于郊野的唐代碑刻向府城孔庙迁移，还将当时享有盛名的书法家梦英的书作刻于孔庙之中。

7. 碑文中提到的“建学碑”

碑文中还提到一块与《石台孝经》碑一同“立之于中央”的“建学碑”，且“双亭中峙”，应该是和《石台孝经》碑一样，建有碑亭保护。有学者推测，刻于唐《梁守谦功德碑》碑阴的北宋景祐二年（1035）的《牒永兴军》碑，就

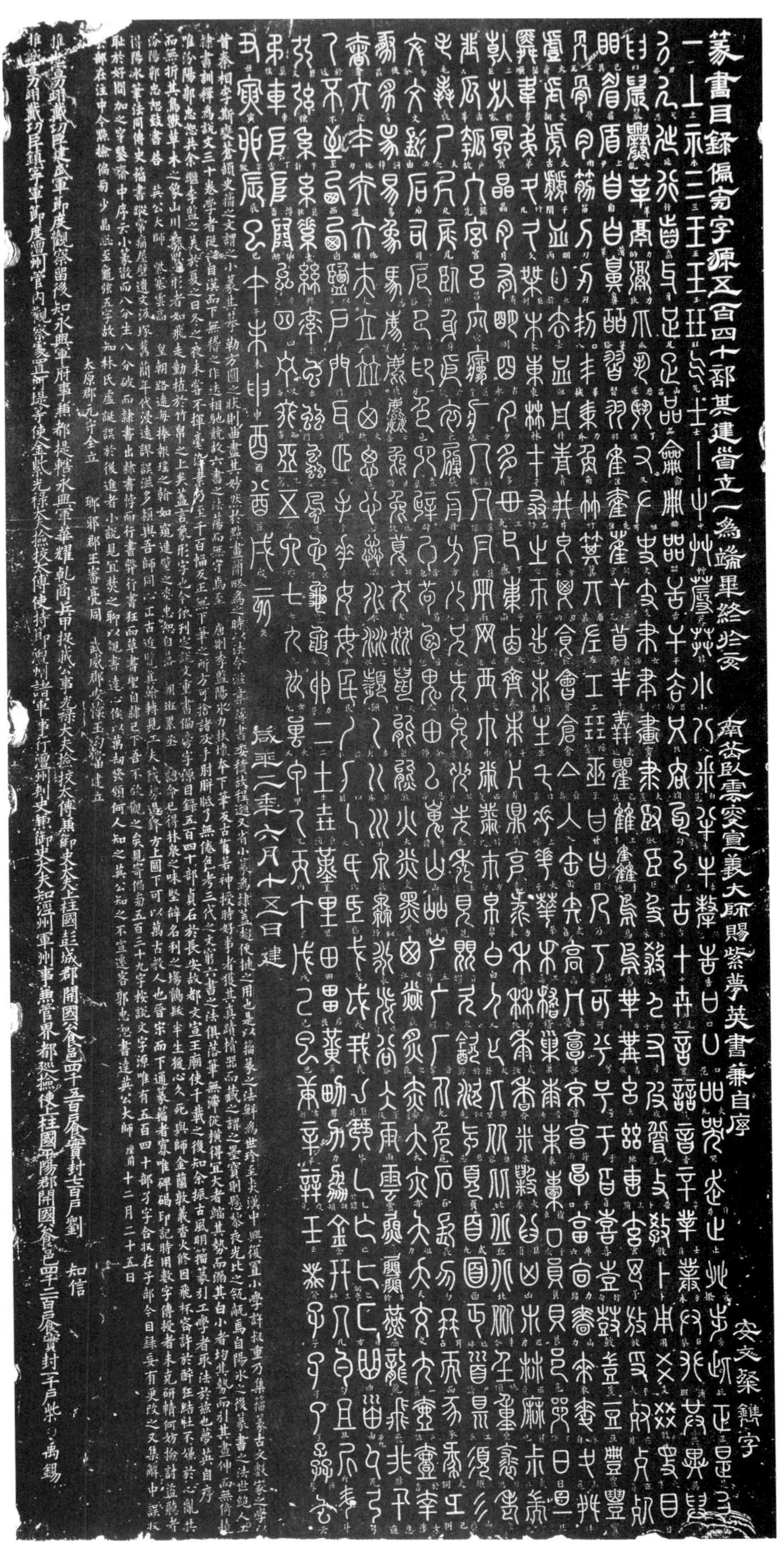

图 1-27 《篆书目录偏旁字源碑》（拓本）

是碑文所说的“建学碑”[1]。此说似有道理，因为它是朝廷批准范雍创建京兆府学的牒文，但仔细推敲又不可能。与唐玄宗御书的《石台孝经》碑并列立于碑院中央、亦有碑亭保护的“建学碑”，规格应该是很高的，刻于唐碑之阴，实在说不过去，应该专门刻碑才是。查《类编长安志》“石刻”卷，有“宋建学敕”碑，注曰“景祐元年十月日”[2]。从时间上看，此碑肯定与范雍建学有关，只是比《牒永兴军》碑稍早，应是另有一碑。另外，“敕”与“牒”是有区别的，“敕”是指皇帝的诏书、旨令，而“牒”多指官府间的往来公文，两者等级不同。总之，依笔者之见，碑文所谓的“建学碑”，就是指北宋景祐元年的《建学敕》碑，可惜已经亡佚。

三、当时确已入藏碑林和可能入藏碑林的其他碑刻

除了根据《京兆府府学新移石经记》碑提供的线索，考证出上述北宋时期碑林藏石外，还可以根据碑石自身提供的信息，以及合理的推论，考证出一些当时确已入藏碑林和可能入藏碑林的其他碑刻。兹一一分述如下：

重刻秦《峄山刻石》：这是宋代重刻的秦代纪功刻石，原石是公元前219年秦始皇首次东巡郡县时上邹峄山（在今山东邹县）所刻，已佚。碑林现藏者系北宋淳化四年（993）郑文宝据徐铉所授摹本，重刻于京兆孔庙的。碑为圆首方座，高218厘米，宽84厘米。两面刻字，正面9行，背面6行，每行均为15字，篆书。秦始皇刻辞四字一句，三句一韵，共144字。从背面第一行“皇帝曰”起，是秦二世诏文，共79字，字体略小。碑末刻郑文宝题记，凡5行，行40字，楷书。（图1-28、1-29）此郑文宝（953—1013），字仲贤，宁化（今福建宁化）人，时任陕西转运副使，《宋史》有传。其题记明白写道：“今以徐所授模本刊石于长安故都国子学。”这个“故都国子学”，与前文考辨过的“长安国子监”一样，北宋时指的就是京兆府孔庙。这一确切的记载说明，重刻秦《峄山刻石》当年刻于京兆孔庙，是碑林最早的藏石之一。

重刻唐《孔子庙堂碑》：原碑刻于唐贞观之初，由虞世南撰文并书，是当

①李西兴《宋“建学碑”考》，刊于《考古与文物》1987年第6期。

②元·骆天骧《类编长安志》卷十《石刻》“宋建学敕”条，第318页。

时唐太宗“始立孔子庙堂于国学”[1]的记事碑，不久即佚。碑林现藏者，系宋初永兴军节度、京兆尹王彦超重刻。螭首方趺，高 280 厘米，宽 110 厘米。碑题“孔子庙堂之碑”，碑文 34 行，行 65 字，楷书。额题“孔子庙堂之碑”，篆书（图 1-30）。碑文记述唐贞观之初在长安国子监中“始立孔子庙堂”之事。

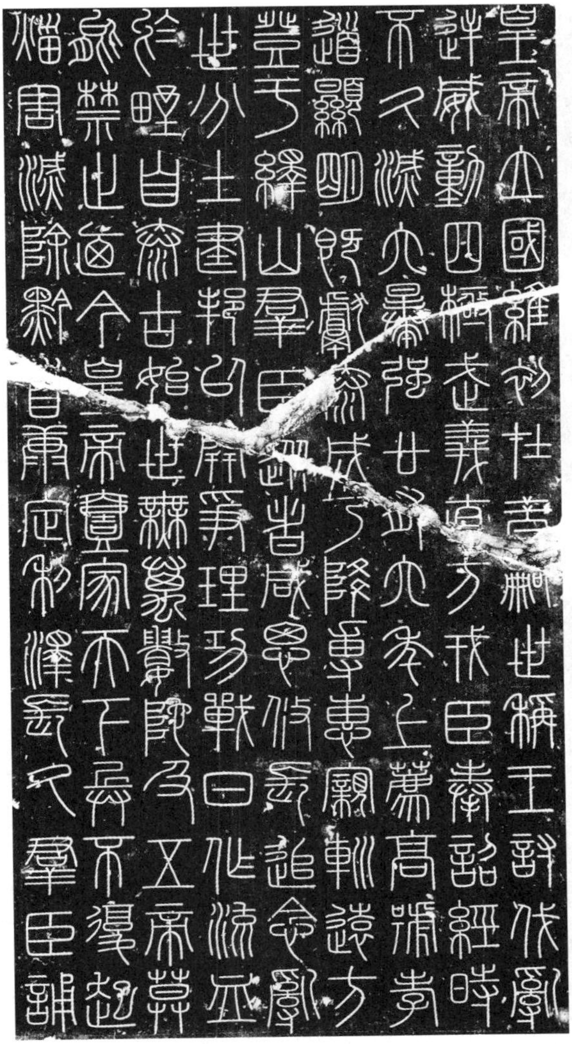

图 1-28　宋刻《峄山刻石》（拓本，正面）

图 1-29　宋刻《峄山刻石》（拓本，背面）

①《旧唐书》卷一九六《儒学传上》。《唐会要》卷三五“褒崇先圣”条所记更详。

图 1-30 《孔子庙堂碑》（北宋重刻，拓本）

撰书者虞世南是初唐书法大家，此碑是其唯一存世的书迹刻石，历代金石、书史著作著录甚多。王彦超任职京兆期间，曾有重修孔庙、石经之举，前文多次引述的北宋建隆三年（962）《重修文宣王庙记碑》即此役之纪事碑。重刻《孔子庙堂碑》未刻年款，但王彦超所题职衔中有“永兴军节度”和“京兆尹”，可见其重刻是在建隆二年至乾德二年（961—964）他任职京兆之时，很可能与其重修孔庙同时，而此碑无疑也是刻立于京兆孔庙之中的。

图 1-31 《集王圣教序碑》

《集王圣教序碑》： 唐咸亨三年（672）刻。螭首方趺，高 396 厘米，宽 114 厘米。碑文系弘福寺僧怀仁集王羲之书摹勒上石，刻唐太宗《大唐三藏圣教序》12 行，其对玄奘谢表的答敕 1 行；唐高宗《皇帝在春宫述三藏圣记》9 行，其对玄奘谢表的答敕 1 行；玄奘所译《般若波罗蜜多心经》6 行，凡 30 行，行 83-88 字不等，行书。（图 1-31、1-32）此碑是玄奘去世后，京城僧侣委托怀仁集二帝最推崇的王羲之书法，将二帝序文、记文刻勒上石，立于玄奘最早译经的长安修德坊弘福寺，以资纪念。前文已提到，赵明诚《金石录》已著录此碑，但未言其所在。《类编长安志》则已称其“今在文庙”，即元代时已在碑林。其入藏碑林的确切时间，尚无法确断，宋、元之间的金代，可能性不大，因为此碑集王羲之书所刻，为时所重，名气很大，应该也是北宋时被好古之士迁至京兆孔庙的。

《大智禅师碑》： 唐开元二十四年（736）刻。螭首龟趺，高 345 厘米，宽 116 厘米。严挺之撰文，史维则书并篆额。碑题：“大唐故大智禅师碑铭并序”。碑文 32 行，行 61 字，隶书。额题“大唐故大智禅师碑”，篆书。碑阴下方刻开元二十九年（741）“大智禅师碑阴记”，阳伯成撰，亦为史维则书，凡 27

图 1-32 《集王圣教序碑》（拓本）

行，行9字，隶书（图1-33、1-34）。碑主大智禅师（658—736）是禅宗北宗的重要人物，法名义福，俗姓姜氏，潞州铜鍉（今山西沁县西南）人，“大智禅师”是唐玄宗所赠谥号，《旧唐书》和《宋高僧传》均有传。书者史维则，名浩，以字行，为唐隶书四家之一。碑阴有宋人题记二则，一为“淳化四年十一月，殿直崔承业奉命到府勾当公事记之。”淳化四年为993年，估计当时碑已在孔庙，这位崔承业来京兆公干，游览了孔庙并在碑上刻下这两行字。如果证据稍嫌不足，那么另一条题记曰：“转运副使王云、提点刑狱狄玠、廉访使者安寓、提举常平吕希莘，宣和四年壬寅以上丁释奠检查同来。”这里说得很明确，他们是宣和四年来孔庙参加释奠之礼的，那么《大智禅师碑》至晚北宋宣和四年（1122）已在孔庙中，就毫无问题了。

图1-33 《大智禅师碑》

《隆阐法师碑》：唐天宝二年（743）刻。螭首龟趺，首趺均残，残高250厘米，宽94厘米。无撰、书人署款，是僧怀恽即隆阐法师死后弟子为其所立。碑题“大唐实际寺故寺主怀恽奉敕赠隆阐大法师碑铭并序”。碑文34行，行65字，行书（图1-35）。碑主怀恽俗姓张，祖籍南阳，远祖为官京兆，遂为京兆人，“隆阐大法师”是其死后唐中宗所赠。他是佛教净土宗的实际创始人善导的弟子。善导去世后，他“于凤城南神和原崇灵塔……于塔侧广构伽蓝……又于寺院造大窣堵波塔”，此即至今犹存的西安城南神禾原上的香积寺。怀恽生前是位于长安太平坊的实际寺寺主，碑原应立于寺中。前文已述及，该碑阴刻郭忠恕《三体阴符经》，既然郭碑是宋初刻于孔庙，那么刊刻之时，《隆阐法师碑》无疑已在孔庙。

《栖先茔记碑》：唐大历二年（767）刻。螭首方座，螭首已残，残高172厘米，宽79厘米。李季卿撰，李阳冰书。碑题“栖先茔记”，碑文14行，满

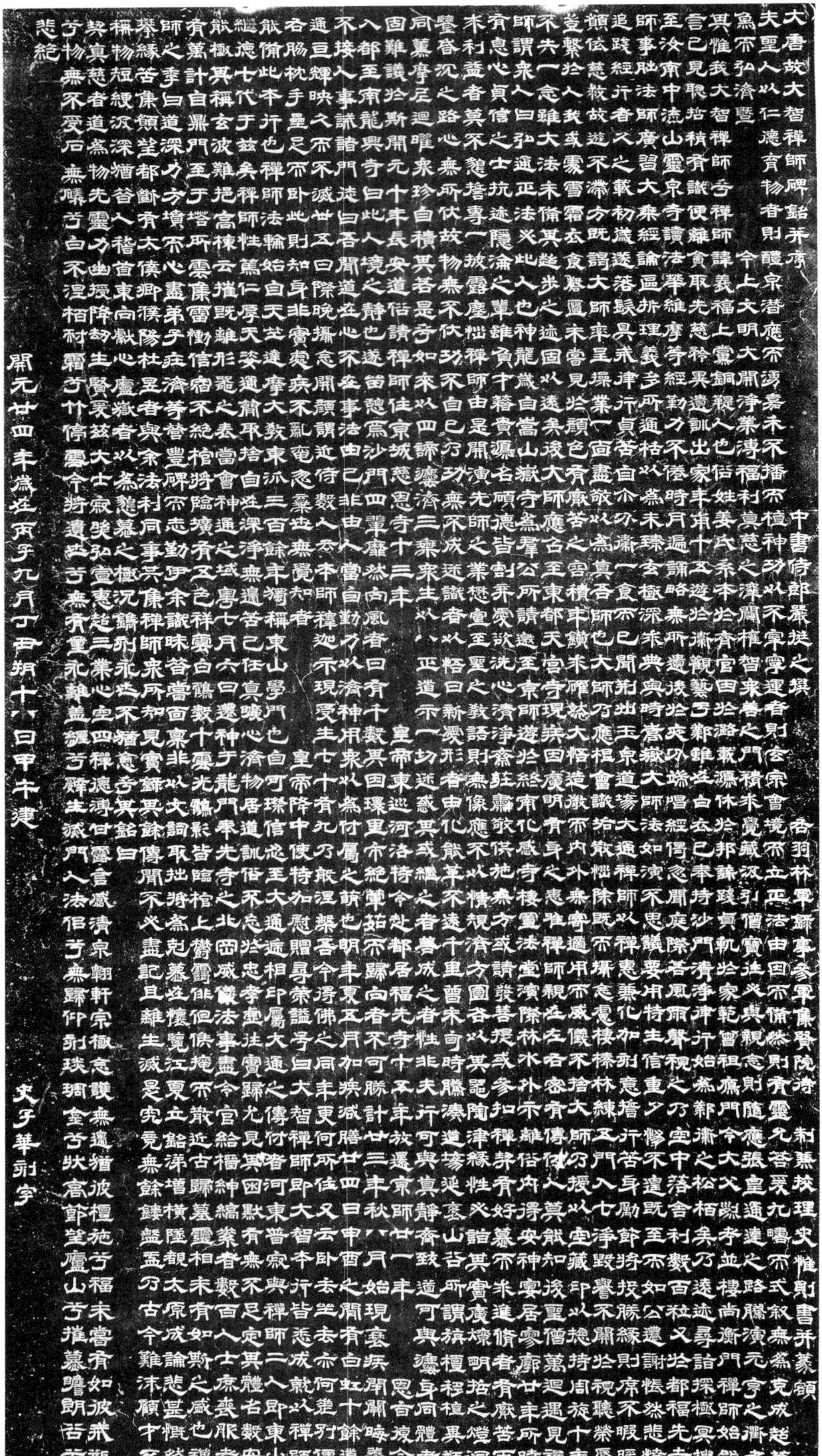

图1-34 《大智禅师碑》（拓本）

行 26 字，篆书。碑文记季卿将其父及伯氏、仲氏、叔氏三位兄长的坟茔，由灞河岸迁至凤栖原新茔址之事。书者李阳冰，字少温，赵郡（今河北赵县）人，有“李斯之后，一人而已”之誉，是唐代篆书的代表人物。在碑题下方，刻宋人题记一则：“□是钜唐李监阳冰书，以其年代寖远，风雨昏聩，字体不完，读者斯泥，遂有吴兴姚宗萼肇意，率好古者数人，同出刊刻之费，□威安璨重开，所贵名贤笔迹传诸不朽。时大中祥符三年九月十四日毕功。”可知宋大中祥符三年（1010），此碑有“重开”之举。前人据这则题记，以为此碑及《三坟记碑》为宋人重刻。据笔者考证，此二碑为唐刻原石，所谓“重开”，只是对“风雨昏聩，字体不完”的原碑“开字口”，并非另行重刻①，且“重开”之时二碑已在孔庙。《栖先茔记碑》碑阴有《沙门静已书偈》，亦刻于大中祥符三年，题名中有“勾当国子监人邓德诚”，而那则宋人题记之署名中也有“勾当人邓德诚”，可以证明二碑当时确已在孔庙，为碑林早期藏石之一。

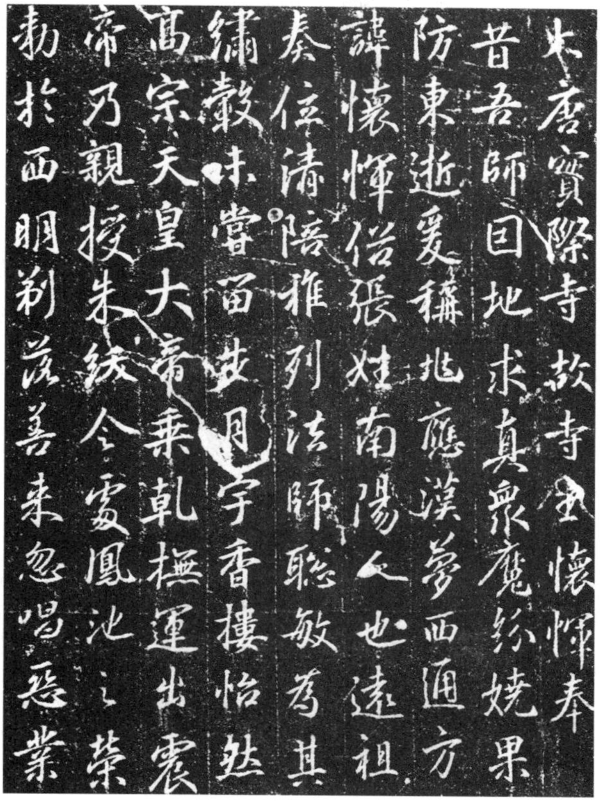

图 1-35 《隆阐法师碑》（拓本，局部）

《三坟记碑》：唐代纪事碑。唐大历二年（767）刻。螭首龟趺，螭首已残，残高 210 厘米，宽 84 厘米。李季卿撰，李阳冰书。无碑题，首行为“先侍郎之子曰”，是撰者李季卿自谓。碑文刻于两面，正面 13 行，碑阴 11 行，满行

①参见路远《李阳冰〈三坟记碑〉和〈栖先茔记碑〉为唐刻原石考》，《碑林》集刊第十二辑，陕西人民美术出版社，2006 年。

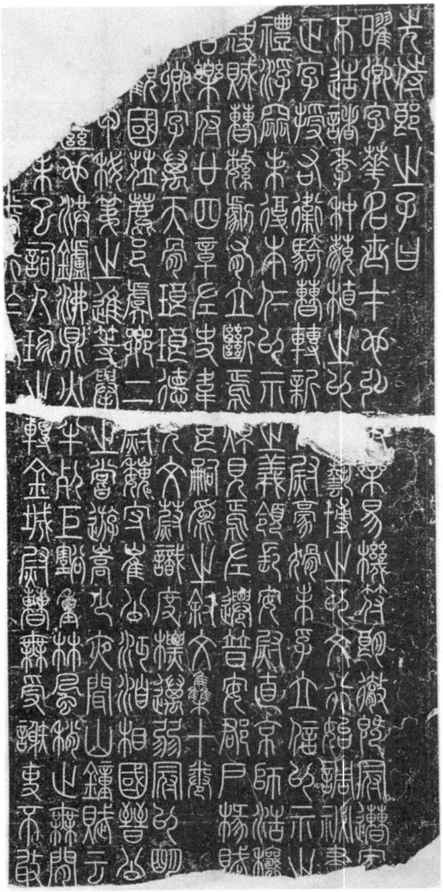

图 1-36 《三坟记碑》（正面，拓本）

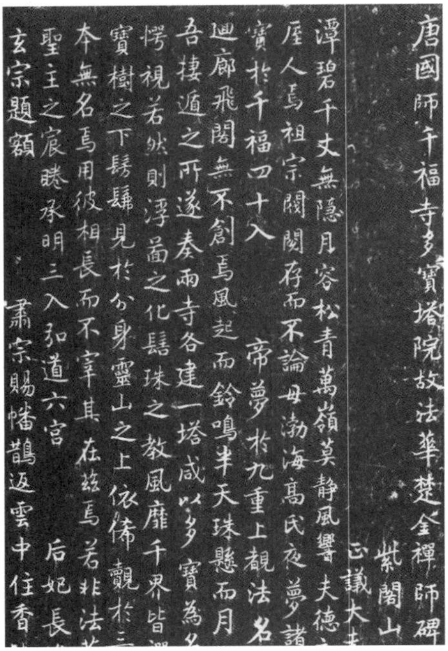

图 1-37 《楚金禅师碑》（拓本，局部）

20 字，篆书（图 1-36）。碑文内容记述季卿改葬其三位兄长之事，以及改葬的原因。此碑与《摛先茔记碑》同时所刻，为唐刻原石，北宋时已在京兆孔庙。

《楚金禅师碑》：唐贞元二十一年（805）刻于《多宝塔碑》碑阴。沙门飞锡撰，吴通微楷书。碑题“唐国师千福寺多宝塔院故法华楚金禅师碑”。碑文 32 行，行字不计，楷书。额题“唐国师谥大圆禅师碑”，篆书（图 1-37）。碑文记述楚金禅师家世、修道经历及玄宗、肃宗朝受到的恩宠。前文已做考证，颜真卿书《多宝塔碑》原在唐长安安定坊之千福寺，北宋初迁入京兆孔庙，则刻于其碑阴的《楚金禅师碑》，流迁经过不言自明。

《梁守谦功德碑》：唐长庆二年（822）刻。首残，龟趺，高 328 厘米，宽 122 厘米。杨承和撰并书，陆邳篆额。碑题“邠国公功德铭并序”。碑文 46 行，满行 88 字，楷书。碑主梁守谦（779—827），是唐代后期著名宦官，宪宗朝官至枢密使、右神策军护军中尉，深得宪宗宠信。宪宗卒后，先后拥立穆宗、文宗，权势显赫一时。碑文称颂其出资求善书者写经为国祈福，“于大兴唐寺花严院，为国写古今翻译大小乘经论、戒律，合五千三百廿七卷”。此碑原立于长安城大宁坊兴唐寺，何时移至孔庙，无法确证，但其碑阴刻有宋景祐二年（1035）《中书门下牒永兴军》（即前文述及的《牒永兴军》碑），内容是知永兴军范雍为创办府学给朝廷的奏文和所得批复的牒文。范雍创办的京兆府学，地点就在府城孔庙[1]，那么起码在《牒永兴军》碑刊刻之时，《梁守谦功德碑》已在孔庙中。

《三体阴符经》：此碑宋乾德四年（966 年）刻于唐《隆阐法师碑》碑阴，所刻为郭忠恕以三体（古文、小篆、隶书）所书之《黄帝阴符经》（图 1-38），《集古录目》《宝刻丛编》有著录。此郭忠恕（？—977），字恕先，汾阳人，其活动年代在五代末北宋初。入宋后建隆之初，因"被酒争于朝"，贬官乾州，之后"放旷岐、雍、京、洛间"，善画，工篆籀[2]。梦英在《篆书目录偏旁字源碑》之"自序"中说"唯汾阳郭忠恕共余继李监之美"，郭忠恕也在该碑附刻之"答梦英书"中说，他与梦英"共得阳冰笔法，同传史籀书踪。"当年，郭忠恕的书名不在梦英之下，二人同在京兆，过从甚密。此《三体阴符经》应是这一时期的作品，且是其唯一的传世石刻。虽然碑本身未提供确切证据，但它与梦英诸碑一样出于书法欣赏目的，刻立于当时京兆孔庙，当无问题。黎持所谓"偏旁字源之类"，应该也包括此碑。

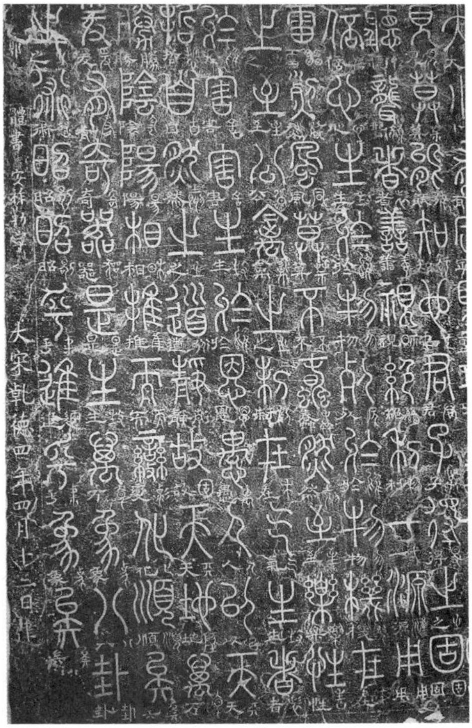

图 1-38 《三体阴符经》（拓本，局部）

《摩利支天经·黄帝阴符经》：北宋乾德六年（968 年）刻，袁正已书。碑文分五栏刻，上三栏刻《摩利支天经》，下二栏刻《黄帝阴符经》，楷书。两篇经文题目下，均署"京兆府国子监"，前者文末且题"其经永在

①参见路远《西安碑林初创时期若干问题的再探讨》一文，《文博》1995 年第 3 期。
②《宋史》卷四四二"文苑四"《郭忠恕传》。

监内流传”。很显然，此碑当时刻于京兆孔庙之中。

《太上老君常清静经》：北宋太平兴国五年（980）刻于《摩利支天经》与《黄帝阴符经》之碑阴，庞仁显楷书。碑文分四栏刻，内容是《太上老君常清静经》及《护命经》《得道经》。既然刻于前碑之碑阴，其在京兆孔庙不言而喻，且其题记中亦有“永在宣圣庙建立”一句，可作进一步证明。

《大宋新译三藏圣教序》：北宋端拱元年（988）刻。碑首残缺，方趺，碑身高 187 厘米，宽 102 厘米。碑文是宋太宗赵炅为西域僧人天息灾新译三藏经所作的序，释云胜书并篆额，知永兴军府事柴禹锡、陕西转运副使郑文宝等立石。碑题“大宋新译三藏圣教序”，碑文 20 行，满行 43 字，隶书。额题与碑题同，篆书（图 1-39）。此碑宋人金石著作和《类编长安志》均未著录，最早见于明赵崡《石墨镌华》。虽无确切证据说明它最初刻立于何处，但由当时京兆地方最高长官出面，仿效当年将唐太宗为玄奘译经所作“圣教序”刻石立碑，也将宋太宗此序刻石立于孔庙之中，应该是合乎逻辑的。

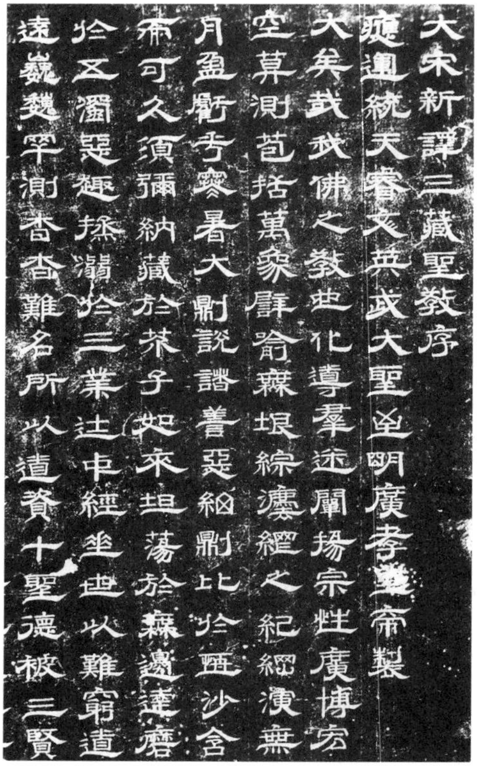
图 1-39 《大宋新译三藏圣教序》碑（拓本，局部）

《沙门静己书偈》：北宋大中祥符三年（1010）刻于唐《栖先茔记碑》碑阴。沙门静己书，僧省中篆额。碑文 18 行，满行 26 字，楷书。

《大宋勅兴颂》：此碑虚仪先生撰文，唐英篆书。据清人钱大昕考证，碑末所署年款“皇帝嗣明离之三叶岁在未月建午日丁卯”，应为北宋天禧三年（1019）[①]，而此虚仪先生，则是见于《宋史·文苑传》

①清·钱大昕《潜研堂金石文跋尾》卷十二“勅兴颂”条。

的马应[1]。碑文仿元结“大唐中兴颂”故事，撰此“勃兴颂”，述宋太祖平定荆湖之功。碑石本身未提供刻立于何处的证据，碑末仅题“摄太常寺太祝李梦征传本”，亦未言及何人立碑。最早著录此碑的是《类编长安志》，已称其“在文庙”。这种为宋王朝歌功颂德之碑，一般情况下，当时应该是刻立于京兆孔庙的。

《劝慎刑文》与《慎刑箴》： 此二碑刻于一石之正反两面，均为宋天圣六年（1028）所刻，同为晁迥撰文，卢经楷书。螭首方座，高 247 厘米，宽 94 厘米。《劝慎刑文》33 行，行 61 字，楷书；《慎刑箴》21 行，行 44 字，楷书。碑文以自古酷吏、循吏之报应，为用刑者劝。《慎刑箴》碑文末题曰：“皇宋天圣六年岁次戊辰五月乙未十二日丙午上石，立于永兴军至圣文宣王庙。”则二碑最初刻立于京兆孔庙，确定无疑。

《大观圣作之碑》： 碑林现藏的宋《大观圣作之碑》，原在陕西乾县文庙，是 1962 年才移藏碑林的，自然与本节所要稽考的北宋时期碑林藏石无关。不过，骆天骧《类编长安志·石刻卷》所录碑刻中，也有《宋大观圣作碑》，且注明“在府学”[2]，就是说元代时京兆府学也有一通《大观圣作之碑》。此碑由宋徽宗赵佶撰文并书，李时雍摹写，蔡京篆额，刻于北宋大观二年（1108）。碑文逐条解释当时在官学推行的“八行”“八刑”及“三舍”之法，即学生的行为准则和奖惩办法，当时全国各府州县学摹刻此碑者甚多。当年京兆府学肯定也刻立了《大观圣作之碑》，元代尚存，后来下落不明，但它是北宋时期碑林藏石则是毫无疑义的。

除上述诸碑外，还有一些宋代整修京兆孔庙、府学的记事碑，以及与孔庙、府学相关的碑刻，它们毫无疑问是立于孔庙、府学中的，当然也应算作碑林最早的藏石。其中现仍藏碑林者有：

《重修文宣王庙记》： 北宋建隆三年（962）刻。刘从乂撰，马昭吉书并篆额，王彦超建。螭首方趺，高 221 厘米，宽 83 厘米。碑文 25 行，满行 48 字，行书。此碑前文已多次引述，是研究碑林早期历史的重要资料。

---

①《宋史》卷四三九《文苑一》之《马应传》。

②元·骆天骧《类编长安志》卷十《石刻》“宋大观圣作碑”条，第 317 页。

图 1-40　北宋《新建七贤堂记》残碑

《玄圣文宣王赞》:北宋大中祥符元年(1008)刻。宋真宗（赵恒）制文。螭首龟趺，高 362 厘米，宽 109 厘米。碑文分两栏，上栏为赞文，下栏为诏文，均 16 行，满行 23 字，行书。

《永兴军文宣王庙大门记》：北宋大中祥符二年（1009）刻。孙仅撰，冉宗闵书，张格篆额。螭首方趺，高 278 厘米，宽 92 厘米。碑文 22 行，满行 44 字，楷书。

《中书门下牒永兴军》：即《牒永兴军》碑，北宋景祐二年（1035 年）刻于唐《梁守谦功德碑》碑阴，僧惟悟书。碑文分两栏，上栏 16 行，下栏 14 行，行字不等，楷书。

《永兴军中书札子》：北宋景祐二年（1035）刻，陈谕立石。圆首方趺，高 168 厘米，宽 77 厘米。碑文 11 行，满行 28 字，楷书。

《京兆府小学规》：北宋至和元年（1054）刻于《篆书目录偏旁字源碑》碑阴，裴袗书。碑文分 4 栏，每栏 18 行，行 7 字，楷书。

《京兆府府学新移石经记》：北宋元祐五年（1090），黎持撰，安宜之书。平首方趺，高 140 厘米，宽 83 厘米。碑文 23 行，满行 37 字，楷书。此碑为研究碑林早期历史的重要资料。

《京兆府学新建七贤堂记》：刻立年月不详，当在北宋末年。王纯仁撰，李居厚书，师琳篆额[①]。残高 102 厘米，残宽 35 厘米。存碑文 11 行，满行 35 字，楷书（图 1-40）。

据骆天骧《类编长安志》，元代京兆孔庙中还有 4 种宋碑，前文在探讨碑

①参见笔者《宋金时期京兆文庙“七贤堂”考》一文，《文博》1996 年第 2 期。另外，2008 年 3 月，西安碑林博物馆新石刻馆工地出土一块该碑残石，系碑之左下角，存碑文撰者、书者署名，撰文者王纯仁为府学教授，书者李居厚、篆额者师琳均为府学生员。

林早期历史时，均已述及，只是后来亡佚不存，也不见于其他金石著作，但它们作为北宋时期碑林藏石是没有问题的。除了前面已经列出的《宋建学敕》碑外，还有：

《宋京兆府移文宣王庙记》：北宋元丰三年（1080）刻，吕大防撰，石苍舒书，《类编长安志》仅存碑目。

《宋永兴军创修府学记》：北宋大观元年（1107）刻，《类编长安志》仅存碑目。

《宋永兴军府学开泮水记》：北宋大观元年（1107）刻，《类编长安志》仅存碑目。

四、重拟北宋时期碑林藏石目录

根据以上考察，可知北宋时期有证据可依、确已入藏或刻立于碑林，以及经分析推理、很可能入藏或刻立于碑林的唐宋碑刻共 44 种，其中宋代摹刻秦刻石 1 种，唐碑 15 种（包括 2 种宋代重刻者），宋碑 28 种。加上原本已在孔庙的《开成石经》和《石台孝经》碑，北宋时期碑林藏石共 46 种。现依碑石刻立年代为序，重拟“北宋时期碑林藏石目录”。可以肯定，此目录与当年碑林形成之初的藏石情况会有出入，但笔者相信，出入不会太大，其中错漏和不妥之处，留待日后不断完善。

表一　　北宋时期碑林藏石目录

名称	年代	撰书者	书体	入藏或刻置于碑林时间	所据资料	备注
峄山刻石	宋淳化四年（993）重刻	李斯撰并书，郑文宝重刻	篆书	宋淳化四年（993）刻立于孔庙	该碑附刻郑文宝之题记	
孔子庙堂碑	唐贞观初刻，宋建隆乾德间（960—967）重刻	虞世南撰并书，王彦超重刻	楷书	宋建隆乾德间（960—967）重刻于孔庙		
孟法师碑	唐贞观十六年（642）	岑文本撰，褚遂良书	楷书	北宋由原兴道坊至德观旧址移入孔庙	《宣和书谱》卷三“褚遂良”条下所记	已佚

续表

名称	年代	撰书者	书体	入藏或刻置于碑林时间	所据资料	备注
道因法师碑	唐龙朔三年（663）	李俨撰，欧阳通书	楷书	宋初由原怀德坊惠日寺旧址移入孔庙		
集王圣教序碑	唐咸亨三年（672）	僧怀仁集王羲之书	行书	宋初由原修德坊弘福寺旧址移入孔庙		
大智禅师碑	唐开元二十四年（736）	严挺之撰，史维则书	隶书	至晚宋宣和四年（1122）已在孔庙，可能亦宋初移入	碑阴所刻宋人题记	
隆阐法师碑	唐天宝二年（743）	不详	行书	宋初由原太平坊实际寺旧址移入孔庙		
石台孝经	唐天宝四年（745）	李隆基注释并书	隶书	唐末与国子监一同迁至尚书省西隅后一直立于孔庙		
多宝塔感应碑	唐天宝十一年（752）	岑勋撰，颜真卿书	楷书	宋初由原安定坊千福寺旧址移入孔庙		
栖先茔记碑	唐大历二年（767）刻，宋大中祥符三年（1010）重开	李季卿述，李阳冰书，姚宗萼等重开	篆书	至晚宋大中祥符三年（1010）重开时已在孔庙	该碑附刻之宋人重开题记	旧说此二碑为大中祥符三年（1010）重刻，按笔者考证应为唐刻原石
三坟记碑	同上	同上	同上	同上	同上	
颜氏家庙碑	唐建中元年（780）	颜真卿撰并书	楷书	宋太平兴国七年（982）由原通化坊颜氏家庙旧址移入孔庙	该碑附刻之宋人重立题记	
不空和尚碑	唐建中二年（781）	严郢撰，徐浩书	楷书	宋初由原靖善坊大兴善寺移入孔庙		
楚金禅师碑	唐贞元二十一年（805）	沙门飞锡撰，吴通微书	楷书	宋初由原安定坊千福寺旧址移入孔庙		刻在《多宝塔感应碑》碑阴

续表

名称	年代	撰书者	书体	入藏或刻置于碑林时间	所据资料	备注
梁守谦功德碑	唐长庆二年（822）	杨承和撰并书	楷书	宋初由原大宁坊兴唐寺移入孔庙		
开成石经	唐开成二年（837）		楷书	唐末与国子监一同迁至尚书省西隅后一直立于孔庙		
玄秘塔碑	唐会昌元年（841）	裴休撰，柳公权书	楷书	宋初由原兴宁坊安国寺旧址移入孔庙		
争座位稿	原帖书于唐广德二年（764）宋熙宁年间（1068—1077）刻石	颜真卿撰并书，吴中复模勒上石	行书	宋熙宁年间（1068—1077年）刻于孔庙		刻在《抄高僧传序》碑阴
重修文宣王庙记碑	宋建隆三年（962）	刘从乂撰，马昭吉书	楷书	当时刻于孔庙		
篆书千字文	宋乾德三年（965）	梦英书	篆书	当时刻于孔庙		
三体阴符经	宋乾德四年（966）	郭忠恕书	古文、篆、隶	当时刻于孔庙		刻在《隆阐法师碑》碑阴
篆书千字文序	宋乾德五年（967）	陶穀撰，皇甫俨书	楷书	当时刻于孔庙		刻在《篆书千字文》碑阴
十八体篆书	宋乾德五年（967）	梦英书	篆书	当时刻于孔庙		所附赠诗为袁允中楷书
摩利支天经·黄帝阴符经	宋乾德六年（968）	袁正己书	楷书	当时刻于孔庙	碑题下署“京兆府国子监”	二经同刻一石
太上老君常清静经	宋太平兴国五年（980）	庞仁显书	楷书	当时刻于孔庙	题记中有“永在宣圣庙建立”语	刻在《摩利支天经》碑阴

续表

名称	年代	撰书者	书体	入藏或刻置于碑林时间	所据资料	备注
重刻夫子庙堂记	宋太平兴国七年（982）	梦英书	楷书	当时刻于孔庙	后序曰“重建立于镐京”	刻在《十八体篆书》碑阴
宋新译三藏圣教序	宋端拱元年（988）	宋太宗赵炅撰，释云胜书	隶书	当时刻于孔庙		
篆书目录偏旁字源碑	宋咸平元年（998）	梦英书	篆书	当时刻于孔庙	碑中马应自序称“贞石于长安故都文宣王庙”	
赠梦英诗碑	宋咸平元年（998）	僧正蒙书	楷书	当时刻于孔庙		刻在《十八体篆书》碑阴
玄圣文宣王赞	宋大中祥符元年（1008）	宋真宗赵恒制文	楷书	当时刻于孔庙		
永兴军文宣王庙大门记	宋大中祥符二年（1009）	孙仅撰，冉宗闵书	楷书	当时刻于孔庙		
沙门静己书偈	宋大中祥符三年（1010）	沙门静己书	行书	当时刻于孔庙	题名中有“勾当国子监人邓德诚”	
大宋勃兴颂	宋天禧三年（1019）	虚仪先生撰，唐英书	篆书	当时刻于孔庙		
慎刑箴	宋天圣六年（1028）	晁迥撰，卢经书	楷书	当时刻于孔庙	碑末题：“立于永兴军至圣文宣王庙”	二碑刻于一石之两面
劝慎刑文	宋天圣六年（1028）	晁迥撰，卢经书	楷书	当时刻于孔庙		
宋建学敕	宋景祐元年（1034）			当时刻于府学	骆天骧《类编长安志》有著录，元代尚在	已佚
中书门下牒永兴军	宋景祐二年（1035）	僧惟悟书	楷书	当时刻于府学		刻在《梁守谦功德碑》碑阴
兴军中书札子	宋景祐二年（1035）		楷书	当时刻于府学		

续表

名称	年代	撰书者	书体	入藏或刻置于碑林时间	所据资料	备注
京兆府小学规	宋至和元年（1054）	裴袗书	楷书	当时刻于府学		刻在《篆书目录偏旁字源碑》碑阴
宋京兆府移文宣王庙记	宋元丰三年（1080）	吕大防撰，石苍舒书		当时刻于孔庙	骆天骧《类编长安志》有著录，元代尚在	已佚
京兆府府学新移石经记	宋元祐五年（1090）	黎持撰，安宜之书	楷书	当时刻于府学		
宋永兴军创修府学记	宋大观元年（1107）			当时刻于府学	骆天骧《类编长安志》有著录，元代尚在	已佚
宋永兴军府学开泮水记	宋大观元年（1107）			当时刻于府学	骆天骧《类编长安志》有著录，元代尚在	已佚
大观圣作之碑	宋大观年间（1107—1110）			当时刻于府学	骆天骧《类编长安志》有著录，元代尚在	已佚
抄高僧传序	宋，年月不详	陶榖撰，梦英书	行书	当时刻于孔庙		
京兆府学新建七贤堂记	宋，年月不详	王纯仁撰，李居厚书，师琳篆额	楷书	当时刻于孔庙		碑残，现有残石2块；金代有《重修碑院七贤堂记》碑

从以上目录可以看出，自北宋之初起，人们便开始将散落于城郊各处的唐代名碑，向当时的京兆府孔庙集中。王彦超任京兆尹的建隆二年至乾德二年（961—964）期间，就曾重刻虞世南《孔子庙堂碑》，立于孔庙。《京兆府府学新移石经记》所说的“颜、褚、欧阳、徐、柳之书”，即元祐二年（1087）与唐石经一起被吕大忠迁至“府学之北墉”的唐代书法名碑，都应是北宋前期先后迁入孔庙的。另外，在搜集唐碑的同时，人们还将当时的书法家如梦英、郭忠恕、袁正己等人的书作刻石立于孔庙，这就是《京兆府府学新移石经记》

所说的“偏旁字源之类”。其中最早者是乾德三年（965）永兴军节度吴廷祚所刻的梦英《篆书千字文》碑。从以上目录可以看出，28 种宋碑中，除了与孔庙、府学相关者外，大多也是北宋前期先后刻立于孔庙的。

在最早入藏碑林的 15 种唐碑中，佛寺之碑占的比重颇大，凡 10 种。这并非偶然。唐会昌五年（845）武宗灭佛时，长安城中寺院遭到极大破坏，后来虽禁令松弛，有所恢复，但紧接着又是黄巢起义和唐末五代的战乱，到了宋初，原长安城中的寺院，大概都已成废墟，只有一些寺中碑石幸存下来，成为无主之物。尤其是那些出于唐代名家之手者，京兆城中好古之士不忍见其埋没尘埃，便在地方官支持下，把它们移入城中孔庙，与唐石经一同保护起来。这些唐碑所在的寺院，均在唐长安外郭城内，即宋京兆城近郊，搬运比较方便。如此看来，这些寺院之碑要比那些唐代墓碑、家庙碑更加幸运。

当然，能幸运地入藏碑林的唐碑，毕竟是极少数。前文说过，被宋人陈思《宝刻丛编》列于京兆府和长安、万年两县名下的碑刻就有五百余种，其中绝大多数是唐碑，两相比较，区区 15 种，所占比例实在太小。

古人刻碑，是期望它传之久远，然而面对岁月的侵蚀，面对自然灾变和人为破坏，能保存至今的，只能是其中少数幸运者。长安作为汉唐故都，当年刻立的碑碣，数量一定不少，但今天所能见到的隋以前的碑刻，已寥寥无几，唐碑除存于西安碑林者外，亦大多毁失，可见曾遭受的破坏之巨。对此，乾隆本《西安府志·金石志》有云：

> 关中金石之文甲于海内……顾自唐末五季兵燹而后，一坏于宋姜遵之营浮图，再坏于韩缜之修灞桥，三坏于嘉靖乙卯地震，先后数百年，十盖已失其七八。[1]

所列举的三次大的破坏，除明代嘉靖大地震是自然灾变外，其他两次均系人为破坏，恰好也都发生在北宋。

这位姜遵（963—1030），字从式，淄州长山人。关于他在长安毁碑碣造浮图之事，《宋史》有载：

①语出乾隆本《西安府志》卷七十二《金石志》之卷首语。

遵长于吏事，为治尚严猛，所诛残者甚众。在永兴，太后尝诏营浮图，遵毁汉、唐碑碣代砖甓，既成，得召用。[①]

姜遵知永兴军是在天圣四年至六年（1026—1028），大概是造浮图有功吧，随即召拜枢密副使[②]。这里所说的太后，为宋真宗之刘皇后。真宗末期，“帝久疾居宫中，事多决于皇后。”当时的宰相寇准曾密议奏请皇太子监国，因谋泄而罢相。“真宗崩，遗诏尊后为皇太后，军国重事，权取处分。”于是刘太后遂得与仁宗同御承明殿，“垂帘决事”，称制凡十一年[③]。姜遵出知永兴军，正是这位刘太后有权处置军国重事之时。太后只不过下诏要在京兆城中营造浮图，而姜遵为了迎合太后旨意，竟然“毁汉、唐碑碣代砖甓”。真可谓上有所好，下必有甚。姜遵媚上之苦心，果然得到回报，“既成，得召用”，当上了枢密副使。

《宋史·陈尧佐传》中也述及此事。陈尧佐（963—1044），字希元，阆州人。他是刘太后驾崩之后的景祐二年至三年（1035—1036）出知永兴军的[④]。其传云：

太后崩，执政多罢，以户部侍郎知永兴军……初，太后遣宦者起浮图于京兆城中，前守姜遵尽毁古碑碣充砖甓用。尧佐奏曰：“唐贤臣墓石，今十亡七八矣。子孙深刻大书，欲传之千载，乃一旦与瓦砾等，诚可惜也。其未毁者，愿敕州县完护之。”[⑤]

陈尧佐虽然是事后才说这番话的，毁掉的汉唐古碑已无可挽回，但他能够奏请敕州县保护其未毁者，仍是值得赞许的。

对于姜遵的作为，也有当时就提出反对意见的。宋人笔记《道山清话》载：

①宋史》卷二八八《姜遵传》。

②吴廷燮《北宋经抚年表》卷三“永兴军路”，载二十五史刊行委员会编《二十五史补编》第六册，中华书局1955年版。

③《宋史》卷二四二《章献明肃刘皇后传》。

④吴廷燮《北宋经抚年表》卷三“永兴军路”。

⑤《宋史》卷二八四《陈尧佐传》。

天圣中，诏营浮图，姜遵在永兴，毁汉唐碑之坚好者，以代砖甓。当时有一县尉，投书启具言不可，力恳不已，至于叩头流血。遵以其故阻格朝命，按罢之，自是无人敢言者。遵因此得进用。[①]

这位连姓名都未留下的小小县尉，敢于抗命力争，“至于叩头流血”，并因此丢了乌纱帽，实在悲壮得可敬。他与为了邀宠升迁而毁坏古碑的姜遵，恰好是鲜明的对照。可惜自古以来在官场上，能如该县尉者太少，而如姜遵之流者太多。

北宋时期长安古碑遭受的第二次人为破坏，是在哲宗元祐年间。作为主角的韩缜（1019—1097），字玉汝，开封人，历仁宗、神宗、哲宗三朝，官至尚书右仆射。关于他毁古碑修灞桥之事，不见于正史，只知他曾两度任职京兆。一是神宗熙宁初出任陕西路（治所在京兆）转运使[②]，一是哲宗元祐二年至四年（1087—1089）出知永兴军[③]。南宋人吴曾《能改斋漫录》记其毁碑之事：

元祐中，韩丞相玉汝帅长安，修石桥，督责甚峻。村民急于应期，率皆磨石刻以代之，前人之碑尽矣。说者谓石刻之一厄会也。[④]

既言“元祐中”，可知韩缜是元祐二年至四年知永兴军时毁古碑修灞桥的。不过并非他本人直接要毁碑修桥，而是因为修桥工期催逼太紧，村民急于交差，打磨古碑以充石料，致使“前人之碑尽矣”。

韩缜此人以暴酷著称，熙宁年间他知秦州（今甘肃天水）时，曾因枉杀无辜而被罢官，“秦人语曰：‘宁逢乳虎，莫逢玉汝。’其暴酷如此”[⑤]。由这样的

①宋·王暐《道山清话》，见上海古籍出版社 1987 年影印文渊阁本《四库全书》第 1037 册。(《四库全书提要》云：撰此书者乃暐之祖，非暐也。)

②韩缜任陕西转运使的时间，可据《宋史·本传》的记载加以推断。其传云：“夏谅祚死，子秉常嗣，遣使求册封。朝廷方责夏人不修职贡，欲择人诘其使。缜适陛辞，神宗命之往。缜至驿问罪，使者引服，迨夜，奏上。帝喜，改使陕西。”西夏赵谅祚死，赵秉常嗣位，是在治平四年，恰在这一年神宗即位，改元熙宁。由此可知，韩缜出任陕西转运使当在熙宁之初。

③吴廷燮《北宋经抚年表》卷三“永兴军路”。

④宋·吴曾《能改斋漫录》卷十二“记事”之“石刻厄会”条，上海古籍出版社，1960 年。

⑤《宋史》卷三一五《韩缜传》。

人出任地方长官，并督责修桥工期，其下属和小民岂敢怠慢，只好置“前人之碑”于不顾了。

关于这一事件，当时人的记载仅此《能改斋漫录》（其成书于南宋初之绍兴年间），后世人之追记也都是依据此书，如清人蔡方炳《增订广舆记》，清末旅华日本学者足立喜六《长安史迹考》等。1935 年西京筹备委员会印行的《西京指南》一书中，在述及西安碑林时有这么一句：“其后因修筑灞桥，缺石，遂覆唐碑七百余通于桥身，殊可惜也。”[1]这里说出了毁碑的具体数字，应该是有所依据，可惜不知依据何在，记此待考。

不过，新的考古发现却可以为此事件提供证据。1994 年 4 月，陕西省考古所在灞河河道中发掘出古石桥遗址。经专家考证，此石桥始建于隋代，沿用至元代。这一发掘被评为 1994 年度中国考古十大发现之一。当时在桥墩间泥沙中，出土了一块由石碑改凿成的石料，其表面已被凿平，碑文已不存，但螭首尚可辨，刻于长方形凹面中的篆书额题“□风郡王赠司徒马府君神道碑”12 字亦存[2]。笔者曾去发掘工地亲见此石。西安碑林现藏有唐颜真卿所书《马璘残碑》，其额题为：“（唐）故尚书左（仆）射知省事（扶）风王赠司（徒）马公庙碑”，而被改凿成石料的这通神道碑的碑主，也应该是马璘。考古发现与文献记载恰好可以互相印证，进一步说明，韩缜当年所修的石桥，正是这座重新出土的石桥，而且当时的确有毁坏古碑以充石料之事。

值得注意的是，以古代碑刻为主要研究对象的金石学兴盛于北宋，专门保护古代碑刻的西安碑林形成于北宋，而对长安古碑最大的两次人为破坏也恰恰发生在北宋。就在韩缜出知永兴军的元祐二年，陕西转运副使吕大忠曾有迁置唐石经及诸多唐宋碑刻于“府学之北墉”之举，为碑林日后的发展奠定了基础。而在此之前，从北宋之初起，京兆地方官如王彦超、李凖、郑文宝等等，还有众多的好古风雅之士，便陆续将许多唐代名碑移入当时的京兆孔庙，或将前代名碑，重刻于孔庙，使它们与唐石经一起得到应有的保护。在此之后，又有虞策迁建府学、孔庙，在碑林现址为唐石经和唐宋碑刻找到归

①此书系铅印，西安碑林博物馆图书室有存。

②杜文《灞河古桥址出土唐代此碑略考》，刊于《碑林》集刊第 5 期，陕西人民美术出版社，1998 年。

宿之地。他们对待文化遗产的态度，与姜遵、韩缜的作为，形成鲜明的对照。

在中国古代人治而非法治的社会里，能否对文化遗产加以保护，全在于执掌权力的官员贤与不贤，在于他们个人的品质和文化素养的高下。如果遇到横加破坏且一意孤行者，如姜遵、韩缜之流，是没有任何办法加以制约的。既便有其下属如那位县尉抗命力争，叩头流血，也于事无补。而这种大规模的人为破坏，要比地震之类的自然灾变，要比风化剥蚀，更为可怕。

第六节　与碑林早期历史相关的人物

在考证梳理了碑林形成时期的历史之后，在一件件地稽考出北宋时期入藏碑林的唐宋碑刻之后，尤其是在回顾了北宋时长安古碑遭遇的两次浩劫之后，我们不能不由衷地感谢当年为碑林这座文化殿堂奠基的先贤们。他们多是京兆的地方官，有的有姓名可考，有的并未留下姓名。且不论他们为官时政绩怎样，也不管他们当时的主观动机如何，能如此保护文化遗产，就有理由获得后世子孙的敬意。这些与碑林早期历史相关的人物，前文在考证史实时均已述及，本章设此一节，是想根据史籍所载，对他们的生平事迹再多说几句，以示不忘前贤。

首先要说的是韩建。在唐帝国轰然崩塌，长安城遭到毁灭性破坏之际，正是这位临危受命出任佑国军节度使、京兆尹的武将，出面保护了石刻典籍《开成石经》，使它免遭灭顶之灾。

韩建（854—912），字佐时，许州长社（今河南许昌）人。出身行伍，是在唐末战乱中崛起的军阀。广明元年（880），黄巢军占领长安，僖宗出逃入蜀。当时，割据蔡州（今河南汝南）的秦宗权，派其部将鹿宴弘率军入援京师，韩建从征。中和三年（883），黄巢军退出长安，鹿、韩率军西迎僖宗。韩率所部入蜀，被把持朝政的宦官田令孜收买，所部归行在，补为神策军都校、金吾将军。僖宗返长安后，韩建遂出为潼关防御使、华州刺史。自此，以华州（治所在今陕西华县）为基础经营发展，逐步羽翼丰满。昭宗乾宁三年（896），岐州李茂贞复犯京师，诸王护昭宗出逃，欲至河东，行至富平，韩建奉表迎驾，昭宗遂驻跸华州，落入其掌握之中。其后两年间，韩建遣散昭宗宿卫之殿后军，杀通王以下十一王。光化元年（898）昭宗还京，册拜韩建太傅、中书令，封许国公。三年后的天复元年（901），宣武节度使朱温率四镇之兵攻入关中，韩建遂归降朱温。天祐元年（904）朱温迫昭宗东迁洛阳，命韩建为佑国军节度使、京兆尹，留守长安。

如其履历所显示，韩建是一个从底层崛起的乱世英雄，唐末五代之际，是诞生这类枭雄的“黄金时代”。然而，韩建却不同于一般武夫。《新五代史》有这样的记载：

> 华州数经大兵，户口流散，建少贱，习农事，乃披荆棘，督民耕植，出入闾里，问其疾苦。建初不知书，乃使人题其所服器皿床榻，为其名目以视之，久乃渐通文字。见《玉篇》，喜曰：“吾以类求之，何所不得也。”因以通音韵声偶，暇则课学书史。是时，天下已乱，诸镇皆武夫，独建抚缉兵民，又好学。[①]

《旧五代史》也有类似的记载。在其割据的地盘上，韩建能够劝课农事，问民疾苦。尤为可贵的是，他于治郡之暇，努力识字学文化，遣人于器皿、床榻之上各题其名，视之既久，渐通文字。他还能借助于字典《玉篇》“以类求之”，渐“通音韵声偶”，从“不知书”的文盲，变成“课学书史”的具有读书人气质的武将。

这是韩建身上的闪光点。昭宗东迁后，他在缩建长安城的同时，能把原在外郭城务本坊、缩建后已处于城外的国子监及其中的《开成石经》，迁置于新城内，这种保护民族文化典籍之举，发生在这位尚知学习、向往文化的武人身上，想必不是偶然。

已不可能知道韩建此举的动机是什么。当时，昭宗虽已东迁，可唐王朝尚未灭亡，缩建后的长安新城，规模尽管大大缩小，理论上却仍是唐王朝的国都，他迁置“太学并石经”于新城内，而不是听任其毁弃，很可能是出于为国都保全最高学府的考虑。虽然当时朱温挟天子以令诸侯，但群雄割据的局面依然存在，或许，韩建还有立足长安、经营关中、以图大事的野心，也未可知。不管怎样，在长安城遭受巨大破坏之后，恰好由韩建这样尚知尊崇文

① 《新五代史》卷四〇《韩建传》。

化的将领来收拾残局，不能不说是《开成石经》的幸运。

与《开成石经》的第一次迁置有关的，还有五代后梁之初镇守长安的刘鄩。刘鄩（856—920），密州安丘（今山东安丘）人。他出身官宦人家，其祖刘绶做过密州户掾，其父刘融做过安丘令。《旧五代史》称："鄩幼有大志，好兵略，涉猎史传。"[①]可见他接受过较好的教育。不过他的人生道路与韩建大致相同，也是唐末藩镇割据战争中崛起的实力人物。唐僖宗中和年间（881—885），刘鄩投于青州节度使王敬武麾下。敬武卒后，继续效命于其子王师范。天复元年（901），昭宗被李茂贞挟持至凤翔，宣武节度使朱温率四镇之师西入关中，围困凤翔。王师范乘机袭取朱温管内州郡，刘鄩攻占兖州。昭宗返回长安后，朱温回师东还，王师范战败投降，刘鄩亦献兖州，归顺朱温。朱温称帝后，授刘鄩右金吾上将军，颇得重用。

后梁开平三年（909）夏，同州刘知俊叛梁，引凤翔李茂贞袭据长安。刘鄩奉命西讨，取潼关，复长安，做了永平军（以佑国军改）节度使，行大安（后梁改京兆府为大安府）尹，镇守长安。当时，占据关中西部的岐王李茂贞，与后梁形成对峙局面，而刘鄩则在长安练兵抚众，防备岐军攻城。正是在这一背景下，发生了其幕吏尹玉羽以防备岐军临城时碎为矢石，足以助贼为虐为借口，劝诱他将当时已委弃于郊野的《开成石经》迁于城内的故事。刘鄩显然是出于军事上的考虑，而尹玉羽也正是利用了这一点，达到了保护石经的目的。

故事的另一位主角尹玉羽，《旧五代史》也有传，只是过于简略。传文称他是京兆长安人，从传文提供的仕途经历看，其活动于唐末五代。他唐末天复年间（901—904）曾参加科考，"会有苴杖之丧，累岁羸疾"，遂"隐居杜门，无仕宦之意"。后梁贞明年间（915—921），他被"刘鄩辟为保大军节度判官，历雍、汴、滑、兖从事"。此保大军，治所在鄜州（今陕西富县）。后刘鄩离开长安入京，做了开封尹，作为其幕吏的尹玉羽，应是随他一同东去。后唐清泰年间（934—936），他还作过光禄少卿，不久即"退归秦中，以林泉诗酒自乐，自号自然先生。宰臣张延朗手书而召，高卧不从"。不过，石敬瑭建立后晋，他却"受诏而来，以所著《自然经》五卷贡之，且告其老"。他卒于

① 《旧五代史》卷二三《刘鄩传》。

后晋天福年间（936—942），“有《武库集》五十卷行于世”[①]。

尹玉羽的仕途功业没有什么值得夸耀的，他本质上是一介书生，身处乱世，只能依附于手握兵权、实权的武人，或做幕吏，为主人出谋划策，或归隐秦中，以林泉诗酒自乐。可以说，他一生做的最有意义的事，就是他机智地说服和利用了刘鄩，成功地保全了《开成石经》。他的《自然经》五卷，《武库集》五十卷，都没有流传下来，而《开成石经》，至今仍立于西安碑林。只要这部浩瀚的石刻典籍存在一天，后人就不应该忘记这位一千多年前机智的书生。

进入北宋后，值得介绍的人物渐多。由于韩建移入新城内的太学，五代时已演变成京兆府城的文宣王庙，所以下面说到的人物，多与文宣王庙及京兆府学相关。

王彦超是最早见于记载的整修京兆府文宣王庙的倡修者。此王彦超（914—986），字德升，大名临清（今河北临西县西）人，《宋史》有传。他生于后梁，历仕于后唐、后晋、后汉、后周、北宋，也是一个乱世中脱颖而出的枭雄。少年从军，随后唐魏王李继岌伐蜀。继岌遇害后，投陕州（今河南三门峡市）保义军节度使石敬瑭，随其移镇太原。石敬瑭称帝建后晋，彦超领蒙州（今河南南召）刺史。后汉时，出为复州（今湖北天门）防御使。郭威立国后，又为后周东征西讨，屡立战功，历任武宁军（治所在徐州）节度，建雄军（治所在今山西临汾）节度、河阳三城（治所在今河南孟州）节度。后周显德二年（955），出任永兴军（治所京兆）节度、京兆尹。显德六年（959），移镇凤翔。宋太祖赵匡胤称帝的第二年即建隆二年（961），他再度任永兴军节度、京兆尹。乾德二年（964），复镇凤翔。正是他再度任职京兆期间，重修了府城文宣王庙及庙中唐石经。在此期间，还重刻唐虞世南所书《孔子庙堂之碑》，立于文宣王庙。

《宋史·本传》称王彦超“性温和恭谨，能礼下士”。传文记载了两个很有意思的故事。其一是北宋刚刚立国，王彦超被委以中书令。一次赵匡胤召从臣宴射，酒酣，对王彦超说：“卿昔在复州，朕往依卿，何不纳我？”原来，他们二人有旧交，后汉时王彦超在复州做防御使，初出茅庐的赵匡胤曾前去

---

①《旧五代史》卷九三《尹玉羽传》；《册府元龟》卷八一三《总录部·退迹》。

投靠他，他竟然没给面子，不予收留。如今人家做了皇帝，如果计较起来，这还了得。王彦超急忙降阶顿首，对曰："勺水岂能止神龙耶！当日陛下不留滞于小郡者，盖天使然尔。"赵匡胤听罢哈哈大笑。宋太祖毕竟是有度量之人，不久，命王彦超再度出任永兴军节度。

其二是开宝之初，王彦超自凤翔来汴京朝见太祖，太祖赐宴，一同侍宴的还有武行德、郭从义、白重赞、杨廷璋等几位节镇大员。席间，太祖从容谓曰："卿等皆国家旧臣，久临剧镇，王事鞅掌，非朕所以优贤之意。"王彦超听出了赵匡胤的言外之意，连忙奏曰："臣无勋劳，久冒荣宠，今已衰朽，愿乞骸骨归丘园，臣之愿也。"可武行德等人，却听不出来太祖要收回他们节镇职权的意思，还在表白自己昔日的战功和所受的艰苦，被太祖一句"此异代事，何足论？"给呛了回来[①]。结果第二天，他们通通被罢去节镇职务，召入京师，安排当了京官。看来，王彦超是个十分聪明的人，遇事能准确判断，从容进退。他在京兆任上，能够重修文宣王庙，保护石经，不忘尊孔崇儒，不忘文化建设，是值得赞许的。

范雍景祐元年（1034）创建京兆府学，是碑林早期历史中的一件大事。范雍（979—1046），字伯纯，世家太原。曾祖范仁恕，做过后蜀的宰相。祖范从龟，曾为后蜀刑部侍郎，入宋后，官右屯卫将军，卒葬河南（今河南洛阳），后代遂为河南人。范雍是和平环境中成长起来的官宦子弟，通过科举入仕，进士出身。他做过京东转运副使、河北、陕西转运使、枢密副使、给事中。明道二年（1033），他出知永兴军。第二年，他奏请朝廷获准，利用府城中系官隙地建造学舍，"访明经行修者为之师范，召笃学不倦者补以诸生"，结束了五代以来京兆城有庙无学的状况，为后来孔庙、府学、碑林三位一体之格局奠定了基础。当时地方府县办官学尚不普遍，范雍能开风气之先，诚可贵也。

据《宋史·本传》记载，范雍在朝中做给事中时，逢玉清昭应宫发生火灾，章献太后想要重加修葺，泣对大臣曰："先帝竭力成此宫，一夕延燎几尽，惟一二小殿存尔。"范雍则抗言曰："不若悉燔之也。先朝以此竭天下之力，遽为灰烬，非出人意；如因其所存，又将葺之，则民不堪命，非所以畏天戒也。"[②]

①以上这几处引文，均引自《宋史》卷二五五《王彦超传》。

②《宋史》卷二八八《范雍传》。

当时宰相王曾亦加以劝阻，太后遂诏勿葺。此章献太后乃宋真宗之后，宋仁宗之母，真宗去世时，仁宗年幼，她临朝称制凡十一年。范雍以民不堪命为由，能对有权处分军国重事的章献太后如此抗言，可谓敢言之臣。他后来还徙知河阳、应天、河南、河中诸府，官至礼部尚书，卒赠太子太师。

前文考述的唐石经的第二次迁置，与著名的蓝田吕氏四贤中的两位——吕大防、吕大忠相关。

吕大防（1027—1097），字微中，其先汲郡（今河南汲县）人。祖吕通，做过太常博士。父吕贲，做过比部郎中。吕通葬于京兆蓝田（今陕西蓝田），后代遂为蓝田人。大防在吕氏四兄弟中排行为二，是四兄弟中官做得最大的。仁宗皇祐初进士及第，历英宗、神宗、哲宗三朝，在政治上是个保守派。元丰元年至五年（1078—1082），知永兴军府事。前文做过考证，此时正逢“元丰兴学”新政，他就是在此期间，将京兆孔庙、府学迁建于“府城之坤维”的。值得一提的还有，吕大防任职京兆的元丰三年（1080），曾主持绘制并刊刻了《长安图碑》，以计里画方、二寸折一里的比例，刻画出唐代长安城之城郭、街道、坊里、宫殿、衙署及寺庙、道观、楼阁等。对以此比例无法详尽的太极宫、大明宫、兴庆宫，则另刻放大比例的《三宫图碑》。据吕大防题记，此图碑由“京兆府户曹参军刘景阳按视，邠州观察推官吕大临检定，鄜州观察支使石苍舒书”。此碑久佚，然清末及民国时期，不断有残石出土，成为中外学者研究唐代长安城的珍贵史料[①]。

哲宗即位（1085）、高太后听政后，司马光为相，吕大防受到重用。元祐三年（1088），拜尚书左仆射兼门下侍郎，自此任宰执长达八年，反对王安石新法，恢复旧制。《宋史·本传》称其“立朝挺挺，进退百官，不可干以私，不市恩嫁怨以邀声誉，凡八年，始终如一”[②]。只是哲宗亲政之后，倾向于改革派，吕大防遂失势，且被政敌攻讦，不断遭到贬黜。绍圣四年（1097），贬

①何士骥《唐大明兴庆及太极宫图残石发掘报告》，刊于《国立北平研究院院务汇报》第五卷第四期，1935年；《石刻唐太极宫暨府寺坊市残图大明宫残图兴庆宫图之研究》，刊于《考古专报》第一卷第一号，北平研究院，1935年。日·平冈武夫《唐代的长安与洛阳·地图》，杨励三译，陕西人民出版社，1957年。

②《宋史》卷三四〇《吕大防传》。

为舒州（今安徽潜山）团练副使，安置循州（今广东龙川）。他就是在前往流放地的途中，行至虔州（今江西赣州）时病死的。

吕大忠，字进伯，是吕氏四兄弟的长兄。皇祐间举进士，历华阴尉、晋城（今山西晋城）令、提举永兴路义勇。熙宁年间（1068—1077），知代州（今山西代县）、石州（今山西离石），屡与契丹使者办理交涉，以理折之。元丰年间（1078—1086），历河北转运判官、提点淮西刑狱。元祐年间（1086—1094），历工部郎中、陕西转运副使、知陕州，以直龙图阁知秦州（今甘肃天水）。绍圣二年（1095），加宝文阁直学士，知渭州（今甘肃陇西）。后徙知同州，旋降待制致仕[①]。

吕大忠主要在地方为官，其仕途经历要比其弟大防简单。他元祐二年（1087）任陕西转运副使时，继吕大防元丰之初迁移京兆孔庙、府学于“府城之坤维”之后，又将唐石经及诸多唐宋碑刻徙置于“府学之北墉”，应是其弟数年前搬迁的继续。更重要的是，吕大忠迁置唐石经后，建起了由碑亭、碑廊组成的独立院落，且藏石数量已颇具规模，陈列有序，碑林之雏形已经形成。所以，仅就碑林历史来说，吕大忠的贡献和地位，应比吕大防要高。

这里也顺便说一下吕氏四贤中的另外两位。四兄弟中排行第三的吕大均（1029—1080），字和叔，嘉祐二年（1057）进士。虽然也做过知县、转运副使之类的地方官[②]，但他的人生价值不在仕途而在学术。他与张载同年进士，感佩其学识而拜其为师，执弟子礼，成为关学的代表人物。此外，他于丁忧期间，首创《吕氏乡约》，以“德业相劝、过失相规、礼俗相交、患难相恤”为主旨，建立乡约组织。这是古代中国最早见于文字的村规民约，也是建立乡村自治制度的最早的实践，其意义远高于仕途之穷达。

四兄弟中排行第四的吕大临（1040—1092），字与叔。他在仕途上更是乏善可陈，虽然进士及第，却以门荫入官，且做的是太学博士、秘书省正字之类的闲职[③]，但他的学术成就却为三位兄长所不及。大临初师张载，后随二程，涵养深醇，妙达义理，其德行学问，得到两派理学家的认可和赞誉。一生著

①《宋史》卷三四〇《吕大忠传》。
②《宋史》卷三四〇《吕大均传》。
③《宋史》卷三四〇《吕大临传》。

述甚丰，见录于《文献通考》者就有十余种，可惜大多未能流传下来。今天能见到的吕大临的著作，是《考古图》十卷。他对古器物的搜集研究，本是为其经学研究服务的，是为了“补经传之阙失，正诸儒之谬误，天下后世之君子有意于古者，也将有考焉”[①]。可正是这部经学研究的副产品，成了宋代金石学的奠基之作，为他赢得了金石学大家的盛名。大均、大临不同于二位兄长，与碑林早期历史没有直接关系，但他们与碑林所由产生的、北宋时期经学和金石学兴盛的大背景有关。

虞策这个人物以往常被人忽略，究其原因，是对他“崇宁建学”这一史实的忽视和对其意义的认识不足。虞策，字经臣，杭州钱塘（今浙江杭州）人，嘉祐五年（1057）登进士第。初任职于州县，历台州（今浙江临海）推官、知乌程县（今浙江吴兴县南）、蕲州（今湖北蕲春）通判、湖南转运判官。元祐五年（1090）召为监察御史。哲宗亲政后颇得重用，迁侍御史、起居郎、给事中，以龙图阁待制知青州、杭州。后又入朝历刑部尚书、户部尚书，拜枢密直学士。徽宗即位后的崇宁二年（1103），出知永兴军，不久徙知成都[②]。

虞策在知永兴军任上，恰逢朝廷命郡县建学，于是将原在“府城之坤维”的京兆府学、孔庙，迁至“水易就下，地且文明”的“府城之东南隅”即碑林现址，将原在“府学之北墉”的唐石经及诸多唐宋碑刻，也一并迁来新址，置于孔庙宣圣殿后，“庙学之成，总五百楹，宏模廓度，冠伟一时”。此后，孔庙、府学和碑林再未迁动，而碑林则以此为基础不断发展，终成今日规模。虞策崇宁建学之举在碑林史上地位之重要，虞策对碑林贡献之大，不言而喻。

①语出吕大临《考古图后记》。

②《宋史》卷三五五《虞策传》。

第二章

金元时期的碑林

北宋崇宁二年（1103），当虞策终于在“府城之东南隅”即碑林现址，为几经搬迁的唐石经找到理想的归宿，并为碑林的进一步发展奠定了基础时，距“靖康之变”，金灭北宋（1127）只剩下24年。也就是说，碑林形成伊始，尚未及有大的发展，便迎来了历史的巨变。自此，关中地区乃至整个淮河以北中原地区，进入了金朝女真族统治之下。其后，又是元朝蒙古族对整个中国的统治。金、元两代统治关中前后延续二百四十余年。刚刚打下基础的碑林能否存在下去，唐《开成石经》和这里的唐宋碑刻能否避免《熹平石经》《正始石经》那样的厄运，在很大程度上取决于金、元两朝少数民族统治者对汉人儒学文化的态度和相应的文化政策。所以说，金元时期是碑林历史上一个至关重要的时期。

第一节　金元时期全国和关中的形势及统治者的文化政策

公元11世纪末至12世纪初，女真族崛起于白山黑水之间，短短几十年，便完成了建国、灭辽之大业，并迫使西夏称臣。一个生机勃勃、极富侵略性的军事强国，迅速出现在腐朽的赵宋王朝面前。宣和七年亦即金天会三年（1125），金太宗完颜晟下诏伐宋。当年年底，宋徽宗退位，钦宗继位。次年即靖康元年（1126）冬，金国宗翰、宗望二路大军会于开封城下，城破。靖康二年（1127）四月，金军掳徽、钦二帝及大量人口、财物北归，北宋灭亡。五月，康王赵构在商丘继皇帝位，重建宋王朝，史称南宋。

金天会五年（1127）冬，宗翰率金军挟灭亡北宋之余威，挥师西进，攻取郑州、洛阳、襄阳等地，又分兵派娄室所部金军一路攻入关中，连下同州、华州、京兆、凤翔等地。于是，关中地区便成了西线宋、金之间反复争夺的主要战场。直至天会九年（1131）十月，宋军于大散关东和尚原挫败企图沿蜀道攻取汉中、巴蜀的金军，西线局势方才稳定下来。从此，东起淮水，西至秦岭，形成了宋、金之间一条暂时分界线，金朝开始确立其在关中和淮水以北广大中原地区的统治。

女真族立国之初，其社会制度刚刚由氏族部落制转化为奴隶制。前后不过几十年，便获得了原辽、宋统治下的广大地区。如何在这居住着不同民族、有着不同社会政治制度和不同历史传统的广阔区域内实施有效统治，对他们来说，要比马上驰骋、攻城掠地困难得多。是保持女真族原有的奴隶制的社会、政治制度，还是适应汉族地区的现实状况，采用封建制的社会、政治制度，在女真族统治集团内部存在着保守派与革新派的激烈斗争。随着南侵战争的不断发展，从金太宗时起，金朝原有的政治制度开始发生变化。原女真族部落故地及原辽统治下的契丹、渤海等族居地，仍实行金朝原有制度。在原辽占领下的山西、河北即燕云十六州汉族地区，维持辽朝时统治制度不变。在原北宋统治下的淮河以北包括关中地区在内的新占领区，则采用立刘豫（原北宋济南知府）为子皇帝、扶植伪齐傀儡政权的办法，基本上仍实行北宋时制度。看来，“一国两制”古已有之，金朝之初还是一国三制呢。

天会十三年（1135），金熙宗即位。这是一位受汉文化影响很深的年轻皇帝，《大金国志》这样描述他：

> 熙宗自为童时聪悟，适诸父南征中原，得燕人韩昉及中国儒士教之，后能赋诗染翰，雅歌儒服，分茶焚香，弈棋象戏，尽失女真故态矣。视开国旧臣，则曰“无知夷狄。”及旧臣视之，则曰：“宛然一汉户少年子也。”①

金熙宗在位十五年间，依靠朝廷内的革新派支持，实行改革，采纳辽、宋旧制，统一了金朝内地与汉地的官制，并废除刘齐，依照汉地原有封建秩序，利用汉族地主阶级和降臣士族直接进行统治，以加强中央集权，显示出进一步接受汉文化的趋向。

海陵王（完颜亮）即位（1149）后，进行更为激进的改革，加快了接受中原汉文化的步伐，镇压贵族反对派，推行封建化，并迁都燕京，发动对南宋的战争。为实现此战略目标，海陵王努力从政治上、文化上消除民族间的对立，争取汉族地主士大夫的支持，大量任用汉官，吸收汉人、契丹人进入最

①宋·宇文懋昭《大金国志》卷一二《熙宗孝成皇帝》，崔文印校证本，中华书局，1986年，第179页。

高统治集团。他还迁移大批女真贵族、平民南下授田耕种，使女真猛安、谋克户散处于汉民村落之间，加速了女真族奴隶制的消亡和封建化进程[1]。正隆六年（1161），海陵王御驾亲征，分兵四路全面进攻南宋。乘后方空虚之机，东京（今辽宁辽阳）留守完颜雍（金世宗）发动政变，宣布即位，亲临前线的海陵王又遭兵变，被叛将杀害。其统一事业虽未实现，但他的改革却取得了决定性胜利，其成果经金世宗一朝巩固发展，为以后各代所继承，奠定了金朝封建统治的基础。

在对待中原汉文化的态度上，女真人较契丹人积极得多。金兵攻陷汴京时，在搜刮金银财宝、宫妃妇女的同时，也搜集图书典籍，并“索太学博通经术者三十人”随军北归[2]。北宋灭亡后，黄河南北广大地区官吏散亡，亟需汉人文士为新政权服务。天会五年（1127），金太宗重开贡举，因辽、宋所传儒家经说不同，遂设南、北两举场分别考试，称“南北选”，各以经义、词赋两科取士。贞元元年（1153），海陵王迁都燕京（中都）后，遂合南北试于中都举行。正隆元年（1156）定三年一贡举制度，以五经三史命题。从此，金朝科举制走上正规。在学校教育方而，海陵王天德三年（1151）置国子监。金世宗大定六年（1166）置太学，由礼部主之。同年置州府学，由提举学校官主之。正如《金史·文艺列传》所言：

> 太宗继统，乃行选举之法，及伐宋，取汴经籍图，宋士多归之。熙宗款谒先圣，北面如弟子礼。世宗、章宗之世，儒风丕变，庠序日盛，士由科第位至宰辅者接踵。[3]

不仅汉族子弟习读儒家经典，世宗之后，女真人也普遍学习汉文化，汉语始终是通用语言。虽然当时也设女真学校，开女真科举，取女真进士，以女真字翻译经书，但毕竟不是主流。

---

①《金史》卷五《海陵本纪》。

②宋·丁特起《靖康纪闻》载：靖康二年二月“十八日，金人移文，索太学博通经术者三十人，如法以礼敦聘前来，师资之礼，不敢不厚，学中应募者三十人”。见丛书集成初编本，1985年新一版，第37页。

③《金史》卷一二五《文艺列传序》。

以金代京兆府学为例，碑林藏有金承安二年（1197）《京兆泮宫登科题名记》碑（刻于金正隆五年（1160）《重修碑院七贤堂记》之碑阴）（图2-1），虽已残断，可仍保存了自刘齐阜昌六年（1135）至金兴定五年（1221）86年间14次科考中，出自京兆府学的属京兆府籍的各科进士32人的题名。此外，在碑林馆藏拓本资料中，有金正大二年（1225）《改建题名之记》碑的拓本（图2-2），保存了金正大七年（1230）之前（正大四年、

图2-1　金《京兆泮宫登科题名记》碑（拓本）

图2-2　金《改建题名之记》碑（拓本，局部）

正大七年两科进士题名，系碑刻成之后补刻）15 次科考中，出自京兆府学的各科进士 43 人，其中 39 人为非京兆府籍者，是对前碑的补充。两碑相加除去重叠者，共计 21 次 73 人[①]。这两种碑刻史料，从京兆府这个局部，反映出金代女真族统治者对汉族儒学文化的认同，对教育和科举的重视。

关于女真学校，除见于史籍记载外，西安碑林也可以提供实物证据。1973 年陕西省文管会整修《石台孝经》碑时，曾在碑身背面与中心石柱连接处及中心石柱的卯眼内，发现被揉成纸团作填充物的女真文书残页，共 11 页，存 2300 余字，据专家研究，很可能是当时学童学习女真大字的习作抄稿。这一发现表明，金代京兆府学内也曾设有女真学校[②]。

由于金朝统治者采取了正确的政治、经济和文化政策，女真族较快地完成了封建化过程，中原地区的封建秩序得以恢复，封建经济得以复苏。在医治战争创伤的基础上，社会生产力继续发展，农业、手工业、商业以及文化事业出现了新的繁荣。

蒙古族诸部落兴起于漠北草原，并能对四邻构成威胁，是 12 世纪末的事。1206 年，铁木真统一蒙古各部，被推举为全蒙古的汗，号“成吉思汗”，建立蒙古国家，正式登上了中国历史和世界历史的大舞台，并对中国各民族历史和欧亚许多国家历史产生重大影响。成吉思汗建国后，对外扩张的矛头首先指向南面的金朝。短短几年，便席卷了黄河以北整个华北平原，围困中都，迫使金宣宗南迁汴京。1215 年，蒙古军攻陷中都，并分兵破潼关，攻延、 鄜，入关中。1226 年，成吉思汗亲率大军进攻西夏，同时再度长驱入陕，形成凤翔被围、京兆告急之局。西夏投降后不久，成吉思汗病故。1231 年，凤翔城破，守卫京兆的金军弃城东撤，关中地区进入蒙古族统治之下。

成吉思汗的继承者窝阔台，以及后来的蒙哥、忽必烈等，继 1234 年灭金

---

①《改建题名之记》碑之碑阴，刻有元至正六年（1346）《奉元路重修庙学记》。此碑很可能于上世纪 50 年代初，掩埋在孔庙院内。关于金代京兆府学登科进士的考证，详见笔者《金代京兆府学登科进士辑考》一文，刊于《碑林》集刊第十七辑，三秦出版社，2011 年。

②刘最长、朱捷元《西安碑林发现女真文书、南宋拓全幅集王《圣教序》及版画》，《文物》1979 年第 5 期。

之后，又灭大理，降吐蕃，并于1276年灭南宋，完成了成吉思汗的未竟之业。其间还曾大规模西征、东征，铁蹄几乎踏遍了当时的整个文明世界，建立起横跨欧亚、幅员辽阔的蒙古帝国。1271年，忽必烈改国号为元，次年改中都为大都（今北京），一年后又定都于此，大都替代和林成为多民族国家的政治中心。

蒙古国建国之初，经济形态、社会形态相当落后，虽有奴隶制存在，但基本上还是父权制的氏族部落制。只是随着对外战争的不断胜利，掳掠大量人口为奴，奴隶制才得以充分发展。蒙古奴隶主在征服各民族，特别是在征服汉民族的过程中，不可避免地要受到先进生产关系和先进文化的影响，为巩固其统治，不得不逐步采纳和保留汉族地区原有的封建社会制度，不得不采用与此相应的政治制度和文化政策。但由于蒙古贵族保守势力的强大和统集团内部行汉法与反汉法的斗争反复进行，直至元朝灭亡，其统治者也未能像辽、金那样趋于汉化。历代蒙古皇帝没有一个真正通晓汉文的。元朝统治时期，在经济领域，蒙古旧有的奴隶制生产关系注入了汉族地区尤其是北方的封建经济的机体，形成奴隶制与封建制并存的局面。在政治制度上，既不同于辽代的“国制”与汉制并行，也不同于金代的全盘接受汉制，而是在沿袭金、宋制度的基础上，在贯穿民族等级制的原则下，保存了某些蒙古旧制，加以改造。在文化政策上，一方面打起尊孔崇儒的旗号，实行科举，兴办学校，延揽汉族士大夫为其统治服务，一方面又猜忌和排斥汉官文士，摧残汉族文化。总之，元朝统治者表现出远比辽、金两代更为强烈的专制主义和民族压迫的特点。

在元代一百多年间，主张汉化的改革派也常常占据上风，这往往是比较开明的君主执政之时。建立元朝、完成统一大业的元世祖忽必烈，就是这样一位开明君主。忽必烈从青年时代起便广交中原文士。1251年蒙哥即位后，命其治理原金朝统治下的中原地区，因此，在他周围逐渐形成了一个汉族幕僚集团，并深受其影响，趋向于接受以儒学为核心的封建文化和制度，并以汉法治理中原。1253年蒙哥汗分赏诸王，忽必烈得京兆封地。他建立京兆宣抚司，任用杨维中、廉希宪、姚枢、商挺等儒吏，减关中常赋之半，打击豪强，下令释放被俘为奴的儒士，建郡县学，颇得人心，促进了关中地区社会经济的恢复与发展。1260年忽必烈即位后，依照汉人封建王朝的传统，称皇帝并建元“中统”。在他进行官制改革后任命的中央和地方大员中，多是其汉人幕僚。

元朝建立时期的战乱和奴隶制的注入，使北方和两淮地区的农业和手工业遭受极大破坏。忽必烈即位后，开始重视农业，采取了开垦荒地、军民屯田、兴修水利等措施以增加农田面积，恢复农业生产。在其领导的灭宋战争中，又注意保存江南地区原有的经济基础。所以忽必烈一朝，北方和两淮地区的农业经济得到了一定恢复。如在关中地区，至元十一年（1274），元朝当局把泾水沿岸的牧地数千顷分给贫民屯种，官给牛种田具。后来又把盩厔、泾、邠、乾及安西王属县的闲田设官屯种，使荒弃和被强占为牧场的土地逐步得到利用。此外，元代还由官方颁行了《农桑辑要》（1273 年）、《农书》（王桢著，成书于 1313 年）、《农桑衣食撮要》（鲁明善著，成书于 1314 年）等三部著名农书，说明对农业生产技术的重视。棉织业的发展是元代在手工业方面的显著成就，此外，印刷业、 制瓷业、火器制造业均较前代有大的进步。元朝幅员辽阔，交通发达，中西文化交流得到增强，促进了商业尤其是海外贸易的发展。总之，元朝的社会经济在经历了前期的破坏之后，仍旧按照不依人的意志为转移的自身规律向前发展着。

元代的科举取士之制开始得很晚。在统一之前，窝阔台在位时，听从中书令耶律楚材的建议，于 1237 年下诏诸路考试，录取四千余人，但此后中断了七十多年，直到仁宗皇庆二年（1313）才正式颁行科举制度。不过，元代的学校教育却相当发达，尤其是郡县学校。地方教育始有专门官员（提举学校官）、专门机构（诸路提举学校所）负责，而且州县学田岁入自掌，有了独立经费的保障。据《元史》记载，到了元世祖至元后期，全国州县学校的数目已相当惊人：至元二十三年（1285），“大司农司上诸路学校凡二万一百六十六所”；至元二十五年（1288），“大司农言……立学校二万四千四百余所”；至元二十八年（1291），“司农司上诸路所设学校二万一千三百余”[1]。这组数字的确大得让人生疑，很可能包括了各地州县学之外的乡党之学，但用它来说明元代地方学校之盛是没有问题的。此外，还有各地的书院。元朝统治者通过诏令建书院和委任山长的办法，使原本为私立的书院官学化了。仅《续文献通考》

①《元史》卷十四《世祖本纪十一》，卷十五《世祖本纪十二》，卷十六《世祖本纪十三》。

载有其名的书院就有四十所[①]。

总而言之，元朝社会虽然在政治、经济领域中存在着一些倒退落后的因素，但并不是一团漆黑，在许多方面仍有突出的成就和积极的贡献。如在文学上有与唐诗、宋同并称的元曲，有元明之际施耐庵的《水浒传》和罗贯中的 《三国演义》；在史学上有胡三省的《资治通鉴注》和马端临的《文献通考》；在地理学上有《元一统志》和朱思本的《舆地图》；在天文历法上有郭守敬的《授时历》等等。那么，收藏着儒家石刻经典——唐石经的碑林这一重要文化遗产，在元朝统治期间能得到保护，使之延续，应该是在情理之中的了。

第二节　金代对京兆府学、孔庙和碑林的整修

在金代，仍沿用唐宋之旧，设京兆府管辖长安及其附近地区。金代对京兆府学、孔庙和碑林的整修，根据现有资料，共有 4 次。其中专门整修碑林者一次，整修府学、孔庙者一次，整修府学、孔庙兼修碑林者一次，另有一次因记事碑毁佚，只存碑目，具体整修情况不详。此外，正大八年（1231）尚有一次石经“迁徙”事件，关乎碑林历史，在此也一并述之。

一、贞元三年（1155）重修府学、孔庙

对于此次整修的认识，主要依据碑林现藏金正隆二年（1157）所立《京兆府重修府学记》碑。此碑李栗撰文，潘师雄书，钱义方篆额，来昌国立石，碑文保存完好。由于此碑追记虞策崇宁建学，前文已多次引用。碑文在叙述了北宋崇宁间重修庙学之盛况后，接着述及此次整修的起因：

自罹兵革，残毁几尽。贞元乙亥岁，河间韩公希甫亚尹京兆。视事之三日，谒奠于文宣王。酌献礼毕，见诸生于学，喟然叹曰：我

①明·王圻《续文献通考》卷五十《学校考》之“郡国乡党之学”。

国家经文纬武，进用贤能，每三岁设科，以经史取士，乡升之府，府升之朝，而皇帝临轩，赋业见贤焉，然后用之，诚夸越夐古之制也。谨按尚书省批送礼部节文，应有宣圣庙去处，即便整修。今此庙貌倾圮，黉宇颓弊，何以仰副明天子作成之意。遂即议于府尹完颜公胡女，遵奉朝廷之命，鸠工计役。

这就是说，此次整修是因朝廷有整修宣圣庙之令，加之宋金战争后，京兆庙学已残毁颓敝，于是“亚尹”韩希甫向“府尹”即京兆知府完颜胡女建议整修。此完颜胡女，《金史》作“完颜活女”，系金初名将完颜娄室之子[①]。“贞元乙亥岁”为贞元三年，是贞元元年（1153）海陵王迁都燕京（今北京）后的第三年，正是他大刀阔斧地实行全面改革，积极倡导汉文化，加速封建化进程的时候。《金史·选举志》曰：

海陵庶人天德二年，始增殿试之制，而更定试期。三年，并南北选为一，罢经义、策试两科，专以词赋取士。贞元元年，定贡举程试条理格法。正隆元年，命以《五经》《三史》正文内出题，始定为三年一辟。[②]

据此可知，就在贞元元年，海陵王“定贡举程试条理格法”，而正隆元年，又“命以《五经》《三史》正文内出题，始定为三年一辟”，这正是碑文所说的“每三岁设科，以经史取士”。此次京兆府对孔庙和府学的整修，应该是金朝统治者积极务实的文化政策和科举新政在地方上的反映。

关于此次整修的内容，碑文称：

拾堕瓦于废基，抡坚材于坏屋。新寝祠而重俨像，创修廊而绘列贤。师儒讲诵之有堂，生员居处之有庐。以至斋祭之室，庖湢之所，各有其序。补苴罅漏，剔秽治污，期年而成。韩公又出己俸，重

① 《金史》卷七二《完颜活女传》。传文只言其“历京兆尹，封广平郡王”，未说具体时间，据此碑可知，其任京兆尹的时间，最短也在整修开始的贞元三年（1155）至立碑的正隆二年（1157）之间。

② 《金史》卷五一《选举志一》。

修祭器，俎豆之属，大率皆备，乃延诸生入学隶业。

碑文只字未提唐石经和其他唐宋碑刻，看来，这次整修并不包括碑林，是对孔庙和府学中毁坏的殿庑房舍进行重建或修复，并重绘孔子和列贤画像，添补祭器。整修的目的是为了“师儒讲诵之有堂，生员居处之有庐”，为了“延诸生入学隶业”。这是宋金之交战乱过后的第一次整修，也是北宋崇宁年间迁建庙学之后的第一次整修。碑文称“期年而成”，能费时一年，工程量应该不小。

此次整修的倡修人韩希甫，碑文称“河间韩公希甫亚尹京兆”，可知其为河间（今河北河间）人，当时任京兆府同知。此人《金史》无传，仅为他人传记述及。《金史·文艺列传》有《王竞传》，记王竞曾任河内（今河南沁阳）令，治县有方，“县民为之谚曰：‘西山至河岸，县官两人半。’盖以前政韩希甫与竞相继治县，皆有干能，绛州正平令张元亦有治绩而差不及，故云然。”[①] 可知韩希甫在任京兆府同知之前，曾做过河内县令，而且颇有政声。韩希甫、王竞、张元，均为被女真族统治者接纳的汉族士人，像他们这样的前朝士大夫，在重建中原地区封建秩序和恢复儒学传统方面，起着无可替代的作用。

参与此次整修的地方官，除上述韩希甫、完颜胡女二人外，碑文提到的还有“漕使李公”“同知张公”“副运周公”，未详其名。具体负责整修事宜者，碑文亦有记载：“府推张公仲堪，下车提领教纲，力赞其务。而又府判毕公棣，入幕之初，首督斯举，能事于是。”可知具体监督此役的，是入幕不久的京兆府判官毕棣。此外，碑末署名者尚有学正来昌国、斋谕韩观、司书宋端弼、直学任俣、学谕曹谊等府学官员及一些地方官吏。

二、正隆五年（1160）重修碑院、七贤堂

这次整修的对象主要是当时被称作“碑院”的碑林，距贞元三年（1155）对府学、孔庙的整修仅晚了5年，也可看作是上次整修的继续，或者是一次大规模整修的两个阶段。碑林现藏正隆五年（1160）刻立的《重修碑院七贤堂

① 《金史》卷一二五《王竞传》。

记》碑，是此次整修的纪事碑。此碑由曹谊撰文，郭孝忠书。碑已残损，碑文前半部完好，后半部缺字甚多。顺便提一句，《寰宇访碑录》著录此碑时，说碑“原在临潼县”，显然有误。碑文不长，为叙述方便，录全文如下：

重修碑院七贤堂记

京兆府学乃唐之太学，暨前宋崇□[1]岁迁于兹地。宣圣殿后，旧有玄宗序注孝经石台并文宗群经碑院一区。昨自刘齐扰攘，饥馑连迹，继踵学士解散，宣圣庙宇，迄为草莽。彼所谓石经者，虽森然壁立，而严霜烈日，暴其燥烁，淫风涕雨，饱其渐渍，苍苔翠藓之斓斑，牧童樵子之□琢，逾二十载，几不免湮没于荆榛瓦砾间。会前河中府同知府尹耶律公隆，陕西东路转运副使周公维甫，被命监修利用。监日二公恭谒庙貌，叹其□露，爰命匠民相与计度，宏模廓度，逾越旧制者一百三十有六椽。而耶律公（以下阙）……周（以下阙）……（以上阙）给，总判吕公应熊，府判毕公棣，户判田公彦皋，度判孙公鼎年，……（以上阙）时复诣学助其犒劳，翌日……（以上阙）总管，由是鸠工并力，自春徂夏。钉头雨集，柱脚云矗，栋影……（以上阙）风，四廊彩艧，远延瑞雾。而蝌蚪篆隶，龟趺龙首之属，乃始……（以上阙）余檩，工才过半，而……（以上阙）前后瞩望，烂然一新，可谓能始能终者也。初……（以上阙）学舍，人人以为莫大之美。至是二公之绩特与争辉噫……（以上阙）坚石冀传之不朽，公乃加之以翚飞跂翼，使蔽罥而……（以上阙）不朽之典传无穷矣。谊忝诸儒列，亲见美事，未容缄默，敢……（以上阙）□辰采实而书之。学谕曹谊谨记并立石，进士郭孝忠书丹。……（以上阙）书宋端弼，直学王丙，学正来昌国。

由于文字残缺，仅据碑文看，尚难确断其何年刻立。但此碑中的人名有5人与正隆二年《京兆府重修府学记》碑相同，即“陕西东路转运副使周公维甫”（前碑为“副运周公”）“府判毕公棣”“学谕曹谊”“司书宋端弼”“学正

①应为“崇宁”二字，碑文此处残损，然崇字之“山”字头仍可辨，宁字之末笔一竖钩亦可辨。

来昌国”。这就是说，此碑刻立的时间较《京兆府重修府学记》不会相去很远。碑文中说及年代者有两处，一为“昨自刘齐扰攘，饥馑连迹……逾二十载……”；一为“□辰采实而书之”。这个“□辰”显然是撰写碑文的时间。查正隆二年前有“戊辰”，即金熙宗皇统八年（1148），后有“庚辰”，即正隆五年（1160），似乎都有可能，究竟是哪一个呢？金朝立刘豫为齐国皇帝是天会八年（1130），天会十五年（1137）即废。这个傀儡皇帝当时虽然名义上统治淮河以北中原地区，但实际上所及范围很有限。将关中地区因金朝发动侵宋战争，两军反复争夺而造成经济凋敝的责任算到刘豫头上，实在有点冤枉。这显然是碑文撰者一种委婉的说法。这个“踰二十载”，如果按刘齐立国算，二十年后是海陵王天德二年（1150），恰晚“戊辰”两年；如果按废刘齐算，二十年后是正隆三年（1158）恰又早“庚辰”两年，依然两可。所幸《京兆府重修府学记》碑文中有一句话：“府判毕公棣，入幕之初，首督斯举。”也就是说，在贞元三年整修府学孔庙时，毕棣刚刚入幕作府判，那么他以府判的名义参与重修碑院，就只能是在此后，而不可能在此前。所以，碑文中的“□辰”便只能是“庚辰”即正隆五年，这是《重修碑院七贤堂记》碑文撰写和刻立的时间。

此次整修碑院，已录的碑文中说得很清楚，是因战乱之后，府学孔庙宣圣殿后的石经“虽森然壁立”，但保护性建筑却已完全毁坏，“不免湮没于荆榛瓦砾间”。既受到日晒风吹雨淋的自然侵害，又有牧童樵子的人为破坏，于是耶律隆与周维甫“被命监修利用”。其整修重点在于重修石经的保护性建筑，并较前有所增建，即所谓“踰越旧制者一百三十有六椽”。这些保护性建筑的形式如何，碑文说得不具体，加之后半部碑文不全，不甚了了。据“四廊彩䑋，远延瑞雾”一句看，大概是以碑廊的形式对石经及其他唐宋碑刻（“蝌蚪篆隶，龟趺龙首之属”）加以保护的。至于碑石的陈列形式，可能仍依旧制，并未改动。前文在考察碑林最初的建筑和陈列时，已引用过此碑的记载并多有考述，这里就不再重复了。

此次整修的主持者，即上述耶律隆、周维甫二人。碑文称耶律隆“前河中府同知府尹”，河中府为唐开元间以蒲州升置，治所在今山西永济市蒲州镇，北宋时属永兴军路，金皇统二年（1142）改置京兆府路，河中府遂归河东南路。此耶律隆不见于史籍，这位前任河中府同知，此时大概尚无新的委任，以赋闲之身，受命与陕西东路转运副使周维甫一同主持重修“碑院”。碑文中还列有总判吕应熊、府判毕棣、户判田彦皋、度判孙鼎年等人姓名，应是参与此役者。何人具体负责监修事宜，因碑文残缺，已无法得知。整修工程“自春徂夏”，历时数月。此次整修“碑院”，是北宋“崇宁建学”、唐石经及唐宋碑刻随庙学一同迁至碑林现址之后，对碑林的第一次有正式记载的整修，而且是在少数民族政权统治下进行的，因此在碑林历史上具有重要地位。此外，碑文还告诉我们：碑林在其早期被称为“碑院”。这一称谓是金代才产生的，还是北宋崇宁间已有，尚难确断，从碑文“旧有……碑院一区”的表述看，也有可能，北宋末年已有“碑院”称谓。

需要说明的是，碑名提到的“七贤堂”，残存碑文不见提及。碑林还藏有北宋末年《京兆府学新建七贤堂记》残碑，此碑从上至下中裂，只存前半截，前半部分碑文亦未说及当时府学新建七贤堂的情况，但二碑所指应是同一建筑。据元、明两代的整修碑文可知，入元后七贤堂改称七贤祠，并一直存在到明成化年间。至于七贤堂所祀何人，据乾隆本《西安府志》和 嘉庆本《长安县志》载，明代时七贤祠所祀者为张载、吕大忠、吕大防、吕大钧、吕大临、范育、苏昞。此七人皆北宋时人，又都是陕籍名儒、名宦，那么北宋末年建七贤堂所祀者理应正是此七人，而宋、金时之七贤堂，与后世之七贤祠也应是一回事。

三、贞祐二年（1214）重修府学

元人骆天骧著《类编长安志》卷十《石刻》中，列有《金京兆府重修府学记》碑目，只云“贞祐二年立”，未加任何说明。这条著录向我们提示：金贞祐二年（1214），或在此前不久，京兆府学曾有过一次重修。可惜碑已毁佚，也不见其他金石著作著录此碑，整修的具体情况便无从得知。一般来说，整修府学肯定会同时整修孔庙，而对碑林是否也会加以整修，就很难讲，只能有待于新资料的发现。

这里用一点篇幅，对骆天骧这位前文已多次提及、后文还将反复提及的前贤，略作介绍。此人正史无传，也不见于他人传记。根据《类编长安志》卷首元贞二年（1296）骆氏本人之引言，大德二年（1298）贾鹹序、王利用序，以及《石刻》卷骆氏自序，对骆天骧之生平事迹可大略考知。其字飞卿，号藏斋，京兆长安人，活动于金末至元代。元至元年间，曾任京兆府学学正、教授。其《石刻》卷自序云：

> 长安……遭巢寇之乱，五季、宋、金，革火踵继。其帝王陵庙、功臣将相冢墓，及古之事迹、名贤法书石刻焚毁十亡其八九。惜乎神物扫地。仆自幼酷嗜古人法书石刻，仅有存者，不惮涉远披荆莽而追访，抄录书撰人名暨所在，垂六十年，集成编帙，附于长安志后。[①]

他开始追访古人碑刻，应已成年，“垂六十年”才“集成编帙”，则《类编长安志》成书的元贞二年（1296），他至少应接近80岁。由此上溯，可知其大约生于金宣宗在位期间（1213—1223）。又因《类编长安志》著录有大德四年（1300）骆天骧篆额之碑，其卒年当在此后，应该年过八十[②]。

骆天骧《类编长安志》，采用北宋宋敏求《长安志》的编撰方式，分门别类，有所删削，并据《三辅黄图》《雍录》等书及宋、金、元三代有关文献，加以增补而成。所增加的《石刻》一卷，著录了长安及附近一百四十余种碑刻，多是他本人“不惮涉远披荆莽而追访”所得，应是可信的。其中有当时立于碑林（书中称“在文庙”）的唐、宋、金、元诸代碑刻41种，以及当时立于其他地方现已为碑林收藏者7种。骆氏当时身在府学，此间的碑石情况，应该是非常清楚，所以他的著录较之后代其他金石著作所记应更具权威性，并为我们今天了解金元时期碑林的藏石情况及某些重要碑石的迁变，提供了宝贵的第一手资料。也就是说，书中所记贞祐二年《金京兆府重修府学记》碑的可靠性，是不成问题的。至于碑目后未言立于何处，查《类编长安志》之《石刻》卷所列碑刻，凡是重修孔庙、府学的纪事碑，都是只注刻立时间，未说明碑立于何处。这很好理解，骆氏认为它们立于孔庙、府学不言自明，没有必要再交待。

---

①元·骆天骧《类编长安志》卷十《石刻》卷首之序，黄永年点校本，中华书局，1990年，第301页。

②参见黄永年《述类编长安志》，中华书局本《类编长安志》附录其文，第327-329页。

四、正大二年（1225）重修府学、孔庙与碑林

关于这次整修，碑林现藏正大二年（1225）《大金重修府学教养之碑》专门记之。此碑刘渭撰文，杨焕书，张邦彦篆额，碑文保存完好。此次重修，距贞祐二年之重修府学仅 11 年，何以如此短时间又要重修呢？对此，碑文是这样说的：

> 自兵凶以来，贵胄氏族子弟流离关中者为多，伍庸隶，侪浮民，恣意于蒲博弹弋之间，相与扇慝为恶，未见能善其后也。事有缓而急者，其此之谓乎？闻之府庠赡士田舍，皆前贤清俸所营，吝而弗与，何以副明天子崇儒设学之意？

这里所说的“兵凶”，应是指当时崛起于漠北草原的蒙古军南侵灭金战争。1211 年，成吉思汗在克鲁伦河誓师南下，拉开了灭金战争的序幕。此后几年间，蒙古军的铁蹄几乎踏遍了金朝黄河以北华北平原的领土，大肆掳掠，并围困中都。贞祐二年（1214）五月，金宣宗放弃中都南逃，迁都汴京，气数已尽的金朝离灭亡之日已经不远了。处于战乱中的华北各地士民大量南逃，其中必有许多“流离关中”。不过，在蒙古军南侵过程中，就在这次整修之前的 1216 年、1221—1223 年，蒙古军已两度进军陕西，关中亦不太平。只因蒙古军主力西征中亚，才于 1227 年再度南侵之前，给了陕西地区一个短暂的喘息机会，而此次整修便是利用这一机会进行的。

以上引碑文看，流离关中的贵胄氏族子弟不务正业，亟待教育约束，而作为教育之所的府学，也早已为地方当局所忽视，正如碑文所说“及乎妖孛缠次，氛翳元都，素教皇风，开阐未暇”，连“府庠赡士田舍”之所得，也“吝而弗与”，经费都不能保证，看样子府学已经名存实亡了。所以，“行省参政金源完颜郡公”，便“会参议知府石盏公、尚书张公，暨潭府英髦”，而有此整修之议。

这位“完颜郡公”为完颜合达（？ 一 1232），一名瞻，字景山，是金末驻守陕西的著名将领。兴定四年（1221）冬，蒙古军木华黎部进兵陕西，与西夏军合攻延安，时完颜合达知延安府事，乘蒙古军未至之机，先破西夏军，“夜

袭其营，夏人果大溃，追杀四十里”。后虽败于蒙古军，但领兵固守，保住了延安城。次年，他因功升任参知政事，行省京兆[1]。这次整修是在他到任后的第三年开始的。据碑文，他任命了裴满蒲、张士贵、裴满世论、高谊等为提举学校官，兀颜德正、邳邦用为教授，整顿了机构，并“发廪粟，出帑资，以为斋盐之资”，解决了经费。与此同时，开始对府学、孔庙及碑林进行整修。

关于整修工程本身，碑文说得很简单：

> 于是檄有司督工役，支倾补缺，联断洗昏，植踣碑于茂草，基废址于蕍蔬。殿宇晕飞，石经堵立，斋厨廊庑，焕然一新。

显然，这只是一次不大的维修工程，未提及有新建、改建项目。其维修范围，从字面上看，既有“殿宇”“斋厨廊庑”，当是孔庙与府学一起维修；既提到“植踣碑于茂草”“石经堵立”，当是附带也整修了碑林。这次整修虽然规模不大，但在当时那种特殊的历史背景下，主持地方军政的完颜合达等人能在战争之间隙，仍不忘兴办教育，并有此重修府学、碑林之举，已属难能可贵了。

值得一提的是，就在《大金重修府学教养之碑》刻碑的正大二年，京兆府学还刻了一块《改建题名之记》碑。此碑前文已述及，所刻之题名，正是府学中原有《京兆泮宫登科题名记》碑“阙而不书”的、虽就学于京兆府学而非京兆府籍的各科进士。当政者为非京兆府籍进士另建新碑，“刊之贞石”的目的，正是为了树立榜样，激励那些“流离关中”的“贵胄氏族子弟”。此举应视作完颜合达重修府学和整顿府学机构的组成部分[2]。顺便提及：完颜合达新任命的府学教授邳邦用，即是《改建题名之记》碑上有题名的正大元年（1224）进士，其字大用，号谷口遗老，定安（今河北蔚县东北）人。他还是《改建题名之记》的立石者，金泰和六年（1206）《京兆府学教授题名记》碑也有他的题名。另外，《金文最》收其《唐太宗赐孙真人颂跋》一文[3]。

正大二年整修后仅过了两年，正大四年（1227），蒙古军在攻灭西夏之

①《金史》卷一一二《完颜合达传》。

②路远《金代京兆府学登科进士辑考》，载《碑林》集刊第17辑。

③（清）张金吾辑《金文最》卷四七，中华书局，1990年新版。

后，再度大举入陕，关陕大地又成了烟尘滚滚的战场。正大八年（1231），蒙古军占领关中。次年，金哀宗逃离汴京。两年后，金亡。

五、关于唐石经“正大辛卯迁徙”

《类编长安志》之《石刻》卷“石经”条下，骆天骧在引用北宋元祐五年（1090）《京兆府府学新移石经记》碑文资料，说明唐末至宋石经迁置过程后，又写下这样一段话：

> 正大辛卯迁徙，悉以摧仆。至庚戌，省幕王公琢奉而起立。至元十四年，碑尽摧倒，天骧与孟文昌充西府教官，请灞桥堂邑刘斌而复立焉。[①]

总共三句话，说了三件事。“正大辛卯”为金哀宗正大八年，即1231年。“庚戌”为蒙古海迷失后执政的第二年，即1250年，时金朝已亡，包括陕西在内的中国北方已在蒙古族统治之下。而“至元”是元世祖忽必烈年号，至元十四年为1277年。在这里，我们不管后两句，先来看与金代有关的前者。

如前文考述，《开成石经》和《石台孝经》碑原在唐长安城务本坊国子监内，经唐末至北宋间三次搬迁，才于北宋崇宁二年（1103）迁至“府城之东南隅”，即碑林现址。这里，骆天骧又记下一个“正大辛卯迁徙”，难道唐石经在金代还曾有过第四次搬迁吗？骆氏是由金入元之人，所言必有根据。但是，为什么要迁徙？迁向何处？既然迁徙，为何石经仍留在原地？或者反过来问：既然是迁徙而来，那迁徙之前石经又在何处？所谓“悉以摧仆”，是自然灾变，还是人为所致？骆氏只留下这寥寥10字，未做任何说明。而且，这次石经迁徙之举，不见于其他碑刻和史籍。唐石经在当时是碑林的主体，直到今天，仍是碑林中最重要的藏品，石经之迁徙应是碑林史上的大事，研究碑林历史，就不能不对此做出自己的解释。在这里，笔者从分析当时历史背景和具体历史事件入手，设法寻到这个谜底。

就在“正大辛卯”之前的正大四年（1227），攻灭了西夏的蒙古军乘胜入

①元·骆天骧《类编长安志》卷十《石刻》之“石经”条下，第304页。

陕，围攻凤翔，京兆告急。正大六年（1229），窝阔台继承汗位，亲率大军，开始对金朝施以致命的最后打击。正大八年（辛卯，1231）春二月，凤翔城被攻破，京兆已不可守。不久，金军主动放弃京兆，退守潼关，迁民于河南[1]。自此，潼关以西尽为蒙古军占领，蒙、金之间的主要战场转至汴京周围。从时间上看，骆天骧所说的“正大辛卯迁徙”，与金军放弃京兆恰好为同一年。元至元十三年（1276）所立《大元国京兆府重修宣圣庙记》碑，在追述此前宣圣庙状况时也称：“京兆旧有宣圣庙，辛卯弃城，殿宇倾颓。”元至正二十六年（1366）所立《大元重修宣圣庙记》碑亦云：“国初辛卯岁，乱离城弃，殿宇仅存。”[2]所说的都是正大八年。

此外，还可以证之于其他文献。宋人张礼《游城南记》每条下间有“续注”，虽不能确切知道续注者的姓名，但据《四库全书总目》考证，续注者应为金末元初之人。他在“荐福寺塔”条下注曰：“辛卯迁徙，废荡殆尽，惟砖塔在焉。”在“慈恩寺”条下注曰：“正大迁徙，寺宇废毁殆尽，惟一塔俨然。”在解释“唐赠户部尚书杨贞公庙碑”时注曰：“杨氏苗裔，泰和间尚盛，人呼为‘庙坡杨’。辛卯迁移，后无闻焉。”[3]续注者是当时人写当时事，应该是可靠的。另外，《类编长安志》卷三“兴庆池”条下，也说兴庆池“正大辛卯东迁后，遂为陆田”[4]。这些均可与《类编长安志》“石经”条下所记，以及上引二碑所记相互印证。

原来，骆天骧所谓“正大辛卯过徙”，是指正大八年金军主动放弃京兆时，曾有过一次大规模的“迁徙”，它与当年朱温胁迫唐昭宗东迁一样，其实是对京兆城的一次大破坏。在最后弃城之前，当有一个逐步撤退的过程，不仅包括孔庙、荐福寺、慈恩寺在内的建筑被毁，居民迁移，城中的贵重财物、图书典籍当然也应在东迁之列。很可能，当时曾有过一个搬迁石经的计划。为了搬迁，

---

①《元史》卷二《太宗本纪》：“三年辛卯春二月，克凤翔。”《金史》卷一一二《完颜合达传》：“凤翔遂破，二省遂弃京兆，与牙古塔起迁居民于河南。”

②二碑现均藏西安碑林。

③宋·张礼《游城南记》，陈元方等辑注，陕西省地方志丛书之一，西安地图出版社，1989年。“泰和”为金章宗年号。另见《游城南记校注》史念海、曹尔琴校注，三秦出版社，2006年

④元·骆天骧《类编长安志》卷三之《苑囿池台》“兴庆池”条下，黄永年点校本第84页。

石经被全部推倒，准备运走。大概由于战局的变化或计划的更改，搬运未及进行，或搬迁石经之议又被否定，于是金朝的京兆地方军政当局便扔下“悉以摧仆”的石经，弃城东撤了。

石经之搬迁，并非没有先例。原立于洛阳太学的东汉《熹平石经》和曹魏《正始石经》，在经历多次变乱后，其劫后余存者就曾于东魏武定四年（546）被迁移至邺城[1]。北周大象元年（579），又由邺城迁回洛阳[2]。隋开皇六年（586），复又自洛阳迁至长安，后因乱废为柱础[3]。汉、魏石经就是在这一次次搬迁中越搬越少，毁失殆尽的。而且“靖康之变”时，金兵也曾将汴京大和殿中的十件“石鼓文”拉回了中都（今北京）[4]。所以，金朝军政当局在主动撤离京兆时，试图将《开成石经》这样重要的文化遗产一同东迁，是完全可能的。如果此说成立，那么所谓“正大辛卯迁徙”，便是金军弃城东撤之时，对碑林的一次人为的破坏，“悉以摧仆”当然系人为所致。

唐石经迁徙未成，仍留原地，实在是唐石经之大幸，碑林之大幸。不然，碑林会从此失去它最重要的藏品。更可能的是，碑林会从此不复存在。而《开成石经》本身，则很可能像《熹平石经》《正始石经》一样“流离失所”，毁失于战乱之中，我们今天能看到的，将不是这部保存完好的石刻典籍，而是流散于各地的残石了。

---

①《魏书》卷一二《孝静帝纪》：武定四年“八月，迁洛阳汉魏石经于邺”。

②《周书》卷七《宣帝纪》：大象元年二月辛卯，“诏徙邺城石经于洛阳”。

③《隋书》卷七五《刘焯传》：开皇“六年，运洛阳石经至京师，文字磨灭，莫能知者，奉敕与刘炫等考定”。另外，《隋书》卷三二《经籍志一》也有记载：“至隋开皇六年，又自鄴京载入长安，置于秘书内省，议欲补缉，立于国学。”

④元·虞集《石鼓序略》：“此鼓据传闻，徽宗时自京兆移置汴梁，贵重之，以黄金实其字。金人得汴梁奇玩，悉辇之燕京，不知为何物，但见其以金涂字，必贵物也，亦在北徙之列，置之王宣抚家。……大德之末，集为大都教授，得此鼓于泥土草莱之中，洗刷扶植，足十鼓之数。”转引自袁维春《秦汉碑述》之“述《石鼓文》”篇，北京工艺美术出版社，1990年，第13-14页。

第三节　元代对京兆府学、孔庙和碑林的整修

蒙古国初占陕西时，仍沿宋金之旧，设置京兆府，辖长安及附近各县。忽必烈即位建元后，京兆府为陕西四川等处行中书省治所。元朝统一全国后，至元十六年（1279）京兆府改名安西路，作为陕西等处行中书省治所和安西王建藩之地。皇庆元年（1312）废安西王府，又改安西路为奉元路，依旧为行省治所（图 2-3）。在蒙古人统治关中一百三十余年间，对京兆府学、孔庙、碑林的整修，根据现在掌握的材料看，应有 8 次。其中，专门整修碑林者 2 次，专门整修孔庙者 3 次，整修府学、孔庙兼及碑林者 3 次。现以年代先后为序，分述如下。

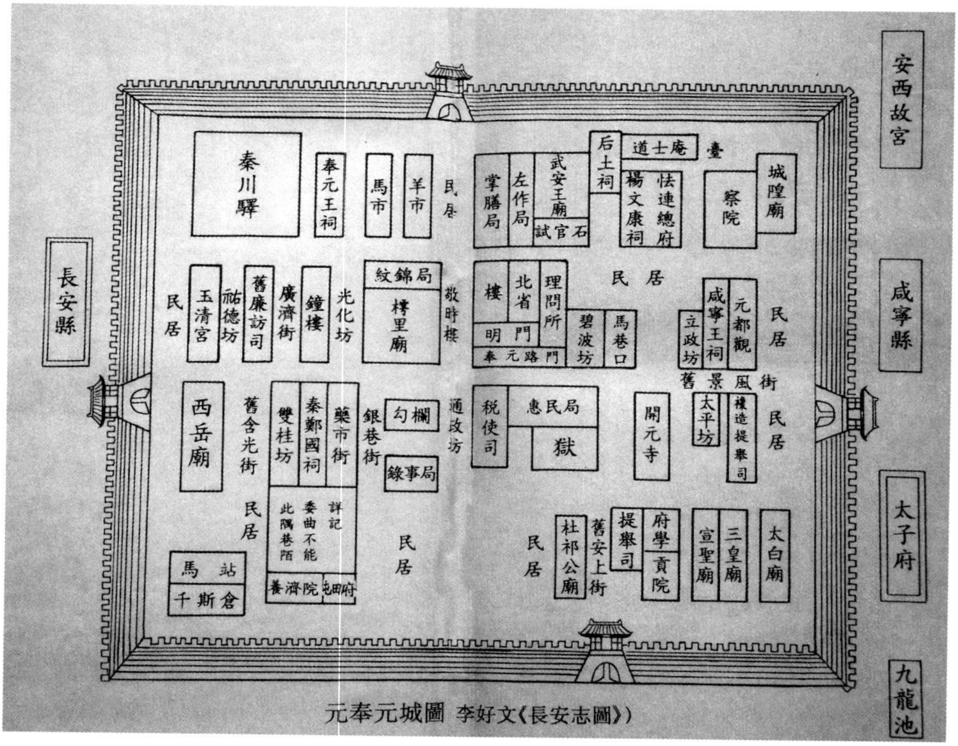

元奉元城圖　李好文《長安志圖》

图 2-3　元奉元城图

一、蒙古国初占陕西时期的三次整修

现立于碑林第三室的元至元十三年（1276）《大元国京兆府重修宣圣庙记》碑，除主要记述至元七至八年对京兆府学、孔庙及碑林的整修外，还回顾了此前蒙古国初占陕西期间的整修情况。此碑文残损很多，金石著作中以罗振玉编《金石萃编未刻稿》[①]所录碑文最全，尚能知其大略。碑文写道：

> 京□（兆）旧有宣圣庙，辛卯弃城，殿宇倾颓。总管田侯护持仅存。甲辰岁，征南先锋使夹谷公□□扈国昌言，慨然以修复自任，既葺正殿，复起二门，工粗毕而力不继。又十余年，平章廉公，参政商公，宣抚陕□，乃构其两庑，绘事未兴，二公入相。迨转运使□公假馆于学也，率□属僦工为图之。

从这段碑文看，起码有两次整修是清楚的，其一是“甲辰岁”，一位姓夹谷的征南先锋使修葺了宣圣庙正殿，修复了“二门”；其二是十余年后，“平章廉公”和“参政商公”宣抚陕西之时，又“构其两庑”，彩绘尚未完工，因“二公入相”，由“转运使□公”善终其事。

“甲辰岁”即1244年，为蒙古窝阔台汗去世、乃马真后执政之第三年。在早期蒙古族统治者残酷的屠杀、迁民政策之下，关中地区的经济、文化遭受极大破坏，包括儒士在内的大量人口被掳为奴，“兵火之余，八州十二县，户不满万”[②]，此时尚未恢复，征南先锋使夹谷氏之修葺，大概只限于维修宣圣庙，而且规模很小，只修葺了正殿和“二门”。“夹谷”系女真人之姓，碑文未言其名，究竟何许人，只能存疑。

不过，笔者找到了一则史料，可作考证的线索。元人李庭《寓庵集》卷六有《故宣授陕西等路达鲁花赤夹谷公墓志铭》[③]，志主夹谷唐兀歹，其家族是

①罗振玉《金石萃编未刻稿》卷上，见《石刻史料新编》第一辑第五册。

②《元史》卷一五九《商挺传》。此谓商挺初至关中时的情景。

③元·李庭《寓庵集》，见上海古籍出版社2002年影印之《续修四库全书》第1322册集部别集类。

金代内迁的女真人，定居于金西京即今山西大同。蒙古崛起漠北，南下伐金，其父、其伯归顺蒙古。曾奉成吉思汗之命，“将兵攻西京，连战破之”，因“累立大功”，得到重用。其伯父名通住，擢任山西路行省兼兵马都元帅，其父名灰郤，被召充护尉。其伯父死后，“合罕皇帝”即窝阔台汗诏其父嗣职，由志主袭其父为护卫兼奉御。据志文，“蒙歌皇帝”即蒙哥汗即位，授志主陕西等路打捕户达鲁花赤兼权京兆延安凤翔达鲁花赤。志文记志主卒于中统三年即1262年，享年47岁，则其生于1216年，即成吉思汗十一年。“甲辰岁”即1244年时，其伯、其父已卒，而志主时年29岁，正为窝阔台汗所宠信。很可能，此时他被委以重任，率军驻扎陕西，有“征南先锋使”名号。于是，这位远比蒙古将领更熟悉中原汉文化和尊孔崇儒传统的女真将领，在战争的间隙，面对“殿宇倾颓”的宣圣庙时，能“慨然以修复自任”，就合情合理了。数年后蒙哥即位，他出任陕西等路达鲁花赤，即蒙古官制中陕西地区最高监治长官。这就是说，“甲辰岁”修复过京兆文宣王庙的“夹谷公”，很有可能就是这方墓志的志主夹谷唐兀歹[①]。当然，这只能是一种推论，希望今后能发现新的资料，进一步证实它。

此后“又十余年”，正是忽必烈受封京兆（1253）、以汉法治关中之时。这里的“平章廉公”为廉希宪，“参政商公”为商挺，他们是甲寅岁即1254年被任命为关西宣抚司正副宣抚使的，恰好比“甲辰岁”晚十年。

廉希宪（1231—1280），字善甫，号野云，为汉化之畏兀尔人。十九岁入侍忽必烈王府，笃好经史，手不释卷，深得忽必烈宠信。1260年忽必烈即位，建元“中统”，任廉希宪为陕西四川等路宣抚使。同年，设陕西四川行中书省，又以廉希宪为中书右丞，行省事[②]。

商挺（1209—1288），字孟卿，号左山，曹州济阴（今山东曹县西北）人。蒙古军攻破汴京，他投奔冠氏县（今山东冠县）赵天锡，与元好问、杨奂结交。忽必烈受封京兆时，闻其大名，征召入幕。时杨惟中宣抚关中，商挺为

①对该墓志的考证，详见笔者《与碑林历史相关的几则史料——读元人李庭〈寓庵集〉偶得》，载《碑林》集刊第18辑，三秦出版社，2012年。

②《元史》卷一二六《廉希宪传》。

郎中。后廉希宪出任宣抚使，以商挺为宣抚副使，二人共同治陕[①]。

廉、商二人抚陕期间，颇能注意民之疾苦，减轻赋税，劝课农桑，恢复生产，并释放被俘儒士。他们还延请当时北方著名理学家许衡为京兆提学使，开办学校，复兴儒学[②]。整修宣圣庙和府学，应该是他们首先要考虑的。碑文只言其“构其两庑”，当是修孔庙。而既然已设提举学校之官员，京兆府学的恢复，也应在这一时期。此次整修具体年代不详。廉希宪是中统三年（1262）平定李壇之乱后进京入相的，商挺则早此一年入京，所谓“绘事未兴，二公入相”即是指此。那么，此次整修最迟不会晚于廉希宪进京入相的中统三年。二人离开京兆后，一位转运使“假馆于学”即住在府学中，完成了他们未竟的工程。可惜因碑文残泐，这位转运使的姓名已不可考。

就在甲辰岁整修之后，廉、商二人整修之前，庚戌岁还有一次专门对碑林的整修。我们还得回到《类编长安志》之《石刻》卷“石经”条下的那段话：“正大辛卯迁徙，悉以摧仆。至庚戌，省幕王公琛奉而起立。”这个“庚戌”，是 1250 年，即蒙古贵由汗死后海迷失后执政的第二年。自正大辛卯弃城，石经悉以摧仆后，已过了 19 年，至此才由“省幕王公琛奉而起立”，加以整理，使它们不再埋没于尘土瓦砾之中。

应该说，王琛有大功于碑林。从姓名看，他是汉人，身份是“省幕”，即给当时的京兆地方长官做幕僚，应是一介书生。此时忽必烈尚未受封京兆，廉、商二人也未宣抚关中，关陕大地兵荒马乱，百业凋敝。在这种文人儒士连人身自由都难保的情况下，王琛能够如此保护文化遗产，实属难得，可敬可佩。他很可能也像当年的尹玉羽一样，借助于手握实权的长官，来实现自己保护石经的目的。遗憾的是，此次整修未见立碑记事，除了《类编长安志》极简略的记述外，也不见于其他文献资料，整修的具体情况便无从知晓。但是，王琛这个名字，是值得后人永远铭记的。

在这三次整修之前，碑文还记有“总管田侯护持仅存”，那么，这位虽未整修却对宣圣庙加以“护持”的“总管田侯”是何许人呢？他应该是蒙古军

① 《元史》卷一五九《商挺传》。

② 《元史·廉希宪传》记其宣抚关中时，“暇日从名儒若许衡、姚枢辈谘访治道，首请用衡提举京兆学校，教育人材，为根本计。”

初占关中时，做过“镇抚陕西总管京兆等路事”的田雄。田雄（1190—1247），字毅英，金北京（指金中京大定府，因在新迁中都大兴府即今北京市之北，故称北京，旧址在今内蒙古宁城县大名城）人。为当地豪族，金末曾署军都统。辛未岁（1211），成吉思汗攻北京，率众出降，归木华黎麾下从征各地，颇有战功。癸巳岁（1233），他受命镇抚陕西，任京兆路总管[①]。而在李庭《寓庵集》中，也有一篇《故宣差京兆府路都总管田公墓志铭》，李庭所撰墓志文，较《元史·田雄传》详尽得多[②]。

田雄镇抚陕西的癸巳年，是蒙古军占领京兆的第三年，亦即窝阔台即位的第五年，当时，西方和南方的战事还在继续。墓志文称，田雄受命治理战后之京兆府路时，有“勇者之仁”。他“水陆运漕河东之粟，以济饥羸”，活惶惶之残民；“益市耕牛子种以给之”，恢复农业，使千里落蒿化为禾黍。对于宣圣庙，他能做到的只是“护持仅存”，使其不再遭受破坏。在战争的烟尘刚刚散去关中地区，他作为地方官，当务之急是医治战争创伤，恢复社会秩序。只有社会生活进入正常轨道，“护持仅存”的宣圣庙才有可能加以修复，才会有后来至元七至八年对宣圣庙、府学、碑林的大规模整修。所以说，对金末遭受战争破坏的碑林能否恢复和延续下去，田雄还是做出了贡献的。

关于蒙古国初占陕西期间京兆府学的情况，目前尚无可资考证的具体资料。我们只知忽必烈受封京兆、以汉法治关中时，曾召许衡为京兆提学。许衡（1209—1281），字仲平，怀州河内（今河南沁阳）人，是元代著名理学家、教育家。他在京兆兴办教育的史实，《元史》有载：

> 甲寅，世祖出王关中，以姚枢为劝农使，教民耕植。又思所以教化秦人，乃召衡为京兆提学。秦人新脱于兵，欲学无师。闻衡来，人人莫不喜幸来学。郡县皆建学校，民大化之。世祖南征，乃还怀，学者攀留之不得，从送之临潼而归。[③]

看来，许衡当年在京兆办学颇有成效，深得人心，京兆府学重建于许衡提

①《元史》卷一五一《田雄传》。

②元·李庭《寓庵集》卷六《故宣差京兆府路都总管田公墓志铭》。

③《元史》卷一五八《许衡传》。

学京兆之时，是没有问题的。中统元年（1260）忽必烈即位，召许衡进京为国子祭酒。不过，当时国学尚未建立，只是个空名义。后来至元八年（1271）忽必烈改国号大元时，又授许衡集贤大学士兼国子祭酒，负责筹建了元朝的国子监。

总之，到忽必烈中统建元（1260）前后，京兆府的宣圣庙已得到了初步整修，府学也得以恢复，仆倒多年的石经也重新立起，碑林总算在一次历史的大动荡中熬了过来，劫后而余生。

二、至元七至八年（1270—1271）整修孔庙、府学和碑林

元至元十三年（1276）《大元国京兆府重修宣圣庙记》碑，是至元七至八年全面整修孔庙、府学和碑林的纪事碑。碑文撰者徐琰，立石者赵炳。碑刻于宋《兴庆池禊宴诗》碑之阴。此碑漫漶已甚，许多地方已无法句读，幸而罗振玉编《金石萃编未刊稿》所录碑文存字较多，借此，仍能对此次整修大致有所了解。在追述了蒙古国初占陕西期间的整修情况后，碑文继续写道：

> 年岁既久，后就者虽新，而先成者已复坏矣。正殿□建，规制□□，材植挠弱。天雨浸□，上栋为之腐败，□床之漏，适当黼□，学之师生，蹙额仰视，无以措手。教授李庭腾书有司，走谒当路，遑遑焉，汲汲焉，若不能一朝居者。时陕西四川行尚书省平章赛公属有疆埸之事，驻□巴蜀。□省正奉严公视事之明日，祗谒庙下，徘徊顾瞻，已而叹曰：今夫为教于世者三，而吾夫子居其一，彼二教者何其崇敬之甚也，且以一□□□宝□琳宫，金碧□□，觚棱相望，介于民□□□□者□数区，少犹不减二三。一县凡几乡，一州凡几县，一府凡几州，合而言之，则不可胜计矣。京兆独辖八州，□□□台□□□是秦□九道□之以为风化□□□□宣圣一庙，方之二家，不为过分，而狼藉若此。食人之德，衮人之教，游于其门者，宁□愧于心欤？其议所以□葺之□□□俸聊□经□，且以为诸公倡。于是省府僚吏暨在学儒生，莫不欣然赞叹，咸愿出钱而助之。

所引碑文把整修前的状况，基本已说清楚：数十年来对孔庙、府学断断续续的局部修补，不能从根本上解决问题，新修者虽新，而先建者已破败，以致影响到府学师生的正常教学。当时的府学教授、前引《寓庵集》的作者李庭，上书当道者，呼吁整修，然一介书生，人微言轻。直到“正奉严公”到陕任职，“祗谒庙下，徘徊顾瞻”，感慨不已，遂有重修庙学之倡。

此时，关中地区的社会经济状况已发生了重大变化。忽必烈即位后，改变了以前蒙古贵族在汉族农业区强行推行游牧生产方式，抑良为奴，变耕地为牧场的残暴行为，实行务实的重农政策。“世祖即位之初，首诏天下，国以民为本，民以衣食为本，衣食以农桑为本。”①至元年间，关中地区的农业生产已得到恢复和发展，社会生活也趋于正常化，在客观上为此次大规模整修提供了可能。于是，严公的倡议得到响应，“省府僚吏暨在学儒生，莫不欣然赞叹，咸愿出钱而助之”。

关于整修的具体情况，碑文作了较为详细的记述，兹抄录如下，以便分析：

> 会平章赛公之檄至，许以栾材，别廪余□糯米三佰石□□通计□□。所鸠之赀，总为钱二千□□缗。以新易旧，以崇易庳，□徒蒇事，绰绰然有余裕矣。命京兆总管府判寇君元德董其役，经始于至元七年之冬，断手于明年之夏。□大成殿为七楹，高其□□□□□□乃命工更塑先圣先师及从祀者十人之像。内外二门，榷□尤甚，悉从改作。石台孝经，唐明皇之御书也，为之起楼以贮□。石刻九经，开成间之故物也，为□架□以庥之。又作二堂于大门之内，东□先正七贤之祠，西则亭□。斋居之次，祭器有库，烹饪有厨，□其坛槐，其市缭垣、疏屏、□窗、绰楔，丹雘之华，涂垩之饰，无所不用其力。虽皆严公之指授而纲维□□是修饰之，润色之，判府寇君之功为多。爰择吉日，舍菜告成，诸生济济，骏奔在庙。礼殿高明，法庭宏敞，周庑深□，重门洞彻，笾豆有嘉，笙镛间作，进退周旋，登降揖让，三献而退。邑里之民，观礼识古，剔耳刮目，愉愉怿怿，有感道怀和之意。

① 《元史》卷九三《食货志·农桑》。

从以上碑文看，“正奉严公”重修庙学的倡议，得到了时任陕西四川行中书省平章政事的“平章赛公”的批准。此次整修“经始于至元七年之冬，断手于明年之夏”，即整修时间为至元七至八年（1270—1271），实际耗时不足一年。工程的规模，从“以新易旧，以崇易庳”一句看，不是对于孔庙一般的维修，而是一次重建，以“新者”“崇者”替代了“旧者”“庳者”。新建成的“大成殿为七楹，高其……”“内外二门……悉从改作”，并重塑了先圣先师孔子之像和十哲之像。碑文提到“石台孝经，唐明皇之御书也，为之起楼以贮□。石刻九经，开成间之故物也，为□架□以庥之”，应该是对碑林也一并加以整修。此外，还提到“又作二堂于大门之内，东□先正七贤之祠，西则亭□……”这里所说的“七贤之祠”，前文已述及，就是宋、金时的“七贤堂”。整修之后的状况，则为“祭器有库，烹饪有厨”“礼殿高明，法庭宏敞，周庑深□，重门洞彻”“诸生济济，骏奔于庙 ”。至于工程的主持者，碑文中有“京兆总管府判寇君元德董其役”和“皆严公之指授而纲维”两句，说明此次整修工程是经地方最高长官行省“平章赛公”批准，由“严公”规划指导，由“寇君元德”具体负责实施的。

此“平章赛公”，即赛典赤·赡思丁（1211—1279），一名乌马尔，西域回回人，是元代历史上的著名人物。成吉思汗西征时，率千骑迎降，命入宿卫。此后历窝阔台汗、蒙哥汗，至忽必烈登基（1260），官拜中书平章政事。至元元年（1264）出为陕西四川行中书省平章政事。至元七年（1270）元军入川攻宋，他行省事于兴元（今陕西汉中），专给粮饷。至元十一年（1274），赛典赤行省云南，至元十六年（1279），病卒于云南任上[①]。此次整修开始的至元七年，赛典赤正从征巴蜀，行省事于兴元，而作为陕、川行政长官，他千里传檄，批准了重修京兆孔庙之建议。

碑文称作“正奉严公”者，应是严忠范，泰安长清（今山东长清县）人，为金元之交山东豪强严实之子[②]。曾袭父、兄为东平路行军万户，任东平路管民总管。所谓“正奉”，是正奉大夫，为元代从二品的文散官名，而严忠范的实职，据至正六年（1346）《奉元路重修庙学记》碑称其“佥事严公忠范”可

①《元史》卷一二五《赛典赤赡思丁传》。

②《元史》卷一四八《严实传》。

知，他当时任陕西四川行省佥事，亦称佥省，即佥行省事[①]。至于那位“京兆总管府判寇君元德”，大概官职小，未见于史籍。

这篇碑文的撰文者和立石者也是元初的著名人物。撰者徐琰，署衔“行尚书省左右司郎中”，其字子方，号容斋，又号养斋，东平（今山东东平）人，元初“东平四杰”之一。至元初被荐入朝，后出为陕西行省郎中。至元末年官至江淮行省平章政事，还曾主持杭州西湖书院。其文名甚高，善散曲。立石者赵炳，署衔“昭勇大将军京兆路总管兼府尹诸军奥鲁总领营缮使司大使”，其字彦明，曾做过济南路总管，授昭勇大将军。至元九年（1272），赵炳出任京兆路总管兼京兆尹，后来还做过安西王相[②]。

以上是根据至元十三年记事碑文，对此次整修情况的认识。此后的至正六年（1346）所立的《奉元路重修庙学记》碑，也在回顾历史时述及此次整修。该碑文曰：

> 世祖皇帝既定大统，人文聿兴，学校之设为急务。奉元本京兆，汉唐故都，地望尤重，是以分镇于陕者，平章廉公希宪、参政商公挺、佥事严公忠范，先后作成宣圣庙、儒学于郡东南，有礼殿，有仪门，东西庑为从祀之舍，殿后有石经之亭，唐人石刻附焉。仪门之外有斋宫，外□都宫，有棂星门，此其大略也。时东平徐公琰方为行省左右司员外郎，实记而刻诸石，则至元十三年丙子之岁也。

这篇碑文保存较好，叙述得也清楚，将至元十三年立碑时新修之孔庙与碑林的格局再现于我们眼前，基本上已与保存至今的碑林、孔庙之格局相仿。文中的“礼殿” 应是大成殿，其后为碑林。“仪门”应是指“戟门”，亦即今日所谓之小殿，两者之间为东、西两庑。仪门外为斋宫，以及俗称为“石门”的“棂星门”。此前宋、金两代记述整修的碑刻，均未这样具体地描述建筑格局。有赖此碑的记述，我们可以知道，最晚在元至元十三年，作为今天西安碑林

①元初各行中书省曾在参知政事之下设佥行省事，简称佥省，后罢不置。见《元史》卷九一《百官志七》之“行中书省”。元·李庭《寓庵集》卷五《创建灞石桥记》，称严忠范“签省严东平”。

②《元史》卷一六三《赵炳传》。

博物馆馆址的碑林和孔庙的建筑格局已基本形成。

上面都是说孔庙和碑林，此次整修后京兆府学的情况又如何呢？前引碑文中未专门记述，而同为至元十三年的《府学公据》碑（图 2-4），弥补了这一缺憾。此碑现立于碑林第六室，内容是为保护府学房舍和地基不受侵占，由地方行政当局给京兆路府学收执的公据。文中说到了府学的确切位置：“府学成德堂书院地土四至：东至庙，西至泮濠，南至城巷，北至王通判宅。”也就是说，府学在文庙之西，紧挨文庙，向南则抵城墙附近，而“泮濠”“王通判宅”，已不可考。直到清末，府学一直在这个位置。关于府学的房舍建筑情况，碑文所记尤为详尽：

> 一成德堂七间，计五十六椽。东廊一十间，计四十椽。西廊九间，计三十六椽。缄膳厅三间，计一十四椽。厨房三间，计一十二椽。勃海舍三间，计六椽。门屋三间，计一十二椽。门西舍三间，计

图 2-4 《府学公据碑》(拓本)

六椽。又舍三间，计六椽。土地堂一间，计三椽。门东舍二间，计八椽。又旧舍三间，计一十 二椽。

一采芹堂七间，计四十二椽。门屋一间，计二椽。

一西院正堂七间，计四十二椽。厨房三间，计一十二椽。 小舍三间，计六椽。

这份详备建筑清单告诉我们，当时的京兆府学由以“成德堂”“采芹堂”“西院正堂”为中心的三组建筑构成，共 71 间，在当时情况下，可算颇具规模。而如此规模的府学，应该是自忽必烈以汉法治关中之时许衡兴办学校，到此次至元七至八年大规模整修，逐步修建而成的。

最后，还想说说金元之交离乱之世的一位读书人，他就是京兆府学教授李庭。前引元至元十三年《大元国京兆府重修宣圣庙记》碑文，言及整修前庙学破败状况时提到：“教授李庭腾书有司，走谒当路，遑遑焉，汲汲焉，若不能一朝居者。”正是他上书有司，谒见当权者，为整修庙学奔走呼吁。他的《寓庵集》前面已多次引用。其生平事迹仅见于时人王博文所撰《故谘议李公墓碣铭并序》，是为李庭墓碑所写的碑文，附录于《寓庵集》第八卷之末[1]。而这篇碑文也提到他建言重修孔庙：“文庙之颓圮者，建白而更新之。”

李庭（1199—1282）是华州奉先（今陕西蒲城）人，字显卿。生逢金末乱世，虽“十余岁已有能诗声”，却无缘“一赴簾试”，取得功名。战乱中父母双亡，他“逃难奔窜于商邓山中”，后来“北渡居平阳”，即入居平阳府（今山西临汾），开馆授徒。后返回奉先故里，与众乡贤切磨讲习。后忽必烈受封京兆，乾州奉天（今陕西乾县）人杨奂应召任京兆宣抚司参议[2]，奉命招致名士，李庭应其邀请，来长安任教于府学。他的后半生是在长安度过的。王博文所撰碑文称其“为学官首尾三十年，英胄贵彦，达官显仕，多出其门”。至元七年（1270），李庭被“敕授京兆教授”。至元十年（1273），安西王开府于

①《元史》卷一六二有《李庭传》，该李庭字劳山，本金人蒲察氏，金末来中原，家于济阴，改称李氏，后为忽必烈征南宋时功臣，大德八年（1304）卒。其与字显卿、籍贯奉先之李庭并非一人，或有将此二人相混者，误矣。以下关于李庭生平的引文均出自王博文《故谘议李公墓碣铭并序》，恕不一一加注。

②《元史》卷一五三《杨奂传》。

京兆，以李庭为“谘议王府事，示养老优贤也”。至元十九年（1282），他“卒于安西学宫之西馆”，就是说，活到84岁高龄的李庭，是在京兆府学辞世的。

李庭是金元之交那个动荡年代的亲历者，也是元初由乱而治、社会生活逐步恢复正常的见证者。而且，他多年供职于京兆府学，又是当年府学、孔庙及碑林从废墟上恢复重建的见证人。他的《寓庵集》①对研究金末元初陕西地方史无疑是有价值的，而为碑林早期历史的爬梳钩沉，也提供了可贵的资料。

《寓庵集》卷八收有一篇《宣圣庙上梁文》，几乎可以肯定，李庭的这篇上梁文②，正是至元七至八年（1270—1271）全面整修时，重修宣圣庙大成殿的上梁文。文中称此次整修宣圣庙“幸遇某官，允谐众论，共效诚心。发公廪之余粮，割己身之清俸，选求良匠，贸易瑰材。构大厦以垂成，举修梁而高架”。其字里行间，既有“且喜斯文天未丧”的庆幸，也有对今后“教化风行，英髦辈出”“挽回邹鲁旧家风”的期待，还有企盼灭宋战争早日结束，“不须金鼓下湘潭，指日吴侬修贡职”的和平愿望。饱经战乱的黎民百姓，实在太希望过上正常的社会生活了。

写到这里，忽然想起了鲁迅先生。先生认为：“中国人向来就没有争到过‘人’的价格，至多不过是奴隶。”他把中国既往的历史，直截了当地分为“想做奴隶而不得的时代”和“暂时做稳了奴隶的时代”③。先生之论犀利深刻，一语中的。那么，经历了金元之交战争的苦难后，无论是李庭这样的读书人，还是做惯了顺民的芸芸众生，他们此时此刻，正在走出“想做奴隶而不得的时代”，正要进入新的“暂时做稳了奴隶的时代”。李庭文中期盼着的“社稷

①据今本《寓庵集》书末缪荃孙所写跋文，明文渊阁书目尚有李庭《寓庵集》十卷，而《四库全书》已不收，书目亦未载。今人所见八卷本《寓庵集》，是清末著名藏书家、版本目录学家缪荃孙（1844—1919），在北京收得孔荭谷微波榭抄本，于宣统二年（1910）刻印的。2002年，上海古籍出版社以缪荃孙《藕香零拾》丛书本影印《寓庵集》，收入《续修四库全书》。

②所谓“上梁文”，是古代建屋择吉“上梁”时，匠人之长用来诵读以表颂祝的一种骈文体，南北朝时已出现，以宋代为盛。一般首尾皆用对偶辞句，中间是六首诗，对应于“抛梁”时的四方上下。它原本是一种民间“上梁”仪式上实用的民俗文体，后来文人亦多为之，在其中融入了他们对社会政治、文化生活的理想和追求。

③语出鲁迅《灯下漫笔》，收入其杂文集《坟》。

延休，生灵蒙福”，不过是想做太平的奴隶而已。能如此，便是盛世，便皇恩浩荡，便是“吾君圣德与天参”了。而中国历史，如先生所言，依旧沿着自己的老路，继续着它的“一治一乱”的循环。

就在这次全面整修完竣的至元八年（1271），忽必烈“取《易经》乾元之义”[①]，改国号为“大元”。此前蒙古人以族名为国名，称大蒙古国，而忽必烈依据汉人经籍改国号，象征着一个统一的多民族国家的最终形成。两者在时间上的巧合，也象征着碑林终于度过了金末和蒙古国时期的战乱动荡，以此为新的起点，继续自己的发展历程。

三、至元之初重立孔庙诸碑

这是一次对碑林的整修，事见于至元十四年（1277）所刻《重立文庙诸碑记》（图2-5），府学教授孟文昌记，府学正骆天骧书，与《府学公据》同刻一石。兹将碑文有关内容抄录如下：

> 京兆府学，昔为国子监。石经之次诸碑，它郡所亡有。如秦丞相李斯暨阳冰之小篆，晋右军王羲之之行书，唐颜真卿、柳公权、虞世南之真楷，宋郭忠恕、僧梦英之众体，是皆古今昭昭，著人耳目，争先睹之为快者。其毁折摧仆，不知其几年矣，观者叹息，未如之何。一日客僧远方来，自称能炼药补石，时人始弗知。案牍雷君，因事在庙学，仰瞻殿障之未具，首出净赀，命工增葺而绘饰之，遂试僧术，倡之于前。总管任公，慨然为仆言：予之先世尝以贡士读书是庠，遭乱以殁，予幸复居长安，家稍优饶，有子有孙，岂非由圣人之门、父祖垂裕所致欤？愿卒成胜事。乃备钱百余缗，经费一资于己。俾前代名碑，断者重续，废者载立，得还旧观，皆公之力也。公讳佐，为人诚笃，仕锦院大使。雷君讳时中，字敬之，幼失父，事母尽孝，友爱同气，乡党称之，领提举司案牍。二公乐于向善，在流俗中诚不易得。

① 《元史》卷七《世祖本纪四》。

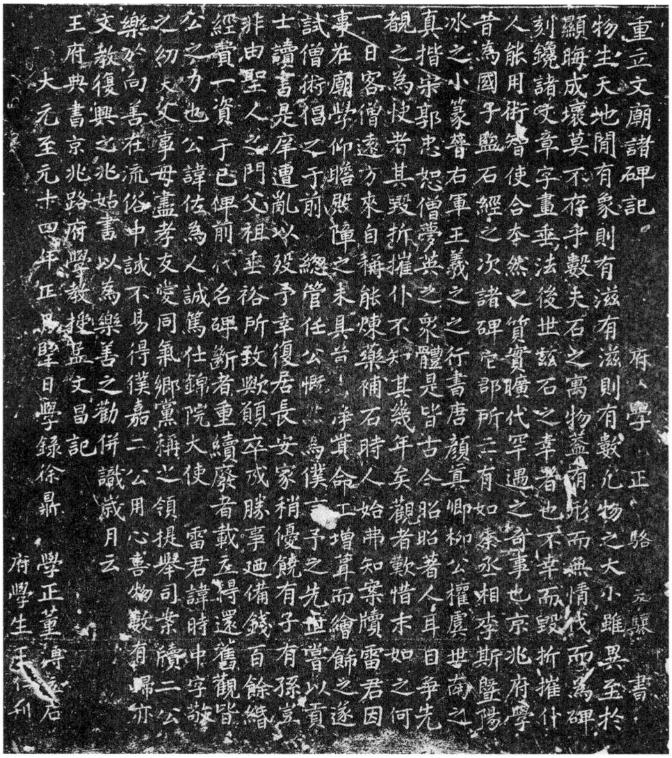

图 2-5 《重立文庙诸碑记》（拓本）

前文已两次引用骆天骧《类编长安志》之《石刻》卷“石经”条下的记述，这里还得再引用一次。它的第三句说：“至元十四年，碑尽摧倒，天骧与孟文昌充西府教官，请灞桥堂邑刘斌而复立焉”。而此《重立文庙诸碑记》，刻立时间也是至元十四年，恰好也是“充西府教官”的府学教授孟文昌撰文、学正骆天骧书写的，那么很可能，两者所记述的是一回事。但是从以上碑文看，这次整修的对象并非石经，而是“石经之次诸碑”，文中一一列举，说得很清楚，不会有错。另外，这些唐宋碑刻也不是至元十四年才被“摧倒”，而是“其毁折摧仆，不知其几年矣”。由此可以推测：早在金末正大辛卯京兆弃城之时，石经之次诸唐宋碑刻，便与石经一起被推倒准备迁徙； 庚戌年，省幕王琛“奉而起立”的只是石经，未曾顾及其他唐宋碑刻；直到这次整理“石经之次诸碑”，这些“前代名碑”才被“断者重续，废者载立，得还旧观”。至于骆天骧在书中将此举列于“石经”条下，当是指整个碑林而言，并非专指唐石经。

关于这次重立“前代名碑”的具体时间，碑文未加说明。碑末所署“大元至元十四年正月”，只是其刻碑时间。就总体看，至元七至八年，孔庙、府学、碑林经历了一次较大规模的整修，前引至元十三年《大元国京兆府重修宣圣庙记》碑和《府学公据》碑都说明了这一点。在如此大规模的整修中，不可能只修建孔庙殿庑、府学厅堂及唐石经的保护性建筑，而置“石经之次诸碑”于不顾，任其“毁折摧仆”。所以，此重立“前代名碑”之举，不会晚于至元七至八年的整修，应该是在此次大规模整修之前不久，即至元之初。因为当那位“案牍雷君”因事来到庙学时，尚且“仰瞻殿障之未具”，如果是整修之后，不该如此。当然，任佐、雷时中官职较低，在远方客僧帮助下重立诸碑，带有民间色彩，且规模很小（“乃备钱百余缗”），与廉希宪、商挺、赛典赤·赡思丁、严忠范等封疆大吏、朝廷重臣所倡之官方整修，焉能同日而语、同碑而述？这是封建时代森严的等级制所不允许的。只因身在府学的孟文昌、骆天骧“嘉二公用心，喜物数有归，文教复兴之兆”，才于至元十四年正月另撰一文，追述他们至元之初重立诸碑之举，与《府学公据》同刻一石，“以为乐善之劝”。

将以上碑文所记，与骆天骧在《类编长安志》中所记加以比较，结论应该是：两者说的是同一件事，即至元之初重立石经之次诸碑。不可能在立碑的同一年或此前不久，再有一次“碑尽摧倒”的事件及重立之举。骆氏在书中将此举列于“石经”条下，也不难理解，因为石经是当时碑林的主体，“碑林”之称谓是后来才有的。当时所谓“石经”既可专指《开成石经》，亦可泛指整个碑林。这里唯一不好解释的是，骆氏在书中记有“请灞桥堂邑刘斌而复立焉”，碑文中却只字未提。书中的“刘斌”，会不会就是碑文中的“远方客僧”？似乎不像，只好存疑。

既然碑文与书中所说的是同一件事，那么骆天骧在《类编长安志》中的这段文字就需要重新加以理解。首先，“正大辛卯迁徙，悉以摧仆”，这是一种因果关系。因为弃城，石经要搬迁，包括唐宋名碑在内的碑林藏石尽被摧倒，又因迁徙未成，碑石仍留原处。十九年后，至庚戌岁，省幕王琛将石经“奉而起立”，但未顾及其他唐宋碑刻。又过了约二十年，到至元之初，任佐、雷时中才将依旧仆倒着的“石经之次诸碑”即其他唐宋碑刻重新立起。这里的“碑尽摧倒”，与前一个“悉以摧仆”不同，它指的是一种状态。而“至元十四年”是骆天骧、孟文昌记事立碑的时间，并非重立诸碑的时间，更不能理解为这一年发生过“碑尽摧倒”的事件。此处骆天骧文辞含混，单从字面看，极易被误解。

总之，只根据骆天骧《类编长安志》“石经”条下的记述，就认为金元时期碑林藏石曾两度仆倒是不对的，应该是一度仆倒，即“正大辛卯迁徙”；二次重立，即庚戌岁王琛将石经“奉而起立”和至元之初任佐、雷时中重立“石经之次诸碑”。也就是说，到了至元之初，金末被摧倒的碑林藏石已全部立起，得还旧观。

遗憾的是，此次重立“石经之次诸碑”的主角，即碑文称之“总管任公”的任佐，称之“案牍雷君”的雷时中，均不见于史籍，也查不到别的史料。在元代，“总管”是一个应用十分宽泛的职官称谓，可用于军职，可用于地方行政官署，也可用于管理某项特殊事物的衙署。碑文说到任佐“仕锦院大使”，大概是管理丝织作坊的总管吧。同样，“提举司”也是当时应用广泛的衙署称谓，“领提举司案牍”的雷时中，应该是某个提举司文案人员。不管怎样，他们的名字总算留了下来，他们重立“石经之次诸碑”，有大功于碑林，与将石经“奉而起立”的王琛一样，是值得后人永远铭记的。

不过，骆天骧《类编长安志》提到的、与这次重立“石经之次诸碑”有关的“堂邑刘斌”，却是个见于文献记载的人物，而且是一位工匠，十分难得。这里的“堂邑”是地名，其地在今山东聊城西北之堂邑镇，隋代已置县，后代因之，刘斌即元代堂邑县人。至20世纪50年代，堂邑县建制撤销，其辖地划入聊城。

在《类编长安志》卷十《石刻》之“石经”条下，骆天骧记刘斌曾受请参与复立前代名碑，只是一笔带过。而在同书卷七“灞桥”条下，骆氏则用了不少笔墨，记刘斌曾修建灞河石桥[①]。而在李庭《寓庵集》卷五，收有一篇《创建灞石桥记》，应该是灞河石桥竣工后的纪事碑文[②]。在李庭的笔下，刘斌

①骆天骧《类编长安志》卷七《桥渡》之“灞桥”条下，黄永年点校本，第201—202页。

②当年灞河石桥建成后，此纪事碑文应刻刻勒上石，碑应立于灞河桥头，大概早已毁佚，不见历代金石书记之。而这篇宝贵的文献，有赖李庭《寓庵集》而留存下来。

修建灞河石桥的事迹更加详尽，刘斌这位豪侠无私的山东汉子的形象更加丰满。下面综合骆氏、李氏所记，略述其事迹。

中统癸亥即中统四年（1263），刘斌旅陕返回山东，行至灞河，逢秋水泛涨。当时，每到夏秋之交，灞水霖潦涨溢，行旅病于徒涉，漂溺而死者不可胜数。与刘斌同行者共三车，刘斌之车前导，人畜勉强抵达对岸，可后面二车却随流漂没，被洪水冲走。刘斌见之恻然，内誓于心，决心在灞水之上构建石桥，以拯兹苦。他回到故乡，将其决定告知父母亲旧，得到支持，遂告别妻儿，重返长安，结庐灞岸，誓曰：石桥不成，永不东归。关于修桥的过程，骆天骧记曰：

> 斌为人清癯多力，智略巧思，人不能出其右，多艺，能自营石梁，日夜不息，手足胼胝，心劓形瘵，虽祁寒暑雨，而不辍其功，遇患难龃龉，而不改其志，前后历三十寒暑，乡关隔二千余里，不为妻孥挂怀，持空拳，孜孜勉勉，以成旷古所无之功。

李庭碑文所记更为具体，且记下了整个工程完竣的时间：“戊寅岁冬，功始毕。” 此戊寅岁为至元十五年（1278）。对建成后的灞河石桥，他是这样描述的：

> 戊寅岁冬，功始毕。其长六百尺，宽二十四尺，两堤隆峙，下为洞门十五，以泄水怒。制以铁键，垩以白灰，其趾山固，其面砥平。磨砻之密，甃叠之工，修栏华柱，望之岿然如天造神设，信千载之奇功，一方之伟观也。

至于工期，骆天骧称“前后历三十寒暑”，李庭则记曰“自经始至于落成，历一十五年”，应以李庭纪事碑文为准，骆氏所言有夸张之嫌。

李庭碑文还罗列不少支持和资助刘斌的官方人士，这是骆天骧未曾言及的，其中不乏于史籍可考者。如至元六年（1269），“陕西大行台平章赛公”即赛典赤·赡思丁，在行省“左右司郎中”徐琰等建议下，不仅捐资，且派役夫二百助修；“签省严东平”即严忠范，乘农隙派丁男四百助其辇运山石，由“京兆府判官寇公”即寇元德督工；还有安西王、“王相左山商公”即商挺、“昭勇赵侯”即赵炳等，均资助了刘斌的工程。

尤其值得一提的是，李庭碑文称，刘斌曾被忽必烈召见。至元九年（1272），吕伯充将刘斌事迹告诉了内侍贺宽，贺宽“甫乘闲奏闻，驿召斌入觐。应对称旨，天颜甚喜，敕赐京兆官籍没田园，发新收南口长充役作”。不仅赐给刘斌田产，还将“新收南口”即新俘获的南宋民夫发来供役使。骆天骧文中只说“名达宸聪，亲承顾问，宠赐优渥，敕建丰碑”，是否亲自召见，言辞含糊。

既然上至皇帝、藩王，下至地方大员、各级官吏，都对刘斌修建灞河石桥大加赞助，为何以不由官方直接实施呢？即便是民间出面，也不是由地方士绅主持，而是由一个外地来的工匠主持，的确是个特例。不管怎么说，刘斌毕竟是这项重大工程的主角。李庭当时已是八十老翁，他在碑文中是倾注了感情的。字里行间，我们可以读出他对刘斌的敬佩和激赏：

上下数千载，当承平之际，在朝在野，才臣智士，代不乏人，忍视斯民沉溺葬鱼腹而莫之救！今也，非常奇特之功，乃成于一梓匠之手，可叹也已！

他尤为赞赏刘斌重尚信义、坚忍无私的人品：

衣不私身，食不异爨，与役夫同甘苦。所荷金赀以百万计，悉付之掌记，尺帛斗粟，弗入于己。

至于刘斌与当年的碑林，尽管只有骆天骧那句极简略的记载——“至元十四年，碑尽摧倒，天骧与孟文昌充西府教官，请灞桥堂邑刘斌而复立焉”，可骆天骧此时正任职于府学，是当事人之一，所记绝不会错。就是说，刘斌肯定参与了至元之初“重立文庙诸碑”的工程。按骆天骧所记，刘斌“至元三年，结庐灞岸”，一开始没有立即修建石桥，“斌能于匠石、工梓，锻冶、斫轮，靡有不解，以素艺供其所费”，即用自己的手艺四处打工，为筹集修建灞河石桥最初的启动资金。刘斌受请来碑林复立“石经之次诸碑”，对损坏的唐宋名碑加以修复，正是此时。这位来自孔子故乡的古道热肠的能工巧匠，用他的智慧和技艺为碑林的保护和延续做贡献的同时，也是在努力实现自己修建灞河石桥的誓言。

在中国古代，工匠的地位是很低的。历代整修碑林，能在文献中留下姓名者，均为地方官绅和文人墨客。有多少普通工匠曾在此抛洒汗水，付出辛劳，姓名却早已湮没无闻，堂邑刘斌只是一个罕见的例外。正因为如此，笔者特意在此增加这段介绍刘斌的文字，以纪念历代曾为整修碑林、保护文化遗产做出过贡献的众多无名工匠。

四、惠宗至元二至五年（1336—1339）重修孔庙、府学和碑林

元统三年（1335），元惠宗改年号为“至元”，仍用世祖忽必烈年号，以表明祖述世祖之成宪。不过这个年号用的时间不长，6 年后，惠宗又改年号为“至正”。至正六年（1346）刻立的《奉元路重修庙学记》碑[①]，记述的就是惠宗至元二至五年（1336—1339）对孔庙、府学、碑林的一次全面整修。此碑虞集撰文，王守诚书，苏天爵篆额。

碑文在追述了元世祖至元七至八年（1270—1271）的整修后，接着写道：

> 仍改至元之二年，岁在丙子，赡思贴木儿不花为行台御史，乃建言曰：今岁事有成，民汔小康，礼义之教需此焉。出岁行六十，时其复矣，以更治庙宇为请。且曰：从祀诸贤如国子监庙制，皆塑像为宜。台端唯而从之。相继以就其功者，则御史李伯述、何执礼、李中、蔡明、安达尔诸君，教授则张冲也。于是陕西行省、行台咸割公用，以为之先。豫王闻而资以五千缗，王傅官，巩昌帅府，奉元路泊怯怜、屯田二总管府，下至郡邑，率皆翕从。好义之士闻风劝助者相续。四月命工度材，各给其值，工佣之费，稍廪之给，凡为钞二万缗。如民间之通工易事，无官府之扰，是以明年八月而告成，而民不知有是役也。是年二月，官又给费修石经廊庑。五年夏，御史李中又计学廪之赢，修神厨、仓屋、更衣之室及提学官廨。冬，御史蔡明、安达尔更建棂星门。

①此碑 20 世纪 50 年代初被掩埋于西安孔庙院内，有拓本资料留存。民国《陕西金石志》卷二六、罗振玉《金石萃编未刻稿》卷上有此碑录文。另虞集《道园学古录》卷三五亦收入此碑文，题为《奉元路重修先圣庙学记》。

惠宗至元二年丙子岁（1336），恰为世祖至元十三年（1276）之后60年，按干支纪年，正好是一个轮回，所以碑文说“出岁行六十，时其复矣”。此时惠宗刚刚即位，尚能遵循忽必烈之成宪，提倡农事，崇儒尊孔，整修的大气候是好的。所以行台御史瞻思贴木儿不花提出“更治庙宇”的请求时，“台端唯而从之”，拨出专款，并得到豫王府和从行省到郡邑各级官府的支持。从碑文看，此次耗时4年的整修，是一次对孔庙、府学、碑林的全面的整修，工程可分为三个阶段：

其一，是重修孔庙，从后至元二年（1336）四月开始动工，到次年八月告成，耗资“二万缗”，历时一年多。碑文既言“更治庙宇”，应该是对孔庙建筑进行重修，并“如国子监庙制”，为“从祀诸贤”塑像。“相继以就其功者”，为李伯述、何执礼、李中、蔡明、安达尔等诸位御史和府学教授张冲。

其二，是后至元三年（1337）二月，“官又给费修石经廊庑”，即重修唐石经的保护建筑，亦即整修了碑林，未言何人主持。因为时间上与整修孔庙重叠，可视为主持者同于前者。

其三，是后至元五年（1339）夏，李中利用府学节余经费，修神厨、仓屋、更衣之室和提学官廨，即孔庙、府学的一些辅助建筑。这年冬天，蔡明、安达尔又“更建”即重修了棂星门。

细读碑文，不难发现，此次整修从倡修到具体实施，均由陕西诸道行御史台的官员出面。行御史台简称行台，是元代御史台的分设机构。至元十四年（1277），置江南诸道行御史台于扬州（简称南台，后徙杭州、江州、建康），分监江浙、江西、湖广三行省。至元二十七年（1290），置云南诸道行御史台于中庆（今昆明），大德元年（1297）迁治京兆，改为陕西诸道行御史台（简称西台），分监陕西、四川、云南、甘肃四行省。行台设官、品秩同于中央御史台，亦设御史大夫、御史中丞、侍御史及监察御史若干[①]。支持此次整修之议的便是陕西行台的最高长官御史大夫，即碑文所说之“台端”，可惜未言其姓名。

碑文所说的“闻而资以五千缗”之“豫王”，应为阿剌忒纳失里，系元世

①《元史》卷八六《百官志二》。

祖第七子西平王奥鲁赤裔孙[1]，初封为西安王。致和元年（1328），泰定帝死于上都。留守大都的西安王阿剌忒纳失里与佥枢密院事燕帖木儿合谋发动政变，迎立武宗次子图帖睦尔即位，是为文宗，改元天历。当年，他以迎立有功，进封豫王[2]。天历之变后，至顺元年（1330），他率军平云南，次年班师回朝。其后至正年间，他曾出镇陕西[3]。

碑文提到的首倡此次整修的行台御史赡思贴木尔不花（1278—1351），《元史》有传[4]。其字得之，先祖为大食国（古人对阿拉伯帝国之称谓）人，祖父曾在真定（今河北正定）为官，遂为真定人。自幼熟读经传，及弱冠，从学于翰林学士王思廉，由是博极群籍。虽屡被举荐，然不应科第，不干仕进，屡召屡辞。天历三年（1330），文宗召为应奉翰林文字。后至元二年（1336），拜陕西行台监察御史，即上封事十条，言群臣所不敢言者。后历任佥浙西肃政廉访司事、佥浙东肃政廉访司事，以疾辞归。赡思精通经书，尤深易学，兼及天文、地理、钟律、算数、水利乃至外国之书。有《四书阙疑》《五经思问》《河防通议》等著述十二种、文集三十卷。这是一位接受了传统儒学文化的色目人，其任职陕西伊始，即建言重修庙学，并非偶然。他虽未终其事，但有首倡之功。

碑文提到的李伯述、何执礼、李中、蔡明、安达尔等另外几位参与整修之行台御史，均不见于史籍，也未发现其他资料。惟教授张冲，据嘉靖《陕西通志》和嘉靖《渭南县志》，知其为渭南人[5]。

值得一提的还有，这次整修的纪事碑撰文者、书写者、篆额者地位颇高。署衔“翰林侍讲学士通奉大夫知制诰同修国史”的撰者虞集（1272—1348），字伯生，号邵庵，抚州崇仁（今在江西）人。成宗大德初年，入京为大都路儒学教授。泰定年间，升任翰林直学士兼国子祭酒。文宗时任奎章阁侍书学

①《元史》卷一〇七《宗室世系表》，卷一〇八《诸王表》，卷一一七《秃剌传》。

②《元史》卷三一《明宗本纪》，卷三二《文宗本纪》。

③郭晓航《元豫王阿剌忒纳失里考述》，《社会科学》2007年第9期。

④《元史》卷一九〇《儒学二》有《赡思传》，而碑文作“赡思贴木尔不花”，二者所述为同一人无疑。

⑤嘉靖本《陕西通志》卷二六《文献十四·西安府乡贤中》，三秦出版社2006年新版，第1401页。

士，受命与中书平章赵世延等修《经世大典》，在当时以诗文负有盛名①。

署衔"中奉大夫陕西诸道行御史台侍御史"的篆额者苏天爵（1294—1352），字伯修，真定（今河北正定）人。由国子学生公试，名在第一，授从仕郎、大都路蓟州判官。泰定年间，曾任翰林国史院典籍官，升应奉翰林文字。后至元年间，拜陕西行台治书侍御史，任吏部尚书，升参议中书省事。至正二年，拜湖广行省参知政事，迁陕西行台侍御史。其为学博而知要，曾参与编修《经世大典》，尝著《国朝名臣事略》十五卷、《文类》七十卷。此碑刻立时，他应在陕西行台任上②。

署衔"嘉议大夫礼部尚书"的书丹者王守诚（1296—1349），字君实，太原阳曲（今山西阳曲）人③。泰定元年（1324），试礼部第一，赐同进士出身，授秘书郎。曾参与编修《经世大典》及辽、金、宋三史。历任陕西行台监察御史、奎章阁鉴书博士、中书右司郎中、礼部尚书、河南行省参知政事④。关于他的书法，毕沅在《关中金石记》中写道："守诚字君实，著《经世大典》成，拜陕西行台监察御史。字法近虞世南，合以虞文、苏额，可称三绝。"⑤

五、至正二十五年（1365）重修孔庙、府学和碑林

此次整修，有碑林现藏至正二十六年（1366）《大元重修宣圣庙记》碑记之。此碑董立撰文，张冲书写，王武篆额，府学众儒户立石。碑文保存尚好。

这是元代的最后一次整修，其历史背景有必要在此说明一下。立碑的至正二十六年（1366），距明朝建立、元朝灭亡只剩下两年，而距上次整修则过了30年。这30年间，全国局势已发生巨大变化。至正十一年（1351），刘福通在颍州（今安徽阜阳）首举义旗，揭开了元末红巾军大起义的序幕。几年之间，大河上下，长江南北，遍地燃起农民战争的烽火，元朝的统治已处于风

①《元史》卷一八一《虞集传》。

②《元史》卷一八三《苏天爵传》。

③民国《陕西金石志》所录碑文，书丹人王守诚，误为"王守谦"。本书初版，笔者依据的是《陕西金石志》的录文，疏于核校，也犯了同样的错误。

④《元史》卷一八三《王守诚传》。

⑤清·毕沅《关中金石记》卷八"奉元路重修庙学记"条。

雨飘摇之中。至正十六年（1356），刘福通、韩林儿领导的红巾军分三路北伐，西路直指陕西。九月，先头部队猛攻潼关，与元军激战，20天内关门四次易手。次年二月，红巾军绕过潼关，从南面攻占商州，入武关，进逼奉元城，并围攻同州、华州，关中大震。同年十月，红巾军沿汉江攻入陕南，占领兴元府（今陕西汉中），出大散关再度攻入关中，包围凤翔。至正十八年（1358）四月，红巾军兵败退出陕西。

了解了以上历史背景，对碑文的理解很有帮助。碑文照例追述了此前的整修，然后写道：

> 其功迨今三十年矣。顷因河南盗起，天下兵兴，祸延各乡，横罹荼毒，城市丘墟，黄蒿没野。风雨摧剥，殿宇弊漏，正当先圣神座。加以乱兵屯集庙庭，毁撤户牖，蹂躏阶砌。教授于炳累尝陈请，欲事修治，有司以公私困竭，弗遑暇及。

看来，碑林及府学、孔庙，在元末之战乱中遭到不小的破坏。虽然红巾军并未攻入奉元城，但这里却成了元军的屯兵之所，“乱兵屯集庙庭，毁撤户牖，蹂躏阶砌”，其人为破坏，可以想见。战事稍息之后，教授于炳虽多次请求修治，地方当局皆因经费困难而无能为力。

直到至正二十五年（1365），要进行乡试，“大比取士，适在今年”，受命“知贡举”的行省右丞韩元，这才提出整修之议，“爰谋于平章台间、平章许国佐、参政谢聚，数公翕然响应，各出已俸，为诸儒劝。”于是，备受乱兵蹂躏的庙学和碑林，总算在元朝灭亡的前夕，又有了此次整修之举。

既然时事艰难，“公私困竭”，此次整修的规模当然不会很大。这一点，碑文说得很清楚：

> 所需取具，一时率掇拾于官府民间之弃余。如以筑城阙之修椽，易大屋之坏椽，裒废寺观之完瓦，补正殿之漏瓦，和泥取造楮币之灰，捣麻用悬门桥之绠，此类不可缕数。

大概经费过于紧张，所需建筑材料，都尽量利用废旧，如修城阙剩余的椽，废旧寺观的瓦等等。整修所用的时间也不长，“兴役于农隙之时，毕工于日至之候”。在关中，“农隙之时”应为春播之后，夏收之前，或收秋、种麦之后，在此应该是前者。这里的“日至之候”，应是指冬至，在农历十一月，恰与碑文所说“至正二十五年乙巳冬十有一月”，耆儒李扩、王及等请求董立撰写记事碑文的时间相合。也就是说，工程耗时半年左右。整修之后，庙学的状况是：

易漫漶为鲜华，变破败为完整。正殿、两庑、仪门、神库、七贤，及二处衣堂、石经廊、孝经亭，梁栋榱桷，门窗阶陛，灿然改观。

从碑文看，这是一次较为全面的维修工程，其范围既包括庙学，也包括碑林。当然，遭逢末世，兵荒马乱，规模不会很大，能够如此，已属难得。全部整修工程，“其主张措画，一出于韩公”，即行省右丞韩元。“督工则镇抚文谅，转输录事王世中，始终经营者，教授于炳也。”

此次整修的倡修和筹划者行省右丞韩元，具体经营者教授于炳，均不见于史籍。不过，此役纪事碑的撰文者董立，书丹者张冲，见载于地志资料。碑文中董立署衔“前征士陕西诸道行御史台治书侍御史”，据嘉靖本《陕西通志》，其字植夫，号玉峰，咸宁（今陕西西安）人。中经元会试，以疾还，隐居授业三十余年。顺帝朝以隐逸征拜翰林修撰，历国子司业、礼部侍郎、陕西行台侍御史[1]。碑文中张冲署衔“资善大夫陕西诸道行御史台御史中丞”，据嘉靖本《陕西通志》，其字九霄，亦咸宁人，亦以隐德见征，拜翰林侍讲，累官陕西行御史台中丞[2]。此张冲，与三十年前参与惠宗至元二至五年（1336—1339）整修的府学教授张冲，不是同一人，后者是渭南人。

就在此次整修的前一年，即至正二十四年（1364），奉元路庙学还有过一次整修之举，大概因其规模太小，未曾被人注意过，兹附记于此。

记载此事的是碑林现藏的《“粤惟泮宫”碑》。此碑不算是严格意义上的碑，只是高 60 厘米、宽 75 厘米的长方形刻石。此“粤惟泮宫”也不是碑名，是碑文开首的第一句。碑文不长，抄录有关内容如下：

粤惟泮宫，宣圣有庙，爰自唐宋，以迄于今。近因兵兴，风摧

① 嘉靖本《陕西通志》卷二六《文献十四·西安府乡贤中》，第 1393 页。
② 嘉靖本《陕西通志》卷二六《文献十四·西安府乡贤中》，第 1393 页。

> 雨剥，守官者迫于军务，不遑葺理。今年夏，戎事稍戢，监府笃公仲渊睹廊庑倾圮，瓦木狼藉，慨然以为：清庙乃安神灵、彰礼教之所，既乏观瞻，孰知企慕？予忝牧是邦，讵忍日就废坠乎？于是率府吏李淳暨学官马懿，度材记工，董役敦匠，补罅漏，端欹侧，新腐败，饰漫漶，裁正方隅，崇峻阶陛。经始落成，曾不逾月，殿庑斋廊，门墙庖库，焕然一新，若未经毁者焉。由是，虽被坚执锐之士来游来观，莫不知吾道尊崇而加敬礼。……是宜刻石壁间，姑述其梗概云。前学录李祺记。时至正甲辰秋八月吉曰。学正摄教授事马懿等立石并书。

前文已经说到，当时奉元路之庙学因“乱兵屯集庙庭，毁撤户牖，蹂躏阶砌”，已是狼藉一片。据这篇碑文，趁“戎事稍戢”，监府笃仲渊不忍见其“日就废坠”，于至正二十四年夏，派府吏李淳和学官马懿督工整修。但整修的时间很短，“经始落成，曾不逾月”，前后不到一个月，只能是修修补补，支撑个门面，为的是那些“被坚执锐之士”即元朝乱兵们再度前来时，能够“知吾道尊崇而加敬礼”，不致于再加破坏。正因为此次整修过于草率，一年之后才又由行省右丞韩元出面，以举行乡试为由，进行了比较全面的修葺。而且，整修之后连块像样的纪事碑也未刻立，只是“刻石壁间，姑述其梗概”而已。当时庙学之破败，众学官儒士心情之惨淡，溢于言表。

与此次整修有关的人物，除以上录文中提及者外，碑末还有陕西等处儒学提举寇靖、副提举张默等人的署名。倡修者笃仲渊，碑文称其“监府”，当是奉元路总管府的官员，大概不是总管，而是同知、判官之类的副职。

三年后，至正二十八年（1368）正月，朱元璋在应天府（今南京）即皇帝位，建立明朝。北伐明军摧枯拉朽，元朝统治土崩瓦解。中国历史的大舞台上，又开始上演新的一幕。

以上两节对金元时期京兆府学、孔庙和碑林的整修情况做了考述，在此将其要素加以汇总，列“金、元两代整修孔庙、府学、碑林一览表”如下：

表二　　金、元两代整修京兆孔庙、府学、碑林一览表

朝代	整修时间	整修内容	倡修之地方官	工程主持人	资料来源	备注
金	贞元三年（1155）	重修孔庙、府学之殿庑房舍	京兆府尹完颜胡女，亚尹韩希甫	府推张仲堪，府判毕棣	金正隆二年（1157）《京兆府重修府学记》碑（碑林现藏）	
金	正隆五年（1160）	重修唐石经及唐宋碑刻的保护性建筑		前河中府同知府尹耶律隆，陕西东路转运副使周维甫	金正隆五年（1160）《重修碑院七贤堂记》碑（碑林现藏）	
金	贞祐二年（1214）				元·骆天骧《类编长安志》卷十《石刻》列有贞祐二年《金京兆府重修府学记》碑目	此碑已佚，仅存碑目，整修情况不详
金	正大二年（1225）	维修府学、孔庙建筑，附带整修碑林	行省参政完颜合达，参议知府石盏公		金正大二年（1225）《大金重修府学教养之碑》（碑林现藏）	
蒙古国	甲辰岁（1244）	整修孔庙，“既葺正殿，复起二门”	征南先锋使夹谷氏		元至元十三年（1276）《大元国京兆府重修宣圣庙记》碑（碑林现藏）	
蒙古国	庚戌岁（1250）	整修碑林，将仆倒之唐石经“奉而起立”		省幕王琛	元·骆天骧《类编长安志》卷十《石刻》之“石经”条下记述	
蒙古国	中统建元（1260）前后	整修孔庙，“构其两庑”	行省平章廉希宪，行省参政商挺		元至元十三年（1276）《大元国京兆府重修宣圣庙记》碑（碑林现藏）	
元	至元之初	整修碑林，重立“石经之次诸碑”		任佐，雷时中	元至元十四年（1277）《重立文庙诸碑记》碑（碑林现藏）；《类编长安志》卷十《石刻》之“石经”条下记述	

续表

朝代	整修时间	整修内容	倡修之地方官	工程主持人	资料来源	备注
元	至元七至八年（1270—1271）	大规模整修孔庙、府学、碑林	行省平章赛典赤·赡思丁，行省佥事严忠范	京兆总管府判寇元德	元至元十三年（1276）《大元国京兆府重修宣圣庙记》碑（碑林现藏）	
元	惠宗至元二至五年（1336—1339）	整修孔庙、府学、碑林	行台监察御史赡思帖木儿不花，豫王阿剌忒纳失里	行台监察御史李伯述、何执礼、李中、蔡明、安达尔	元至正六年（1346）《奉元路重修庙学记》碑（碑林现藏）	
元	至正二十四年（1364）	整修孔庙	监府笃仲渊	府吏李淳，府学学正马懿	至正二十四年（1364）《“粤惟泮宫”碑》（碑林现藏）	
元	至正二十五年（1365）	整修孔庙、府学、碑林	行省右丞韩元	镇抚文谅，转输录事王世中，府学教授于炳	至正二十六年（1366）《大元重修宣圣庙记》碑（碑林现藏）	

第四节　金元时期碑林藏石情况

金、元两代的整修碑文中，述及碑林时，一般只言石经，不及其他石碑。唯一的例外是至元十四年（1277）《重立文庙诸碑记》，因为那次重立的对象本身就是“石经之次诸碑”，所以稍加罗列：“如秦丞相李斯暨阳冰之小篆，晋右军王羲之之行书，唐颜真卿、柳公权、虞世南之真楷，宋郭忠恕、僧梦英之众体……”这和北宋元祐五年（1090）《京兆府府学新移石经记》碑一样，仅泛泛而言，很不具体。

不过，考察金元时期碑林藏石情况，较之北宋有一个有利条件，即可以借助于前贤骆天骧的《类编长安志》。前文提到，骆天骧《类编长安志》之《石刻》卷著录了长安及附近碑刻一百四十余种，其中有存于碑林者 41 种。这是目前所知碑林藏石最早的正式记录，而且为当时人所记，是研究金元时期碑林藏石情况的重要依据。在此，根据《类编长安志》书中原始资料，编成“元代碑林藏石目录”（表三）。需要说明的是，为保持文献的原始面貌，表中碑石名称、年代、撰书人姓名、存放地点及先后次序，均依骆氏原著的表述，只在“存佚情况”栏说明碑之存佚，在“备注”栏加必要说明。

表三　　元代碑林藏石目录

（据骆天骧《类编长安志》）

碑名	刻立年代	撰书人	存放地点	存佚情况	备注
秦峄山碑		秦相李斯书，郑文宝模	今在文庙	仍在碑林	
石经	唐开成中			仍在碑林	
石经音释			在府学东序石经之碑阴	仍在碑林	原文写明十碑，应是《五经文字》和《九经字样》
孝经台	唐天宝四年	唐明皇八分书，太子亨篆额	在文庙	仍在碑林	
孔子庙堂碑	唐武德九年	虞世南撰并书，相王旦篆额	在文庙	仍在碑林	北宋初王彦超重刻
颜氏家庙碑	唐建中元年	颜真卿撰并书，李阳冰篆额	今在文庙	仍在碑林	
大达法师玄秘塔碑	唐会昌元年	裴休撰，柳公权书并篆额	在文庙	仍在碑林	
大智禅师碑	唐开元二十四年	严挺之撰，史维则八分书并篆额	今在文庙	仍在碑林	
唐三藏圣教序	唐咸亨三年	沙门怀仁集王右军书	今在文庙	仍在碑林	
金刚经碑	唐麟德二年	武敏之正书	在文庙	已佚	
道因法师碑	唐龙朔三年	李俨撰，欧阳通书	今在文庙	仍在碑林	
西京千福寺多宝塔感应碑	唐天宝二十一年	岑勋撰，颜真卿书，徐浩题额	今在文庙	仍在碑林	
唐三藏和尚不空碑	唐建中二年	严郢撰，徐浩书	今在文庙	仍在碑林	
唐千福寺楚金禅师碑	唐贞元二十一年	沙门飞锡撰，吴通微书	今在文庙	仍在碑林	在《多宝塔碑》碑阴

续表

碑名	刻立年代	撰书人	存放地点	存佚情况	备注
唐李氏迁先茔记	唐大历二年	嗣子季卿撰，从子阳冰篆	今在文庙	仍在碑林	
唐李氏三坟记	唐大历二年	李季卿撰，李阳冰篆字	今在文庙	仍在碑林	
唐颜鲁公争座位帖		鲁公与仆射郭英乂行草书稿也	今石刻在文庙	仍在碑林	
唐郃国公修功德铭	唐长庆二年		今在文庙	仍在碑林	即《梁守谦功德碑》
唐金兰帖	宋元祐元年模	欧阳询书	今嵌在文庙成德堂西壁	已佚	
唐昌黎五箴	宋宣和五年建	李寂篆书，李珍模勒上石	今嵌在文庙	仍在碑林	应是宣和六年
宋大观圣作碑			在府学	已佚	现存碑林者系由乾县移来
宋重修文宣王庙记	宋建隆三年	刘从乂撰，王彦超立		仍在碑林	
宋京兆府移文宣王庙记	宋元丰三年	吕大防撰，石苍舒书		已佚	
宋建学敕	宋景祐元年十月			已佚	
宋府学移石经碑记	宋元祐庚午	黎持撰		仍在碑林	
宋永兴军创修庙学记	宋大观元年			已佚	
宋永兴军府学开泮水记	宋大观元年			已佚	
宋勃兴颂		虚仪先生撰，唐英篆书	在文庙	仍在碑林	
京兆府小学规		任民师撰	在文庙	仍在碑林	

续表

碑名	刻立年代	撰书人	存放地点	存佚情况	备注
宋三体阴符经	宋乾德四年	郭忠恕古文、玉筯篆、八分书三体		仍在碑林	
宋兴庆池禊宴诗碑	宋庆历十五年		大元至元十三年安西教官移在文庙	仍在碑林	应是宋庆历二年（1042）刻
宋十八体篆额		僧梦英篆十八体		仍在碑林	“篆额”应为“篆书”之误
宋武功游师雄墓志		张舜民撰，邵䶵书，张窠篆盖	嵌在成德堂壁	仍在碑林	
金重修府学碑	金正隆三年	潘师雄撰并书		仍在碑林	立碑时间应为正隆二年，李粟撰文
金京兆府泮宫登科记	金承安二年	高有邻撰		残碑仍在碑林	刻在金《重修碑院七贤堂记》碑阴
金修府学教养碑	金正大二年	刘渭撰，杨奂书		仍在碑林	
金府学创建题名记	金正大二年			仍在碑林	即《改建题名之记》碑，其碑阴刻元至正六年（1346）《奉元路重修庙学记》碑
金京兆府重修府学记	金贞祐二年			已佚	
大元京兆府重修文宣王庙记	元至元十三年	徐剡撰，骆天骧书并篆额		仍在碑林	刻在宋《兴庆池禊宴诗》碑阴
皇子安西王盛德之碑	元至元十四年	孟文昌撰，仆散祖奂书，骆天骧篆额		仍在碑林	
皇子安西王文庙释奠记	元至元十六年			仍在碑林	

以上目录所列41种各代碑石中，被骆天骧单列的《石经音释》当指张参

的《五经文字》和唐玄度的《九经字样》，应包括在《开成石经》之内，所以实际上是40种。其中除《开成石经》和《石台孝经》外，宋代重刻秦刻石1种，唐碑14种，宋碑15种，金碑5种，元碑3种。将此目录与上一章重拟的《北宋时期碑林藏石目录》（以下简称《宋目》）加以比较，我们可以看到，唐碑的变化不大，只是少了《孟法师碑》和《隆阐法师碑》。但骆氏在书中著录了刻于《隆阐法师碑》碑阴的郭忠恕《三体阴符经》，可见当时《隆阐法师碑》仍在碑林无疑，不知何故骆氏未予著录。而《孟法师碑》则在此前已不知去向。此外，骆氏还著录了唐麟德二年（665）武敏之正书《金刚经碑》，这是《宋目》中所没有的。此碑仅见于《宝刻类编》，注曰“麟德二年，京兆”①，其他宋代金石著作未见著录，也不见于元以后的金石著作。

与唐碑不同的是，骆氏书中著录的宋碑明显少于《宋目》。《宋目》中所列的27种宋碑，骆氏书中仅著录了11种，其余骆氏未予著录的16种并非当时已经亡佚，它们至今无一例外仍在碑林，而当时肯定也在，骆氏之所以未加著录，是因为他编著《类编长安志》之《石刻》卷时，对长安及附近的碑刻是有所选择的，只是择其重要者收录书中，并非所有碑刻全都著录，不然，当时长安及附近之碑刻何止其书中的140余种。更能说明问题的是，骆氏书中所录3种元碑，连同刻一石的《府学公据》和《重立文庙诸碑记》也未包括，后者还是骆氏本人所书，肯定在碑林。

另外，骆氏书中还著录了《宋目》中所没有的4种宋碑，即宋庆历二年（1042，书中作庆历十五年，误）《兴庆池禊宴诗碑》，宋元祐元年（1086）摹刻的《唐金兰帖》（欧阳询书），宋绍圣四年（1097）《宋武功游师雄墓志》和宋宣和五年（1123）摹刻的《唐昌黎五箴》。

其中《唐金兰帖》，书中该条下录有这样一段话：“得欧阳询墨迹六十字，笔力险劲，体法方直，而雅有风气，予甚爱之，遂藏焉。又模于石，将传永久。元祐元年仲冬乙卯，博陵崔颐正可云。”②这显然是摹刻上石者的跋语。可惜这件“嵌在文庙成德堂西壁”的法帖，后来下落不明，明赵崡《石墨镌华》已不见著录，其亡佚或在元明之际。而其余3种宋碑，至今仍藏碑林，兹略述

①宋·佚名《宝刻类编》卷二“武敏之”名下。

②元·骆天骧《类编长安志》卷十《石刻》“唐金兰贴”条下，黄永年点校本第316页。

如下：

《兴庆池禊宴诗碑》：北宋庆历二年（1042）刻。范雍、张奎等作诗，张子定作序。螭首龟趺，高334厘米，宽96厘米。碑题“上巳日兴庆池禊宴诗并序”，碑文分6栏刻，每栏28行，行11字，楷书。额题“上巳日兴庆池禊宴诗”，隶书。骆氏书中该条下注曰：“大元至元十三年，安西教官移在文庙。背面刻重修庙记。”可知碑原在兴庆池畔，至元十三年被府学教官移至孔庙，并利用其碑阴，刻《大元国京兆府重修宣圣庙记》碑。

《游师雄墓志》：北宋绍圣四年（1097）刻。张舜民撰，邵䶵书，张粢篆盖。志石正方形，边长122厘米。志文68行，满行67字，楷书。游师雄（1037—1097），字景叔，京兆武功（今陕西武功）人。治平元年（1064）中进士，元祐间曾做过陕西转运判官、陕西转运使。在陕期间对保护文物古迹多有贡献。骆氏书中该条下注曰“嵌在成德堂壁”，即与《唐金兰帖》同在一处。

《昌黎五箴》：北宋宣和六年（1124）刻。此帖内容是韩愈所撰《五箴并序》，宋人李寂书于嘉祐八年（1063），其子李珍宣和六年模勒上石。石为竖长方形，高98厘米，宽56厘米。文刻24行，满行32字，篆书。（图2-6）骆氏书中该条下注曰“宋狄道李寂玉筯篆书……今嵌在文庙”。狄道是古地名，在今甘肃临洮，为书者李寂籍贯。此帖不知是直接刻于碑林，还是刻于别处移来碑林，然至晚在骆天骧著书之时，已“嵌在文庙”了。

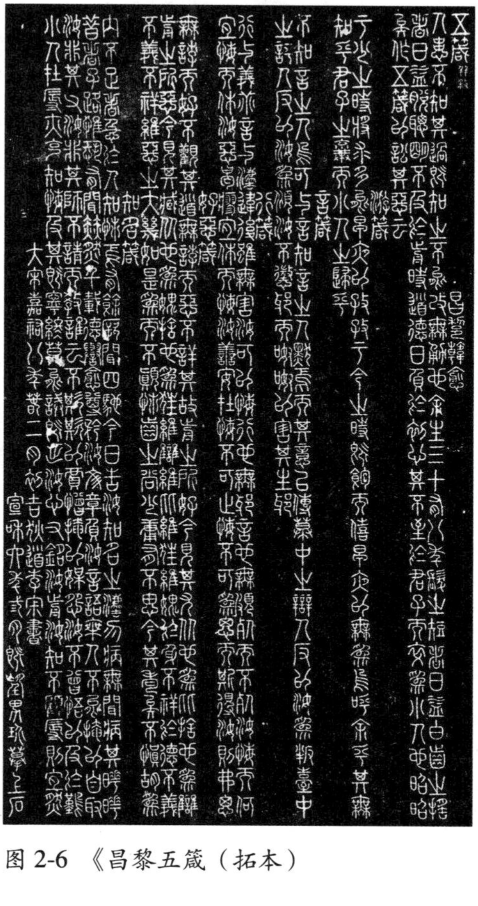
图2-6 《昌黎五箴（拓本）

骆氏书中录有金碑5种，元碑3种。这5种金碑前文已分别述及，此处不赘。3种元碑中，至元十三年《京兆府重修宣圣庙记》碑，在考述至元七至八年整修时也曾反复

图 2-7 孔庙庭院中的《安西王盛德碑》

引用。所余 2 种元碑，在此稍作介绍；

《安西王盛德碑》：元至元十四年（1277）刻。螭首龟趺，高 370 厘米，宽 147 厘米。孟文昌撰，祖英书，骆天骧篆额。碑题“陕西学校儒士颂德之碑并序”，碑文 25 行，满行 53 字，楷书。额题“皇子安西王盛德之碑”，篆书。碑文称颂安西王胙土关中后，敬老尚德，增饰泮宫，广设黉宇，救斯文于已坠之恩德。（图 2-7）

《文庙释奠记》：至元十六年（1279）刻。碑为圆首，高 122 厘米，宽 62 厘米。孟文昌撰，骆天骧书并篆额。碑文 18 行，满行 28 字，楷书。额题“皇子安西王释奠之记”，篆书。碑文记安西王于孔庙祭孔之盛况。

在骆氏所录的 41 种碑刻中，现已亡佚的有 8 种。尤为可惜的是，几种与京兆孔庙、府学、碑林历史有关的宋、金碑刻不知所终。如前文已经提到的宋景祐元年（1034）的《宋建学敕》碑，很可能就是曾与《石台孝经》一起立于碑院中央的《建学碑》。北宋元丰三年（1080）的《宋京兆府移文宣王庙记》碑，则向我们提示：比吕大忠移石经于府学之北墉早 7 年，文宣王庙已由原唐尚书省之西隅移走（府学亦当一并迁移），很可能就是移往“府城之坤维”，吕大忠之移唐石经，当然也是移往那里，所以后来才有崇宁二年（1103）虞策将孔庙、府学及石经由“府城之坤维”再度移至“府城之东南隅”即碑林现址之举。而宋大观元年（1107）的《宋永兴军创修庙学记》碑，很可能又是虞策崇宁建学的记事碑。此外，原在府学的宋《大观圣作碑》，也已毁佚。

在碑林现藏的金元碑刻中，还有《类编长安志》未予著录，但当时确在碑林的金碑 3 种，元碑 7 种，它们是：

《重修碑院七贤堂记》：金正隆五年（1160）刻。曹谊撰文，郭孝忠书。碑身横向断裂，上半截又竖向断裂，存右半部分。高 134 厘米，宽 82 厘米。碑题“重修碑院七贤堂记”，碑文 25 行，满行 35 字，楷书。额题损，存“重修碑院……” 4 字，篆书。此碑前文多次引用并已做考述，是金元时期碑林历史的重要资料。

《京兆府提学所帖》：又名“赡学舍地清册”，金明昌五年（1194）刻于宋《玄圣文宣王赞并序》碑阴。螭首龟趺，高 322 厘米，宽 105 厘米。碑文分 6 栏刻，每栏 66—70 行，满行 50 字，楷书。内容为金代京兆府学赡学房舍土地清册，对研究当时赡学制度、京兆庙学四至及所属房产地产情况有重要参考价值。清册中出现当时京兆府城街、巷名称，以及城内和周边数县众多坊名、乡名、村名，是研究西安及周边各县古代地名难得的第一手资料。

《京兆府学教授题名记》：金泰和三年（1203）刻于宋《京兆府府学新移石经记》碑阴。孙通祥记，王世英书，嘉祥篆额。碑高 130 厘米，宽 83 厘米。额题“京兆府学教授题名记”，篆书。碑文分两栏，上栏刻记文，25 行，行 20 字；下栏刻题名，共 18 人，均为楷书。是研究金代京兆府学乃至金代学校制度的重要资料。

《故京兆刘处士碑碣铭》：蒙古国己酉岁（1249）刻。杨英撰，张徽书，李微题额。碑为圭形，方座，高 156 厘米，宽 63 厘米。碑题“故京兆刘处士碑碣铭”，碑文 21 行，满行 41 字，隶书。额题与碑题同，隶书。碑主刘处士名渭，字希文，是生活在金代后期的读书人，一生未仕。其碑阴刻《府学公据》与《重立文庙诸碑记》，那么，至晚元至元间已在碑林。

《府学公据》与《重立文庙诸碑记》：元至元十四年（1277）刻于《故京兆刘处士碑碣铭》碑阴。碑文分两栏。上栏为《府学公据》，文 21 行，行字不等，楷书。内容是为保护府学不受侵扰，房舍地基不被侵占，由地方当局发给京兆路府学收执的公据。下栏为《重立文庙诸碑记》，孟文昌撰，骆天骧书。文 22 行，满行 24 字，楷书。此碑前文已做了详尽的考述，两篇文献是金元时期碑林历史的重要史料。

《加圣号诏碑》：元皇庆二年（1313）刻。赵世延撰跋文。螭首龟趺，高 441 厘米，宽 135 厘米。上截刻诏文 12 行，行 17 字，楷书；下截刻跋文 32 行，行 32 字，楷书。元大德十一年（1307）武宗即位，加封孔子为“大成至圣文宣王”，此碑所刻即加封诏文。据赵世延跋文，四年后武宗又命天下勒石，

图 2-8 碑林广场西侧的《加圣号诏碑》

学宫奉扬。赵世延（1260—1336），字子敬，其先系信奉景教的蒙古汪古部人，为元代名臣，历事九朝，历省台五十余年，此时在陕西诸道行御史台侍御史任上。此碑应是当时直接刻立于孔庙。（图 2-8）

《赡学田记碑》：元惠宗至元六年（1340）刻。贾仁记，雷孜书。圆首方趺，高 114 厘米，宽 61 厘米。额题“赡学田记”，隶书。开首刻记文 10 行，行 65 字，楷书；其下刻各县地亩清册，凡 79 行，行字不计，楷书。元惠宗至元年间陕西诸道行御史台出面，整修奉元路府学、孔庙及碑林，其纪事碑《奉元路重修庙学记》提到：曾清理“豪民所侵学田五十余顷，刻石著其疆畔租人之数，畀之学宫”。所立者，即是此碑。

《奉元路重修庙学记》：元至正六年（1346）刻于金《改建题名之记》碑阴。虞集撰文，王守诚书，苏天爵篆额。此碑已掩埋，形制尺寸不计，有拓本资料留存。碑文 30 行，满行 62 字，楷书。此碑的内容及考述已见前文，在此不赘。

《“粤惟泮宫”碑》：元至正二十四年（1364）刻。李祺撰，马懿书。石为横长方形，高 60 厘米，宽 75 厘米。碑文 26 行，满行 20 字，楷书。碑文内容及考述已见前文。

《大元重修宣圣庙记》碑：元至正二十六年（1366）刻。董立撰，张冲书，王武篆额。圆首方趺，高 256 厘米，宽 96 厘米。碑文 30 行，满行 56 字，隶书。碑文内容及考述已见前文。

除了上述10种金元碑刻外，碑林现藏之金正隆五年（1160）所刻龙岩（任询）书《古柏行》，金大定二十八年（1188）所刻《莲峰真逸绝句二首》，元至正十七年（1357）所刻《帅正堂漫成诗》等，是否当时直接刻置于碑林，因缺乏证据，不好判断，只能存疑待考。

综上所述，以骆天骧《类编长安志》“石刻”卷的著录为基础，将其与《宋目》进行比较和分析，并对碑林现藏之金元碑刻加以甄别，我们对金元时期碑林之藏石情况便有了一个基本的了解：截至元末，收藏于碑林中的碑石起码有《开成石经》与《石台孝经》碑、重刻《峄山刻石》以及唐碑15种、宋碑31种、金碑8种、元碑10种，共计67种。

在《类编长安志》中，骆天骧还著录了数种当时尚在别处，现已入藏碑林的碑刻。这对于了解碑林藏石在历史上的迁变情况很有价值，兹亦依骆氏原著的表述，列表如下，并略加分析。

表四　　《类编长安志》著录的当时尚在别处今已入藏碑林的碑刻

碑名	刻立年代	撰书人	当时所在	备注
唐赠太保郭敬之庙碑	唐广德二年	颜真卿撰并书，代宗御题额	在北榭楼南，碑仆，至元三年左山商参政复立。在北榭	即《郭氏家庙碑》，1950年移至碑林
御史台精舍碑	唐开元十一年	崔湜撰，梁升卿八分书	今在省衙	
唐赠工部尚书臧怀恪碑	唐开元十二年	颜真卿撰并书	在三原冢前	1980年移至碑林
唐张旭草书千字文	唐乾元二年二月旭书，宋元丰三年刻石	张旭书，元丰三年吕大防守雍，得之石苍舒，俾模诸石。又得赵大观别本，乃并刻之	置于府廨	碑林现存张旭“断千字文”6石
唐张长史肚痛帖			先在张金紫宅	
隋智永禅师真草千字文碑	宋大观己丑二月	智永书，依长安崔氏所藏真迹刊石	先置之漕司南厅，今在灵应宫	明洪武四年（1371）由迎祥观“迁置黉宫”
唐怀素律师圣母帖			今在府廨	

表中颜真卿所书《郭氏家庙碑》，骆氏书中说“在北榭楼南”。查《类编长安志》卷三中“苑囿池台”类有“北榭”条云：“京兆省衙后有北榭。”元

代省衙应在今鼓楼以北原唐尚书省所在地，这一带从五代到清，一直是城中历代官署所在的政治中心区，而《郭氏家庙碑》也正是1950年从那里移至碑林的，可见此碑元代以后一直立在那里。

表中《御史台精舍碑》，骆氏称“今在省衙”，当时亦应在今鼓楼以北原唐尚书省所在地。该碑何时入藏碑林，尚不十分清楚，但明代赵崡《石墨镌华》（成书于明万历四十六年）著录此碑时，已称其“在西安府学”，即已移置碑林，迁置的时间应该在《类编长安志》成书之后，《石墨镌华》成书之前，即元代后期到明代前期。

表中《隋智永禅师真草千字文碑》，骆氏书中说：“……长安崔氏所藏真迹，最为殊绝，命刊石，置之漕司南厅，庶传永久。大观己丑二月，乐安薛嗣昌记。今在灵应宫。”碑林现藏《智永真草千字文碑》碑阴，有刻石者薛嗣昌跋文一篇，骆氏所言与薛氏跋文的最后一句完全相同，显然是照录的，只是加了一句“今在灵应宫”，即此碑当时已不在“漕司南厅”。《类编长安志》卷五中“寺观”类有“灵应观”条曰：“在府城市北街。宋迎祥观。大元丙子，始改为灵应观。”此碑由灵应观迁置碑林的时间是清楚的，碑阴还有一篇明人张祐余的跋文，说的正是其入藏碑林的经过：“智永千文刻石，昔在迎祥观，兵余观□，惟石独存。宪副赵公恐后湮没，命弟子迁置黉宫，以永其传。”所署年款为“时洪武重光大渊献”，这里的“重光”为天干之“辛”，“大渊献”为地支之“亥”，洪武辛亥即洪武四年（1371），这是《真草千字文》碑从迎祥观“迁置黉宫”即迁入碑林的确切时间。

表中《唐赠工部尚书臧怀恪碑》，骆氏注曰“碑以开元十二年立。在三原冢前”。该碑于1980年三原迁至碑林。

以上现已入藏碑林的4种碑刻，确系骆天骧书中所录之碑无疑。

表中《唐张旭草书千字文》碑，是否就是碑林现藏的张旭《草书千字文》断石（存6块残石，235字），则需要做一番考证才能加以判断。骆天骧在书中该碑条下摘录了《复古碑录》[①]和《东观余论》的两段文字，此外未置一辞。

①《类编长安志》所引之《复古碑录》，应是《复斋碑录》，已佚。《复古碑录》书名，仅见于《类编长安志》，而《复斋碑录》则有多种金石著作征引，应是《类编长安志》刻版或传抄有误。

所录《复古碑录》云：

> 乾元二年二月八日旭书。自“学优登仕”至卒章凡六百九十五字，存者六百七十三，重复者五，亡者二十二。元丰三年，吕大防守雍，得之石苍舒，俾模诸石，而置于府廨。又得赵大观别本，自“薄夙兴温清”而下四十六字，乃并刻之。①

既然是吕大防元丰三年刻置于府廨，骆氏又未进一步说明，此碑当时应该仍在府廨。所引宋人黄伯思《东观余论》者，主要评论张旭书法，与该碑本身无涉。而赵崡《石墨镌华》所录碑石中，亦有《唐张旭断碑千文》，只是已“在西安府学”，即该碑已在碑林之中。赵氏称：“此云张旭书，存者数十字，牛鬼蛇神，虽云奇怪，然不堪大令一嗤。”他对张旭此帖的书法颇不以为然。

如果骆、赵二氏所记为同一碑，那么据此可知，骆天骧所著录的《唐张旭草书千字文》，到赵崡著书之明万历年间已经残断，且已有存数十字的残石入藏碑林，大概后来又陆续搜集，才凑成今日之六石。不过在其残存文字中，既无书者名款，又无书、刻年月，即没有直接证据可以证明，这6块残石就是骆氏书中所录的宋元丰三年刊刻之碑。为此，笔者曾在前人金石和书论著作的相关记述中寻找线索，搜取证据，专门著文考证，结论是：碑林现藏的张旭《草书千字文》断石，就是元丰三年吕大防所刻的张旭“乾元二年帖”②。

表中《唐怀素律师圣母帖》，骆氏在书中仅注“今在府廨”，即当时与《唐张旭草书千字文》同在一处，此外未加任何表述。赵崡《石墨镌华》著录此碑时，称其“在西安府学”，并说：“此帖轻逸圆转，几贯王氏之皇而拔其赤帜矣。亦元祐年刻，刻手极佳，与藏真、律公帖俱不失素师笔意。”既然是“元祐年刻”，便与碑林现藏《怀素东陵圣母帖》之刊刻时间“元祐戊辰仲春模勒上石”（宋元祐三年）相合，两者为同一碑毫无疑问。但与骆氏所录之碑是否为同一碑，就不敢说得这么确定，不过可能性很大。可以设想，此帖与张旭

---

①元·骆天骧《类编长安志》卷十《石刻》“唐张旭草书千文”条，黄永年点校本第311页。

②路远《西安碑林藏石研究三题》之《张旭〈草书千字文〉断石新考》，刊于《碑林》集刊第十一辑，陕西人民美术出版社，2005年。

《草书千字文》一样，一开始就是刻于京兆府廨的，元代依旧在府廨，至明朝初期，它们又一起从府廨迁入碑林。

骆天骧在书中还著录了《唐张长史肚痛帖》，条目之下仅有“新说曰：‘帖三千字，颠草奇怪，多不识。先在张金紫宅’”，并未确切说明当时在何地。所谓“张金紫”，即金天眷初年曾任陕西诸路节制使知京兆府的金紫光禄大夫张中孚，字信甫，系北宋末金初之人[①]。《石墨镌华》亦收录《唐张旭肚痛帖》，云其“在西安府学”。两者是否同一碑，很难说。加之碑林现藏张旭《肚痛帖》并不是单独刻石的，而是附刻于《彦修草书帖》碑阴下截，它是否骆氏所说的《肚痛帖》，就更难说了。所以将其也列入表中，是因为笔者以为两者是同一碑的可能性很大。

《彦修草书帖》刻于北宋嘉祐三年（1058），刻石者李丕绪在其跋文中说：“乾化中，僧彦修善草书，笔力遒劲，得张旭法，惜哉名不振于时，遂命模刻以贻同好。”李丕绪是北宋真宗、仁宗时人，其父李仕衡曾做过陕西转运使、知永兴军，“家资至累钜万，建大第长安里中，严若官府。”李丕绪本人也曾在京兆为官，做过永兴军通判，《宋史》称他“居官廉静，不为矫激，家多图书，集历代石刻，为数百卷藏之。”[②]他不仅有收藏碑拓的雅好，还有雄厚的家资为后盾。很可能，李丕绪刻石时为了强调二人书法的相似，于帖石空余处加刻了张旭《肚痛帖》。此石最初应置于京兆城李丕绪宅中，入金后为张中孚所得并移置其宅，明代前期又移入碑林。顺便说一句，骆氏文中“帖三千字”，显然有误，《肚痛帖》应为三十字，应该是当年书版刊刻时之笔误。

第五节　金元时期京兆孔庙、府学及碑林之建筑

金元时期京兆孔庙、府学及碑林之建筑情况，前面在叙述金元两代历次整修时，已经分别述及。但当时的纪事碑文对建筑情况的描述大多不甚具体，还需要从其字里行间去分析，去归纳，透过那些过于修饰的碑文辞句，窥到当

①《金史》卷七九《张中孚传》。
②《宋史》卷二九九《李仕衡传》。

时建筑的概貌。

北宋末年战乱之后，金军初占关中之时，京兆孔庙、府学已“残毁几尽”，“庙皃倾圮，黉宇颓敝”[①]；而“宣圣殿后”的“碑院一区”，原有建筑也残破不堪，其中的石经及碑刻“几免湮没于荆榛瓦砾间”[②]。经贞元三年（1155）和正隆五年（1160）先后对庙学和碑林的重修，按正隆二年《京兆府重修府学记》碑和正隆五年《重修碑院七贤堂记》碑所记，在文庙，则“新寝祠而重俨像，创修廊而绘列贤”，应是指重建了安放孔子像的大殿和排列从祀诸贤像的两庑。在府学，则“师儒讲诵之有堂，生员居处之有庐”，既有教师讲学的庭堂，也有学生住宿的房舍。此外，还有“斋祭之室，庖湢之所”等庙学附属建筑。既然碑林当时被称作“碑院”，仍应是位于文庙宣圣殿后的一组相对独立的建筑。至于建筑的形式，只能根据碑文中“四廊彩膜，远延瑞雾”一句来推测，依旧以碑廊的形式对石经和其他唐宋碑刻加以保护。根据现有资料，我们对金代京兆孔庙、府学和碑林的建筑情况的了解，仅此而已。

与金代相比，元代的整修纪事碑文对当时建筑情况的记述要具体一些，所提供的信息也要多一些。经金末“正大辛卯迁徙”，京兆城遭到很大破坏，庙学“殿宇倾颓”，碑林中碑石“悉以摧仆”。蒙古人初占陕西时，对京兆庙学和碑林均有修葺。到元世祖忽必烈建立元朝后的至元七至八年（1270—1271），孔庙、府学和碑林得到了一次较大规模的全面整修。通过元至元十三年（1276）《大元国京兆府重修宣圣庙记》碑和《府学公据》碑，以及至正六年（1346）《奉元路重修庙学记》碑关于此次整修的追记，我们可以对元代京兆孔庙、府学和碑林的建筑情况有一个概要的了解。

关于至元七至八年整修后的京兆孔庙，以《奉元路重修庙学记》碑的追述最具体：

> 有礼殿，有仪门，东西庑为从祀之舍，殿后有石经之亭，唐人石刻附焉。仪门之外有斋宫，外□都宫，有棂星门，此其大略也。

《大元国京兆府重修宣圣庙记》碑则记曰：

①金正隆二年（1157）《京兆府重修府学记》碑。

②金正隆五年《重修碑院七贤堂记》碑。

> □大成殿为七楹，高其□□□□□□。乃命工更塑先圣先师及从祀者十人之像。内外二门，榷□尤甚，悉从改作。……又作二堂于大门之内，东□先正七贤之祠，西则亭□。斋居之次，祭器有库，烹饪有厨，□其坛槐，其市缭垣、疏屏、□窗、绰楔，丹雘之华，涂垩之饰，无所不用其力。……礼殿高明，法庭宏敞，周庑深□，重门洞彻。

看来，当时的京兆孔庙应是二进院落，所说的“礼殿”即大成殿，“仪门”即戟门，两者之间是东西两庑。仪门与棂星门之间，为二堂（其一是七贤祠）、斋宫及厨库等附属建筑。这与一般的孔庙建筑并无二致，也与保存至今日的西安孔庙格局大致相仿。

关于当时的碑林，《大元国京兆府重修宣圣庙记》碑记曰：“石台孝经，唐明皇之御书也，为之起楼以贮□。石刻九经，开成间之故物也，为□架□以庥之。”《奉元路重修庙学记》碑则一句带过：“官又给费修石经廊庑。”由此可见，元代位于大成殿后之碑林，仍是《石台孝经》碑亭居中，被用以安置《开成石经》的石经廊庑所环绕，与金代乃至北宋碑林形成之初的建筑格局，基本一样。

元代时府学的建筑情况最清楚，因为《府学公据》附有当时府学房舍和地基的清单。有关碑文前面已经引述，可知当时的府学是由以“成德堂”“采芹堂”“西院正堂”为中心的三组建筑构成的，共 71 间。而成德堂是府学中最大的建筑物，以其为中心的一组建筑共 50 间，是府学建筑的主体，所以碑文中又有“府学成德堂书院”之称谓。

碑林在金元时期的这段历史，以前常常被人忽视，论者总是几笔带过，语焉不详。其实，对碑林来说，金元时期至关重要，它关乎刚刚形成的碑林能否继续存在和发展下去。在回顾了金元时期碑林的历史之后，我们会发现，少数民族统治者出于政治需要，出于对一个陌生文化传统的敬畏，有时搞起尊孔崇儒来，比汉族统治者还要认真。恩格斯说：“每一次由比较野蛮的民族所进行的征服，不言而喻地阻碍了经济的发展，摧毁了大批的生产力。但是在长期的征服中，比较野蛮的征服者，在绝大多数情况下，都不得不适应征服后存在的比较高的‘经济情况’；他们为被征服者所同化，而且大部分甚至还不得不采用被征服者的语言。”①金元两代的历史基本上符合这一规律，迁居关内的女真族人渐被同化，逐步融合于北方汉族之中。蒙古族人虽然同化程度差一些，但他们与女真族人一样，都不得不设法适应征服汉地后原本存在的远比他们高的社会经济形态；不得不改变其旧的政治制度，以适应变化了的经济基础；不得不祭起“尊孔”的大旗，接受汉族传统的儒学文化，以延揽汉族士大夫为其统治服务。金、元两代在关中的统治维持了240余年，在此期间，刚刚形成的碑林——这座收藏儒家典籍的石质书库，能够得以保护和延续，从一个侧面再次证实了19世纪那位伟大哲人所揭示的历史规律。

①语出恩格斯《反杜林论》，见《马克思恩格斯选集》第3卷第222页。

第三章

明代的碑林

元末农民大起义的风暴，彻底摧毁了元朝蒙古贵族统治的基础。元顺帝至正二十八年（1368），朱元璋在平定南方群雄之后，于应天府（今江苏南京）称帝，建立明朝，年号“洪武”。当年八月，徐达统帅的北伐明军攻占元大都（今北京），元顺帝北逃。九月，率师西征秦、晋。十二月，败扩廓帖木儿，克太原。洪武二年（1369）二月，徐达派常遇春等率部入陕，直趋关中。三月，元将李思齐西遁，徐达亲率明军占领奉元城，遂改奉元路为西安府。“西安”之名始于此。四月，置陕西行省，以西安为其治所。洪武三年（1370），朱元璋封次子朱樉为秦王，建藩西安。自此，碑林在经历了240余年少数民族统治之后，又迎来了一个新的历史时期。

第一节　明代的西安城

一、明朝：一个没落而又蕴含着生机的时代

明朝是中国汉族地主阶级建立的最后一个封建王朝，也是自金灭北宋（1127）到辛亥革命推翻清王朝、结束帝制（1911）这近八百年间，唯一由汉族建立的全国性政权。由于明初采取了移民屯田、鼓励农业生产和保护工商业等正确的经济政策，至永乐年间，在元末战乱中遭到严重破坏的社会经济已得到恢复，并超过了宋元时期的最高水平。于是，延续了几千年的中国封建社会，又按照自身的规律缓慢地继续向前发展。然而，明代已进入中国封建社会的晚期，伴随着明朝的由盛而衰，这种社会形态似乎已走到了它发展的尽头。中国历史的长河早已不再波涛汹涌、奔腾向前了，它已由平缓而停滞而淤塞。就在这停滞和淤塞中，在社会生活的各个方面，中国传统社会旧有的一切消极腐朽的因素，都达到了极致。

秦汉以来中央集权的封建专制主义政治制度，到了朱元璋手中，又被大大地强化了。他以“胡惟庸案”为契机，在从肉体上消灭可能对其皇权造成威胁的功臣的同时，改革中央官制，废除中书省丞相制度，提高六部地位，各部尚书直接向皇帝本人负责，而皇帝直接向六部发号施令。这种绝对的皇权潜伏着极大的危险，它的正常运转取决于皇帝个人的素质。对于明初朱元璋、

朱棣这样精明有为的皇帝来说，靠着文字狱这样的高压政策，靠着锦衣卫的特务统治，借助于内阁大学士这样的秘书班子，尚可勉强运作，而如果皇帝无能或顽劣，后果便不堪设想。遗憾的是，这两位过于精明的创业者偏偏没有什么像样的后裔，以后的明朝皇帝几乎个个是昏庸之辈，那么，绝对的皇权被窃取、被滥用，也就是必然的了。这就是为什么在明代中后期的政治舞台上，帝王腐化、宦官专权、贪官当道、朋党树立等等这些中国古代官场的特色节目，都演出了最高水准。

这种黑暗的政治不仅造就着严嵩这样富可敌国的大贪官，刘瑾、魏忠贤这样权倾朝野的大宦官，而且造就着各级政府中大大小小的贪官污吏。小贪官只有不断地向大贪官行贿、进贡，才能保住职位和继续升迁，于是，各级官吏必须不断向人民横征暴敛，不断地贪污。明代惩治贪污的立法最严，而明代官吏贪污却最普遍、最严重，吏治最腐败，这是因为贪污已成了这一庞大官僚系统的生存方式。

明代中期以后，随着吏治腐败的日趋严重，政府的行政效率和对社会的控制能力不断下降。其在经济领域的后果是，土地兼并愈演愈烈，大地主庄园恶性膨胀，加之官府的赋税徭役，任意榨取，大量自耕农纷纷破产，小农经济受到严重摧残，明王朝赖以存在的基础被动摇了。尤其到了明末的天启、崇祯年间，除了统治者日益加重的盘剥之外，又有天灾、外患，造成社会生产力的严重破坏，人口流亡，土地荒芜，最终导致一个无法避免的大破局的到来——不堪忍受、揭竿而起的农民将这个腐朽的王朝彻底推翻。

在明代，作为封建统治重要支柱的科举制度和养士教育，也已盛极而衰，显出致命弊端。隋唐以来的科举制度发展到明代，可谓已相当完备。而八股文体的产生和专以八股文取士，则是明代科举和与其相适应的学校教育的最重要的特征。八股文作为一种文章体裁，原本也无可厚非，然而当它被明王朝规定为科举考试的唯一文体后，却对其后五百年间的科举和学校教育产生了极大的消极影响。明代十分重视科举，不论平民还是贵族，出身必由科举，而科举又全在一篇八股文。于是，学校教育的重心，就全在这八股文章的做法。更有甚者，就连经史也可以不读，只读八股文的范本，即书坊所刻之时文，考前请名士拟题作文若干，熟读背诵，便可侥幸中试。难怪顾炎武会说：

"愚以为八股之害，等于焚书，而败坏人材，有甚于咸阳之郊所坑者。"①明代的学校虽然不少，有国立的国子监和府、州、县学，有公立的义学、社学、书院（亦有私立的），还有私立的家塾，但它们完全沦为科举的附庸，入学的目的只是金榜题名，达到这一目的的方法唯有拼命地背诵八股文。教育之空疏，学风之衰敝，可想而知。

就在明王朝开始走向没落的嘉靖、万历年间，在已陷于停滞的中国传统社会的机体内部，开始孕育和萌发新的因素、新的生机，开始酝酿新旧交替的冲动。这便是史学家常说的"资本主义萌芽"。它不仅表现在手工业区域分工和专业化的发展，商品流通市场的扩大，家庭手工业和市镇手工业中雇佣劳动的使用，以及江南工商业市镇的兴起，而且表现在传统的农业经济中商品化倾向的增强，中国与海外市场联系的密切。又由于商品经济、货币关系的发展，对传统社会结构和道德伦常形成很大的冲击，一时逐利拜金，浮华奢侈，成为风气，而且出现了如王艮、李贽这样追求社会平等，鼓吹个性自由，向传统儒学挑战的叛逆思想家。这一切的发生，与欧洲冲破中世纪黑暗的"文艺复兴"几乎同时。也就是说，在欧洲和中国，资本主义的曙光是差不多同时露出地平线的。大概是中国传统社会的结构过于稳固吧，"资本主义萌芽"这种新因素的出现和发展，并未打破这一结构，反而被它化解、吸收和改变方向，终于未能显现出资本主义的前途。

二、明代的西安城

自唐末韩建以原皇城城垣为基础缩建长安城后，经五代、北宋、金、元诸代，长安城城垣一直未变，而且"京兆府"的建置也一直沿用至元朝初年，后来才改为安西路、奉元路。明朝初建国时，西北还有元朝残余势力盘踞，西安处在重要的战略地位。朱元璋封次子为秦王，镇守西安，就是想以此控扼西北，屏护中原。出于这种政治和军事上的需要，明初遂有扩建西安城之举。

此次修筑西安城墙的起止时间，不见有明确记载。朱元璋封朱樉为秦王是

①清·顾炎武《日知录》卷十六《拟题》篇。

在洪武三年（1370）四月[①]，当年七月，即命修建秦王府（其址即今天陕西省政府所在的新城）[②]。查《明太祖实录》，关于修建西安城的最早的记载，是洪武四年（1371）正月“戊子，命宋国公冯胜往陕西修城池”[③]。专门派大员来陕督修，可见对修筑西安城相当重视。至洪武六年（1373）七月，又载有耿炳文、濮英等为修筑西安城而上奏文之事：

> 长兴侯耿炳文、陕西行省参政杨思义、都指挥使濮英言：陕西城池已役军士开拓东大城五百三十二丈，南接旧城四百三十六丈。今又开拓北大城一千一百五十七丈七尺，而军力不足，西安之民耕获已毕，乞令助筑为便。上命俟来年农隙兴筑。仍命中书考核形势，规制为图以示之，使按图增筑，无令过制，以劳人力。[④]

耿炳文是明初大将，朱元璋打天下时的功臣，随徐达收取陕西后，即留守关陕。他们是请求皇帝允许他们使用民力筑城，显然在此前，筑城工程已经开始，很可能是和修建秦王府一同开始的，只是“役军士”而未用民力。明太祖的批示是“俟来年农隙兴筑”，并且“命中书省考形势，规制为图以示之，使按图增筑。”他批准使用民力，但要等到第二年农闲之时，而且要求中书省进行实地勘察，并绘出正式图纸，工程须“按图增筑，无令过制”。

至于此役何时完工，按秦王朱樉正式就藩西安是在洪武十一年（1378）[⑤]，在此之前，筑城工程肯定已经完成，那么以此年为完工时间的下限，应该问题不大。武伯纶根据《明太祖实录》的线索得出的结论是：“初次拓城是洪武三年，正式筑城是洪武七年，完工是洪武十一年，前后历时七、八年，正式筑城也有四年左右。”[⑥]

---

①《明史》卷二《太祖本纪二》。

②《明太祖实录》卷五四载：洪武三年七月“诏建诸王府……秦用陕西台治……”中研院史语所校勘本，上海书店 1982 年版。

③《明太祖实录》卷六十。

④《明太祖实录》卷八三。

⑤《明史》卷一一六《诸王列传》。

⑥武伯纶《西安历史述略》第七章“唐以后的长安”，陕西人民出版社，1979 年，第 255 页。

明代西安城是在元代奉元城的基础上扩建而成的。扩建后的西安城墙，西面、南面仍保留了奉元城城垣原有位置，西面城墙向北延展约二分之一，南面城墙向东延展约二分之一，东面和北面的城墙则完全是新建。也就是说，明代西安城的城区范围在奉元城基础上向东和向北扩展了。耿炳文奏文中所说的“开拓东大城”“再拓北大城”，就是这个意思。能证明这一点的是，现存西南城角的角台呈圆形，与其他三个城角的方形角台不同，说明明初重建之时，西面、南面城墙正是在奉元城原来的位置上向北、向东伸延，西南城角的圆形角台应该是元代奉元城旧有的形制。另外，1984 年整修西安城墙时，发现了隋唐长安城皇城含光门遗址，考古工作者发掘出花岗石制作的柱础、刻花的门槛门道等[1]。2004 年在含光门处实施穿越城墙的道路施工时，考古工作者又对暴露的城墙断面展开考古调查，查清此处断面外部为明清城墙，内中夹包有隋唐长安城之皇城城墙，并有隋唐以后数次对城墙修建补筑的墙体[2]。这样，明清西安城墙与宋元京兆（奉元）城墙乃至隋唐皇城城墙的关系，又被新的考古资料进一步证实了。

明朝初年，蒙古势力虽然退出中原，但依旧从北方、西北方对明朝统治造成威胁。洪武五年（1372），明太祖命徐达为征虏大将军，李文忠为左副将军，冯胜为右副将军，各率五万骑，分三路出兵大举远征岭北，号为“清沙漠”。然徐达所率中路军遭到惨败，李文忠所率东路军亦损失甚重，惟冯胜所率西路军获胜，一路下兰州、凉州、永昌、亦集乃城，兵抵瓜州、沙洲。此次远征之后，明王朝与岭北的北元蒙古势力暂时处于对峙状态。这就是明初修筑西安城墙的具体背景，而受命督建的，正是大获全胜的西路军统帅冯胜。明朝统治者所要重建的，是作为西北政治中心和军事重镇的新的西安城。

扩建后西安城的规模，雍正本《陕西通志》记曰：“明洪武初，都督濮英增修，周四十里，高三丈。门四，东曰长乐，西曰安定，南曰永宁，北曰安远。四隅角楼四，敌楼九十八座。十七年，建钟鼓二楼，东西相距半里许。”[3]

①马得志《唐长安皇城含光门遗址发掘简报》，《考古》1987 年 5 期。

②西安市文物局、陕西省古建设计研究所联合考古调查组《含光门段明城断面考古调查报告》，《文博》2006 年第 3 期。

③雍正本《陕西通志》卷十四《城池》之“西安府”条下。

而按照最新的实测数据，扩建后的东城墙长2701米，西城墙长2642米，南城墙长4210米，北城墙长4234米，周长13780米，墙高12米，顶宽12—14米，底宽16—18米。城区平面呈长方形，面积包括城墙厚度在内约11.5平方公里，比元代旧城的5.2平方公里扩大了一倍多[①]。明初修建的西安城墙，仍用黄土分层夯筑。至明隆庆二年（1568），陕西巡抚张祉又在城墙外壁和顶部加砌了一层青砖。此后，又经清代数次整修，才最终形成保存至今日的西安城墙。

今天西安城内街道的基本布局，也是明代形成的。洪武十三年（1380）和十七年（1384），先后就敬时楼和迎祥观旧址，修建了鼓楼、钟楼。万历十年（1582），陕西巡抚龚懋贤又将钟楼迁至现址。而以钟楼为中心，东、西、南、北四条大街辐射，城垣四门相互对称的大格局之形成，也应在此时。这是唐末以来最大的一次扩建，其后除明末崇祯九年（1636）陕西巡抚孙传庭又在城门四关增修四座郭城外，直至清末，西安城的规模和基本格局再无大的变化。

碑林所在的西安府学和孔庙，自北宋崇宁二年（1103）迁建于“府城之东南隅”后，位置一直未变，即在城内的东南角上。由于明初西安城扩建，南城墙向东延伸了二分之一，府学、孔庙虽然仍在原地，但相对于明代西安城而言，已不再是“东南隅”，而是位于南城墙内居中稍稍偏东的位置上。明成化七年（1471），陕西巡抚马文升将长安、咸宁二县学，由其县治迁建于府学、孔庙的东西两侧，从而形成了一庙三学的格局。自此，我们研究碑林历史，不仅要把碑林与孔庙、府学作为一个有机的整体加以考察，而且也应将长安、咸宁二县学视作这一整体的组成部分。

第二节　明代对碑林、孔庙和府县三学的整修

明代整修碑林、孔庙和府县三学的记事碑刻，目前已知的有10种。不过，现仍陈列于碑林的只有内容与碑林直接相关的2种，即立于碑林广场东侧的明

①张永禄主编《明清西安词典》（修订本）第二部分《府城建筑》之“明西安城”条，陕西人民出版社，2012年。

成化十一年（1475）《重修西安府学文庙记》碑，碑林第一室中的万历十七年（1589）《重修孔庙石经记》碑。另有6种虽然碑石尚在，但已于20世纪50年代初由原陕西省博物馆掩埋于孔庙院内。此亦可见当时对孔庙和府县三学历史的忽视，更谈不上将它们与碑林作为一个有机整体加以研究。这在当时的大气候之下是可以理解的。幸而有拓本资料留存，碑石本身亦未毁坏，只是埋入地下，仍可算作一种方式独特的“收藏”。此外还有2种，碑石本身已佚，而地方史志中或录其碑文，或存其碑目。本节即以这些记事碑刻为主要依据，参考其他文献资料，将明代对碑林、孔庙和府县三学的整修情况，以年代先后为序，述其概要。

一、正统年间（1436—1449）的整修

明初近六十年间，不见有整修碑林、孔庙和府学的记载。碑林现藏明成化十一年（1475）《重修西安府学文庙记》碑，在追述庙学历史时提到明正统年间有过整修。这是目前所知入明以来最早见于记载的整修。碑文记曰：

> 我朝正统间，都御史陈镒、王文相继出镇，以庙庑岁久颓敝，尝命有司重加修葺。然规制卑窄依旧，春秋祭享，乐具既设，或风雨间作，几至废礼。

碑文未说明修葺的具体时间，也未说明陈、王二人是分别修了两次，还是合修一次。

碑文所说的陈镒，《明史》有传，其字有戒，吴县（今江苏苏州）人，正统四至六年（1439—1441），七至十年（1442—1445），景泰二至三年（1451—1452），先后三次出任陕西巡抚[①]。王文《明史》亦有传，字千之，束鹿（今河北束鹿）人，正统十年（1445）接替陈镒抚陕，任职至正统十四年（1449）[②]。如果陈、王二人是各修一次，那么陈镒之整修当在其任职的正统四至十年间，

①《明史》卷一五九《陈镒传》；吴廷燮《明督抚年表》卷三“陕西”，载二十五史刊行委员会编《二十五史补编》第六册，中华书局1955年版。
②《明史》卷一六八《王文传》；吴廷燮《明督抚年表》卷三“陕西”。

王文之整修则在其任职的正统十至十四年间。如果是二人合修一次，那么时间当在二人交接的正统十年前后。整修的范围，从碑文所述推断，大概仅涉及孔庙，而整修的具体情况，因除上引碑文一笔带过的追述外，再无任何资料，已无从考证。不过，既然整修后“规制卑窄仍旧”，肯定不会有多大规模，应是一般的维修工程。

二、成化年间（1465—1487）的整修

1. 成化九年（1473）整修碑林、孔庙

前引之成化十一年（1475）《重修西安府学文庙记碑》，主要记述的是成化九年对孔庙和碑林的一次整修。此碑商辂撰文，项忠书丹，马文升篆额。碑文记曰：

> 成化戊子，副都御史马君文升巡抚是邦，祇谒庙下，顾瞻咨嗟，意图恢拓。时属边方多事，未果。越壬辰秋仲，举释奠礼，适大风雨，殿庑益倾圮。乃谋诸巡按御史苏盛，左布政使朱英，按察使宋有文辈，撤而新之，众意克合。遂令西安知府孙仁，出公帑羡余之积，以市材木，集在官民夫匠□，以供诸役。扩其旧址，首建大成殿七间，崇四丈有五，深五丈，袤九丈有二。两庑各三十间，崇深视殿半之，袤且数倍。次作戟门，又次棂星门，又次文昌祠、七贤祠、神厨、斋宿房、泮池。及殿后汉唐石刻之属，旧覆亭宇，咸增新之，饰以丹漆，加以藻绘，高卑大小举以法，无复昔时之陋。经始于癸巳春正月，至秋八月讫工。

以上碑文对这次整修的前因、起止时间、整修范围和规模，以及整修后孔庙和碑林的建筑情况均作了说明。成化戊子即成化四年（1468），马文升刚出任陕西巡抚时，曾有重修庙学的意图，因“边方多事”未能实现。这是指成化四年满俊在开城县（今宁夏固原，当时属陕西）起事称王，大学士商辂、总督项忠、巡抚马文升均参与进剿之事[1]。马文升，字负图，均州（今湖北均县）

① 《明史》卷一七八《项忠传》述进剿满俊之役颇详。

人，成化四至十一年（1468—1475）任陕西巡抚[1]。成化壬辰（即成化八年，1472）仲秋，马文升又以释奠之礼适逢大风雨为契机，重提整修之议，得到诸位地方大员支持，便命西安知府孙仁出面，具体实施。

工程始于癸巳年即成化九年（1473）春正月，当年八月完工，历时八个月。整修分两个方面，一是对孔庙旧有建筑“撤而新之”并“扩其旧址”，即重建和扩建；二是对“殿后汉唐石刻”所覆之“亭宇”等保护性建筑，“咸增新之”，重加漆绘，并“高卑大小举以法”，应该是对碑石位次做了适当调整。这是入明以来第一次有相当规模的整修，对象是孔庙和碑林。除整修纪事碑外，乾隆本《西安府志》、嘉庆本《咸宁县志》和《长安县志》，均有记载[2]。

整修之后，孔庙的建筑计有：大成殿、东西两庑、戟门、棂星门、文昌祠、七贤祠、神厨、斋宿房、泮池等，这与元至正六年《奉元路重修庙学记》碑所记元代文庙的建筑格局大致相同。这里的“文昌祠”是祀文昌帝君之祠，文昌帝君即梓潼帝君。《明史·礼志》曰：

> 梓潼帝君者，记云：神姓张，名亚子，居蜀七曲山，仕晋战没，人为立庙。唐、宋屡封至英显王。道家谓帝命梓潼掌文昌府事及人间禄籍，故元加号为帝君，而天下学校亦有祠祀者。[3]

西安孔庙中的文昌祠，似不是此次新建，其始于何时，尚不可考，大概始于元代。至于“七贤祠”，前文已作了考述，应该就是宋、金时期孔庙中的七贤堂。

整修后碑林的建筑情况，记事碑只言“旧覆亭宇，咸增新之”，所记太略。大概仍然因元代之旧，是以孝经亭和石经廊庑为主的一组建筑。

值得一提的是，此次整修纪事碑的撰文者、书丹者、篆额者，均为成化间重臣。篆额者马文升是此次整修的倡修者，刚才已做介绍。撰文者商辂（1414—1486），字弘载，号素庵，杭州淳安（今浙江淳安）人。宣德十年（1435）

---

①《明史》卷一八二《马文升传》。

②见乾隆本《西安府志》卷一九《学校志》，嘉庆本《咸宁县志》卷一三《学校志》，嘉庆本《长安县志》卷一七《学校志》。

③《明史》卷五〇《礼志四·诸神祠》。

举乡试第一，正统十年（1445）会试、殿试皆第一，《明史·本传》称“终明之世，三试第一者，辂一人而已”。历任兵部尚书、户部尚书、吏部尚书、谨身殿大学士[①]。书丹者项忠（1421—1502），字荩臣，号乔松，浙江嘉兴人，正统七年（1442）进士。天顺七年（1463）曾任陕西巡抚，成化四年（1468）率师平定满俊之乱。官至刑部尚书、兵部尚书[②]。

2. 成化之初重修府学

上述成化九年的整修，并未包括府学。而且入明以来至此时已有百年，却不见重修府学的记载。其实，明代学校之盛远超于前代。洪武二年（1369），朱元璋已令全国各府、州、县皆建学[③]，作为西北重镇的西安，府学百年未修，似乎不可能，只因缺乏有关资料，无以考证。不过，府学在成化年间曾有过整修，却有线索可寻。这是嘉靖十一年（1532）康海所撰《西安府重修学庙之碑》给我们的提示：碑文中有“庙学，成化初修于余公”一句。此“庙学”，据碑文判断应指府学。此“余公”，则是余子俊，其字士英，青神（今四川青神）人，天顺初出任西安知府，成化六年（1470）调浙江任左布政使，七年改任延绥巡抚，十一至十三年又移抚陕西[④]。此公在陕十余年，颇有政绩。康海碑文中追述其成化初修庙学，想必是有根据的。康海（1475—1540），字德涵，号对山，陕西武功人，为明代“前七子”之一，其所编纂《武功县志》，对后世方志影响很大[⑤]，他在碑文中的记载应该是可靠的。

此外，嘉庆本《咸宁县志·学校志》“县学”条下记曰：“县学在文庙左，启圣祠右。旧在县治西，成化七年提学佥事伍福奏徙文庙东，知府青神余子俊修葺。”[⑥]这里又说余子俊曾修咸宁县学。不过这条记载在时间上可能有误：咸宁、长安二县学是成化七年迁至文庙东西两侧的，而此时余子俊已于成化六年调任浙江，不在西安知府任上，不可能在成化七年以西安知府身份修咸宁县学。尽管如此，这条记载仍可证明余子俊在任西安知府时曾有过修学之举。

①《明史》卷一七六《商辂传》。
②《明史》卷一七八《项忠传》。
③《明史》卷六九《选举一》。
④《明史》卷一七八《余子俊传》。
⑤《明史》卷二八六《文苑二》之《康海传》。
⑥嘉庆本《咸宁县志》卷一三《学校志》“县学”条下。

总之，我们仍应以当代人康海所记为据，即成化初余子俊在西安知府任上重修过府学。成化九年马文升、孙仁的整修不包括府学，原因正在于此。这样，成化年间的整修情况应该是：成化初（成化六年之前）余子俊重修府学；成化七年咸宁、长安二县学迁建于孔庙东西两侧；成化九年马文升、孙仁重修孔庙、碑林。

3. 成化七年（1471）咸宁、长安二县学之迁建

最早记载咸宁、长安二县学迁建的，是成化十一年《重修西安府学文庙记》碑。碑文在叙述了成化九年的整修后说：

> 先是，君（指马文升——笔者注）以附郭长安、咸宁二学僻从县治，去庙甚远，师生朔望艰于行礼，乃命所司徙长安学于庙之东（应为西——笔者注），咸宁学于庙之北（应为东——笔者注），而府学旧在庙西，是庙岿然居中。

嘉靖十五年（1536）《陕西西安府县儒学先圣庙重修记》碑亦称："郡学自宋已在兹矣，二邑学成化辛卯（即成化七年——笔者注）始□□治之西迁于今庙学左右。"结合前引之《咸宁县志》所记，二县学迁建的史实应该是：成化七年巡抚马文升根据提学佥事伍福建议，以二县学"去庙甚远，师生艰于行礼"为由，下令将它们从其县治迁来庙学左右，形成一庙三学的局面。今日碑林所在的三学街，其名称便由此而来。

三、嘉靖年间（1522—1566）的整修

1. 嘉靖九年（1530）重修孔庙、府学

碑林、孔庙及府县三学经成化年间整修之后，弘治、正德两朝未见有修葺记载。过了近六十年，至嘉靖九年（1530），才有重修之举。此次整修的纪事碑，便是上文提到的康海所撰嘉靖十一年《西安府重修学庙之碑》，由刘储秀书写，田登篆额。

康海不愧大手笔，其碑文脱开一般碑文的写作程式，首先叙述他"嘉靖丁亥"即嘉靖六年（1527）东游华山路过西安时，谒宣圣庙，观碑洞古刻，"见庙瓦渐坏，台陛倾圮，斋堂学舍敝漏弗治"，而嘉靖十一年（1532）春他再度

过庙私望时，庙学已整修一新，“比昔加壮矣”，并知是西安知府李文极所为。接着他引当年十月李文极给他的书信，交待了庙学整修的经过：

> 庙学，成化初修于余公，今六十年。往岁戊子，府尝请于巡抚榆次寇公，将举行矣，值岁灾不果。去年庚寅，巡抚麻城刘公、巡按昆山朱公与藩、臬诸公亟命举行。檐牙榱桷增数尺，覆瓦易以琉璃，阶陛围以石槛，两庑与戟门、棂星，更用新木，改以石柱，坚致工好，大异往观。而牲房，斋宿所，乡贤、名宦祠，及府学圣制箴亭与明伦堂、斋号、膳房，新者创之，谬者正之，敝者理之，罔不焕然即绪。所作止于半载，所费未及千金，夫匠一募于官，财力弗扰于下。同知衡水李君梅，实承委专事者。

短短一段碑文，把事情说得清清楚楚。整修的时间是“去年庚寅”，即嘉靖九年（1530），“所作止于半载”，应是当年完成。倡修之地方官除知府李文极外，还提到“巡抚麻城刘公”，即刘天和，其字养和，麻城（今湖北麻城）人。嘉靖九至十一年任陕西巡抚[①]。“承委专事者”即具体实施工程者，是西安府同知李梅。

从碑文看，整修的对象为孔庙和府学，未提碑林和咸宁、长安二县学。此役应是在原有基础上的一次翻修。值得注意的是，“檐牙榱桷增数尺，覆瓦易以琉璃，阶陛围以石槛”，是说孔庙大成殿不仅更换了檐榱，还换覆了琉璃瓦，殿前月台和阶陛则加围以石栏望柱，这是与以往不同的，是西安孔庙大成殿屋面覆盖琉璃瓦的最早记载。另外，棂星门“改以石柱”，也是从这次整修开始的。

碑文列举孔庙建筑时，未提文昌、七贤二祠，此后的整修碑文亦不再提及。而碑文中新出现的是“乡贤、名宦祠”，只是未明确说此二祠是否新建。民国《咸宁长安两县续志》所录碑目中，有《陕西会城文庙附建名宦乡贤祠记》碑，注曰：“嘉靖十五年，段艮撰，苏民篆，管楫书，存文庙。”[②]其所记者，应是孔庙中名宦、乡贤的建立。

①《明史》卷二〇〇《刘天和传》。

②民国《咸宁长安两县续志》卷一三《金石考》。

这块《陕西会城文庙附建名宦乡贤祠记》碑，原立于西安孔庙，20 世纪 50 年代初被掩埋于西安孔庙院内，有拓本资料留存。碑文追述明正德九年（1514），陕西巡抚蓝章于西安孔庙附建名宦、乡贤二祠之事。二祠位置在“礼殿戟门内”，东为名宦祠，西为乡贤祠，“开院树楹，胥以南向”。文中一一罗列了首次入祀的廉希宪以下名宦 11 人，吕大忠以下乡贤 20 人姓名，是研究西安孔庙沿革和陕西地方史的重要史料。当年碑文撰成，因蓝章调任南京，未及刊刻，备好的碑料也被挪作他用。直到 20 年后的嘉靖十四年（1535），黄臣巡抚陕西，方才取段炅之文，命西安知府夏雷刻碑。

各地孔庙中普遍建名宦祠、乡贤祠，始于明嘉靖间。西安孔庙二祠之倡修者蓝章（1453—1525），字文绣，即墨（今山东即墨）人，成化二十年（1484）进士，正德五年至九年（1510—1514）任陕西巡抚。碑文撰者段炅，号河滨，明陕西兰州（今甘肃兰州）人，弘治十八年（1505）进士，其父段坚《明史》有传，炅为坚次子，附坚传。曾任翰林院检讨，因附焦芳，刘瑾败后失官归里[①]。此碑与下文将要述及的《陕西西安府县儒学先圣庙重修记》碑同年所立，篆额者同为苏民，书者同为管楫。

碑文所列二祠入祀者 31 人，均为宋、元、明三代陕西地方名人。然亦有名字有误者，如元“总管赵公延世”，应为赵世延，明都御史“陈公谥”，应为陈镒，“秦公竑”，应为秦紘。另外，文末称“二祠祀凡三十三贤”，与所列数不符，或许 20 年后黄臣刻碑之时又另增祀二贤？碑文说“记不能详载其实，因于碑阴叙之”，可惜不见碑阴拓本。碑刻成 10 年后的嘉靖二十四年（1545），又有人于碑文之末加刻两行楷书小字，说督学杨守谦又增祀刘巩、吕柟二贤。

再回到嘉靖九年的整修。康海碑文中还提到府学中之“圣制箴亭”，这是为安放明世宗朱厚熜御制《敬一箴》以及由其加注的《范氏心箴》《程子四箴》等一组箴言碑刻而建的碑亭。雍正本《陕西通志·学校志》述及明代西安府学时称：“洞后正南建亭奉敬一箴。”[②]当时，这组碑刻不仅立于翰林院、两京国子监，而且全国各府、州、县学均有摹刻。原在西安府学者，至今仍存碑

①《明史》卷二八一《段坚传》附。

②雍正本《陕西通志》卷二七《学校志》。

林，其摹刻的时间，是在这次整修前不久[①]。

另外，碑文所说的“明伦堂”，是明清时期西安府学的重要建筑。乾隆本《西安府志·学校志》记曰：“成德堂元末毁，明宣德中建为明伦堂。”[②]这里说的成德堂，是元代府学中的最大建筑[③]。由此可知，明伦堂是宣德年间在元末已毁的成德堂旧址上重建的。这条记载还向我们提示：早在明宣德年间，西安府学曾有过修葺，可惜只此一条孤证，再无其他资料，尚不足以填补明代早期府学整修上的空白。

2. 嘉靖十二年（1533）重修文庙、府县三学

嘉靖十年庙学刚刚修过，何以两三年后又要重修？细读纪事碑——嘉靖十五年（1536）《陕西西安府县儒学先圣庙重修记》碑，可知这次整修重点不在孔庙，而在府、县三学。此碑李时撰文，管楫书，苏民篆额。碑文记曰：

> 嘉靖壬辰，巡抚陕西都御史庙谒孔子，遂诣三学而周视之。见庙学未备而亭弗新也，乃蹶然进学，□诸生于堂下而问故，则对曰：郡学自宋已在兹矣，二邑学成化辛卯始□□治之西迁于今庙学左右，载尘肆倾而圮。今三学唯有庙，有庑，有门，有堂，学官赁舍而栖，诸仝差寂而肆，盖不适以兹为蘧庐而畴克悰之。都御史曰：嗟，牧一方者，予责也，其士之不能牧，而况民乎哉？是诚在予也已。顾今兹不熟，其待来兹。越明年癸巳岁登，乃□□陕西左布政使曰：庙学之修，以君职之，百用悉取若司羡财之在藏者，勿烦于郡邑。

于是，“左布政使遂承都御史意”，主持整修事宜。“嘉靖壬辰”为嘉靖十一年（1532），这位“都御史”是指这一年接替刘天和任陕西巡抚的王尧封[④]。此人直隶定兴（今河北定兴县）人，任陕西巡抚至嘉靖十三年（1534）。整修

①西安碑林现藏《敬一箴》碑之年款署“嘉靖五年六月二十一日”，《程子四箴》碑和《范氏心箴》碑署“嘉靖六年十二月”，《圣谕张璁等奏刻五箴碑》署“嘉靖七年二月”，这应该是诸碑最初刻石于翰林院的时间，其刻石于西安府学，应在张璁奏请之嘉靖七年或其后不久。

②乾隆本《西安府志》卷一九《学校志》。

③见元至元十三年（1276）《府学公据碑》，西安碑林现藏。

④《明史》卷一一二《七卿列表二》；吴廷燮《明督抚年表》卷三"陕西"。

实施的“越明年癸巳岁”，为嘉靖十二年。

看来，嘉靖十年刘天和、李文极之修庙学，重点在庙而不在学。所以，刚上任的王尧封来到“三学”，仍然“见庙学未备而亭弗新也”。很可能，自成化年以来府县三学尚未经过认真整修，以致学舍倾圮，连学官都要“赁舍而栖”，何况诸生。对这次整修的项目，碑文列出了一份相当详备的清单：

> □□□□孔子庙者，为侠垣堵廿，树墉一，疏槛四。修于郡学者，为敬一亭、明伦堂各五栋，正门、次门各三栋，斋室有四，教授、训导廨五区，粟廪、吏屋九栋，横舍为八栋者十有二，墤墉为堵四百有九。修于二邑学者，为敬一亭、明伦堂、正门、次门各举三栋，教谕、训导廨各举三区，斋室、粟廪、吏屋各举六栋。横舍在咸宁者为栋四十六，在长安者为栋六十一。墤墉在咸宁者为堵百四十有奇，在长安者为堵百十有二。表三坊于外，而各有颜。盖历旬未十，而昔之缺者尽备，故者尽新矣。

碑文罗列得很清楚，这次文庙中除增建夹墙（“侠垣”）二十堵，照壁（“树墉”）一堵和窗槛（“疏槛”）四面外，其殿、祠、门、庑因两年前刚刚修过而均未涉及，对府学和二县学则进行了全面修整。除重修了亭、堂、书、斋、仓廪及学官、教官用房外，三学均新建大量学舍（“横舍”），并重修了围墙（“墤墉”）。整修工期不长，“历旬未十”，即不足百天。这里的“敬一亭”即前文已述的“圣制箴亭”，而且碑文告诉我们，府县三学均建有此亭和明伦堂，只是规格有别。这次整修未“烦于郡邑”，即未让府县官员参与，由左布政使黄臣直接出面主持，经费也是由省上负担。此黄臣，山东济阳人，嘉靖十三至十五年（1534—1536）继王尧封任陕西巡抚[1]。

关于嘉靖十二年王尧封、黄臣整修西安府县三学之事，还有一块纪事碑记之，即新近出土的明嘉靖十二年（1533）《重修西安府儒学碑》。此碑是 2005 年 8 月在西安碑林西侧府学巷修路时出土的，随即入藏西安碑林博物馆。府学巷即原西安府学旧址，此碑原应立于西安府学内，不知何时埋入地下。

碑文亦记王尧封“奉命巡抚陕西，下车庙谒，退观于学，目其废也，蹙然

①吴廷燮《明督抚年表》卷三“陕西”。

自咎曰……”所不同的是，并非只议于左布政使黄臣一人，而是通议于行省各衙署的长官。碑文一口气罗列了巡按御史、按察使、参政、参议等数十名官员的名字。关于整修的内容，却记得十分简单：“费仅若干金，时仅几月，学工告成。由门而垣而屏而梁而泮而阶而序而阁而堂而斋而廨，焕然新矣。”好像只是在说府学。撰文者许宗鲁言及撰写碑文的缘由时说：整修完竣后，“郡学教授大理张公琢石纪绩，俾鲁文之”。这位“郡学教授”张公，即此碑的立碑人府学教授张玠。虽然记的是同一次整修，可与西安知府夏雷刻立于孔庙的综述一庙三学的纪事碑相比，许撰碑文更偏重于府学。

此碑撰文者许宗鲁（1490—1559），字东侯，号少华，咸宁（今陕西西安）人。正德十二年（1517）进士，授庶吉士，升监察御史。嘉靖十一年（1532）以右佥都御史巡抚保定，次年六月致仕归里[1]。回乡后于长安城南筑草堂，室名“宜静书屋”“净芳亭”，热心藏书、刻书。有诗集、文集传世，所刻书籍亦传世颇多。撰写此碑是在“嘉靖癸巳仲冬吉日”，即致仕归里的当年初冬，其署衔“赐同进士出身中宪大夫巡抚京畿都察院右佥都御史致仕”。

3. 嘉靖三十四年关中大地震对碑林的破坏

嘉靖年间还发生了一件碑林史上的大事，即嘉靖三十四年关中大地震中，碑林藏石遭到巨大破坏。关于这次大地震，各类史籍中多有记载。《明史·世宗本纪》曰：嘉靖三十四年“壬寅，山西、陕西、河南地大震，河、渭溢，死者八十三万有奇。”[2]《明史·五行志》则记述得更为详细：

> （嘉靖）三十四年十二月壬寅，山西、陕西、河南同时地震，声如雷。渭南、华州、朝邑、三原、蒲州等处尤甚。或地裂泉涌，中有鱼物，或城郭房屋陷入地中，或平地突成山阜，或一日数震，或累日震不止。河、渭大泛，华岳、终南山鸣，河清数日。官吏、军民压死八十三万有奇。[1]

①明·雷礼《国朝列卿纪》卷九十四。另外，在中国知网上搜得袁萍《许宗鲁家世生平及著述考释》（西北大学2010年硕士学位论文），知徐宗鲁这篇碑文，亦见于其《少华山人文集》卷一。

②《明史》卷一八《世宗本纪二》。

此外，震区各府州县地方志中均有记载。乾隆本《西安府志》记曰：“西安尤甚，……压死官吏军民数万。”[②]可知这次大地震中，西安同样遭受重大损失。嘉靖三十四年，应为公历 1555 年，但地震发生在年末，旧历十二月十二日，按公历已是 1556 年的 1 月 22 日。

康熙本《咸宁县志》收有当时人秦可大一篇《地震记》(图 3-1)，其时他正在西安，此文以一个亲历者的切身感受，记述了那场巨大的灾难：

> 是夜予自梦中摇撼惊醒，身反复不能贴褥，闻近榻器具若人推堕，屋瓦暴响，有万马奔腾之状。初疑盗，继疑妖祟，俄倾间，头所触墙划然倒矣，始悟之，此地震也。……时四更余，势益甚，声

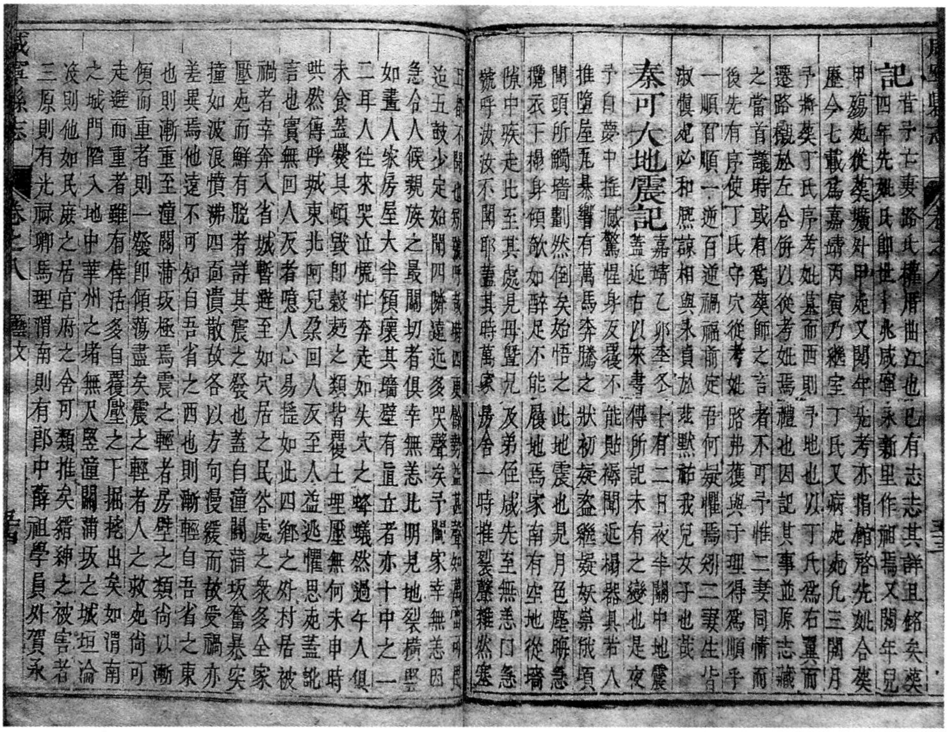
記昔予右妻路氏權厝曲江也已有志志其詳且銘矣葬
四年先妣氏卽世于兆咸寧永新里作祠焉又閱年兒
甲殤兆從葬壙外甲死又閱年先考亦捐館啓先妣合葬
歷今七載爲嘉靖丙寅乃繼室丁氏又病死凡三閱月
予將葬丁氏序考妣墓而西則予地也以丁氏爲右翼而
遷路穢於左合併以從考妣焉禮也因記其事並原志藏
之當首議時或有爲葬師之言者不可予惟二妻同情而
後先有序使丁氏守穴從考妣路弗獲與予理得爲順乎
一順百順一逆百逆禍福前定吾何疑懼焉矧二妻生皆
淑慎死必和熙諒相與永貞於茲默祐我兒女子也哉
秦可大地震記
嘉靖乙卯季冬十有二日夜半關中地震
蓋近古以來書傳所記未有之變也是夜
予自夢中搖撼驚惺身反覆不能貼褥聞近榻器具若人
推墮屋瓦暴響有萬馬奔騰之狀初疑盜繼疑妖祟俄頃
間頭所觸牆劃然倒矣始悟之此地震也見月色塵曚急
攬衣下榻身傾欹如醉足不能履地焉家南有空地從牆
隙中疾走比至其處見母暨兄及弟侄咸先至無恙同急
號呼波波不聞耶蓋其時萬家房舍一時推裂聲雜然塞
耳都不聞也別號呼鼓時四更餘勢益甚聲如萬雷可畏
迨五鼓少定始聞四鄰遠近多哭聲矣予闔家幸無恙因
急令人候親族之最關切者俱幸無恙比明見地裂橫豎
如畫人家房屋大半傾壞其牆壁有直立者亦十中之一
二耳人往來哭泣慌忙奔走如失穴之蜂蟻然過午人俱
未食蓋變其頓毀卽穀麪之類皆覆土埋壓無何未申時
哄然傳呼賊東北阿兒朶回人反至人益逃懼思苑蓋訛
言也實無回人反者噫人心易搖如此四鄉之外村居被
禍者幸奔入省城暫避至如穴居之民谷處之衆多全家
壓死而鮮有脫者詳其震之發也蓋自潼關蒲坂奮暴突
撞如波浪憤沸四面潰散故各以方向漫緩而被受禍亦
差異焉他遠不可知自吾省之西也則漸輕自吾省之東
也則漸重至潼關蒲坂極焉震之輕者房壁之類尚以漸
傾而重者則一發卽傾蕩盡矣震之輕者人之救死尚可
走避而重者雖有倖活多自覆壓之下掘挖出矣如渭南
之城門陷入地中華州之堵無尺壁潼關蒲坂之城垣淪
沒則他如民庶之居官府之舍可類推矣搢紳之被害者
三原則有光祿卿馬理渭南則有郎中薛祖學員外賀承
咸寧縣志 卷之八 藝文

图 3-1　秦可大《地震记》

①《明史》卷三〇《五行志三》。

②乾隆本《西安府志》卷五三《大事志·五代、宋、元、明》。

如万雷可畏，逾五鼓少定，始闻四邻远近多哭声矣。……比明，见地裂横竖如画，人家房屋大半倾坏，其墙壁有直立者，亦十中之一二耳。人往来哭泣.慌忙奔走，如失穴之蜂蚁然。……他远不可知，自吾省之西也则渐轻，自吾省之东也则渐重，至潼关、蒲坂极焉。震之轻者，房壁之类尚以渐倾，而重者则一发即倾荡尽矣。……如渭南之城门陷入地中，华州之堵无尺竖，潼关、蒲坂之城垣沦没，则他如民庶之居，官府之舍，可类推矣。……受祸大数，潼、蒲之死者什七，同、华之死者什六，渭南之死者什五，临潼之死者什四，省城之死者什三，而其他州县，则以地之所剥剔近远分浅深矣。……[①]

这篇记文的作者秦可大，是西安咸宁人，嘉靖三十二年（1553）进士，官至山西行太仆寺卿。此文写于“万历乙亥”即万历三年（1575），是地震20年之后追记的，为研究明嘉靖关中大地震提供了珍贵史料。按其所记，地震当时西安城中，“地裂横竖如画，人家房屋大半倾坏，其墙壁有直立者，亦十中之一二耳”，即百分之八九十的房屋都倒塌了。死亡人数虽不及潼、蒲、同、华诸州县达到“什七”“什六”之惊人程度，所记“省城之死者什三”，即西安城中死于地震者竟达到十分之三，亦可谓惨烈。

此次大地震后十余年间，陕西地区仍有数次地震。据《明史·五行志》记载：嘉靖“三十七年正月庚申，陕西地震”。“五月丁卯，蒲州地连震三日，声如雷。六月甲申，又震”。“十月丙午，华州地震，声如雷。至壬子又震，戊午复大震，倾陷庐舍甚多”。“隆庆二年三月甲寅，陕西庆阳、西安、汉中、宁夏，山西蒲州、安邑，湖广郧阳及河南十五州县，同日地震……四月乙酉，凤翔、平凉、西安、庆阳地震，坏城伤人。”[②]在这样巨大惨烈的自然灾变面前，碑林藏石当然难以幸免，遭受的破坏可想而知。

现存唐《开成石经》114石中，折断者就有40石，占三分之一还多，未断者也伤痕累累，应该都是此次地震所致。可以想见，地震当时，大多数碑刻肯定被摧倒在地，有的折断，有的碰伤，保护碑刻的建筑物，以及孔庙和

①康熙本《咸宁县志》卷八《艺文志》。
②均见《明史》卷三〇《五行志三》。

府县三学，无疑也是断壁残垣，一片瓦砾。

震灾过后，庙学碑林应该有修复、重建之举，可至今尚未发现这方面的材料。按现存碑刻资料，地震后最早的整修已到了三十年后的万历十三年(1585)。作为灾后重建，时间未免隔得太久。这么长时间里，一任任地方官不可能都对西安孔庙、府县三学及碑林的灾后重建不予理会，起码孔庙和三学是要修的。另外，万历年间数次整修的记事碑文，都未直接提到地震的破坏，如果作为灾后重建，也不该如此。总之，嘉靖三十四年关中大地震后不久，碑林、孔庙和府县三学很可能有过重建，只因没有记事碑刻存世，又不见于其他文献资料，无法确断。

四、万历年间（1573—1620）的整修

1. 万历十三年（1585）重修咸宁县学

这是嘉靖三十四年大地震后见于记载的第一次整修，但未见纪事碑留存，资料出于嘉庆本《咸宁县志·学校志》。其“县学”条下记曰：“万历十三年邑大夫李成芳重修，顺天府尹王鹤为之记。”后附王鹤记文，很可能就是纪事碑文。记文称：

> 西安郡治之东南为孔庙，而左为咸宁县儒学。……嘉靖癸未，司府以颓圮一修葺之，迩来几三十年，复积渐就敝，莫能为省问者。李公下车之初，振举废坠，首先学校……于是以学官弟子游息荒陋白于上官，上官可之，遂经营其事焉。门垣敝于剥落则圬之，泮池荒于蒿莱则刈之，陋而无拦则砖以饰之，学舍可葺者葺之，不可则新之、益之，堂规制侵于风日则广其檐楹五架深邃之。自此宫墙整饬，气象宏丽，焕然称壮观矣。盖费出于俸金，力假于役夫，不劳民而肤功奏，公之善政征于缮学者如此，乃其意非藉此为名也，有实焉。[①]

文中未提整修的确切时间，只能以《咸宁县志》所记“万历十三年”为准。所谓“嘉靖癸未”为嘉靖二年（1523），距万历十三年（1585）不是“几

①嘉庆本《咸宁县志》卷一三《学校志》。

三十年”，而是62年，此处显然有误。如果按“几三十年”上溯，则恰好是嘉靖三十四年大地震（1556年初）之后不久。这可以作为地震后曾有重建的一条线索。从文中对整修内容的记述看，这是一次以粉饰敝陋为目的的小规模整修：对“敝于剥落”的“门垣”修整粉刷（“圬之”），对“荒于蒿莱”的“泮池”进行清理（“刈之”），对学舍中可以维修的加以维修，不可维修的翻新、扩建，对学中的明伦堂“则广其檐楹五架”，扩大其规制。另外，由县令出面专修县学，在明代仅此一例。

2. 万历十六年（1588）整修碑林

碑林现藏万历十七年《重修孔庙石经记》碑（图3-2），记述了明代对碑林的这次最重要的整修。这也是明代唯一一次专修碑林。其对象是“孔庙石经”，即碑林的主要藏品唐《开成石经》。此碑亦由王鹤撰文，未言何人所书。

碑文谈到整修起因时，并未提嘉靖年地震对碑林的破坏，只是说：

岁月既久，印摹者多，渐有磨灭残阙不可读之疵。左布政使今

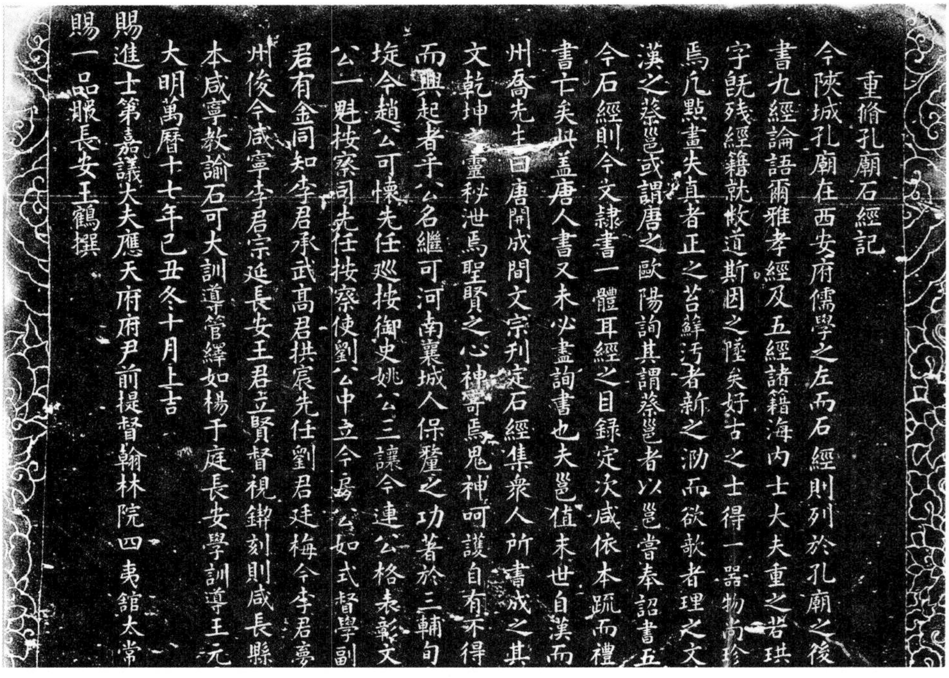
重脩孔廟石經記
今陜城孔廟在西安府儒學之左而石經則列於孔廟之後
書九經論語爾雅孝經及五經諸籍海内士大夫重之若珙
字旣殘經籍就敝道斯因之隆矣好古之士得一器物尚珍
焉凡點畫失真者正之苔蘚汚者新之泐而欲敧者理之文
漢之蔡邕或謂唐之歐陽詢其謂蔡邕者以邕嘗奉詔書五
今石經則今文隸書一體耳經之目錄定次咸依本疏而禮
書亡矣此盖唐人書又未必盡詢書也夫邕値末世自漢而
州喬先生曰唐開成間文宗刊定石經集衆人所書成之其
文乾坤之靈秘泄焉聖賢之心神寄焉鬼神呵護自有不得
而興起者乎公名繼可河南襄城人保釐之功著於三輔旬
旋令趙公可懷先任巡按御史姚公三讓今連公格表彰文
公一魁按察司先任按察使劉公中立今房公如式督學副
君有金同知李君承武高君拱宸先任劉君廷梅今李君夢
州俟今咸寧李君宗延長安王君立賢督視鐫刻則咸長縣
本咸寧教諭石可大訓導管繹如楊于庭長安學訓導王元
大明萬曆十七年己丑冬十月上吉
賜進士第嘉議大夫應天府府尹前提督翰林院四夷館太常
賜一品服長安王鶴撰

图3-2　《重修孔庙石经记》碑（拓本，局部）

> 宁夏巡抚姚公阅之，叹曰：经，所以载道也，字，所以翼经也。文字既残，经籍就敝，道斯因之坠矣。好古之士得一器物，尚珍之以为奇，矧石经乎？乃今瓦砾视之，殆非右人文崇教化意也。遂以其事请于抚、按两台，询于藩、臬诸司，计于府、县，命督工修复焉。

对于如何修复，碑文说得非常简略：

> 凡点画失真者正之，苔藓污者新之，泐而欲欹者理之，文义断阙者稽群书补之，凡五阅月而石经完。

虽然碑文未言及地震破坏，但此次整修实质上仍是对震灾后果的补救。“点画失真”“泐而欲欹”“文义断阙”，都应是地震所致，仅“岁月既久，印摹者多”，还不致如此。既然碑文说“泐而欲欹者理之”，“泐”谓石裂，“欹”谓倾斜，那么石经应是“欲欹”而未欹，并非仆倒在地，仍是立着的，只是一部分断裂了，快要倾倒了。此亦可见，这不是地震过后石经的第一次整修。很可能，地震过后曾对倒伏的碑石进行过清理，因过于仓促，只是将碑石重新立起而已，直到这次整修，才对唐石经做了全面的整理修复。

此次整修不仅整理和修复了经石本身，还对其中“文义断阙者”进行了补刻。这种补刻当然不会刻在原石上，而是另外刻在小石上，立于石经之侧，这便是《唐石经补字》(图 3-3)。这是明代对碑林的重要贡献。

《唐石经补字》共刻石 96 块，每石高、宽尺寸不等，其中 17 石为两面刻字，则共有 113 面，补刻约 53000 字。各经体量不同，残断状况也不同，按可识文字统计，各经补刻石数、字数为：《周易》2 面 904 字，《尚书》3 面 1697 字，《诗经》4 面 1819 字，《周礼》7 面 3588 字，《仪礼》10 面 4335 字，《礼记》10 面 4696 字，《左传》50 面 21805 字，《公羊传》12 面 6241 字，《穀梁传》11 面 3991 字，《孝经》2 面 334 字，《论语》4 面 2282 字，《尔雅》2 面 965 字，《五经文字》2 面 211 字，《九经字样》1 面 8 字，其中有两种经书的补字共用一面的情况①。

①卢桂兰《唐开成石经补字概述》，载《碑林》集刊第三辑，陕西人民美术出版社，1995 年。

图 3-3　展室中的《唐石经补字》

前面曾谈到，《开成石经》的版式设计决定了它的使用方式，即将拓本剪裱成卷册。石经补字的功用，正是服务于这种使用方式的。石经的拓本因原石残断而缺字，剪裱时取相对应的石经补字的拓本，将所缺之字一个个补裱入正文中即可，最后得到的便是不缺字的拓本卷册。

《唐石经补字》的稽补刊刻等具体工作，由西安府县三学的师生承担。碑文中列有诸位教官之名："订补残缺，则西安学教授曹光启，训导叶时荣、薛继愚、赵宷、牛国宾、稍一本；咸宁学教谕石可大，训导管绎如、杨千庭；长安学训导王元吉、郝邦宰。"而石经补字的跋文中，则署有参与补字的三学生员的名字。

此次倡修唐石经的"姚公"，名继可，字光殳，河南襄城人。万历十六年（1588）十月，他离陕升任宁夏巡抚[①]。此《重修孔庙石经记》碑刻立之时，他已离陕。碑文未言整修起止时间，只说"凡五阅月而石经完"。幸而"石经补字"之跋文中有两处注明了刻石时间，其一是《周礼》补字的最后一石（第7石）上的跋文："万历戊子西安府学训导薛继愚，生员王尧典，张尚德刻。"其

①雍正本《陕西通志》卷五一《名宦二》；吴廷燮《明督抚年表》卷三"陕西"。

二是《仪礼》补字的最后一石（第10石）上的跋文："大明万历戊子春三月吉补经。府学官叶时荣，蜀绵州人；生员王尧典、王汝魁；镌字匠卜大臣。"由此可知，此次重修孔庙石经应在"万历戊子"即万历十六年。再将"石经补字"的113面按《开成石经》原来次序加以排列，注明"万历戊子春三月"的《仪礼》补字是第17—26面，也就是说，三月间《仪礼》补字完成时，尚未及全部工程的四分之一，工作刚刚开始不久。所以我们还可以推断，石经补字是万历十六年年初开始，年中完工的。

3. 万历二十年（1592）朱惟㸅修建孔庙坊、亭

这是一次由个人出资修建西安孔庙坊、亭的工程，当时并未立碑，到了20多年后的万历四十二年（1614），才刻立《秦贤宗建文庙坊亭记》碑，专门追述此事。这里所说的亭、坊，是指庙门即棂星门前的木牌坊和其旁侧的两座碑亭。碑文赞叹了坊、亭的"气象峥嵘"后，接着写道：

> 至癸丑冬，抚台李建旟施于雍岐，沛雨露于函谷，下所司清陈牍而后知，坊、亭构造，乃万历二十年秦府永寿王府辅国中尉讳惟㸅用金四百余两所成也。

所谓"秦府"，是指建藩于西安的秦王府，第一代秦王为朱元璋次子朱樉。第一代永寿王为朱尚灴，系朱樉之庶五子，受封郡王。而这位坊亭的建造者、封爵为永寿王府辅国中尉的朱惟㸅，应是第一代永寿王朱尚灴的后裔[1]。

碑文用了很大篇幅，盛赞这位皇族之裔"赋性超然，钦崇夫子，如尊是天"。对于建造坊亭本身，却只有寥寥数语：

> 于是捐金四百有奇，于庙门外特构一坊，上书"太和元气"；坊之左右，各建碑亭，左书"道妙时中百代斯文之主"，右书"德弘参赞万年儒教之宗"。

①据《续通典》卷三五《职官十三·历代王侯封爵》，按明代封爵制度，"亲王嫡长子年十岁，立为王世子，授以涂金银册、银印；次子及庶子年十岁，皆封郡王，册印亦如之。郡王次子授镇国，次孙辅国，次曾孙奉国，皆将军，凡三等；次玄孙镇国，次五世孙辅国，次六世孙奉国，皆中尉，凡三等"。

这座木牌坊上原有匾额，题曰“太和元气”，故称作“太和元气坊”。其左右所建者既称“碑亭”，当然应该有碑，所录左右两条文字，或是亭中之碑所刻的榜书大字。遗憾的是，两侧的碑亭及亭中之碑早已不存。

此碑的撰文者是当时的陕西提学副使洪翼圣，立碑者是朱惟焬之子奉国中尉朱怀粧，孙朱敬鑅，以及陕西左布政使王舜鼎、西安知府杨邦宪等诸多地方官员。

关于此坊、亭，雍正本《陕西通志》在描述西安孔庙格局时曾提及：

> （棂星门）门前为泮池，跨以石桥，万历庚子巡按李思孝建。桥前为太和元气坊，左右碑亭二，永寿王府中尉惟焬建。[①]

嘉庆本《咸宁县志》记载西安孔庙时也转引了《陕西通志》的这段文字[②]。这里表述得更清楚：“太和元气坊”位于泮池之前，正对石桥和棂星门。起码到清嘉庆年间编纂《咸宁县志》时，仍是如此。而在这个位置上，至今仍然立着一座木牌坊，几乎可以肯定地说，它就是始建于明万历二十年（1592）的“太和元气坊”。当然，400年来这座木牌坊肯定经历过多次重修，但却并未改变它的“身世”。以前有一种说法，称西安孔庙中的木牌坊是由别处迁建而来，这是没有根据的。

4. 万历二十二年（1594）整修碑林、孔庙和府县三学

这是万历年间乃至整个明代最为全面的一次整修，碑林、孔庙和府县三学面面俱到。有关这次整修的资料也最多，除了万历二十二年《咸宁长安二县尹修葺文庙记》碑外，地方史志中也多有记述。

嘉庆本《咸宁县志·学校志》“县学”条下记曰：

> 万历十八年，知县李得中谒庙，视邑学瓦毁栋欹，慨然动兴废补敝之思，申之提学沈季文、西安知府曹璜，移会长安令沈听之，并文庙、三学因其故址重修饰，庙舍焕然改观。周宇为记。[③]

①雍正本《陕西通志》卷二七《祠祀一》“文庙”条。
②嘉庆本《咸宁县志》卷一二《祠祀志》。
③嘉庆本《咸宁县志》卷一三《学校志》。

雍正本《陕西通志·学校志》“西安府学”条下记曰：

万历癸巳，淫潦弥时，公私垣舍大坏，庙学滋甚。知县李得中谋诸长安令沈听之，相与共请诸道、府，于是工成不日焉。[①]

乾隆本《西安府志·学校志》“府学”条下记曰：“万历二十一年，长安令沈听之，咸宁令李得中重修。”在“文庙”条下记曰：“万历癸巳，长安令沈听之，咸宁令李得中先后增修。”述及正殿后碑林时又称：“万历癸巳，县令沈听之、李得中复修。”[②]

认识这次整修的主要依据，是《咸宁长安二县尹修葺文庙记》碑和《咸宁县志》所录周宇《重修儒学碑》碑文。二碑虽同记一次整修，但侧重不同，前者在庙，后者在学。

《咸宁长安二县尹修葺文庙记》碑原立于西安孔庙，20 世纪 50 年代初被掩埋于孔庙院内，有拓本资料留存。此碑由王道统撰文，未言何人所书。这是一篇官样文章，对整修本身说得很少。关于整修之缘起，碑文云：

是岁之春，抚台刘公瞻拜庙廷，已而下修葺之令，礼也。督学沈公讲道堂皇，唯修葺之令是申，职也。咸宁县尹李君，长安县尹沈君，唯修葺之令是从，有司存也。

此“抚台刘公”，是时任陕西巡抚的刘光国，其字宾卿，河南上蔡人，任职陕西期间颇有善政。万历二十一年（1593）六月，他以陕西右布政使升任陕西巡抚，次年年四月由吕鸣珂接任[③]。据此碑文，整修是由他下修葺之令，“督学沈公”即沈季文重申此令，咸宁、长安二县尹即李得中和沈听之唯其令是从，具体措办一切。关于整修内容，碑文说得很简略：

（李、沈二人）诹日蠲吉，庀材鸠工，尤数数躬自周旋于松桧间，指挥厝置一切。工役亦莫不驩然趋事，鼛鼓无庸。于是乎，坏者更，

①雍正本《陕西通志》卷二七《学校志》。

②乾隆本《西安府志》卷一九《学校志》。

③吴廷燮《明督抚年表》卷三“陕西”，载二十五史刊行委员会编《二十五史补编》第六册。

阙者补，敝者新，繇殿宇而两庑，繇门舍而诸厨，繇泮池以及学宫，靡不毕举。

这里说的是孔庙，府县三学只用“以及学宫”一笔带过，碑林更是只字未提。

碑文未说明整修起止的确切时间。既然刘光国任陕西巡抚是在万历二十一年六月至二十二年四月，那他以巡抚身份下令的“是岁之春”，就只能是万历二十二年之春。然而此碑刻立时间是“万历二十二年岁在甲午夏五月上浣之吉”，就是说，当年春天下修葺令，到五月上旬整修便已完工并记事立碑，对这样一个全面的整修工程来说，时间未免太短。很可能，立此碑时只基本完成了孔庙的整修，府县三学及碑林的整修尚在进行中，因刘光国离任，碑文作者王道统应下吏之请，撰此碑文，颂扬刘光国倡修孔庙之德政，以及李、沈二位县尹“唯修葺之令是从……指挥厝置一切”的功劳。

与之相比，周宇《重修儒学碑》的记述要详备得多。此碑已佚，有赖《咸宁县志》录文，保存了这篇可贵的史料。周宇，西安左卫人，嘉靖二十八年（1549）举人，曾官户部主事，精识古文奇字，善临池草书，为世所重①。其文首先描述孔庙、府县三学当时的位置、格局，追述其历史，并专门述及碑林：

庙之后环列古诸石经、石刻，覆以步栏，陆离盘纡，港洞若洞署，俗谓之碑洞。洞后正南面建亭，奉崇敬一箴。

所谓“步栏”，亦称步檐，即走廊。看来，当时唐石经和其他碑刻是以覆建廊庑的方式进行保护的。当时庙学和碑林的状况是：

迩年震圮相继，滋久滋剥，瓦有毁，栋有欹，庳有颓，檐扉陁陊，丹雘尘蚀，遂使愿观宗庙之美者瞻拜成叹，而追诵泮水之什，则远怀思乐矣。

---

①乾隆本《西安府志》卷三三《人物志》。嘉庆本《咸宁县志》卷二三《文艺传》。周宇出身军户，故云其西安左卫人。明代军队实行卫所制，有军户、民户之分。西安左卫隶署陕西都司，下辖5个千户所，镇守西安。西安左卫署设在西安府城东南隅，即今西安市建国路一带。

这是嘉靖年大地震后整修碑文中惟一一次提及地震破坏的。面对这种破败状况，当“内乡李公”即李得中，“庚寅冬”即万历十八年（1590）冬“来令咸宁，首谒先师”时，便有整修之意，但“顾日贤劳，吏治不暇给”，并未实行。到了“往岁癸巳”即万历二十一年（1593），“淫潦弥时，公私垣舍强半大坏，庙学滋甚”，李得中才下了整修决心，“遂议诸长安令商丘沈公”即沈听之，以整修庙学及正学书院事请于西安府和陕西提学，获得批准。两位县令的分工是：除修各自县学外，“庙学东，东令董之，书院西，西令董之，”即文庙和府学在东，由咸宁令负责，正学书院在西，由长安令负责。碑文叙述了整修的经过：

先殿庑、庭堂、门序，以及牲厨诸舍，若启圣，若名宦、乡贤诸祠，后若箴亭，若石经步栏，次郡学堂斋、横舍，以及门序，若尊经阁，次若东邑学，一视郡学，罔不毁者完，攲者直，颓者峙，陁陊者，尘蚀者，巩以密，辉以丽矣。

整修的具体时间，文中只云“役兴于是岁三月某日，讫以某日。”这个“是岁”究竟是哪一年？文中出现过两个确切纪年，其一是“万历庚寅冬”即万历十八年冬，这是李得中出任咸宁县令的时间，“是岁”不可能指此；其二是“往岁癸巳”即万历二十一年，这是霪雨连绵，公私垣舍大坏的时间，“是岁”也不可能指此。因为在三月份之前关中地区不会“淫潦弥时”，这种连阴雨天气一般在夏末秋初，所以这个“是岁”应是指立碑之年，但《咸宁县志》录文时未录刻碑年月，幸而有前碑可以参照，既然两碑所记是同一事件，那么这个“是岁”理应是指癸巳的第二年甲午，即整修开工应在万历二十二年三月。

以上两篇碑文记述的基本事实相同，即万历二十二年春三月开始，咸宁、长安二县令联合整修孔庙、府县三学和碑林。不同的是，前者说整修是由巡抚刘光国下令，督学重申此令，二县尹奉命而为，由上而下；后者所记则是咸宁县令感于庙学颓敝，以修葺事商于长安令，请于府、道，获准后联手实施，由下而上，且未提刘光国一字。另外，前者刻立在先，只言修葺孔庙事；后者则于全部工程告竣后刻立，全面叙述了孔庙、府县三学和碑林的整修经过。前引之方志资料，均依据后者，只是时间有误——将此次整修定在了“癸巳岁”即万历二十一年。

另外，西安碑林原曾藏有《重修正学书院记》碑，专门记述此次对正学书院的重修。此碑已不存，但《陕西金石志》有其录文，王九仪撰文，冯敬吾书，刻立时间署“万历二十二年岁次甲午仲冬之吉”。此次整修全部竣工大概就在这时，即当年的十一月。此正学书院，系明弘治九年（1496）陕西提学使杨一清所创建，其位置在“府治西南”，即今西安市南院门正学街一带，清康熙年间并入关中书院。

总之，万历二十二年的整修虽然不是嘉靖大地震后的第一次，但它却无疑是其后最全面最重要的一次，是对大地震破坏的全面修复，所以在碑林史上有着重要地位。此次整修实际的倡修人和具体实施者是咸宁、长安二位县尹。咸宁县令李得中，内乡（今河南内乡）人，万历十七年（1589）进士[①]。长安县令沈听之，字启聪，商丘（今河南商丘）人，万历二十年（1592）进士[②]。他们的名字值得后人铭记。

5. 万历四十六年（1618）重修孔庙和府县三学

这是万历年间的最后一次整修，其资料是万历四十八年（1620）《重修庙学记》碑。此碑原立于西安孔庙，由王绍徽撰文，李光辉书篆。20世纪50年代初被掩埋于孔庙院内，有拓本资料留存。碑文记述当时庙学的状况和整修之缘起：

> 历时既久，土木败蠹，庙貌弗饬，学舍相次颓塌，弦诵乐育之区，几于附赘，风气日漓，青衿之士进取诎焉。先是，学士大夫，孝廉茂才，数请当事新之，思振起式微。会夏邑梁公领郡此土，岁时谒奠文庙，眷怀圮敝，隐文治之未朗，谓宜如前请。

距上次整修又过了20多年，又是庙貌弗饬，学舍颓塌。逢新任西安知府梁鼎贤[③]走马上任，谒奠文庙，眷怀圮敝，决意整修。遂命咸宁知县丁流芳、

---

①雍正本《陕西通志》卷二七《学校志》。乾隆本《西安府志》卷二五《职官志》、卷一九《学校志》。嘉庆本《咸宁县志》卷一三《学校志》、卷一七《良吏传》。

②雍正本《陕西通志》卷二七《学校志》。乾隆本《西安府志》卷二五《职官志》、卷一九《学校志》。

③雍正本《陕西通志》卷二二《职官志三》。乾隆本《西安府志》卷二五《职官志》。

西安府同知伍维新预算工料，先行筹备。因当时“上下告匮”，经费筹措困难，便于府库中“得库贮各属扣解廪银壹千贰拾陆两有奇”，并具牍报请，获准用于庙学之整修。碑文记述整修的内容和起止时间：

遴选府知事潘善督文庙、府学工，咸宁丞张待礼、长安丞郭知彰督两县儒学工。公复亲莅视之而即工焉。于万历四十六年孟夏肇工，增俾营缮，先庙堂门庑，次祠斋廨舍，次棂星泮壁，与夫庖廪厩库之属，并协殚厥□，次第大饬其旧。榱敝者□，栋挠者易，垣倾者筑，路秽者辟。又增修云路于府学门外，层台南向，高可登览。并丹垩两旁坊牌，新建碑亭，规模益拓宏丽，风气攸完。越明年仲春告成，数十年之废，一朝具兴。

碑文表述得很清楚：这次整修的对象是孔庙和府县三学，未专门提到碑林，似不包括在内。工程进行了将近一年，知府梁鼎贤未完工便升任陕西提学副使，由继任知府陈并先等善终其事。碑文提到“又增修云路于府学门外”，所谓“云路”，是指可登临城墙的砖砌坡道，此云路至今犹存，正对府学巷口，是今天游览西安城墙的入口。

五、崇祯九年（1636）重修西安孔庙

到了崇祯年间，腐败已极的明王朝已至穷途末路。在外，有努尔哈赤建立的女真族后金汗国（后改国号为清）连年入侵，边患不已；在内，则是被天灾和贪官污吏逼入绝境的农民揭竿而起，农民起义燃起燎原之火，迅速蔓延，从根本上动摇了明王朝的统治基础。而陕西，正是明军镇压农民起义军的主要战场。崇祯九年（1635）重修西安孔庙，就是在这种历史背景下进行的。当年所立的记事碑《重修文庙碑记》，其字里行间，便流露出一种末世之慨。碑文作者、巡按陕西监察御史钱守廉写道：

比年秦大饥，萑苇作难，汲汲治武备不遑，虽率循故，事祀春秋，而庙貌浸圮，顾瞻不扬，文事遂衰。余巡兹土，心窃痛之。

就在此前的崇祯八年（1634），农民起义军十三家七十二营首领举行荥阳

大会，会后高迎祥等部东下凤阳，转战中原。恰好就在这次整修的崇祯九年，高迎祥率部回师陕西。七月，起义军在周至遭孙传庭所率明军的伏击，高迎祥被俘，押至北京凌迟处死①，这似乎给惶惶不可终日的明朝统治者带来一丝扭转战局的希望。碑文作者便惊喜地写道：“落成之日，会军师克捷，获伪王献俘。”并把它作为“文事克修，武烈益光”的证据。但无论是谁，都无法挽救朱明王朝覆灭的命运。李自成继高迎祥为闯王，高举义旗，屡败屡起，终于在崇祯十七年（1644）攻入北京，推翻明朝。而这次整修，就成了明代的最后一次。

据碑文，此次整修规模不大，范围仅限于孔庙，其经费出于地方官之捐献。碑文作者亦即此役的倡修者钱守廉“出俸金百，以告诸一时同志，司、道、府、厅以及州县长吏，咸允乃心，各捐俸金有差。不借官帑一镪，民间一力，而大工毕”。碑文把整修之后孔庙的建筑状况，列举得比较清楚：

> 其殿七楹，东西庑各十九楹，启圣三楹，覆以琉璃，坚以材木，饰以丹垩。而棂星门、戟门、敬一亭、碑亭、牌坊，悉比于旧焕丽有加。尊经阁峙于后，泮池带于前，祭祀之具，各赡其物。自棂星门而入，池深而宇崇，如见阙里焉，见车服焉，见礼器焉。

这里说的都是孔庙，未提及府县三学和碑林。看来，内乱外患在即，能对孔庙加以修缮，已颇为不易了。关于工程的具体实施者，碑文列举了梁黄三、陈壶云、李和廷等一大串省、府、县官吏之名，犹如一部并不出色的书，却署了一堆著者之名，究竟何人是真正的作者，何人徒有虚名，无法知道，也没必要去深究。

有明一代 277 年中，见于文献记载的对西安孔庙、府县三学和碑林的整修即上述 11 次。其中明确涉及碑林者 3 次，即成化九年（1473）同修孔庙、碑林；万历十六年（1588）专修碑林；万历二十二年（1594）同修孔庙、碑林和府县三学。为便于参考，列《明代整修西安碑林、孔庙和府县三学一览表》于后。

---

①《明史》卷三一九《流贼·李自成、张献忠传》：“秋七月，擒迎祥于盩厔，献俘阙下，磔死。于是贼党乃共推自成为闯王矣。”

表五　　明代整修西安孔庙、碑林和府县三学一览表

整修时间	整修对象	倡修之地方官	工程主持者	资料来源	备注
正统年间（1436-1449）	孔庙	陕西巡抚陈镒、王文		成化十一年《重修西安府学文庙记》碑之追述	此次整修未见立纪事碑
成化年间	府学	西安知府余子俊		嘉靖十一年《西安府重修学庙之碑》追述	此次整修未见立纪事碑
成化九年（1473）	孔庙、碑林	陕西巡抚马文升	西安知府孙仁	成化十一年《重修西安府学文庙记》碑，乾隆本《西安府志》，嘉庆本《咸宁县志》和《长安县志》	
嘉靖九年（1530）	孔庙、府学	陕西巡抚刘天和，西安知府李文极	西安府同知李梅	嘉靖十一年《西安府重修学庙之碑》	纪事碑已埋，存拓本资料
嘉靖十二年（1533）	孔庙、府县三学	陕西巡抚王尧封	左布政使黄臣	嘉靖十五年《陕西西安府县儒学先圣庙重修记》碑	纪事碑已埋，存拓本资料
万历十三年（1585）	咸宁县学	咸宁知县李生芳		嘉庆本《咸宁县志》所录王鹤碑文	纪事碑已佚
万历十六年（1588）	碑林、石经补字	陕西左布政使姚继可		万历十七年《重修孔庙石经记》碑	
万历二十年（1592）	修建孔庙坊、亭	永寿王府辅国中尉朱惟焲		万历四十二年《秦贤宗建文庙坊亭记》碑	纪事碑已埋，存拓本资料
万历二十二年（1594）	孔庙、府县三学和碑林	陕西巡抚刘光国，咸宁知县李得中	咸宁知县李得中，长安知县沈昕之	万历二十二年《咸宁长安二县尹修葺文庙记》碑，嘉庆本《咸宁县志》所录周宇《重修儒学碑》碑文	纪事碑已埋，存拓本资料

续表

整修时间	整修对象	倡修之地方官	工程主持者	资料来源	备注
万历四十六年至四十七年（1619—1620）	孔庙、府县三学	西安知府梁鼎贤	府知事潘善，咸宁丞张待礼，长安丞郭知彰	万历四十八年《重修庙学记》	纪事碑已埋，存拓本资料
崇祯九年（1636）	孔庙	巡按陕西监察御史钱守廉	梁黄三等	崇祯九年《重修文庙记碑》	纪事碑已埋，存拓本资料

第三节　明代碑林的藏石情况

明代碑林的藏石情况，前人没有为我们留下现成资料。明代所有整修碑文中，没有一篇谈到碑林的藏石情况，甚至连宋《京兆府府学新移石经记》碑和元《重立文庙诸碑记》那样的泛泛记述也不曾留下。我们今天研究明代碑林藏石的变化，能依据的只有明代金石著作的著录，同时还可以从碑林现藏碑石本身入手，从碑文中、题跋中找寻线索，考证它们刻立或移置于碑林的时间。

一、明代金石著作中的著录

明代的金石著作在数量上无法与后来的清代相比，而在这为数不多的金石著作中，能明确记载某碑确在西安碑林的就更少了。相比之下，其中参考价值最高、对我们帮助最大的，是赵崡所著《石墨镌华》（图 3-4）。其卷首有赵崡“自叙”一篇，署“万历戊午”，即万历四十六年（1618），这应是成书之年。全书分八卷，著录碑刻 253 种，由目录和跋尾组成，碑目下注书撰者和存放地。此书的特点是详于书法评论而略于考证。赵崡是陕西周至人，字子崡，万历乙酉（万历三十七年，1609）举人。他在“自叙”中说：“余居近周秦汉

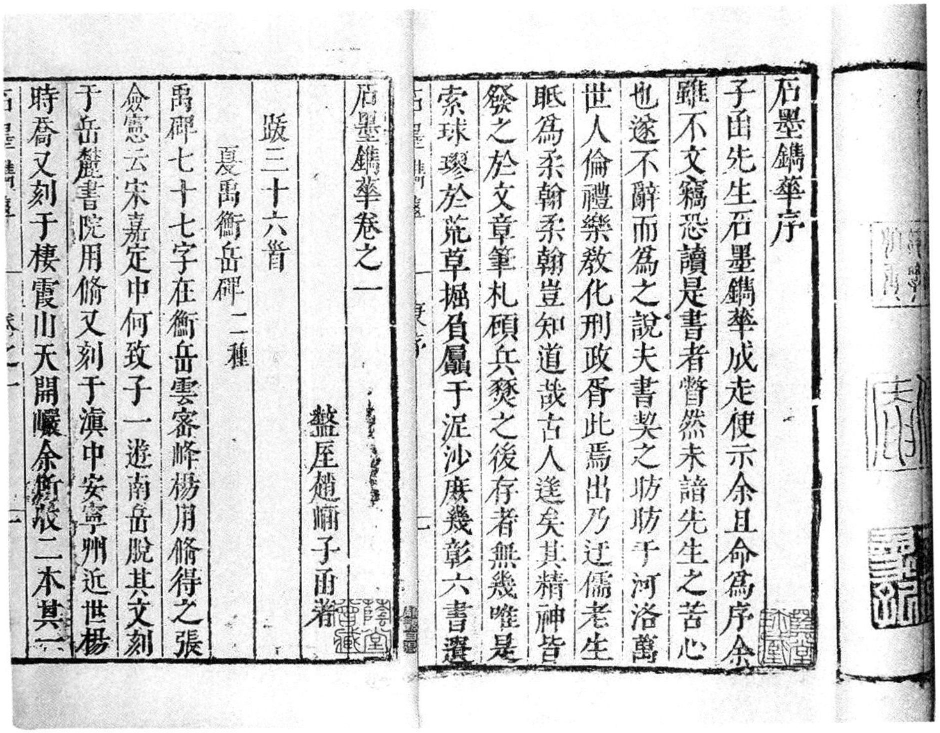
石墨鐫華序
子函先生石墨鐫華成走使示余且命爲序余
雖不文竊恐讀是書者瞢然未諳先生之苦心
也遂不辭而爲之說夫書契之昉昉于河洛鳥
世人倫禮樂教化刑政胥此焉出乃迂儒老生
眡爲柔翰柔翰豈知道哉古人遠矣其精神皆
發之於文章筆札顧兵燹之後存者無幾唯是
索球璆於荒草掘負贔于泥沙廑幾彰六書選

石墨鐫華卷之一
盩厔趙崡子函著
跋三十六首
夏禹衡岳碑二種
禹碑七十七字在衡岳雲密峰楊用脩得之張
僉憲云宋嘉定中何致子一遊南岳脫其文刻
于岳麓書院用脩又刻于滇中安寧州近世楊
時喬又刻于棲霞山天開巖余所藏二本其一

图 3-4　赵崡《石墨镌华》书影

唐故都，诸名书多在焉，西安泮宫碑林为最。余每至其下，必坐卧观之，至于忘返。”①看来，他对碑林相当熟悉，难怪书中碑目之下，凡藏于碑林者，均注明“在西安府学”，而其他碑刻大多只注所在州县名。赵崡在书中著录了当时藏于碑林的唐宋碑刻 46 种，和元人骆天骧一样，为后人留下了当时碑林藏石情况的宝贵资料。

为便于与此前碑林的藏石情况进行比较分析，笔者也将《石墨镌华》所著录的碑林藏石列表如下，表中碑名、撰书者和碑之所在，都依书中原有表述，然后注明该碑存佚情况，并在备注一栏加必要说明。

①明 · 赵崡《石墨镌华》卷首“自叙”。

表六　　明赵崡《石墨镌华》著录之碑林藏石

碑名	撰书者	当时所在	存佚情况	备注
秦峄山刻石	李斯篆	在西安府学	仍在碑林	
隋智永真草千字文		在西安府学	仍在碑林	
隋皇甫诞碑	于志宁撰,欧阳询书	在西安府学	仍在碑林	皇甫诞为隋人,而其碑为唐碑
唐刻石经		在西安府学	仍在碑林	
唐玄宗注孝经	玄宗书	在西安府学	仍在碑林	
唐集王右军圣教序并记	太宗制序,高宗制记	在西安府学	仍在碑林	
唐孔子庙堂碑	虞世南撰、书	在西安府学	仍在碑林	碑为北宋初重刻
唐集王右军残碑		在西安府学	仍在碑林	即《兴福寺残碑》
唐多宝塔感应碑	岑勋撰，颜真卿书	在西安府学	仍在碑林	
唐颜氏家庙碑	李阳冰篆额，颜真卿撰并书	在西安府学	仍在碑林	
唐争坐位书稿	颜真卿撰、行书	在西安府学	仍在碑林	
唐尚书冯宿碑	王起撰，柳公权书	在西安府学	仍在碑林	
唐邠国公功德碑	杨承和撰并书	在西安府学	仍在碑林	即《梁守谦功德碑》
唐玄秘塔碑	裴休撰，柳公权书	在西安府学	仍在碑林	
唐不空禅师碑	严郢撰，徐浩书	在西安府学	仍在碑林	
唐道因禅师碑	李俨撰，欧阳通书	在西安府学	仍在碑林	
唐楚金禅师碑	沙门飞锡撰，吴通微书	在西安府学	仍在碑林	
唐大智禅师碑	严挺之撰,史维则书	在西安府学	仍在碑林	
唐隆阐禅师碑		在西安府学	仍在碑林	
唐御史台精舍碑	崔湜撰，梁升卿书	在西安府学	仍在碑林	

续表

碑名	撰书者	当时所在	存佚情况	备注
唐净住寺文贤像铭		在西安府学	仍在碑林	据清人毛凤枝《关中金石文字存逸考》，清末时曾在“西安府城内车家巷南三圣宫内后圃中”
唐李阳冰先茔记		在西安府学	仍在碑林	
唐李阳冰三坟记		在西安府学	仍在碑林	
唐张旭断碑千文		在西安府学	仍在碑林	现存残石 6 块
唐张旭肚痛帖		在西安府学	仍在碑林	刻于宋《僧彦修草书》碑末
唐草书心经		在西安府学	仍在碑林	
唐怀素藏真律公二帖		在西安府学	仍在碑林	
唐怀素圣母帖		在西安府学	仍在碑林	
唐怀素草书千文		在西安府学	仍在碑林	
唐题名石柱		在西安府学	仍在碑林	即唐《尚书省郎官题名石柱》
宋译三藏圣教序碑	太宗御制，沙门云胜书	在西安府学	仍在碑林	
宋劝慎刑碑	晁迥撰，卢经书	在西安府学	仍在碑林	
宋劝慎刑箴	晁迥撰，卢经书	在西安府学	仍在碑林	
宋清净护命得道经	庞仁显书	在西安府学	仍在碑林	即《太上老君常清净经》
宋摩利支天经并阴符经	袁正己书	在西安府学	仍在碑林	
宋郭忠恕三体阴符经		在西安府学	仍在碑林	
宋篆书千字文序	陶穀撰，皇甫俨书	在西安府学	仍在碑林	
宋篆书千字文	梦英篆，袁正己隶书	在西安府学	仍在碑林	
宋梦英十八体		在西安府学	仍在碑林	

续表

碑名	撰书者	当时所在	存佚情况	备注
宋梦英偏旁篆书		在西安府学	仍在碑林	
宋梦英夫子庙堂碑		在西安府学	仍在碑林	
宋刻僧彦修草书		在西安府学	仍在碑林	
宋抄高僧传序	陶穀撰，梦英书	在西安府学	仍在碑林	
宋僧静己书偈语碑		在西安府学	仍在碑林	即《迁先茔记》碑阴之《沙门静己书偈》
宋赠梦英大师诗	僧正蒙书	在西安府学	仍在碑林	
宋游师雄墓志	张舜民撰，邵龢书	在西安府学	仍在碑林	

以上46种碑刻中，按赵崡在碑名前所冠之时代，为秦碑1种，隋碑2种，唐碑27种，宋碑16种，但这并不反映碑石的真实时代。所谓《隋皇甫诞碑》，其实是唐代所刻；《隋智永真草千字文》以及被他算作唐碑的张旭、怀素诸帖，除《怀素草书千字文》是明代所刻外，均为宋碑。所以按正确的划分，应是宋摹秦刻石1种，唐碑23种（包括《开成石经》和《石台孝经》碑），宋碑21种，明碑1种。

赵崡与骆天骧相比，两人都是记述碑林藏石，而侧重不同。赵崡重于书法，所以宋以来诸多与孔庙、府学有关的碑刻他未录一种，而宋代的书法碑他几乎一个不漏地全部著录；骆天骧重于考证，宋、金、元各代与孔庙、府学沿革有关的碑刻他一一著录，而这一时期的书法碑他则只录郭忠恕、梦英各一种，其余全部略去。二位先辈留给我们的资料，恰好可以互相补充。

按《石墨镌华》所记，与前文已经考知的元代碑林藏石比较，增加了唐碑7种，宋碑5种，明碑1种。下面以其年代为序，略加考述。

1．唐碑7种：

《皇甫诞碑》：唐贞观十年至十二年（636-638）刻。螭首方趺，高314厘米，宽98厘米。于志宁撰，欧阳询书。碑题“隋柱国左光禄大夫弘义明公皇甫府君之碑”，碑文28行，满行59字，楷书。额题“隋柱国弘义明公皇甫府君碑”12字，篆书（图3-5、3-6）。碑主皇甫诞仕于隋，卒于隋，入唐后其子

图3-5 《皇甫诞碑》(拓本)

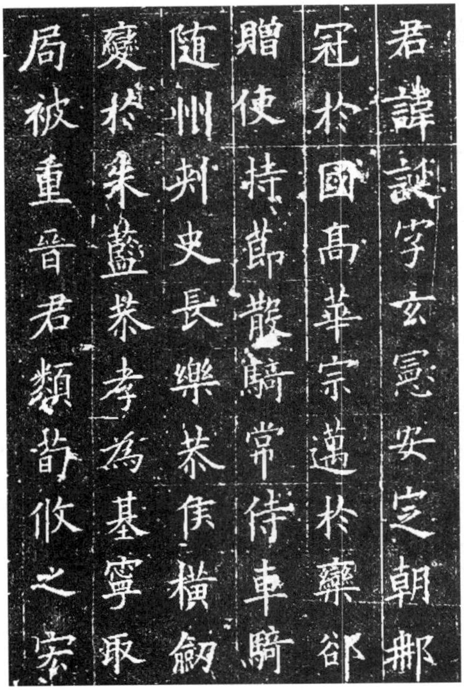

图 3-6 《皇甫诞碑》（拓本，局部）

皇甫无逸为其父追立此碑。碑文所记皇甫诞生平经历，可与《隋书》《北史》相互印证。此碑前文已述及，原在西安市长安区鸣犊镇皇甫诞墓前。其碑阴有北宋皇祐三年（1051）所刻《复唯识廨院记》，记重修佛寺“唯识廨院”事，可知此时碑已移作他用（该唯识廨院应在鸣犊镇附近，碑被就近利用）。既然《类编长安志·石刻卷》未著录，它移置碑林应该是在明代。赵崡《石墨镌华》之跋语云：“戊子，余君房督学，作亭覆之。丙申亭圮，压碑中断，故剥二十余字，至是又亡其五十余字。”[①]戊子为万历十六年（1588），这一年督学为碑作亭保护，那么在此之前《皇甫诞碑》无疑已入藏碑林。赵崡还向我们提示，此碑之中断，是因丙申（万历二十四年，1596）亭塌压碑所致。需要指出的是，当时《皇甫诞碑》并不在大成殿后的碑林中，而是“在西安府文庙棂星门内右首，与庙堂碑对”[②]。其进入碑林展室，已到了在 20 世纪 50 年代初[③]。此碑是现存欧阳询所书碑刻中保存最完好者，体现其楷书险峭而不失秀雅之特质，书法艺术价值很高。

《兴福寺残碑》：又称“吴文残碑”“半截碑”，《石墨镌华》称之为“唐集王右军残碑”，唐开元九年（721）僧大雅集王羲之行书刻于唐长安城兴福寺。碑已断，现存其下截，上截佚。残高 80 厘米，宽 103 厘米。僧大雅集王羲之

①明·赵崡《石墨镌华》卷一“隋皇甫诞碑”条。

②清·朱枫《雍州金石记》卷二“皇甫诞碑”条。

③参见路远《〈皇甫诞碑〉刻立时间及流迁经过》，刊于《陕西历史博物馆馆刊》第 14 辑，三秦出版社，2006 年。

书。碑题不存，碑文35行，每行字数不详，行书（图3-7）。碑主为一宦官，碑文称“公讳文”，其姓不详。与《集王圣教序碑》一样，作为唐代集王书碑刻，是今人认识王羲之书法艺术的可靠依据。赵崡书中曰：“此碑断缺，弃西安城南隍中。王生尧惠辈见之，以语郡守，舁置頖宫”①明人郭宗昌《金石史》亦载：“此石万历间王文学尧惠游于西安府隍中见之，亟语郡守，移置頖宫。”②依笔者之见，此王尧惠，应是曾参与万历十六年（1588）石经补字的府学生员王尧典（见前文）。

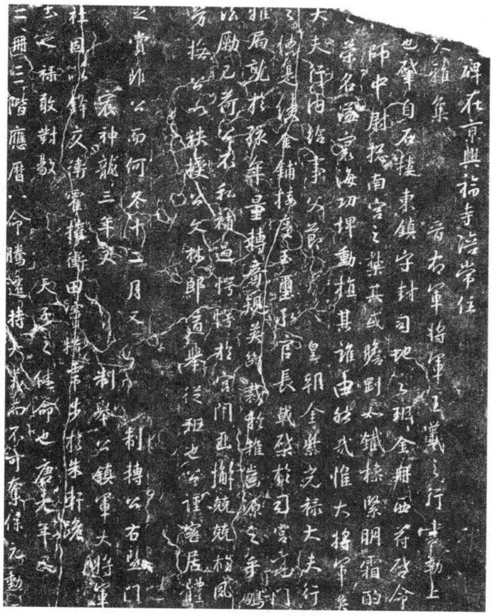

图3-7 《兴福寺残碑》（拓本，局部）

《石墨镌华》“唐刻石经”条下称：“嘉靖乙卯地震，石经倒损，西安府生员王尧惠等，按旧文收集其缺字，别刻小石立于碑代旁。”在这里，赵崡仍将王尧典称作王尧惠，则两个王尧惠同为一人即王尧典无疑。既然是同一人，时间不会相去很远，那么《兴福寺残碑》应是万历十六年前后发现于西安南城壕中并随即移置碑林的。

《御史台精舍碑》：唐开元十一年（723）刻。螭首方座，高145厘米，宽65厘米。崔湜撰文，梁升卿书。碑题“大唐御史台精舍碑铭并序”。碑文18行，行30字，隶书。额题“御史台精舍碑”6字，篆书（图3-8）。碑文记述御史台台狱中修建精舍之事，为研究唐代监察制度、狱政措施、法制思想乃至佛教对唐代法律制度的影响等，提供重要参考。碑阴分三栏刻台院侍御史并内供奉124人，殿院殿中侍御史并内供奉185人，监院监察御史315人。此外碑阴底部、左右四棱、左右两侧、两面额部等处，尚有后来续刻的院属混杂的题名近500人。全部题名共1100余人次，除去重见者，仍有近千人，其

①明·赵崡《石墨镌华》卷一“唐集王右军残碑”条。
②明·郭宗昌《金石史》卷下“唐大雅集王右军书吴将军碑”条。

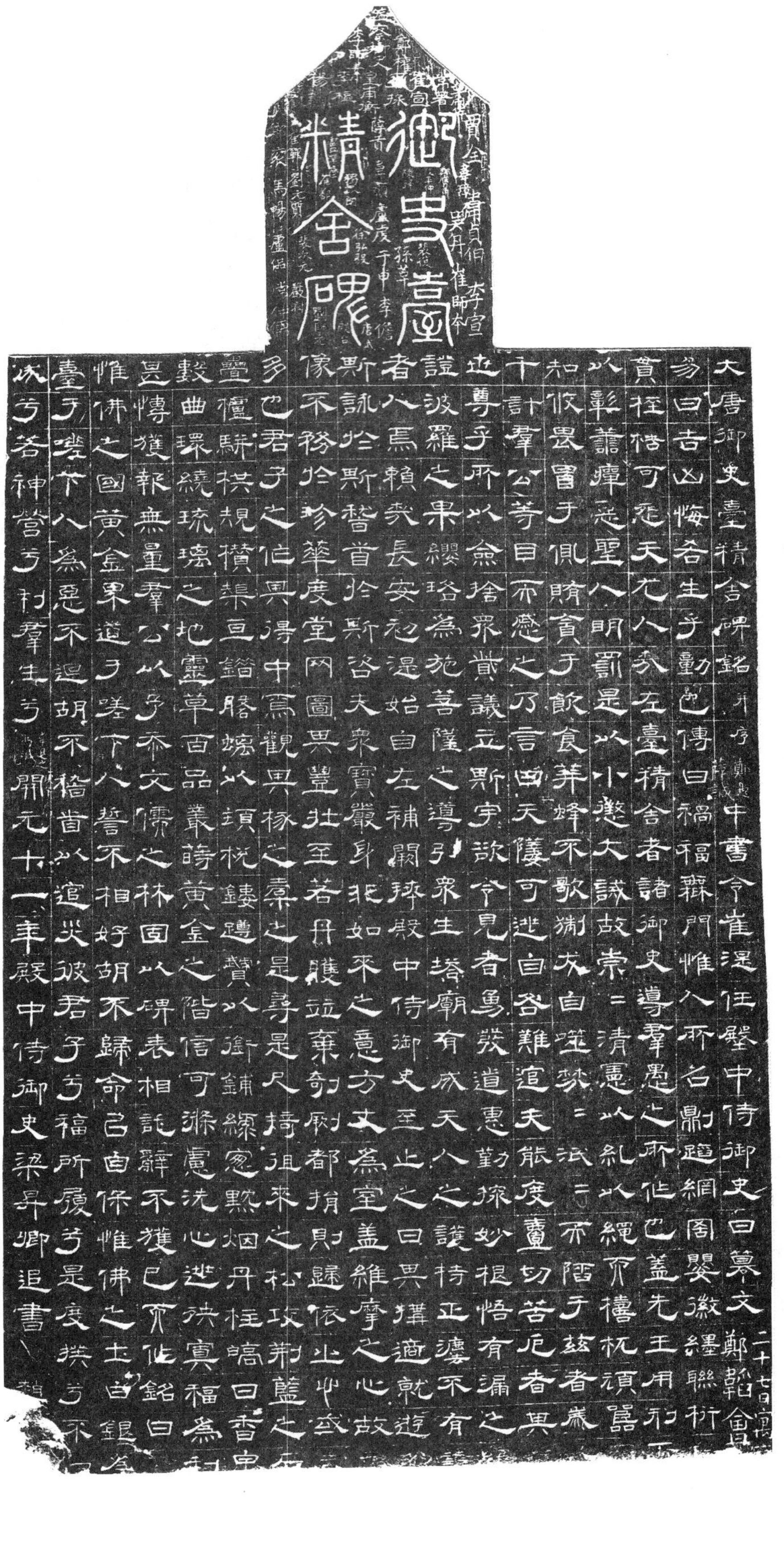

图3-8《御史台精舍碑》（拓本）

史料价值远高于碑文本身。书者梁升卿，为盛唐时期隶书名家。此碑第二章在述及《类编长安志·石刻卷》所记金元时尚在别处后又入藏碑林的碑刻时，已经提到。既然骆天骧称其“今在省衙”，而赵崡已称其“在西安府学”[①]，那么它入藏碑林应在《类编长安志》成书之后，《石墨镌华》成书之前，说得再具体一点，即元代后期至明代前期。

《冯宿神道碑》：唐开成二年（837）刻。螭首龟趺，高320厘米，宽106厘米。王起撰文，柳公权书并篆额。碑文41行，行83字，楷书。额题：“大唐故剑南东川节度使赠吏部尚书冯公神道碑”，篆书。此碑漫漶已甚，碑文大部已不可读。在第一章分析北宋可能入藏碑林的柳公权所书碑刻时，曾提到此碑。碑文云：“克葬于京兆万年县崇道乡白鹿原，从先人茔，礼也。”则此碑最初自然是立于冯宿墓前，即长安城东南浐、灞二水之间的白鹿原上。不知何故，宋人金石著作不见著录，《类编长安志·石刻卷》也未言及，最早著录此碑者即赵崡《石墨镌华》，已称“在西安府学”[②]。那么其入藏碑林的时间，亦应在元末明初，而从碑林藏石发展变化的全局看，明初的可能性更大。

《尚书省郎官题名石柱》：这是一件非常著名的唐代题名刻石，唐大中十二年（858）刻（确切讲是最后一次改刻[③]）。原有二柱，现存左司一柱。石柱为七棱体，直径约70厘米，分上下两截，以榫卯相连；上截高135厘米，下截高115厘米，原柱应连为一体，则其高为250厘米（图3-9、3-10）。柱体7个侧面从上至下各分为4栏，刻尚书省左司及所属吏部、户部、礼部十二司郎官姓名。对此题名石柱的著录，最早见于宋赵明诚《金石录》卷六目录中[④]，自清代乾嘉以来，始受金石家重视。清人朱彝尊、赵魏、王昶、赵钺、劳格等，均有著录和考证，其中劳格成就最高，其《唐尚书省郎官石柱题名考》26卷，著录郎官3200余人，补遗600余人。岑仲勉则在前人基础上进一步勘核

①明·赵崡《石墨镌华》卷首目录“唐御史台精舍碑”条下注。

②明·赵崡《石墨镌华》卷三“唐尚书冯宿碑”条；卷首目录条下注。

③参见路远《唐〈尚书省郎官题名石柱〉之初刻与改刻》，刊于《唐研究》第十二卷，北京大学出版社，2006年。

④宋·赵明诚《金石录》卷六目录。所录分三条，其一为“第一千一百七十七唐尚书省郎官厅石记，陈九言撰，张旭正书，开元二十九年十月。”其二为“第一千一百七十八郎官题名上。”其三为“第一千一百七十九郎官题名下。”

图 3-9　碑廊中的《郎官石柱》(上截)

图 3-10　碑廊中的《郎官石柱》(下截)

考证，订误补缺，完成《郎官石柱题名新著录》《郎官石柱题名新考订》两部巨著，是迄今对郎官石柱题名最详尽可靠的著录和研究。郎官石柱经唐末、五代战乱后，北宋时仍立于唐尚书省旧址[①]。《类编长安志·石刻卷》只著录了《唐尚书省郎官厅石记》，即陈九言撰，张旭楷书的记文，而未言及石柱本身。《石墨镌华》著录时，已称“柱今在西安府文庙门内”[②]。又据清人林侗所记，其具体位置是在戟门内[③]。那么，其入藏碑林的时间应在明代前期。

《草书心经》：此刻现存 5 块残石，又名《百塔寺心经》(图 3-11)，具体刻制年代不详。所附明代孙仁跋文云：“长安县百塔寺石刻草书心经，谓王羲之书，旧有名氏，残缺不存，愧肉眼未能辨之。然笔法亦自神妙，惜其委于沟断，因移置郡庠，庶几知珍重而不至于终泐也。大明成化辛卯秋九月既望。赐进士中顺大夫知西安府事池阳孙仁跋。”赵崡《石墨镌华》称：“刻后有跋，谓为右军书，非也。”[④]孙仁跋文已说得很清楚，此刻原在长安县百塔寺（今属

①清·顾炎武《金石文字记》卷五“吏部题名石幢”条转引宋人张舜民《画墁录》所记：“今长安府宇，即唐尚书省也，府院即吏部也，府录厅前石幢，即郎官题名石也。”

②明·赵崡《石墨镌华》卷四“唐石柱题名”条。

③清·林侗《来斋金石刻考略》卷下“唐吏部题名石柱”条。

④明·赵崡《石墨镌华》卷四“唐草书心经“条。

图 3-11 《草书心经》

西安市长安区王庄乡，其遗址在终南山北麓天子峪口），明成化七年（1471）由孙仁“移置郡庠”即移置西安府学。此孙仁成化九年曾以西安知府身份，主持过对西安碑林和孔庙的整修。

《唐净住寺释迦文贤劫像铭》：此碑大约刻于唐高宗时[①]，系造像碑，只余上半截。螭首，残高 98 厘米，宽 80 厘米。正面刻千佛像，额部有篆书额题，已损。碑阴刻铭文，题曰“唐净住寺释迦文贤劫像铭并序”，文 20 行，每行余 19 字，隶书（图 3-12）。《石墨镌华》简称之《唐净住寺文贤像铭》，有误[②]。从残存铭文看，此造像碑是“河东裴行纯”为追荐其父母而建“释迦牟尼像一龛，并贤劫千佛，即于净住寺供养”。《类编长安志・石刻卷》曾著录此碑，注曰：“崔行功撰，隶书……今在开元寺官塔院。”《石墨镌华》在其碑目下明确

①铭文的撰书者崔行功《新唐书》有传，活动于太宗、高宗两朝，碑之刻立当在此时，而高宗时期的可能性更大。另外，上世纪 50 年代西安东郊出土唐高宗总章元年（668）《李爽墓志》（现藏西安碑林），为崔行功撰文，亦可证之。

②所谓“释迦文”，是“释迦牟尼”的另一种音译。而“贤劫”系佛教术语，过去之住劫，名为庄严劫，未来之住劫，名为星宿劫，现在之住劫，名为贤劫。三住劫各有一千佛出世，释迦牟尼为贤劫千佛中第四佛。以往金石著作中有述及此碑者，常见将释迦文之“文”与“贤劫像铭”连读，并组合出种种简称，好像此碑与文殊、普贤有关，误矣。参见路远《〈唐净住寺释迦文贤劫像铭〉略考》，刊于《陕西历史博物馆馆刊》第 14 辑，三秦出版社，2007 年。

图 3-12 《唐净住寺释迦文贤劫像铭并序》

记曰“在西安府学”，其跋尾称：“此碑河东裴行纯追荐其父而作。碑之存者无几，其分隶颇佳，但瘦而不硬，且刻手似出唐以后，留之以待博识者。”[①]从碑名看，骆、赵二氏所录为同一件造像碑，也就是说，赵崡著录此碑时它已在碑林。需要说明的是，清末毛凤枝《关中金石文字存逸考》述述及此碑时称：“今在西安府城内车家巷南口三圣宫内后圃中。”[②]又据西安碑林博物馆藏品档案，此碑是 1951 年入藏碑林的。如果以上所记均无误，则这件千佛造像碑元代被移至开元寺塔院，明代曾入藏碑林，其后又被迁往他处，清末时尚在西安城内三圣宫，1951 年重又迁入碑林。然而，既已入藏碑林，何以又被迁往他处？会不会赵崡所记有误？在此存疑。在没有进一步证据之前，此碑仍依赵崡所记作为明代入藏碑林的唐碑。

2. 宋碑 5 种：

《智永真草千字文》碑：此刻虽为碑形，实为书法刻帖，北宋大观三年（1109）刻。螭首方座，高 268 厘米，宽 97 厘米。刻陈、隋间书僧智永为弘扬王羲之书法而临写的《真草千字文》。文刻两面，共 8 栏，正面 6 栏，碑阴 2 栏，每栏 27 行，行 10 字，一行楷书，一行草书（图 3-13）。帖末附刻石者薛嗣昌之跋文称：“长安崔氏所藏真迹，最为殊绝，命工刊石，置之漕司南厅，庶传永久。”薛氏当时在陕西都转运使任上，所以碑置于“漕司南厅”，即转

①明·赵崡《石墨镌华》卷四“唐净住寺文贤像铭”条。

②清·毛凤枝《关中金石文字存逸考》卷一“净住寺释迦牟尼文贤劫像并序”条。

图 3-13　宋刻智永《真草千字文》碑（拓本，局部）

运使的衙署中。此碑元代时曾在灵应宫，考述《类编长安志·石刻卷》所记金元时尚在别处后又入藏碑林的碑刻时，已经述及。按帖末张佑跋文之年款，其移置碑林的时间是“洪武重光大渊献”，即洪武四年（1371）。当时的位置，清人朱枫记曰：“今在西安府学宫棂星门内右首。”[①]即孔庙棂星门与戟门之间西侧。20 世纪 50 年代初，移置碑林展室[②]。

张旭《草书千字文》断石：前文在考述《类编长安志·石刻卷》所记金元时尚在别处后又入藏碑林的碑刻时，已经对这组残石略加考证。依笔者之见，《石墨镌华》著录的已“在西安府学”的“唐张旭断碑千文”，就是北宋元丰三年（1080）吕大防摹刻于府廨的“唐张旭草书千文”。骆天骧著录时，帖石应仍在府廨，且未言其已断裂。《石墨镌华》卷首碑目“唐张旭断碑千文”条下则注明该石“在西安府学”，即已迁置碑林。碑林现藏张旭《草书千字文》

①清·朱枫《雍州金石记》卷一“智永千文”条。

②参见路远《宋刻智永〈真草千字文〉碑》，刊于《陕西历史博物馆馆刊》第 16 辑，三秦出版社，2009 年。

图 3-14　展室中的张旭《草书千字文》断石

断石凡 6 块，尺寸不计，存 235 字（图 3-14、3-15）。此帖残断的时间大概在元末，入藏碑林很可能在明初。

《彦修草书帖》及张旭《肚痛帖》： 北宋嘉祐三年（1058）刻。石高 124 厘米，宽 56 厘米，两面刻字，每面分三栏。正面三栏和背面二栏为彦修草书，共 48 行，行字不等，内容为唐人裴说《寄征衣诗》等二首。其后为李丕绪跋，7 行，行 8 字，楷书。背面下截刻张旭《肚痛帖》（图 3-16、3-17）。《类编长安志》著录了《唐张长史肚痛帖》，而未录《彦修草书帖》；《石墨镌华》则将《肚痛帖》和《彦修草书帖》分开录，因为他把前者归于唐碑，后者归于宋碑，分属不同的卷。两者之间的关系，前文已做考辨。赵崡所录者，是当时已“在西安府学”且二者合刻一石的《肚痛帖》和《彦修草书帖》，应该没有问题[1]。

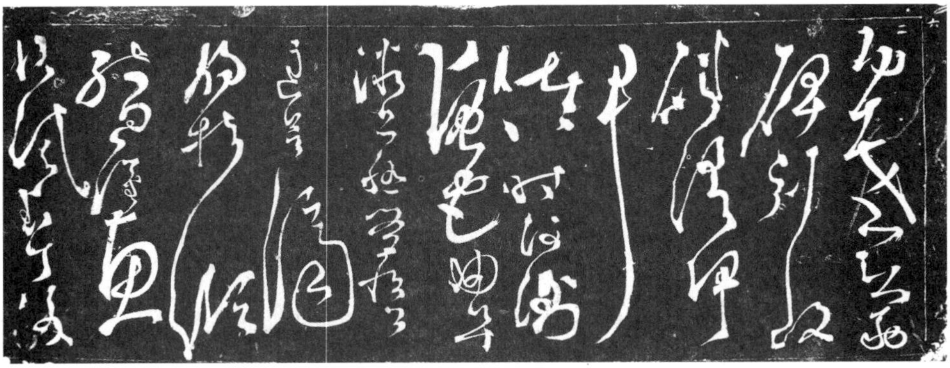

图 3-15　张旭《草书千字文》断石之一（拓本）

[1]参见路远《西安碑林藏石研究三题》之《张旭〈草书千字文〉断石新考》中《关于张旭〈肚痛帖〉》一节，《碑林》集刊第十一辑，陕西人民美术出版社，2005 年。

怀素《东陵圣母帖》：此帖怀素书于唐贞元九年（793），从文字内容讲，应是一篇记事碑文，但用草书来写，显然是作为书法刻帖传世。文末有篆书一行："元祐戊辰仲春模勒上石"，是刻石的宋代人所记摹刻时间，即元祐三年（1088），但未说明刻立于何处。石为横长方形，高 70 厘米，宽 139 厘米。分两栏刻，凡 52 行，410 字（图 3-18）。碑文追述追述东晋康帝时，有广陵人杜氏之妻得真人刘纲所授秘符、珍药，得道升仙。晋康帝闻知此事，以为中兴之瑞，诏于广陵置仙宫观，号曰东陵圣母。直至隋唐，东陵圣母宫香火不断。《类编长安志·石刻卷》有"唐怀素律师圣母帖"条，称其"今在府廨"，可知元代时此帖在京兆府廨。《石墨镌华》著录时，它已"在西安府学"，其入藏碑林的时间，也应与张旭《草书千字文》一样是在明初[①]。

图 3-16　展室中的《彦修草书帖》

图 3-17　张旭《肚痛帖》（拓本）

怀素《藏真律公二帖》：所谓《藏真律公二帖》，是怀素的三种单帖（藏真帖一，律公帖二）合刻于一石，据附刻之游师雄"后序"，此帖是宋元祐八年（1093）陕西转运使游师雄摹刻于转运使衙署"长安漕台之南厅"的。石高

①关于此帖和以下二种怀素书帖，可参见笔者《西安碑林藏石研究三题》中《怀素书迹刻石三种考述》。

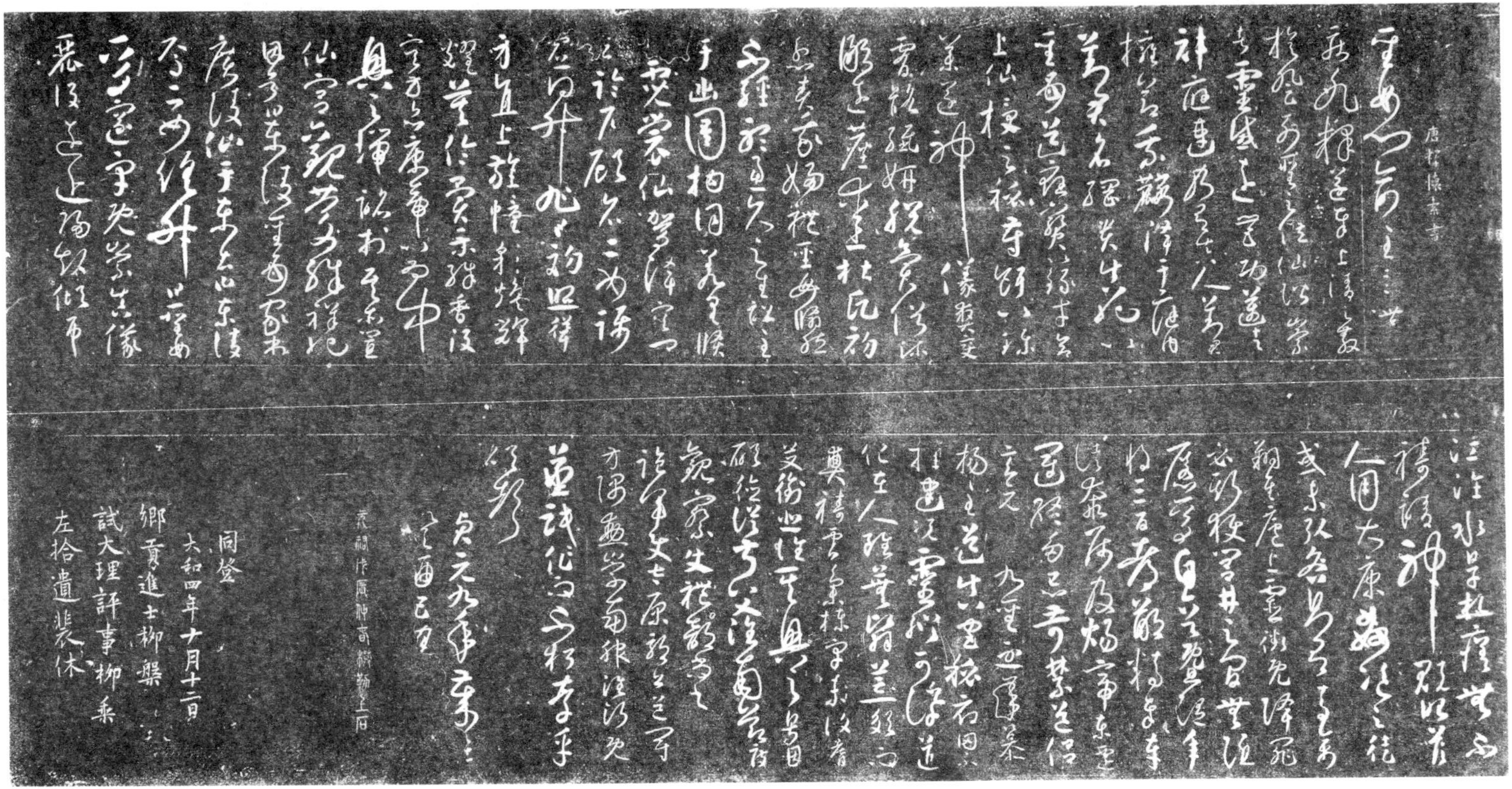

图 3-18 怀素《东陵圣母帖》（拓本）

140厘米，宽49厘米。分为五栏刻，由上至下第一、二栏刻怀素三帖，第三、四栏刻景祐、元祐年间周越、吕大防等人题跋，第五栏刻李白《赠怀素草书歌》和刻石人游师雄之《后序》（图 3-19、3-20）。不知何故，《类编长安志》没有著录此帖。赵崡《石墨镌华》有著录，称其已“在西安府学”[①]这是此帖最早见于金石著录。很可能，它与《东陵圣母帖》一样，也是明初入藏碑林的。

图 3-19　展室中的怀素《藏真律公二帖》

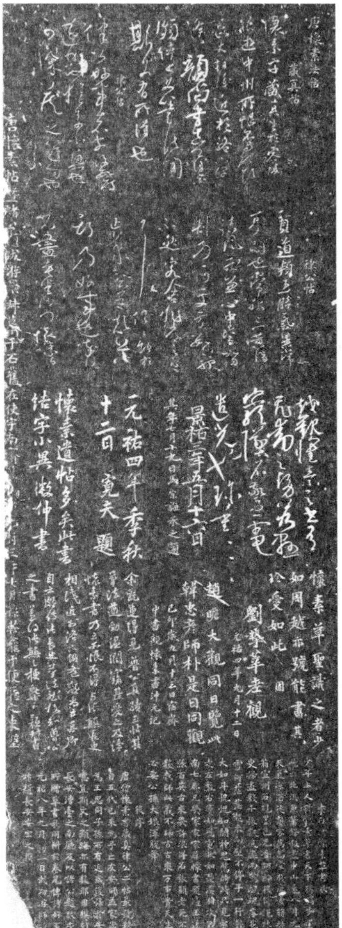

图 3-20　《藏真律公二帖》（拓本）

①明·赵崡《石墨镌华》卷首目录“唐怀素藏真律公帖”条下注。

3. 明碑1种：

怀素《草书千字文》：此帖是明成化六年（1470）陕西左布政使余子俊所刻。共刻二石，均高71厘米，宽135厘米。每石两面刻字，每面又分上下两截，刻“千字文”130行，行字不等，草书（图3-21）；余子俊跋文7行，行14字，楷书。另外，第一石背面刻余子俊等人“重修灞桥落成诗”12首，第二石背面除“千字文”22行外，刻宋克草书杜甫《前出塞九首》和宋克本人楷书信函一封。余子俊成化之初在西安知府任上，曾有重修西安府学之举。以他当时的地位，此帖应该是他直接刻置于碑林的。

以上13种碑刻（如果把张旭《肚痛帖》和《彦修草书帖》分开计算，则是14种）至今仍藏碑林。需要说明的是，《类编长安志》所录已入藏碑林的唐武敏之书《金刚经碑》，宋刻欧阳询《金兰帖》，宋赵佶书《大观圣作之碑》，以及宋李寂篆书《昌黎五箴》，均不见《石墨镌华》著录。其中《昌黎五箴》一直在碑林，不知何故，赵崡略去未记。而前3种后世金石著作也不见提及，应是亡佚于元明之际。

除《石墨镌华》外，明代的其他金石著作，如赵均《金石林时地考》、于奕正《天下金石志》、都穆《金薤琳琅》、王应遴《墨华通考》、陈鉴《碑薮》，以及明末清初顾炎武的《金石文字记》等，其体例多为编次郡省，分立时代，对我们考察明代碑林藏石情况都有一定的参考价值。

二、明代入藏碑林的其他碑刻

这里所说的“其他碑刻”，是指上述《石墨镌华》著录的唐宋碑刻之外，明代直接刻立于碑林或移置于碑林者，一般情况下，均为明代碑刻。因为明代金石著作，通常并不收录当代碑刻，那么西安碑林现藏之诸多明代碑刻，哪些是明代直接刻立于碑林或移置于碑林的，只有从碑石本身入手，即从碑文和题跋中寻找线索，加以考证。下面，对现藏明碑中有证据证明确系明代刻立或移藏于碑林者，以及虽无直接证据，但通过分析推理，很可能是明代刻立或移藏于碑林者，做一番梳理。

《赡学田颂》碑：明洪武十五年（1382）刻。螭首方趺，高247厘米，宽61厘米。陕西左布政使王廉撰并书，西安知府王从周、府学教授程彦初立石。

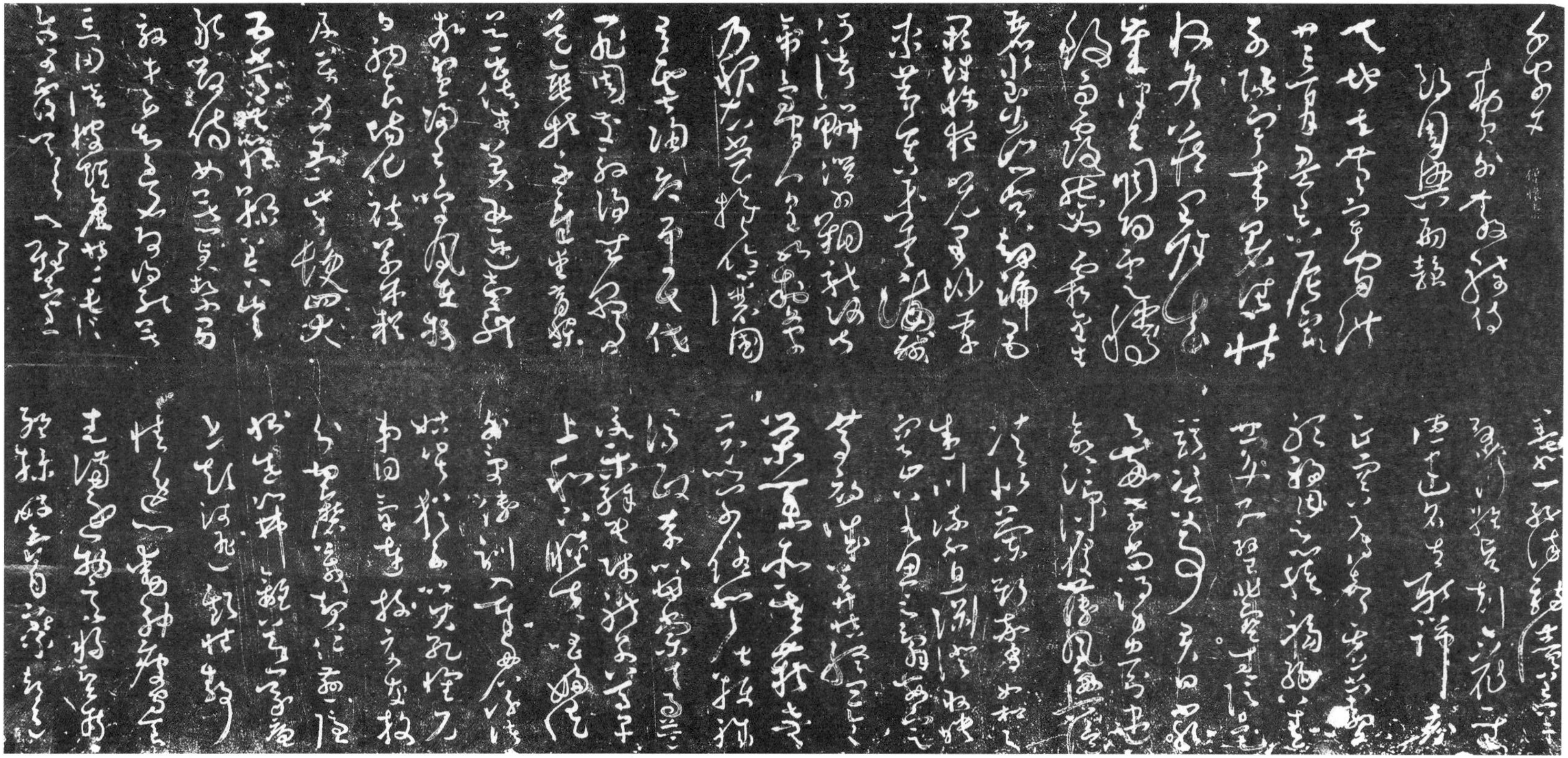

图 3-21　怀素《草书千字文》第一石（拓本）

碑文 16 行，满行 24 字，隶书。碑文歌颂明太祖敕天下郡县学复修先圣先师庙，归赡学田官有之事，当时刻立于府学，应属直接刻立于碑林者。

《“牧爱堂”三字碑》：明天顺四年（1460）刻。石系横长方形，高 64 厘米，宽 157 厘米。正中刻“牧爱堂”楷书 3 字，右上角题“晦翁书”，即宋代理学家朱熹所书，由新任西安知府余子俊[①]模勒上石并跋。其跋文 3 行，行 25 字，楷书。此公雅好书法，此刻石应是他直接刻置于碑林。

《“梅花堂”三字碑》：明成化元年（1465）刻。圆首方趺，高 222 厘米，宽 74 厘米。正中刻余子俊所书“梅花堂”3 字，楷书。碑阴有万历二十一年（1593）左佩瑾所刻左思明行书“源头活水”4 字。此左思明，字季臣，耀州人，明嘉靖二十八年（1549）进士，官至河南通判。万历二十一年，其多种书法作品由其子“搜碑洞空石”而刻，所以孔庙和碑林中不少碑阴均有其刻。那么，至晚在碑阴“源头活水”4 字刊刻时，此碑已在碑林，而更可能的是，此碑最初就是余子俊直接刻置于碑林的。

《新开通济渠记》碑：明成化元年（1465）刻。圆首方趺，高 228 厘米，宽 81 厘米。项忠撰文，张莹书，李俊篆额。碑文 27 行，满行 52 字，楷书。碑文记述陕西巡抚项忠与西安知府余子俊，以西安城西井泉咸苦，凿渠引城西潏河入灌，与龙首渠会，解决西安居民饮水困难。此等纪事颂德之碑，当时直接刻立于孔庙或碑林的可能性很大。

《郭公纪行诗》碑：明成化元年（1465）刻。刻石为横长方形，高 72 厘米，宽 164 厘米。碑文为郭登《过临潼》《再登西岳》等纪行诗 8 首，余子俊书并跋。刻 53 行，行 19—20 字，行书。此郭登，字元登，明开国功臣武定侯郭英之孙。正统十四年（1449）随英宗征瓦剌，“土木堡之变”时留守大同。英宗复辟后获罪，贬至甘肃。宪宗即位即成化元年，恢复伯爵之位，任甘肃总兵[②]。在他昭雪复爵的当年，余子俊书其诗作并刻勒上石，应该是直接刻于碑林。

---

①《明史》卷一七八《余子俊传》对其出任西安知府的时间语焉不详，而同时代人丘濬所撰《兵部尚书余肃敏公子俊传》记载更详，称其“天顺庚辰出知西安府……在任六年……岁丙戌，擢陕西右参政。”天顺庚辰为天顺四年（1460），丙戌岁为成化二年（1466）。见明·焦竑《国朝献徵录》卷三八。

②《明史》卷一七三《郭登传》。

《余子俊处置流民奏文碑》：明成化十三年（1477）刻。圆首，趺佚，高208厘米，宽96厘米。无碑题，因所刻首篇奏文首句为“题为陈言处置流民事”，故名。碑文两面刻，均为时任陕西巡抚的余子俊为处置续勘流民、添县升州、置立仓库、派拨粮钞等事项所写的奏文多篇。正面刻55行，满行132字；碑阴刻63行，满行184字，均为楷书。字体很小，篇幅很长，正面碑文约有6000字，碑阴则逾万字，多已漫漶不可句读。余子俊当年把他的奏文连篇累牍刻于石上，其目的用他的话说，是“期为他日文献之征”。此碑原立于孔庙棂星门与戟门之间东侧，应是当年即刻立于此。20世纪50年代初，此碑被掩埋于孔庙院内。2003年初修整园圃，复出土于棂星门与戟门之间东侧。

《余子俊地方事奏文碑》：明成化十三年（1477）刻。平首方趺，现存拓本高228厘米，宽92厘米。无碑题，因所刻首篇奏文首句为“臣余子俊谨题为地方事……”，故名。碑文50行，满行162字，楷书。所刻仍是余子俊关于陕西地方军政事务的奏文，具体内容有在西安城西北开凿泄水渠事，北方边务和蒙古部骑兵侵扰事，地方弭盗、安民、善后之事，后者仍与处置流民有关，其篇幅约六七千字。此碑原在孔庙中位置与上碑同，亦应当年刻立于此。20世纪50年代初，被掩埋于孔庙院内。

《过杜工部祠题咏》：明成化十九年（1483）刻。余子俊书并跋。石为横长方形，高72厘米，宽171厘米。刻文50行，行19—21字不等，楷书。碑文内容是明景泰三年（1451）刚中进士的余子俊，与学友徐禴、刘忠、吴度寅等7人游成都杜甫草堂，即兴所赋之诗。事隔32年后，余子俊将当年诗作书丹刻石，应该是直接刻置于碑林。

《状元记碑》：明弘治十六年（1503）刻。现存拓本高171厘米，宽93厘米。王恕撰文，阎仲宇书丹，秦纮篆额[①]，刘云立石。碑题“状元记”，碑文26行，满行50字，楷书。额题“状元记”，篆书。此碑专为表彰弘治十五年

---

①王恕（1416 — 1508），字宗贯，号介庵，陕西三原人，为弘治朝重臣，官至吏部尚书，《明史》卷一八二有传。阎仲宇（1441 ~ 1512） 字恭甫，陇州（今陕西陇县）人，弘治朝官至兵部尚书。1973年陇县出土《阎仲宇墓志》。秦纮（1425—1505），字世缨，山东单县人，弘治初曾任两广总督，此时在总制三边（延绥、宁夏、甘肃）军务任上，《明史》卷一七八有传。

（1502）陕西武功康海殿试夺魁而立。明清时期，全国经济文化重心在南方，殿试夺魁的荣耀几乎被江南才子所垄断，在陕西学子中则如碑文所说“麟角凤毛，希有罕见”，所以受到格外重视。为此，陕西地方大员不仅建“状元坊”于省城大街，而且竖此《状元记》碑于孔庙中，以期激励后学。此碑撰、书、篆额者，皆当时举足轻重之人物。20世纪50年代初，此碑被掩埋于孔庙院内。

《祭文宣王文》刻石：明弘治十六年（1503）刻。石为方形，高51厘米，宽54厘米。刻文17行，满行17字，楷书。此为“钦差镇守陕西等处地方御用监太监”刘云，为康海殿试第一、授翰林院修撰之事，不仅“镌记文于学宫，启后学之奋”，而且专刻此石，祈求文宣王孔子在天之灵“永庇群英”。当时应刻直接刻置于孔庙中。

《弘治挽词》碑：明正德元年（1506）刻。石为方形，高69厘米，宽80厘米。王云凤撰并书。刻文19行，行20字，楷书。碑文为弘治十八年（1505）王云凤为孝宗皇帝所写的挽词五首，系五言律诗。此王云凤（1465—1516），字应韶，号虎谷，山西和顺人，曾做过陕西提学副使。此石很可能是直接刻置于碑林的，背面被用来刻石经《尔雅》补字，这说明最晚在万历十六年（1588）石经补字时，它已在碑林。

《张璁等奏刻五箴》碑：明嘉靖七年（1528）刻。碑为横长方形，方趺，高98厘米，宽144厘米。碑文内容是杨一清、张璁等几位内阁辅臣的奏文。其文称：“皇上所注范氏心箴及程颐视、听、言、动四箴俱已刻石，乞敕工部于翰林院后堂空地盖亭竖立，以垂永久。仍敕礼部通行两京国子监，并南北直隶、十三省提学官摹刻于府州县学。”奏文还说：“皇上前所著敬一箴，发明心学，甚为亲切，宜与前五箴并传。合令工部将敬一箴重刻一通，设于亭中，五箴并节奏圣谕共六通，分别左右，以成一代之制。”据此可知，这组碑刻不仅立于翰林院，而且要求两京国子监和全国各府、州、县学都要摹刻。嘉靖九年（1530）西安府学、孔庙曾有过一次整修，记事碑文提及修建“府学圣制箴亭”，无疑是对府学中这组箴言刻石建亭保护，那么其刻石时间应在这次整修前不久。（图3-22）

《敬一箴》碑：明嘉靖七年（1528）刻。平首方趺，高206厘米，宽117厘米。明世宗朱厚熜撰并书。碑题“敬一箴有序”，碑文25行，行49字，楷书。文后所署“嘉靖五年”，应是朱厚熜撰就此箴、最早在北京刻石的时间，

图 3-22　碑廊中的《敬一箴》《范氏心箴》《程氏四箴》

刻于西安府学的时间应在嘉靖七年。

《程子四箴》碑：明嘉靖七年（1528）刻。凡 4 石，均为横长方形，方趺，均高 97 厘米，宽 144 厘米。视、听、言、动四箴为北宋理学家程颢所撰，朱厚熜注并书。每石刻文 4—13 行不等，行 8 字，楷书。其年款署“嘉靖六年”，应是其最早刻于北京的时间，刻于西安府学的时间应在嘉靖七年。

《范氏心箴》碑：明嘉靖七年（1528）刻。为横长方形，方趺，高 98 厘米，宽 142 厘米。心箴为宋人范浚撰，朱厚熜撰注并书。刻文 13 行，行 8 字，楷书。其年款署“嘉靖六年”，应是其最早刻于北京的时间，刻于西安府学的时间应在嘉靖七年。

《黄河图说》与《小黄河图》：明嘉靖十四年（1535）刻。《黄河图说》石高 226 厘米，宽 98 厘米。刘天和撰文并书写。刘天和，字养和，湖北省麻城人。嘉靖九年（1530）出任陕西巡抚，嘉靖十二年（1533）受命总理河道，嘉靖十五年（1536）改兵部左侍郎，总制陕西三边军务[1]。此碑阴线刻黄河下游及两岸地貌图，并附刻“国朝黄河凡五入运”“古今治河要略”“治河臆见”等

①《明史》卷二百《刘天和传》。

图 3-23 《黄河图说碑》

3 篇文字，应是刘天和治理黄河后再度任职陕西时直接刻石于碑林的。《小黄河图》是一块不规则的长方形残石，残高 48 厘米，宽 63 厘米，刻有黄河下游的河道，应是刘天和同时所刻的另一图碑的残石。（图 3-23）

《谕陕西官师诸生檄》：明嘉靖四十一年（1562）刻。凡 10 石，其中 9 石均高 36 厘米，宽 100 厘米，末一石高 37 厘米，宽 41 厘米。孙应鳌撰文，宗孝书。共刻文 495 行，行 17—21 字不等，楷书。此孙应鳌（1527-1586），字山甫，号淮海，贵州青平卫（今贵州凯里）人，明代理学家。嘉靖四十年（1561）出任陕西提学副使，对陕西教育颇有贡献，此石刻于其督学陕西之时。既然是训谕陕西官学师生，应是刻置于西安府学。

《华山诗》《观昭陵六骏碑》《讲院种柏记》《菊记》诸刻：这 4 种刻石均为孙应鳌撰文并书写，均刻于明嘉靖四十一年（1562），形制尺寸亦与《谕陕西官师诸生檄》相仿，均高 36 厘米左右，宽 100 厘米左右，应是孙应鳌督学陕西之时直接刻置于碑林的。

《松韶雅韵图》和《鲁司寇孔子像》：这两件图碑均刻于明嘉靖四十二年（1563），前者为孙应鳌画并题记，后者为孙应鳌题跋，与上述诸刻一样，应是其督学陕西之时直接刻置于碑林的。

《心学图碑》：明嘉靖年间（1522—1566）刻。现存拓本高 130 厘米，宽 62 厘米。上端刻“心学图”3 字，隶书。该图由 4 个圆圈图形和相关文字构成，圆圈中各刻一字，从上至下分别为“天”、“心”、“功”、“效”。每一图形下方，是其解释文字。《心学图》下方，刻敖英《心学图说》，凡25行，行18字，楷书。此敖英字子发，清江（今江西清江）人，嘉靖间曾任陕西提学副使。其文称此心学图的作者是当时正“按节关中”的“南川张子”，即时任陕西三边总督的张珩，其字佩玉，山西石州（今山西离石）人，其督陕时间在嘉靖二十二年至二十五年之间[①]。《心学图碑》很可能是敖英此时直接刻置于孔庙的。

《祛倦魔文》碑：明万历十二年（1584）刻。石为竖长方形，高95厘米，宽64厘米。申时行撰，李应春书并跋。分4栏刻，共83行，行13字，行书；跋文20行，行17字，楷书。此申时行（1535—1614），字汝默，南直隶长洲（今江苏苏州）人，为万历朝重臣，官至内阁首辅[②]。书者李应春在跋文中明白写道：“附立于西安郡学文庙古今碑次。”即直接刻置于碑林。

《唐石经补字》：明万历十六年（1588）刻。前文已述，这组补字刻石是对嘉靖关中大地震时遭到破坏的《开成石经》“文义断阙者，稽群书补之”。共刻96石，各石高、宽尺寸不等，其中17石为两面刻字，共有113面，补刻约53000余字。刻成后置于《开成石经》旁。

《九鸶图》：明万历二十一年（1593）刻于元《安西王盛德碑》碑阴。碑阴上截横刻右行“澹然亭”3大字，楷书；上款“耀州左思明书”，下款“蘭阳李梦麟刻”，左下角有小字跋文4行，已漫漶难识，仅存“……兹搜碑洞空石谨刻六十字以□万祀。万历癸巳儿史敬跋。”下截为石刻画一幅，系明代前期画家吕纪之《九鸶图》。此左思明，字季臣，陕西耀州人，明嘉靖间进士，做过永城县（今河南永城）令、河南府（今河南洛阳）通判。据跋文可知，此画及左思明书法，是左思明之子左史于万历癸巳（万历二十一年）刻于碑阴的。因为是“搜碑洞空石”而刻，所以孔庙和碑林中不少碑阴均刻有左思明书法，这里就不一一列举了。

《唐文襄公诗》：明万历二十七年（1599）刻。石为横长方形，高60厘米，宽121厘米。唐龙撰，侯予秀书，唐有誉跋。碑文分两栏刻，共29行，行9

①关于《心学图碑》的考证，参见路远《西安孔庙旧藏碑刻叙录》一文，刻于《碑林》集刊第15辑，三秦出版社，2009年。

②《明史》卷二一八《申时行传》。

—10字不等，行书，刻唐龙当年游荐福寺之五言、七言诗。此唐龙（1477—1546），字虞佐，号渔石，浙江兰溪人，正德年间曾做过陕西提学副使，嘉靖间做过总制三边军务，官至吏部尚书，谥文襄[1]。跋文者唐有誉是其玄孙。碑右下方附刻《太乙真人六字经并跋》，书者跋文有“北地李凤羽薰沐书于京兆郡庠之告天斋”一句，可知此碑当时刻置于西安府学。

《梅雪轩书晦翁不自弃文》：明万历三十四年（1606）刻。石为横长方形，高66厘米，宽161厘米。碑文分两栏刻，共51行，行12—14字不等，草书。《不自弃文》为宋人朱熹（晚号晦翁）所作，劝诫世人不自弃，不怨天尤人。书者朱进父，名敬鑑，字进父，为秦王朱樉之八世孙，梅雪轩是其斋号。其书以善学右军见称于当时[2]。此碑原立于朱氏家塾，崇祯十六年（1643）移置西安府学。

朱敬鑑书《千字文》《般若波罗蜜多心经》《金丹四百字》《金刚经》及《草诀歌》诸刻：这5种刻石均为朱敬鑑书，其形制尺寸不赘。其中《千字文》为草书，《般若波罗蜜多心经》为行书，《金丹四百字》为草书，均刻于万历二十七年（1599）；《金刚经》为行书，刻于万历三十三年（1605）；《草诀歌》为草书，亦为万历年间所刻。诸刻均为书法刻帖，以朱敬鑑秦王室后裔的地位和他当时的书名，应该是直接刻置于碑林中。

《张子西铭》：明万历四十六年（1618）刻。石为横长方形，高62厘米，宽100厘米。张载撰文，尹仲敬书并跋。刻文22行，行17字，楷书。张载系宋代理学家，《西铭》是他的一篇重要著作，原名《订顽》。书者尹仲敬在跋文中说：“此篇为理学第一文字，乃西安学宫碑碣如林而不及此，真是缺典”，于是他“正书刻石，以示多士”。这就是说，此碑是直接刻置于碑林的。

《关学碑》：明崇祯二年（1629）刻。现存拓本高182厘米，宽94厘米。文翔凤撰文，费甲铸书。碑题“关学碑”，碑文30行，满行73字，行书。所谓关学，是指宋代以家居关中的张载为代表的理学学派。碑文撰者文翔凤，字天瑞，号太青，三水（今陕西旬邑）人，系明末理学家，有《东极篇》《文太

①《明史》卷二〇二《唐龙传》。

②清·杨宾《大瓢偶笔》卷四《论唐代名家碑》之“论圣教序”条下，叙及朱进父，称“学圣教序得手者，自唐以来惟怀素、怀仁、郑善夫、文徵中、朱进父而已”。

青文集》《太微经》等著作行世。书者费甲铸，字子范，咸宁（今西安市）人。其为人旷逸不羁，不谈世务，好吟咏，工书画。明清之交，他曾在碑林中刻石多种。而此碑应是他直接刻立于西安孔庙中。20 世纪 50 年代初，此碑被掩埋于孔庙院内。

《赐杨嗣昌诗碑》：明崇祯十二年（1639）刻。圆首方趺，高 291 厘米，宽 91 厘米。明思宗朱由检撰并书。碑文 4 行，行 7—9 字不等，草书。这是崇祯皇帝为正在陕西督师的杨嗣昌亲撰亲书的一首诗。碑阴刻唐绍尧记文 23 行，行 46 字，楷书。当时，李自成、张献忠所率农民起义军正席卷中原、湖广、四川，杨嗣昌时任兵部尚书、东阁大学士，受命督师进剿[①]。唐绍尧记文中有“摹勒于学宫”之语，此碑应是直接刻立于碑林。

《摹圣教序并跋》：明崇祯十五年（1642）刻。凡 28 石，石为正方形，边长 80 厘米。每石刻文 10 行，行 9—10 字不等，行书。此刻系费甲铸以册页形式摹刻《集王圣教序碑》，便于拓本剪裱成册。帖末有陕西右布政使王育德跋文，明白写道：“明崇祯十五年四月九日蒙督学道井大师竖于文庙碑林。”

另外，明代整修碑林、孔庙及府县三学的记事碑刻，无疑是刻立于碑林、孔庙及府县三学的，也属碑林藏石。目前已知者有 11 种，其中现仍存碑林者 3 种；20 世纪 50 年代初做掩埋处理者 7 种，存拓本资料；还有 1 种已佚。这些碑刻在前文考述明代整修情况时，均已述及，这里仅以年代先后加以罗列：

《重修西安府学文庙记》：成化十一年（1475）刻，商辂撰，项忠书，马文升篆额。现存碑林。

《西安府重修学庙之碑》：嘉靖十一年（1532）刻，康海撰，刘储秀书，田登篆额。已埋。

《重修西安府儒学碑》：明嘉靖十二年（1533）刻，许宗鲁撰文。2005 年 8 月在西安碑林西侧府学巷修路时出土，府学巷即原西安府学旧址，此碑原应立于西安府学。现存碑林。

《陕西西安府县儒学先圣庙重修记》：嘉靖十五年（1536）刻，李时撰，管楫书，苏民篆额。已埋。

《陕西会城文庙附建名宦乡贤祠记》：嘉靖十五年（1536）刻，段炅撰，管

① 《明史》卷二五二《杨嗣昌传》。

楫书，苏民篆额。已埋。

《重修孔庙石经记》：万历十七年（1589）刻，王鹤撰。现存碑林。

《咸宁长安二县尹修葺文庙记》：万历二十二年（1594）刻，王道统撰。已埋。

《重修儒学碑》：周宇撰，碑已佚，刻立时间不详。与万历二十二年《咸宁长安二县尹修葺文庙记》同记一次整修，亦应此时刻立。嘉庆本《咸宁县志·学校志》有录文。

《秦贤宗建文庙亭坊记》：万历四十二年（1614）刻，洪翼圣撰。已埋。

《重修庙学记》：万历四十八年（1620）刻，王绍徽撰。已埋。

《重修文庙碑记》：崇祯九年（1636）刻，钱守廉撰。已埋。

通过以上梳理可知，除赵崡《石墨镌华》所著录的明代新入藏碑林的 13 种碑刻外，还应有 50 种（石数不计）明碑也是明代刻置于碑林中的。两项相加，明代可以考知的新增碑刻共 63 种，其中唐碑 7 种，宋碑 5 种，明碑 51 种。这样，在前文已经考证出的元代碑林藏石 66 种（有数种明代时已佚）的基础上，明代可考知碑林藏石已有约 130 种。毫无疑问，明代碑林藏石的实际数量肯定要大于此数。西安碑林现藏的明代碑刻有近百种，除上述可考知为明代刻置于碑林 50 种外，其他许多很可能也是当时西安的地方官员、秦藩王室及当地士绅刻置于碑林、孔庙和府县三学中的。然而，这些碑刻既不见于金石著作，碑石本身又未提供可资考证的线索，没有证据，不好妄加判断。

第四节　明代西安孔庙、府县三学和碑林的建筑

自明成化七年（1471）咸宁、长安二县学迁建于西安孔庙两旁后，便形成了以孔庙为中心，碑林和府、县三学三面环绕的建筑格局。从现有资料看，明代西安孔庙、府学及咸宁、长安二县学的建筑情况还是比较清楚的。然而，当时的纪事碑文在述及碑林时，文字却过于简略，吝惜笔墨，仅寥寥数语，一笔带过。关于当时以西安孔庙为中心的这一建筑群落总的状况，万历二十二年（1594）全面整修的纪事碑——周宇《重修儒学碑》，一开首便作了简明扼要的描述：

天下郡邑学宫建置，必师祀孔庙，制也。凡以重德报功，端表直影，一道术而兴士类也。吾西安居省会，郡一邑二，故学三而庙一。庙当城南门之东，宅巽离中，郡学掖而右，咸宁邑治在东，故学亦东，长安邑治在西，学亦在西。东学之东为启圣公祠，庙之后环列古诸石经、石刻，覆以步栏，陆离盘纡，港洞若洞署，俗谓之碑洞。洞后正南面建亭，奉崇敬一箴。而箴之东西学者，各为亭，尊制也。郡学明伦堂后，特峙尊经一阁，典籍藏焉。一庙三学，翼比朋翔，乔木联荫，清泮通流，宏规壮观，盖凡为学宫者，或鲜其俪。

这段文字记述得很清楚：这一组“学三而庙一”的建筑群，位于西安城南门之东，“宅巽离中”。这里的“巽”为卦名，作方位讲指东南，“离”也是卦名，作方位讲指南方，即它们处在西安城南与东南之间的位置。在该建筑群中，孔庙居于中心，府学“掖而右”，即在孔庙之右亦即在西侧，紧挨孔庙。咸宁、长安二县学按其邑治所在方位，分别坐落于孔庙和府学的东、西两侧，即咸宁县学位于东侧，长安县学位于西侧。在“东学之东”即咸宁县学东侧，还建有主祭孔子之父叔梁纥的“启圣公祠”[①]。当时有“碑洞”之称的碑林，则在“庙之后”，即孔庙北面，与孔庙处于同一中轴线上。下面，对这一建筑群的建筑状况分别加以考察。

首先，我们来看孔庙。明代整修纪事碑文对孔庙建筑的记述最多。综合其所述，孔庙中的建筑应有：大成殿、东西两庑、戟门、文昌祠和七贤祠（嘉靖之后为名宦祠和乡贤祠）、神厨（或称牲厨）、斋宿房、棂星门、泮池、泮桥以及朱惟𤊹所建木牌坊和碑亭。

关于这些建筑物的规格，只有大成殿和东、西两庑有文字可考。成化十一年（1475）《重修西安府学文庙记》碑称：

扩其旧址，首建大成殿七间，崇四丈有五，深五丈，袤九丈有二。两庑各三十间，崇深视殿半之，袤且数倍。

---

①元至顺元年（1330 年）加封孔子之父叔梁纥为启圣王，入明后改称启圣公。明嘉靖九年（1530），命国学及天下学校均建启圣公祠。

又据嘉靖十一年（1532）《西安府重修学庙之碑》，嘉靖九年整修文庙时，大成殿“覆瓦易以琉璃，阶陛围以石槛，两庑与戟门、棂星，更用新木，改以石柱”。这是大成殿覆设琉璃瓦的最早记载，殿前月台和阶陛，则围以石栏板。“改以石柱”者，当然不是两庑与戟门，而是指棂星门，也就是说，西安孔庙现存的棂星门，很可能是这次整修改为石门的。

嘉靖三十四年地震后，孔庙仍依其旧貌重建。万历二十二年（1594）周宇《重修儒学碑》述及整修经过时，列举的孔庙建筑有：“先殿庑、庭堂、门序，以及牲厨、诸舍，若启圣，若名宦、乡贤诸祠……”而崇祯九年（1636）明代最后一次整修文庙的记事碑称：

> 其殿七楹，东西庑各十九楹，启圣三楹，覆以琉璃，坚以材木，饰以丹垩。而棂星门、戟门、敬一亭、碑亭、牌坊，悉比于旧焕丽有加。

所记虽不甚具体，但主要建筑均已提到。大成殿为“七楹”即七间，较成化年间没有变化。东西庑“各十九楹”，则较成化年间的“两庑各三十间”发生变化，应该是东、西两庑开间的宽度加大了。这里的“启圣”，即前文提到的崇祀孔子之父叔梁纥的启圣公祠，其规格为“三楹”，即开间为三间，同样覆设琉璃瓦。由此可知，直至明末，西安孔庙建筑的格局和规制没有大的变化。

其次，我们来看府县三学。明代西安府、县三学的建筑情况，以嘉靖十二年（1533）《陕西西安府县儒学先圣庙重修记》碑记述最详。碑文说：

> 修于郡学者，为敬一亭、明伦堂各五栋，正门、次门各三栋，斋室有四，教授、训导廨五区，粟廪、吏屋九栋，横舍为八栋者十有二，墩墉为堵四百有九。修于二邑学者，为敬一亭、明伦堂、正门、次门各举三栋，教谕、训导廨各举三区，斋室、粟廪、吏屋各举六栋。横舍在咸宁者为栋四十六，在长安者为栋六十一。墩墉在咸宁者为堵百四十有奇，在长安者为堵百十有二。表三坊于外，而各有颜。

据此可知，府、县三学的建筑大致相仿，均有敬一亭、明伦堂、正门、次门、斋室、教授、训导廨（二县学为教谕、训导廨）、粟廪、吏屋以及横舍等，只是规格有别。所谓“栋”，原意是房屋的正梁，而这里作为量词来用的“栋”，犹如“楹”，应是指房屋的开间。“敬一亭”用于安放明嘉靖帝所撰“敬一箴”和其所注范、程五箴，应是府、县三学之明伦堂后各建一亭。明伦堂是各学的中心建筑，其名出自《孟子·滕文公上》：“夏曰校，殷曰序，周曰庠，学则三代共之，皆所以明人伦也。”这里的“斋室”，应该是教授、教谕为学生讲学的处所。此外，还有教授、教谕、训导办公和居住的廨宇及其他附属建筑。

府、县三学中均有数量可观的所谓“横舍”。府学有“为八栋者十有二”，即 12 座八开间的“横舍”，共计 96 间；咸宁县学“为栋四十六”，即有“横舍”46 间；长安县学“为栋六十一”，即有“横舍”61 间。此“横舍”当是供各学生员住宿和平日自修的学舍。碑文还特别列举了府、县三学的“墩墉”即围墙的数量，所用的单位为“堵”，计西安府学围墙“为堵四百有九”即 409 堵，咸宁县学“为堵百四十有奇”即 140 堵，长安县学“为堵百十有二”即 112 堵。虽不能据此准确推算出三学各自的占地面积，但仍可对其规模有个大致了解。另外，碑文说“表三坊于外，而各有颜”，是说府、县三学门外各立有一座牌坊，且外观并不雷同。

最后，我们说说碑林。关于明代碑林的建筑情况，明代诸种重修纪事碑文中，只有两篇有所涉及，且很不具体。其一是成化十一年（1475）《重修西安府学文庙记》，碑文曰：

> 及殿后汉唐石刻之属，旧覆亭宇，咸增新之，饰以丹漆，加以藻绘，高卑大小举以法，无复昔时之陋。

其二是万历二十二年（1594）周宇《重修儒学碑》，碑文曰：

> 庙之后环列古诸石经、石刻，覆以步栏，陆离盘纡，巷洞若洞署，俗谓之碑洞。

所记碑林建筑，前者曰“亭宇”，后者曰“步栏”。这里的“亭宇”，不是指狭义的亭子，应是泛指屋宇。而“步栏”，应作步榈，也作步檐，原意是走廊，这里也应泛指廊庑建筑。结合对前代碑林建筑的考察，我们可以认为，明代碑林的建筑格局和陈列形式与宋、金、元时期相比基本未变：被覆于碑廊中的《开成石经》，从三面环绕着居于中心位置的《石台孝经》亭，而唐宋以来的其他碑刻，则分布于两者之间，亦从三面环列于《石台孝经》亭周围。

第五节　“碑林”称谓之由来

碑林虽然形成于北宋，但“碑林”这一称谓却出现得很晚，一直到了明代才见诸于金石著作和碑刻题记。所以，笔者将关于“碑林”称谓的这段文字，单独作为一节，归于明代碑林这一章。

碑林在其很长的一段历史中，并不是独立存在的，直至清末，它一直附属于西安孔庙和府学。在“碑林”称谓出现之前，文献中凡述及碑林的，多以“唐石经”统称之。涉及到具体碑刻时，则言其“在文庙”“在府学”。即便在“碑林”称谓出现之后，如毕沅《关中金石记》、毛凤枝《关中金石文字存逸考》等金石著作，在著录碑林藏石时，仍然称“在西安府学”。

只有一个例外，那是在碑林形成后不久的金代。金正隆五年（1160）《重修碑院七贤堂记》碑，记载了遭宋金之交战乱破坏后碑林的状况和对它的整修，这是碑林形成后第一次有正式记载的整修。对当时的碑林，碑题称之“碑院”。碑文也说得很清楚：“宣圣殿后，旧有玄宗序注孝经石台并文宗群经碑院一区。”残文中还提到“蝌蚪篆隶，龟趺龙首之属”。可知在金代对刚形成不久的碑林有“碑院”之称。不过，它见于文献记载仅此一例，金元两代的其他纪事碑已不再提到“碑院”，说明它使用的时间很短，未被后代认可和接受。

图 3-24　《大智禅师碑》碑阴所刻明人题记（拓本）

迄今所知最早出现“碑林”称谓的，是碑林现藏唐史维则书《大智禅师碑》碑阴所刻的一则明人题记（图 3-24）。这则题记字很小，不大引人注意。其文曰：

右西安府学碑林所刻记者四人，

书者不知为谁，岂得米氏之传者乎？弘治壬戌岁夏四月十一日，陕省左参李赞过学遍阅题此。

此“陕省左参”李赞不见于史籍，其题记亦不知所云，似在说旁边那则宋宣和四年（1122）王云等人的题记，书者的书法得米芾之传。然而重要的是，文中有“西安府学碑林”句，却是迄今所知最早使用“碑林”称谓的。其年款署“弘治壬戌岁”，即弘治十五年（1502）[1]。

金石著作中最早使用“碑林”称谓的，是成书于明万历年间的赵崡《石墨镌华》。他在卷首“自叙”中写道：“余居近周秦汉唐故都，诸名书多在焉，西安泮宫碑林为最。”这里的“西安泮宫”，是指西安孔庙和府学，在他眼里，碑林是附属于庙学的。赵崡“自叙”署“万历戊午”即万历四十六年（1618），应是《石墨镌华》成书之年。这比《大智禅师碑》碑阴李赞题记，晚了 100 余年。

也是在万历年间，还出现了“碑洞”之称谓。它最早见于万历二十二年（1594）周宇所撰《重修儒学碑》[2]，前文已引用过其述及碑林的那段话：“庙之后环列古诸石经、石刻，覆以步栏，陆离盘纡，港洞若洞署，俗谓之碑洞。”很可能，“碑林”和“碑洞”两种称谓差不多同时出现，在当时都是民间俗称。

“碑林”称谓正式出现在整修纪事碑文中，已到了清代，最早见于康熙五十九年（1720）《重修西安府学碑林记》碑。到了乾隆年间，依然是“碑林”“碑洞”两种称谓并用。碑林现藏乾隆十六年（1751）《石刻拔萃》碑，其碑题即为“西安府碑洞石刻目录”（“石刻拔萃”为其额题）。刊行于乾隆四十六年（1781）的毕沅《关中金石记》，述及碑林时称：“西安府学大成殿后，旧为碑林，今称碑洞。”[3]可知当时二者是混用的。

称之“碑洞”，是取其碑石众多，排列密集，回环幽深；称之“碑林”，也是喻其碑石众多，比肩而立，蔚然成林。这两种称谓显然都比从建筑格局着

①《大智禅师碑》是书法名碑，受关注的是史维则的书法，其碑阴除了同样是史维则所书的那则《大智禅师碑阴记》外，其余 7 则宋代至明代的题记，很少有人关注。最早著录此碑碑阴题记的，是张伯龄《〈唐大智禅师碑〉考释》，刊于《碑林》集刊第四辑，陕西人民美术出版社，1996 年。

②此碑已佚。乾隆本《西安府志·学校志》“府学”条下有此碑录文。

③清·毕沅《关中金石记》卷四“石刻十二经及五经文字九经字样”条下。

眼的“碑院”要好。可哪一种更好呢？历史做出了选择。自清嘉庆之后，“碑林”之名逐渐风行。嘉庆十年（1805）西安知府盛惇崇整修碑林，立纪事碑《重修西安府学碑林记》。道光二十一年（1841）陕西巡抚富呢扬阿整修碑林，立纪事碑《复修碑林记》。可见至嘉庆、道光间，“碑林”已成为官方认可的正式称谓。

总之，“碑林”称谓的产生和最后确定，比碑林本身的形成经历了更长的时间。自清代乾嘉之后，随着金石学的鼎盛，“西安碑林”遂名闻天下。而且，其他地方收藏和保护古代碑刻的场所，也开始称“碑林”，如曲阜孔庙碑林，镇江焦山碑林等等。直到今天，不少地方将现、当代人的书法作品及纪念性文字汇刻于一处，也纷纷以“碑林”名之。虽然某些现代碑林遭人诟病，有滥竽之嫌，但亦可见“碑林”这一称谓还是颇具魅力的，它不仅经受了时间的考验，还跨越了空间，在更广的地域范围内为更多的人所接受。

第四章

清代的碑林

中国历代封建王朝的终结，大抵两种原因，一是农民起义，一是外族入侵，而明王朝的灭亡，是二者兼而有之。当年清军入关，收拾残局，进而建立对全中国的统治，这对汉族人来说，当然有亡国之痛，不论是明朝的遗老遗少也好，还是李自成、张献忠的农民起义军也好。然而从中国历史发展的全局看，清朝之取代腐朽已极的明朝，却并非就是一件坏事。满洲铁骑在以武力征服全中国的同时，也从白山黑水之间挟带着一股质朴清新的空气，对明末腐败黑暗的社会，起到了一定的净化作用。入关之后，满族统治者采取了颇为有效的收买政策，极力以高官厚爵收买汉族官僚地主，建立起以满洲贵族为核心的所谓满汉一体的政权。加之清初诸帝勤勉务实，励精图治，很快便扫除南明残余势力，平定三藩之乱，收复台湾，开发和巩固了边疆，实现了全国统一，并使遭到战乱破坏的社会经济得到了恢复和发展。

清王朝虽然给中国带来了一百多年的和平与秩序,但它没有改变也不可能改变传统的中国封建社会本身，不可能改变秦汉以来的中国封建官僚政治制度。也就是说，产生明末黑暗腐败的社会基础和上层建筑都没有变。满族入关后所建立的，仍是与明朝一样的绝对专制的中央集权体制，中央政府和地方政权的模式与明朝也基本相同。正因为如此，当这一权力结构重新正常运转后，其自身所难以克服的种种弊端便再度出现并一发不可收拾：从乾隆后期开始，由于土地集中日益严重，统治阶级奢侈腐败，各级官吏贪污成风，阶级矛盾和民族矛盾愈加尖锐，清王朝走向了无法挽回的败落，开始陷于长期积弱的局面。所以，当 1840 年鸦片战争爆发、英国人用炮舰轰开中国大门时，这个号称天朝之国的庞然大物，面对洋人的坚船利炮，面对数千名横冲直撞的英军，竟然束手无策，它的根基已被大大小小的贪官蛀空，财政虚耗，军备废弛。之后，西方列强接踵而至，中国则一步步走向被宰割、被瓜分的境地。其间虽有所谓“同治中兴”，虽有李鸿章、张之洞、左宗棠们的洋务新政，虽有康有为、梁启超、谭嗣同们的变法维新，但终究无回天之力。这个古老的国家所面临的，已不是改朝换代、江山易姓，而是“三千年未有之大变局”。行将灭亡的已不仅仅是腐朽的清王朝，而是秦汉以来延续了两千多年的封建专制的老大帝国本身。

第一节　清代金石学的鼎盛与碑林的发展

满族人入关之前，汉化程度已相当高。入关之后，满族上层统治者积极接受汉族传统的儒学文化，在学校教育和科举制度方面，完全沿袭明朝之旧。这对清政权的建立和巩固，争取汉族士大夫阶层的支持，起到了重要作用，同时也在客观上为清初学术的发展创造了条件。清初顾炎武、黄宗羲、王夫之等一代巨儒，上承明末以来的社会批判思潮，思想解放，讲求经世致用之学，他们那种注重考据、朴素求实的学风，对整个清代学术的发展有着深远影响。然而，清统治者的文化政策最基本的出发点，是维护和强化其政治上中央集权的专制统治，而不是学术的发展。作为文化相对落后的少数民族统治者，面对底蕴深厚的汉族传统文化，他们在主动吸纳、归化的同时，内心必然是虚弱和不自信的，这就使其文化政策带有更为强烈的专制色彩。

秦始皇曾有焚书先例，明太祖朱元璋也曾大兴文字狱，但与清朝统治者的作为相比，他们应该自愧弗如。清政府为了加强思想统治，打压汉人的民族意识，把凡被认为对其统治不利的书籍，均列为禁书，下令焚毁。到了乾隆皇帝更是登峰造极，他借编辑《四库全书》之机，搜罗、删改、焚毁一切不利于清朝集权专制统治的典籍。据统计，仅乾隆一朝被焚毁的禁书，便有 71 万卷之巨，篡改、删节的书籍更难以计数。清代的文字狱较明代更为严酷和野蛮，康熙、雍正、乾隆三朝，能见于文字记载的就有八十余案。如康熙二年（1663）的庄廷鑨《明史》案，因被指责其中有反满言论，不仅已故刊刻者庄廷鑨被开棺戮尸，其他如刻印者、作序者、校阅者，乃至售书、藏书者，均被株连，被杀 72 人，充军流放达数百人。如此野蛮的文化专制主义，无疑严重地阻碍着学术的正常发展。

在这种文禁森严、冤狱不断的大气候下，清初带有社会批判色彩的经世致用之学，当然难以立足。加之从康熙中叶开始，社会经济逐渐恢复，清朝统治趋于稳定，民族矛盾和阶级矛盾逐步缓和，中国人又进入一个新的“暂时做稳了奴隶的时代”。于是，文字狱下惴惴不自保的知识界，收回了正视现实社会问题的批判的目光，他们不谈义理，畏避时讳，一头钻进了故纸堆，辨章学术，考镜源流，埋头于古籍的考证和整理，作起考据训诂的文章来。这种考据之风至乾嘉时期达于极盛，所以后世亦称清代考据学为“乾嘉之学”。

事物均有其两面性。清代统治者严酷的文化专制，无疑禁锢了思想，摧残了文化，阻碍了社会的进步，然而，却有促进清代考据学发展繁荣的另一面。此正如梁启超所言：“凡主权者喜欢干涉人民思想的时代，学者的聪明才力只有全部用去注释古典。欧洲罗马教皇权力最盛时，就是这种现象。我国雍、乾间也是一个例证。”①凝聚了一代学术精英“聪明才力”的清代考据学，不仅是一种治学方法，而且形成一门独立的学问，并成为清代学术的主流。

如果说宋代理学的兴起，是对自汉迄唐固守章句训诂的传统经学的批判，那么专事考据的清代乾嘉之学，则是对盛极而衰、至明代已陷于空疏的程朱理学的反动和对汉学朴实传统的回归。这就是为什么清代经学家每每扬起汉学之幡，以区别于宋学。乾嘉之学就是以训诂考据为特征的经学，但其考据的对象又不完全局限于儒学经典，而是以经书为主，旁及小学、音韵、天算、地理、金石、乐律、典章、制度、校勘、辑佚等等，治学范围相当宽泛。在清朝文化专制主义的高压之下，知识界将其能量全部都转而投向古学整理的领域中了，所以乾嘉时期学术界巨子荟萃，而且个个成就斐然，留下了至今遗惠无穷的丰富著作，形成了一个庞大的学者群，诸如惠栋、戴震、纪昀、章学诚、段玉裁、钱大昕、孙星衍、焦循等等。即便只将其中著名者列出，也是长长的一串名字，用“群星灿烂”来形容，一点儿也不过分。这是中国传统儒学两千多年发展嬗变历程中最后一个高峰。

当然，乾嘉之学完全脱离社会现实，终日在古书中寻章摘句，训诂名物，其局限性显而易见。但决不能因此而否定乾嘉时期的学者们在整理和保存古典文献方面的巨大贡献。时至今日，不论从事哪个领域的研究，当我们翻阅古籍，搜寻历史资料时，都会感受到前贤们的遗惠。从道光中叶即鸦片战争前后开始，乾嘉之学盛极而衰，被继之而起的清代今文经学取代。其代表人物魏源、龚自珍等以“公羊春秋”为理论武器，抨击社会弊端，鼓吹改革。到了清末，更有康有为等集晚清今文经学之大成，标榜孔子改制，宣扬维新变

①梁启超《中国近三百年学术史》，东方出版社《中国文库》版，2004年，第22页。

法。不过，此时的中国所面临的世界已发生了巨大变化，在西方资本主义列强的侵略和近代工业文明的冲击之下，传统儒学似乎已走完了自己的路。当时先进的中国人已不再从传统儒学中去寻找理论武器，而是把目光投向西方，开始学习西方先进的社会学说和自然科学，企图以此来改造中国社会，挽救国家危亡。进入20世纪后，则有以五四运动为标志的新文化运动，对中国传统的儒学文化进行了彻底的批判和清算。可以说，清代乾嘉考据之学的兴盛，是中国传统儒学临终前的回光返照，是在“三千年未有之大变局”到来之前，对中国传统文化的一次大规模的回顾和清理。

清代乾嘉之学的鼎盛，使兴起于宋代、元明时期一度中衰的金石学，获得了再度复兴和空前发展的机遇。清代的大学问家几乎个个偏爱金石之学，且多有著作传世。清初顾炎武之《金石文字记》，朱彝尊之《曝书亭金石文字跋尾》等，精于考证，用金石资料证经订史，开风气之先。从乾隆朝开始，在乾嘉学派影响下，清代金石学进入了它的黄金时代。与宋代金石学相比，清代金石学研究的范围更加广泛。除传统的碑刻、铜器铭文、钱币、玺印等铭刻资料外，其他如镜鉴、兵符、玉器、砖瓦、封泥等，均在研究视野之内。附庸风雅的乾隆皇帝，命儒臣录内府所藏铜器四千余件，编纂《西清古鉴》《宁寿鉴古》《西清续鉴甲编》和《乙编》，对古器物研究的复兴起了推波助澜的作用。

清代金石学著述可谓浩如烟海。据民国宣哲《金石学人录》统计，有清一代金石学者达1058人。又据民国容媛《金石书录目》，清代金石著作流传下来的有906种[①]，远远多于北宋至明代的总和。就碑刻方面的著作而言，除上文提到的顾炎武和朱彝尊的著作外，存目、跋尾者有钱大昕《潜研堂金石文字目录》八卷、《跋尾》二十八卷，武亿《授堂金石跋》二十四卷，孙星衍、邢澍《寰宇访碑录》十二卷，吴式芬《金石汇目分编》二十卷，缪荃孙《艺风堂金石文字目》十八卷，罗振玉《雪堂金石文字跋尾》等；辑录碑文者有陈奕禧《金石遗文录》十卷，吴玉搢《金石存》十五卷，黄本骥《古志石华》三十卷，端方《陶斋藏石记》四十四卷等；专记一地之碑刻者有毕沅《中州金石记》五卷，《关中金石记》八卷，阮元《两浙金石记》十八卷，毕、阮二人

①转引自朱剑心《金石学·通论》，商务印书馆1948年第2版，第60-63页。

合著《山左金石志》二十四卷，杜春山《越中金石记》十卷，武亿《偃师金石记》四卷等；专记一代之碑刻者有翁方纲《两汉金石记》二十二卷，王懿荣《汉石存目》，缪荃孙《辽金石存目》，黄本骥《元碑存目》等。此外，还有集存目、录文、跋尾等于一身的集成性著作，如王昶《金石萃编》一百六十卷及其《续编》《补略》《补正》，陆增祥《八琼室金石补证》一百三十卷，均堪称集大成的古代碑刻资料汇编。至于古代碑刻的通论性著作，则首推清末叶昌炽《语石》十卷最为精博。

在铜器等其他古器物和金文的研究方面，重要的著作有阮元《积古斋钟鼎彝器款识》，吴式芬《捃古录金文》，方浚益《缀遗斋彝器款识考释》，以及李佐贤《古泉汇》，陈介祺《十钟山房印举》，吴大澂《古玉图考》等。

到了清末民初，随着殷墟甲骨、敦煌汉简等各类古物出土日多，金石学的研究领域更加扩大，已经超出了金石学最初的含义。孙诒让《契文举例》，罗振玉《殷虚书契考释》，王国维《殷卜辞中所见先公先王考》，以及罗振玉、王国维合著之《流沙坠简》等，便是这些新研究领域中开创性的成果。如果说乾嘉之学是对中国古代典籍的一次大规模的整理，那么清代金石学则是对当时所能发现的古代遗物——中国历史文化的实物资料的清理和再认识。当以田野调查发掘为基础的西方考古学理论和方法传入中国后，在金石学基础上创建中国近代考古学，便顺理成章了。

清代金石学之鼎盛，对西安碑林的发展无疑产生过重大影响。纵观碑林历史，北宋和清代是两个重要的发展时期，其原因均与当时金石学的兴盛有关。北宋金石学的兴起，促进了碑林的形成和初步发展，这应是碑林发展史上的第一个峰期。金、元两代，碑林的发展处于低谷，在当时的历史条件下，碑林能够维持和延续，已属不易。明代碑林虽然藏石有所增加，但亦无明显发展，贡献平平。而从金元到明，恰好也是金石学的中衰时期。随着清代金石学的复兴和鼎盛，西安碑林也走出低谷，迎来了其发展史上的又一个峰期。

清代碑林的发展，主要表现在藏石的数量大幅度增加，藏石的种类日趋多样化。如前文所述，北宋之后，金、元两代碑林藏石变化不大，只增加了一些当代碑刻。据骆天骧《类编长安志》，并与其他资料相互比照，可知元代碑林藏石在 70 种左右。又据赵崡《石墨镌华》，可知明代碑林新增唐碑 7 种，宋碑 5 种，加上 50 余种当代碑刻，明代碑林藏石应该已有 130 种左右。清代入藏碑林的唐宋碑刻不多，数种而已，新增加的大多是当代碑刻，诸如建庙、修学、筑城、开渠等纪事碑，及名人书帖、诗文、记赞、箴铭格言、线刻画等刻石。清代金石著作著录碑林藏石，一般只录唐宋碑刻，至多下沿到元代，无法反映当时碑林藏石总数。民国初 1914 年，陕西省立图书馆编《图书馆所管碑林碑目表》，收历代碑刻 172 种 961 石，其中明清碑刻只是有选择地录入。1935 年张知道《西京碑林》一书所列碑目是一份全目，计 494 种 1424 石。可以肯定，这些碑刻绝大多数清末已在碑林，将其与前代相比，清代碑林藏石增加的幅度是相当大的。此外，从藏石的种类看，清代碑林藏石除碑石、石经外，增加了墓志、石刻造像、经幢、石刻线画等新品类，文化内涵更加丰富。

与藏石数量大幅度增加相应，清代碑林的保护性建筑也有很大扩展，碑刻的陈列形式更加合理。尤其值得注意的是，清代的碑林虽然依旧附属于西安孔庙和府学，但其独立性在逐步增强。乾隆三十七年（1772）毕沅大规模整修碑林之后，由巡抚衙门直接派员进行管理，“掌其启闭”“任人观览”，这种管理办法一直延续到清末。这是一个重要象征，标志着碑林已不再仅仅作为孔庙、府学的附属存在，它开始朝着向社会开放的独立的文化机构转变。这一实质性的变化发生在乾隆朝，同样可以用金石学之鼎盛来解释。

第二节　清代对碑林、孔庙和府县三学的整修

清代之前，碑林的整修往往是孔庙、府学整修的一部分，而从清代开始，对碑林、孔庙和府县三学的整修一般都是分开进行。整修孔庙和府学，似乎是总督、巡抚等地方大员的专利，咸宁、长安二县学的整修则由二县长吏主持。碑林单独进行整修，专门立碑记事，这也反映它碑林已不仅仅是孔庙、府学的附属，而是愈来愈具有独立性。由于整修是分别进行的，所以次数就多。有清一代 267 年间，对碑林、孔庙和府县三学的整修有文字可考的共 14 次，其中 4 次专门整修碑林。这些整修大都立有记事碑。但有关孔庙和府县三学者，有的已佚，只在方志资料中留有简略的记载；其未佚者，也在 20 世纪 50 年代初，被原陕西省博物馆掩埋于孔庙院内，好在有拓本资料留存。目前仍

陈列于碑林者，是整修碑林的3块记事碑。本节即根据这些碑刻（或拓本）和方志资料，参考其他历史文献，对清代西安碑林、孔庙和府县三学的整修情况，做一个概要的回顾。

一、顺治年间（1644—1661）的整修

顺治二年（1645）正月十二日，清军攻占潼关。十三日，李自成“遂弃西安，由龙驹寨走武冈，入襄阳，复走武昌”①。5天后，清军占领西安。至当年二月，陕西全境已为清军控制。顺治朝的18年，基本上是在对南明势力和李自成、张献忠农民军余部的战争中度过的。顺治之初，清朝在陕西的统治亦险象环生。就在顺治二年十二月，原李自成部将、后投降清军的贺珍，在汉中重举义旗，出连云栈，攻占凤翔，一时关中各州县纷纷响应，引发了席卷陕甘的抗清高潮。十二月下旬，贺珍部联合孙守法等关中义军围攻西安城，被镇守西安的清川陕三边总督孟乔芳击败②。然而，就在顺治朝这并不太平的18年间，西安孔庙和府县三学竟有过6次整修。虽然规模都不算大，且有地方官借此猎取崇儒虚名之嫌，但从这一个小的局部仍可看出，清统治者入主中原之初，在镇压汉族民众反抗的同时，极力争取和笼络汉族士大夫，为巩固其统治网罗人才。

1. 顺治三年（1646）重修庙学

这次整修是在清军占领西安的第二年，即孟乔芳击退贺珍围城后不久。主要资料是顺治三年（1646）所立《重修庙学记》碑。此碑杨儆撰文，邵震元篆额，华开先书。杨璥署衔“陕西提督学政按察司佥事”。碑文称“余来视学兹土，祗□先师，环瞻殿宇，倾圮荆蓁”，即孔庙殿宇已残破失修。逢当时的陕西巡抚雷兴，于“丙戌仲春”即顺治三年二月来文庙参加释奠礼，“目睹咨嗟，慨志修饬”，并“捐俸伍拾金为诸僚倡，属吏暨乡士景高风者，咸乐助之，汇数百金”。杨璥受命具体负责工程。关于整修本身，碑文仅寥寥数语：

---

①《明史》卷三一九《李自成、张献忠传》。

②《清史稿》卷二三七《孟乔芳传》。

作之平之，既涂既雘；笾豆簠簋，修其残缺；管龠笙镛，考其遗亡；庙貌改观，芹藻壮丽，而西安之学遂焕然聿新矣。

碑文未说明工程的起止时间，不过文末所署立碑时间为“顺治三年岁次丙戌黄钟月吉旦”。所谓“黄钟月”，指仲冬之月，即阴历十一月，可知此役当在顺治三年雷兴参加释奠礼的仲春二月至仲冬十一月之间进行，时间不会太长。整修的范围，碑题称“重修庙学”，但从碑文内容看，主要是文庙，也可能涉及府学，因碑文表述太略，难知其详。而且署名官员既有总督孟乔芳、巡抚雷兴，也有西安知府，咸宁、长安知县以及府学、二县学教官，那么孔庙和府、县三学一并整修的可能性也不能排除。不过碑文只字未提碑林，似不在整修范围之内。

然而，恰好就在此次整修的顺治三年，也是这位杨璥，将费甲铸以兰州肃府本摹勒上石的《淳化阁帖》刻置于西安碑林，共计 145 石，289 面（图 4-1）。这是清代对西安碑林的重要贡献之一。这样一部大型书法刻帖刻置于碑林，肯定会覆以保护性建筑，可能还会因此对碑林原有格局加以改动。也就是说，此

图 4-1　展室中的清刻《淳化阁帖》

次整修的范围很可能也包括碑林在内。

此杨璥，字执玉，顺天宛平（今北京城西南）人。明崇祯十六年（1643）进士。明亡后降清，授礼部主事。清顺治二年（1645）任提督陕西学政。此次整修后顺治四年离陕，任山西布政使司参议。后来，还做过江南布政使司参政、河南布政使司参政等。

这次整修的倡修者雷兴，辽东人。明末时投后金努尔哈赤，以诸生选直文馆。汉军旗制定，隶正黄旗。顺治二年任陕西巡抚，是入清后首任陕西巡抚，任职至顺治四年[①]。碑末与雷兴一同署名的孟乔芳，字心亭，直隶永平（今河北卢龙）人，是清朝开国时期功绩显赫的人物。清军入关前便已投靠皇太极，顺治二年四月起任陕西三边总督，平定四川后，又兼督四川，称陕川总督[②]。他治陕九年，平定各种反清势力，在地方上实现了初步的安定。

2. 顺治六年（1649）重修孔庙

记载这次整修的是顺治七年（1650）《重修文庙碑记》。此碑由霍达撰文，费甲铸书，王乃牧篆额。从碑文看，这次修的只是孔庙。碑文写道：

> 大总制孟公乔芳，大司农王公朱用，大中丞黄公尔性，三公祖秉钺督镇，忠君爱民，劳瘁悉备，狐举潜消，士民安堵者。顺治己丑，总制孟公祖□出督师，二公长至日拜庙，阅殿楹、两庑、泮水、宫墙，渐为倾圮，怆焉兴怀，各捐俸五十金，命西安府学广文杨先春董葺。损者易栋，缺者增补，风雨妒蚀者妆颜。绀宇琉甍，靖白云而亘起，丹栅碧树，映泮水以澄鲜。

三年前刚刚修过，孔庙建筑的老化也未免太快了，才三年时间竟又破败倾圮得让新任巡抚“怆焉兴怀”了。从所耗资金看，只提到王、黄二人“各捐俸五十金”，所用时间，则碑文称“三越月而事竣”，可见工程量并不大。可以说，这是在顺治三年整修庙学的基础上，对孔庙又重加粉饰。因前任巡抚雷兴已调任，新任巡抚黄尔性大概也想在自己任上留下一个捐俸修庙的好名声，于是稍加修葺，便立碑记事。明清两代，这种情况颇多，虽则无聊，但

---

①《清史稿》卷二三九《雷兴传》。

②《清史稿》卷二三七《孟乔芳传》。

在客观上对保护文化遗产无疑是有好处的。黄尔性，辽东盖州（今辽宁盖县）人，他是顺治四年接替雷兴出任陕西巡抚的[①]。具体主持整修者，是“西安府学广文杨先春”。所谓“广文”，是明清时期对儒学教官的泛称，这位杨先春应该是西安府学教授。

3. 顺治八年（1651）重修长安县学

有关此次整修的资料出自地方志。雍正本《陕西通志·学校志》“长安县学”条下记曰：“本朝顺治八年，知县樊鸿选、训导张宏业重修有记。”[②]嘉庆本《长安县志·学校志》“县学”条下则记曰：“顺治八年，知县樊宏、训导张宏业重修。泮池旧在大门外，顺治八年训导张宏业改凿于仪门内。……春风化雨坊在泮池上，顺治八年训导张宏业建。”[③]

两志所记的时间相同而知县不同。查嘉庆本《长安县志·职官表》，樊鸿选是顺治四至八年任知县，樊宏是顺治八至十二年任知县[④]，重修县学的顺治八年，恰好是他们交接之年，二人都可能正在任上，不知两志哪个记载正确，也许二人都参与了县学的重修。训导张宏业则是整修工程的具体负责人。关于整修内容，志书只提到县学内改凿泮池和修建“春风化雨”坊，因记事碑亡佚，整修的详情无从知晓。

4. 顺治十年（1653）重修西安府学

此次整修也只见于方志资料。雍正本《陕西通志·学校志》“西安府学”条下记曰：“本朝顺治十年，提学田厥茂重修有记。”[⑤]乾隆本《西安府志·学校志》“府学”条下亦记曰：“顺治十年，提学使田厥茂即明代旧址增建。”[⑥]据此我们只能知道，顺治十年曾有过一次重修西安府学之举，而且是在明代原有基础上“增建”，并立有记事碑，可惜此碑不知所终。田厥茂，字心耕，山西蒲州（今山西永济）人。顺治三年进士，顺治七年（1650）“以参议道督学陕西，绝苞苴，严请托，公明大著……在任三载，表扬忠节，名教赖以维持”，

①雍正本《陕西通志》卷二三《职官四》。
②雍正本《陕西通志》卷二七《学校》“长安县学”条。
③嘉庆本《长安县志》卷一七《学校志》“县学”条。
④嘉庆本《长安县志》卷八《职官表》。
⑤雍正本《陕西通志》卷二七《学校》“西安府学”条。
⑥乾隆本《西安府志》卷十九《学校志》“府学”条。

在地方颇有政声，后升任福建布政使[1]。田厥茂所主持的重修西安府学，虽然记事碑已不存，具体情况不明，但很可能是清代初年对府学的一次实质性的整修。

5. 顺治十一至十二年（1654—1655）重修咸宁县学

嘉庆本《咸宁县志·学校志》“县学”条载：“皇清顺治十二年，邑令昆山余国柱捐俸庀材，绅衿各输赀助工，而堂序为之一新。邑人韩文镜有记。”其后录有韩文镜碑文。文曰：“昆山余公来至吾邑……见桥门颓圮，公毅然曰：是予任也。……遂倡议修葺，聚材鸠工，为费不赀，皆出公俸，余佐政诸君及广文先生，亦莫不同心勷成。饬旧补漏，古初雄丽之观于焉复睹。”[2]关于整修的时间，文中说：“工兴于甲午之夏，告竣于乙未之春。”即从顺治十一年夏到十二年春，历时近一年。仅从工期看，这次重修规模大概不小。可惜碑文所记太略，未涉及整修的具体项目。雍正本《陕西通志·学校志》也记载了这次整修[3]。此余国柱，字石臣，苏州昆山人，顺治四年（1647）进士。

6. 顺治十七年（1660）整修孔庙

这已是顺治年间第三次整修孔庙了，倡修者是当时刚上任的陕西巡抚张瑃。此公倒也厚道，修完后并未立碑，是康熙四年（1665）继任巡抚贾汉复立碑追记的。贾汉复所撰《重修西安府文庙记》碑称：

> 癸甲之交，城既破甑，庙□□草。伪逆□之，先师九天之鉴弗歆，其牢礼嗣？人民狼狈，衿佩流离。虽幸鼎初底定，财用匮诎，抚兹土者不忍以土木役众。迨三韩张大中丞，乃倡捐输而为之。予昔在豫，□□用事于文庙矣。其会城灾于□泥淤数仞，官民之宇，不可踪迹，矧□庙祀。今见西安庙学，而深为雍州幸也。……工成于顺治庚子秋，未有记。雍人士念于予，求载事以纪其功，并告将来，乃仰记为之。

碑文对整修本身未作具体记述。这位整修后未树碑留名的张瑃，字伯珩，

---

①雍正本《陕西通志》卷二三《职官四》；卷五二《名宦三》有田厥茂小传。
②嘉庆本《咸宁县志》卷一三《学校志》“县学”条。
③雍正本《陕西通志》卷二七《学校志》“咸宁县学”条。

阳城（今山西阳城）人，明崇祯十六年（1643）进士。他是顺治十七年（1660）四月以兵部侍郎任陕西巡抚的[①]，而工程完成于“顺治庚子秋”，即当年秋天，也就是说，从他上任到完工，总共才四五个月时间，而用于整修的时间可能更少，所以工程不会太大。碑文提到了碑林：“石经□萃，遗文炳蔚”，但未说是否一并整修。

总之，顺治一朝18年间，西安孔庙、府学及咸宁、长安二县学都经过了整修，文庙还修了3次。清初统治者尊孔崇儒的积极性由此可见一斑。顺治年间碑林是否也整修过，缺乏资料，无从稽考。想必在督抚之类大员出面整修府学孔庙之时，应该附带加以维护粉饰。

二、康熙年间（1662—1722）的整修

康熙皇帝算是清代最有作为的皇帝，在位时间也最长，达61年。他亲政后，对内平定了三藩之乱，对外扩张大片疆土，使清王朝终于站稳了脚跟，中国社会由此进入了一个和平发展的时期。康熙年间见于文献记载者，重修西安碑林1次，西安孔庙1次，另外咸宁县学也有两次修葺。

1. 康熙十年（1671）重修西安孔庙

这次整修西安孔庙的资料，是康熙十一年（1672）《重修文庙记碑》，钟朗撰文，晋文煜、张奋鹏集唐石经书并篆额。碑文记述了康熙九年（1670）鄂善出任陕西巡抚后，“下车谒至圣庙，趋进伏墀，行礼毕，环顾而叹：栋摧檐剥若斯乎，桄损甃圮若斯乎，丹堲琉璃毁败黯澹若斯乎，何以安圣之灵，肃士民之望也？”他随即会商于总督莫洛，以及藩、臬诸司长官，决定重修孔庙。关于修葺本身，碑文记曰：

> 于是倡表群僚，鸠工庀材。自大成殿、两庑、东西序、厨库、以及棂星门、木石坊、泮池，皆易檐改栋，变桄申簃。资费既浩，公一以己力独任。凡朱壁漆瓮琉璃黝甃，无不焕然一新。工起于辛亥之春，迄岁暮而落成焉。

① 《清史稿》卷二〇二《疆臣年表七》；雍正本《陕西通志》卷二三《职官四》。

此辛亥岁为康熙十年（1671），春天动工，岁暮落成，费时近一年。既是“皆易檐改栋，变栊申篠”，应是对孔庙旧有建筑进行了一次全面翻修。倡修者鄂善，姓纳喇氏，满洲镶黄旗人。初自侍卫授秘书院学士，迁副都御史。康熙十一年，即此碑刻立之时，他升山西、陕西总督，寻改专督陕西。此后，还做过云贵总督、甘肃巡抚[1]。碑文赞其“既不淫用乎民力，又非徒市乎虚名，公之倡德文教，可谓公而笃矣”。碑文中还提到鄂善有立社学之举：“公修文庙毕，又立社学五所，自减薪资以为塾师馆穀，有司良者欣承教之。”另外，碑文提及与鄂善一同共襄此役的“前制府晋大司寇莫公”，即前任总督时已升任刑部尚书的莫洛，姓伊尔根觉罗氏，满洲正红旗人，康熙七年（1668）出任山西陕西总督[2]，督陕期间颇有政声。

2. 康熙五十九年（1720）整修碑林

这是入清以来有文字记载的第一次整修碑林。其资料有二 ：其一是碑林现藏康熙五十九年（1720）《重修碑亭碑记》，此碑张钟、姚文思立石，李珩书丹；其二是乾隆本《西安府志·学校志》所录盛熙祚《重修西安府学碑林记》碑的碑文概要，该碑已佚，录文未言何人所书，何年所立[3]。二碑所记述者，均为康熙五十九年徐朱爖捐资重修碑林之事，以前者记述较为详备。

据《重修碑亭碑记》，当时的碑林“世远年遥，颓圮几尽，其所存者，亦复栋折榱凋，不可支持”。康熙五十七年（1718），“府宪徐公”即西安知府徐容上任，“凭吊久之，欲为重修之举。会边塞用兵，日无宁晷”，无法实现。于是其叔祖徐朱爖“慨然自任”，“越二年庚子”即康熙五十九年，“遂捐己资，商度修葺”。知府徐容命府学教授张锺、训导姚文思具体负责整修事宜。关于整修本身，碑文记曰：

> 起工于四月初旬，先修十三经碑亭四十五楹，次孟子碑亭十三楹，次杂碑一十三楹，以御书孝经殿其后。围以墙垣，固以栅栏，饰以丹雘，至七月终而次第告成焉。

---

①《清史稿》卷二五六《鄂善传》。雍正本《陕西通志》卷二三《职官四》。

②《清史稿》卷二五三《莫洛传》。

③乾隆本《西安府志》卷十九《学校志》“府学”条下。

工程从“四月初旬”到“七月终”，费时三个多月。碑文称当时碑林的建筑物为“碑亭”，且以“楹”为计量单位，可见与通常意义上的那种圆形、四方形或多边形的亭子不同，这里的“亭”应是广义，指一种有顶无墙的开敞型建筑，其实与碑廊无异。

据碑文，这位出己资整修碑林的徐朱爀，“字孚尹，由岁贡候铨，即用知县加一级，浙江嘉庆府秀水县人。”[①] 碑文作者赞扬他“不募一钱，不假手一人，独解私囊，成此钜业”。

乾隆本《西安府志·学校志》“府学”条下述及碑林时称：“本朝康熙庚子，候补令徐朱爀重加辑治。”并录盛熙祚《重修西安府学碑林记》碑文概要。盛熙祚与徐朱爀同乡，他在文中概述了碑林的沿革，称当时碑林“栋宇虽存元祐之旧，而朽于风雨，殆不可支”，进而记曰：

> 吾里徐君来游于秦，摩挲其侧，仰而叹曰：石经行且委瓦砾，龙图之功于斯废矣，斯文所寄，予且新之。遂倾其橐鸠工焉，三阅月而告成。故都壮观，复在于目。[②]

盛熙祚所记较之前碑过略。值得注意的是，碑名中出现“碑林”称谓，虽然“碑林”之名明代已经有了，但出现在整修碑文中这还是第一次。可惜此碑已不存。

3. 康熙年间二度修葺咸宁县学

根据现有资料，康熙一朝60年间，未见有整修西安府学的记载。虽然后来的乾隆九年（1744）《重修西安府学宫碑记》追记西安府学历史时曾提到：“本朝康熙十一年，总制鄂公善捐资劝修学，使者钟公朗为记。”但康熙十一年钟朗所撰的碑文只言鄂善修孔庙，并无一字言其修府学，仅在文末提及“公修文庙毕，又立社学五所，自减薪资以为塾师馆穀”，似与府学并不相干。

康熙年间府县三学中有文字记载确曾整修过的只有咸宁县学，而且两度修葺。第一次是在康熙三年（1664）。嘉庆本《咸宁县志·学校志》在记述顺治

① 据西安碑林现藏清乾隆初年所刻《保举题名碑》，此徐朱爀于雍正间由人保举，“命往河南，任温县知县”。

②乾隆本《西安府志》卷十九《学校志》“府学”条下。

十一至十二年余国柱重修县学后，又写道："乃未几，以内艰行，宅舍究未就绪。康熙三年，知县黄家鼎捐俸重修，营建亭舍，自为文记之。"并录黄家鼎所撰之碑文①。其文记曰：

> 顺治间，旧令昆山余石臣国柱曾葺之矣，大抵因陋就简，而广文先生退食无所，揆以师严道尊之义，不能不媟亵为慨也。窃尝课士于兹，诚心焉饬之。捐俸鸠工，积以岁月，由堂及庑，圮者扶，故者新，即不及当年藻缋之丽，而荒唐颓塌庶其免矣。堂后建敬一亭，亭后设一门，为退食堂三楹，堂前左右各置舍、厨、厕、马厩悉如度。由功竣计始期，大约寒暑再易矣。

此碑已不存，有赖志书所录碑文，可知知县黄家鼎在顺治间余国柱整修的基础上，又"寒暑再易"，即用了一年时间全面整修了咸宁县学。除堂、庑等主要建筑外，还增建了教官宿舍等辅助建筑。此黄家鼎，字升耳，号一庵，安徽颍上人，顺治间拔贡。康熙初任咸宁知县，勤于政事，兴利除弊，自奉尤简约。任职期间曾修县志八卷，"详而洁，简而明，允称典则"②。此公热心文教，他对咸宁县学的全面整修，应该是入清以来最重要的一次。

康熙五十三年（1714），咸宁县学还有过一次整修。民国《咸宁长安两县续志·金石志》所录碑目中，有一块《咸宁县重修儒学记》碑，并注曰："康熙五十三年，邑人王甲士撰，邑人梁模正书，杜陵卜世偕男兆梦同镌，阖邑士绅立石，名载碑阴，存碑林。"③此碑已不知所终，亦未见拓本资料，志书又未录碑文，何人整修，整修的具体情况，尚无从稽考。附记于此，以俟相关资料的发现。

康熙年间，碑林还有一事应记：康熙三年（1664），陕西巡抚贾汉复将《孟子》一部七卷，集唐石经字体摹勒上石，共刻 17 石，立于《开成石经》旁，补足"十三经"（图 4-2）。前文所述徐朱爋整修碑林时，曾修"孟子碑亭一十三楹"，指的就是贾汉复补刻的石经《孟子》。此贾汉复（1606—1677），字胶

---

①嘉庆本《咸宁县志卷一三《学校志》"县学"条。

②雍正本《陕西通志》卷五二《名宦三》。

③民国《咸宁长安两县续志》卷一二《金石考上》"咸宁县重修儒学记"条。

图 4-2　展室中的石经《孟子》

侯，号静庵，山西曲沃人。康熙元年（1662）出任陕西巡抚，抚陕 7 年，颇有政绩。其间修复自煎茶坪至鸡头关即连结宝（宝鸡）、凤（凤州）、褒（褒城）三邑之六百里栈道，疏竣西安龙首、通济二渠。此公对陕西地方文化事业卓有贡献，康熙三年（1664），整修、扩建关中书院。抚豫期间主修《河南通志》，抚陕期间又修《陕西通志》，朝议取为他省范本[①]。

三、乾隆年间（1736—1795）的整修

乾隆朝是清代的鼎盛时期，也是金石学发展的高峰。乾隆皇帝本人附庸风雅，能诗能文，亦好书法。那么，清代对碑林的最全面的一次整修发生在乾隆年间，当然与这种大气候有关。

1. 乾隆三至四年（1738—1739）重修西安府学、孔庙

关于此次整修，有两通整修记事碑记之，其一是帅念祖撰文的《重修西安府学宫碑记》，其二是亢宗耀撰文的《重修文庙颂并序》，均为乾隆九年（1744）

①雍正本《陕西通志》之“职官四”“名宦二”。清・钱仪吉《碑传集》卷六二《贾汉复传》。

所刻，记述的也是同一次整修，即乾隆三至四年（1738—1739）陕西巡抚崔纪、布政使帅念祖对西安府学和孔庙的整修。

《重修西安府学宫碑记》是当事人帅念祖所撰，当时崔纪已经离任，布政使帅念祖兼护巡抚印务。他在碑文中追述了前代对西安府学的整修后，记曰：

> 乾隆三年，中丞崔公纪抚秦，以绅士十六人董翰鹏等捐修之请闻于朝报，可之，令董其役。而中丞崔公遂移节，余适奉令旬宣是邦……顾关中以首郡学，而令制仍其朔，颓圮相寻，无以壮陕左右之观瞻，亦曷以副圣天子储贤育才之至意？爰是踵前贤武，捐资率属，得金一千八百余，合咸、长、临潼三邑绅士所捐，共计八千金。遂于戊午夏鸠工庀材，揆日始事。撤旧变新，腐者以易，倾者以立，隘者阔，卑者崇，缺者补，丹垩黝漆，彩缋加昔，垣墉塈茨，增修悉备，而告成于己未之冬。

《重修文庙颂并序》碑，碑题为“中丞崔公方伯帅公倡捐重修文庙颂并序”，是工程的实际主持人亢宗耀所撰，其所记与上碑基本相同：

> ……崔公闻于朝报，可。叨委宗耀等董其役，鸠工庀材，揆日始事。自戊午五月迄己未十二月，凡年余工成。……兹则址仍其旧，材取其良，而人乐趋事，规模布置，恢廓于前。自殿庭及庑、及门、及屏，递相标揭，木巧之饰，层峦浮柱，瓴翔榱翚，堿平阁扇，文砖雕臒，启庠并焕，戟门两张，翼翼延延，灿如星日。睹者莫不肃然于杰峙，伟峨而翘首，斯文之蔚起矣。

综合两碑所记，可知此役先由董翰鹏等地方士绅提出捐修之请，巡抚崔纪作出整修决策，其离任后由布政使帅念祖主持其事，亢宗耀等具体实施。整修经费系官吏和地方士绅所捐，共八千金。整修始于戊午年（乾隆三年）五月，至己未年（乾隆四年）十二月完工，历时一年半，以时间论，工程规模应该不小。从碑文罗列的整修项目看，应是对西安府学和孔庙的一次比较全面的整修。碑文只字未提碑林，按清代整修之例，这表明碑林不在整修范围之内。

此次整修的倡修人崔纪，字南有，一字君玉，山西永济人，乾隆二年出任陕西巡抚，乾隆三年调任湖北巡抚[①]。主持整修的帅念祖，江西奉新人，乾隆三年署任陕西布政使，乾隆七年（1742）实授。乾隆九年调任广西布政使[②]。

2. 乾隆六年（1741）重修长安县学、崇圣祠、名臣祠

乾隆之初，除崔纪、帅念祖重修府学外，乾隆六年（1741）长安县学也有过一次整修。民国《续修陕西通志稿·学校二》“长安县学”条下记曰：“乾隆七年知县杨毓芳筹款重修。”[③]碑林现藏《修长安学记》碑，刻于清乾隆七年（1742），为竖长方形刻石，碑文分 4 栏刻，每栏刻碑文一篇，其一《崇圣祠记》，其二《重修关中名臣祠序》，其三《修长安学记》，其四《长安义学田记》。四篇碑文均为长安知县杨毓芳所撰，且年款相同，均署“乾隆七年岁在壬戌春三月吉。”据碑文可知，杨毓芳当年不仅重修了长安县学，还重修了崇圣祠和名臣祠。

《修长安学记》述及修葺项目：“授尔百金，先明伦堂，次泮池，次牌坊，次宫墙学舍等门，遞及于先生之学署。其堂务构如新，勿徒粉饰为也，泮池以砖砌焉。”工程的经费不过“百金”即一百两银子，可知此役规模不大，应是一次例行的维修工程，亦可知当时的长安县学有牌坊、明伦堂、砖砌的泮池，以及学舍、学署等建筑。

《崇圣祠记》所记者，是位于西安孔庙东侧奉祀孔子之父叔梁纥的崇圣祠，也称启圣祠。随着孔子和儒学地位的不断提高，各代帝王除了不停地给孔子追谥加号外，其父祖也被追封。孔子之父叔梁纥，北宋大中祥符元年（1008）追封为齐国公，在曲阜孔庙中建祠奉祀；元至顺元年（1330）加封为启圣王；明洪武间改为启圣公，嘉靖九年（1530）命国学及各地官学孔庙均建启圣公祠；清雍正元年（1723）复封为启圣王，并追封孔子上五代王爵，改启圣祠为崇圣祠。西安孔庙的崇圣祠亦应始建于明嘉靖年间，不过其后整修纪事碑文多不提及，杨毓芳的这篇记文填补了空白。

各地孔庙中的崇圣祠，多建在大成殿之后，起码也在孔庙之中，而西安的

---

①《清史稿》卷三〇九《崔纪传》。民国《续修陕西通志稿》卷六五《名宦二》。清·钱仪吉《碑传集》卷七十《崔纪传》。

②民国《续修陕西通志稿》卷六七《名宦四》。

③民国《续修陕西通志稿》卷三七《学校二》“长安县学”条。

崇圣祠却单独建在孔庙之侧。据杨毓芳记文，当时也有一种意见，拟将崇圣祠“仿照他省，移建圣庙内”，但久议未决。结果此祠便荒废不修，以致“宫墙剥落，户牖无存”，连祠中的木主也被移置于学署中，“祭之日迎而祀之”。其实，导致这种状况的根本原因是，孔庙大成殿后为碑林所在，“庙后隙地又尽为古碑林立”，已无建祠的余地。所以杨毓芳建议在原址上重修：“崇圣祠之址，可以迁，可以无迁。纵或礼在必迁，一日不迁，亦当洁一日之敬，未便遂视为废祠也。”于是便由杨毓芳主持，“筑其垣墉，修其户牖，倾圮者缉之，腐朽者易之，乃塈乃涂，始觉焕然，而木主于焉获安”。此后崇圣祠一直未迁动。1949 年后，其址上建有三学街小学，近年又成了碑林区少年宫。

与此同时，杨毓芳还整修了孔庙中的名臣祠，即前文述及的建于明正德九年（1514）的名宦祠。据其《重修关中名臣祠序》，当时名臣祠“倾颓圮毁，风雨不避，覆之席而屏围之”，已相当破败。杨毓芳“捐俸备物，命工重构”，进行了修复。

“乾隆七年三月”是杨毓芳撰文立碑的时间，整修的实施当然在此之前，很可能是在乾隆六年。此杨毓芳，贵州贵筑县（今贵阳市）人，乾隆六至九年（1741—1745）任长安知县。

3. 乾隆三十七年（1772）整修西安碑林

这是清代对西安碑林规模最大、最重要的一次整修，整修的主持者毕沅，则是碑林史上的一位重要人物。此次整修并未专门立碑记事，后来的嘉庆十年（1805）《重修西安府学碑林记》碑和道光二十二年（1842）《复修碑林记》碑均追记其事。不过，记述较详的还是毕沅本人的《关中金石记》《关中胜迹图志》《陕甘资政录》等著作。

嘉庆十年《重修西安府学碑林记》碑的撰者庄炘，在碑文中追忆他三十年前因忧虑关中碑刻保护不善，曾向当时的陕西巡抚毕沅建言整修碑林。碑文曰：

> 间以请巡抚毕公曰：顷游富平，见李临淮神道碑虽置学宫，而镵凿就尽，有峄山野火之厄。今碑林之在西安府学者，栋宇倾圮，古刻率委诸榛莽，将不为李碑之续乎？公瞿然顾虑，遂命葺治。其事实自余发之。

此庄炘，字景炎，一字似撰，江苏武进人，当年“毕沅抚陕，奏留炘于陕西”[1]，想必与毕沅关系密切。但碑文只是说当年整修“其事实自余发之”，对当年的整修本身却未置一辞。道光二十二年（1842）《复修碑林记》碑，只是在回顾碑林历史时，提到“乾隆壬辰，巡抚毕沅再修之”，也未说明整修情况。此“壬辰” 为乾隆三十七年（1772）。

毕沅作为这次整修的主角，其《关中金石记》有“石刻十二经及五经文字九经字样”条，文曰：

> 西安府学大成殿后，旧为碑林，今称碑洞，始于宋元祐庚午龙图阁学士吕大忠。自明迄本朝，屡加辑治。余以乾隆壬辰岁，政务稍暇，进访古刻，见屋宇倾圮，经石及诸碑率弃榛莽。瞻顾悚息，复议兴修，前后堂庑，皆鼎新焉。旋于土中搜得旧刻数十片，遂取石经及宋元以前者，编排甲乙，周以阑楯。明代及近人所刻，则汰存其佳者，别建三楹以存置。其锁钥则有司掌之，设法保护，以冀垂诸永久。壁经贞石，顿复旧观，后有好古者举而弗替可也。[2]

乾隆四十四年（1779）所刊《西安府志》（时任陕甘总督的毕沅为之作序）之《学校志》“府学”条载：“乾隆壬辰，中丞毕公复鼎新焉。”并引毕沅《陕甘资政录》：

> 西安郡学后有碑林，置唐宋以来石刻。岁久未修，墙宇倾圮，兼以俗工日事捶拓，贞珉将有日损之势。余简任封圻，莅止斯土，释奠之始，议加改建，不一岁而工毕。为堂五楹，恭奉我朝列圣御书贞石，南为敬一亭，又南建庭并左右廊庑数十楹，砌置开成石经及宋元以前碑版，又南置石台孝经。以上屋宇并周以阑楯，其锁钥有司掌之，帖估不得恣意摹拓，庶旧刻得以垂诸永久。至明代及近人碑刻，则汰存其佳者，别建三楹于敬一亭之西，为之安置，兼以资拓工口食焉。[3]

---

①民国《续修陕西通志稿》卷六八《名宦五》。清·钱仪吉《碑传集》卷一一〇《庄炘传》。

② 清·毕沅《关中金石记》卷四“石刻十二经及五经文字九经字样”条。

③乾隆本《西安府志》卷十九《学校志》之“府学”条。

《关中金石记》卷首有卢弨文所写之“叙”，文中也提到这次整修：

> 镇洋毕公前抚陕之二载，政通人和，爰以暇日访古至其地，顾而悚息。于是堂庑之倾圮者，亟令缮完，旧刻之陷于土中者，洗而出之。开成石经多失其故，复一一加以排比，于外周以阑楯，又为门以限之，使有司掌其启闭。废坠之久，劂然更新，儒林传为盛举。

以上几段引文，把毕沅整修碑林的情况说得比较清楚。此次整修的乾隆三十七年（1772），毕沅任陕西布政使，兼护巡抚印务，他正式升任巡抚是在乾隆三十八年。整修的对象是西安碑林，工程“不一岁而工毕”，即于当年完成。整修的内容可分为三个方面：

其一，此次整修重新规划和改建了碑林的建筑，规模颇大，为此后碑林建筑格局打下了基础。清末旅陕日本人足立喜六在其《长安史迹考》中写道：“其在乾隆三十七年之修理，乃经陕西巡抚毕沅之手，改筑之规模甚大……现在碑林设计与屋宇，悉毕沅当时之遗楷也。俟后虽屡加修理，惟仍保持乾隆时代之旧态。”[①]

其二，是对碑林藏石进行了整理，将已“多失其故”的《开成石经》重新加以编排，将宋元以前碑版与明清碑刻区别对待，对后者进行了筛选，汰存其佳者，集中安置，以供帖估摹拓。而宋元之前的碑版，是“帖估不得恣意摹拓”的。无节制的捶拓对碑石损害很大，这种限制措施对于保护碑石，使之“得以垂诸永久”，无疑具有重大意义。

其三，是在重修建筑和整理碑石的同时，建立起相应的管理办法，并派员专司管理。这里的“掌其启闭”的“有司”，不知属哪家衙门。据足立喜六《长安史迹考》，清末时“碑林属陕西巡抚所直辖，常置守卫看护之。在冬季三个月中，锁闭不开，此外各时，则任人观览”[②]。很可能，这种由巡抚衙门直接派员管理的制度，就是由毕沅此次整修后开始的，这应该是毕沅对碑林的重要贡献。由官府派员对碑林专司管理，这是一个象征，标志着碑林从此

---

①日·足立喜六《长安史迹考》第十三章《长安之古碑》，杨炼译，商务印书馆，1935年。

②日·足立喜六《长安史迹考》第十三章《长安之古碑》。

不再仅仅作为西安府学和孔庙的附属存在，从某种意义上讲，它已成为一个以收藏和保护古代碑刻为目的并向社会开放的独立的文化机构。这一变化发生在金石学和考据学大盛的乾隆年间，应该不是偶然。

图 4-3　毕沅像

毕沅（1730—1797），字纕蘅，一字秋帆，号灵岩山人，江苏镇洋（今江苏太仓）人，是乾隆朝官至总督的大吏，也是当时的文化名人和著名金石学家（图 4-3）。自乾隆三十五年（1770）莅陕，历任陕西按察使、布政使、巡抚，至乾隆五十年（1785）调任河南巡抚，在陕任职长达 15 年之久，并两度署陕甘总督之职，颇多善政。其间疏浚泾阳龙洞渠，以溉民田。全面整修西安城墙，疏通护城河及龙首、通济二渠。清理八旗及提标马厂空地，召民开垦。注重文化教育，扩建关中书院。尤其重视对陕西文物古迹的保护和利用。除整修西安碑林之外，他整修过的古迹有华阴西岳庙、韩城司马迁祠、凤翔东湖和东坡祠、临潼华清池、西安慈恩寺及灞桥等。作为学者，他治学范围很广，由经史旁及小学、金石、地理，且著述甚丰。如主持编定《续资治通鉴》（二百二十卷），著有《山海经》校注，《晋书·地理志》校注，《关中胜迹图志》以及主持编纂《西安府志》等。在金石学方面，宦迹所至，广为搜罗，著有《关中金石记》《中州金石记》《山左金石记》等。且能诗文，有《灵岩山人诗集》和《灵岩山人文集》传世。[①]

①《清史稿》卷三三二《毕沅传》。民国《续修陕西通志稿》卷六五《名宦二》。清·钱仪吉《碑传集》卷七三《毕沅传》。

四、嘉庆十年（1805）整修西安碑林

乾隆三十七年毕沅大规模整修碑林之后，清代对碑林还有过两次整修。刚刚引用过的嘉庆十年《重修西安府学碑林记》碑，主要记述的就是嘉庆十年（1805）对碑林的整修。此碑庄炘撰文，盛惇崇书丹，庄逵吉篆额。

碑文作者庄炘，前文已经提到，他就是在这篇碑文中追忆三十多年前曾向毕沅进言整修碑林之事。对于三十年后的此次整修，他写道：

> 尔来三十年矣，会上元叶君来丞是郡，兼掌书院之教令，博学嗜古，为政有声迹。暇日观乎碑林，以为昔之葺者将废，不可不复加缮完。乃谋诸郡守阳湖盛君，相与出俸钱以倡，而士大夫之有文好事者踵成之，焕然复还旧观。

除此之外，对整修具体情况未加任何说明，连工程的起止时间也未述及，只能以刻立记事碑的嘉庆十年为准。碑文中说的提议重修碑林的“上元叶君”，应为叶世倬，江苏上元县（今江宁县）人，当时任西安府清军同知，后来署同州知府、凤翔知府，嘉庆十二年升任兴安（今陕西安康）知府①。另一位倡修者“郡守阳湖盛君”，应为盛惇崇，江苏阳湖（今常州）人，嘉庆八至十一年（1803—1806）在西安知府任上②。从碑文极为简略的记述看，这次整修规模不大，只是因“昔之葺者将废”，而对其“复加缮完”，目的不过是使之“复还旧观”而已，也就是说，这是对碑林旧有建筑的一次维护修缮。

五、道光二十一年（1841）整修西安碑林

这是清代有文字记载的最后一次整修碑林。其记事碑为碑林现藏道光二十二年（1842）《复修碑林记》碑，富呢扬阿撰文。与嘉庆十年的整修记事碑一

①清·缪荃孙《续碑传集》卷二一《叶世倬传》。民国《续修陕西通志稿》卷一三《职官四》。

②民国《续修陕西通志稿》卷一三《职官四》。

样，此碑对整修本身也未加说明，只是在追述了清代历次整修后写道：

逮今已三十余年矣，臣富呢扬阿来抚是邦，仰瞻御墨，并旁览汉唐以下各家书，恪然思所以垂示万世者。惟庭楹廊庑，日就摧落，爰商司、道诸君，亟捐赀新之，三阅月工毕。

撰文者富呢扬阿是陕西巡抚，此等官僚刻碑的目的或许只是想留下自己的名字，就像如今某些为官者挂名出书一样。当然，他在任上毕竟整修了碑林，是做了对文物保护有益的实事的。面对这种不记事的记事碑文，不会有现成的整修资料供你使用，只能从字里行间去费心分析。

碑文未明确记载整修的起止时间，只说“三阅月工毕”。不过碑末署明了立碑的时间：“道光二十二年岁次壬寅二月吉日建”，即年初的二月已经完工立碑，那么整修至晚也是上一年即道光二十一年的十一月就已开始。而碑文中还有“得乘农隙以修举废坠” 一句，进一步说明工程很可能是上一年秋收之后开始，岁末前后完成。时间这么短，不会有多大规模，用碑文的话说，就是对“日就摧落”的“庭楹廊庑”“捐赀新之”，即对碑林建筑加以粉饰维修。

此次倡修碑林者富呢扬阿，为满洲镶红旗人，道光十六至二十二年（1836—1842）任陕西巡抚，道光二十二至二十五年（1842—1845）任陕甘总督，此次整修时他在陕西巡抚任上[①]。

清代有文献可考的对西安碑林、孔庙和府县三学的整修已如上述，兹列表如下，作为概括：

表七　　清代整修西安碑林、孔庙和府县三学一览表

整修时间	整修对象	倡修之地方官	工程主持者	资料来源	备注
顺治三年（1646）	孔庙，府县三学	陕西巡抚雷兴	杨璥	顺治三年《重修庙学记》碑	纪事碑已埋，存拓本资料
顺治六年（1649）	孔庙	陕西巡抚黄尔性	府学广文杨先春	顺治七年《重修文庙碑记》	纪事碑已埋，存拓本资料

①《清史稿》卷一九七《疆臣年表一》。民国《续修陕西通志稿》卷一三《职官志四》。

整修时间	整修对象	倡修之地方官	工程主持者	资料来源	备注
顺治八年（1651）	长安县学	长安知县樊鸿选、樊宏	县学训导张宏业	雍正本《陕西通志·学校志》，嘉庆本《长安县志·学校志》	纪事碑已佚
顺治十年（1653）	西安府学	陕西提学使田厥茂		雍正本《陕西通志·学校志》，乾隆本《西安府志·学校志》	纪事碑已佚
顺治十二年（1655）	咸宁县学	咸宁知县余国柱		雍正本《陕西通志·学校志》，嘉庆本《咸宁县志·学校志》（附有碑文）	纪事碑已佚
顺治十七年（1660）	孔庙	陕西巡抚张瑃		康熙四年《重修西安府学文庙记》碑	纪事碑已埋，存拓本资料
康熙三年（1664）	咸宁县学	咸宁知县黄家鼎		嘉庆本《咸宁县志·学校志》（附有碑文）	纪事碑已佚
康熙十年（1671）	孔庙	陕西巡抚鄂善		康熙十一年《重修文庙记》碑	纪事碑已埋，存拓本资料
康熙五十三年（1714）	咸宁县学			民国《咸宁长安两县续志·金石考上》有康熙五十三年《咸宁县重修儒学记》碑目	纪事碑已佚
康熙五十九年（1720）	碑林	西安知府徐容，候补知县徐朱爜	府学教授张锺，训导姚文思	康熙五十九年《重修碑亭碑记》，乾隆本《西安府志·学校志》（附《重修西安府学碑林记》碑文）	纪事碑现藏碑林
乾隆三至四年（1738—1739）	孔庙、府学	陕西巡抚崔纪，布政使帅念祖		乾隆九年《重修西安府学宫碑记》，乾隆九年《重修文庙颂并序》碑	二碑均已埋，存拓本资料
乾隆六年（1741）	长安县学	长安知县杨毓芳		民国《续修陕西通志稿·学校二》，乾隆七年《修长安学记》碑	纪事碑现藏碑林

续表

整修时间	整修对象	倡修之地方官	工程主持者	资料来源	备注
乾隆三十七年（1772）	碑林	陕西巡抚毕沅		毕沅《关中金石记》《陕甘资政录》，嘉庆十年《重修西安府学碑林记》碑之追述	此次整修未见专门立碑
嘉庆十年（1805）	碑林	西安知府盛惇崇，同知叶世倬		嘉庆十年《重修西安府学碑林记》碑	纪事碑现藏碑林
道光二十一年（1841）	碑林	陕西巡抚富呢扬阿		道光二十二年《复修碑林记》碑	纪事碑现藏碑林

第三节　清代碑林的藏石情况

在清代，西安碑林的发展还表现在其藏石数量的大幅度增长。与前代相比，清代有关碑林藏石情况的资料还是比较多的。首先值得一提的是，清人终于在碑林中为我们留下了一块名曰《石刻拔萃》的碑林藏石目录，这是碑林有史以来唯一的一件碑目刻石，虽然很不完备，但毕竟是当时人留下的第一手资料。其次，清代有大量金石著作，那些著录全国范围碑刻的和专门著录陕西地区碑刻的，几乎都要著录碑林藏石，也可以为我们提供很多帮助。遗憾的是，《石刻拔萃》也好，清人的金石著作也好，一般只录唐宋碑刻，至多下延至元代，而对清代大量入藏碑林的明清碑刻很少涉及。幸而民国三年（1914）当时的陕西图书馆编制了一份《图书馆所管碑林碑目表》，有选择地收录了部分明清碑刻，而它是迄今所知第一份比较正规的碑林藏石目录，反映的正是经过清代260余年的发展，至清末时碑林的藏石情况。

一、《石刻拔萃》

这块碑目刻石刻于乾隆十六年（1751），“石刻拔萃”是其额题，其碑题为

“西安府碑洞石刻目录”，通常以额题名之。柳云培书，侯钧篆额。正面碑文分为五栏，罗列当时碑林藏石 70 种（图 4-4）。碑阴刻“翰墨奇观”4 个大字。所列碑刻只录碑名和书写者，相当简略。兹依碑文原有碑名及表述，列表如下，只在备注栏做必要说明：

表八　　清《石刻拔萃》碑所列碑林碑目

碑名	书者	石数	备注
夏禹王衡岳碑			即清康熙年间毛会建所刻《岣嵝碑》和《注岣嵝碑》2 种，附会大禹所书
唐玄宗注孝经			即《石台孝经》碑
圣祖仁皇帝御笔			碑林中康熙帝所书碑刻有 14 种，这里不应是特指某一种，而应是泛指
世宗宪皇帝御笔			碑林中雍正帝所书碑刻仅《赐岳钟琪诗》一种，这里应是特指此碑
果亲王书碑			碑林中和硕果亲王所书碑刻有 9 种，这里亦应是泛指
秦峄山模本碑	李斯		此碑为北宋淳化四年 993）郑文宝重刻于碑林
隋皇甫府君碑	欧阳询		《皇甫诞碑》为唐贞观初年所刻
唐刻十三经			唐刻《开成石经》为十二经，《孟子》为清康熙二年贾汉复刻，补足十三经
易经		九扇	
书经		十扇	
诗经		十六扇	
春秋		六十七	
公羊		十七扇	
穀梁		十六扇	
礼记		三十三	
周礼		十七扇	

续表

碑名	书者	石数	备注
仪礼		二十扇	
孝经		一扇	
尔雅		五扇	
论语		七扇	
孟子		十七扇	
文字		五经	即《开成石经》附刻之《五经文字》
补字		十三样	即明刻《石经补字》
唐集圣教序	王羲之		
唐大雅集碑	王羲之		即《兴福寺残碑》
唐孔子家庙	虞世南		应为《孔子庙堂碑》
唐多宝塔碑	颜真卿		
唐颜氏家庙	颜真卿		
唐争座位稿	颜真卿		此帖刻于北宋熙宁年间
唐题名石柱	颜真卿		即唐《尚书省郎官题名石柱》，非颜真卿书
唐玄秘塔碑	柳公权		
唐玄秘碑阴	柳公权		
唐冯公神道	柳公权		
唐不空师碑	徐浩		
唐道因师碑	欧阳通		
唐楚金师碑	吴通微		
唐大智师碑	史维则		
唐大智碑阴	史维则		
唐隆阐师碑	怀恽		怀恽是《隆阐法师碑》碑主而非书碑人

续表

碑名	书者	石数	备注
唐精舍碑铭	梁升卿		
唐精舍碑阴	梁升卿		梁升卿是《御史台精舍碑》书碑人，而非碑阴题名的书写者
唐李氏先茔	李阳冰		应包括《栖先茔记碑》和《三坟记碑》两种
唐断千文	张旭		此帖为北宋元丰三年（1080）吕大防所刻
唐草心经	张旭		
唐肚痛帖	张旭		附刻于北宋《彦修草书帖》碑阴
唐圣母帖	怀素		此帖刻于北宋元祐三年（1088）
唐藏真律公	怀素		此帖刻于北宋元祐八年（1093）
唐草书千文	怀素		此帖刻于明成化六年（1470）
唐郃国公碑	杨承和		即唐《梁守谦功德碑》
唐法琬师碑	刘钦旦		
宋牧爱堂碑	朱文公		明天顺四年（1460）余子俊刻
宋石经记碑	安宜之		
宋译圣教序	云胜		
宋劝慎刑碑	卢经		
宋劝慎刑箴	卢经		
宋清净护命	庞仁显		
宋摩利经碑	袁正己		
宋阴符经碑	郭忠恕		
宋篆千文序	皇甫俨		
宋篆书千文	梦英		
宋偏旁篆碑	梦英		
宋抄高僧传	梦英		

续表

碑名	书者	石数	备注
宋十八体篆	梦英		
宋刻草书碑	彦修		
宋游师雄碑	邵䚟		
元天冠山诗	赵子昂		此碑刻于清康熙二十一年
明勒寿萱碑	永寿王		
明淳化阁帖	费甲铸		西安本《淳化阁帖》为清顺治三年刻
明古柏行碑	阙疑		此碑为金人任询（号龙岩）于金正隆五年（1157）所书，刻石在金大定年间
明徐公家训	董其昌		《徐公家训碑》为康熙五十九年刻

《石刻拔萃》所列70种碑刻，如将《开成石经》不予分解，按一种来算，则应为55种，再除去3种碑阴不计，实际只有52种。然而，其所列《夏禹王衡岳碑》，应为《岣嵝碑》和《注岣嵝碑》2种；所列“唐李氏先茔”，应包括《捃先茔记碑》和《三坟记碑》2种；所列《圣祖仁皇帝御笔》是泛指，碑林中康熙帝所书碑刻有14种；所列《果亲王书碑》也是泛指，碑林中和硕果亲王所书碑刻有9种。此四项所涵盖者实为23种，即碑文所列者应该是75种。按这些碑刻的实际刻立年代来划分，则唐碑22种，宋碑20种，金碑1种，明碑3种，清碑29种。与前一章已经考述的明代藏石情况相比，《石刻拔萃》所列唐碑中，只多了《唐法琬师碑》一种，此碑通常称《法琬禅师碑》。

《法琬禅师碑》： 唐景龙三年（709）刻，螭首龟趺，高180厘米，宽71厘米。沙门承远撰，刘钦旦书。碑题“大唐□□寺故比丘尼法琬禅师碑”，碑文30行，满行54字，楷书。额题“大唐故比丘尼法琬碑”，篆书。据碑文，碑主法琬俗姓李，陇西成纪人，系李唐皇族。永徽中13岁时，为其祖襄邑王李神符祈冥福，出家入宣化寺为尼。垂拱四年（688）卒于寺中，享年五十。顾炎武《金石文字记》著录了此碑，称“今在西安府城外贾里村”[①]。顾氏为

①清·顾炎武《金石文字记》卷三“比邱尼法琬碑”条。

明末清初之人，明亡后曾游历北方数省，遍访名碑，康熙二年曾到过西安，到过碑林①。他说得如此具体，或是亲眼所见，或是听人言及。此贾里村，应在城南神禾原上，碑文中有“敕起塔于雍州长安县之神禾原”一句。也就是说，清初时此碑尚在西安城南神禾原上。而朱枫《雍州金石记》述及此碑时则说：“数岁前，土人鬻于市，匠人方磨为别用，咸宁令柳君见之，移于碑林。”②这个“数岁前”，当然是指朱枫写作《雍州金石记》的几年之前，而《雍州金石记》成书于“乾隆己卯”即乾隆二十四年（1759），那么《法琬禅师碑》被“咸宁令柳君”移入碑林，应在此前不久。另外，1951 年在长安县贾里村出土了《法琬禅师墓志》，其志题“大唐故宣化寺法琬禅师墓志铭并序”，字迹清晰，可补证《法琬禅师碑》漫漶之碑文，亦

图 4-4 《石刻拔萃》碑

①顾炎武来西安是在康熙二年（1663）秋天，参见周可真《顾炎武年谱》，苏州大学出版社，1998 年。他曾游览碑林，作《西安府儒学碑目序》一文，收入《亭林文集》卷二，见《顾亭林诗文集》，中华书局，1983 年版，第 31-32 页。

②清·朱枫《雍州金石记》卷四“比丘尼法琬碑”条。

可证前人所记该碑原藏地无误[①]。

在《石刻拔萃》所列唐碑中，所谓王羲之书《唐大雅集碑》，指的是僧大雅集王书的《兴福寺残碑》(也称《兴福寺半截碑》)。《唐草心经》注明是张旭书，与明代成化年间孙仁移来碑林之《草书心经》不同，应是另有一种。另外，《唐隆阐师碑》的书者写成“怀恽”，显然有误，此碑书者不详，怀恽即隆阐法师本人。其他唐碑，碑名和书者都很清楚，无须解释。

被列为元碑的赵孟頫《游天冠山诗》，实际是清康熙二十一年（1682）摹刻于碑林的。还有被列为明碑的董其昌《徐公家训》，应为清康熙五十九年(1720)所刻。另外，《明古柏行碑》目下，书者“阙疑”，其实碑末有书者“龙岩”的署名，龙岩是金代书法家任询的号，不知为何碑名前冠以“明”。前文考述金元时期碑林藏石时已提到此碑，金正隆五年（1160）刻，只是无法证明它是否直接刻置于碑林，现在可以肯定的是，至晚在《石刻拔萃》刻碑时即清乾隆年间，此碑已在碑林。

《石刻拔萃》开首所列的，均为帝王书碑。所谓《夏禹王衡岳碑》，原刻于南岳衡山之岣嵝峰，故又称《岣嵝碑》，相传为大禹所书，实则后世托伪，早佚。各地多有摹刻，立于碑林者，是清康熙年间毛会建所摹刻。所谓《圣祖仁皇帝御笔》，是指康熙皇帝所书之碑。在碑林中，康熙或书或临之碑有《训饬士子文》《古文渊鉴序》等 14 种之多，在这里是概括言之。所谓《果亲王书碑》，是指允礼所书之碑。允礼为康熙帝第十七子，雍正帝的异母弟，雍正元年（1723）封郡王，雍正六年（1728）进亲王，封号果。善诗词，工书法，碑林中有其所书碑刻《望太白积雪诗》《骊山温泉诗》等 9 种，这里也不是特指某碑，而是泛指。惟《世宗宪皇帝御笔》，即雍正皇帝所书之碑，碑林中仅《赐岳钟琪书》一种，其所指系此碑无疑。

总之，根据《石刻拔萃》我们只能了解到当时碑林藏石的一部分，尽管这是最重要的一部分，但要想据此对清代碑林藏石的发展变化作全面考察，还是远远不够的。

①樊波、李林娜《唐法琬禅师墓志、墓碑及有关问题》，见《碑林》集刊第 3 辑，陕西人民美术出版社，1995 年。《法琬禅师墓志》之图版，见吴钢主编《隋唐五代墓志汇编 · 陕西卷》，天津古籍出版社，1991 年。

二、清代金石著作及其他文献的记载

清代的金石著作能流传至今日的，多达近千种，用“浩如烟海”来形容，不算过分。这里只能选择几种最能说明问题的略加分析。

1. 顾炎武《金石文字记》

这是入清后最早刊行的金石著作，共六卷，以时代为序，著录唐代以前各地碑刻300余种。条目之下注撰书人姓名、刻立年月及当时所在，或缀有跋尾，考证经史，辩证讹误（图4-5）。书中注明“今在西安府儒学”即当时在碑林的碑刻24种。值得一提的是，康熙二年（1663）顾炎武曾来过西安，到过碑林。他由山西蒲州入潼关，第一站是西岳华山，登罢华山又于华阴拜访了王弘撰[①]。这年的八月，他来到汉唐故都西安[②]。他不仅游览了碑林，到昭

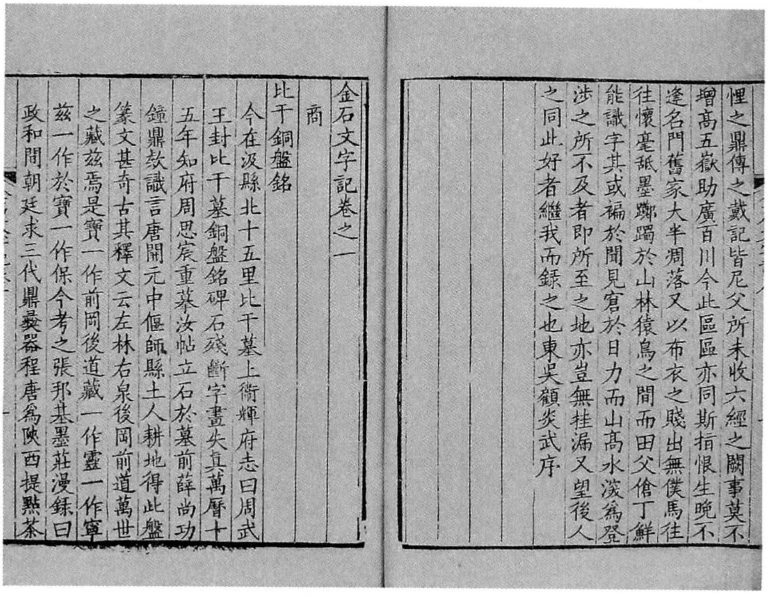
悝之鼎傳之戴記皆尼父所未收六經之闕事莫不
增高五嶽助廣百川今此區區亦同斯指恨生晚不
逢名門舊家大半凋落又以布衣之賤出無僕馬往
往懷毫舐墨躑躅於山林猨鳥之間而田父傖丁鮮
能識字其或褊於聞見窘於日力而山高水深爲登
涉之所不及者即所至之地亦豈無挂漏又望後人
之同此好者繼我而錄之也東吳顧炎武序

金石文字記卷之一

商

比干銅盤銘

今在汲縣北十五里比干墓上衛輝府志曰周武
王封比干墓銅盤銘碑石殘斷字畫失真萬曆十
五年知府周思宸重摹汝帖立石於墓前薛尚功
鐘鼎款識言唐開元中偃師縣土人耕地得此盤
篆文甚奇古其釋文云左林右泉後岡前道萬世
之藏茲焉是寶一作前岡後道藏一作靈一作寧
茲一作於寶一作保今考之張邦基墨莊漫錄曰
政和間朝廷求三代鼎彝器程唐爲陝西提點茶

图4-5　顾炎武《金石文字记》书影

①王弘撰（1622—1702），字文修，又字无异，号太华山史，陕西华阴人。

②《亭林诗集》卷四有《长安》一诗，中有“积雨乍开褰，凄其秋已半”句，则顾炎武抵达西安当是阴历八月中旬。

陵踏访古碑，还为碑林编制过一份碑目。可惜的是，这份碑目后来不知所终，我们今天能看到的，是他为此碑目所写的序，即《西安府儒学碑目序》，收入《亭林文集》卷二[①]。

说几句题外话，前些年为碑林史搜寻资料，初读这篇序文时，坦白地讲，笔者颇感失望。本想从先生文中找寻与碑林历史相关的线索，可文中具体涉及碑林藏石、建筑及陈列状况的文字太有限，仅篇首寥寥几句在说碑林本身："西安府儒学先师庙之后，为亭者五，环之以廊，而列古今碑版于中，俗谓之碑洞。自嘉靖末地震，而记志有名之碑多毁裂不存，其见在者，犹足以甲天下，因得考而序之。"接下来先生便话锋一转，发起了议论，讽刺和谴责那些"浮慕古文之君子"附庸风雅、病民残石的行为。然而今天再读这篇序文，却偏偏正是那些针砭时弊、以天下为怀的议论触动了我，引起我的共鸣。顾炎武之所以是顾炎武，正在于此，他与那些只知钻故纸堆的金石家的区别，正在于此。

2. 朱枫《雍州金石记》

此书共十卷（图 4-6），卷首朱枫自序署"乾隆己卯秋日朱枫近漪氏题于秦川之滴水草堂"，可知成书于乾隆二十四年（1759）。书中著录了当时在碑林（称"在西安府儒学"）的碑刻 32 种，均为唐以前碑刻，或后人所刻唐以前名家书迹（如张旭、怀素诸帖）。值得注意的是，其中有唐代墓志两方，即龙朔三年（663）《比丘尼法愿墓志铭》和开元二十五年（736）《比丘尼惠源和上志铭》，均称"近出土中""在西安府儒学"。

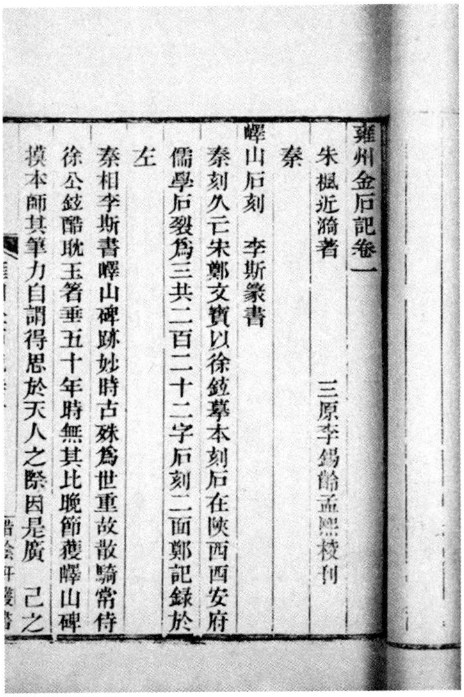
雍州金石記卷一
朱楓近漪著　三原李錫齡孟熙校刊
秦
嶧山石刻　李斯篆書
秦刻久亡宋鄭文寶以徐鉉摹本刻石在陝西西安府
儒學石裂爲三共二百二十二字石刻二面鄭記録於
左
秦相李斯書嶧山碑跡妙時古殊爲世重故散騎常侍
徐公鉉酷耽玉箸垂五十年時無其比晚節獲嶧山碑
摹本師其筆力自謂得思於天人之際因是廣　己之

图 4-6 朱枫《雍州金石记》书影

①见《顾亭林诗文集》中华书局 1983 年版，华忱之点校，第 366-367 页。

此前，从金石著作的著录看，碑林中除北宋《游师雄墓志》外，无其他墓志。这两方墓志是最早入藏碑林的唐墓志，可惜它们在碑林中存留的时间不长，成书于光绪年间的《关中金石文字存逸考》，已说它们“久逸”。

3. 毕沅《关中金石记》

这是毕沅的一部重要金石著作，全书共八卷。书前有卢文弨乾隆四十七年（1782）和钱大昕乾隆四十六年（1781）所作之序，其成书当在此前不久。书中著录了当时在碑林（称“在西安府学”）的碑刻64种，其中唐以前者30种，宋碑21种，金碑5种，元碑8种。所录唐碑与此前《石刻拔萃》所列者无异。宋碑中有一件米芾行书《天马赋》，称米芾“元丰三年正月”所书，并注曰：“此是明人以墨本钩摹者，后有魏应龙、黄公望诸人跋。”[1]此前未见有著录此碑者。不过，碑林现有藏石中并无米芾此碑。碑林现藏有《墨绣堂法帖》，为明嘉靖四十五年（1566）刻，共5石，孟缵祖书，帖中包括其所摹米芾《天马赋》，毕沅所指者应是此帖。

另外，毕沅书中所录金碑中，有《华夷图》和《禹迹图》这两种珍贵的石刻地图，并多有考证。这也是它们首次出现于金石著作中。此二图是研究中国古代地理学史、地图学史的珍贵资料，在历史地理研究中具有重要的史料价值[2]。在此对它们略作介绍。

《禹迹图》：刘齐阜昌七年（即南宋绍兴六年，金天会十四年，1136）刻。石呈正方形，边长114厘米。此图以“计里画方”即用方格表示比例尺的方法，刻绘北宋时的全国舆地总图。全图横71方，竖73方。上部偏左留出一方框，内刻“禹迹图”三字，并小字注曰：“每方折地百里。禹贡山川名，古今州郡名，古今山水地名。阜昌七年四月刻石。”图中标明行政区名380个，河流约80条，湖泊5个，山名约70座。其水系和海岸线轮廓，已与现今地图接近。

《华夷图》：亦为刘齐阜昌七年刻，刻于《禹迹图》背面，时间稍晚。石面上方正中竖刻“华夷图”三字，四边分别标注方向。此图方位格局与《禹迹图》大致相同，于华夏地域绘出各州府名称、位置，绘出山脉、河流、湖

①清·毕沅《关中金石记》卷六“天马赋”条。

②关于这两件石刻地图，前人多有研究。最新的研究成果，是辛德勇《说阜昌石刻〈禹迹图〉与〈华夷图〉》，刊于《燕京学报》新二十八期，北京大学出版社，2010年。

泊乃至长城，而于周边加刻十余条文字，介绍“四夷”情况，包括七十多个国家和地区的名称，是以中国为中心的一副“世界地图”。据图中题记，其域外部分参考了唐贾耽《海内华夷图》而有所删略。图中题记称“阜昌七年十月朔岐学上石”，为此刻的原藏地提供了线索。

《金石萃编》述及这两种石刻地图时说：“两碑但纪岁月，不著所以刻石之故。而华夷图则有‘岐学上石’字，殆由学校中得此二图旧本，刻石以示诸生耳。”[①]这里的“岐学”如何理解？北魏太和间始置岐州，治所在雍县（今陕西凤翔），唐至德间改岐州为凤翔府，沿用至清，而其属县中一直有岐山县。如果狭义地理解，此“岐学”是指当时的岐山县学，然而“岐”也有可能是广义的，是指关中西部以凤翔府为中心的岐周故地，则这个“岐学”就有可能指当时的凤翔府学。至于《禹迹图》和《华夷图》是何人在何时由“岐学”迁置碑林的，尚无任何可资考证的线索。我们只能知道，清乾隆年间毕沅《关中金石记》著录时，它们已在碑林。

《关中金石记》录碑的时代下限在元，虽然较当时的其他金石著作进了一步，但对清代碑林中大量增加的明清碑刻仍未涉及。

4. 王昶《金石萃编》

这是以全国各地的碑刻为著录对象的洋洋160卷的巨著（图4-7），是清代金石学的一大成就，成书于嘉

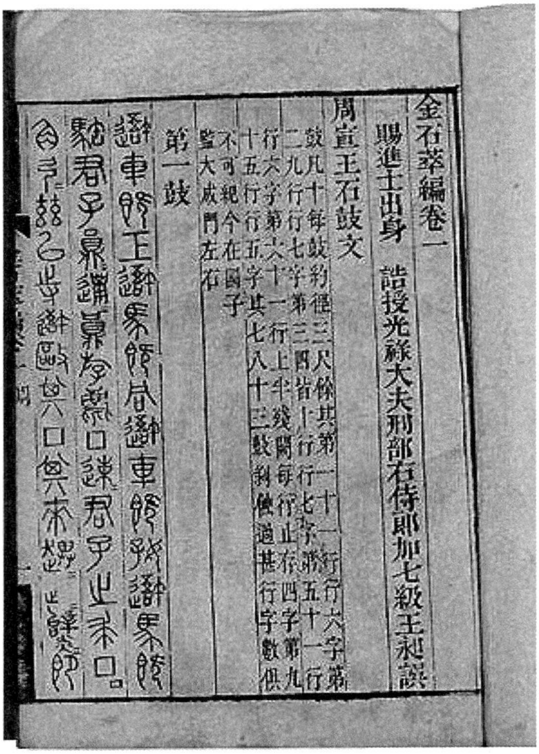
金石萃編卷一
賜進士出身 誥授光祿大夫刑部右侍郎加七級王昶譔
周宣王石鼓文
鼓凡十每鼓約徑三尺餘其第一十一行行六字第
二九行行七字第三四皆十行行七字第五十一行
行六字第六十一行上半殘闕每行止存四字第九
十五行行五字其七八十三鼓剝蝕過甚行字數俱
不可紀今在國子
監大成門左右
第一鼓

图4-7 王昶《金石萃编》书影

① 清·王昶《金石萃编》卷一五九“华夷图”条。

庆年间。然而，正因为覆盖面广，虽篇幅巨大，所录碑刻也不过及于金代，其中当时已入藏碑林者仅得 51 种，包括唐碑 25 种，宋碑 22 种，金碑 4 种。

5. 毛凤枝《关中金石文字存逸考》

此书 12 卷，成于光绪十五年（1889），所录碑刻中有当时藏于碑林者 52 种，均为唐以前者（包括后世摹刻智永、张旭、怀素诸帖）。此书与上述诸书的不同之处是，它著录了当时入藏碑林的隋墓志 1 种，唐墓志 11 种。此前《雍州金石记》曾述及碑林所藏 2 种唐墓志，可惜后来便不知去向。《金石萃编》著录了其中之《济度寺尼萧法愿墓志》，仍称“在西安府学”，这也是该书所著录藏于碑林的惟一一方唐墓志。而《关中金石文字存逸考》则向我们披露了至清末时碑林已收藏隋唐墓志 12 种，它们是：

《宋永贵墓志》

《韩宝才墓志》

《珍州荣德县丞梁师亮墓志》

《许公暨夫人华阴君杨氏合葬墓志铭残片》

《令狐氏墓志铭》

《华州下邽县丞韦端妻王氏墓志铭》

《宣州司功参军魏邈墓志》

《朝散大夫秘书省著作郎韦端玄堂志》

《赵某妻张氏墓志铭》

《魏邈妻赵氏墓志铭》

《荣王府长史程修己墓志》

《李郴夫人宇文氏墓志》

这是除宋《游师雄墓志》外，最早入藏碑林的一批墓志。其中除《韦端妻王氏墓志》《赵某妻张氏墓志》和《李郴夫人宇文氏墓志》外，还有 9 种至今仍藏碑林。

6. 毕沅《关中胜迹图志》

除以上专门的金石著作外，当时的一些地方志著作中也有述及碑林藏石的。毕沅抚陕期间于乾隆年四十一年（1776）编成的《关中胜迹图志》，其卷六之“国子监”条下介绍西安府学碑林时，将其中重要碑刻一一罗列，称“其碑自秦隋至元，约计七十种”[①]，与他在《关中金石记》中所录差不多。

7. 乾隆本《西安府志》和嘉庆本《咸宁县志》

这两种志书均有“金石志”，西安碑林藏石自然是它们介绍的重点。成书于乾隆四十四年（1779）的《西安府志·金石志》，收录当时藏于碑林的元以前碑刻69种[②]。成书于嘉庆二十四年（1819）的《咸宁县志·金石志》，收录当时藏于碑林的元以前碑刻75种，以及康熙、雍正、乾隆三位皇帝御书之碑14种[③]。西安孔庙、府学和碑林，位于当时咸宁县辖区内，所以成书于嘉庆二十年（1815）的《长安县志·金石志》，没有著录碑林藏石。

8. 足立喜六《长安史迹考》

此书作者足立喜六，是日本静冈人，明治三十一年（1894）毕业于东京高等师范学校。明治三十九年至四十三年（1902— 1906）应聘来华，任教于陕西高等学堂。他于教务之暇，调查西安附近古迹，回国后根据所得资料于昭和元年（1926）完成《长安史迹考》书稿，昭和七年（1932））作为《东洋文库》论丛之一出版（图4-8）。1935年，商务印书馆出版了杨炼译本，这是我们了解清末时西安的重要资料。书中第十三章“长安之古碑”，专门记述碑林。对于当时碑林的藏石情况，足立喜六写道：“查现今碑林中共收藏石碑六百六十七方。”[④]数字这么具体，肯定是专门

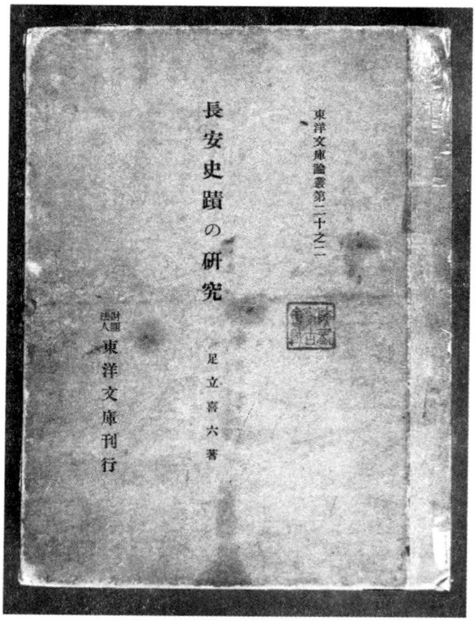

图4-8 足立喜六《长安史迹研究》书影

---

① 清·毕沅《关中胜迹图志》卷六《西安府·古迹·苑囿》之“国子监”条。2004年三秦出版社出版了该书的新版，张沛点校。

②乾隆本《西安府志》卷七二至卷七三《金石志》。

③嘉庆本《咸宁县志》卷一六《金石志》。

④（日）足立喜六《长安史迹考》第十三章《长安之古碑》。

进行了统计。不过他未列出完整的碑目，只是依照前述乾隆十六年（1751）《石刻拔萃》，列出55种“最优秀者”，并着重对唐碑作了介绍。此书的可贵之处在于，它向我们提供了清末时碑林的藏石总数。不管数字是否准确，使用的统计方法是否得当，我们都要感谢这位日本学者，因为这是有碑林以来由当时人提供的第一个碑林藏石总数。

从以上清代金石著作和其他文献的记载中，我们对截至清末时碑林所藏的唐宋碑刻，应该是有了基本了解。然而，对于当时占碑林藏石大半的明清碑刻，尤其是清代大量入藏碑林的当代碑刻，前人却吝惜笔墨，未给我们留下哪怕是十分简单的碑目。当然，我们没有理由抱怨当时的金石学家，他们对当代的东西取谨慎态度是可以理解的。清代金石学大盛，于是附庸风雅者便多，尤其是某些靠背诵八股时文谋得一官半职的官僚，自以为其诗文和书法也有资格与孔孟经典、颜柳书法一样流传后世，一时间，碑林似乎成了他们舞文弄墨的乐园。这就好比近些年来，中国一下子冒出难以计数的书法家一样，其中徒有其名者大有人在，如果让我们对当今的书法家做出评价，能不加倍谨慎吗？乾隆三十七年（1772）毕沅整修碑林时，就曾对当时碑林中的“明代及近人碑刻”做过清理，“汰存其佳者”。但毕沅是封疆大吏，这样有魄力也有眼光的权威者并非时时都有，于是最好的办法是不置一词，把做出评价的责任留给后人，而且从时间上拉开一段距离，可以看得更清楚。

三、民国三年（1914）《图书馆所管碑林碑目表》

民国之初，西安碑林由当时的陕西图书馆代管。当时，该馆曾铅印一份《图书馆所管碑林碑目表》（图4-9），虽未署明编制的年月，但有“审定者图书馆长朱先照”署名。朱先照，陕西三原人，民国二年（1913）接替毛昌杰任陕西图书馆馆长至民国三年（1914）[①]，那么这份碑目表无疑是在其任职的民国二至三年间编制的。又因该碑目表中有注明民国三年才移来的碑石，则其编制时间又可以进一步确定为民国三年。这是迄今所知最早的一份正规的碑林藏石目录，虽然编于民国初，但以它为依据来考察清末时碑林藏石情况，是

①《陕西省图书馆馆史》编写组：《陕西省图书馆馆史》，陕西教育出版社，1989年。

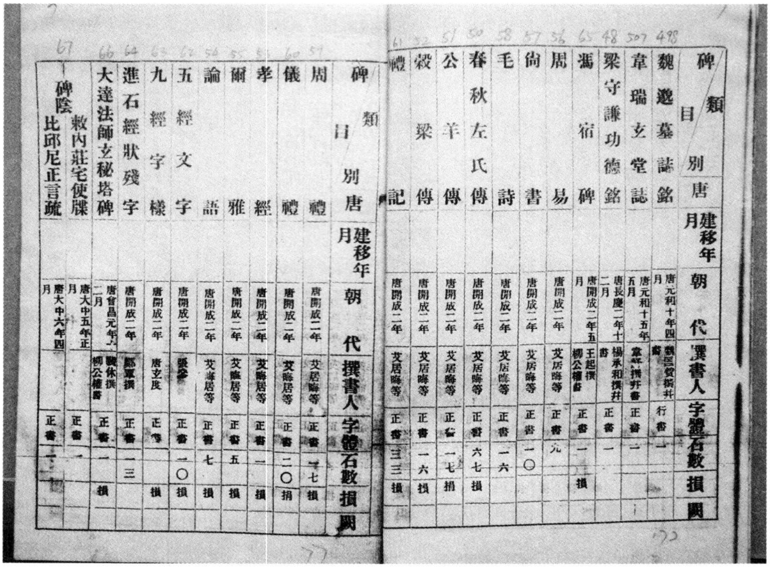

碑類目別 唐	建移年月	朝代	撰書人	字體	石數	損	闕
魏邈墓誌銘		唐元和十年四月	[illegible]撰井書	行書	一		
韋瑞玄堂誌		唐元和十五年五月	韋[illegible]撰幷書	正書	一		
梁守謙功德銘		唐長慶二年十二月	楊承和撰井書	正書	一		
馮宿碑		唐開成二年五月	王起撰 柳公權書	正書	一	損	
周易		唐開成二年	艾居晦等	正書	九		
尚書		唐開成二年	艾居晦等	正書	一〇		
毛詩		唐開成二年	艾居晦等	正書	一六		
春秋左氏傳		唐開成二年	艾居晦等	正書	六七	損	
公羊傳		唐開成二年	艾居晦等	正書	一七	損	
穀梁傳		唐開成二年	艾居晦等	正書	一六	損	
禮記		唐開成二年	艾居晦等	正書	三三	損	
周禮		唐開成二年	艾居晦等	正書	一七	損	
儀禮		唐開成二年	艾晦居等	正書	二〇	損	
孝經		唐開成二年	艾晦居等	正書	一	損	
爾雅		唐開成二年	艾晦居等	正書	五	損	
論語		唐開成二年	艾晦居等	正書	七	損	
五經文字		唐開成二年	張參	正書	一〇	損	
九經字樣		唐開成二年	唐玄度	正書		損	
進石經狀殘字		唐開成二年	鄭覃撰	正書	一三		
大達法師玄秘塔碑		唐會昌元年十二月	裴休撰 柳公權書	正書	一	損	
敕內莊宅使牒		唐大中五年正月		正書	一		
碑陰 比邱尼正言疏		唐大中六年四月		正書	一		

图 4-9 《图书馆所管碑林碑目表》之一页

没有问题的。现将该碑目表照录如下，除将原竖排改为横排，繁体字改为简化字外，表的格式和表中碑石的称谓以及各项目的表述，均依原表（包括其中的错误），以保持其历史原貌，对需要解释的问题另加注释。

表九　　图书馆所管碑林碑目表

碑目	移建年月	朝代	撰书人	字体	石数	损	阙
岣嵝碑①	清国初建	夏	清康熙年毛会建模刻	古篆	一		
衡岳碑	清国初建	夏	清康熙年毛会建模刻	古篆	一		
峄山刻石	清国初建②	秦	李斯，宋徐铉模，郑文宝记	小篆，记文正书	一	损	

①《岣嵝碑》原在湖南衡山岣嵝峰，其文字奇古，后人附会为夏禹遗迹，或称之《禹碑》，南北朝时郦道元《水经注》已记之。原碑已佚，各地有数种翻刻。西安碑林者系清康熙年间毛会建翻刻，其字子霞，江苏武进人，活动于明末清初，工于书法。下一条《衡岳碑》即同时所刻的《注释岣嵝碑》，刻明人杨慎的禹碑释文。

②此碑北宋淳化四年（993）郑文宝据徐铉摹本重刻于京兆孔庙，即一直在碑林。

续表

碑目	移建年月	朝代	撰书人	字体	石数	损	阙
石经残字[①]		汉		小篆	一	损	
敦煌太守裴岑纪功碑	清国初建	汉永和八年	清申北定重模	小篆	一		
田僧敬造像碑		北魏，无年月		正书	一	损	
夏侯纯造像记	存图书馆	北周天和四年		正书	一		
钳耳神猛造像记	存图书馆[②]	隋开皇四年		正书	一		
宋永贵墓志铭		隋大业十二年十一月		正书	一		
于孝显碑	清道光年由富平县移	唐贞观十四年十一月		正书	一		
道因法师碑		唐龙朔三年十月	李俨撰，欧阳通书	正书	一		
三藏圣教序记并心经		唐咸亨三年十二月	唐僧怀仁集晋王羲之书	正书	一	损	
韩宝才墓志铭		唐咸亨四年十一月		正书	一		
梁师亮墓志铭		唐万岁通天二年七月		正书	一		
比丘尼法琬碑		唐景龙三年五月	僧承远撰，刘钦旦书	正书	一		
杨氏墓志残石		唐景龙三年七月	柳绍先撰，李为仁书	正书	一		

①表中所列的汉代《石经残字》，应为东汉《熹平石经》的残石，因为汉石经仅此一种。西安碑林现藏之《熹平石经》残石只有一件，即上世纪30年代初于右任先生在洛阳购得，1938年与《鸳鸯七志斋藏石》一同捐藏西安碑林的《熹平石经·周易》残石。那么，表中这块曾入藏过碑林的汉石经残石，具体情况如何，后来下落何处，尚无资料可资考证。

②以上原存图书馆的两件带题记之造像，后均移藏西安碑林。

续表

碑目	移建年月	朝代	撰书人	字体	石数	损	阙
魏国夫人裴氏墓志铭	存图书馆[1]	唐景龙三年七月		正书	一，篆盖一		
法藏禅师塔铭		唐开元四年五月	田休光撰	正书	一		
吴文残碑（俗称半截碑）		唐开元九年十月	唐僧大雅集晋王羲之书	行书	一	损	
御史台精舍碑		唐开元十一年	崔湜撰，梁升卿书	八分	一		
碑阴碑侧题名			有颜真卿楷书三字[2]	正书			
大智禅师碑		唐开元二十四年九月	严挺之撰，史维则书	八分	一		
碑阴记		唐开元二十九年五月	杨伯成撰，史维则书	八分			
多宝塔铭		唐开元二十九年闰四月	郭楚贞等造	正书	一		
心经[3]			旧传王右军书，王弇州定为郑万钧书	草书	六	损	
隆阐法师碑		唐天宝二年十二月		行书	一		
石台孝经		唐天宝四载九月	玄宗御制序注并书	八分	四		
千佛寺多宝佛塔感应碑[4]		唐天宝十一载四月	岑勋撰，颜真卿书	正书	一		
令狐氏墓志铭		唐天宝十二载十二月		行书	一		

①即《韦项妻裴觉墓志》，后入藏西安碑林。

②是说《御史台精舍碑》碑阴之唐代御史题名中，有颜真卿的题名。颜真卿开元间曾任监察御史。

③即《百塔寺心经》，今存5石。

④是“千福寺”而非“千佛寺”。

续表

碑目	移建年月	朝代	撰书人	字体	石数	损	阙
心经①			张旭	草书	六	损	
肚痛帖			张旭	草书	一		
千字文断碑			张旭	草书	一②	损	
与郭仆射书		据王虚舟考当在广德二年十一月③	颜真卿撰并书	行书	一		
李氏三坟记		唐大历二年	李季卿撰,李阳冰书,后人重模	篆书	一		
李氏栖先茔记		唐大历二年	李季卿撰,李阳冰书,后人重模④	篆书	一		
碑侧题字			独孤密	正书	一		
颜维真家庙碑		唐建中元年	颜真卿撰并书	正书	一		
碑额斋堂记	下有宋僧梦英篆书纪移碑年月		颜真卿撰并书	正书	一		
不空和尚碑		唐建中二年十一月	严郢撰，徐浩书	正书	一		
景教流行中国碑		唐建中二年正月	吕秀俨⑤	正书,腊丁文	一		

①此张旭草书《心经》6石不知何指。西安碑林现藏张旭草书有两种，一为《草书千字文》断石6块，一为附刻于《彦修草书》碑末的《肚痛帖》，并无张旭草书《心经》。这里可能有误。

②张旭《草书千字文》尚存6石，这里石数有误。

③西安碑林藏颜真卿《争座位帖》，应是北宋熙宁年间知永兴军府事吴中复任职京兆时刻于府城孔庙即碑林中的。

④此《栖先茔记碑》《三坟记碑》应为唐刻原石，而非后人重模，参见笔者《李阳冰〈三坟记碑〉和〈栖先茔记碑〉为唐刻原石考》，刊于《碑林》集刊第十二辑，陕西人民美术出版社，2006年。

⑤《大秦景教流行中国碑》的书者应为吕秀岩。

续表

碑目	移建年月	朝代	撰书人	字体	石数	损	阙
东陵圣母帖		唐贞元九年	僧张怀素书，宋人重摹	草书	一		
藏真律公二帖			僧张怀素书，宋人刻	草书	一		
千字文			僧张怀素书①，明成化年重刻	草书	一		
楚金禅师碑		唐贞元二十一年七月	沙门飞锡撰，吴通微书	行书	一		
魏邈墓志铭		唐元和十年四月	魏匡赞撰并书	行书	一		
韦端玄堂志		唐元和十五年五月	韦纾撰并书	正书	一		
梁守谦功德铭		唐长庆二年十二月	杨承和撰并书	正书	一		
冯宿碑		唐开成二年五月	王起撰，柳公权书	正书	一	损	
周易		唐开成二年	艾居晦等	正书	九		
尚书		唐开成二年	艾居晦等	正书	一〇		
毛诗		唐开成二年	艾居晦等	正书	一六		
春秋左氏传		唐开成二年	艾居晦等	正书	六七	损	
公羊传		唐开成二年	艾居晦等	正书	一七	损	
穀梁传		唐开成二年	艾居晦等	正书	一六	损	
礼记		唐开成二年	艾居晦等	正书	三三	损	
周礼		唐开成二年	艾居晦等	正书	一七	损	
仪礼		唐开成二年	艾居晦等	正书	二〇	损	

①原文如此。这三件怀素书帖，不知何故，碑目作者均录为“僧张怀素书”。僧名前有加“释”者，而无加俗姓者，且怀素俗姓钱，非姓张。

续表

碑目	移建年月	朝代	撰书人	字体	石数	损	阙
孝经		唐开成二年	艾居晦等	正书	一	损	
尔雅		唐开成二年	艾居晦等	正书	五	损	
论语		唐开成二年	艾居晦等	正书	七	损	
五经文字		唐开成二年	张参	正书	一〇	损	
九经字样		唐开成二年	唐玄度	正书		损	
进石经状残字		唐开成二年	郑覃撰	正书	一三		
大达法师玄秘塔碑		唐会昌元年十二月	裴休撰，柳公权书	正书	一	损	
碑阴敕内庄宅使牒		唐大中五年正月		正书	一		
碑阴比邱尼正言疏①		唐大中六年四月		正书	一		
魏邈妻赵氏墓志铭		唐会昌五年十一月	王俦撰	正书	一		
华严寺杜顺和尚行记	民国三年由开福寺移	唐大中六年	杜殷撰，董景仁书	正书	一		
程修己墓志铭		唐咸通四年四月	温宪撰，程进恩书	正书	一		
李彬夫人宇文氏墓志铭		唐咸通八年八月	李彬撰，楚封书	正书	一		
梵汉合文经幢	民国三年由开福寺移	内有唐代官衔	沙门海觉唐梵书	正书，梵书	一	损	
陀罗尼经幢并记	民国三年由开福寺移		王铉撰	正书	一	损	
尊胜陀罗尼经并记				正书	一	损	

①《玄秘塔碑》碑阴刻《敕内庄宅使牒》和《比丘正言疏》，此处将后者误为“比邱尼正言疏”。

续表

碑目	移建年月	朝代	撰书人	字体	石数	损	阙
陀罗尊胜经幢	民国三年由开福寺移			行书	一	损	
陀罗经幢	民国三年由开福寺移	序有垂拱二年等字		正书	一	损	
重修文宣王庙记		宋建隆三年八月	刘从乂，昭吉书[1]	行书	一		
重修开元寺行廊功德碑		宋建隆四年	刘从乂，袁正己书	正书	一		
篆书千字文		宋乾德三年	僧梦英篆书，袁正己隶书	篆书，隶书	一		
碑阴千字文序		宋乾德五年	皇甫俨书	正书	一		
十八体篆书		宋乾德五年	僧梦英	俗篆书	一		
黄帝阴符经		宋乾德四年四月	郭忠恕	三体书	一		
摩利支天等经		宋乾德六年	袁正己书	正书	一		
扶风孔子庙堂记		宋乾德壬午年六月	僧梦英书，唐程浩原文	正书	一		
张仲荀抄高僧传序		宋乾德末年	陶穀撰，僧梦英书	行书	一		
新译三藏圣教序		宋端拱元年十月	广孝皇帝撰[2]，沙门云胜书	隶书	一		
淳化阁法帖[3]		宋淳化三年	清顺治年费氏重摹	各体书	二五三	一二	
赠梦英诗		宋咸平元年	僧正蒙	正书	一		

①应为马昭吉书。

②即宋太宗赵光义撰，“广孝皇帝”是其谥号。

③西安碑林现藏清刻西安本《淳化阁帖》凡145石，两面刻字，共289面，表中所列石数有误。

续表

碑目	移建年月	朝代	撰书人	字体	石数	损	阙
说文偏旁字源并序		宋咸平二年	僧梦英	正书，篆书	一		
敕修文宣王庙牒[1]		宋景德三年		正书	一		
沙门静己书偈碑			沙门静己	行书	一		
永兴军文宣王庙大门记			孙仅撰，冉宗闵书	正书	一		
劝慎刑文并序				正书	一		
慎刑箴并序		宋天圣六年	卢经	正书	一		
永兴军牒		宋景祐元年[2]	僧惟悟	正书	一		
永兴军中书札子		宋景祐二年		正书	一		
兴庆池禊宴诗		宋庆历二年		正书	一		
京兆府小学规		宋至和元年	裴袗	正书	一		
善感禅院新井记		宋熙宁七年	侯可撰，僧慧观书	正书	一		
京兆府学新移石经记		宋元祐五年九月	安宜之	正书	一		
观音像并赞		宋元祐六年六月	吴道子	正书，绘白描	一		
昌黎五箴		宋嘉祐八年二月	李宗[3]	篆书	一		

①今西安碑林藏石中未见此碑，不知下落何处，其内容应与整修京兆府文宣王庙有关。

②应是宋景祐二年（1035）刻。

③《昌黎五箴》刻石时间应为北宋元和六年，书者应为李寂，表中均误。

续表

碑目	移建年月	朝代	撰书人	字体	石数	损	阙
游师雄墓志		宋绍圣四年十月	张舜民撰，邵龥书	正书	一		
禹迹图		宋阜昌七年四月			一		
华夷图		宋阜昌七年四月①			一		
京兆府重修府学记		金正隆元年②		正书	一		
莲峰真逸诗		金大定二十八年		行书	一		
京兆府学教养碑		金正大二年	杨焕	行书	一		
天冠山诗			赵孟頫	行书	一		
松雪手札	清国初建		赵孟頫	行书	九		
孝子李得成传		明永乐十五年	刘三吾撰，周质书	正书	一		
新开通济渠记		明成化元年	项忠撰，张莹书	正书	一		
石经补字③		明嘉靖年	王尧惠等集唐石经字模刻	正书	一〇三		
至圣像		明嘉靖年		绘工笔	一		
保官题名		明万历二年	王怀堂④	正书	一		

①禹迹图》与《华夷图》刻于一石之两面，所署“阜昌”年号，表中冠以“宋”，有误。金灭北宋后，于金天会八年（1130）在中原扶植刘豫建立傀儡政权——大齐，“阜昌”为刘齐政权年号。

②应是金正隆二年（1157）刻。

③《唐石经补字》刻石时间应为明万历十六年，共刻 96 石，其中 17 石两面刻字，共计 113 面，表中刻石时间和石数均误。

④《保举题名碑》刻于清乾隆初年，而非明刻，其书碑者为王㰄堂，而非王怀堂。

续表

碑目	移建年月	朝代	撰书人	字体	石数	损	阙
徐公家训		明万历四十五年①	董其昌	行书	一		
秣陵诗			董其昌	行书	一		
赐杨嗣昌行军诗		明崇祯十二年	庄烈帝	草书	一		
崇祯碑记②		明崇祯年	来复	正书	一		
谕陕西官师诸生檄			孙应鳌	正书	一一		
文庙碑林记③		明崇祯十五年		正书	一		
太宗三藏圣教序④		清顺治年	集王羲之石刻	行书	二五		
修栈记事诗		清康熙年	党崇雅	行书	一		
补石经孟子诗		清康熙四年	李楷	正书	一		
孝子李得成赞		清康熙六年	李敬修	正书	一		
训饬士子文		清康熙十一年	仁皇帝	正书	一		
千字文		清康熙十八年	仁皇帝⑤	正书	四		

①《徐公家训碑》刻于康熙五十九年（1720），而非明刻。

②即《皇明圣谕·劝世歌》，刻于明崇祯二年（1629）。

③此碑应为《重修文庙碑记》，刻于崇祯九年，表中碑名和刻碑时间有误。

④此碑应为《费甲铸摹圣教序》，刻于明崇祯十五年，共28石，表中刻碑时间和石数均误。

⑤康熙皇帝庙号“清圣祖”，谥号“合天弘运文武睿哲恭俭宽裕孝敬诚信中和功德大成仁皇帝”，故后世称“圣祖仁皇帝”或“仁皇帝”。另《训饬士子文》为康熙四十一年刻，表中时间有误；《康熙千字文》共7石，表中石数有误。

续表

碑目	移建年月	朝代	撰书人	字体	石数	损	阙
中庸		清康熙二十年	麻尔图	正书	一		
大学		清康熙二十年	麻尔图	正书	一		
孟子		清康熙二十年①	许肇业等集唐石经字模刻	正书	一七		
古文渊鉴序		清康熙三十四年②	仁皇帝	行书	三		
耕织图序		清康熙三十五年	仁皇帝	行书	六		
赐吴赫书		清康熙三十六年	仁皇帝	行书	一		
赐吴赫书		清康熙三十七年	仁皇帝临董其昌	行书	一		
御书法帖		清康熙三十八年	仁皇帝临米芾	行书	三五		
御书法帖		清康熙年	仁皇帝临赵、董	行书	一二		
大宝箴		清康熙三十八年	仁皇帝	行书	六		
高松赋		清康熙年	仁皇帝	行书	五		
草诀歌		清康熙年	达礼善	草书	三四		
游牛头寺诗			清达礼善集王羲之石刻	行书	三		
濂溪先生赞		清康熙四十二年	王铎	正书	一		

①清刻石经《孟子》是康熙二年贾汉复主持所刻，表中时间有误。
②应为康熙二十四年（1685）。

续表

碑目	移建年月	朝代	撰书人	字体	石数	损	阙
千字箴			王铎	草书			
集古梅花诗		清康熙五十二年①	罗景集王羲之石刻	行书	二		
墨绣堂帖		清康熙年	孟缵祖	行书	五		
赐岳钟琪书		清雍正二年	世宗	行书	一		
孔子像		清雍正二年	果亲王	绘工笔	一		
颜程所好何学论		清雍正十二年	果亲王	草书	一		
骊山温泉诗			果亲王	草书	一		
即景诗			果亲王	草书	一		
即景诗			果亲王	草书	一		
即景诗			果亲王	草书	一		
远上寒山诗		清雍正十三年	果亲王	行书	一		
程朱吕胡先生格言			方元焕	草书	二		
苏氏笔法论		清乾隆戊寅年	铁保	草书	一		
清风来故人		清乾隆丙子年②	铁保	草书	一		
心画初机帖		清乾隆辛酉年③	刘墉	行书	一		

①应为康熙五十九年（1920）。

②铁保《苏氏笔法论》刻于嘉庆二十三年，《清风来故人》刻于嘉庆二十一年，表中时间有误。

③刘墉《心画初机帖》刻于道光十九年，共刻6石，表中时间、石数均误。

续表

碑目	移建年月	朝代	撰书人	字体	石数	损	阙
汉黄徵祠记		清嘉庆三年[①]	马慧裕	行书	一		
集禊帖		清嘉庆五年	马慧裕	行书	三七		
重修碑林记		清嘉庆十年	盛惇崇	行书	一		
重修兰州城记		清嘉庆十六年[②]	那彦成	正书	一		
重修泉神庙记		清嘉庆十六年	那彦成	正书	一		
洪三希先生家传文[③]		清道光乙酉年	强谦	正书	一		
洪三希先生祝文		清道光乙酉年[④]	哈哈达	正书	一		
李氏哭夫词[⑤]			牛麟	正书	一		
孔子像			晋文煜	绘工笔	一		
董夫子像			赵曙	绘工笔	一		
复修碑林记		清道光二十二年	陶廷杰	正书	一		

①应为清嘉庆四年（1799）。

②《重修兰州城记》和下条《重修泉神庙记》均为清嘉庆十七年（1812）刻。

③此《洪三希先生家传文》，碑题“大清故医宏不器家传碑文并序”，所以多称之《宏不器家传碑》。宏不器，名哈哈达，亦称洪不器哈哈达，为瑚三希之子。刻石时间为清道光二十九年（1849），即道光己酉，而非乙酉。

④此《洪三希先生祝文》，碑题“清故处士瑚三希先生祝文”，所以多称之《瑚三希先生祝文》。碑主洪瑚琏，号三希。刻石时间为清道光十七年（1837），即道光丁酉，而非乙酉。

⑤刻于明崇祯十五年（1642）。

续表

碑目	移建年月	朝代	撰书人	字体	石数	损	阙
贻古堂帖		清道光二十九年	万保集	行书	一[①]		
谦卦碑		清道光壬寅年	江士松	隶书	一		
即景题咏[②]		清道光壬寅年	林则徐	行书	一		
张廷杰家传			郭尚先	正书	一		
洛神赋		清同治十三年	郭建本	正书	一		
兰亭序		清同治十三年[③]	郭建本	正书	一		

说　明

右历代石刻一百七十二种，其名碑古刻，虽重摹而必收，断石残碣，有可珍而悉录，盖皆足为考古之资，文字不偏废也。至于明清二代之作，半非出于书绘名家，全收似嫌芜杂，故择其可传者列入。

政务厅教育科长鉴定

审定者　图书馆长朱先照

编辑者　图书馆员孙德俦

印刷者　图书社印刷部

按《图书馆所管碑林碑目表》表后所附“说明”，此表共收历代碑刻172种，包括碑林中元代之前所有碑刻和明清碑刻中“择其可传者”，即明清碑刻只是有选择地收录。这172种碑刻，按表中所列时代划分，隋以前碑9种，唐

①《贻古堂帖》共刻27石，表中石数有误。

②即林则徐《游华山诗并序》，刻于清道光二十二年（壬寅，1842）。

③郭建本所临《洛神赋》和《兰亭序》，均刻于清同治十二年（1873）。

碑 66 种，宋碑 27 种，金元碑 7 种，明碑 10 种，清碑 52 种。如按碑刻的类别划分，则为：碑 130 种（含 7 种碑阴），墓志 12 种，造像碑 3 种，经幢 4 种，石刻画 7 种，石经 16 种（汉石经残石 1 种，《开成 石经》被析为 15 种）。表中还标明了每种碑刻的石数，即这 172 种碑刻总共有 961 石。因《开成石经》114 石每石两面被算作 2 石，所以总数比实际多出 114 石，减去后应为 847 石。如果再减去碑阴即两碑一石者，石数就更少。

从碑刻的年代看，此碑目表仍以唐宋碑刻为主，明清碑刻虽然涉及，但数量很少，仅 62 种，占总数的二分之一强，这比当时碑林中明清碑刻的实际数量少得多。1935 年，张知道编《西京碑林》所列碑目是一份全目，其中明碑 101 种，241 石；清碑 214 种，860 石。这么多碑刻当然不会是民国前期兵荒马乱的 20 年间收集的，绝大多数应是清末时已在碑林。

另外，此碑目表未收当时存于西安孔庙的碑刻。这是因为进入民国后，原本庙、学、碑林三位一体的格局已成为过去，府、县三学已不复存在，孔庙和碑林则被分而治之，碑林由省立图书馆管理，孔庙由孔教会管理，所以此时编制目录，便未包括存于孔庙中者。直到 1944 年成立陕西省历史博物馆时，碑林和孔庙才又合为一体。根据 1944 年陕西省历史博物馆接收孔庙碑石的清单，当时存于文庙的碑刻有《皇甫诞碑》《孔子庙堂碑》《智永真草千字文》《郎官题名石柱》以及历代与孔庙、府学有关的碑刻 41 种，而它们绝大多数清末时已在孔庙中。虽然民国期间的几份碑林碑目都未将这些碑刻列入，但这并不改变它们碑林藏石的身份。

下面，我们以这份《碑林碑目表》为基础，结合前文所引的其他资料，对截至清末时碑林藏石情况略加分析。

虽然说清代碑林藏石数量有大幅度的增长，但新增加的碑刻绝大部分是当代的。这正如武伯纶先生所说：“特别在清代，碑林好像成了一些地主官僚、无聊文人留名夸功、消遣自乐的场所，他们刻了不少事实既不重要，也缺乏书法艺术价值的大碑塞在里边，显得很乱。”[1]相比之下，清代入藏碑林的唐宋碑刻并不多。值得注意的是，碑林藏石的种类在渐趋多样化，除石碑、石经之外，还增加了墓志、造像碑、经幢、石刻画等新品类。比如墓志，清以前

① 武伯纶《西安碑林简史》，《文物》1961 年第 8 期。

各代，碑林中几乎没有墓志收藏，仅宋《游师雄墓志》是一个例外。直到清乾隆年间的《雍州金石记》，才著录了最早入藏碑林的 2 方唐墓志，且不久又下落不明。后来光绪年间的《关中金石文字存逸考》，又著录了碑林中的隋唐墓志 12 种，到了民国三年的《图书馆所管碑林碑目表》中，又只剩下 10 种，其中至今仍藏碑林的只有 9 种。墓志不同于大型碑刻，搬动比较方便，那些入藏碑林后又不知去向的墓志，以及一些小型石碑，很可能会被那些有金石之癖的权势者窃为己有。如《关中金石文字存逸考》所录 12 种隋唐墓志之一的《李郴夫人宇文氏墓志》，就是被曾任陕西巡抚的端方离任时携走的[①]。

清代入藏碑林的唐宋碑刻，除前文考察《石刻拔萃》时已经述及的唐《法琬禅师碑》之外，还有以下几种：

《大秦景教流行中国碑》：唐建中二年（781 年）刻。螭首龟趺，高 280 厘米，宽 99 厘米。景净撰，吕秀岩书。碑题“景教流行中国碑颂并序”，碑文 32 行，满行 62 字，楷书。额题“大秦景教流行中国碑”，楷书。碑额上方刻“十”字纹，以莲台祥云烘托。碑文前撰者署名下方和碑文末年款下方，各刻叙利亚文 1 行；碑正面下方刻叙利亚文间有汉文 24 行；碑左右两侧刻景教僧侣叙、汉双语署名，左侧 41 人，右侧 29 人。（图 4-10 至 4-13）

这是清代入藏碑林的最重要的一块唐碑，也是碑林现存历代碑刻中知名度最高、被中外学者研究最多的一块。它

图 4-10　展室中的《景教碑》

①民国《陕西金石志》卷一九该墓志条下云：“按此石原存碑林，光绪二十八年亦为陶斋携去。”“陶斋”为端方之号。

图4-11 《大秦景教流行中国碑》（正面，拓本）

图 4-12 《景教碑》额题及十字架纹（拓本）

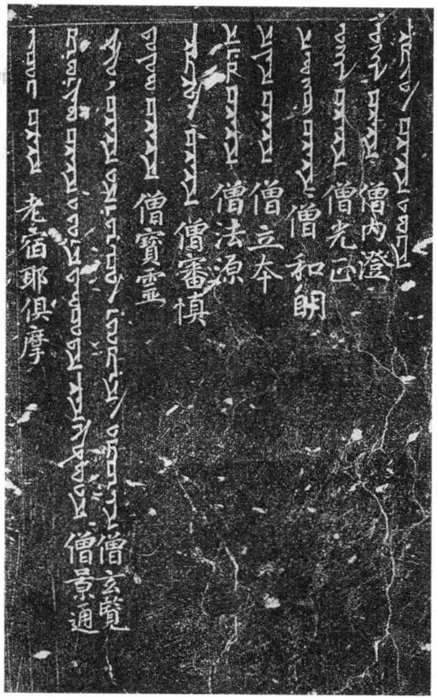

图 4-13 《景教碑》右侧叙利亚文题名第一列（拓本）

记述了唐贞观初年，早期基督教的异端派别——“聂斯脱利派”入传中国，并在华夏大地上进行传教活动达 200 余年的史实，是研究中西文化交流史和中国基督教史的宝贵资料。此碑建碑人是曾任金紫光禄大夫朔方节度副使的景教僧伊斯，他当时的教职是大唐国都长安城的区主教，碑文撰者景净，是当时中土景教的领袖人物[①]。

《景教碑》是明天启五年（1625）春在西安城西郊挖土建屋时偶然被发现

---

①《景教碑》正面底部所刻叙利亚文，给出了伊斯在教内的身份“qšišā wkurāpisqupā dkmdān mdint mlkutā”，即京城长安的区主教，称其为建碑人；碑文开首景净署名下方刻叙利亚文一行，是其对应的叙利亚文署名：“ādm qšišā wkurāpisqupā wpāpšʾ dsinst-ān”，即秦尼斯坦（中国）总监督区主教亚当长老。参见龚方震《唐代大秦景教碑古叙利亚文字考释》（刊于《中华文史论丛》1983 年第一辑，上海古籍出版社，第 1-25 页），段晴《唐代大秦寺与景教僧新释》（载于荣新江主编《唐代宗教信仰与社会》一书，上海辞书出版社，2003 年，第 434-472 页）。两篇文章对《景教碑》中叙利亚文字均有精到的考释，并提供了叙利亚文的拉丁文转写。

图 4-14　何尔谟
（摄于 1923 年）

的。很可能，唐武宗会昌五年（1845）灭佛，殃及景教，碑被教徒埋入地下。这块记载着基督教于唐代第一次入传中国重要史实的碑刻，沉睡于地下近八百年后又重新出土，而此时恰逢天主教耶稣会士进入中国传教，消息传至欧洲后曾轰动一时，引起西方学界和教会的极大重视。出土后，《景教碑》就近竖于西安城西关的金胜寺（亦称崇仁寺）内，直到 20 世纪初，才以丹麦人何尔谟（Frits von Holm）（图 4-14）来西安盗运《景教碑》未遂事件为契机，将该碑移置西安碑林。

关于这一事件，民国《续修陕西通志稿·金石志》中，曾有十分简略的记述。书中该碑条下按语曰：

> 按此碑明末出于西安城西，即就近竖于金胜寺。清季有西人访得此碑，依式模刻，以重贿赂僧，欲以新刻者易原碑，僧大骇，鸣诸官而止。且以城外，难于防护，乃移置碑林。西人运新刻者以去。[①]

这段文字过于简略，连事件发生的具体时间和当事人也未予说明。相比之下，倒是当时恰好也在西安的两位日本人足立喜六和桑原骘藏，还有当事人何尔谟自己，在其著作中留下了较详细的记载。

足立喜六在《长安史迹考》中用很大篇幅介绍了《景教碑》，并述及这一事件[②]。桑原骘藏是日本著名历史学家（图 4-15），京都学派的代表人物，长期致力于东西交通史的研究，其《考史游记》中有他光绪三十三年（1907）在西安游历的日记，述及他当时亲见《景教碑》被盗未遂，移置碑林的经过[③]。

①民国《续修陕西通志稿·金石志》卷十四“景教流行中国碑”条下之按语。

②（日）足立喜六《长安史迹研究》，日本东洋文库刊行，昭和七年（1932）。上海商务印书馆 1936 年出版杨炼中译本，书名《长安史迹考》。2003 年三秦出版社又出版王双怀、淡懿诚、贾云译本。

③（日）桑原骘藏《考史游记》，日本东京弘文堂刊行，昭和十七年（1942）。2007 年，中华书局出版张明杰译本。

那位盗碑未遂的丹麦人何尔谟，1924 年也出版过一本书——《My Nestorian Adventure in China》(《我为景教碑在中国的探险》)，对自己在西安并不光彩的经历倒是津津乐道，记述颇详[①]。将此三人所记相互印证和补充，事件的原委应该是：1907 年 5 月，何尔谟来到西安，与金胜寺住持、76 岁的老僧于寿（图 4-16）订立密约，用重金（按足立喜六所记，是出银三千余两）收买《景教碑》，并通过老僧雇石匠用相同的石料按原碑尺寸重刻一碑，以替代原碑。安排好后，他离开西安去武昌、开封、洛阳参观，扬言不再回来，以掩人耳目。当年 9 月何尔谟再度来西安时，复制碑已刻好，就在其密议搬运之际，消息走漏，地方官府出面予以制止。擅长英语的陕西高等学堂教务长王猷担当折冲之任，与何尔谟交涉，得以解除密约，只允许他将复制碑运回。《景教碑》原碑则以此为契机，被移入西安碑林。向碑林搬运的时间，何尔谟书中所说的 10 月 2 日，应是搬运碑身、碑首；桑原骘藏所说的 10 月 4 日，亦即足立喜六所说阴历八月二十七日，则是搬运龟趺。10 月 6 日，桑原骘藏专门去碑林查验时，《景教碑》已在碑林，并“移放亭中”。当时所在的位置，据足立喜六《长安史迹考》所附碑林平面图标示，在《开成石经》碑廊之后所谓“孟子碑亭”入口处东侧。

桑原骘藏和足立喜六均提到，将《景教碑》移入西安碑林是陕西巡抚的决策，查《清史稿·疆臣年表》，当时的陕西巡抚是曹鸿勋。此人光绪三十一年正月上任，三十三年八月丁亥（二十八日）亦即公历 1907 年 10 月 5 日被召回京，由恩寿接任。竟如此巧合，两位巡抚交接偏偏也在这几天。当然，交接时决策早已做出，碑已运至碑林，此事应与后任恩寿无关。其实，在这一事件的结局面前，一切细节都不重要了，重要的是，《景教碑》终于没有

图 4-15　桑原骘藏

① Frits Holm 《My Nestorian Adventure in China, A Popular Account of the Holm-Nestorian Expedition to Sian-Fu and Its Results》, Gorgias Press, 2001。何尔谟此书，2011 年上海科学技术文献出版社出版了史红帅译本，书名《我为景教碑在中国的历险》。

图 4-16 金胜寺住持于寿（何尔谟摄，采自何尔谟书中）

被盗运出国，终于有了一个可靠的归宿[①]。

《白道生神道碑》：唐永泰元年（765）刻。碑高 187 厘米，宽 96 厘米。于益撰，挚宗书并篆额。碑题“大唐故左武卫大将军赠太子宾客白公神道碑”，碑文 21 行，满行 40 字，楷书。文中有“以永泰元年三月二十四日迁窆于万年县凤栖原”一句，这是白道生墓及此碑当时之所在。毕沅《关中金石记》著录此碑，称其“在咸宁凤栖原”[②]，即乾隆年间仍在原地。至嘉庆本《咸宁县志·金石志》该碑条下则曰：“窆于凤栖原，向在鲍坂，今移府学。”[③]这就是说，嘉庆年间此碑已入碑林。毛凤枝《关中金石文字存逸考》又说：“今在西安府文庙中。”并抄录碑右方题衔下一段清人题跋：“关中金石记载：碑在咸宁凤栖原。不知何时移至府学，仰卧于地。锡山周君行访得之以告，爱其书类北海，因为重立。道光二年重九日，陶山唐仲冕题。同观者上元车持谦秋舲，吴县蔡成辂曼受，长沙黄本骥虎痴，及侄钊敬之。”[④]由此题记可知，嘉庆年间该碑移入西安孔庙时，不知何故并未立起，至道光二年（1822），才由时任陕西布政使且喜爱金石的唐仲冕重新竖立于孔庙。也正

①关于《景教碑》移藏碑林的经过，可参见笔者《景教碑移藏西安碑林经过》一文，刊于《文博》1997 年第 5 期；亦可参见拙著《景教与〈景教碑〉》之第七章。

②清·毕沅《关中金石记》卷三“赠太子宾客白道生神道碑”条。

③嘉庆本《咸宁县志》卷十六《金石志》“赠太子宾客白道生神道碑”条。

④ 清·毛凤枝《《关中金石文字存逸考》卷一“左武卫将军白道生碑”条。

因为它在孔庙中，民国三年（1914）的《碑林碑目表》没有将其列入。

《于孝显碑》：唐贞观十四年（640）刻。螭首方趺，高259厘米，宽76厘米。碑题“大唐故骑都尉濮阳县令于君之碑”，碑文28行，满行58字，楷书。额题“大唐故骑都尉濮州濮阳县令于君之碑”，篆书。此碑出土较晚，至光绪年间毛凤枝的《关中金石文字存逸考》才有著录。毛氏记曰：“此碑今在西安府学碑林，本出富平，卢厚山中丞坤移置碑林，作亭覆之，得免敲火厉角之厄。”①此卢坤（1772—1835），字静之，号厚生，涿州（今河北涿州）人。嘉庆四年（1799）进士，道光二年至七年（1822—1827）任陕西巡抚②。碑阴刻有卢坤跋文：“右唐濮阳令于孝显碑，道光癸未出于富平土中，今移西安府学碑林……”跋文年款署“道光甲申”。这就是说，此碑“道光癸未”即道光三年（1823）出土于富平县，“道光甲申”即道光四年，亦即出土后的第二年，便被卢坤移置西安碑林。

《善感禅院新井记》：北宋熙宁七年（1074年）刻。碑高155厘米，宽63厘米。侯可撰文，僧慧观书，李元直篆额。碑题“京兆府□□善感禅院新井记”，碑文18行，满行36字，行书。额题“善感院新井记”，篆书。碑原在西安府城内香城寺，此寺北宋时称善感禅院，宋仁宗曾为该寺赐名曰“善感”。成书于嘉庆十年（1805）的《金石萃编》著录此碑时，只言其在咸宁县，尚未说迁至碑林③。而成书于嘉庆二十四年（1819）的嘉庆本《咸宁县志·金石志》，则称其“旧在香城寺，今移置碑林”④。那么，此碑入藏西安碑林的时间，应该在清嘉庆年间。

第四节　清代碑林的建筑和陈列

清代西安孔庙的建筑情况，在本章第二节的整修概述中，已经陆续做了介

①清·毛凤枝《《关中金石文字存逸考》卷一“濮阳令于孝显碑”条。

②《清史稿》卷三七九《卢坤传》。

③清·王昶《金石萃编》卷一三五“善感禅院新井记”条。

④嘉庆本《咸宁县志》卷十六《金石志》“善感禅院新井记”条。

绍，比较清楚。本节拟根据已有资料，重点对清代西安碑林的建筑情况及碑林藏石的陈列，进行必要的考察。

清代第一次整修碑林，是在康熙五十九年（1720）。当年所立的纪事碑《重修碑亭碑记》，一开首便介绍了当时碑林的建筑情况：

西安府学东北隅，有大碑亭四十余楹，孟子碑亭十二楹，孝经楼一座，杂碑一十三楹，及禹王篆、峄山碑、淳化阁帖诸石刻……

这说的是整修之前的碑林。由于这次整修系徐朱爀个人出资所为，所以并无大的改建项目，碑文叙述整修过程时罗列的建筑物，与整修前基本相同：

起工于四月初旬，先修十三经碑亭四十五楹，次孟子碑亭十三楹，次杂碑一十三楹，以御书孝经殿其后。围以墙垣，固以栅栏，饰以丹雘，至七月终而次第告成焉。

这里以“楹”为计量单位的所谓“碑亭”，前文已作过辨正，不是指通常意义上的圆形或方形的亭子，如《石台孝经》碑亭（此碑文便将孝经亭改称为“楼”），而应作广义的理解，指有柱有顶、围以栅栏的开敞性屋宇，与碑廊相当。

这是北宋元祐五年（1090）《京兆府府学新移石经记》碑之后，第一次对碑林建筑作如此具体的记述。此前各代的记事碑文，记述整修过程时，往往不涉及具体建筑，即便涉及，也是只说孔庙、府学的建筑，对碑林，简直惜墨如金，所以前面每当谈到当时碑林的建筑，就只好从碑文的字里行间去分析、推测。有赖于此碑，我们终于知道了清康熙末年碑林建筑的基本状况。当时的碑林，大的格局仍与形成之初的北宋时期相仿，以《石台孝经》“楼”居中，“十三经碑亭四十五楹”即《开成石经》碑廊从三面环绕之，所多者，是“孟子碑亭十三楹”和“杂碑一十三楹”，而后者无疑是指原先“分布于庭之左右”的诸多唐宋碑刻。当年未说是否有建筑物覆盖，而此碑说得很清楚，康熙年间它们是置于“碑亭”之中的。

另外，成书于乾隆二十四年（1759）的朱枫《雍州金石记》，在“国子学石经”条下，也对碑林的建筑略加介绍：

今西安府学之东偏中建大亭，置唐玄宗所书孝经，今谓之孝经台，备极雄伟。其北构屋数十间，东西廊各数间，置石经于其中。又于孝经台北、石经前，架屋数十间，置种种旧碑，如圣教序记之类，为石墨渊薮，谓之碑林，俗呼碑洞云。[①]

这段文字把前碑未予说明的各建筑间的位置关系说清了，即所谓“架屋数十间，置种种旧碑”者，相当于前碑所说的“杂碑一十三楹”，其位置在《石台孝经》碑亭与《开成石经》碑廊之间，那么，“孟子碑亭十三楹”就只能在石经碑廊之后了。

清代对碑林最重要的一次整修是在乾隆三十七年（1772），这也是碑林建筑变化最大的一次。不知何故，这次整修并未立碑记事。作为整修主持者的毕沅，在其数种著作中都提到了这次整修，但对整修后碑林的建筑面貌，却记述得十分简略。如《关中金石记》“石刻十二经及五经文字九经字样”条下，述及此次整修后的状况时，仅用“前后堂庑，皆鼎新焉”一笔带过。相比之下，他在《陕甘资政录》中还算说得具体一些：

为堂五楹，恭奉我朝列圣御书贞石，南为敬一亭，又南建庭并左右廊庑数十楹，砌置开成石经及宋元以前碑版，又南置石台孝经……至明代及近人碑刻，则汰存其佳者，别建三楹于敬一亭之西，为之安置……[②]

按毕沅所记，当时碑林的建筑物由北向南依次为：“堂五楹”——置放几位清帝御书之碑；“敬一亭”——置放明嘉靖帝《敬一箴》等箴言碑刻；“庭并左右廊庑数十楹”——置放《开成石经》及宋元以前碑版。另外，还在敬一亭之西“别建三楹”，置放经过汰选的明清碑刻。毕沅这段文字交代得不是很清楚，尤其是“庭并左右廊庑数十楹”，词语含混，很不具体。

值得庆幸的是，那位日本学者足立喜六在他的《长安史迹考》中，为我们留下了一幅用近代绘图方法绘制的《碑林平面图》（图 4-17）。足立喜六在西

①清·朱枫《雍州金石记》卷十“国子学石经”条。

②乾隆本《西安府志》卷十九《学校志》之“府学”条下转引。

安期间，曾“应用其专长之数理知识，倾力于遗址之测量”①，给西安碑林留下了这有史以来第一幅平面图。又由于足立喜六所见到的“碑林之设计与屋宇，悉毕沅当时之遗楷”②，所以通过这幅图，就可以推知毕沅整修后碑林的建筑情况。下面，就以此图为主，结合毕沅的记述，进行分析。

图中最北面，标注“清碑”的展室，应该是毕沅所说的“堂五楹”，相当

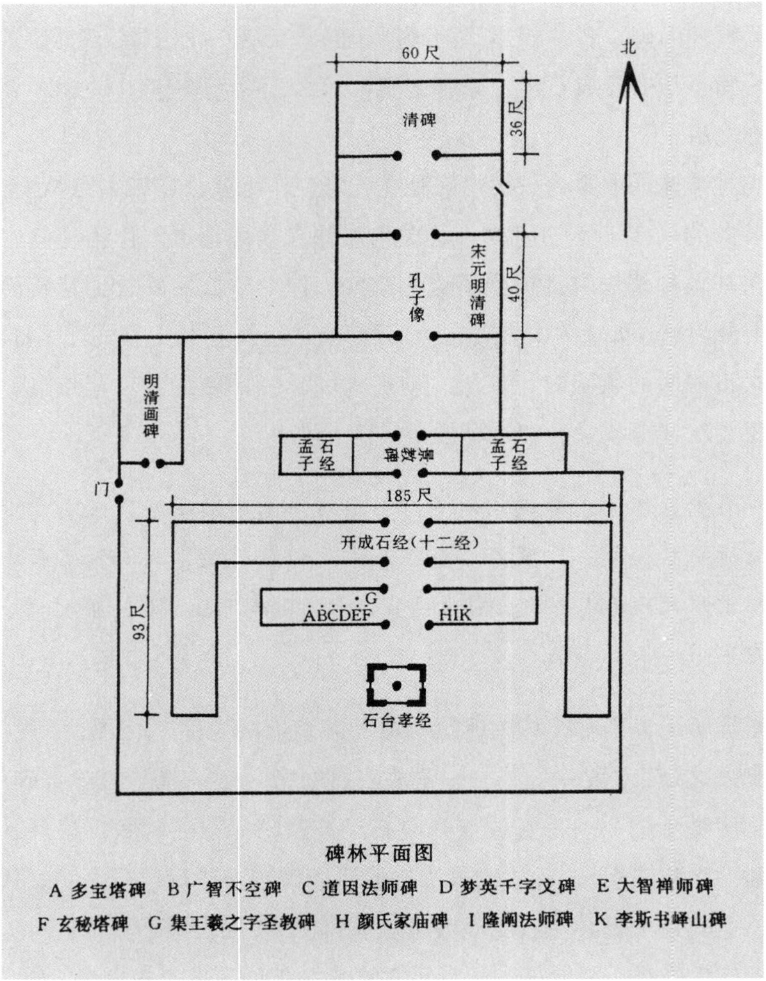

图 4-17 《碑林平面图》（据足立喜六《长安史迹考》原图重绘

① （日）足立喜六《长安史迹考》卷首那波利贞之序文。
② （日）足立喜六《长安史迹考》第十三章《长安之古碑》。

于今天碑林第四室的位置。其中所陈列者，毕沅称“恭奉我朝列圣御书贞石”，是择其要者而言，除诸清帝御书之碑外，还应陈列其他清碑。

图中标注“宋元明清碑”和“孔子像”的展室，应是毕沅所说的“敬一亭”，相当于今天碑林第三室的位置。其中所陈列者，毕沅既言“敬一亭”，应是明嘉靖皇帝之《敬一箴》和《范氏心箴》《程子四箴》等一组7块箴言刻石。明嘉靖年间，府、县三学中均有这组碑刻。后来，原在府学的一组又移至碑林中。明万历二十二年（1594）周宇《重修儒学碑》述及碑林时称：“（碑）洞后正南面建亭，奉崇敬一箴。而箴之东西学者，各为亭，尊制也。”这里的“洞后正南面”，显然有误，应是正北面；而“东西学”，是指长安、咸宁二县学，学中也有敬一亭。入清之后，碑林中此亭一直存在，不过已没有明代那样显赫。乾隆年间毕沅整修时，大概对其加以扩建，置入其他各代碑刻，仍以“敬一亭”名之。至清末足立喜六绘图时，其中陈列着宋元明清各代碑刻，那组箴言刻石已退居次要位置。（图4-18、4-19）

图中标注“石经孟子”和“景教碑”的展室，应是康熙五十九年《重修碑

图4-18　清末时碑林展室内景（采自足立喜六《长安史迹考》

图4-19　清末时碑林展室内景（采自足立喜六《长安史迹考》

亭碑记》所说的“孟子碑亭十三楹”（毕沅未专门记述），相当于今天碑林第二室的位置。最初大概是为陈列康熙二年（1663）贾汉复补刻的《孟子》17石而建，至乾隆间亦被扩建为陈列各代碑刻的展室，后来《景教碑》移藏碑林时，便置于该室。

图中标注“开成石经（十二经）”的环形碑廊，应是《重修碑亭碑记》所说的“大碑亭四十余楹”，包括在毕沅所说的“庭并左右廊庑数十楹”之内，大致相当于今天碑林第一室的位置，只是其正面的进深比现在要浅。这座环形碑廊一直是碑林建筑的主体，其中陈列的《开成石经》则始终是碑林最重要的藏品。当时这里除陈列全部《开成石经》外，应该还有明万历年间所刻的《石经补字》。

图中标有拉丁字母的展室，应是《重修碑亭碑记》所 说的“杂碑一十三楹”，亦即《雍州金石记》所说的“孝经台北、石经前，架屋数十间，置种种旧碑”。毕沅未专门述及这一建筑，亦概括在他所说的“庭并左右廊庑数十楹”之内。其位置包括住今天碑林第一室之内。这里陈列的唐宋碑刻，堪称是碑林之精华，那些被历代金石学家、历代书法家所推重的著名唐碑，大都陈列于此。足立喜六将其中最著名者的位置，用拉丁字母一一标出，亦可见其重视。

图 4-20　清末时《石台孝经》碑（采自足立喜六《长安史迹考》

图中最南端是《石台孝经》碑亭，《重修碑亭碑记》称之 “孝经楼”，《雍州金石记》称之“孝经台”，毕沅称之“石台孝经”。自有碑林以来，《石台孝经》碑一直覆有碑亭，并处于碑林建筑的中心位置。（图 4-20）

图中西侧标注“明清画碑”者，应是毕沅所说“别建三楹于敬一亭之西”，用来安置经过汰选的明清碑刻的。大概，由于明清石刻画碑数量不断增多，后人在对碑林藏石的陈列作调整时，将明清画碑集中到这里陈列，原来的明清碑刻又移至其他展室。

除以上各展室外，毫无疑问，在《石台孝经》碑亭两侧，在各展室之间，以及在展室内外墙壁上，还竖立或镶嵌着许多碑刻，不然，清末时碑林中千余块碑石是以上几座展室无论如何容纳不下的。另外，在孔庙和府学中，也散立着不少碑刻，它们大多是与孔庙、府学历史相关者，但也有如《皇甫诞碑》《孔子庙堂碑》《智永真草千字文》之类的书法名碑。在考察清代碑林藏石及其陈列时，它们是不应被忽视的。

总之，与前代相比，清代碑林建筑的大致轮廓还是清晰的，特别是有了足立喜六的那幅《碑林平面图》，与文字记载相互印证，使我们对当时碑林的建筑物及它们之间的位置关系有了一个直观的了解。而且以位置未变的《石台孝经》碑亭和《开成石经》碑廊为比照物，我们甚至可以比较有把握地说出它们相当于今天碑林的什么位置。至于碑石的陈列，虽然不能一一说出每件碑刻的具体所在，但作为碑林精华的那些最重要的藏品，如《开成石经》《石台孝经》、清刻《孟子》以及《大秦景教流行中国碑》等诸多唐宋名碑，我们已能说出它们确切的陈列位置了，这是在考察此前各代碑林陈列时，都无法做到的。

最后，再利用一点篇幅，说说清代西安孔庙和府县三学的建筑状况。前文考察清代各次整修时，依据整修碑文，已分别述及其建筑。由于清代可资利用的地方史志资料渐多，下面主要依据方志资料，加以概括性的表述。

雍正本《陕西通志》对当时西安孔庙之建筑记述颇详：

> 在府治东南，建自宋元。至元中廉希宪修，明正统间孙仁益增拓之。正殿七间，两庑各十七间，庑南为舍，东西各二间。前为仪门，稍南为碑亭二，两司府县官厅东西相向。又南为宰牲所，前为棂星门，门前为泮池，跨以石桥，万历庚子巡按李思孝建。桥前为太和元气坊，左右碑亭二，永寿王府中尉惟燍建。坊前为屏，东西二

坊曰贤关，曰圣域。庙左为启圣祠。[1]

这段文字是沿中轴线由北向南依次述之，把西安孔庙的建筑格局、规模及相互间关系归纳得相当清楚，所涉及的建筑前文均有考述，似无须多加解释。（图 4-21、4-22）

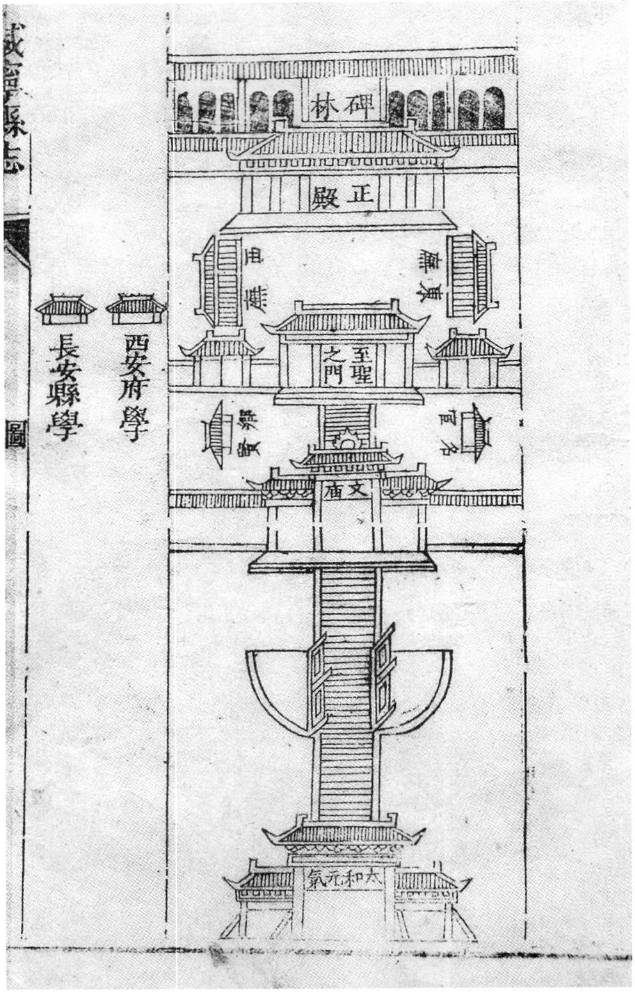

图 4-21　西安孔庙碑林图（采自康熙本《咸宁县志》）

①雍正本《陕西通志》卷二八《祠祀一・西安府》“文庙”条。

对府县三学的建筑状况，各种志书多有记述，兹各择一种，抄录如下。关于西安府学之建筑，雍正本《陕西通志》记曰：

图 4-22 清末时的西安孔庙（采自足立喜六《长安史迹考》）

大门三间，前有誉髦斯士坊，门内为泮池。仪门内当甬道为魁星楼。正中上面为明伦堂五间，两旁为四斋：曰志道，曰据德，曰依仁，曰游艺，各三楹。东西号舍各三十六间。堂后为尊经阁五间，上贮书籍。阁旁碑亭二座，阁后神器库六间。敬一亭在殿后，射圃亭在长安县学右。

关于咸宁县学之建筑，嘉庆本《咸宁县志》记曰：

儒学大门三楹，二门同。明伦堂五楹，壁龛卧碑并敕谕提督学校碑。东博文斋，西约礼斋，各三楹，东西各列号房凡十七楹。堂后设敬一亭，竖明世宗敬一箴及宋儒范氏心箴碑二座，壁龛世宗注程子四箴石刻各一。亭后教谕宅一，东训导宅二。万历戊午，乡试榜发，咸宁无中式者，左布政使高第作培风脉，于二门外建砖塔，城头巽位置魁星楼。[①]

关于长安县学之建筑，嘉庆本《长安县志》记曰：

①嘉庆本《咸宁县志》卷十三《学校志》“县学”条。
②嘉庆本《长安县志》卷十七《学校志》“县学”条。

县学本明旧学，在县治东南，府学之西。为大门、仪门、明伦堂各三楹，左右博文、约礼二斋，傍斋为号舍。敬一亭三楹，旁为教谕、训导廨。……泮池旧在大门外，顺治八年训导张宏业改凿于仪门内。科举题名在明伦堂东。春风化雨坊在泮池上，顺治八年训导张宏业建。射圃在儒学西。魁星楼在儒学西，本明旧址，康熙七年知县梁禹甸重修。②

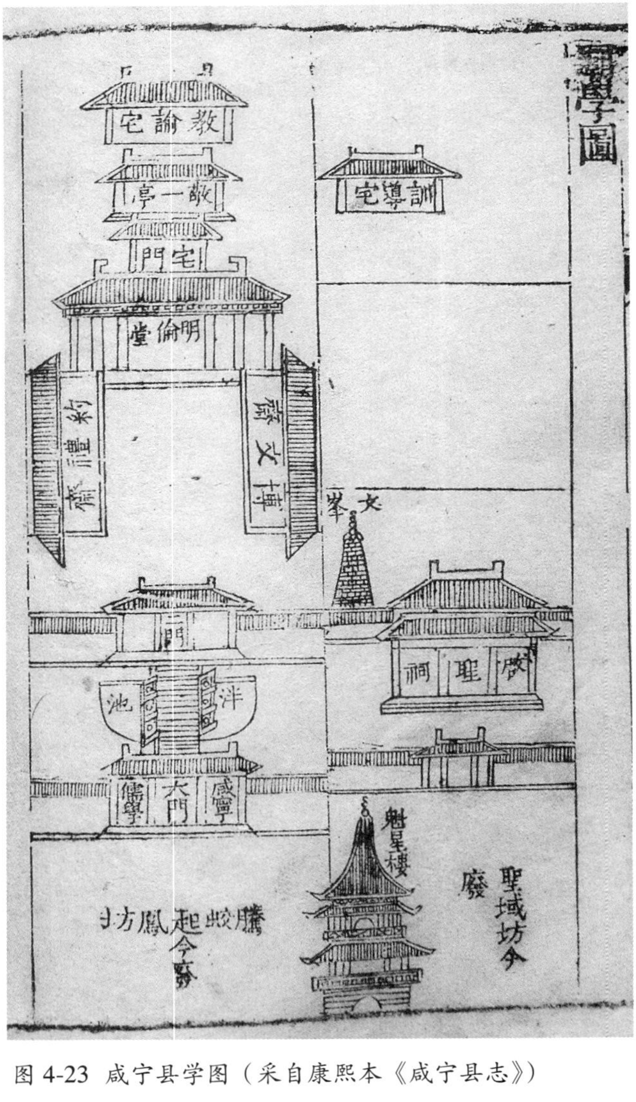

图 4-23 咸宁县学图（采自康熙本《咸宁县志》）

从以上所录志文看，清代西安府县三学的建筑大同小异，与同时期全国其他地方官学的建筑大致相同。三学均有大门、仪门（二门），均有明伦堂即讲学弘道的讲堂，只是府学和咸宁学的面阔五间（楹），长安学的面阔三间（楹）。明伦堂两侧均设书斋，即生员们读经自修的场所，府学有“志道”“据德”“依仁”“游艺”四斋，咸宁学、长安学各有“博文”“约礼”二斋，此外均有数量不等的号舍，应是学子们的宿舍。三学均有尊经阁以藏贮经籍，均有敬一亭以置放明世宗《敬一箴》及宋儒《范氏心箴》《程子四箴》刻石。所不同者，府学和长安县学的魁星楼在学内，而咸宁县学则为了作培风脉，在二门外建有砖塔即文峰塔，在大门外城头的巽位即东南方位建魁星楼。另外，志文记府学大门前有“誉髦斯士”坊，门内有泮池，长安县学仪门内有泮池和“春风化雨”坊，而未记咸宁县学有泮池和牌坊。上一章在考察明代府、县三学的建筑时，曾引用嘉靖十二年（1533）《陕西西安府县儒学先圣庙重修记》碑，其碑文称府、县三学“表三坊于外，而各有颜”，即当时三学门外各立有一座牌坊，何以清代志文不记咸宁县学的牌坊呢？原来，明代咸宁县学门前的牌坊清初已经废毁。康熙七年（1668）《咸宁县志》载有咸宁县学图，图中大门与二门之间有泮池，大门前有“腾蛟起凤”坊，但注明“今废”，（图 4-23）就是说康熙初年这座“腾蛟起凤”坊已经不存在了。至于学内泮池何时废弃，不得而知。

自清末废除科举、推广新式学堂以来，不过百年，西安府、县三学的旧址便已荡然无存，空留下府学巷、咸宁学巷、长安学巷的地名。如今还能看到的，唯有当年咸宁县学那座文峰塔，仍在民居建筑的层层包围中，倔强地显示着自己的存在。还有斜对着咸宁学巷的城墙之上，那座 20 世纪 80 年代在原址上重建的魁星楼，也在时时提醒着今人：此处曾是这座古城延续了近千年的文脉所在。

第五章

民国时期的碑林

秦汉以来两千余年间，华夏大地上王朝更迭，治乱交替，盛衰兴亡，循环往复。清王朝当然也无法逃脱中国大历史的这种宿命的轮回，虽有所谓“康乾盛世”，但自嘉庆、道光之后，便盛极而衰，逐步陷入无法自拔的内外危机之中。在这一点上，清王朝与其前代王朝并无不同。所不同的是，这种王朝更迭的大戏，演到清代终于演不下去了，清王朝成了已经延续了2000多年的老大帝国的最后一个王朝。

进入19世纪，中国所面临的外部世界发生了根本性的变化，对它形成威胁的已不再是来自北方和西北方的游牧民族，新的威胁来自海上，来自陌生的欧罗巴。经历了文艺复兴、启蒙运动和工业革命的欧洲，生机勃勃，富于侵略性，新兴的资本需要东方的市场，于是，建立在传统农业经济基础上的保守、停滞的中国，不可避免地与先进的资本主义的西方遭遇了。拥有坚船利炮的西方列强不仅带来了商品，还带来了西方先进的科学技术和思想文化，对中国传统社会的经济基础和上层建筑产生了巨大的冲击。等待这个文明古国的，已不是改朝换代、江山易姓，而是“三千年未有之大变局”，是被西方列强侵略、瓜分，一步步沦入被奴役、被殖民的“亡国灭种”的空前危机。在强大的外力作用之下，中国传统社会内部必然发生变化，国门已被打开，被迫加入了西方主导的世界体系，开始了向现代社会的漫长、痛苦的转型。

1840年鸦片战争之后，士大夫中的先进人物开始不断地向西方学习，不断地寻找自强图存的道路。然而，洋务运动收效甚微，没有政治制度的变革，仅靠官方兴办实业，师夷之长技，救不了中国。戊戌变法也失败了，两千年来不断强化的君主专制和根基深厚的封建官僚制度，无法与西方先进的政治制度嫁接。面对立宪派、革命党乃至民间会党步步紧逼，清廷尽管宣布“预备立宪”（1906），颁布《钦定宪法大纲》（1908），却并不能阻止武昌起义的爆发以及其后十余省的纷纷响应。辛亥革命推翻了清王朝，结束了帝制，为两千余年的君主专制制度画上了句号，但实现社会转型的巨大的社会进步，不可能毕其功于一役，中国向现代社会的转型这才刚刚开始。所谓的民主共和，并没有给中国带来和平与发展，传统农业社会的经济基础没有变，与其相应的官僚政治制度没有变，帝国主义的压迫没有变。中国社会陷入了更加剧烈的动荡之中，军阀混战，政治黑暗，经济凋敝。于是又有了五四新文化运动，又有了北伐革命、土地革命、八年抗战、国共内战。一代又一代中国人不断地探索着，前仆后继地奋斗着。

19世纪末20世纪初翻天覆地的社会巨变，猛烈地冲击着中国封建社会以儒学为核心的传统文化，而直接为封建专制制度服务的旧的教育制度则首当其冲。经过戊戌变法的反复之后，光绪三十一年八月四日（1905年9月2日），清政府终于下令自丙午（1906年）科开始，废止所有科举考试。这不仅标志着隋唐以来延续了千余年的科举制度的终结，也标志着作为中国封建社会教育制度主流的“养士教育”的终结。一夜之间，那些直接为科举制度服务的官学，上至京师的国子监，下至遍布全国各地的府、州、县学，一下子失去了它们存在的理由。曾经在这里回荡的八股文的吟哦声戛然而止。西安府学和咸宁、长安二县学当然不能例外，终于成了历史的陈迹。西安孔庙虽然存在，但也失去了往日显赫的地位。唯有一直依附于府学、孔庙而存在的碑林，作为一笔宝贵的历史文化遗产，被新时代所接纳。进入民国后，随着一个新的历史时期的到来，西安碑林走上了新的独立发展的道路，开始了它向现代博物馆转化的进程。

第一节　民国前期陕西省立图书馆代管下的碑林

从民国之初，到1938年西安碑林管理委员会成立，碑林由陕西省立图书馆代管。陕西图书馆清光绪三十三年（1907）开始筹建，宣统元年（1909）八月建成，是近代中国成立较早的公共图书馆之一。然清末之新政，往往仅袭其名，图书馆亦然。陕西图书馆即由原来的陕西学务公所[①]之官书局、图书局，以及三原的味经官书局，三家合并而成，馆址便设在西安梁府街陕西学务公所的东侧（即今西安市青年路东段路北，原西安市第二印刷厂一带）。其最初的业务，也与原官书局相仿，主要承担为各类新式学堂印制教科书，以及其他书籍、文牍、报章。由于三家合并，图书稍有基础，然“购藏略具，而览

①光绪三十一年（1905），清政府废止科举、兴办新式学堂，遂裁撤各行省学政，新设提学使司作为省级教育行政官署，主官为提学使，秩正三品。学务公所则是提学使司设在省会的学务管理机构。

者寥寥”[①]，其公共图书馆功能的发挥，则很有限。

陕西图书馆的第一任馆长为贺伯箴[②]。在他之前，图书馆事务由陕西学务公所之图书馆委员进行管理。1911年10月10日武昌起义，10月27日西安光复。次年1月民国改元，2月清帝退位。新旧鼎革之际，贺伯箴被新政权陕西都督府委以“调查书籍员”之职，受命于兵后恢复图书馆，捡拾抢救图书，整理碑林。数年后高树基记曰：“及至壬子（1912）之夏，民国草创，士不及释冰，儒不暇暖席，咸奔走煨烬之中，摭拾苓通，宝重残缺，辇而致之于馆。司其事者，为三原贺伯箴。”[③]贺伯箴（1875—1944），字箴甫，又字少方，陕西三原人，光绪间举人，为清末关中大儒贺瑞麟之侄。出身名门，家学渊源，逢清末民初大变革时代，投身教育，曾任陕西师范学堂“监学兼管书官”，陕西教育总会调查委员。辛亥革命西安光复之际，他受命“捡拾整理图书馆、碑林”，为近代陕西图书馆事业的奠基做出了贡献。贺伯箴与其从父贺瑞麟一样，也以书法名世，真草隶篆皆能，且善画，善治印，多有作品传世。

1912年12月，毛昌杰（俊臣）被委任为图书馆馆长。他的任期不长，然而在其任内，图书馆完成了对西安碑林的接收，结束了辛亥之后西安碑林无人管理的状况。当时，图书馆、碑林，已由调查书籍员贺伯箴等捡拾、整理，文庙则因学官俱已离任，仅剩一夏姓工友管理礼器乐器库房。按清末新政，文物古迹诸事务，归属民政部管辖。于是1913年年初，陕西民政司依照旧例，致函陕西教育司，要求将所有文庙礼器、乐器及碑林内碑碣等移交民政司。教育司对此提出异议，只同意移交文庙礼器、乐器等，不同意移交碑林。现存有1913年2月13日《教育司复民政司咨请管理文庙碑林函》，函中教育司给出了不能移交碑林的理由：

现查，教育部官制第九条：关于博物馆及美术馆事项，关于文

①语出自高树基1917年《陕西图书馆书目缘起》一文，转引自谢林主编、梁经旭撰稿《陕西省图书馆馆史》上册，三秦出版社，2009年，第30页。

②陕西省图书馆《馆史》组编著《陕西省图书馆馆史》，陕西人民教育出版社，1989年，第2页。

③见高树基1917年《陕西图书馆书目缘起》一文，转引自谢林主编、梁经旭撰稿《陕西省图书馆馆史》上册，第37页。

艺及搜集古物事项，均归社会教育司执掌……现行各省行政官厅组织令第四条，列有教育专司各等因细绎条件：古物而有教育性质者，应归本司处置，古物而无主管，将至损失散佚者，应由贵司保存。碑林将千百石刻搜集一处，小之足以作书法准的，大之堪资诂经考史，似为文艺类属，非其他古迹故物与教育无甚关系者可比。本司正在筹设博物、美术等馆，普通古物尚在广收博采，蔚为大观，若以现有碑林不得于陈列，无以征往代之经籍而资学士之研究，讵非憾事。除文庙礼器、乐器请派员眼同该管夏姓，定期点交外，所有碑林，碍难划归贵司之处。①

经过此番交涉，西安碑林正式划归陕西图书馆管理。在当时新旧交替、兵荒马乱的历史背景下，在西安碑林尚未建立一个专门管理机构之前，这应该是最好的选择了。毛昌杰（1864—1932），字俊臣，陕西咸宁（今西安市）人，光绪间举人。早年师从刘古愚，长于经学、金石考据。曾执教于味经书院、关中书院、陕西高等学堂。光绪二十三年（1907），曾与阎甘园一起创办陕西最早的民间报纸——《广通报》，鼓吹变法维新。在他任上，饱经沧桑的碑林，得以归属新的社会文化机构——陕西图书馆管理，一起度过历史巨变，走上新的发展历程。

毛昌杰执事未久，又由三原人朱先照继任。朱先照在任期间，曾主持编辑了迄今所知最早的一份正规的碑林藏石目录——《图书馆所管碑林碑目表》。此碑目表上一章已全文录出，是研究清末民初碑林藏石情况的珍贵资料。朱先照（1864—1935），字佛光，陕西三原人，光绪间举人。未入仕途，在家乡开馆以新学授徒，兼治经学、西学。于右任年轻时曾投其门下，深受影响，称“陕西提倡新学最力而又最彻底，当推三原朱佛光先生先照”②。

1914 年 12 月，朱先照辞职，馆长一职又由省政务厅教育科科长王文芹兼任。新任陕西巡按使吕调元在批准朱先照辞职、委任王文芹兼任馆长的同时，还下了另一道饬令，决定陕西图书馆由梁府街旧馆址迁至南院门，与南院之

①该信函转引自谢林主编、梁经旭撰稿《陕西省图书馆馆史》上册，第 41 页。
②刘延涛《民国于右任先生年谱》，台湾商务印书馆，1981 年。

东隅的“劝工陈列所”合并[①]。搬迁始于1915年年初，当年5月完成[②]。

所谓“南院”，是清康熙年间在原正学书院西侧修建的陕甘总督部院，乾隆年间陕甘总督迁驻兰州，陕西巡抚部院又迁来此处，而鼓楼以北西华门外大街上的原巡抚部院旧址，则被称作“北院”。入民国后，南院又成为省议会所在地。这一带是当时西安的政治、文化和商业中心。所谓“劝工陈列所”，是清末推行新政时出现的新事物，有类似工业展览馆的功能，也有某些博物馆的功能。光绪三十一年（1905）清政府成立商部，开办“京师劝工陈列所”，展览各省新工艺新产品。次年又通饬各省开办。陕西的劝工陈列所开办于光绪三十四年（1908），其所在的建筑“亮宝楼”，则自有一番来历。

1900年八国联军占领北京，慈禧太后和光绪皇帝逃至西安，住在“北院”。第二年返京时，留下许多各地进贡的家具、古玩、工艺品等。陕西当局在南院巡抚衙门东侧，建起一座二层楼房，用以存放这些御用之物。后来，楼中的御用物品向公众开放，供人参观，老百姓称之“亮宝楼”（图5-1）。陕西的劝工陈列所，就是以亮宝楼为基础扩建而成的。陕西图书馆迁来后，兼管劝工陈列所事务，所以，当时的陕西图书馆也兼有了某种博物馆的职能。

图5-1　近年重新修复的亮宝楼

民国初的数年间，南北对峙，军阀混战，政局不稳，陕西督军、省长数易其人，陕西图书馆馆长也是连换了几任，加之又无固定经费，难

①两道饬令的全文，见谢林主编、梁经旭撰稿《陕西省图书馆馆史》上册，第47-48页。

②在高树基1917年3月呈省政府《公立图书馆民国六年最新情况》的呈文中，有“至民国四年五月，始与劝工陈列所合并”语，可知是1915年5月搬迁完毕。见谢林主编、梁经旭撰稿《陕西省图书馆馆史》上册，第48页。

以开展正常业务。其代管之下的西安碑林，当时状况如何，尚无具体资料，不过可以想见，也是仅能维持而已。

1915 年 12 月 12 日，袁世凯称帝，建中华帝国，实行君主立宪。次年 3 月 23 日，在国内各派势力共同反对之下，袁世凯被迫宣告退位，不久即病逝。在此期间，陕西亦有“反袁逐陆”的护国运动。随着袁氏倒台，陆建章、吕调元离陕，陕西护国军总司令陈树藩出任陕西督军兼省长。1916 年 5 月，陕西图书馆归省政府直辖，陈树藩委请高树基兼任图书馆馆长。

图 5-2　高树基

高树基（1882—1960），又名培支，别号悟皆，陕西富平人，是民国时期陕西文化教育界名人（图 5-2）。其任馆长至 1927 年 4 月，达 11 年之久。这是在民国前期陕西图书馆难得的一段平稳发展时期。高树基上任之初，设法收回了图书馆北院，即自 1912 年被军队占据的陈列所的一部分。1917 年 2 月，又逢李根源抵西安就任陕西省省长。此公重视文教，带头向图书馆捐赠图书 2 万余册，在他倡导下，其他社会名流、机关学校纷纷捐赠，使馆藏图书大幅度增长，达 9 万余册。他还于当年 4 月为图书馆筹拨款项，重新修建了收回的馆内北院的房屋园圃，开辟阅览室、标本室、动物室、休息室等。

当时西安碑林已年久失修，房屋破败，热心文物研究、雅好金石的李根源，自然不能视而不见。他在《饬图书馆长高树基整理碑林令》中说：

> 陕省碑林，收藏富美，摩挲岘首，人发思古幽情……惟是经营如彼，其艰难保守尤期于久远，不加整理，后将何观……合行令知，仰即遵照，迅即筹计，将碑林全部屋宇墙壁，修缮整理。材料工资，需费若干，制定预算表册，呈候核发，克日兴工。①

在李根源的督促和支持下，图书馆在重修北院的同时，也对碑林房屋加以

①李根源《饬图书馆长高树基整理碑林令》，收入其文集《曲石文录》卷五。转引自《新编曲石文集》，李希泌编校，云南人民出版社，1988 年。

修葺，不过仅在救危，未作彻底整修[1]。这是民国前期省立图书馆代管期间，西安碑林见于记载的唯一一次小规模的维修。而李根源这位有心发展陕西文化教育事业的省长，仅仅履职三个多月，便因拒绝参与“督军团”支持段祺瑞驱逐黎元洪的活动，被陕西督军陈树藩软禁达五个月之久，于 1917 年 10 月离陕。李根源（1879—1965），字雪生，又字印泉，别署高黎贡山人，云南腾冲人（图 5-3）。早年赴日本留学，入陆军士官学校，1905 年加入同盟会。回国后出任云南讲武堂监督、总办（校长）。1911 年辛亥革命，云南光复，蔡锷任大都督，李根源任军政部总长，兼参议院议长，曾是当时风云人物。

图 5-3　李根源

高树基任馆长期间，国内省内依旧局势动荡。北京的政治舞台上你方唱罢我登场，好戏连台；南方的孙中山在广州召开“非常国会”，建立军政府，掀起护法运动。而在陕西省内，先是护法反陈（树藩）的陕西靖国军之役，继而刘镇华入陕、冯玉祥督陕、西安围城……尽管如此，陕西图书馆在这十一年间不但得以维持，而且业务和管理逐步走上正轨。至 1922 年末，已编辑出版《陕西图书馆图书目录》《陕西图书馆图书目录续编》《陕西图书馆书目三编》，馆藏图书达 11.6 万余卷（册）。1924 年 6 月，公布实施了《陕西图书馆章程》，制定出包括劝工陈列所和西安碑林在内的各项管理办法共 14 项 134 条。其中有“管理碑林规则”10 款，这是迄今所知西安碑林第一份成文的管理规则，所以将其全文抄录如下：

管理碑林规则

一、一年内碑林之启闭，由本馆酌察气候规定之。凡冬季严寒闭林时期内，只准游览，不得拓碑。

二、每日之启闭，以上午八时至下午五时为开林时间，拓碑者

① 《陕西省图书馆馆史》1989 年版，第 35 页。

得入林拓印。

三、字帖行拓碑，须在本馆领券登记，声明拓工熟习，不致伤碑字样。每一字号收费八元，储为零星修理碑林之用。

四、此项登记券，以一年为期限，届期另行更换。

五、每日各该行号所拓数目、种类，均须汇五日报告于管理员登记存查。

六、某碑剥落太甚者，本馆得限制其拓印数目，以资保存。

七、拓碑人若有手工粗恶、恐致伤碑情形，本馆即暂停其拓印，令该号更换合格工人。

八、各该号如意欲拓某碑时，应由管理员分配数目、次序，不得彼此争执。

九、省署拓印碑帖时，由本馆传知业经登记之字帖行公同担任，限期拓齐，其纸墨工价均照本发给。该时间内，应暂令各号停止拓印。

十、领券登记之行号，倘有不守章程，不服指挥情事，即由本馆停其拓印，券费概不发还。[①]

用今天的眼光看，此管理规则当然谈不上完备，基本上是针对字帖行而制定的，但它毕竟向我们透露了当年图书馆对碑林管理状况的一个侧面。据《民国六年陕西职员录》，当时陕西图书馆共有 7 名职员，除馆长高树基外，管理图书 2 人，管理陈列所 2 人，管理碑林 1 人，管理庶务 1 人[②]。其中管理碑林者，为碑林事务员康寿，其字百苐，陕西蒲城人，毕业于蒲城师范传习所，曾任教于蒲城高等小学校。

另外，民国前期还有一事须记，即 1918 年重修西安孔庙。此时西安孔庙由孔教会管理，在形式上与碑林是分开的，直到 1944 年陕西省历史博物馆成立，接收孔庙，二者才归属同一个管理机构。关于此次整修孔庙，原有一通民国九年（1920）所刻纪事碑《重修孔庙记》立于孔庙中，20 世纪 50 年代初，

①《陕西省图书馆馆史》1989 年版，第 144-145 页。亦见谢林主编、梁经旭撰稿《陕西省图书馆馆史》上册，第 83 页

②见谢林主编、梁经旭撰稿《陕西省图书馆馆史》上册，第 67 页。

由陕西省博物馆掩埋于孔庙院内。此碑由郭希仁撰文，贺伯箴书。现存拓本高250厘米，宽84厘米。碑文20行，满行60字，楷书。碑阴分17栏刻此次重修孔庙捐款人姓名和捐款单位名称。郭希仁是此次整修的倡修者和主持者，所撰碑文对整修的经过、孔庙内各个建筑整修前后的状况、整修的方法以及所耗费的款项，都做了详细记述，十分具体。

根据碑文，民国七年（1918）春，身为陕西省教育厅代理厅长的郭希仁，向新任省长刘镇华提出整修申请，“蒙省长嘉允，令会同财政厅办理。七月动工，十一月竣事”，即工程始于1918年7月，至11月完工，工期为5个月。

整修中，孔庙大殿“共易大檩三根，大方二根，椽二三百根，栈板更十之七八，琉璃瓦亦在二千以上”。东西两庑原计划照旧式进行修补，“后以房大且牮正不易，兼之檩柱横梁亦有必须更易者，遂加增工料，一体拆毁改建”。两庑中从祀的先贤先儒，“神主旧用墨书，有两次改作、一主上现二名者，乃改用镌刻朱髹，字涂以金，用昭敬重”。另外，还为先贤先儒“编为小传，端书屏幅，装轴分悬，虽限于篇幅，不详不尽，然随人观览，不无裨益也”。孔庙原有照壁、围墙，此前已被拆除，整修中“重修照壁，本刘省长之意，力求堂皇冠冕，围墙亦剔透玲珑，藉起人瞻仰之心”。除以上项目外，“乡贤、名宦二祠，二门、碑亭、官厅、月台、泮池、甬道，亦一律修补整齐”。

此次整修规模不小，其费用“计共用款约九千元，财政厅付三千元，又拨陕北赈捐尾数六百元，余以捐款弥补”。关于经费，郭希仁写道：“初经费预算四千五百元，由财政厅拨付……及动工兴修拆启以后，始知与原估相差甚钜……且军需紧急，公款亦不能即付，不得已募捐接济。”也就是说，整修经费的大部分来自捐款。在纪事碑的碑阴，镌刻着捐款人、捐款单位的名字、名称和所捐数额，其中既有督军陈树藩、省长刘镇华、厅长郭希仁及各界名流，也有机关、学校、商号及普通百姓。除捐款外，还由个人和单位捐助大量建筑材料。笔者按碑阴所记做粗略统计，把捐款二十元以上者所捐款项累加，已超过4000元，而全部捐款的总额，当在6000元以上。可以说，在民国之初动荡的时局之下，孔庙的整修能有始有终，全赖陕西官民各界的共同努力。

这次整修西安孔庙，大概与民国初年思想文化界的保守派掀起的那股尊孔读经的潮流有关，但毕竟在客观上保护了孔庙建筑，从这个意义上说，是值得肯定的。为此役奔走协调的郭希仁（1881—1923），原名忠清，字时斋，一

图 5-4　郭希仁

字思斋，陕西临潼人（图 5-4）。1909 年任陕西咨议局副议长，同年加入同盟会，次年被推为同盟会陕西分会会长。1911 年 10 月武昌起义后，与井勿幕等革命党人积极策划西安起义，对陕西辛亥起义贡献甚大。

在碑文之末，还列举了对此次整修有贡献的各方人士，其中不少是清末民初陕西地方的文化名流，他们为保护文化遗产所做的努力，不应该被忘记。兹抄录如下：

> 是役也，监修者胡焕章、翁焕章、贺昌麟，编小传者毛昌杰、李博、贺景贤、雷溥、梁海峰、杨鹤年、张鹏一，书匾额、木主小传者刘晖、张绍元、贺伯箴、黄福藻、洪道昭、康寿、沈伯龙、郝成德、李德声，泥木工头雷万魁、张文涛。记事碑张聚亭所捐，书石者贺伯箴，刻石者王尚玺，例得叙及，与捐款题名并垂永久也。

在第一次国共合作、反帝反封建的大革命掀起高潮的大背景之下，1926 年 4 月至 11 月，西安遭遇了近代以来最为惨烈的一场劫难——西安围城。李虎臣、杨虎城率国民军部队坚守西安，抗拒受吴佩孚支持的刘镇华“镇嵩军”。就在西安守城军民承受巨大牺牲的 8 个月里，全国局势发生了重大变化。当年 7 月，蒋介石率国民革命军在广州誓师北伐，数月间便攻占长沙、武汉、九江、南昌，击溃吴佩孚、孙传芳之主力。当年 9 月，冯玉祥在绥远五原誓师，参加国民革命，继而南下解西安之围，并东出潼关，策应北伐。

西安解围后，成立以于右任为总司令的国民军联军驻陕总司令部，综理陕西全省军政和民政事务。1927 年 4 月，陕西图书馆改名“陕西省立第一中山图书馆”，归属驻陕总司令部教育厅，陕西兴平人史维法取代高树基任馆长。同时撤销劝工陈列所，设“平民教育委员会”。不久，主政豫、陕的冯玉祥与蒋、汪合流反共，时局大变，史维法离职，由陕西澄城人姬在沣继任馆长。

1930 年 10 月，蒋、冯、阎“中原大战”结束，杨虎城出任陕西省政府主席兼西安绥靖公署主任，开始主政陕西。1931 年 7 月，省立中山图书馆改馆名为“陕西省立第一图书馆”，长安人张俊青（立德）任馆长；平民教育委员会从馆里分出，在图书馆北院另行成立“陕两民众教育馆”。

1933 年 1 月，陕西华县人张知道出任图书馆馆长。他任职时间较长，至 1939 年 4 月。其任职 6 年间，曾对馆藏图书资料进行了全面清理，除线装古籍仍依传统分经、史、子、集、丛 5 大类外，中外文新书则按照王云五“中外图书统一分类法”进行科学分类，有开创之功。

张知道对碑林的贡献是，1935 年 3 月编著出版了《西京碑林》一书[1]。这是近代以来专以碑林为题材的第一本正式出版物，对西安碑林的历史沿革和所藏历代碑刻作了概要介绍，并有碑林藏石目录两种，其一是按碑刻之时代排列，其二是按碑刻陈列的位置排列。当时的省立图书馆为便于游览，将碑林分为十二区，第二种碑石目录便是以区排列的。此目录比 1914 年《图书馆所管碑林碑目表》更为详备，基本上是一个全目。该书碑目后“附注”称：“碑石共计四百九十四种一千四百二十四石。”经笔者仔细核对，发现统计不确，如明代的“石经补字”，应为 97 石，表中却列 3 石。当然，碑林藏石种数石数的统计，往往不同的人会产生不同的数字，这是因为何谓一种，何谓一石，两种碑同刻于一石者如何理解，碑阳碑阴如何算等等，常常因人而异。这一点在我们研究不同时期留下的碑林碑目时，应加以注意。尽管如此，这并不影响张知道所编的这份碑目的珍贵价值，它基本上反映了民国前期碑林藏石的全貌。

关于碑林的建筑情况，张知道在书中只是追忆了清季以来的几次整修，而对当时的状况仅说了一句：“今则各处建筑，年久失修，时虑倾圮。换新何时，未可知也。”他的书中附有一份《碑林略图》（图 5-5），标示了当时碑林的建筑和分区情况。将此图与足立喜六《长安史迹考》中所附之图加以比较，除多了第十一区“管理员室”之外，其他建筑完全相同。也就是说，当时的碑林建筑与清末时足立喜六所见到的相比，基本无变化。

1936 年筹备整修西安碑林时，主持其事的中央古物保管委员会西安办事处曾拟定了一份《整理西安碑林计划书》[2]，其中对整修前碑林的状况作了概

①张知道《西京碑林》一书，仅在版权页注“中华民国二十四年三月一日初版”，由中华书局、商务印书馆等代售，未言由哪家出版社出版。

②该计划书曾刊于《中国博物馆协会会刊》1936 年第 4 期。西安碑林博物馆藏碑林旧档中亦有其油印件。

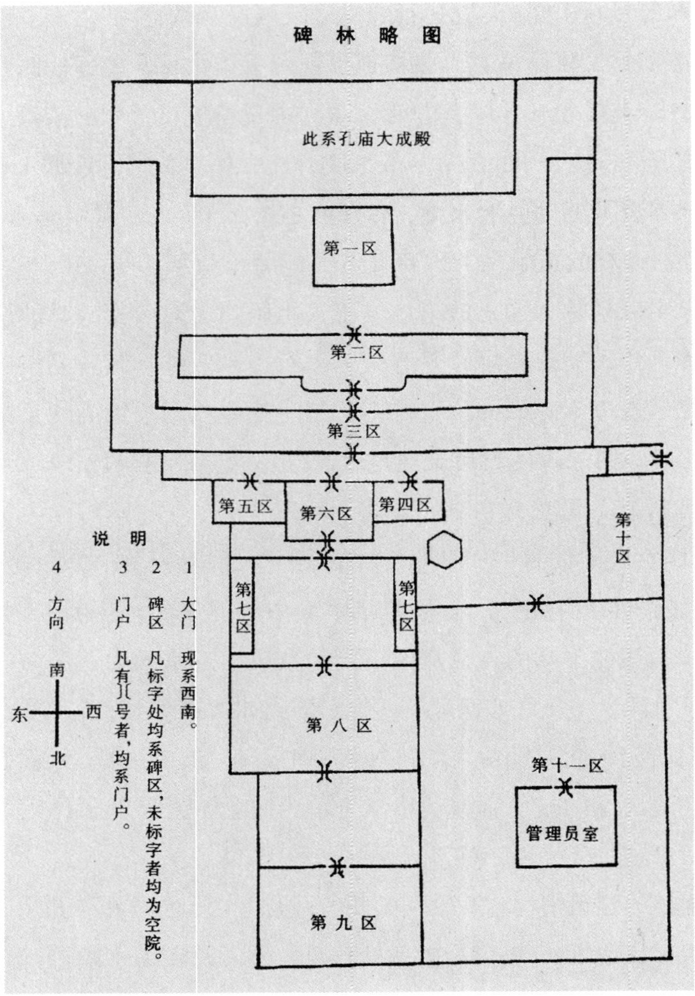

图 5-5　碑林略图（1935 年，据《西京碑林》重绘）

要介绍：

按现碑林既为明清以来屡次建修，所有碑碣，亦随时移入，故房屋既不整齐，而陈列次序，亦嫌杂乱。现省立图书馆，为便于识别起见，分为十二区标题。在第一区除石台孝经为唐碑外，余均清康乾以来碑志。第二区多陈唐宋古碑，如颜、柳、欧阳诸名家碑碣均在其中，惟间杂有清代名人所书碑碣，或重摹者，则为后人加入，非其本源也。第三区完全陈列开成石经，分为左右两室及两庑，共二百四十余石，下有石座，上有石顶，排列尚属整齐，谅为宋明之旧，惟左右庑壁所嵌明清碑碣，或为后代移入。第四、五、六区杂陈宋、金、元碑碣，或立室中，或嵌墙壁，其嵌墙壁者类多为清代及近人所书。第七区碑碣均嵌于两庑之墙壁，时代最为杂乱。第八区以重摹淳化阁法帖为大宗，明清碑碣或立于地上，或嵌墙壁中，且有上下颠倒，左右横陈，急须改造也。第九区中座为至圣先师像，余为明清碑碣，大率为法书、题记、劝善文之类。第十区、十一区位于门旁，在第七区之西偏，所陈列者皆为明清以来之图像、题赞、诗歌等等，陈列皆无条理。至于碑林房屋，除八、九两区可勉强留用外，其余房舍已年久失修，不是卑陋黑暗，即是破败倾欹，且多数碑碣，均嵌入墙壁，实有碍于研究观摩，设墙有倾圮，则碑石亦与之俱碎矣。窃思碑林所藏碑石，计一千四百余方，冠冕全国，为中国两千年来艺术精华之所萃，尤其开成石经，流传千余年，关系中国文化至钜，整理保存，是不能或缓者也。

当时担任中央古物保管委员会西安办事处主任、具体筹备整修西安碑林的，是中国第一代考古学家中的佼佼者黄文弼先生，此计划书应该是他的手笔。有了这段颇具权威性的概述文字，再参照上述张知道书中《碑林略图》，我们对民国前期西安碑林之建筑、分区及碑石陈列，应该说基本有所了解。

图 5-6　傅增湘

此外，我们还可以从当时人的著作和游记中，找到对民国前期碑林的记述和观感。民国初年曾当过教育总长的文化名人傅增湘（1872—1949）（图 5-6），1932 年初夏曾来陕游览，著有《秦游日录》一书[①]，书中有一段对

①傅增湘（1872-1949），字沅叔，号藏园居士，四川江安人。民国初年曾任教育总长，创办高等女校，有多种著作传世。其《秦游日录》1932 年由天津大公报馆出版。本书所录者，系转引自陈元方等辑注《游城南记（外二种）》，陕西省地方志丛书，西安地图出版社，1989 年。

西安碑林的描述：

> 入城后，慕君适来，因偕往碑林一游。地在西安府学，旧为唐国子监，亦因隋之旧而增修者也。日暮，不及详览，第巡行一周。碑目别有记载，不复详记。然凡士流传习著名碑帖，如虞世南之《孔子庙堂碑》，颜真卿之《多宝塔碑》《家庙》《争坐位稿》，柳公权之《玄秘塔》，徐浩之《不空和尚碑》，欧阳询之《九成宫》[1]《皇甫碑》，欧阳通之《道因碑》，怀素之《草书千字文》，集王书之《圣教序》，《淳化阁帖》，咸在其间。如入百宝之藏，游五都之市，精光夺目，应接不暇，洵巨观也！其碑大约可分为三类：一监中历代修庙学碑记，一《开成石经》全部，一自郊野寺观移置各碑。凡为院落者四，碑六百余通。或覆之以室，或陷壁间，或树屋内，或置廊庑，无风日冰霜之侵蚀，故千余年而完好如故。但其中亦有恶书俗札，羼杂纷陈，玉石混淆，牛骥同皂。在当时或有所瞻循，在今日要在所屏除。宜亟严甄，免贻疵类。

总之，到了20世纪30年代初，西安碑林房屋破败倾圮，碑石陈列杂乱无序，与其在中国文化史上所具有的崇高地位，已很不相称，亟待整修了。

第二节　1937—1938年整修碑林与西安碑林管理委员会成立

一、整修的缘起和经过

就在张知道在其《西京碑林》一书中叹息碑林“换新何时，未可知也”[1]

①此应指欧阳询所书《九成宫醴泉铭》碑，此碑始终在陕西麟游县唐九成宫旧址，傅增湘此处有误。

②见张知道《西京碑林》“说略”一节。

的时候，一个整修碑林的计划开始酝酿了。1935年春，当时的中央古物保管委员会[①]在西安设立办事处，由该委员会委员黄文弼任办事处主任。黄文弼（1893—1966），字仲良，湖北汉川人，现代著名考古学家（图 5-7）。在此之前，曾参加由中国和瑞典联合组成的西北科学考察团，赴新疆、内蒙古进行多学科的综合考察。黄文弼在罗布淖尔、吐鲁番和塔里木盆地进行了考古调查和部分试掘，获得丰富资料，对西北史地和新疆考古的研究卓有贡献。由这样一位考古学专家担任西安办事处主任乃至后来实际主持整修碑林工程，应该说是碑林的幸运。

图 5-7　黄文弼

1935 年 9 月，在中央古物保管委员会第三次委员大会上，黄文弼和委员滕固、徐炳昶共同提议，与陕西省政府联合整修西安碑林。提案获得通过，大会委托黄文弼拟定详细整修计划和预算。

图 5-8　滕固

与黄文弼一同倡修西安碑林的滕固（1901—1941），字若渠，江苏宝山（今属上海市）人（图 5-8），现代著名美术史学家，曾留学日本、德国，获柏林大学美术史学博士，著有《唐宋绘画史》《中国美术小史》。另一位倡修者徐炳昶（1888—1976），字旭生，河南唐河人，现代著名考古学家（图 5-9）。曾留学法国巴黎大学，历任北京大学哲学系教授，北京大学教务长。参加中、瑞联合组成的西北科学考察团，任中方

①中央古物保管委员会，是南京国民政府时期由国家设立的“全国保管古物法定主管机构”。1932 年 6 月，行政院发布《中央古物保管委员会组织条例》，规定该委员会职责为计划全国古物古迹之保管、研究和发掘事宜，直隶于行政院。1933 年 1 月，行政院聘李济、叶恭绰、黄文弼、傅斯年、滕固、蒋复璁、徐炳昶、傅汝霖等为委员，傅汝霖为主席。这是近代中国第一个保护管理文物的专门的国家机构。

图 5-9　徐炳昶

团长。时任北平研究院史学研究会考古组主任，代表北平研究院与陕西省政府筹组陕西考古会，任委员、工作主任，具体主持了宝鸡斗鸡台三次考古发掘——这是陕西境内最早的科学考古实践。

三位前贤整修西安碑林的设想，产生于一年前。1934 年年底，滕固与黄文弼结伴来陕，滕固著有《征途访古述记》一书，是此行访览古迹的日记。12 月 19 日，二人游览碑林，滕固在日记中写道：

余等又往碑林观览，此处在文庙背后，罗藏古碑，故曰碑林。……余等入内巡览石经，复审视唐以来各代之碑版，意兴殊浓。余对于大智禅师碑、玄秘塔碑、多宝塔感应碑、隆阐法师碑及大秦景教流行中国碑等之碑首形制碑侧画像，一一审视比较，觉在美术史上之价值，异常重要。惜室内阴暗，且诸碑密列，少隙地，不能摄影，乃雇工选拓碑侧画像，以为研究之资料。此地虽在清乾隆中改筑，然屋宇敝旧，时有崩圮之虞，余与仲良周览建筑，归京后将提议改筑，以树一劳永逸之计。……是晚托省府电驻在宝鸡工作之徐委员旭生，请其来省城一叙，共商陕省古物保管问题。[①]

滕、黄二人观览碑林之时，见“屋宇敝旧，时有崩圮之虞”，便有了“归京后将提议改筑”的想法，并将正在宝鸡发掘的徐炳昶叫回西安，一同商议，商议的结果，即滕、黄、徐三位委员后来在中央古物保管委员会第三次委员大会上关于整修西安碑林的提案。

当然，仅有一纸提案，仅有专家们保护文物古迹的初衷，没有中央和地方政府的支持，依然是纸上谈兵。被委以重任的黄文弼，当即为整修碑林之事，致函陕西省政府等各有关方面，力陈整修必要。当时担任陕西省政府主席的是民国时期著名政治家、教育家邵力子，这不能不说又是碑林的幸运。邵力

①滕固《征途访古述记》，商务印书馆，民国二十五年（1936）初版。

子（1882—1967），初名景奎，字仲辉，浙江绍兴人（图 5-10）。早年加入同盟会，与于右任一起在上海创办《神州日报》，鼓吹革命。辛亥革命后曾执教于复旦公学，任中文系主任。1922 年，任国共两党共同创办的上海大学副校长、代理校长。1933 年，出任陕西省政府主席，直至“西安事变”发生。其主陕期间，为地方做了不少好事，兴修水利，赈灾救济，禁种鸦片，赞助文化事业。就在黄文弼等提议整修碑林之前，陕西省政府也曾令教育厅拟定过一个整理计划，所以双方一拍即合。

图 5-10　邵力子

西安碑林博物馆旧档案中，保存着的邵力子为整修碑林事给黄文弼的两封亲笔回信，从一个侧面反映了此次整修碑林计划酝酿的过程，是民国时期碑林史的重要文献。第一封信写于 1935 年 10 月 11 日，全文如下（标点为笔者所加）：

仲良仁兄大鉴：

惠缄具悉。古物保管委员会关于陕西议决各案，其二、三两项俟详细办法拟定时，当即通饬遵办。至整理碑林一事，此间原拟有计画，惟预算经费不过二万余元（此款亦拟捐募，盖现时省财已入危境也），规模尚嫌简陋。倘中央能补助款项，俾壮观瞻而垂久远，自极赞同。前日蒋委员长莅陕，曾亲到碑林视察，对此极为注意，并面谕从速加以整理。望兄早日将计划暨预算编成，呈请行政院核定，以便著手兴工为荷。专复。即颂

时绥

弟邵力子再拜

十、十一

需要注意的是，邵力子在信中（图 5-11）透露：此前不久蒋介石来陕时曾参观过碑林，“对此极为注意，并面谕从速加以整理。”不管这位当时正忙于“剿共”的委员长是郑重其事关注文化事业，还只是随口说说，可邵力子这位有心之人抬出这个大人物，犹如得了“尚方宝剑”，对日后行政院批准整

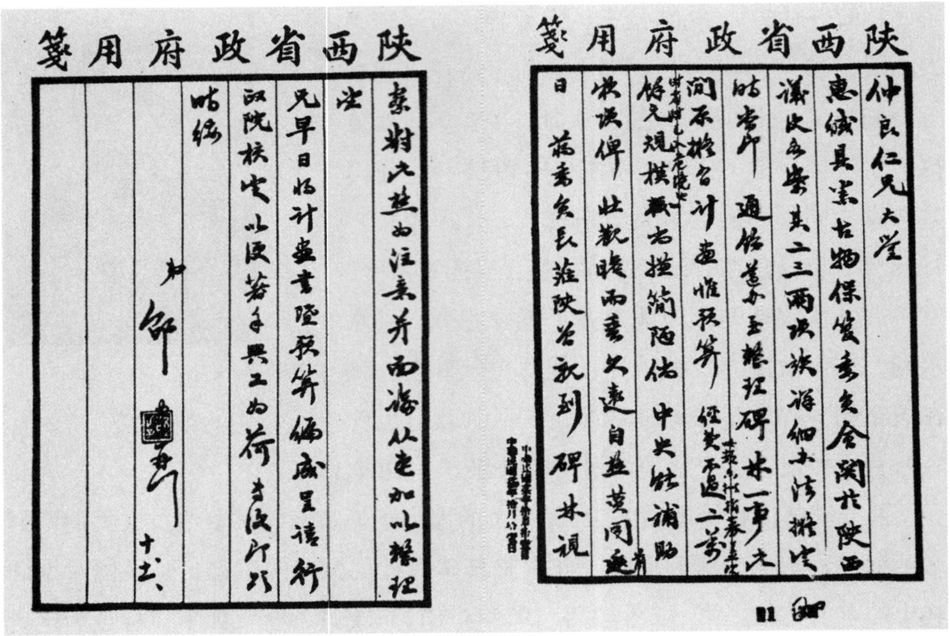

陕西省政府用笺

陕西省政府用笺

图 5-11　邵力子致黄文弼信函（10 月 11 日）

修碑林计划并拨款资助，无疑有着举足轻重的作用。

邵力子的第二封信，是在收到黄文弼整理碑林计划之后所写的回信（图 5-12），时间是当年 11 月 9 日，亦照录全文：

仲良先生大鉴：

手书奉悉。整理碑林计画，甚佩。惟征收府学街房地，或虑发生困难。因若辈类，皆多年居此，且以拓售碑帖为业者居多，勒迁时必多给金钱，以偿其损失，未知预算中曾估计及此否？又有两事请注意：（一）于院长有唐以前墓志二百余石，允捐归公有，而保留其拓售之权利，为三原民治小学经费。此实一盛事，正洽商迁回藏庋办法，众意亦附入碑林，此须于整理计画中加入。（二）整理计画列经费八万元，如加入征收费及藏储于院长捐石费，则尚须加多，未知中央究能补助若干？省政府曾饬教育厅托沈诚建筑师亦拟有一整理计画，所费较少，倘中央不能多拨，则亦有考虑价值。希先生到陕后与周厅长沈建筑师一谈。弟返陕当在下旬，近来中央各负责当

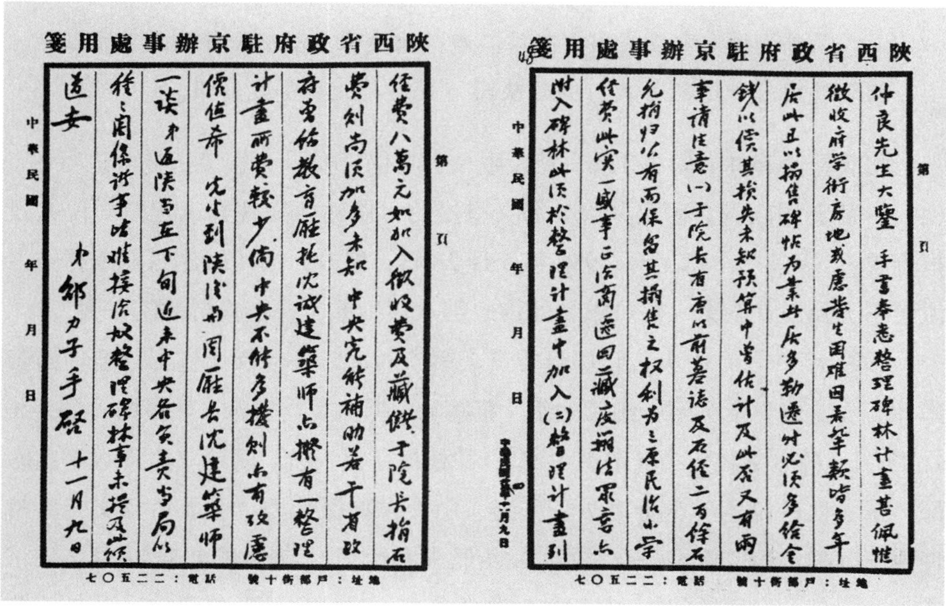
陕西省政府驻京办事处用笺

第 页

仲良先生大鉴：手书奉悉。整理碑林计画甚佩。惟征收府学街房地，数处皆生困难，因其等较多年居此，且以摊售碑帖为业，其人多勤，迁时必须多给金钱以偿其损失，未知预算中曾估计及此否？又有两事请注意：（一）于院长有唐以前墓志及石经二百余石允捐归公有，而保留其摊售之权利，为三原民治小学经费。此实一盛事，正洽商运回藏庋办法，最好亦附入碑林，此须于整理计画中加入。（二）整理计画列

中华民国 年 月 日

地址：户部街十号 电话：二二五〇七

陕西省政府驻京办事处用笺

第 页

经费八万元，如加入征收费及藏石费，则尚须加多，未知中央能补助若干。省政府曾估教育厅拨款，试建筑师亦拟有一整理计画，所费较少，倘中央不能多拨，则亦有改虑。便值斧（?）先生到陕，须与周厅长、沈建筑师一谈。弟返陕当在下旬，近来中央各负责当局以种种关系，诸事皆难接洽，故整理碑林事未提及。此颂

道安

弟邵力子手启 十一月九日

中华民国 年 月 日

地址：户部街十号 电话：二二五〇七

图 5-12　邵力子致黄文弼信函（11 月 9 日）

局以种种关系，诸事皆难接洽，故整理碑林事未提及。此颂道安！

弟邵力子手启

十一月九日[①]

在这封信中，邵力子第一次提出，拟将于右任“允捐归公有”的“唐以前墓志及石经二百余石”入藏碑林。这批被称作“鸳鸯七志斋藏石”的墓志，后来陆续运至陕西，两年后碑林整修时辟专室收藏，对此，后文将会详细述及。

总之，在中央财政资助下，由中央古物保管委员会和陕西省政府联合整修西安碑林的计划，经黄文弼、邵力子等社会贤达积极努力，顺利地产生了。不久，这项议案和黄文弼拟就的整理西安碑林计划书、预算书及工程详图，由中央古物保管委员会呈报内政部。1935 年 12 月 28 日，行政院批复：

①这两封邵力子致黄文弼信函，均为毛笔手书，第一封写于西安，用的是陕西省政府用笺，第二封写于南京，用的是陕西省政府驻京办事处用笺。应该是黄文弼因其重要，特意保存于档案中。西安碑林博物馆藏碑林旧档。

呈件均悉。案经提出本院第二四二次会议：由中央补助五万元。已令饬财政部遵照筹拨，并饬陕西省政府将的款筹定具报。[1]

此次整修碑林的筹备工作，是在中央古物保管委员会直接指导下进行的。他们对黄文弼以该会西安办事处名义呈报的《修建西安碑林工程图样说帖及报价单》，逐条提出意见[2]。1936 年 5 月 28 日，修改后的《修建西安碑林施工说明书》及设计图案、估价单，经内政部审核批准，并上报行政院备案[3]。

1936 年 9 月，中央古物保管委员会第十六次常务会议通过了《整理西安碑林工程监修委员会暂行组织大纲（草案）》，提出委员人选，呈报内政部。10 月 17 日，内政部核定了《组织大纲》，并根据所提人选，聘请陕西省政府主席邵力子、西京筹备委员会委员长张继、中央古物保管委员会委员黄文弼为整理西安碑林工程监修委员会委员，发给聘书和钤记[4]。该委员会于 11 月 2 日正式对外办公，启用钤记[5]，由黄文弼兼任秘书，具体负责监修事宜。此外，监修委员会还根据《组织大纲》，聘请张鹏一、宋联奎、寇遐、赵玉玺、张知道为该会顾问，李仪、张羽甫、刘祝君、沈诚为工程顾问。

这位被聘为监修委员会委员的张继（1882—1947），字溥泉，河北沧县人，是辛亥革命的元老（图 5-13）。他担任委员长的西京等备委员会，成立于 1932 年 6 月，是上海“一·二八”事变后，因国民党高层有迁都西安之议而设立的机构，目的是将西安建设成陪都——西京。后迁都之议未果，加之抗战爆发，

---

①民国二十五年一月八日中央古物保管委员会致黄文弼函。西安碑林博物馆藏碑林旧档。行政院批复是该函所引内政部礼廿一——二十四年十二月三十一日第一八四八八号训令中转述的。

②民国二十五年三月二十一日中央古物保管委员会指令一一七号。西安碑林博物馆藏碑林旧档。

③民国二十五年十月二十三日中央古物保管委员会致邵力子、张继、黄文弼公函中所引内政部礼廿三——二十五年五月二十八日六〇八号指令。西安碑林博物馆藏碑林旧档。

④民国二十五年十月二十三日中央古物保管委员会致邵力子、张继、黄文弼公函中所引内政部礼廿三——二十五年十月十七日一一六二号训令。

⑤民国二十五年十月二十九日整理西安碑林工程监修委员会致中央古物保管委员会公函。西安碑林博物馆藏碑林旧档。

图 5-13　张继

图 5-14　张鹏一

图 5-15　宋联奎

该委员会始终未能有大的作为。

监修委员会聘请的各位顾问，则是陕西文化界的著名人物。张鹏一（1867—1943），字扶万，陕西富平人，时任陕西考古会委员长（图 5-14）。宋联奎（1870—1951），字聚五，陕西咸宁（今西安市）人，时任陕西通志馆馆长（图 5-15）。寇遐（1884—1953），字胜孚，陕西蒲城人，时任西安金石书画学会理事长（图 5-16）。赵玉玺，字葆珊，兴平人，时任西安孔教会会长。张知道（1905—1963）前文已述及，他是当时陕西省立图书馆的馆长。

被聘为工程顾问的，是工程和建筑方面的专业人士。李俨（1892—1963），福建闽侯（今福州）人，时任陇海铁路副总工程师①。张羽甫，时任西安市政工程处总监工。沈诚，时任西京市政建设委员会专门委员，陕西省建设厅工程师。

1936 年 10 月 21 日，整修碑林工程公开登报招商承包。11 月 9 日在孔庙当众开标，由北平鸿兴公司以五万九千元包价得标承造②。该公司在北平曾承担维修故宫等工程，对古建工程颇具经验。此后不久，便发生了西安事变，整

①李俨曾就学于唐山路矿学堂，供职于陇海铁路 40 余年。除本职外，长期致力于中国数学史研究，是这一研究领域的开创者。中华人民共和国成立后 1955 年，调中国科学院历史研究所任研究员，为哲学社会科学部学部委员。

②民国二十五年十二月二日监修委员会致中央古物保管委员会公函。民国二十六年一月二十八日黄文弼致中央古物保管委员会工作报告。西安碑林博物馆藏碑林旧档。

图 5-16　寇遐

图 5-17　孙蔚如

修工程的各项准备工作陷于停顿。局势稳定后的1937年3月，监修委员会又开始正常工作。4月19日与鸿兴公司正式签订合同，4月21日该公司破土动工，约定六个月完工①。

另外，西安事变后，邵力子去职，陕西省政府改组。内政部于1937年6月又加聘新任陕西省政府主席孙蔚如（图5-17）、民政厅长彭昭贤、教育厅长周伯敏、财政厅长续式甫、建设厅长雷宝华，为整理西安碑林工程监修委员会委员②。

在整修过程中，监修委员会共开过6次委员、顾问联席会议，张继、孙蔚如等政府大员都曾亲自出席会议。不过，自始至终主持工作的是黄文弼。根据现存的监修委员会会议记录，工程中遇到的许多问题，整修方案的变动，经费的追加等等，都是由监修委员会形成决议，上报中央古物保管委员会核准后付诸实施的。如在第一次委员、顾问联席会议上，原则同意了委员张继提出的《开成石经》加做钢筋水泥梁柱，以防止地震损坏的建议，后经北平营造社梁思成设计图样，整修中加以改造。在第二次会议上，原则同意了顾问张鹏一提出的第一室（即《石台孝经》碑亭）四周改用栏杆，以利光线充足的建议，修改了建筑图。此外，碑石分室分类排列方案的确定，第二、第六、第七室图纸的修改等，均由监修委员会集体作出决定③。

总而言之，这次整修碑林工程的规格是相当高的。由当时国家级的文物保护机构——中央古物保管委员会出面，由中央政府拨款，内政部加聘监修委

①民国二十六年五月四日监修委员会致陕西省建设厅公函。西安碑林博物馆藏碑林旧档。

②监修委员会第三次委员、顾问联席会议记录，民国二十六年六月十四日。西安碑林博物馆藏碑林旧档。

③以上均见《整理西安碑林工程监修委员会会议记录》。西安碑林博物馆藏碑林旧档。

员会委员，邵力子、张继、孙蔚如等地方大员亲自参与，共同筹划，可见当时官民各界对西安碑林的重视。

整修工程开始后不久，抗日战争爆发，局势日益严重。西安虽处后方，但日寇步步进逼，碑林整修不会不受到影响。1937 年 10 月 19 日，中央古物保管委员会呈文内政部，内称：

> 现在本会经费奉令停发，势难照常工作，所有会务及西安办事处均拟暂行结束，业经呈请钧部核夺在案。惟查西安碑林整理工程正积极进行，似未能中途停顿，拟请由钧部咨请陕西省政府就近接管主持未完工程，俾竟全功。[①]

内政部当即致函陕西省政府：“咨请贵省政府查照，就近接管，主持办理，并希见复为荷。”[②]对此，陕西省政府的态度是：“查此项工程设计估修，均经

图 5-18　林森题字刻石

①民国二十六年十一月十三日陕西省政府致监修委员会教字 2100 号公函所引民国二十六年十月十九日中央古物保管委员会致内政部第四八九号公函。西安碑林博物馆藏碑林旧档。

②民国二十六年十一月十三日陕西省政府致监修委员会教字 2100 号公函所引内政部致陕西省政府礼字第一〇五三号公函。

图 5-19　于右任题“西京碑林”匾额

专家煞费经营，全部工程将届完竣之际，不便多事更张，仍请黄委员文弼负责主持进行，期早蒇事。”并表示：“所有整理碑林工款，本府应担任一万八千元，除已拨付一万二千元外，尚余六千元，当勉为设法陆续筹拨。”[①]于是，自 1937 年 11 月起，整修西安碑林工程由陕西省政府接管主持，仍请黄文弼具体负责工程事宜。

由于工程所需的水泥、玻璃、五金等各类物资，战前已由上海等地运抵西安，所以时局的变化对工程本身未产生直接影响。更由于有关各方在国难当头的情况下，能够协作努力，共同维持，终于使这次整修善始善终，于 1938 年 3 月全部竣工[②]。4 月 2 日，省建设厅派员前往工地，“按照合同图说及工程变动单，逐一查验，尚无不符”。4 月 19 日，省政府根据建设厅查验结果，指令“准予验收，并检同设计图样及工程变动单，咨请内政部备案”[③]。至此，耗时整整一年的整修碑林工程终于完竣，共耗资约 7 万元国币，其中中央政府拨款 5 万元，陕西省政府先后补助 1.8 万余元。

当时的国民政府主席林森曾为此次碑林整修题词：“整理西京碑林奠基纪念”，后来刻石嵌于十三经展室外墙（图 5-18）。此石已不存，题词手迹尚在。

①民国二十六年十一月十三日陕西省政府致监修委员会教字 2100 号公函。

②民国二十七年三月二十一日监修委员会第六次委员、顾问联席会议记录中有“现工程已告完竣”语。

③民国二十七年四月十九日陕西省政府致监修委员会教字第 837 号公函。西安碑林博物馆藏碑林旧档。

于右任也曾题写“西京碑林”匾额（图 5-19），悬于碑林大门上。整修竣工之前，在 1937 年 9 月 6 日的监修委员会第五次委员、顾问联席会议上，推举张鹏一撰写《重修西安碑林记》碑文，待完工后竖碑以资纪念。此碑原拟请于右任书丹，碑林旧档案中保存着监修委员会为此致于右任两封信函的底稿。第一封信是提出请求，时间是 1938 年 2 月 22 日（图 5-20）。信中说：

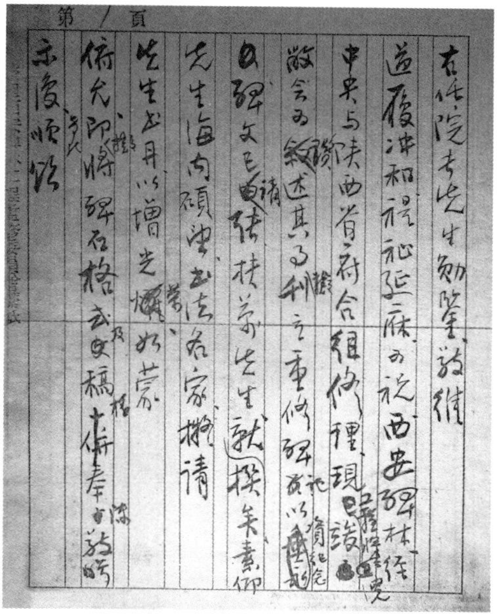

图 5-20　致于右任信函底稿

西安碑林经中央与陕西省府合组修理，现工程将告完竣。敝会为赞述其事，拟刊立重修碑记，以资纪念，碑文已请张扶万先生撰就矣。素仰先生海内硕望，书法名家，拟请先生书丹，以增光荣。如蒙俯允，即拟将碑石格式及稿样奉陈，敬盼示复。

第二封信的时间是 3 月 22 日，信中说：

前托陕西省政府杜秘书长代陈一缄，拟请先生书丹重修碑林碑记，幸荷俯允，易胜欣忭。兹将碑文格式及稿样随函检送，敬希察收并请法书为祷。

既然“幸荷俯允，易胜欣忭”，既然送上了“碑文格式及稿样”，可见于右任已经答应书丹，但不知什么原因，此《重修西安碑林记》碑文未见刻石。是于右任答应了而未书写，还是书写了而未能刊石？大概前者可能性大。幸而档案中保存着这篇碑文稿（见本书附录二《西安碑林史碑刻资料汇编》），成为我们研究这次整修的重要资料。

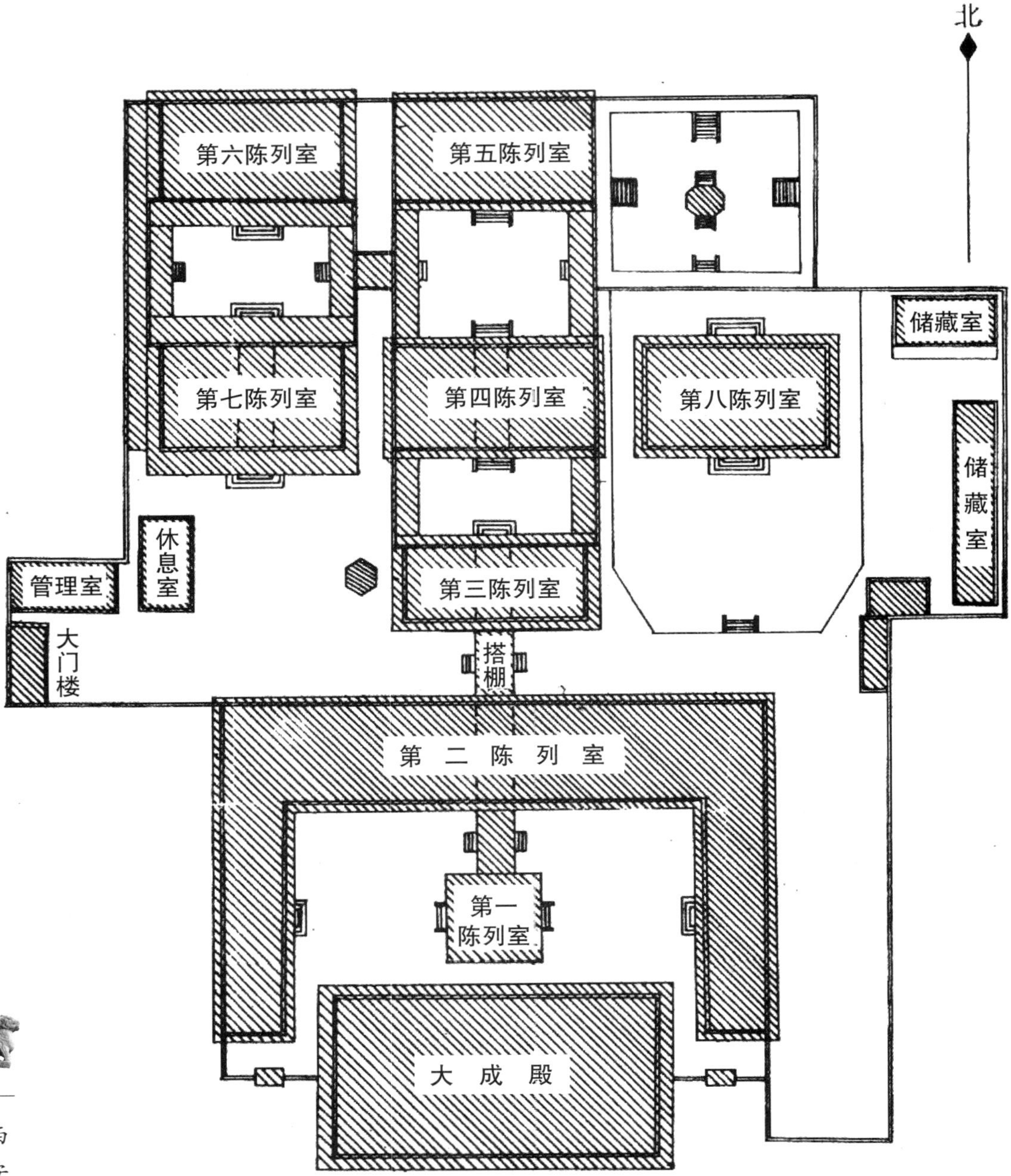

图 5-21 《西安碑林总平面图》(据碑林旧档案，刘东平重绘)

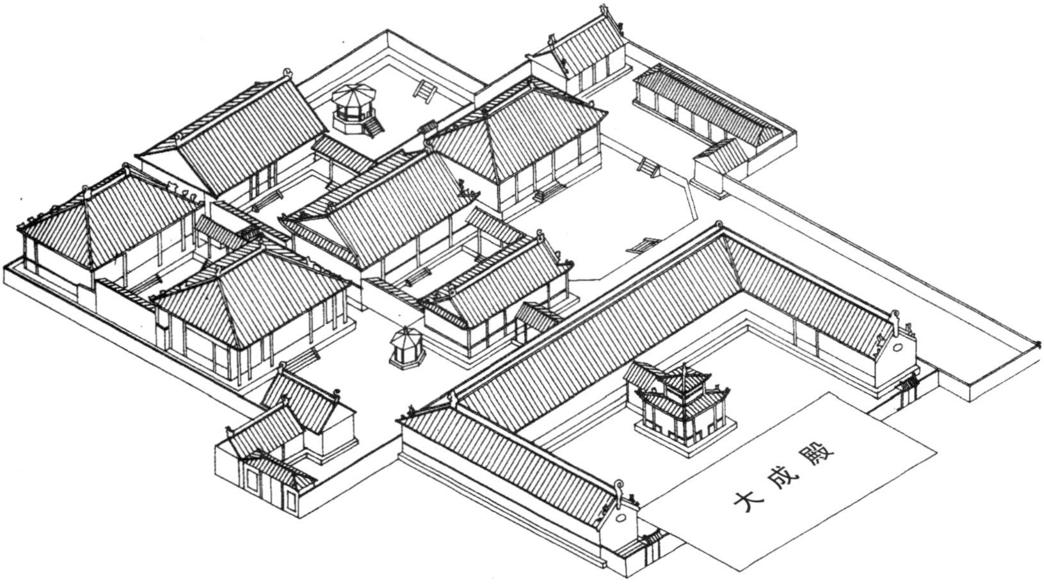

图 5-22 《西安碑林鸟瞰图》（据碑林旧档案，刘东平重绘）

二、整修后碑林的建筑

经过此次整修，碑林的建筑面貌变化较大。原有十一区中，除一、八、九区（即今《石台孝经》碑亭、第三室、第四室）照旧翻新外，其余各区均拆旧盖新，共建成陈列室 8 所，储藏室 2 所，卷棚 3 所，游廊 6 所，休息室、管理室和大门各一所。当年的整修档案中，保存有整修时绘制的《西安碑林总平面图》和《西安碑林鸟瞰图》，为我们留下了直观的资料（图 5-21、5-22）[①]。兹根据整修档案中《修建西安碑林施工说明书》《西京碑林修建工程说帖》和后来的修改方案，将当时各陈列室的建筑情况依次介绍如下，表述中尽量使用原始文件的语汇：

第一陈列室：原为第一区，系四方亭式。因旧有梁柱尚属端正，高低亦适宜。整修中照旧加以修理，房瓦脊兽换新，地面铺以新砖，柱间原为墙壁，改

①此二图应是工程规划时的效果图，整修中有变动，如第六、第七室的原殿顶已改为歇山顶。

为栏杆（即今日《石台孝经》碑亭）。

第二陈列室：系原第二、三区合而为一。两区旧有房架太低，梁柱倾斜，室内光线很差，且墙、柱与碑石距离太近，妨碍拍照拓印。整修中将该两区全部拆除，合建为一室，取原第三区式样，加高加宽，建成正面歇山式十一间，两边配殿式各六间的半宫殿式建筑（即今日碑林第一室）。

第三陈列室：系原第四、五、六区合而为一。该三区原有房屋高低不一，室内黑暗，房瓦脊兽均已破烂不堪，且妨碍游览路线，整修中全部拆除，合建为一室，高度宽度增加，向北移 2 米，与第四室相配，为宫殿式建筑（即今日碑林第二室）。

第四陈列室：原为第八区，系宫殿式建筑。旧有梁柱端正，式样颇为美观，但房瓦脊兽均已残破，整修中保留原有式样，更换新瓦脊兽，地面、墙壁另换新砖（即今日碑林第三室）。

第五陈列室：原为第九区，亦为宫殿式建筑。失修情况与第八区相同，整修中亦保留原样，加以翻新（即今日碑林第四室）。

第六陈列室：即在第九区西边原管理室旧地新建陈列室一所。原计划为庑殿式，后因地基不敷分配，依梁思成建议，改为歇山式五间，前后带走廊（即今日碑林第五室）。

第七陈列室：即在第六室之南新建陈列室一所，面积和建筑形式与第六室相同（即今日碑林第六室）。

第八陈列室：旧咸宁县学后有隙地一片，与碑林东侧毗连，经长安县府同意并商同地方耆绅，将此隙地拨归碑林新建第八陈列室，专门用以陈列于右任所捐墓志。因经费问题，该室的建筑形式曾几度变更，最终建成二层庑殿式楼房（此楼 20 世纪 50 年代改为陕西省博物馆图书室和阅览室，后又改为西安碑林博物馆库房，现为西安碑林博物馆图书中心）。

此外，原第十区屋架太低，室内黑暗，不宜陈列碑石，且妨碍第七陈列室建筑，整修时将其南北缩短，改建为休息室。在第三、第四、第五陈列室之间及第六、第七陈列室之间，各添建游廊，以便游人过往。

整修中将西侧原大门地点向西推出，占去原西安府学官属隙地 195.75 平方米，东侧向东展放，占去毗邻的原咸宁县学旧址官属隙地 2498.75 平方米，修筑北面围墙时向北展拓 3 米，占去居民赵、盛二家捐地 158.4 平方米，此三项共增加面积 2852.9 平方米，加上原有面积 4872 平方米，整修之后碑林占地面积为 7724.9 平方米。

图 5-23　梁思成

值得一提的是，当时任职于北平营造学社的著名建筑学家梁思成(1901—1972)(图 5-23)，1936 年冬和 1937 年 5、6 月，曾两次来陕西调查古建筑①，恰逢西安碑林整修在即，遂对整修西安碑林工程进行具体指导，在建筑设计和碑石排列等方面提出许多宝贵意见。如原工程计划中改建的第二陈列室为正面九间、两边配房各五间的宫殿式建筑，新建的第六、第七陈列室为庑殿式建筑，因地基、材料和资金的关系难以实现，后根据梁思成意见，将第二陈列室改为正面歇山式十一间、两边配殿式各六间，第六、第七陈列室则均改为歇山式五间。为保护《开成石经》所加的钢筋混凝土梁柱的图纸，亦为梁思成设计。此外，原排碑图中各室碑石均为横排，后采纳梁思成建议，除第二陈列室《开成石经》因固有序列不宜改动外，其余各室均改为竖排，改善了采光条件，方便了游览和拍照。

从以上介绍可以看出，我们今天所见到的西安碑林的建筑，除了 1982 年新建的第七室之外，《石台孝经》亭和一至六室，都是当年整修时新建和翻修的，此后只是在这个基础之上加以维修，整个建筑布局和建筑形式一直沿用至今。

三、整修后碑林的藏石和陈列

此次整修前碑林藏石陈列凌乱无序，上一节已经谈到。为改变这一状况，工程开工前，监修委员会曾对整修中碑石如何排列进行反复研究，并征求各方面意见，最终确定了分类排列的原则，并上报中央古物保管委员会核准。其

①林洙《困惑的大匠·梁思成》所附《梁思成生平年表》，山东画报出版社，1997 年版。

具体做法是，将全部碑石分为石经类、唐碑类、法帖类、绘画类、诗文题跋类、记赞类、箴铭格言类等七大类，分室排列。现根据档案中《各室碑石排列目录》和《各室最后排碑图》[①]，对各室碑石的陈列内容，亦尽量使用原始文件语汇分述如下：

第一陈列室原《石台孝经》碑不动，其余清碑全部拆除。施工时发现孝经碑有石台三层（原只露出一层），上刻有精美图案，翻修时将地面挖低，使三层石台全部显露。

第二陈列室为石经类，主要陈列《开成石经》，计 114 石；附以明代《石经补字》，清刻石经《孟子》，以及历代迁移修整石经的记事碑石，计 121 石，两项相加全室共 235 石。

第三陈列室为唐碑类，共陈列唐代碑石、墓志 58 石。如《大秦景教流行中国碑》《颜氏家庙碑》《大智禅师碑》《玄秘塔碑》《多宝塔碑》《道因法师碑》和《集王圣教序碑》等等，均萃列其中，可谓碑林之精华。搬动唐碑时，发现碑下多有龟座，雕工精湛，以前埋没地下，实在可惜，这次将龟座全部显露于外，为唐碑增色不少。

第四陈列室为法帖类，主要陈列清刻《淳化阁帖》、康熙《御书法帖》、《兰亭序》及各种刻帖等，加上室前东西游廊及前后檐窗下所列碑石，共 278 石。

第五陈列室为绘画类，因经典多与佛像并刊一石，故以佛经和感应文附之，再加上室前东西游廊及前后檐窗下所列碑石，共 156 石。

第六陈列室为诗文题跋类，连带室前东西游廊及前后檐窗下所列碑石，共 213 石。

第七陈列室为记赞类和箴铭格言类，共 182 石。

第八陈列室楼下专门用来陈列于右任捐赠的北朝和隋唐墓志，共 380 余石。

此外，在碑林大门内照壁前，还有整修记事碑等与碑林历史有关的碑刻 10 余石。

此次整修中，对全部碑石的保存状况作了调查，列出了《碑林残破碑石情形调查详表》。历代碑刻中，共查出残破者 139 石。其中《开成石经》残 46 石，缺角 2 石，共 48 石，其他各代碑刻残破者 91 石。残破程度以《开成石

①该目录和排碑图均见于西安碑林博物馆藏碑林旧档。

经》为甚，以前用石灰接补，裂隙上文字行路多未吻合，加之历年已久，其裂纹宛如从未接补者亦复不少，整修中均用漆皮一一重新接补①。整理接补时，为使文句衔接无误，监修委员会特请耀县张木生②对《开成石经》重新加以校对。校对中发现当时石经错行者 31 石，其中《左传》17 石，《春秋公羊》4 石，《穀梁》2 石，《论语》2 石，《尔雅》1 石，《诗经》1 石，《仪礼》3 石，《礼记》1 石；短接者 82 石，其中《左传》37 石，《春秋公羊》11 石，《穀梁》6 石，《论语》6 石，《尔雅》3 石，《尚书》2 石，《毛诗》4 石，《仪礼》7 石，《礼记》4 石。整理接补中，均分别予以纠正。校对中发现缺字共 53839 字，其中明代已补过 49941 字（明代实补字数为 50818 字，因有整补全篇者，故多补 877 字），新残应予补刊者 3988 字③。大概后来抗战爆发，时局变化，未见补刊。施工中还发现石经残石 2 方，为《论语》“子禽问于子贡”27 字，《左传》“吾闻胜也好复言”27 字，均嵌补复位。此外，还发现唐《不空和尚译经碑》残石、唐《慧日寺真言碑》残石、佛经残石等碑石数种。

对碑石威胁最大的莫过于地震，明代嘉靖年间关中大地震，曾使碑林遭受极大破坏。所以在监修委员会第一次会议上，委员张继便提议给《开成石经》加制钢筋水泥梁柱以求防震。此议得到各方面的赞同，并由梁思成设计图样。具体做法是将石经碑首全部拆除，用钢板夹于碑之上端，然后在其上加钢筋水泥横梁，数石之间加一钢筋水泥立柱。此举当然有利也有弊，其弊在于改变了唐石经原有形制，然而从石经的防震保固出发，这一措施无疑还是利大于弊，应予肯定。

这次整修中，碑林在藏石方面的最大变化，是将于右任捐归陕西公有的一批西晋、北朝与隋唐墓志等藏石移置碑林，大大丰富了碑林的藏品，尤其是墓志类藏品。这也是碑林有史以来增加藏石最多的一次。于右任（1879—1964），名伯循，字右任，以字行，陕西三原县人，早年加入同盟会，是清末民初政

①民国二十六年六月十七日监修委员会致中央古物保管委员会工作报告。西安碑林博物馆藏碑林旧档。

②张木生（1870～1947），陕西耀县人。民国时期曾任耀县孔教会长，曾与侯微同纂《耀县乡土志》《耀县大香山志》。喜藏书，好金石，擅以立体拓法拓印石刻高浮雕。

③民国二十六年六月十七日监修委员会致中央古物保管委员会工作报告；当时校对石经之便条。西安碑林博物馆藏碑林旧档。

图 5-24　于右任

治舞台上的风云人物，当时任国民政府监察院院长（图 5-24）。这批墓志大多出于河南洛阳一带，是于氏多年来陆续搜购所得，因其中有七对夫妇的墓志，遂名之“鸳鸯七志斋藏石”。当时，陇海铁路尚未通至西安，其藏石大部分保存在北平西直门内菊儿胡同一座旧王府的后院内。1935 年平津受日军威胁，于右任遂委托杨虎城设法将这批藏石运回西安保存。1936 年 2 月，杨虎城派马文彦赴北平，在宋哲元帮助下，将墓志用火车经由郑州转轨陇海线（此时已通至西安）运回西安[1]。此前，于右任与陕西省政府已有“捐归公有”的约定，所以藏石由陕西省政府教育厅予以接收。因当时整修碑林尚未开始，遂暂存在与碑林毗邻的西安孔庙，派专人看管。1936 年 4 月，于右任保存于南京、洛阳两地的藏石，也被运回西安。

前引邵力子 1935 年 11 月 9 日给黄文弼的第二封复信中，最早透露了于右任将这批墓志“捐归公有”的信息。不过，于右任之“捐归公有”是有条件的，即邵力子信中所说：“保留其拓售之权利，为三原民治小学经费。”也就是说，于右任要求将这批墓志拓售之所得，用来资助自己家乡的教育[2]。而墓

①马文彦《碑林熹平石经残石与北魏墓志运回西安之经过》，载陕西省博物馆碑林研究室所编《西安碑林研究文稿汇编》（一），1982 年内部铅印。马文彦（1902—1983），化名曹骏天，陕西三原人。1923 年考入上海大学，同年加入中国共产党。1926 年 5 月，曾任于右任俄文翻译，同赴苏联联络冯玉祥，并参与五原誓师和西安解围。1933—1936 年在杨虎城部做参议。中华人民共和国成立后，曾任西安市建工局副局长，西安市政协副主席。

②于右任在 1942 年致陈立夫的一份函件中，再次重申此事：“民治学校无固定基金，初余有志石三百余块捐赠陕西碑林，当时省府议定以拓石收费补助学校，开战后因空袭之故志石埋藏，此项收入亦中断，将来学校尚可根据议定照收。”看来，于右任一直惦念着这批藏石的“拓售之权利”，而且，陕西当局也按前议兑现了承诺，只是当时因空袭志石埋藏地下而中断，但他仍希望局势好转后，用这笔收入来资助“无固定基金”的三原民治学校。此亦可见其资助家乡教育的拳拳之心。此函藏南京中国第二档案馆，转引自罗宏才《抗战中陕西考古会及西安碑林部分文物移藏始末》，刊于《碑林》集刊第 2 辑，陕西师范大学出版社，1994 年。

图 5-25　北魏《元祯墓志》（拓本）

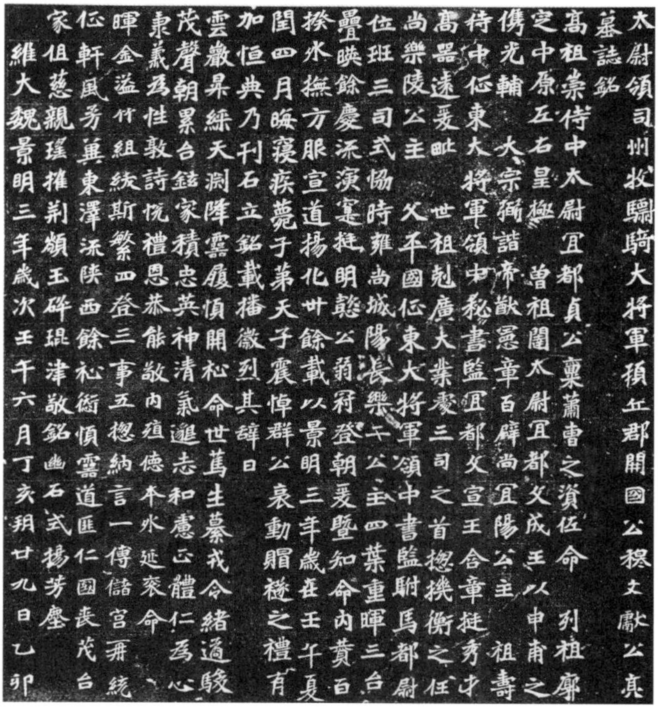

图 5-27　北魏《穆亮墓志》（拓本）

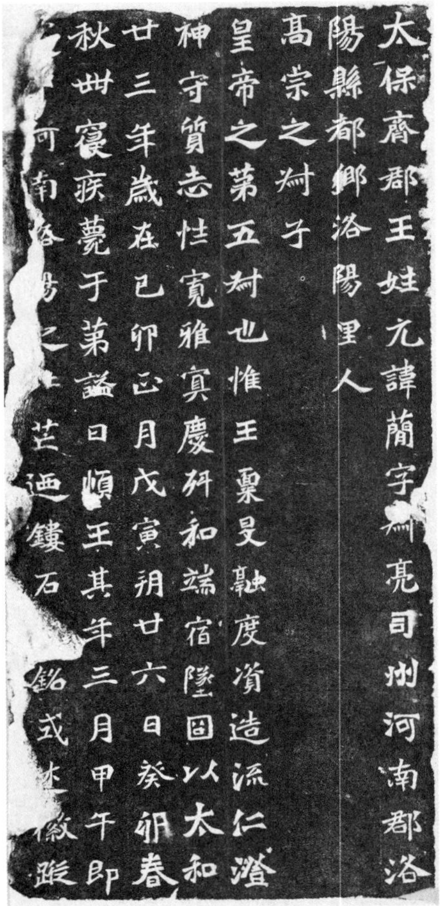

图 5-26　北魏《元简墓志》（拓本）

志在西安收藏于何处，并未明确，虽然“众意亦附入碑林”，但仍应征得于右任本人同意。对此监修委员会曾数次研究，据会议记录，在 1937 年 4 月 7 日第一次委员顾问联席会议上，“所议事项”中便有“于院长碑石问题”，议决：“希望于院长碑石存放碑林，当再同于院长商洽。”直到 1937 年 9 月 6 日第五次会议上，“讨论事项”中仍有“于院长碑石是否列入碑林并如何接洽案”，决议：“请周厅长（即陕西省教育厅长周伯敏——笔者注）与于先生接洽。”黄文弼也曾为此致函于右任，提出“如承慨允，将来建筑陈列室时，拟另辟一专室以为纪念，此不特增光艺林，而先生与此石亦且同垂不朽矣”①。大概于右任对此没有异议，所以在后来的整修计划中便列入了新建第八陈列室，以收藏于右任所捐墓志一项。

1938 年整修竣工前不久，从 3 月 27 日起，这批墓志由孔庙后门向碑林搬运，数日后运完②。省教育厅随即拨给专款，在第八陈列室楼下用青砖砌墙，镶嵌志石于其上，5 月 12 日排立完毕③。根据档案中保存的于右任所捐墓志移交清册，此次移入碑林者，包括两批分别由北平和南京、洛阳运回的藏石，其中有晋 3 石，北魏 160 石，北齐 3 石，梁 1 石，北周 11 石，隋 116 石，唐 4

①此信底稿见于西安碑林博物馆藏碑林旧档中。

②民国二十七年三月二十七日监修委员会致孔庙马粮堆积所公函。西安碑林博物馆藏碑林旧档。

③《第八室楼下排列于院长碑石工款预算及施工说明》。西安碑林博物馆藏碑林旧档。

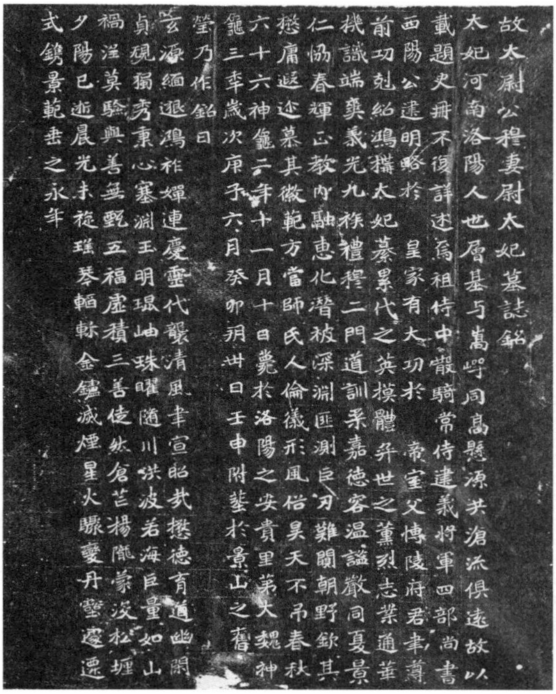

图 5-28　北魏《穆亮妻尉太妃墓志》（拓本）

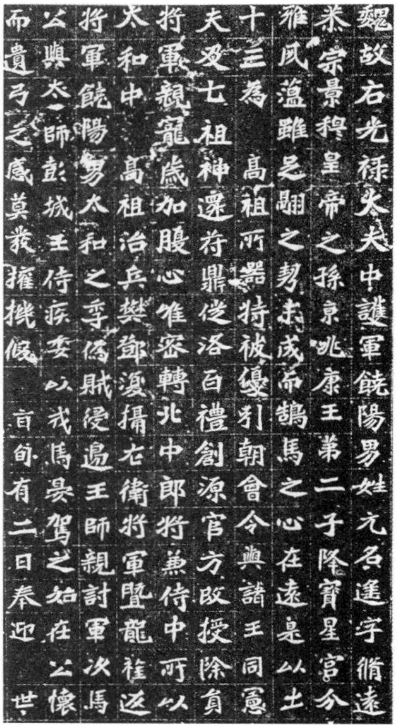

图 5-29　北魏《元遥墓志》（拓本，局部）

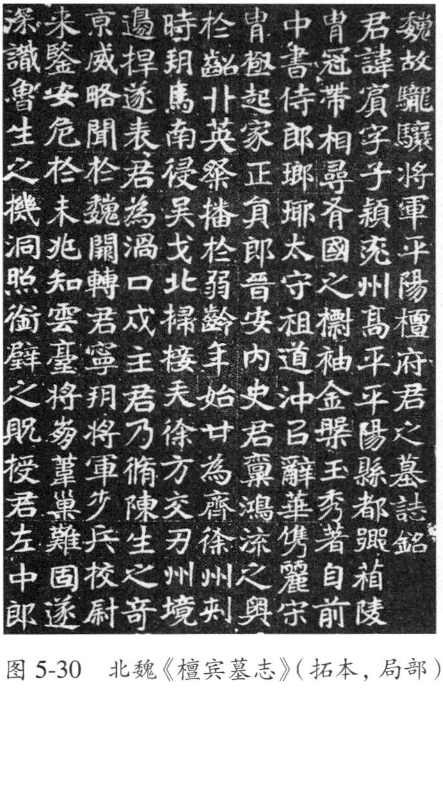

图 5-30　北魏《檀宾墓志》（拓本，局部）

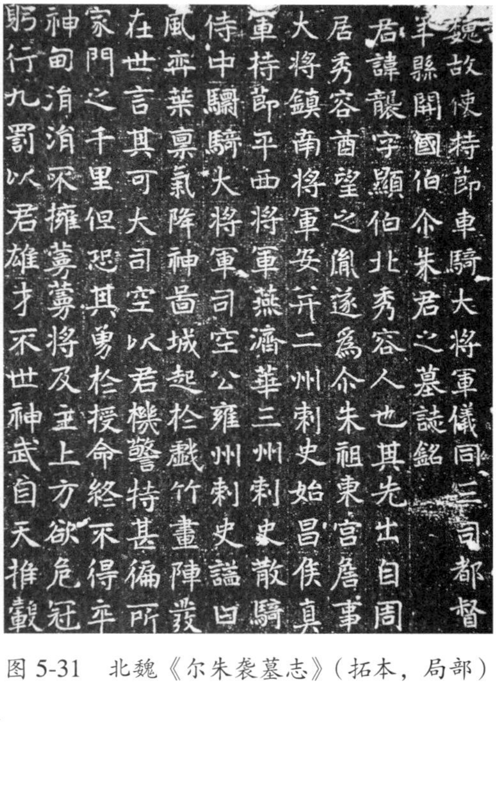

图 5-31　北魏《尔朱袭墓志》（拓本，局部）

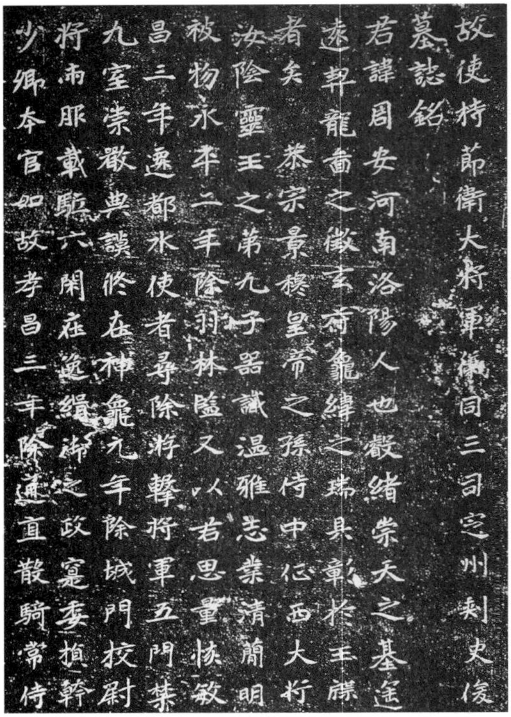

图 5-32　北魏《元周安墓志》（拓本，局部）

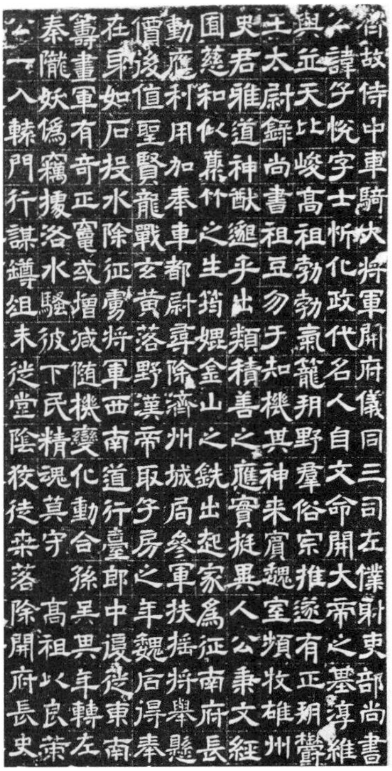

图 5-33　北齐《赫连子悦墓志》（拓本，局部）

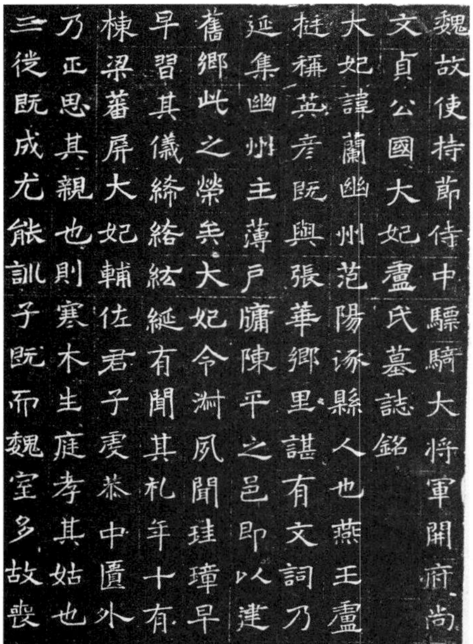

图 5-34　北周《卢兰墓志》（拓本，局部）

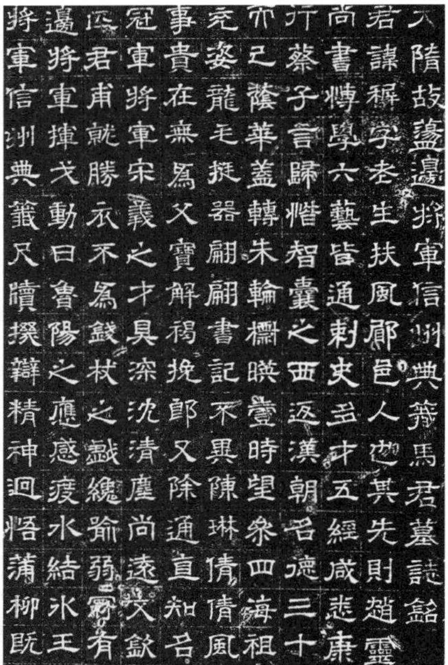

图 5-35　隋《马穉墓志》（拓本，局部）

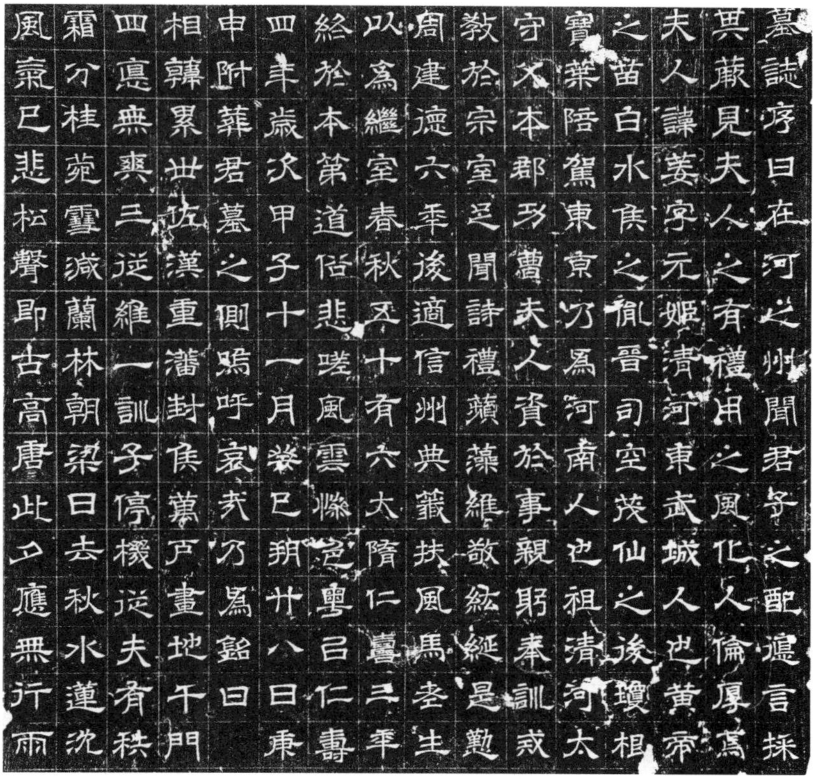

图 5-36　隋《马穉继妻张姜墓志》（拓本）

石，宋 4 石，以及年代不明者和残石 80 余石，共计 387 石[①]（图 5-25 至 5-36）。

在这批藏石中，有一件需要特别加以说明，即东汉《熹平石经》残石。此石是于右任 1931 年在洛阳从古董商手中购得的，不过当时并未带走，只付了一半价钱，残石仍存洛阳。1933 年，杨虎城受于右任委托，借赴南京公干之机，与古董商约好，在其专车路过洛阳时补足余款，取回了残石，带到南京交于右任[②]。1936 年 4 月，《熹平石经》残石与南京、洛阳两地的藏石一起，运抵西安。

①此各代墓志的数字，系移交清册上分代目录所列。后来随着对这批墓志的研究，各代数字略有变化，那些当时年代不明或年代有误者，后来亦有了归属。总数 387 石，包括墓志盖在内。

②马文彦：《碑林熹平石经残石与北魏墓志运回西安之经过》，载陕西省博物馆碑林研究室所编《西安碑林研究文稿汇编》（一），1982 年内部铅印。

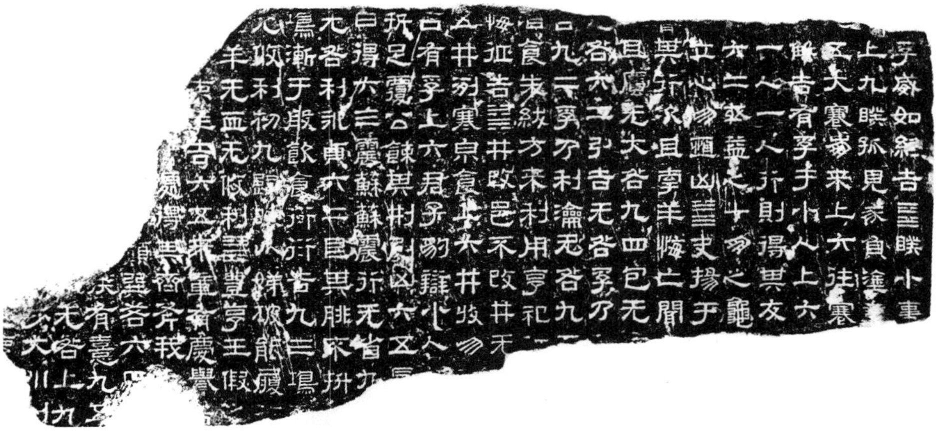

图 5-37 《熹平石经·周易》残石（阳面，拓本）

这块《熹平石经》残石形状不规则，厚约 16 厘米，其正面最高 31 厘米，最宽 66 厘米，刻《周易·下经》中“家人”至“小过”二十六卦部分文字，存 28 行，有可识者 246 字（图 5-37）；其背面最高 33 厘米，最宽 61 厘米，刻《周易·系词》下传及“文言”“说卦”两传部分文字，存 20 行，有可识者 191 字（图 5-38）。两面共得 437 字，在当时出土的《熹平石经》残石中属存字较多者，非常珍贵，也是于右任心爱之物。正因为此石珍贵，其运抵西安后并未与其他藏石一起暂存孔庙，省政府专门请陕西考古会委员长张鹏一代为保管①。

至整修碑林工程完竣之际，关于《熹平石经》残石如何保存的问题，省政府、考古会、教育厅及碑林监修委员会之间，曾有过一番交涉。西安碑林博物馆碑林旧档案中保存着当年的数份函件。1938 年 2 月 18 日，陕西考古会致函省政府，提出“本省碑林房屋修理完竣，前送来之汉石经应归碑林保存”。2 月 22 日，省政府令教育厅“派员赴会接洽办理”。教育厅则于 2 月 26 日致函碑林监修委员会并派该厅科员送上石经残石。看来，监修委员会并未接收。

①西安碑林博物馆藏碑林旧档案中，有一件省政府 1936 年 4 月 17 日致 陕西考古会的公函，内称：“监察院于院长在南京、洛阳两地所藏石碑，现已运抵西安，暂存文庙中。除令饬教育厅接收外，相应照抄清单 1 份送请查收，并希随时照料。其中石经一块，在历史上价值较为重大，应送请贵会张扶万先生特别妥存。”

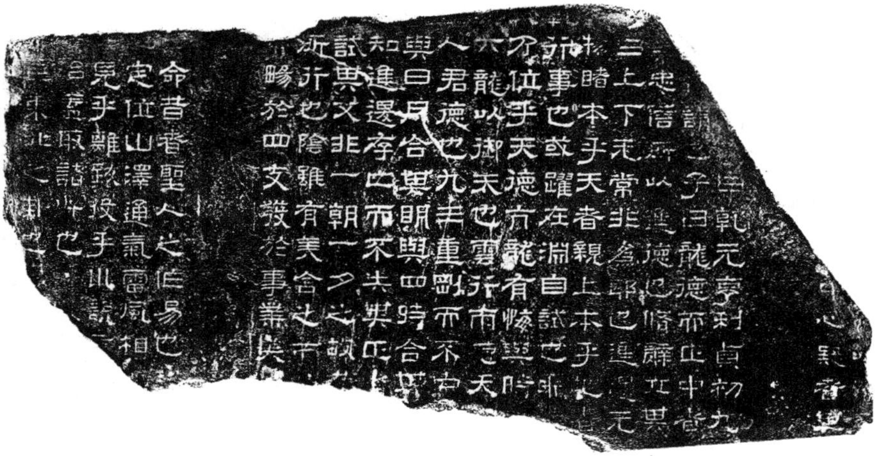

图 5-38 《熹平石经·周易》残石（拓本，阴面）

因为该会 3 月 15 日给教育厅的复函中称：“本会结束在即，请将汉石经另行设法保存。”教育厅大概又将石经残石送回考古会，所以考古会直接致函监修委员会：“本会委员长张扶万先生代监察院于院长保存之石经一块，前曾函达省政府，拟将该石经送贵处妥存，并函复照办各在案，兹将原石经一块拣出随函送上……”档案中未见监修委员会再对此表示异议的复函。

之所以会有这样一番交涉，是因为当时抗战局势紧张，这块历史价值高且为于右任所珍爱的石经残石，如何保存，必须明确责任。而这一交涉的最终解决，则是因为一直保管石经的张鹏一本人，恰好又被随即成立的西安碑林管理委员会推举为主任委员，既然成了碑林管理机构的负责人，又是于右任的故交，只能由他继续设法保存。另外，张鹏一所撰《重修西安碑林记》碑文稿中，也明白写道：“又划入旧咸宁学地基一段，建第八室楼房分储今监察院于院长右任收藏汉石经一方，魏唐墓志三百八十七方。”可见《熹平石经》残石和其他所捐墓志一样，是在 1938 年整修完竣之际入藏碑林的[①]。关于这块残石后来的流迁经过，下文还要述及。

①关于《熹平石经》残石入藏碑林的时间，以前存在过数种说法，在此以当时各机关的函件和张鹏一所撰《重修西安碑林记》碑文为据，可将时间确定为 1938 年。

在监修委员会第二次委员、顾问联席会议上（1937 年 5 月 26 日），顾问张鹏一提出动议："查西安碑林为全省碑石集中之地，而现在西安各机关所存小碑林大小旧碑亦为数不少，借此整修期间，似宜收集加入碑林，以资永久保存。"会议决议："原则通过。"[①]会后，监修委员会也做过这方面的努力。比如，在整修期间，就有过耀县碑石移藏碑林的一段公案。此事之原委大概如下：

1937 年 6 月 8 日，陕西省政府致函监修委员会，称耀县"前保安大队附雷天一"愿将搜集的古碑五十九种捐赠归公，决定"应由该县府负责将此项碑碣全部刻日运交西安碑林，以便整理保管，垂诸永久"。并提出由监修委员会"派人前往查点，督视运省，妥加保存"[②]。对此，监修委员会当然求之不得，立即于当月 12 日派该会职员前往耀县接洽。与此同时，省政府亦"令饬该县俟派员抵境时协助办理"[③]。但是，此举在耀县遭到地方政府和绅民的坚决抵制。6 月 24 日，耀县县长冯景异致函省政府和监修委员会，函称："查雷天一捐赠家藏古碑归公一事，全属欺诈虚妄，雷氏家中实无一块碑碣。"所谓古碑五十余种，系雷天一生前将学校、寺院及私人收藏之魏碑强行运集一处，组设碑林，并"曾再三向各碑主坚誓担负完全保护责任"。而且，"雷氏死后，由本县绅民组织一碑林保管委员会，整理保管，毁弃无虑"。信中说，当闻知有将此碑碣运交西安碑林之令后，"群情沸哗"，认为这是雷氏"强攫全县公有私有之碑碣为己所有，欺蒙上宪，诈称捐公……"冯景异在信中以"此项碑碣系属耀县公有"为由，"伏乞钧府鉴核，转呈上宪，俯察下情，体恤民意，停止运碑"[④]。

鉴于耀县当局的态度，监修委员会致函省政府，说明情况，并附抄耀县公函。7 月 7 日，省政府在回函中称："业经指令该县仍照本府原议，将此项魏

①监修委员会第二次委员、顾问联席会议记录，民国二十六年五月二十六日。西安碑林博物馆藏碑林旧档。

②民国二十六年六月八日陕西省政府致监修委员会教字第 717 号公函。西安碑林博物馆藏碑林旧档。

③民国二十六年六月十四日陕西省政府致监修委员会教宁第 759 号公函。西安碑林博物馆藏碑林旧档。

④民国二十六年六月二十四日耀县县政府致监修委员会公函。西安碑林博物馆藏碑林旧档。

碑全数运省在案。”[①]这就是说，省政府并未因耀县当局的态度而改变前令。然而，就在此函发出的当天，便发生了“七·七”卢沟桥事变，随后全面抗战开始，恐怕各方面都再无精力顾及，此事便不了了之。

耀县的这批碑石，终于未移入西安碑林，耀县人应该为此而庆幸，而西安碑林则失去了一个扩充其魏碑藏品的有利机会。今天，这批珍贵的碑刻已被移存于药王山，与著名的药王山石刻一起得到了很好的保护和研究。当年为设法保护这批碑刻而努力过的前辈们，不管是西安方面的，还是耀县方面的，都可以为此而欣慰了。

另外，在中央古物保管委员会第五次全委会上，委员滕固、陈念中、蒋复璁、董作宾、徐炳昶等提议：值西安碑林重修之际，应将陕西省立图书馆所存唐昭陵四骏移存碑林。中央古物保管委员会于 1937 年 7 月 30 日专门为此事致函陕西省政府和碑林监修委员会[②]。监修委员会第五次委员顾问联席会议（1937 年 9 月 6 日）曾讨论此事，决定：“俟具体计划后再提议。”当时抗日战争已经爆发，此事亦不见下文。在当时情况下，能将碑林整修善始善终，便颇为不易，碑刻的收集已是心有余而力不足了。可以告慰诸位前贤的是，此昭陵四骏已于 1950 年按照他们的愿望由陕西省图书馆移至西安碑林。1963 年陕西省博物馆建成“石刻艺术室”，昭陵四骏遂陈列其中，成为石刻艺术陈列的亮点，是陕西省博物馆和后来的西安碑林博物馆引以为自豪的珍贵馆藏。

星移斗转，1937—1938 年整修西安碑林，距今已近八十年了。这八十年来，中国大地上天翻地覆，风风雨雨。中华人民共和国成立后，由于政治上的原因，碑林在民国时期的历史，多年来曾为人们所讳言，这当然可以理解。然而历史毕竟是历史，是无法改变和抹杀的。不论是北洋军阀统治的北京政府时期，还是国民党统治的南京政府时期，社会贤达和政府当局为保护西安碑林所做的努力，都是可圈可点的。尤其是 1937—1938 年对西安碑林的整修，由国家级的文物保护机构——中央古物保管委员会出面首倡，陕西省地方政

①民国二十六年七月七日陕西省政府致监修委员会教字第 909 号公函。西安碑林博物馆藏碑林旧档。

②此函由中央古物保管委员会主任委员张道藩、常务委员叶恭绰、腾固、李济、蒋复璁共同签署，可见其重视。西安碑林博物馆藏碑林旧档。

府积极响应和参与，中央政府拨专款支持，由内政部聘请一流的考古学家和地方大员组成监修委员会具体实施，此次整修规格之高，不言而喻。这是整个民国时期，陕西境内最大的一次文物保护工程。在那个年代，国家在政治上尚未统一，在经济上十分落后，能有这样大规模的文物保护工程，实在难能可贵。特别是抗战爆发后，在国难当头的情况下，该工程能够善始善终，该多么不易。我们应该为此而感谢那些曾为整修碑林工程奔走辛劳的前辈学者和社会贤达，感谢那些把汗水洒在碑林而连名字也未留下的建筑工人，他们对祖国文化遗产的保护是有功的，是他们写下了碑林史上这重要的一页。

四、西安碑林管理委员会：碑林历史上第一个专门管理机构

1937—1938 年大规模的整修，不仅使西安碑林的建筑面貌和陈列形式焕然改观，而且以此为契机，成立了碑林有史以来第一个专门的管理机构——西安碑林管理委员会。

整修刚刚完竣，陕西省政府便于 1938 年 3 月 26 日发出教字第 1985 号训令，指示由陕西考古会、省教育厅、省民政厅、省高等法院联合筹组西安碑林管理委员会。4 月 18 日，在碑林召开了第一次筹备会议，决定西安碑林管理委员会于 5 月 1 日正式成立，以陕西考古会委员长张鹏一、民政厅厅长彭昭贤、该厅科长雷润藩、教育厅厅长周伯敏、该厅科长李瓖、高等法院院长党积龄等七人为当然委员，并推举张鹏一为主任委员。张鹏一是当时陕西的著名学者，1934 年国立北平研究院与陕西省政府共组陕西考古会，任委员长。1937 年成立西北史地学会，被选为理事长。此次整修西安碑林，被聘为监修委员会顾问。除上述当然委员外，还加聘寇胜孚（寇遐）、吴敬之（即吴廷锡，时任陕西通志馆馆长）、宋菊坞（联奎）等三人为聘任委员，任用陈伯宁为该会干事（当年 9 月陈伯宁辞职，干事一职由曹仲谦担任）[①]。5 月 3 日，省政

①西安碑林管理委员会第一次筹备会议记录，陕西省档案馆藏碑林旧档，全宗号 45，目录号 1，案卷号 11。民国二十七年五月四日碑林管理委员会呈陕西省政府公函，陕西省档案馆藏碑林旧档，全宗号 45，目录号 1，案卷号 2。

府批准各委员人选，正式刊发“陕西省西安碑林管理委员会钤记”[1]。5月11日，西安碑林管理委员会举行第一次全体委员会议，审定了《陕西省西安碑林管理委员会暂行规程》及《办事细则》《拓印碑帖规则》《游览规则》，并任用刘逢高为该会书记[2]。自此，碑林历史上第一个专门管理机构开始运作。虽然各委员均为兼职，除主任委员每月另有津贴外，其余各委员均为无给职，其职员除干事、书记外，仅工友数名，规模亦嫌简陋，但这一机构的成立，毕竟象征着西安碑林从此取得了完全独立的社会地位。

现将碑林旧档案中保存的《陕西省西安碑林管理委员会暂行规程》抄录如下，读者可以通过这一文件，对碑林管理委员会最初的宗旨、职能及组织情况有所了解：

陕西省西安碑林管理委员会暂行规程

第一条　本规程依据省政府二十七年三月二十六日教字一九八五号训令订定之。

第二条　陕西省西安碑林管理委员会（以下简称委员会）之职权如左：

一、关于西安碑林设计管理事项。

二、关于碑石拓印事项。

三、关于游览及鉴赏事项。

四、关于处理收支款项事项。

第三条　委员会由考古会、民政厅、教育厅、高等法院会同组织之，设委员七人至九人，分当然委员及聘任委员两种：

甲、当然委员

一、考古会委员一人。

二、民政厅厅长及科长各一人。

---

①民国二十七年五月三日陕西省政府指令教字第4763号，陕西省档案馆藏碑林旧档，全宗号45，目录号1，案卷号2。

②西安碑林管理委员会第一次全体会议记录，陕西省档案馆藏碑林旧档，全宗号45，目录号1，案卷号11。

三、教育厅厅长及社会教育科科长各一人。

四、高等法院院长一人。

乙、聘任委员

委员会选定对碑石有研究者一人至三人，呈请省政府聘任之。

第四条　委员会设主任委员一人，由委员互推之，处理一切日常事务。

第五条　委员会得任用干事、书记各一人，雇用勤务三人，办理文书、事务、保管、监守等事项。

第六条　委员会委员均系无给职。

第七条　委员会每月须举行委员会议一次，必要时得由主任委员召集临时会议。

第八条　委员会须将西安碑林内所有碑石分别列入保管簿呈送省政府并函送各有关机关备查，嗣后新增碑石，须补列保管簿，并将碑石名称、数量、尺度、来源、年代及管理方法等项，列表分别呈函省政府及各有关机关备查。

第九条　委员会每年须将会务进行情况呈报省政府并分函各有关机关备查。

第十条　委员会经费由教育事业费项下按月支给。

第十一条　委员会办事细则、拓印规则及游览规则另订之。

第十二条　本规程自省政府核准后施行。[①]

在最初拟定的《拓印碑帖规则》中，第八条称："拓片售价赢余，由本会经收保存，除为于公藏石装置保固之必要设备外，并可用于修理碑林。"并未提到三原民治小学经费问题。但上报省政府后，省府法规编审委员会提出："拟请依照邵前主席函复于院长原意，将于院长藏石拓印所得款项，补助三原民治小学经费。"此案提交省政府委员会第二次会议，决议进行修正[②]。所以

①此文件系油印件，西安碑林博物馆和陕西省档案馆所藏碑林旧档中均有。

②民国二十七年六月陕西省政府指令教字第8508号，陕西省档案馆藏碑林旧档，全宗号45，目录号1，案卷号11。

碑林管理委员会不久又专门制定《拓印第八室藏石规则》，其第五条规定："拓片售价每半年结算一次，所得纯益金，依照省政府会议第二次之决议，由本会送交三原民治小学。"[1]于右任以其藏石拓售之所得资助家乡教育的美意，总算在制度上得到落实。

另外，在碑林管理委员会第一次全体会议上，还对《熹平石经》残石如何处置的问题进行了讨论。会议"讨论事项"的第三项即"另行装置汉石经案"，会议决议："由主任委员斟酌办理。"[2]这就是为什么张鹏一不久后将该残石秘藏于碑林东院，后来又转移到自己家乡，他不仅要向于右任负责，也是在完成碑林管理委员会诸位同仁之托。

不管西安碑林管理委员会成立之初有何规划，当时国难当头的危急形势并不允许他们有大的作为。日军已逼近潼关，敌机频频轰炸，如何保护碑林藏石不受损失，是摆在他们面前的头等大事，这也是1944年陕西省历史博物馆成立、西安碑林管理委员会职能被取代之前，他们所做的主要工作。关于西安碑林管理委员会在抗战期间对碑林藏石的保护，下一节将专门叙述。

五、西安碑林管理委员会所编碑林碑石目录

关于民国时期西安碑林藏石情况的资料不少，相比之下，以1937—1938年整修后不久西安碑林管理委员会所编的两种碑目较为详备。这两种碑目现存西安碑林博物馆图书室，均为毛笔手书。第一种封面标题为"西安碑林碑石目录（一）"，署"二十七年十二月"即1938年12月，内文第一页标题为"西安碑林管理委员会碑石目录"，内容包括整修后第一至第八陈列室全部碑石，但此目录只列碑名、时代，部分列出书碑者。第二种封面标题为"西安碑林碑石目录（二）"，内文第一页标题与封面相同，内容与前者相比，少了第八陈列室于右任所捐碑石，但此目录内容更详，是以第一至第七陈列室为序，也就是说，交代了当时每块碑石所在的位置，而且除碑名、时代外，还

①此规则亦见陕西省档案馆藏碑林旧档，全宗号45，目录号1，案卷号11。

②西安碑林管理委员会第一次全体会议记录，陕西省档案馆藏碑林旧档，全宗号45，目录号1，案卷号11。

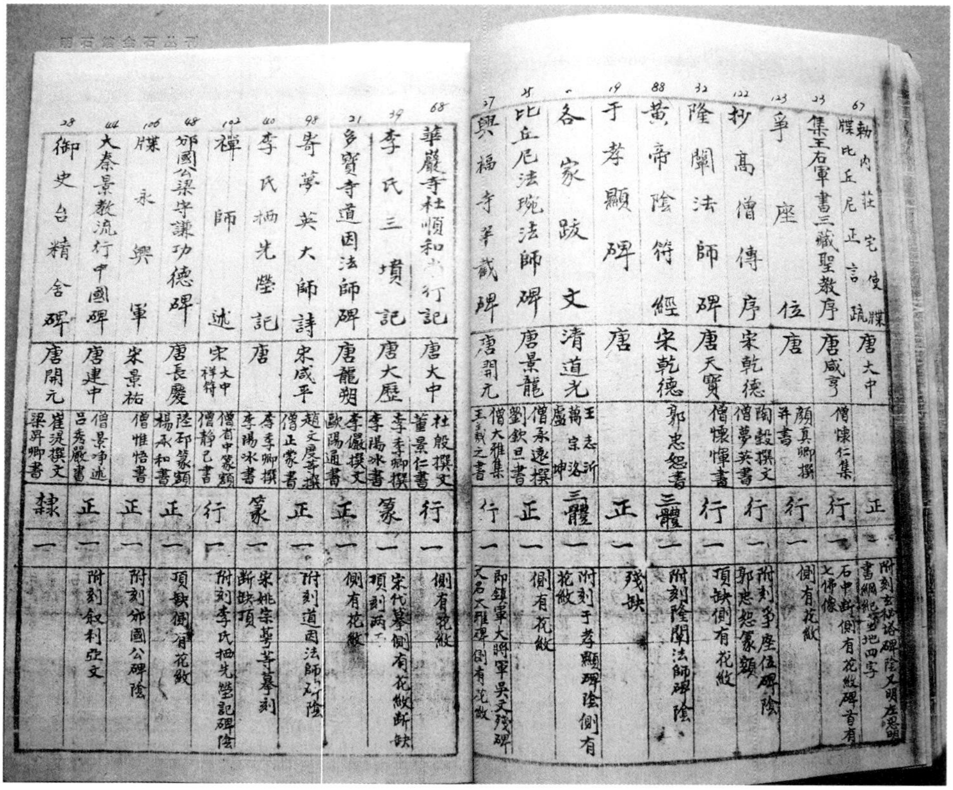

图 5-39 《西安碑林碑石目录》（二）之一页

列有撰文及书绘者、字体、石数、备考等项，更具参考价值。从笔迹看，两种目录为同一人缮写，应是一先一后同时完成，前者为草目，后者为定稿。这两种目录相互补充，基本上反映了 1937—1938 年整修之后西安碑林的藏石情况和碑石的位置。此后直至 1949 年，碑林藏石变化不大，所以笔者选择这两种目录来反映民国时期碑林的藏石情况。

以下“表九”，即依据“西安碑林碑石目录（二）”（图 5-39），列出第一至第七陈列室所陈列之碑石。为保留原碑目的历史原貌，除将其中繁体字改为简体字，竖排改为横排之外，碑目表的格式及碑名、时代（只列朝代和年号）、撰文及书绘人、字体、石数、备考等各项内容，完全依照原目录，其中表述不甚确切之处，亦不加改动。至于表中明显错误，笔者则在表格之外以注释的形式，做必要的改正和说明。

表九　　西安碑林碑石目录（二）

（西安碑林管理委员会民国二十七年十二月编）

第一室

碑名	时代	撰文及书绘人	字体	石数	备考
石台孝经	唐天宝	玄宗序并注	隶	四面	李齐古等四十人参订，台基三层，各有花纹

第二室

碑名	时代	撰文及书绘人	字体	石数	备考
开成石经	唐开成		正	一一四	经名分列于后
左氏春秋	同	艾居诲等书	正	六七面	石各两面刻[①]，残缺一八，断一九
公羊春秋	同	同	同	一六面	残缺
穀梁春秋	同	同	同	一六面	残缺
孝 经	同	同	同	一面	残缺
论 语	同	同	同	七面	残缺
尔 雅	同	同	同	四面	残缺
周 易	同	同	同	九面	残缺
尚 书	同	同	同	一〇面	残缺
毛 诗	同	同	同	一五面	残缺
周 礼	同	同	同	一七面	残缺
仪 礼	同	同	同	一〇面	残缺，断一，缺角六
礼记	同	同	同	三三面	断，缺角三
五经文字	同	张参序	同	八面	残缺

①这里表述容易引起误会。唐石经在碑文格式上，与汉、魏石经有很大不同，不像一般刻碑那样碑文一行直下，而是把文字分为 8 列来刻。也不是以石为单位，一面刻完接着刻另一面，一石刻完再接着刻下一石，而是在相互拚接的石面上以卷为单位进行排版，则每一列的长度视各卷文字的多寡而定，均跨石刻成。这种碑文格式说明，唐代墨拓技术已经相当成熟，每列的高度，相当于当时纸幅的宽度，只须将拓本分列剪裁，即可装裱成卷册。

续表

碑名	时代	撰文及书绘人	字体	石数	备考
九经字样	同	唐玄度序	同	二面	残缺，明嘉靖乙卯地震，石各受震崩裂
石经题名	同	艾居诲、陈玠等	同	二面	附明左思明书字
题名石柱	明	左思明等	各体	一	附坡仙竹梅各一，黄绣题字
题名石柱	明	王承裕、许道宁等	各体	一	
新移石经记	宋元祐	黎持记，安宜之书	正	一	
京兆府学教授题名	金泰和	孙祥通记，王世英书	正	一	附刻新移石经记碑阴
重修孔庙石经记	明万历	王鹤撰	正	一	
白衣大士像并赞	清	吴达绘，张汧题	篆	一	附刻重修孔庙石经记碑阴
赋贾公增刻孟子诗	清康熙	周之桂书	正	一	
咏贾尚书补孟子诗	清康熙	李楷撰	正	一	
圣母图	清康熙	朱珏绘，鄂洛题	正	一	附刻咏贾尚书补孟子诗碑阴
补大学中庸	同	麻尔图题并书	正	二	
石经补孟子	同	贾汉复补	正	一六	许肇业等集唐石经字摹刻
孟子序，补孟子跋，达摩像	同	李楷跋，冯绣绘	正	一	宋朱熹集序①，清朱集义题像
礼记补缺	明万历②	管绎如，郑承恩	正	八	一方刻两面，一附春秋，一残
仪礼补字		叶时荣	正	九	一附尚书
尚书补字			正	二	一附仪礼

①此石为补刻石经《孟子》的第17石，刻朱熹《孟子集注序说》及李楷跋文。这里表述不甚清晰。

②唐石经补字均刻于明万历十六年（1588），所以表中各经补字除此栏注明外，以下各栏皆空缺。

续表

碑名	时代	撰文及书绘人	字体	石数	备考
五经文字补缺		王元吉	正	二	一附周易、孝经
周易补字			正	一	附五经文字补缺
毛诗补缺		薛继愚	正	一	
论语补字			正	三	
尔雅补缺			正	三	一附题词残石
题词残石	明弘治①	王云凤书	正	一	附尔雅补缺
周礼补字		薛继愚	正	六	
春秋左传集解补字			正	四六	两面刻者五方，断二方
毛诗补字			正	三	一附公羊，一附左氏
周礼补字			正	三	附春秋左传
周易、孝经补字			正	一	附春秋左传
尚书补字			正	一	附春秋左传
论语补缺			正	二	附春秋左传
公羊解诂		杨于庭	正	一一	二方附春秋左传，断一
穀梁补字补缺			正	一〇	断二

第三室

碑名	时代	撰文及书绘人	字体	石数	备考
千佛寺多宝塔碑②	唐天宝	岑勋撰文，颜真卿书	正	一	残缺
楚金禅师碑	唐贞元	僧飞锡撰，吴通微书	正	一	附刻多宝塔碑阴

①此石为明正德元年（1506）所刻《弘治挽词》，并非弘治年刻。所刻者为弘治十八年（1505）王云凤为孝宗皇帝所写的挽词五首，其碑阴后来用于刻《尔雅》补字。

②“千佛寺”应为“千福寺”。

续表

碑名	时代	撰文及书绘人	字体	石数	备考
颜氏家庙碑	唐建中	李阳冰篆额，颜真卿书	正	一	石刻四面，残缺
广智三藏和尚碑	唐建中	严郢撰，徐浩书	正	一	一名不空和尚碑
太华二字	明	高镐书	正	一	附刻广智三藏和尚碑碑阴
大达法师玄秘塔碑	唐会昌	裴休撰文，柳公权书	正	一	石断，侧有花纹
敕内庄宅使牒 牒比丘尼正言疏	唐大中		正	一	附刻玄秘塔碑阴。又明左思明书纲纪重地四字
集王右军书三藏圣教序	唐咸亨	唐怀仁集	行	一	石中断，侧有花纹，碑首有七佛像
争座位	唐①	颜真卿撰并书	行	一	侧有花纹
抄高僧传序	宋乾德	陶穀撰文，僧梦英书	行	一	附刻争座位碑阴②，郭忠恕篆额
隆阐法师碑	唐天宝	僧怀恽书③	行	一	顶缺，侧有花纹
黄帝阴符经	宋乾德	郭忠恕书	三体	一	附刻隆阐法师碑阴
于孝显碑	唐④		正	一	残缺
各家跋文	清道光	王志沂、万宗洛、卢坤	三体	一	附刻于孝显碑阴，侧有花纹
比丘尼法琬法师碑	唐景龙	僧承远撰，刘钦旦书	正	一	侧有花纹
兴福寺半截碑	唐开元	僧大雅集王羲之书	行	一	即镇军大将军吴文残碑，又名大雅碑，侧有花纹
华岩寺杜顺和尚行记⑤	唐大中	杜殷撰文，董景仁书	行	一	侧有花纹

①颜真卿《争坐位稿》是宋人的书法刻帖，刻于北宋熙宁间。

②《抄高僧传序》刻于北宋乾德间，而《争坐位稿》刻于北宋熙宁间，晚于前者，应是后者刻于前者碑阴。

③僧怀恽是碑主而非书者。

④《于孝显碑》刻于唐贞观十四年（640）。

⑤“华岩寺”应为“华严寺”。

续表

碑名	时代	撰文及书绘人	字体	石数	备考
李氏三坟记	唐大历	李季卿撰，李阳冰书	篆	一	侧有花纹
多宝寺道因法师碑	唐龙朔	李俨撰文，欧阳通书	正	一	侧有花纹
寄梦英大师诗	宋咸平	赵文度等撰，僧正蒙书	正	一	附刻道因法师碑阴
李氏栖先茔记	唐	李季卿撰，李阳冰书	篆	一	宋姚宗萼等摹刻[1]，断，缺顶
禅师述[2]	宋大中祥符	僧省中篆额，僧静已书	行	一	附刻李氏栖先茔记碑阴
郃国公梁守谦功德碑	唐长庆	陆邳篆额，杨承和书	正	一	顶缺，侧有花纹
牒永兴军	宋景祐	僧惟悟书	正	一	附刻郃国公碑阴
大秦景教流行中国碑	唐建中	僧景净述 吕秀严书[3]	正	一	附刻叙利亚文
御史台精舍碑	唐开元	崔湜撰文，梁升卿书	隶	一	
御史题名	唐开元[4]	卢怀慎等题名	正	一	附刻御史台精舍碑碑阴
大智禅师碑	唐开元	严挺之撰，史维则书	隶	一	侧有花纹
碑阴记	唐开元	杨伯诚撰，史维则书	隶	一	附刻大智禅师碑阴，下附东坡菊花一条
冯宿神道碑	唐开成	王起撰文，柳公权书	正	一	残
京兆韦公玄堂志[5]	唐元和	韦纾撰文并书	正	一	微残

①李阳冰《三坟记碑》《栖先茔记碑》，明清金石家多以为系宋代重摹上石，据笔者考证，应为唐刻原石，均刻于唐大历二年（767）。参见路远《李阳冰〈三坟记碑〉〈栖先茔记碑〉为唐刻原石考》，载《碑林》集刊第12辑，三秦出版社，2006年。

②此碑现多称作《沙门静已书偈》。

③《大秦景教流行中国碑》的书者为吕秀岩。

④《御史台精舍碑》碑阴之御史题名，除刻碑的当时即开元十一年（723）所刻的600余人外，还有其后不断续刻者近500人，最晚已至宣宗大中年间。

⑤即唐元和十五年（820）《韦端墓志》。

续表

碑名	时代	撰文及书绘人	字体	石数	备考
宋永贵墓志铭并盖	隋大业		正	二	
魏邈墓志铭	唐元和	王倚撰文	正	一	微残
魏邈妻赵氏墓志铭	唐元和	魏匡赞撰并书	正	一	残
梁师亮墓志	周垂拱①		正	一	断
韩宝才墓志	唐咸亨	温宪撰文，程进思书	正	一	断
程修己墓志	唐咸通	温宪撰文，程进思书	正	一	程再思篆盖，残缺
夫人令狐氏墓志并序	唐天宝		正	一	
许公及夫人杨氏墓志	唐景龙	柳绍先撰，李为仁书	正	一	残缺
多宝塔铭	唐开元	郭楚贞等造	正	一	
法藏禅师塔铭	唐开元	田休光撰	正	一	字残
心 经	唐	郑万钧书，明孙仁跋	草	六	旧传王右军书，王弇州定为郑书，三石残缺
不空和尚译经碑	唐		正	一	字残
慧日寺石壁真言残石		赵从师书	正	一	残
佛经残石			正	一	缺角

第四室

碑名	时代	撰文及书绘人	字体	石数	备考
篆书目录偏旁字源并序	宋咸平	僧梦英书	篆	一	残缺
京兆府小学规	宋至和	裴衿书	正	一	附刻篆书目录碑阴

①《梁师亮墓志》刻于武周万岁通天二年（697）。

续表

碑名	时代	撰文及书绘人	字体	石数	备考
篆书千字文序	宋乾德	皇甫俨书	正	一	首有造像
篆书千字文	宋乾德	僧梦英篆，袁正已注	篆、正	一	附刻篆书千字文序碑阴[①]，侧有花纹
断千字文[②]			草	六	残缺，相传为张旭书
千字文	唐贞元	僧怀素书	草	二	明成化年重刻
灞桥落成诗	明成化	吕昌、余子俊等题	正	一	附刻千字文碑阴
前出塞九首	明	宋克书	行	一	附刻千字文石下
千字文	明嘉靖	许宗鲁书	草	一	
十八体篆书	宋乾德	僧梦英书	篆	一	断
夫子庙堂记	宋乾德[③]	程颢撰文，僧梦英书	正	一	附刻十八体篆书碑阴
千字文并跋	明万历	朱敬鑑书	草	一	中断缺
草书千字文附跋文	明嘉靖[④]	王端跋文，李景春书	行	一	
千字文	清康熙	康熙书，何蝦摹	正	四	
僧怀素法帖	唐贞元	僧怀素书	草	一	即藏真律公帖，下附李白赠怀素草书歌，游师雄题[⑤]
东陵圣母帖	唐贞元	僧怀素书	草	一	宋元祐年重刻
彦修草书并识	宋嘉祐	李丕绪题，僧彦修书	草	一	
肚痛帖	唐	张旭书	草	一	附刻彦修草书碑阴，宋嘉祐年李丕绪上石

①《篆书千字文》署年款北宋乾德三年（965），《篆书千字文序》署年款北宋乾德五年（967），刻于一石之两面。或乾德五年二者同时刊刻，或后者刻于前者碑阴，而不会前者刻于后者碑阴。

②即张旭《草书千字文》断石，书法刻帖，应刻于北宋元丰年间。

③梦英《重书夫子庙堂记》刻于天平兴国七年（壬午，982），非乾德间。

④此《李景春书千字文》刻于清乾隆间，而非明嘉靖间。

⑤此怀素《藏真律公二帖》系北宋元祐八年（1093）游师雄摹刻上石。

续表

碑名	时代	撰文及书绘人	字体	石数	备考
淳化阁帖	宋淳化	集历代各家书	各体	一四五	明肃王刻，柴以观等二十二人跋，清顺治年费甲铸摹，断七
集褉帖	清嘉庆	马慧裕集，叶文麟跋	行	三七	
赵文敏公八札真迹	宋	赵子昂书	行	九	清光绪年郭建本摹
心画初机	清乾隆	杨振麟识，刘墉书	各体	六	
墨绣堂三字[1]	清康熙	孟缵祖书	行	一	
天马赋	清康熙	孟缵祖书	行	四	一断
临东坡书	清嘉庆	盛惇崇书	行	一	
苏氏笔法论	清乾隆	铁保书	行	一	断
碑洞帖	明崇祯	高镐书	行	一	
百寿图并识	清嘉庆	李元风书	篆	一	
御书法帖	清康熙	康熙书，何暇摹	行	六	二断
正注草诀歌	明万历	朱敬鏊书	草	一	
草诀百韵歌	清康熙	达礼善书	草	三四	一断
贻古堂法帖	清道光	严良训书	行	二七	
兰亭序并识	清乾隆[2]	陈珠树临	行	二	
神龙兰亭序	清道光	杨良元识，董文明书	行	二	
兰亭序	清	王宠三临	行	一	
小楷兰亭序	清同治	郭建本临	行	一	

①碑林现藏《墨绣堂法帖》，共5石，应包括此条（法帖名）及下条《天马赋》。《天马赋》是米芾著名的行书法帖，书于宋元丰三年（1080），后世赵孟頫、董其昌等许多书家，都有临摹。碑林中此帖亦名之“天马赋”，毕沅《关中金石记》卷六有著录，称其“在西安府学”，跋曰：“此是明人以墨本钩摹者，后有魏应龙、黄公望诸人跋。”

②陈珠树所临兰亭序，是清嘉庆二十五年（1820）所刻。

续表

碑名	时代	撰文及书绘人	字体	石数	备考
定武兰亭序	清乾隆	徐作梅临	行	二	
鱼龙变化四字	明正德	永寿王书	行	一	
读书乐三字	清康熙	果亲王书	行	一	
鹭涛凤彩四字	清康熙	陈颙书	行	一	
吕松年对联	清同治	吕松年书	隶	一	文刻两面，中断
左宗棠对联	清同治	左宗棠书	篆	一	
张曜对联	清同治	张曜书	行	一	附刻左宗棠对联碑阴
云轩二字	明	永兴王书	正	一	
山水竹之间五字	清同治	周保清书	行	一	
清风来故人五字	清乾隆①	铁保书	行	一	
春雨草堂四字	清嘉庆	盛惇崇书	正	一	
正气歌	民国	于右任书	草	六	
于右任书翰	民国	于右任书	草	一	

第四室前东游廊

碑名	时代	撰文及书绘人	字体	石数	备考
米芾书屏	宋	米芾书	行	四	清郑庆崧摹上石
攀龙附凤四字	唐	虞世南书	正	一	明嘉靖年摹刻，断
楚珍老人书屏	清嘉庆②	尹壮图书	行	四	

①铁保书“清风来故人”五字刻于清嘉庆二十一年（1816），而非乾隆间。

②《楚珍老人书屏》刻于清道光九年（1829），而非嘉庆间。

第四室前西游廊

碑名	时代	撰文及书绘人	字体	石数	备考
椒山先生名言	明嘉靖	唐李杜识，兰玉堂书	隶	一	
寿萱二字	明正德	庄僖王书，永寿王刊	正	一	残缺
牧爱堂并识	宋绍兴[1]	朱晦翁书	正	一	明余子俊摹刻
盛惇崇书屏	清嘉庆	盛惇崇书	行	四	
周锴书屏	清道光[2]	周锴书	隶	四	一断
陶廷杰书屏	清道光	陶廷杰书	行	二	一断
严公神道碑	民国	张森锴撰，康有为书	行	一	

第四室外西侧

碑名	时代	撰文及书绘人	字体	石数	备考
英烈纪念碑	民国	于右任撰并书	草	一	同时刻有二石,一存革命公园

第五室

碑名	时代	撰文及书绘人	字体	石数	备考
鲁司寇孔子像并题	唐	吴道子绘，明孙应鳌题	正	一	宋代摹刻[1]
魁星文昌帝君像并赞	明天启	李光辉绘，萧文中立	正	一	
凖题菩萨像并真言	明	林应先摹，侯于秀书	正	一	断
纯阳祖师宝诰并像	明万历	林应先摹，侯于秀书	行	一	断
混元六大传教主像	明嘉靖		正	一	

①《“牧爱堂”三字碑》系明天顺四年（1460）余子俊摹刻上石，右上角题“晦翁书”，即宋代理学家朱熹所书。

②《周锴书屏》刻于清咸丰七年（1857），而非道光间。

③《鲁司寇孔子像》刻于明嘉靖四十二年（1563）。

续表

碑名	时代	撰文及书绘人	字体	石数	备考
提鱼观音像	明景泰	傅兴绘，僧正觉立	正	一	
无量祖师像	明嘉靖			一	
白衣大悲五印心陀罗尼经	明崇祯①	路从广绘，王拱宸书	正	一	
白衣大悲五印心陀罗尼经	明天启	李光辉摹并书	正	一	
达摩西来图	明崇祯	僧风颠绘并题	正	一	
达摩乘苇东渡小影	明崇祯②	僧风颠绘		一	附刻达摩西来图碑阴
般若波罗蜜多心经并像、白衣大悲五印心陀罗尼经并像	明③	朱宜润摹勒	正	一	
诵经仪轨并像	清康熙④	余天茂勒石，晋文煜摹像	正	一	附刻般若波罗蜜多心经碑阴
青莲入朝图	清乾隆	李逢春绘		一	
观音莲台图并识⑤			正	一	信女胡敖氏命子元璟元焕刻
观尹大士送子张仙像	清⑥	胡达、邓霖绘，张汧题	篆	一	

①此路从广绘、王拱宸书《白衣大悲五印心陀罗尼经并像》刻于清顺治十三年（1656）。

②此《达摩西来图》和碑阴《达摩乘苇东渡小影》，与后面的《达摩祖师趺坐蒲团图》《达摩乘苇东渡图》一样，刊刻时间应是康熙二十八年（1689），而不是明代。绘图者风颠和尚，甘肃永登人，是康熙间著名游僧，善画达摩像。

③此碑刻于明万历二十六年（1598），摹勒者是朱谊润。

④此碑刻于清顺治年间，并非刻于他碑碑阴。

⑤此碑刻于清道光十七年（1837）。

⑥此碑刻于清康熙年间，绘者之一胡达应为吴达。

续表

碑名	时代	撰文及书绘人	字体	石数	备考
关中棘院诗	清康熙	徐元文书	行	一	附刻观音大士像碑阴，末附周王褒游碑林诗
福禄寿三老图	清康熙	赵希献绘		一	
兰亭序并跋	清康熙	殷化行书，赵希献跋	正	一	附刻三老图碑阴
赵文若临池图	清道光	武林一绘，路德识	正	一	断，缺角
义勇武安王神像记	明正德	罗崇奎绘	正	一	即关圣帝君像，残
王羲之观鹅图		孙知微绘		一	断
三元图并记	清乾隆	李逢春绘并题	正	一	残
春在先生杖履中①	清光绪	任廷贵绘		一	
喜折月中桂图	清乾隆	李逢春绘		一	
周雯画兰并序	清	周雯绘并题		一	
小三友图并记	清乾隆	李逢春绘并题	正	一	
松韶雅韵图并识	明嘉靖	孙应鳌题书	正	一	
九九消寒图并跋	明弘治	青阳子跋	正	一	青阳子明秦藩宗室，断缺
柳东月桂赋并图	明弘治	强晟识	行	一	柳东者严永濬别号
寇莱公像及赞并记	宋淳化②	向敏中题，刘玑跋	正	一	明重刻
格言	清		正	一	附刻寇莱公像碑阴
摩利支天经、黄帝阴符经并像	宋乾德	李奉珪、翟守素绘，袁正己书	隶	一	

①即清光绪十八年（1892）所刻《春兰图》。

②即明正德十二年（1517）所刻《寇准像并赞》。

续表

碑名	时代	撰文及书绘人	字体	石数	备考
太上老君常清净经并像	宋太平兴国	白廷瓌绘，庞仁显书	正	一	附刻摩利支天经碑阴
大开元寺兴致	元延祐	僧义深、圆觉重上石	正	一	上有唐玄宗问道胜光法师图，窦恭绘，僧澄润书
华藏庄严世界海图	元皇庆	僧梦安、圆觉上石	正	一	附刻大开元寺兴致碑阴①
达摩祖师趺坐蒲团图	明崇祯②	僧风颠绘并题	行	一	
余说格言③	明	余说书	行	一	附刻达摩祖师趺坐蒲团图碑阴
达摩乘苇东渡图	明崇祯	僧风颠绘并题	正	一	断缺
余说格言	明	余说书	行	一	附刻达摩祖师乘苇东渡图碑阴
独占鳌头	清同治	马德昭书		一	以正心修身克己复礼八字合成
关圣帝君诗竹图并注	清康熙	韩宰摹题	隶	一	
格言	清康熙	刘浣初跋，韩宰题	行	一	附刻关帝诗竹图碑阴
太华山全图	清康熙	贾铉绘并识	正	一	断
太白山全图并识	清康熙	贾铉绘并识	正	一	
绘图原委记	清康熙	李二曲跋，杨芝生识，贾铉书	行	一	附刻太白山全图碑阴

①《大开元寺兴致》刻于元延祐六年（1319），《华藏庄严世界海图》刻于元皇庆二年（1313），前者稍晚于后者，应是前者刻于后者碑阴。

②此《达摩祖师趺坐蒲团图》（亦名《达摩面壁图》）和下面《达摩乘苇东渡图》，署“己巳仲冬风颠写”，其刊刻时间是康熙二十八年（己巳，1689）。绘图者风颠和尚是康熙间游僧，表中将二碑定为明碑，误。

③二碑碑阴之《余说格言》，或与碑阳达摩像同时刊刻，或较其晚，而不应是明代所刻。余说其人不见于史籍，但知有康熙二十六年余说所著《岷州卫志》，则此余说很可能也是康熙间人。

续表

碑名	时代	撰文及书绘人	字体	石数	备考
张焕斗兰草并诗	清乾隆	张焕斗绘，吴泰来题	正	一	石刻两面，阴附扇面
童子拜观音图并咒	清康熙	达礼善绘并书	正	一	
董仲舒像并赞	清康熙	赵曙绘，赵希献书	隶	一	吴攀桂赞
紫竹观音像并赞	清康熙	王自英绘并识书	正	一	
关圣帝武装长征图	清康熙	李进泰摹	正	一	
关圣真君像赞	清顺治	秦骏生 题	正	一	
关夫子像赞	清康熙	达礼善题并书	正	一	
赐佛伦诗画扇碑	清康熙	康熙御笔，张国忠画	正	一	
写意菩萨像	清康熙	吴道子绘，左重耀篆	篆	一	清张世锡摹刻左佩玹稿
松鹤图	清康熙	朱集义绘		一	
关中八景诗图	清康熙	朱集义绘并书	正	一	附刻松鹤图碑阴
孔子圣像	清雍正	果亲王		一	
禹迹图	齐阜昌			一	
华夷图	齐阜昌			一	附刻禹迹图碑阴
御笔竹子				一	
文庙释奠记	元至元	孟文昌撰、骆天骧书	隶	一	附刻御笔竹子碑阴，府学公据，重修文庙诸碑记①
竹兰图	明正德	永寿王绘		一	石刻两面，断
汪之元竹子并赞	清	汪之元绘并题	行	一	

①此处有误，元至元十四年（1277）《府学公据》和《重修文庙诸碑记》，刻于蒙古国己酉岁（1249）《刘处士墓碣铭》之碑阴，而非《文庙释典记》碑阴。

续表

碑名	时代	撰文及书绘人	字体	石数	备考
王维竹子	唐①	宋郭浩摹，王箴书	正	二	宋游师雄题，一石断，一石缺角
太白山图并记	清雍正	赵乙美记	正	一	
香节图并序	清康熙	贾铉识	行	一	
虚中君子竹附记	清康熙	贾铉识	行	一	断
田僧敬造像	北魏			一	字迹模糊，田字仍待考
造像残石	北魏			一	残缺
陀罗尼经并序幢	唐			二	残缺
梵汉合文经幢	唐			二	残缺
陀罗尼经并序幢	唐			一	残缺
陀罗尊胜经幢	唐			一	残缺
尊胜陀罗尼经并序幢	唐			一	残缺
般若多心经序	宋大中祥符	僧省言书	正	一	残缺
金刚经启请般若波罗蜜经	明万历	朱敬鑨书	正行	一	
般若波罗蜜多心经	明万历	朱敬鑨书	行	一	
金刚般若波罗蜜经	明万历	朱敬鑨书	行	四	
般若多心经	清	徐元书	行	一	
般若波罗蜜多心经	清道光	德涵书②	正	一	

①刻于北宋元祐六年（1091）。

②应为吾德涵书。

续表

碑名	时代	撰文及书绘人	字体	石数	备考
般若波罗蜜多心经	清嘉庆	季智安书	正	一	
般若波罗蜜多心经	清	郭嵩书	行	一	
紫阳真人圣母四百字	明万历	朱敬鑴书	行	一	
孚佑帝君纯阳吕祖垂训	清嘉庆	张述燕书	正	一	
关圣帝君觉世真经	清嘉庆	李绍膺书	正	一	
关圣帝君觉世真经	清嘉庆	史致俨书	正	一	断
关圣帝君觉世真经	清咸丰	仇和立	正	一	
关圣帝君训世真经	清嘉庆	张述燕书	正		
太上感应篇	清乾隆	蒋勋书	正	七	
太上感应篇	清嘉庆	张述燕书	正	一	
太上垂训经文	清康熙	王道震书	草	一	
劝农歌	清雍正	孙能宽识	正	一	附刻太上垂训经文碑阴
文昌帝君阴骘文	清乾隆	蒋勋书	正	三	一断
文昌帝君阴骘文	清	宋大勋书	行	一	断
文昌帝君阴骘文太上感应真经	清乾隆①	徐朱熼书	正	一	
文昌帝君阴骘文	清康熙	刘绍宗书	行	一	
文昌帝君阴骘文	清嘉庆	陈启圭书	隶	一	断
文昌帝君阴骘文	清道光	张玉德书	正	四	

①刻于清康熙五十九年（1720）。

续表

碑名	时代	撰文及书绘人	字体	石数	备考
文昌帝君阴骘文	清乾隆	李锦立	正	一	
文昌帝君觉世文	清嘉庆	张述燕书	正	一	
文昌帝君阴骘文	清咸丰	仇和立	正	一	
文昌帝君劝孝文	清乾隆	蒋勋书	正	三	断

第五室前东游廊

碑名	时代	撰文及书绘人	字体	石数	备考
盛惇崇对联	清嘉庆	盛惇崇书	行	二	廊墙坍塌，各石暂移檐下
左宗棠对联	清同治	左宗棠书	篆	一	断缺
任廷贵对联	清光绪	任廷贵书	正	二	
陶廷杰对联	清道光	陶廷杰书	正	一	
乡贡进士四字	明正德	庄僖王书，永寿王刻	正	一	断
淡然二字	明正德	平轩书	正	一	
芥藏子	清	芥藏子	正	一	
弘文宣化四字	清雍正	果亲王书	正	一	
积善二字	明正德	永寿王书	正	一	
盛惇崇对联	清嘉庆	盛惇崇书	正	二	一石毁

第五室前西游廊

碑名	时代	撰文及书绘人	字体	石数	备考
朱昌颐对联	清咸丰	朱昌颐书	正	一	
曲石寄庐四字	民国	黄克强书	正	一	
山一二字并识	清嘉庆	盛惇崇跋，松筠书	行	一	
周保清对联	清同治	周保清书	行	一	

续表

碑名	时代	撰文及书绘人	字体	石数	备考
陆陇其对联	清道光	陆陇其书，王鸿志摹	行	一	
六艺折中四字	清嘉庆		行	一	
纂修删定四字	清嘉庆		行	一	
对联残石	清	郭司经书	行	一	残缺

第六室

碑名	时代	撰文及书绘人	字体	石数	备考
游天冠山诗[1]	元至元	赵子昂书，清邓霖跋	行	一	
五岳真形图	清康熙	邓霖题	正	一	附刻游天冠山诗碑阴
正己格物说	明万历	钟化民书	正	一	
圣谕图解	明万历	钟化民绘并书	正	一	附刻正己格物说碑阴
赐佛伦诗	清康熙	康熙	正	一	
即景诗	清雍正	果亲王书	行	一	
驰山温泉诗	清雍正	果亲王书	行	一	
王阮亭游城南诗	清康熙	王士祯题，陆弘承书	正	一	字剥
赐吴赫书	清康熙	康熙	行	一	
赐岳钟琪书	清雍正	雍正	行	一	
赐吴赫书	清康熙	康熙	草	一	
秣陵旅舍送会稽章生诗	明万历[2]	董其昌书，达礼善跋	行	一	清康熙时达礼善摹

①碑林所藏赵孟頫《游天冠山诗》，系清康熙二十一年（1683）邓霖摹刻上石，其所据之墨迹本，应为明人伪作。参见笔者《西安碑林本清刻赵孟頫〈天冠山诗〉辩伪》一文，刊于《碑林》集刊第14辑，三秦出版社，2008年。

②刻于清康熙四十年（1701）。

续表

碑名	时代	撰文及书绘人	字体	石数	备考
赐杨嗣昌行军诗	明崇祯	崇祯	草	一	
唐绍尧奏书	明崇祯	唐绍尧书	正	一	附刻杨嗣昌行军诗碑阴
修栈道记诗	清康熙	党崇雅书	草	一	
正草栈道歌	清康熙	梁清宽、王豫嘉书	正、草	一	剥
道通武陵碑	清康熙	郭之彦书	行	一	
赐徐子茂诗	清雍正	果亲王书	草	一	附刻正草栈道歌碑阴
望太白积雪诗	清雍正	果亲王书	行	一	
鄂方伯公子高捷序	清康熙	贝和诺撰，席尔达书	行	一	中附德政序，樊咸修撰，佟世禄书
瑚三希先生祝文	清道光	灵顺序，洪不器书	正	一	
颂学翁小诗	清康熙	蔡升元书	行	一	
三星图	清乾隆	李逢春绘并题书	正	一	附刻颂学翁小诗碑阴
程子颜子所好何学论	清雍正	果亲王书	正	一	
集古梅花诗	清康熙	罗景集诗并书	行	二	
韩昌黎佛骨表	清康熙	罗景集王右军字	行	二	附刻集古梅花诗碑阴，中有宴桃李园序，兰亭序，贺知章八仙歌
梅雪轩书晦翁不自弃文附注	明万历	朱进父书	草	二	
忠烈歌	明崇祯	武柏题并书	行	一	附刻梅雪轩不自弃文石尾
定襄伯郭公纪行诗	明成化	余子俊跋	行	一	
华山诗	明嘉靖	孙应鳌书	行	二	一石断角，字残
奉安考亭先生于洞霄宫文	明嘉靖	陈儒撰	行	一	断
东坡词	明正德	平轩书	行	一	
刘云祭至圣文宣王文	明弘治		正	一	
祛倦魔文	明万历	申时行撰，李应春写	行	一	

续表

碑名	时代	撰文及书绘人	字体	石数	备考
李氏哭夫词有序	明[1]	牛麟识	正	一	
劝学词并跋	明[2]	陆德元撰并书	正	一	末附康乃心菊帖跋
闲居乐歌	明万历	周之典撰，何承勋书	行	一	剥
关士同年会即席赋赠	明万历	徐用检书	行	一	
帅正堂漫成十首并序	元至正	脱脱木儿撰并书	行	一	剥
粤惟泮宫	元至正	马懿书	正	一	剥
莲峰真逸绝句并跋	金大定	申天禄跋	正	一	微缺
洛神赋	清同治	郭建本书	正	一	
游华山诗	清道光	林则徐书	行	一	
和林少穆游华山诗	清道光	李文瀚书	行	一	
谕陕官师诸生檄	明嘉靖	宗孝忱识，孙应鳌书	正	一〇	二石断
菊帖	明[3]	陆德元撰并书	行	二	黄庭和韵，附王弘撰跋，剥
过杜工部祠有感	明成化	余子俊书	正	一	中断缺
暮春游牛头寺诗	清康熙	达礼善书	行	四	
圣驾西巡赋	清康熙	卢化书	正	一	
秦中杂咏	清乾隆	帅念祖书	正	一	
班固西都赋	清乾隆	杨建章书	行	三	一断
咏贾公开修栈道	清康熙	许肇业书	行	一	
周濂溪先生近思录摘要	清康熙	徐俊民书	正	一	
培风堂诗	清康熙	阿金稿，郑朝鉴书	行	二	吕兆麟识

①刻于明崇祯十五年（1642）。

②刻于清康熙三十八年（1699）。

③刻于清康熙三十八年（1699）。

续表

碑名	时代	撰文及书绘人	字体	石数	备考
临颜鲁公与郭仆射书并识	清乾隆		行	四	尾缺
汉黄征君祠记	清嘉庆	马慧裕书	行	八	
刘厨子辩	清嘉庆	马慧裕书	行	三	一石缺角
马慧裕记黄刘跋	清嘉庆	叶文麟书	行	一	
望华岳	清	陈德正	正	一	
秋兴八首	清嘉庆[1]	李枝崇书	行	三	
延古堂咏物诗	清雍正	陈恭书	行	四	
古柏行	明[2]	龙岩书	草	一	石刻两面，缺
唐文襄公诗并跋	明正德[3]	晋文煜识，侯于秀书	行	一	中断缺，附李凤羽书六字真言
独立朝冈图	清乾隆	李逢春绘并跋	正	一	附刻唐文襄公诗碑阴
乐志论	清嘉庆	赵宜暄临赵子昂书	行	五	
古文渊鉴序	清康熙	康熙书	草	三	
文赋	清道光	邓廷桢书	正	二二	一石断
赋陈门双节附录跋	清康熙	邓可权赋，陈之驹识	正	一	
癸夏署中遣怀	清乾隆	帅念祖书	行	一	
抵西安有作	清康熙	蔡升元书	行	一	
喜雨诗并记	清乾隆	乾隆书	行	一	
亦壁赋	清乾隆	鄂弥达书	草	二	
唐句	清康熙	康熙书	行	一	

①刻于清咸丰五年（1855），有李光贤跋。

②碑林现藏《古柏行》系金碑而非明碑。书者龙岩即金代书家任询，元好问《中州集》有载，其字君谟，号南麓，又号龙岩，易州（今河北易县）人。书作本身写于金正隆五年（1160），而此碑刻工南圭亦为金人，则其刊刻也应在金代。

③刻于明万历二十七年（1599）。

续表

碑名	时代	撰文及书绘人	字体	石数	备考
杂咏四首	清康熙	郎廷槐书	行	一	
长安道上杂咏	清康熙	许孙蔺书	行	一	
太白山纪行诗	清嘉庆	胡枝蕙记并书	行	一二	
王母丁贞女传	清嘉庆	盛惇崇书	正	一	石刻两面
御书耕织图序并诗	清康熙	康熙书，何崐摹	草	六	
御书高松赋	清康熙	康熙临董其昌书	行	四	一石断
重摹九成宫	清乾隆	朱鼎书	正	三	一石缺角
张伟庵处士家传	清嘉庆	郭尚先撰并书	正	二	一断
卢询书翰	清康熙[1]	慎余摹	正	一	慎余，鄂弥达号也
书富平贞妇温王氏事	清道光	唐仲冕书	正	一	
为善最乐四字	清乾隆	朱鼎书	正	一	
大司马削平栈道歌	清康熙	赵三麒撰		一	附刻为善最乐碑阴
费正甲对联	清	费正甲书	行	一	
华山记	清乾隆	易大鹤撰，郑炳书	正	一	附刻费正甲对联碑阴[2]
折桂二字	明万历	左思明书	正	一	残缺
进士二字	明万历	左思明书	正	一	附刻折桂碑阴
大唐三藏圣教序	明崇祯	费甲铸摹	行	二五	一石断
费纹瑜摹圣教序跋	明崇祯	费纹瑜摹，王允濂书	行	二	王育德识，纹瑜即甲铸字也
集圣教序字诗	清道光	马朗山集，赵玉藻书	行	三	一石断，富明阿识
宏不器先生家传文	清道光	金英撰，萃轩强谦书	正	一	

①除此《卢询书翰》外，碑林中还有鄂弥达《赤壁赋》《喜雨亭记》两件书作刻石，均刻于乾隆五年（1740），此时鄂弥达正在川陕总督任上（乾隆四至五年），所以《卢询书翰》亦应同时所刻，不会早到康熙间。

②《华山记》刻于清乾隆二十四年（1759），《费正甲对联》刻在《华山记》碑阴。

第七室

碑名	时代	撰文及书绘人	字体	石数	备考
劝慎刑文并记	宋天圣	晁迥述	正	一	断，侧有花纹
慎刑箴	宋天圣	晁迥述，卢经书	正	一	附刻劝慎刑文碑阴
宁静致远四字	清康熙	康熙书	正	一	
中和二字	明嘉靖	陶珪书	正	一	
福寿二字	明嘉靖	陶珪书	正	一	附刻中和二字碑阴
愧无忠孝报朝廷七字	清康熙	鄂海书	正	一	
水镜堂字	清康熙	康熙书	正	一	
训饬士子文	清康熙	康熙书	正	一	
梅花堂三字并序	明成化	余子俊识	正	一	
源头活水岁寒六字	明成化	左思明、钱浩书	行	一	附刻梅花堂碑阴
寿字	清同治	马德昭书	草	一	
马德昭对联，吉祥如意	清同治	马德昭书	草	一	附刻寿字碑阴，并附不可说三字
寿字并跋	清同治	马德昭书	草	一	
福寿二字	明	郭修文书	草	一	石刻两面
浣溪沙渡泾并注	明嘉靖	赵廷瑞撰	篆	一	
寿字	唐	吕道人书	草	一	清萨迎阿藏，叶志诜摹，断
沁园春渡渭并注	明嘉靖	赵廷瑞撰	篆	一	
天地正气四字	清同治	左宗棠书，贺瑞麟跋	正	一	
观昭陵六骏赞	明嘉靖	孙应鳌书	行	一	残，内附各杂咏
一笔虎并识	清咸丰	呵呵子书，萨迎阿摹	草	一	呵呵子者，灵一禅师也
一笔虎字	清同治	马德昭书	草	一	
对联	清同治	马德昭书	草	一	附刻一笔虎碑阴
重修龙洞渠并跋	清嘉庆	唐仲冕书	正	一	

①刻于清道光二年（1822）。

碑名	时代	撰文及书绘人	字体	石数	备考
重浚吴淞江碑	清嘉庆[1]	唐仲冕书	正	一	
华岳题名记	清康熙	达礼善记，陈奕禧书	行	一	
东园记	清	祖允焜书	行	一	
顾荃士墓志铭	清咸丰	张祥河撰，何绍基书	行	三[2]	
重建仙游潭苏公祠记	清乾隆	徐作梅记并书	行	二	
崇圣祠记	清乾隆	杨毓芳撰	正	一	附刻名臣祠，修长安学记，长安义学田记
苏东坡喜雨亭记	清乾隆	鄂弥达书，帅念祖跋	草	二	
重修泉神庙记	清嘉庆	那彦成记并书	行	一	
大唐莒国公唐公碑	清道光	唐仲冕书	正	四	
开元寺八景图记	清乾隆	吴泰来撰，朱爀书	正	二	
重修陕西贡院记	清同治	邵亨豫撰，李慎书	隶	一	断缺
谦卦碑	清道光	江士松书	隶	一	
重修兰州城记碑	清嘉庆	那彦成记并书	正	一	
官箴	清道光	张聪贤铭，颜希深跋	正	一	
格言四则	清康熙	贾汉复识，沈绎堂书	正	一	
箴言二则	清雍正	孙能宽识	正	一	缺一角
唐少林寺戒坛铭	唐开元	僧义净撰，李邕书	行	一	清道光郭建本临
行道铭	清嘉庆	赵宜暄书	行	一	
古今训	明	庞壁书	行	二	
宋张载西铭并长安杂咏	清康熙	徐俊民录并书	正	一	

①刻于清道光二年（1822）。

②即《顾夔墓志》，以册页形式刻成的书法刻帖，共三石六面。

续表

碑名	时代	撰文及书绘人	字体	石数	备考
张横渠东铭	清嘉庆	吴荣光书	正	一	
张子西铭	明万历	尹伸书	正	一	断
孝女淑贞圹记	民国	宋伯鲁撰并书	正	一	
平凉府记免粮始末	清乾隆	秦震均书	正	一一	
居天下之广居一节	清①	方元焕书	草	一	石刻两面
朱子家训并序	清雍正	孙能宽书	行	一	
泽被邻封	清康熙	刘大成撰，朱廷琳书	正	一	附刻朱子家训碑阴，即冯景夏德政碑②
程朱吕胡遗训	清	方元焕书	草	一	石刻两面
九成宫醴泉铭并序	唐	欧阳询书，清王端摹	正	四	石刻两面，二石断
千字箴	明天启③	王铎撰并书	草	二	
渊静先生传	明成化	静庵书	草	一	附刻千字箴碑阴。静庵，余洵号
司马温公、刘清献公格言	明正德	平轩书	正	一	断
韩昌黎五箴并序	宋嘉祐④	李寂书	篆	一	
大明赡学田颂	明洪武	王廉撰并书	隶	一	
瑞莲诗图	明弘治	永寿王书，周凤仪摹	正	一	附刻大明赡学田颂碑阴，下有康乃心青门帖
重修文宣王庙碑	宋建隆	刘从乂撰，马昭吉书	行	一	断缺
永兴军新修文宣王庙大门记	宋大中祥符	孙仅撰文，冉宗闵书	正	一	断缺

①书者方元焕是明代书法家，善行草，活动于嘉靖、万历间，此《居天下之广居一节》（录《孟子》语）和下面他所书的《程朱吕胡遗训》，其刻立年代以明代为宜。

②《冯景夏德政碑》刻于清康熙五十八年（1719），《朱子家训》刻于清雍正六年（1728），只能是后者刻于前者碑阴。

③刻于清康熙五十七年（1718）。

④刻于北宋宣和六年（1124）。

续表

碑名	时代	撰文及书绘人	字体	石数	备考
题名录	宋大中祥符	崔晃等题	正	一	附刻新修文宣王庙大门记碑阴
玄圣文宣王赞并序	宋大中祥符	御书[①]	正	一	断
京兆府学佃地记[②]	宋大中祥符		正	一	附刻玄圣文宣王赞碑阴
重修开元寺行廊功德碑	宋建隆	刘从乂撰，袁正己书	正	一	断
石豀和尚道行碑	元至正	罗台书[③]	正	一	附刻重修开元寺功德碑阴
重修府学教养碑	金正大	刘渭记，杨焕书	正	一	侧有花纹
雁塔先征	金	娄仪之书	正	一	附刻重修府学教养碑碑阴
永兴军中书札子	宋景祐	陈谕立	正	一	
京兆府重修府学记	金正隆	李栗记，潘师雄书	正	一	附刻永兴军中书札子碑阴
大宋新译三藏圣教序	宋端拱	僧云胜书	隶	一	断缺，侧有张天祥题字
大元重修宣圣庙记	元至正	董立撰，张冲书	隶	一	
题名录	元	王敏等题	隶	一	附刻大元重修宣圣庙记碑阴，中有东坡梅花一条
宋游师雄墓志铭	宋绍圣	张舜民撰，邵䶵书	正	一	剥
善感院新井记	宋熙宁	侯可撰，僧慧观书	正	一	残
龙阳观玉真清妙真人本行记	元中统	李晋撰，李晖书	正	一	残
创建白水外城记	明嘉靖	韩邦奇撰，武卿书	正	一	

①此《玄圣文宣王赞并序》碑，为宋真宗赵恒大中祥符元年（1008）十一月至曲阜谒奠孔子后御制，除立于曲阜者外，各州府亦有翻刻者。

②刻于《玄圣文宣王赞并序》碑阴的是金明昌五年（1194）《京兆府提学所帖》，又名《赡学舍地清册》，是金代京兆府学赡学房舍土地清册。表中列为宋刻，有误。

③应为朵罗台书。

续表

碑名	时代	撰文及书绘人	字体	石数	备考
菊记	明嘉靖	孙应鳌书	正	一	断
讲院种柏记	明嘉靖	孙应鳌书	正	一	
赡学田记	元至元	贾仁记	正	一	石刻两面，侧题名
孝子李得成记	明永乐	刘三吾撰，周质书	正	一	微残
新开通济渠记	明成化	项忠撰，张鋆书	正	一	石刻两面，阴系李璨书
重刻岣嵝碑	清康熙	毛会建识	篆	二	杨慎全、沈鉴、杨廷相三人注
韩公考正位次记	清康熙	张恂撰文，晋文煜集欧书	正	一	附刻岣嵝碑碑阴
山高水长四字	清康熙	毛子霞书	正	一	附刻岣嵝碑碑阴
峄山刻石并记	宋淳化	徐铉摹，郑文宝记	篆	一	石刻两面，断
敦煌太守裴岑纪功碑	汉	清申兆定摹刻	篆	一	一侧刻石经一节，一侧刻汉兖州刺史
会仙友	汉汉安	清申兆定摹刻	篆	一	附刻裴岑纪功碑碑阴
重修名臣祠碑记	清道光	邓廷桢撰，沈琮书	正	一	
孝子李澄传	清康熙	段复兴撰，李敬修书	正	一	晋文煜题
送子图	清康熙	沈长蒲绘，李敬修书	正	一	
石刻拔萃	清乾隆	柳云培书	正	一	
翰墨奇观四字	清乾隆	柳云培书	正	一	附刻石刻拔萃碑阴
文庙崇祀位次图并记	清雍正	孙能宽书	正	一	
五义学碑	清雍正	周之桂撰，杜松茂集欧书	正	一	附刻石刻拔萃碑阴①
保官题名	明万历	王焕堂书②	正	一	
三友图	清乾隆	李逢春绘并书	正	一	附刻保宫题名碑阴

①《五义学碑》应刻于《文庙崇祀位次图并记》碑阴。

②此碑无碑题，据其内容或曰《保官题名》，或曰《保举题名》。碑刻于清乾隆初年，而非明刻，其书碑者为王櫰堂，而非王焕堂，表中均误。关于此碑刊刻年代的考证，参见笔者《有关清代选官制度的重要资料——读〈保举题名〉碑》，载《碑林》集刊第9辑，陕西人民美术出版社，2003年。

第七室前东游廊

碑名	时代	撰文及书绘人	字体	石数	备考
御注程子四箴	明嘉靖	嘉靖御书	正	四	
御注范氏心箴	明嘉靖	嘉靖御书	正	一	
圣谕张璁等刻五箴	明嘉靖		正	一	

第七室前西游廊

碑名	时代	撰文及书绘人	字体	石数	备考
敬一箴并序	明万历[①]		正	一	
程伊川四箴并识	清咸丰	朱昌颐书	正	二	
御书大宝箴	清康熙	康熙临赵子昂书	行	六	
读书箴并序	清雍正	钱陈群书	正	一	
惜字条规	清	罗绪撰	正	一	
示学并跋	明[②]	陈白沙书，赵怡等题	草	一	
敕谕进士王志	明永乐	永乐	行	一	
皇明圣谕	明崇祯	来复书	行	一	
徐公家训	明万历[③]	董其昌书	行	一	

大门内照壁

碑名	时代	撰文及书绘人	字体	石数	备考
府学公据、重立文庙诸碑记	元至元	孟文昌记，骆天骧书	正	一	微残
刘处士墓碣铭	元至大[④]	杨英撰，张徽书	隶	一	附刻府学公据碑阴，微残

---

①此《敬一箴并序》刻于明嘉靖五年（1526），应与《程子四箴》《范氏心箴》同时。

②此《示学诗并跋》，诗为明人陈献章（白沙先生）所作，有赵怡、戴兰芬、张澍跋，张澍跋署“道光十三年正月”，其刊刻应在此后不久。

③此《徐公家训》董其昌书于明万历四十五年（1617），曾刻石徐氏家庙。百余年后的康熙五十九年（1720），徐氏后人徐朱爆有重修碑林之举，遂重刻于碑林。

④《刘处士墓碣铭》刻于蒙古国己酉岁（1249），《府学公据》和《重修文庙诸碑记》刻于元至元十四年（1277），只能后者刻于前者碑阴。

续表

碑名	时代	撰文及书绘人	字体	石数	备考
重修碑亭碑记	清康熙	李珩书	正	一	
学宪武公去思碑	清康熙	刘荫枢撰，许汉章集王书	行	一	附刻重修碑亭碑阴，郑同祚篆额，微缺
重修西安府学碑林记	清嘉庆	庄炘撰文，盛惇崇书	正	一	庄逵吉篆额
复修碑林记	清道光	陶廷杰等立	正	一	
重修碑院七贤堂记残石		曹谊记，郭孝忠书	正	一	残缺
题名录①	金兴定	张若愚书	正	一	附刻重修七贤堂碑阴
搜遗书有序、碑洞行	清康熙	许孙荃题并书	行	一	剥

前院

碑名	时代	撰文及书绘人	字体	石数	备考
李凤川墓表	明崇祯	孙升撰，李忠善等立	正	一	剥
全碑林鸟瞰图	民国			一	民国二十六年重修碑林绘刻

因为“西安碑林碑石目录（二）”未包括陈列于右任所捐碑石的第八室，所以上面依据该目录所列的“表九”，便不能反映当时碑林藏石的全貌。在此，只能退而求其次，把作为草目的“西安碑林碑石目录（一）”中之“第八室”单独抽出（图 5-40），列为“表十”。只是这份碑目过简，只有“碑名”（多是志主姓名）和“时代”（只注朝代）两项，所以“表十”除按照“表九”的原则，依原有次序照录原目录之外，再增加“书体”和“备注”两栏。笔者将这份简目与近年出版的《鸳鸯七志斋藏石》②，以及碑林现行碑

①刻在金正隆五年（1160）《重修碑院七贤堂记》碑阴的"题名录"，是金《京兆泮宫登科题名记》，刻于承安二年（1197），而非金兴定间。参见笔者《西安碑林藏金代进士题名碑二种述考》，载《科举学论丛》2012 年第一辑，北京线装书局，2012 年。

②赵力光编《鸳鸯七志斋藏石》（陕西省古籍整理办公室《陕西金石文献汇集》之一），三秦出版社，1995 年。

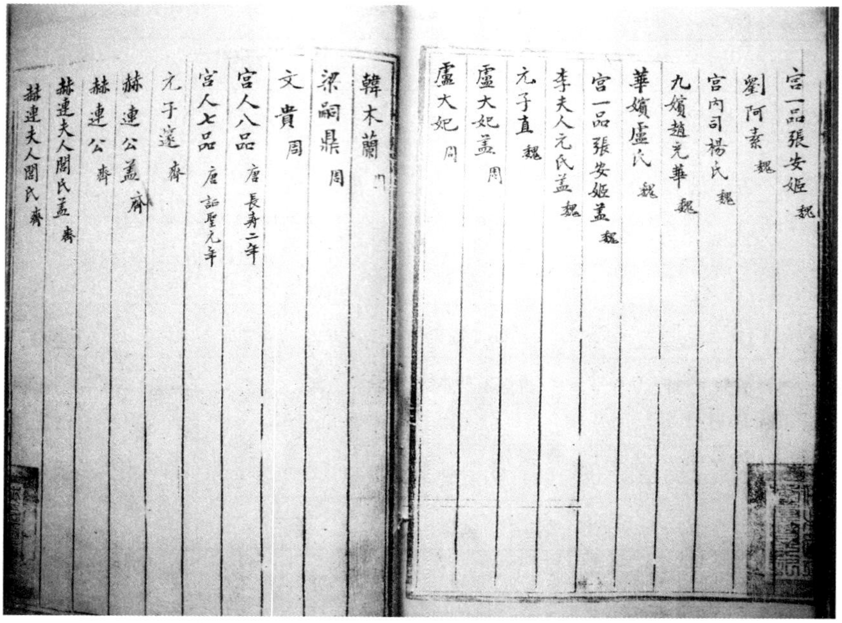
宮一品張安姬 魏
劉阿素 魏
宮內司楊氏 魏
九嬪趙充華 魏
華嬪盧氏 魏
宮一品張安姬蓋 魏
李夫人元氏蓋 魏
元子直 魏
盧大妃蓋 周
盧大妃 周
韓木蘭 隋
梁嗣鼎 周
文貴 周
宮人八品 唐 長壽二年
宮人七品 唐 證聖元年
元子邃 齊
赫連公蓋 齊
赫連公 齊
赫連夫人閻氏蓋 齊
赫連夫人閻氏 齊

图 5-40 《西安碑林碑石目录》（一）第八室部分

目[③]，一一进行比对，除个别志盖和残志外，基本上能够相互对应，遂补注其书体，并在“备注”一栏补充志主葬年，或做必要说明，省却注释之繁。

表十　　　　西安碑林碑石目录（一）

（西安碑林管理委员会民国二十七年十二月编）

第八室（东边第一室）

碑名	时代	书体	备注
石经残石	汉（另放）	隶	即《熹平石经·周易》残石
卓异残石	魏	隶	其年代应在东汉
张永昌神柩	晋	隶	或以为此碑形墓志为伪作

①李域铮、赵敏生、雷冰编著《西安碑林书法艺术》（附有西安碑林藏石细目），陕西人民美术出版社，1983 年；陈忠凯、王其祎、李举纲、岳绍辉编著《西安碑林博物馆藏碑刻总目提要》，线装书局，2006 年。

续表

碑名	时代	书体	备注
夫人赵氏志	晋	隶	西晋泰始元年（268）葬
夫人菅氏志	晋（两面）	隶	西晋永平元年（291）葬
永安侯墓石	晋	隶	或以为此墓室门楣残石为伪作①
元谭	魏	楷	北魏建义元年（528）葬
元秀	魏	楷	北魏正光四年（523）葬
平西元王盖	魏		
元液	魏	楷	北魏永安三年（530）葬
元桢	魏	楷	北魏太和二十年（496）葬
夫人李渠兰	魏	楷	北魏神龟元年（518）葬
元德砖	魏	楷	砖志，北魏永平二年（509）葬
孔润生砖	魏	楷	北魏神龟三年（520）葬
元夫人薛氏	魏	楷	即元诱妻薛伯徽墓志，北魏孝昌元年（525）葬
檀宾	魏	楷	北魏正光五年（525）葬
文献公穆亮	魏	楷	北魏景明三年（502）葬
穆亮妻尉太妃	魏	楷	北魏神龟三年（520）葬
元简	魏	楷	北魏太和二十三年（499）葬
残志昌辉	魏		
谘议元弼	魏	楷	北魏太和二十三年（499）葬
元愔	魏	楷	北魏建义元年（528）葬
夫人王氏	魏	楷	北魏永平二年（509）葬
元遥	魏	楷	北魏熙平二年（517）葬
王祯	魏	楷	北魏延昌四年（515）葬
元保洛	魏	楷	北魏永平四年（511）葬

①关于此二石系伪作，见赵超《汉魏南北朝墓志汇编》所附《伪志（包括疑伪）目录》，天津古籍出版社2008年再版，第57页。

续表

碑名	时代	书体	备注
元泰安	魏	楷	北魏景明元年（500）葬
元鉴	魏	楷	北魏正始四年（507）葬
武昌王妃吐谷氏	魏	楷	即元鉴妃吐谷浑氏墓志，北魏建义元年（528）葬
李蕤	魏	楷	北魏正始二年（506）葬
王妃李氏	魏	楷	即任城王妃李氏墓志，北魏景明二年（501）葬
李挺夫人刘幼妃纪	魏	楷	东魏兴和三年（541）葬
张整	魏	楷	北魏景明四年（503）葬
元嵩	魏	楷	北魏正始四年（507）葬
元遥妻梁氏	魏	楷	北魏神龟二年（519）葬
元礼之	魏	楷	北魏永安元年（528）葬
封昕	魏	楷	北魏永平五年（512）葬
夫人梁氏	魏	楷	墓志残石，仅存6行29字，首行有“夫人梁氏墓志”字样
元广	魏	楷	北魏熙平元年（516）葬
鄯乾	魏	楷	北魏延昌元年（512）葬
夫人光	魏	楷	即元氏夫人赵光墓志，北魏正光元年（520）葬
张夫人侯氏	魏	楷	北魏正始四年（507）葬
元理	魏	楷	北魏延兴四年（474）葬
元宁	魏	楷	北魏正光五年（524）葬
夫人鄯月光砖	魏	楷	砖志，北魏正始二年（505）葬
奚智	魏	楷	北魏正始四年（507）葬
法懃禅师	魏	楷	北齐墓志，北齐太宁二年（562）葬
董伟	魏	楷	北魏孝昌三年（527）葬
赵郡王妃冯氏	魏	楷	北魏熙平元年（516）葬
元孟辉	魏	楷	北魏神龟三年（520）葬
王遗女	魏	楷	即傅姆王遗女墓志，北魏正光二年（521）葬
李挺夫人刘幼妃盖	魏	楷	东魏兴和三年（541）葬

续表

碑名	时代	书体	备注
刘长玉夫人盖	魏		
杨乾盖	魏	篆	北魏孝昌二年（526）葬
杨乾	魏	楷	北魏孝昌二年（526）葬
元斌	魏	楷	北魏正光四年（523）葬
元灵曜	魏	楷	北魏正光四年（523）葬
元引	魏	楷	北魏正光四年（523）葬
司宫高光	魏		
郭显	魏	楷	北魏正光五年（524）葬
叔孙协	魏	楷	北魏正光元年（520）葬
穆纂	魏	楷	北魏正光二年（521）葬
王基	魏	楷	北魏正光四年（523）葬
兖州长史穆亮	魏	楷	原目录误，应是穆彦墓志，北魏永安二年（530）葬
奚真	魏	楷	北魏正光四年（523）葬
贵华夫人王氏	魏	楷	北魏延昌二年（513）葬
唐耀	魏	楷	北魏永安元年（528）葬
傅母杜法真盖	魏	楷	北魏正光五年（524）葬
傅母杜法真	魏	楷	北魏正光五年（524）葬
元继盖	魏	楷	北魏永安二年（529）葬
元继	魏	楷	北魏永安二年（529）葬
元谭妻司马氏	魏	楷	北魏正光四年（523）葬
元宝月	魏	楷	北魏孝昌元年（525）葬
元子永	魏	楷	北魏永安元年（528）葬
元平	魏	楷	北魏正光五年（524）葬
夫人昝双仁	魏	楷	北魏孝昌二年（526）葬
元斑盖	魏	楷	北魏孝昌二年（526）葬
元斑	魏	楷	北魏孝昌二年（526）葬

续表

碑名	时代	书体	备注
元斑妻穆氏盖	魏	楷	北魏神龟二年（519）葬
元斑妻穆氏	魏	楷	北魏神龟二年（519）葬
元焕盖	魏	篆	北魏孝昌元年（525）葬
元焕	魏	楷	北魏孝昌元年（525）葬
元君盖	魏		
元诱	魏	楷	北魏孝昌元年（525）葬
元诱妻冯氏	魏	楷	北魏景明三年（502）葬
光禄大夫于綦盖	魏	楷	北魏孝昌二年（526）葬
光禄大夫于綦	魏	楷	北魏孝昌二年（526）葬
王成	魏	楷	隋开皇四年（584）葬
和邃盖	魏	篆	北魏孝昌三年（527）葬
和邃	魏	楷	北魏孝昌三年（527）葬
山晖	魏（两面）	楷	北魏延昌四年（515）葬
秦洪盖	魏	楷	北魏孝昌二年（526）葬
秦洪	魏	楷	北魏孝昌二年（526）葬
元瑗	魏	楷	北魏建义元年（528）葬
元廞	魏	楷	北魏建义元年（528）葬
无名氏夫人残志	魏	楷	
吐谷玑	魏	楷	应为吐谷浑玑墓志，北魏熙平元年（516）葬
宁朔将军元举	魏	楷	北魏武泰元年（528）葬
宁想	魏	楷	北魏孝昌三年（527）葬
散骑侍郎元举	魏	楷	北魏武泰元年（528）葬
元郎	魏	楷	应为元朗墓志，北魏孝昌二年（526）葬
穆君盖	魏	楷	
元崇业	魏	楷	北魏正光五年（524）葬
鲜于夫人	魏	楷	即鲜于仲儿墓志，北魏孝昌二年（526）葬

续表

碑名	时代	书体	备注
元悛	魏	楷	北魏建义元年（528）葬
元周安	魏	楷	北魏建义元年（528）葬
公孙猗盖	魏	篆	北魏孝昌二年（526）葬
公孙猗	魏	楷	北魏孝昌二年（526）葬
元仙	魏	楷	北魏正光四年（523）葬
元璨	魏	楷	北魏正光五年（524）葬
章武王妃穆氏	魏	楷	北魏永平二年（509）葬
元馗	魏	楷	北魏太昌元年（532）葬
山徽	魏	楷	北魏永安二年（529）葬
元湛	魏	楷	北魏建义元年（528）葬
元瞻	魏	楷	北魏建义元年（528）葬
张宁盖	魏	篆	北魏永熙二年（533）葬
张宁	魏	楷	北魏永熙二年（533）葬
夫人尔朱氏	魏	楷	
元顼	魏	楷	北魏太昌元年（532）葬
元爽	魏	楷	北魏永熙二年（533）葬
苏屯	魏	楷	北魏孝昌三年（527）葬
元夫人李氏	魏	楷	即元子邃妻李艳华墓志，东魏兴和三年（541）葬
李夫人元氏	魏	隶	即李挺命妇元季聪墓志，东魏兴和三年（541）葬
寇霄	魏	楷	北魏永安三年（530）葬
元信	魏	楷	北魏建义元年（528）葬
崔楷	魏	楷	残，字迹不清，葬年不详
夫人和醜仁	魏	楷	北魏太昌元年（532）葬
韩震	魏	楷	志文刻志石正、阴两面，北魏普泰二年（532）葬
寇炽	北周	楷	北周宣政二年（579）葬
赵夫人元氏盖	魏	楷	

续表

碑名	时代	书体	备注
于夫人仙姬盖	魏	楷	北魏孝昌二年（526）葬
安守忠盖	宋	篆	北宋咸平三年（1000）葬
安守忠	宋	楷	北宋咸平三年（1000）葬
王悦	魏	楷	北魏永熙二年（533）葬
马穉盖	隋	篆	隋开皇二十年（600）葬
元晖	魏	楷	北魏神龟三年（520）葬
尔朱袭盖	魏	篆	北魏永安二年（529）葬
尔朱袭	魏	楷	北魏永安二年（529）葬
索崇	唐	楷	唐开元十三年（725）葬
保姆马称心	隋	楷	隋大业十年（614）葬
元天穆	魏	楷	北魏普泰元年（531）葬
范阳王盖	魏	篆	
侯刚	魏	楷	北魏孝昌二年（526）葬
宫人	唐开元廿二年		
李虚中	唐	楷	唐元和八年（813）葬
尔朱绍	魏	楷	北魏永安二年（529）葬
武阳王盖	魏		
苟景盖	魏	楷	北魏永安二年（529）葬
苗蕃	唐	楷	唐元和二年（807）葬
苗夫人张氏	唐	楷	即苗蕃妻张氏墓志，唐会昌元年（841）葬
房逸	唐	楷	武周圣历二年（699）葬
石彦辞盖	梁	篆	后梁开平四年（910）葬
石彦辞	梁	楷	后梁开平四年（910）葬
宫人八品	唐万岁登封年	楷	
宫人七品	唐天册万岁元年	楷	
宫人九品	唐证圣元年	楷	

续表

碑名	时代	书体	备注
宫人七品	唐上元二年	楷	
姚奭	宋	楷	北宋熙宁五年（1072）葬
胡君盖	魏	篆	
祖氏衡盖	宋	篆	北宋熙宁五年（1072）葬
萧翘盖	隋	篆	隋大业十一年（615）葬
残志盖	魏		

第八室（西边第二室）

碑名	时代	书体	备注
李嫔	魏	楷	即北魏世宗（元恪）嫔李氏墓志，北魏孝昌二年（526）葬
王翊	魏	楷	北魏永安二年（529）葬
寇夫人姜氏	魏（两面〉	楷	即寇炽妻姜敬亲墓志，为隋墓志，隋开皇三年（583）葬
寇夫人姜氏盖	魏	楷	同上，其志盖两面刻，文字同
昭玄法师盖	魏	楷	北魏永熙三年（534）葬
昭玄法师	魏	楷	北魏永熙三年（534）葬
荀景	魏	楷	北魏永安二年（529）葬
闾伯昇	魏	楷	东魏兴和二年（540）葬
摩耶	魏	楷	即源磨耶圹记，东魏武定八年（550）葬
丘哲	魏	楷	北魏永安元年（528）葬
征虏将军于纂	魏	楷	北魏孝昌三年（527）葬
元肃	魏	楷	北魏永熙二年（533）葬
乞伏保	魏	楷	北魏永熙二年（533）葬
夫人元洛神	魏	楷	北魏武泰元年（528）葬
夫人元洛神盖	魏	楷	北魏武泰元年（528）葬
公孙略	魏	楷	东魏元象二年（539）葬
公孙略盖	魏	篆	东魏元象二年（539）葬

续表

碑名	时代	书体	备注
元均之	魏	楷	北魏建义元年（528）葬
比丘尼元纯陁	魏	楷	北魏永安二年（529）葬
李挺	魏	楷	东魏兴和三年（541）葬
石刻佛像	魏	楷	即张九娃造像，为线刻佛像，有楷书题记，北魏孝昌三年（527）刻
梁邕	魏	楷	应为隋墓志，隋开皇三年（583）葬
梁坦	魏	楷	应为隋墓志，隋开皇三年（583）葬
于夫人仙姬	魏	楷	北魏孝昌二年（526）葬
新兴王元弼	魏	楷	北魏普泰元年（531）葬
元袭	魏	楷	北魏太昌元年（532）葬
成嫔	魏	楷	北魏延昌四年（515）葬
元彝	魏	楷	北魏建义元年（528）葬
韩使君	魏		
宫人五品	魏	楷	
宫一品张安姬	魏	楷	北魏正光二年（521）葬
刘阿素	魏	楷	北魏正光元年（520）葬
宫内司杨氏	魏	楷	北魏正光二年（521）葬
九嫔赵充华	唐永昌元年	楷	北魏延昌三年（514）葬
华嫔卢氏	魏	楷	即卢令媛墓志，北魏正光三年（522）葬
宫一品张安姬盖	魏	楷	北魏正光二年（521）葬
李夫人元氏盖	魏	楷	东魏兴和三年（541）葬
元子直	魏	楷	北魏正光五年（524）葬
卢大妃盖	周	篆	即卢兰墓志盖，北周大象二年（580）葬
卢大妃	周	楷	即卢兰墓志，北周大象二年（580）葬
韩木兰	周	楷	北周天和三年（568）葬
梁嗣鼎	周	楷	北周大象二年（580）葬
文贵	周		

续表

碑名	时代	书体	备注
宫人八品	唐长寿二年	楷	
宫人七品	唐证圣元年	楷	
元子邃	齐	楷	北齐天保六年（555）葬
赫连公盖	齐	篆	即赫连子悦墓志盖，北齐武平四年（574）葬
赫连公	齐	楷	即赫连子悦墓志，北齐武平四年（574）葬
赫连夫人间氏盖	齐	篆	即赫连子悦妻间炫墓志盖，北齐河清三年（564）葬
赫连夫人间氏	齐	隶	即赫连子悦妻间炫墓志，北齐河清三年（564）葬
李夫人崔氏	齐	隶	即崔宣华墓志，北齐河清三年（562）葬
张槃龙夫人砖	齐	楷	砖志，北齐天保三年（552）葬
时珍	周	楷	北周宣政元年（579）葬
张乔	隋	楷	隋大业六年（610）葬
马少敏	隋	隶	隋仁寿四年（604）葬
张夫人妃	唐（两面）	楷	即马少敏妻张妃墓志，唐贞观八年（634）葬
张夫人苏氏	隋	隶	即张君妻苏恒墓志，隋大业九年（613）葬
高僧护	齐	隶	北齐武平四年（574）葬
杨秀	隋	隶	隋大业六年（610）葬
无名氏志	齐		
张濬盖	隋	篆	隋大业十二年（616）葬
张濬	隋	楷	隋大业十二年（616）葬
张俭盖	隋	篆	隋仁寿三年（603）葬
张俭	隋	隶	隋仁寿三年（603）葬
王香仁盖	隋	篆	隋大业七年（611）葬
王香仁	隋	楷	隋大业七年（611）葬
公静	隋	楷	隋开皇九年（589）葬
长史杨君盖	隋	篆	即杨畅墓志盖，隋开皇八年（588）葬
梁邕盖	隋	篆	隋开皇三年（583）葬

续表

碑名	时代	书体	备注
张礼	隋	楷	隋开皇九年（589）葬
张寿盖	隋	篆	隋大业十一年（615）葬
张寿	隋	楷	隋大业十一年（615）葬
张夫人潘氏盖	隋	篆	即张志相妻潘善利墓志，隋大业十一年（615）葬
张夫人潘氏	隋	楷	即张志相妻潘善利墓志，隋大业十一年（615）葬
胡永	隋	楷	应为唐墓志，唐贞观二年（628）葬
侯肇	隋	隶	隋开皇十四年（594）葬
张伏敬	隋	楷	隋大业八年（612）葬
张轲盖	隋	篆	隋大业十年（614）葬
王剑达砖	隋	楷	砖志，隋大业三年（607）葬
刘尚食盖	隋	楷	隋大业二年（606）葬
刘尚食	隋	楷	隋大业二年（606）葬
文安	隋		
张业	隋	楷	隋大业九年（613）葬
子良	隋	楷	即吕胡及妻李氏墓志（吕胡字子良），隋大业五年（609）葬
杨畅	隋	隶	隋开皇八年（588）葬
刘世荣	隋	楷	隋开皇十八年（598）葬
成公夫人盖	隋	篆	隋大业八年（612）葬
成公夫人	隋	楷	隋大业八年（612）葬
唐世荣	隋	隶	隋大业十二年（616）葬
桥绍	隋	楷	隋开皇五年（585）葬
叱李夫人盖	隋	篆	即冯忱妻叱李纲子墓志，隋大业十二年（616）葬
叱李夫人	隋	隶	即冯忱妻叱李纲子墓志，隋大业十二年（616）葬
范安贵盖	隋	篆	隋大业十一年（615）葬
范安贵	隋	隶	隋大业十一年（615）葬
田夫人李氏	隋	楷	即田光山夫人李氏墓志，隋大业八年（612）葬

续表

碑名	时代	书体	备注
金紫夫人王氏	隋	隶	即杨真（字金紫）及妻王氏墓志，隋开皇九年（589）葬
张轲	隋	楷	隋大业十年（614）葬
斛斯枢砖	隋	楷	砖志，隋大业七年（611）葬
元夫人郑氏盖	隋	篆	即元范妻郑令妃墓志，隋开皇九年（589）葬
元夫人郑氏	隋	隶	即元范妻郑令妃墓志，隋开皇九年（589）葬
孟孝敏妻刘氏	隋	楷	隋大业八年（612）葬
董氏卫夫人	隋	楷	隋大业十一年（615）葬
马穉	隋	隶	隋开皇二十年（600）葬
刘宝	隋	隶	隋仁寿四年（604）葬
牛弘第三女	隋	隶	隋大业十年（614）葬
士雄	隋		
刘德	隋	楷	隋大业十年（614）葬
保兴	隋	楷	隋大业六年（610）葬
王夫人光	隋	楷	隋大业十年（614）葬
王衮	隋	楷	隋大业十一年（615）葬
仇昂	隋	楷	隋大业十二年（616）葬
程谐	隋	楷	隋大业十一年（615）葬
陈常	隋	楷	隋大业九年（613）葬
张仲宾	隋	楷	应为唐墓志，唐贞观十七年（643）葬
王弘	隋	楷	隋大业十一年（615）葬
邓宝明	隋	楷	隋大业十年（614）葬
严元贵	隋	楷	隋大业十一年（615）葬
卢文机	隋	楷	隋仁寿元年（601）葬
张叡	隋	隶	应为唐墓志，唐贞观七年（633）葬
杨德盖	隋	篆	隋大业四年（608）葬
杨德	隋	隶	隋大业四年（608）葬

续表

碑名	时代	书体	备注
房夫人宇文氏	隋	楷	即房苏威妻宇文氏墓志，隋大业十二年(616)葬
牛方大	隋	楷	隋大业十二年（616）葬
萧汎	隋	楷	隋大业十一年（615）葬
明云腾盖	隋	篆	隋大业十一年（615）葬
明云腾	隋	楷	隋大业十一年（615）葬
尔朱敞盖	隋	篆	隋开皇十一年（591）葬
尔朱敞	隋	隶	隋开皇十一年（591）葬
萧滨	隋	楷	隋大业十一年（615）葬
王君盖	隋		
陈常盖	隋	楷	隋大业九年（613）葬
拔江	隋		
荀夫人宋氏盖	隋	篆	即荀府君夫人宋玉艳墓志，隋大业十一年(615)葬
荀夫人宋氏	隋	楷	即荀府君夫人宋玉艳墓志，隋大业十一年(615)葬
德将	隋	楷	即席德将墓志，隋大业九年（613）葬
曹海凝盖	隋	篆	隋大业十一年（615）葬
曹海凝	隋	楷	隋大业十一年（615）葬
张礼盖	隋	篆	隋开皇九年（589）葬
闰德	隋		
萧翘	隋	楷	隋大业十一年（615）葬
突娑	隋	楷	即翟突娑墓志，隋大业十一年（615）葬
钟葵	隋	楷	隋大业九年（613）葬
马樨夫人张氏	隋	隶	隋仁寿四年（601）葬
采女田氏	隋大业十年	楷	
关明盖	隋	篆	隋开皇九年（589）葬
关明	隋	隶	隋开皇九年（589）葬
宫人朱氏	隋	楷	隋大业六年（610）葬

续表

碑名	时代	书体	备注
宫人徐氏	隋	楷	隋大业十二年（616）葬
常泰夫人	隋	楷	即宫人常泰夫人房氏墓志，隋大业十二年（616）葬
宫人卜氏	隋	楷	隋大业十二年（616）葬
宫人六品	隋	楷	隋大业十三年（617）葬
采女田氏	隋大业十一年	楷	
宫人唐氏	隋	楷	隋大业十年（614）葬
宫人七品陈氏	隋大业八年十二月	楷	
宫人刘氏	隋	楷	隋大业十一年（615）葬
张氏	隋	楷	或为唐妓人张氏墓志，唐咸通六年（865）葬
御女尚氏	隋	楷	或为御女唐氏墓志，隋大业十三年（617）葬
宫人鲍氏	隋	楷	隋大业十年（614）葬
宫人元氏	隋大业十年	楷	
崔妻封夫人	隋	楷	即崔上师妻封依德墓志，隋大业十年（614）葬
宫人席氏	隋	楷	隋大业十年（614）葬
宫人三品樊氏	隋	楷	隋大业十年（614）葬
宫人六品何氏	隋	楷	隋大业八年（612）葬
宫人豆卢氏	隋	楷	隋大业九年（613）葬
宫人韦氏	隋	楷	隋大业八年（612）葬
宫人七品陈氏	隋大业八年二月	楷	
宫人萧氏	隋	楷	隋大业八年（612）葬
宫人侯氏	隋	楷	隋大业十年（614）葬
宫人沈氏	隋	楷	隋大业八年（612）葬
宫人五品程氏	隋	楷	隋大业六年（610）葬
宫人六品陈氏	隋	楷	隋大业七年（611）葬
宫人元氏	隋（归义乡君）	楷	隋大业五年（609）葬

续表

碑名	时代	书体	备注
吕君盖	魏	篆	应为隋吕胡及妻李氏墓志盖，隋大业五年（609）葬
程谐盖	隋	篆	隋大业十一年（615）葬
穆君墓铭盖	魏		
梁坦盖	隋	篆	隋开皇三年（583）葬
杨君盖	齐		
元公盖	魏	篆	
张夫人苏氏盖	魏	篆	即张君妻苏恒墓志，隋大业九年（613）葬
常妃盖	隋	篆	即元简妻常妃墓志盖
唐世荣盖	隋	篆	隋大业十二年（616）葬
狄君盖	魏		
张君盖	魏		

第八室（庭堂中间）

碑名	时代	书体	备注
汉墓石	汉永建二年费字	隶	即费孙黄肠刻石，有字，东汉永建三年（128）
汉墓石	汉佚年月	隶	黄肠刻石，有字，东汉
汉墓石	汉永建三年尹字	隶	即尹任黄肠刻石，有字，东汉永建三年（128）
汉墓石	汉阳嘉元年	隶	即许伯黄肠刻石，有字，东汉阳嘉元年（132）
宫人司宝陈氏	隋	楷	隋大业十年（614）葬
宫人典乐姜氏	隋	楷	隋大业十一年（615）葬
宫人尚寝衣魏氏	隋	楷	隋大业七年（611）葬
宫人司计刘氏	隋	楷	隋大业十三年（617）葬
宫人司膳丁氏	隋	楷	应为司饎丁氏，隋大业十一年（615）葬
宫人司仗郭氏	隋	楷	隋大业七年（611）葬
宫人司言杨氏	隋	楷	隋大业十二年（616）葬
官人司灯李氏	隋	楷	隋大业七年（611）葬

续表

碑名	时代	书体	备注
宫人司膳贾氏	隋	楷	应是司饎贾氏，隋大业六年（610）葬
宫人典玺李氏	隋	楷	隋大业五年（609）葬
宫人司仗冯氏	隋	楷	隋大业六年（610）葬
宫人典綵朱氏	隋	楷	隋大业六年（610）葬
宫人司乐刘氏	隋	楷	隋大业六年（610）葬
陈希烈	唐	行	唐永泰二年（766）葬
李虚中盖	唐	篆	唐元和八年（813）葬
宫人五品	唐天册万岁二年	楷	
李夫人卢氏	唐	楷	即李虚中妻卢氏墓志，唐元和十二年（817）葬
赵夫人德合	唐	楷	即赵德合及妻杜氏墓志，唐咸亨元年（670）葬
宫人七品	唐神龙元年	楷	
宫人八品	唐开元廿二年	楷	
宫人	唐开元廿四年	楷	
宫人八品	唐开元十四年	楷	
宫人	唐证圣元年	楷	
宫人八品	唐开元廿年	楷	
宫人七品	唐开元十五年	楷	
宫人七品	唐神龙元年	楷	
宫人五品	唐神龙元年	楷	
宫人七品	唐神龙元年	楷	
宫人	唐仪凤三年	楷	
徐怀隐	唐	楷	燕圣武二年（安禄山年号，即肃宗至德二年，757）葬
□君盖	魏		
马穉夫人张氏盖	隋	篆	隋仁寿四年（604）葬
李夫人盖	魏	篆	或为李挺命妇元季聪墓志盖，东魏兴和三年（541）葬
严元贵盖	隋	篆	隋大业十一年（615）葬
席君盖	魏		或为隋席德将墓志盖

又另外存放

碑名	时代	书体	备注
北魏造像	魏		

根据“西安碑林碑石目录（二）”，当时碑林第一至第七室陈列的碑刻共计486种，1227石。根据“西安碑林碑石目录（一），当时第八陈列室陈列的于右任所捐碑石分为三部分，陈列于“东边第一室”即东厢房者162种（包括注明“另放”的汉石经残石），陈列于“西边第二室”即西厢房者183种（包括注明“另放”的魏元均之墓志），陈列于“庭堂中间”者39种，还有另外存放的北魏造像1种，共计385种，385石。两项相加，当时碑林藏石的总数为871种，1612石。

需要说明的是，这一数字并未包括当时西安孔庙院内碑石。据1944年陕西省历史博物馆接收孔庙时的财产移交清册，当时存于孔庙院内的碑石尚有《皇甫诞碑》《孔子庙堂碑》《智永千字文》等41种，它们当然也属碑林藏石，其具体情况，下文还会专门述及。

第三节　抗战时期对西安碑林藏石的保护

1938年3月，日本侵略军已经逼近潼关，并开始对西安频频加以空袭。此时华北、华中已有大片国土沦入敌手，继平津之后，上海、南京亦先后失陷，中华民族到了最危险的时候，面临着生死存亡的考验。刚刚成立的西安碑林管理委员会，也面临着如何在战争条件下设法保护碑林藏石的重大问题。已经撤退到重庆的中央古物保管委员会，对西安碑林的保护甚为关注，并为此专门致函陕西省政府。1938年9月11日，陕西省政府主席蒋鼎文在给碑林管理委员会的训令中，转述了中央古物保管委员会“渝古字第八号公函”的内容：

> 查贵省省立图书馆、考古会及西北科学考察团所藏古物及文献物品甚多，值兹非常时期，如何统筹保管？是否移运适宜地点？又西安碑林如何设法维护？事关保存文物，相应函请见复为荷。

蒋鼎文要求西安碑林管理委员会“妥速筹拟维护办法”[①]。

在此之前，身在重庆的于右任、张继，以及此时已离开西安赴南郑西北联大担任教职的黄文弼，均来电来函，嘱清陕西方面设法保护碑林藏石。临危受命、担任碑林管理委员会主任委员的张鹏一，还有主管碑林的省教育厅厅长周伯敏，数次召集碑林管理委员会会议，研究保护方案。在接到省政府训令后，张鹏一当即召开碑林管理委记会常务会议，并于9月17日复函省政府：

> 查西安碑林最贵重之藏石，厥为唐刻石经，此次整理为防倾仆损坏，纯用铁箍水泥坐灰工程，凝结砌固，移动之不易。至其他汉魏六朝唐宋元历代碑刻并各志石，关系重要及石质体量较轻，容易迁移者，自当随时埋藏保护，以应付时变而保国故。[②]

然而，碑林这么多碑石，无法移动者怎样就地保护？埋藏者是易地埋藏还是就地埋藏？都需要有一个具体方案。而更重要的是，方案的实施需要经费。大概，正是由于经费无着，碑林藏石的保护仍停留在口头上，没有实际进行。

1938年11月，为躲避日机轰炸，西安城内绅耆年老者均设法迁居城外，张鹏一亦呈文陕西省政府，提出“拟于最近期间送眷返回富平，暂避乡里。碑林事务，查干事曹仲谦老成谙练，请其代理主任事宜”。省政府为此于11月29日指令：“该会主任委员一职，应由兼碑林保管委员会委员教育厅周厅长暂行代理，关于保管事项，由周厅长督饬曹仲谦负责办理。”[③] 1939年4月，由教育厅厅长周伯敏代理主任委员的碑林管理委员会，终于提出碑林贵重碑石及《鸳鸯七志斋》藏石移藏防护办法和经费预算，上报省政府。其要点如下：

> 1. 第一室《石台孝经》碑一座，拟用土坯铺泥，四面包裹。
> 2. 第二室《开成石经》全部，拟用土坯铺泥，两面夹实，仍用

①民国二十七年九月十一日陕西省政府民字第03977号训令，陕西省档案馆藏碑林旧档，卷宗号45，目录号1，案卷号10。

②民国二十七年九月十七日张鹏一致省政府函，陕西省档案馆藏碑林旧档，全宗号45，目录号1，案卷号10。

③民国二十七年十一月二十九日省政府教字第09972号指令，陕西省档案馆藏碑林旧档，全宗号45，目录号1，案卷号8。

泥封。四周窗心，外用青砖砌固，内用土坯泥平。

3. 第三室唐代名碑全部，分别仿照《石台孝经》办法，以土坯四面包裹，四围窗心亦按第二室办法照做。

4. 第八室《鸳鸯七志斋》志石择其精品196种，连志盖242块，运至眉县埋藏；普通志石133种就地埋藏。

以上各项需工料及运输费3688.65元。[1]

此方案获准后，碑林一、二、三室的防护工程于当年8月26日开工。工程实际由碑林管理委员会干事曹仲谦具体负责，张鹏一等委员亦曾亲临现场指导。当年11月22日周伯敏以碑林管理委员会名义给省政府的述职公函称：“按照原定计划于八月二十六日动工，嗣以敌机肆扰，旋作旋辍，延至上月下旬，始将各室防护工事暂告完竣。”[2]也就是说，至10月下旬，碑林一、二、三室碑石的防护工程完工，费时两个月。该函中还提到：“原计划中所列第八室《鸳鸯七志斋》志石办法，正在设计藏运。”即截至此函发出之时，移藏《鸳鸯七志斋》志石的方案尚未实施。

上述《鸳鸯七志斋》志石的移藏计划，后来有所变动。原拟将其中精品运至眉县埋藏，因牵涉火车、渡船运输之繁，又恐损毁，便改为全部在碑林就地埋藏。西安碑林博物馆图书室存有1948年春曹仲谦（当时已任陕西省历史博物馆馆长）所撰《鸳鸯七志斋记》卷轴一件，记文中述及当年志石埋藏经过，是一篇很重要的文献。兹录其全文如下（标点为笔者所加）：

西京碑林之石刻，创始于唐，内多唐代名贵碑石，沿至宋、元、明、清，屡有增益，数达五百余种，一千一百余石，独缺魏晋石刻，秦汉碑版更无矣。三原于右任先生，竭其生平之力，搜集海内出土志石，不下三百八十余方，魏墓志居其泰半，齐、周、隋、唐外，尤以《熹平石经》残石更为稀世珍奇。民国二十七年，悉数捐赠碑林，储置专室。缘志石中夫妇双志共有七种，遂颜其斋曰“鸳鸯七志斋”。

①民国二十八年四月十八日碑林管理委员会呈省政府主席蒋鼎文“防护西安碑林贵重碑石办法计划及预算”，陕西省档案馆藏碑林旧档，全宗号45，目录号1，案卷号10。

②此函见陕西省档案馆藏碑林旧档，全宗号45，目录号1，案卷号10。

卢沟桥事变当轴，咸谋保护，经碑林管理委员会决议，民国二十八年十月，遂将石经移藏富平，旋移三原，余皆就地埋藏，派员保管。三十六年十一月，始行掘出，仍复旧观，藉中外游览人士摩挲玩赏，以副右任先生之雅意焉。综其始终，其创建专室陈列者，为绍兴邵力子，长安孙蔚如，沧县张继，汉川黄文弼，赞助者为奉化蒋鼎文，长安宋联奎，富平张鹏一，蒲城寇遐诸先生。主持埋藏者，为周伯敏与管理碑林各委员，而恢复旧观者，为杭州祝绍周主席，韩城王友直、米脂高文源两厅长及碑林在事诸同仁。先后对此志石护持，不无微劳，足录例得备书，以示来兹。

民国戊子春　长安曹仲谦撰

这篇记文是“民国戊子春”即1948年春，亦即1947年11月志石重新掘出后不久所撰，意在将《鸳鸯七志斋》藏石入藏碑林以及后来掩埋、掘出的经过与相关人士告诉后人。可能最初是计划刻石的，所以文字简赅，读起来是一篇纪事碑文，且以隶书誊写工整，其书法大概也是出于曹仲谦之手吧。

文中的“民国二十八年十月”即1939年10月，显然是指《熹平石经》残石被张鹏一移藏富平的时间，而“余皆就地埋藏”的时间，可以理解为与前者同时，也可理解为在此之后，不甚明确。但曹仲谦的记文以当事人的身份告诉我们三点：

其一，《鸳鸯七志斋》藏石是在碑林就地埋藏的；

其二，《熹平石经》残石移藏富平的确切时间是“民国二十八年十月”即1939年10月；

其三，《鸳鸯七志斋》藏石重新掘出的确切时间是民国“三十六年十一月”即1947年11月。

1940年12月29日，周伯敏以碑林管理委员会代主任身份呈陕西省政府主席蒋鼎文的公函中，专门汇报了《鸳鸯七志斋》藏石埋藏之事，并呈请核销经费。文中称：

其所留第八室鸳鸯七志斋墓志三百二十九方，原日计画，本拟运藏，搬运眉县安全地带，嗣经多方考虑，此种志石质量笨重，实属不易。兼之上下火车渡船，每一志石运至目的地点，辗转凡经八事，过手尤多，擦损难免。且易地保管，人选尤难，一再迁延，迟疑莫决。后经开会商讨，决议仍在碑林南园空地掘坑深藏，籍策安全，而便保存。现于本年六月埋藏竣事，并经本会委员眼同封筑。……①

此函恰好可与曹仲谦之记文相互补充：志石就地埋藏的确切时间是“本年六月”，即 1940 年 6 月。从 1938 年 4 月开始保护碑林藏石之议，到《鸳鸯七志斋》藏石实际埋藏，用了两年多时间。从 1939 年 4 月碑林管理委员会正式提出保护移藏具体办法算起，也过了整整一年。此正如周伯敏函中所说：“一再迁延，迟疑莫决。”

此函附有已藏和未藏志石清册两份，埋藏地址略图一张，并有文字说明，使我们对这次埋藏的认识更加具体化。据志石清册载，这次埋藏者 291 石，《鸳鸯七志斋》藏石之精品均在其中，未埋藏者 95 石，多为志盖和隋唐宫人墓志。

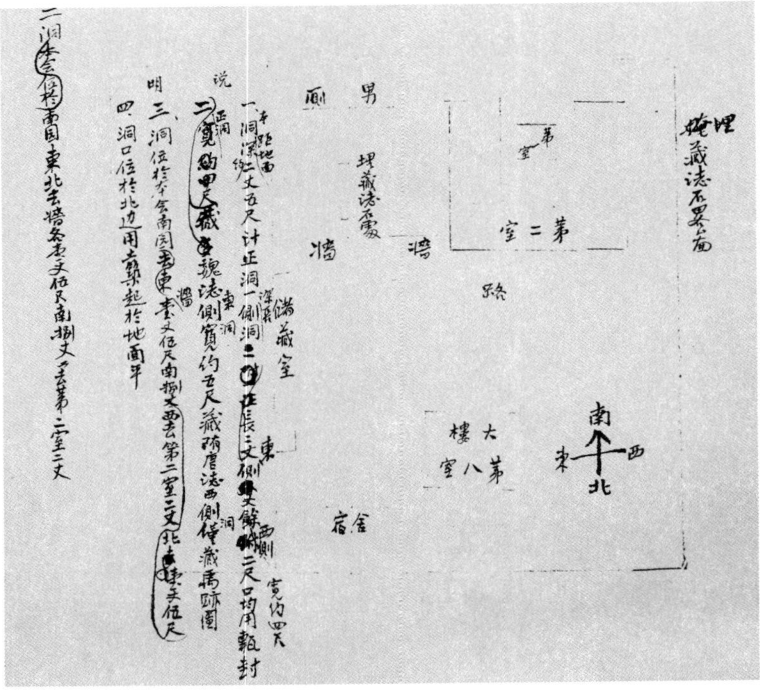

图 5-41　埋藏位置略图

①此函各附件见陕西省档案馆藏碑林旧档，全宗号 45，目录号 1，案卷号 10。

此外，还同时埋藏了碑林所藏《华夷图》《禹迹图》这块珍贵的石刻地图。

埋藏地址略图系现场草绘（图 5-41），只能看出坑口的大致方位，所幸文字说明写得相当具体：“东距咸宁学署邻墙一丈五尺，西北距第二室二丈，南距本会界墙八丈，北距围墙一丈五尺。”以至今位置未变的第二室（即现在陈列《开成石经》的碑林第一室）为比照物，可知当年所掘坑口位置应在今西安碑林博物馆东院的南部。

根据所附文字说明，埋藏的具体做法是：先挖一个“深度二丈五尺”的大坑，再于坑壁向南开凿一个“宽四尺，高三尺，长三丈二尺”的洞穴，“洞开口向北”；洞口外东西两侧又各开一洞，“东侧洞深丈余，西侧洞深三尺”。“正洞藏魏墓志，东侧洞藏唐各代墓志，西侧藏《禹迹图》”。志石藏入后，“洞口均用砖砌封”，然后再将大坑用土筑平。又据当年参加埋藏的翁维谦回忆，志石由第八室拆卸下来后，均用麻袋包裹，缝合袋口，并用绳索捆绑结实，按编号依次排列于洞内。埋藏过程中，数度遭遇空袭警报，前后费时约有半个多月[①]。

前文已说及，《熹平石经》残石运抵西安后，暂时存放在省考古会，由张鹏一负责保管。碑林整修完工之际，此石如何保管，曾有一番交涉，后张鹏一本人出任碑林管理委员会主任委员，义不容辞仍由他继续负责保管。按前文中碑林第八陈列室碑石目录，此残石条下注“另放”，很可能当时并未公开陈列。张鹏一有《在山草堂日记》留存，其 1938 年 7 月 17 日记曰：“午前赴碑林，察看勤务三人，一人在外送公文信件，二人在内……工人藏右任熹平石经残石于东院中。”[②]看来，在碑林一、二、三室防护工程及《鸳鸯七志斋》志石埋藏之前，张鹏一已将《熹平石经》残石先行密藏于碑林东院。至于如何藏，是埋藏还是用其他方法，不得而知。第二年即 1939 年 10 月，当碑林一、二、三室防护工程进行之际，张鹏一又将残石亲自运回自己家乡富平县董南堡村，吊挂于家中一枯井内。1943 年 10 月，张鹏一病逝于董南堡家中，

①罗宏才《抗战中陕西考古会及西安碑林部分文物移藏始末》，载《碑林》集刊第二辑，陕西师范大学出版社，1994 年。

②转引自罗宏才《抗战中陕西考古会及西安碑林部分文物移藏始末》。张鹏一《在山草堂日记》手稿现存陕西省政协。

临终前一再嘱咐家人要悉心保护石经残石，完璧送归于右任。

抗战胜利后不久，又爆发内战。张鹏一之子张午中恐石经残石有失，写信给三原的于右任故友张文生，请他将石经设法运走。张文生与于右任外甥周伯敏商量后决定，派人将石经运至三原民治学校。此后，张文生仍恐有失，又派人将石经送至三原于右任之侄于期家中[①]。新中国成立后的 1952 年，陕西省文管会派人从三原取回残石，重新入藏西安碑林。

抗战期间，除碑林藏石外，对其他单位所藏文物、古籍也采取了相应的保护措施。如陕西省考古会所藏斗鸡台等地发掘品及其他文物六百余件，在该会委员长张鹏一主持下，于 1938 年 4 月在考古会院内挖坑埋藏[②]。又如陕西省立图书馆也于 1941 年 8 月将馆藏唐“昭陵四骏”、唐景云钟等珍贵文物埋入院内，善本图书运往眉县，其余大部分图书则运往城固县，并成立分馆[③]。值得庆幸的是，抗战期间日寇的铁蹄终于没有能踏进潼关，否则，包括西安碑林在内的陕西文物不知会遭到怎样的浩劫。在巨大的战争灾难面前，一群文化人为保护国故所做的种种努力，虽然显得那样无力，但却体现着一种不屈的精神，体现着一种对祖国文化遗产的热爱和高度责任感，这些都是值得今人继承和发扬的。

第四节　陕西省历史博物馆成立——西安碑林向现代博物馆转化

按照现代博物馆学理论，构成一个博物馆起码要有三项基本要素，即藏品、陈列和向公众开放。从这个意义上讲，西安碑林早就是一座以历代碑刻为基本藏品，有着自己的陈列体系，向士大夫和学子们开放的碑刻博物馆了。

---

①上揭罗宏才《抗战中陕西考古会及西安碑林部分文物移藏始末》。

②罗宏才《抗战中陕西考古会及西安碑林部分文物移藏始末补述》，载《碑林》集刊第三辑，陕西人民美术出版社，1995 年。

③上揭陕西省图书馆《馆史》组《陕西省图书馆馆史》，第 8 页；谢林主编、梁经旭撰稿《陕西省图书馆馆史》（上册）对这段史实记述更详，见该书第八章第一节。

当然，它还远不是具有独立的社会功能的完全意义上的现代博物馆。截至清末，西安碑林一直作为封建时代地方官学的附属而存在。在欧洲，近代博物馆是资本主义工业文明的产物。博物馆在中国的出现，已到了20世纪初。1905年张謇创建的南通博物苑，是中国第一座公共博物馆。入民国后，中国博物馆事业有了一定的发展。国立历史博物馆（北京国子监旧址，1912年）、故宫博物院（1925年）、中央博物馆筹备处（南京，1933年）及一些地方博物馆陆续建立。1935年，在北京成立中国博物馆协会。1936年，全国已建成博物馆77座[①]。在陕西，清末民初的“劝工陈列所”，有着某些博物馆的功能。30年代，也有过成立博物馆之议，但终未成为现实。直到抗战胜利前1944年，陕西才有了第一座博物馆，即在西安碑林的基础上成立的陕西省历史博物馆。

一、陕西省历史博物馆的筹建

成立陕西省历史博物馆的决定，是1944年4月陕西省政府委员会第十次会议做出的，该提案则是在此前不久，由省教育厅向省政府提出的。教育厅在呈文中称：

> 本省为周秦汉唐故都所在，民族文化发祥之地，历代文物史迹触目即是。过去碑林管理委员会，仅负保管西安现有碑版之责，对于各地各种新发现之古物，均无法搜罗收集。为保存固有文化，激发民族意识，以促进学术之研究起见，亟应设立机构，妥加整理，以免散失，而存国粹。兹依据本省需要，设立历史博物馆一所，将西安碑林全部，西京图书馆附设之历史博物部分，西安民教馆之工艺陈列品，及前考古会收藏之古物等件，划归博物馆，另加调整。对各地所有史迹文物等类，分为调查、保护、征集、修复等步骤，依次进行，逐渐充实内部，开展工作，完成发扬文化之目标。[②]

①王宏钧主编《中国博物馆学基础》，上海古籍出版社，1990年，第85-92页。
②民国三十三年六月三日陕西省政府府教四字第672号训令，省教育厅之呈文系该训令所引。陕西省档案馆藏碑林旧档，全宗号45，目录号1，案 卷号2。

当年6月3日，陕西省政府专门为筹建陕西省历史博物馆而发出府教四字第672号训令，称此案“业经提出本府委员会第十次会议决议‘通过’，记录在卷，并委任康耀辰为历史博物馆馆长，负责筹备，由本年六月份起正式办公，所有应划拨部分，即由康馆长尅期接收”①。

根据现存档案，省政府对康耀辰正式任命是在5月21日，省教育厅正式转发其派任状是在5月30日②，而康耀辰则“遵于六月一日在西安碑林就职，即日开始筹备”③。另外，省教育厅于6月18日“奉省令颁发该馆钤记”④，而陕西省历史博物馆则“奉此遵于六月二十日敬谨启用”所颁钤记⑤。当时抗战尚在艰苦地进行，陕西省历史博物馆的成立，当然不会大张旗鼓地搞一个正式仪式。如果要为这陕西第一座博物馆的成立找一个象征性的纪念日，那么其启用公章，正式对外办公的6月20日，应该是最合适的。换句话说，作为今日西安碑林博物馆前身的陕西省历史博物馆，成立于1944年6月20日，每年的这一天，应是西安碑林博物馆的馆庆日。

图5-42 康耀辰

这位有幸成为陕西第一座博物馆第一任馆长的康耀辰（1879—1953），字乐山，陕西城固人（图5-42）。1905年考取赴日本留学生，入东京高等师范学校学习地质博物馆专业。回国后致力地方教育，先后在西安、汉中乃至西北联大任教。从1942年起，任陕西省立西京图书馆馆长。他被任命为陕西省历史博物馆馆长的同时，还兼任西安碑林管理委员会主任委员。自此，碑林管理委员会的行政职能

①民国三十三年六月三日陕西省政府府教四字第672号训令。

②民国三十三年五月三十日省教育厅为康耀辰核发派任状之训令。陕西省档案馆藏碑林旧档，全宗号44，目录号1，案卷号5。

③民国三十三年六月二十一日康耀辰为呈报就职日期致省教育厅历总文字第1号公函。陕西省档案馆藏碑林旧档，全宗号44，目录号1，案卷号5。

④民国三十三年六月十八日省教育厅为颁发钤记给陕西省历史博物馆之训令。西安碑林博物馆藏碑林旧档。

⑤民国三十三年六月二十一日陕西省历史博物馆呈教育厅历总文字第2号公函。西安碑林博物馆藏碑林旧档。

被博物馆取代，或者说，是碑林的管理机构换了名称，换了招牌。因为康耀辰受命筹组博物馆时，有关单位如省立图书馆、考古会的文物等，都无法接收，它们或者转移到外地，或者埋藏地下，加之当时抗战形势又趋紧张，所以省教育厅于 6 月 11 日又召集图书馆、民众教育馆、博物馆三馆会议，决定文物及陈列品之移交暂缓进行，仍由原馆负保管之责[①]。康耀辰所能接收的，只有碑林和孔庙。

西安碑林的移交完成得最早。据康耀辰签署的接收状（图 5-43），日期为 1944 年 7 月 27 日[②]。将孔庙划归博物馆的决定，也是省政府委员会第十次会议做出的，省政府为此于 8 月 6 日发出府教四字第 902 号训令，指示孔教会逐项点交该馆接收[③]。孔庙的移交于当年 11 月完成，有《陕西省历史博物馆接收

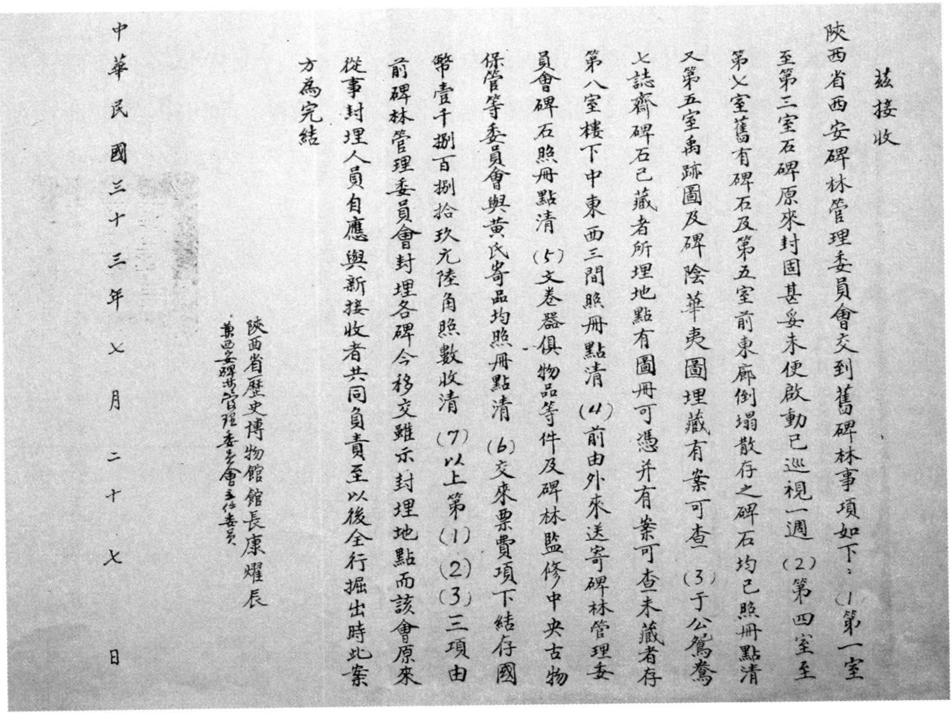
茲接收
陝西省西安碑林管理委員會交到舊碑林事項如下：(1)第一室至第三室石碑原來封固甚妥未便啟動已巡視一週 (2)第四室至第七室舊有碑石及第五室前東廊倒塌散存之碑石均已照冊點清又第五室禹跡圖及碑陰華夷圖埋藏有案可查 (3)于公鴛鴦七誌齋碑石已藏者所埋地點有圖冊可憑并有案可查未藏者存第八室樓下中東西三間照冊點清 (4)前由外來送寄碑林管理委員會碑石照冊點清 (5)文卷器俱物品等件及碑林監修中央古物保管等委員會與黃氏寄品均照冊點清 (6)交來票費項下結存國幣壹千捌百捌拾玖元陸角照數收清 (7)以上第(1)(2)(3)三項由前碑林管理委員會封埋各碑今移交雖亦封埋地點而該會原來從事封理人員自應與新接收者共同負責至以後全行掘出時此案方為完結

陝西省歷史博物館館長康耀辰
兼西安碑林管理委員會主任委員

中華民國三十三年七月二十七日

图 5-43　陕西省历史博物馆接收碑林之接收状

① “陕西省历史博物馆重要纪事”，年月不详，见陕西省档案馆藏碑林旧档，全宗号 44，目录号 1，案卷号 14。

②见陕西省挡案馆藏碑林旧档，全宗号 44，目录号 1，案卷号 10。

③见西安碑林博物馆藏碑林旧档。

孔庙房屋祭器乐器碑石古物木器树木物件等清册》留存[①]。

总之，新成立的陕西省历史博物馆，不仅馆址设在西安碑林，而且仍以西安碑林藏石为基本藏品和基本陈列。虽然后来接收了陕西考古会、省立图书馆、西京筹备委员会等单位的文物、古籍，但数量毕竟有限，且当时中国包括陕西的考古发掘和研究尚不发达，除考古会所藏宝鸡斗鸡台出土文物为科学发掘品外，其他多为历年搜购之流散文物，难以形成体系和规模。在所接收的文物中，与碑林密切相关者，是前面已提到的立于西安孔庙中的那些碑刻。因为直至清末，碑林与西安府学、孔庙始终是三位一体的，孔庙中的碑刻理所当然应是碑林藏石的一部分。只是进入民国后，碑林与孔庙才因归属不同而在形式上分开。民国时期的数种碑林碑目，均未包括孔庙中碑刻。在1944年陕西省历史博物馆接收孔庙的财产清册中，列有碑刻41种，刚好弥补了这一缺憾。由于是财产清册，所列内容不及正规碑目那样详备，个别还有错误，但可贵的是，它将碑刻所在的位置说得相当清楚。现根据原财产清册提供的要素，列《原西安孔庙中碑石目录》，其中先后次序和碑名、时代等文字表述，均依原清册，明显有误者另加注释。

表十一　　原西安孔庙中碑石目录

（根据1944年原陕西省历史博物馆接收孔庙财产清册）

碑名	时代	撰书者	碑阴	在孔庙中位置	备注
皇甫碑	隋[②]	碑阴为复唯识廨院记（皇祐三年）		至圣门外西边砖砌第一	
智永千字文	南北朝陈[③]			至圣门外西边砖砌第二	
孔子庙堂碑	唐[④]	虞世南撰并书		至圣门外东边砖砌第二	石断三块

①见西安碑林博物馆藏碑林旧档。

②欧阳询《皇甫诞碑》刊于唐贞观十年至十二年（636-638）之间。

③应是北宋大观三年（1109）刻。

④原碑刻于唐贞观初年，现存者北宋乾德年间重刻。

续表

碑名	时代	撰书者	碑阴	在孔庙中位置	备注
重修宣圣庙记	元至元十三年		碑阴为上巳日兴庆池禊宴诗	大成殿前侧	
奉元路重修庙学记	元至正六年		阴有字待考[①]	大成殿前侧	
皇元孔圣碑记[②]	元大德十一年		阴为解元书字	大成殿前侧	
皇子安西王盛德之碑	元至元十四年		阴为澹然亭，九鹤戏水图	大成殿前侧	
重修西安府学文庙记	明成化十一年	商辂撰文，项忠书丹		大成殿东侧	
状元记	明弘治十一年[③]	王恕撰文，阎仲宇书		大成殿东侧	
陕西西安府县儒学先圣庙重修记	明嘉靖十五年		阴为景贤堂（万历年左思明书〉	大成殿东侧	
关学碑	明崇祯二年			大成殿东侧	
西安府重修庙学之碑	明嘉靖十一年		阴为诗书礼乐（左思明书）	大成殿西侧	
陕西会城文庙附进名宦乡贤祠记	明嘉靖十五年			至圣门前东边	
重修文庙碑记	明崇祯九年			棂星门外	
重修庙学碑[④]				棂星门外	
秦贤宗建文庙坊亭记	明万历甲寅年			棂星门外	
御制训饬士子文	清康熙年[⑤]			大成殿东边第一碑亭	一石汉文

①此元至正六年（1346）《奉元路重修庙学记》碑，刻在金正大二年（1225）《金京兆府进士题名碑》碑阴，所谓“碑阴有字”，是将碑阳的金碑误作碑阴了。

②即《加圣号诏碑》，刻于元皇庆二年（1313）。

③刻于明弘治十六年（1503）。

④刻于明万历四十八年（1620）。

⑤刻于清康熙四十一年（1702）。

续表

碑名	时代	撰书者	碑阴	在孔庙中位置	备注
平定青海告成太学碑	清雍正三年五月			大成殿东边第二碑亭	二石合立，左汉右满
平定准噶尔告成太学碑	清[①]			大成殿东边第三碑亭	二石合立，左汉右满
平定朔漠告成太学碑	清康熙三年[②]			大成殿西边第一碑亭	二石合立，左汉右满
平定金川告成太学碑	清乾隆十四年			大成殿西边第二碑亭	二石合立，左汉右满
平定回部告成太学碑	清[③]			大成殿西边第三碑亭	二石合立，左汉右满
平定大小金川告成太学碑[④]				至圣门外东边第一碑亭	二石合立，汉文并注
重修庙学碑记	清顺治三年			大成殿前西侧	
重修西安府文庙记	清康熙四年			大成殿前西侧	
重修文庙颂并序	清乾隆九年			大成殿前西侧	
重修西安府学宫碑记	清乾隆九年			大成殿前西侧	
重修文庙碑记	清康熙十一年			大成殿前西侧	
孔子赞	清康熙三十二 年[⑤]			大成殿东侧	
思子颜子赞	清康熙三十二年			大成殿东侧	
曾子孟子赞	清康熙三十二年			大成殿东侧	
重修文庙碑记	清顺治七年	霍达撰文费甲铸书		大成殿东侧	

①刻于清乾隆二十年（1755）。
②刻于清康熙四十三年（1704）。
③刻于清乾隆二十四年（1759）。
④刻于清乾隆四十一年（1776）。
⑤此《孔子赞》及以下《思子颜子赞》《曾子孟子赞》均刻于清康熙二十八年（1689）。

续表

碑名	时代	撰书者	碑阴	在孔庙中位置	备注
重修文庙碑记	民国九年			大成殿东侧	
学宪秘公名宦祠碑记	清康熙二十五年			至圣门外东边	
学宪俞公崇名宦碑	清康熙二十三年			名宦祠内	
张公聪贤入祀名宦祠记	清道光十三年			名宦祠内	
郎官石幢[①]				西官厅门外	七棱古石柱一座，小楷字，原两节
心学图		碑阴古今药石格言			
道教大碑	朝代不详			棂星门外	字不显
流民户口碑[②]				东官厅门外	碑大字小，剥落不显
流民户口碑				东官厅门外	剥落不显，字小

以上碑目所列碑刻中，一部分后来移置碑林各室，如《皇甫诞碑》《孔子庙堂碑》《智永真草千字文》等；一部分仍留原处，如元《皇元孔圣碑记》（即《加圣号诏碑》），《皇子安西王盛德之碑》，明《重修西安府学文庙记》碑，以及碑亭中的那些清代大碑；而那些历代整修文庙的记事碑，大多已于20世纪50年代初埋于孔庙院内。所以，这份清册所提供的当时孔庙中碑刻的名称和位置，便显得更为可贵了。数年前，笔者利用这份1944年原陕西省历史博物馆接收孔庙财产清册，和馆藏拓本资料中的一套“孔庙碑石全拓”，撰文对西安孔庙这批旧藏碑刻加以综述，尤其是对那些已被掩埋、不见于今日碑林藏石目录者，据现存拓本资料抄录其碑文，以期留下一份资料[③]。需要说明的是，

①即《郎官题名石柱》，刻于唐大中十二年（858）。

②这两件《流民户口碑》，即《余子俊处置流民奏文碑》和《余子俊地方事奏文碑》，均刻于明成化十三年（1477），奏文内容均与处置流民有关。

③路远《西安孔庙旧藏碑刻叙录》，刊于《碑林》集刊第十五辑，三秦出版社，2009年。

财产清册与这套拓本资料稍有出入，拓本中不见清册所列的“道教大碑”，又比清册多了“杭公崇祀关中名宦祠碑”和“川陕总督将军博公崇祀名宦祠碑记”。在此，将这批碑刻的现状再列一表，使西安孔庙旧藏碑刻的迁变情况一目了然。

表十二　　西安孔庙旧藏碑刻迁变一览表

序号	碑名	年代	原在孔庙中位置	现状	备注
1	儒生颂德碑	元至元十四年（1277）	大成殿前侧	西庑前第二、三碑亭之间	
2	加圣号诏碑	元皇庆二年（1313）	大成殿前侧	广场前西侧	
3	重修西安府学文庙记碑	明成化十一年（1475）	大成殿东侧	广场前东侧	
4	御制训饬士子文碑	清康熙四十一年（1702）	大成殿东边第一碑亭	仍在该亭中	
5	平定朔漠告成太学碑	清康熙四十三年（1704）	大成殿西边第一碑亭	仍在该亭中	
6	平定青海告成太学碑	清雍正三年（1725）	大成殿东边第二碑亭	仍在该亭中	
7	平定金川告成太学碑	清乾隆十四年（1749）	大成殿西边第二碑亭	仍在该亭中	
8	平定准噶尔告成太学碑	清乾隆二十年（1755）	大成殿东边第三碑亭	仍在该亭中	
9	平定回部告成太学碑	清乾隆二十四年（1759）	大成殿西边第三碑亭	仍在该亭中	
10	平定两金川告成太学碑	清乾隆四十一年（1776）	至圣门外东边第一碑亭	仍在该亭中	以上仍立于孔庙院内
11-a	皇甫诞碑	唐贞观年间（627 — 649）	至圣门外西边砖砌第一	碑林第二室	
11-b	复唯识廨院记	北宋皇祐三年（1051）	刻于《皇甫诞碑》碑阴	碑林第二室	
12	郎官题名石柱	唐大中十二年（858）	棂星门与戟门之间西侧	碑林第二室西墙外碑廊	

续表

序号	碑名	年代	原在孔庙中位置	现状	备注
13-a	孔子庙堂碑	北宋初重刻	至圣门外东边砖砌第二	碑林第三室	
13-b	大宋勃兴颂并序	北宋天禧三年（1019）	刻于《孔子庙堂碑》碑阴	碑林第三室	
14	智永真草千字文碑	北宋大观三年（1109）	至圣门外西边砖砌第二	碑林第三室	
15-a	兴庆池禊宴诗	北宋庆历二年（1042）	大成殿前侧	碑林第三室	
15-b	重修宣圣庙记	元至元十三年（1276）	刻于《兴庆池禊宴诗》碑阴	碑林第三室	以上已迁入碑林展室
16-a	金京兆府进士题名碑	金正大二年（1225）	大成殿前侧	掩埋于孔庙院内	
16-b	奉元路重修庙学记	元至正六年（1346）	刻于《金京兆府进士题名碑》碑阴	同上	
17	余子俊处置流民奏文碑	明成化十三年（1477）	棂星门与戟门之间东侧	同上	
18	余子俊地方事奏文碑	明成化十三年（1477）	棂星门与戟门之间东侧	同上	
19	状元记碑	明弘治十六年（1503）	大成殿东侧	同上	
20	西安府重修学庙之碑	明嘉靖十一年（1532）	大成殿西侧	同上	
21	陕西西安府县儒学先圣庙重修记	明嘉靖十五年（1536）	大成殿东侧	同上	
22	陕西会城文庙附建名宦乡贤祠记	明嘉靖十五年（1536）	至圣门前东边	同上	
23	秦贤宗建文庙坊亭记	明万历四十二年（1614）	棂星门外	同上	
24	重修庙学记碑	明万历四十八年（1620）	棂星门外	同上	
25	关学碑	明崇祯二年（1629）	大成殿东侧	同上	
26	重修文庙碑记	明崇祯九年（1636）	棂星门外	同上	
27	心学图碑	明嘉靖年间（1522 — 1566）	不详	可能被掩埋	见于现行碑林碑目而不见实物

续表

序号	碑名	年代	原在孔庙中位置	现状	备注
28	重修庙学碑记	清顺治三年（1646）	大成殿前西侧	掩埋于孔庙院内	
29	重修文庙碑记	清顺治七年（1650）	大成殿东侧	同上	
30	重修西安府文庙记	清康熙四年（1665）	大成殿前西侧	同上	
31	重修文庙记碑	清康熙十一年（1672）	大成殿前西侧	同上	
32	杭公崇祀关中名宦祠碑	清康熙二十三年（1684）	名宦祠内	同上	
33	学宪俞公崇祀名宦碑记	清康熙二十三年（1684）	名宦祠内	同上	
34	孔子赞	清康熙二十八年（1689）	大成殿东侧	同上	
35	颜子子思子赞	清康熙二十八年（1689）	大成殿东侧	同上	
36	曾子孟子赞	清康熙二十八年（1689）	大成殿东侧	同上	
37	学宪秘公名宦祠碑记	清康熙四十五年（1706）	至圣门外东边	同上	
38	川陕总督将军博公崇祀名宦祠碑记	清康熙四十七年（1708）	名宦祠内	同上	
39	重修西安府学宫碑记	清乾隆九年（1744）	大成殿前西侧	同上	
40	重修文庙颂并序	清乾隆九年（1744）	大成殿前西侧	同上	
41	张聪贤入祀名宦碑记	清道光十三年（1833）	名宦祠内	可能被掩埋	见于现行碑林碑目而不见实物
42	重修孔庙记碑	民国九年（1920）	大成殿东侧	掩埋于孔庙院内	

二、陕西省历史博物馆的短暂历程

从陕西省历史博物馆成立，到国民党统治在西安结束，只有短短 5 年时间，而且基本上是在战时状态下度过的。处于这样的历史条件，这座新成立的博物馆当然不可能有什么值得称道的发展，基本上只是维持成立之初的状况，也就是说，基本上只是对西安碑林的维持（图 5-44）。

康耀辰任馆长的时间很短。1944 年 11 月，即他上任不到半年，便请长假回汉中老家，并屡屡辞职。1945 年 2 月，其馆长一职由教育厅厅长兼代，馆务由曹仲谦负责维持。4 月 23 日，省教育厅以教一人字第三一零七号训令，批

图 5-44　陕西省历史博物馆大门

准康耀辰辞职，任命曹仲谦为馆长。曹仲谦于 5 月 1 日正式就职[①]。

康耀辰辞职的原因不详，不过就在他离馆前不久的 1944 年 10 月 9 日，曾有一长篇意见书呈省教育厅厅长王友直，提出了一个宏大的建馆计划。在他的计划中，历史博物馆由古文化研究部、地质矿产部、植物园、动物园、农产物及家畜部、新式工艺部等六部分组成，并写道："如政府规定正式预算，各部自可逐渐增进，则完善之博物馆可以实现。"[②]看得出，这是一个内行人提出的计划，他所设想的，是一座集历史、地矿、自然、科技于一身的综合博物馆。康氏早年留学日本，学的正是地质博物馆专业。然而，这一建馆计划即便在今天看来，也有些过于宏大，在当时的历史条件下，是不可能实现的。大概其意见未受到重视，更谈不上什么经费预算，他所要面对的博物馆，只是徒有博物馆之名，与原碑林管理委员会无异。也许，他就是因为失望而提出辞职的。

继任馆长曹仲谦（1880—1959），字符谦，陕西长安人，为前清生员，陕西两级师范学堂优级选科博物科毕业（图 5-45）。民国初在日本东京同文书院肄业二年。后来曾在西安等地中、小学任教，在省教育厅、省审计处等机关任职。从 1938 年起，任西安碑林管理委员会主任干事，处理日常会务，并实际主持了抗战期间碑林藏石的保护工作。此公比康耀辰要务实，上任后能从西安碑林的现实情况出发，在当时客观条件所允许的范围内，踏踏实实地做了一些实际工作。

图 5-45　曹仲谦

曹仲谦上任后，即着手健全规章制度，完善机构设置。他主持制定的陕西省历史博物馆各种规程，有《陕西省历史博物

①民国三十四年十二月二十七日曹仲谦、康耀辰为交接事宜会呈省教育厅公函，陕西省档案馆藏碑林旧档，全宗号 44，目录号 1，案卷号 21。曹仲谦在第一次馆务会议上作的主席报告，见此次会议记录，陕西省档案馆藏碑林旧档，全宗号 44，目录号 1，案卷号 40。

②见陕西省档案馆藏碑林旧档，全宗号 44，目录号 1，案卷号 15。

馆组织规程》《工作大纲》《办事总则》《馆务会议规则》及《设计委员会组织规程》《研究委员会组织规程》等12种之多[①]。按该馆《陕西省历史博物馆组织规程》，馆内分设总务组、征集组、陈列组和研究出版组，与现行博物馆的基本设置大致相仿。各组设主任一人（其中一组由馆长兼任主任），秉承馆长之命办理主管事务。此外，另设干事4人，助理干事2人，书记2人，分别在主任督导下处理各组日常事务。据现存档案，1945年5月曹仲谦任职后，先后任命董辅丞、姬载沣、薛定夫为主任，刘元录、徐绍文、陆槐庭、何如廉为干事，陈少甫、穆含英为书记，杨勃然为助理干事。当时全馆的人员编制，包括馆长在内共12人[②]。

在陕西省历史博物馆存在的5年间，对碑林和西安孔庙的建筑，除日常维护外，1947年6-7月，还曾有过一次较全面的维修。此事的起因是，省参议会依据绅士张鸿山、史襄城等函，提出孔庙枯死古柏宜伐旧栽新补葺破漏一案，省政府训令教育厅查照办理。省教育厅派仲靖哉（该厅编审室主任），会同博物馆曹仲谦馆长，调查死柏数目、估价及孔庙破漏情形，并于1947年4月7日成立由省教育厅、陕西省历史博物馆以及孔教会、省财政厅、省建设厅派代表组成的“陕西省整修孔庙委员会”，推举仲靖哉为主任委员，负责死柏的拍卖和维修的实施。从当时的工程说明书中可以看出，这次整修的对象不仅是孔庙房屋，还有碑林的八个陈列室，以及宿舍、储藏室、阅览室等，即包括了当时陕西省历史博物馆的所有建筑。施工中建筑主体本身未动，主要是更换瓦椽、修补顶棚和粉刷墙面[③]。

这一时期在碑林藏石方面有三件事须记：

其一是1947年3月，当时的中国合作事业协会陕西分会拆除原民政厅（即原在西大街社会路前清布政司署）仪门房屋，拆下历代碑石数种，有唐大历十二年（777）《扶风郡王马璘残碑》，五代周显德五年（958）《重修文昌台记残碑》，明嘉靖十九年（1540）《修西协记》碑，清雍正十二年（1734）《复置颜柳碑记》，清光绪十七年（1891）《增置颜柳碑记》，以及清《水调歌头词》

①这些规程均见陕西省档案馆藏碑林旧档，全宗号44，目录号1，案卷号14。

②见陕西省档案馆藏碑林旧档，全宗号44，目录号1，案卷号5。

③关于此次维修的相关文件及工程说明书等，均见西安碑林博物馆藏碑林旧档。

碑等。在省教育厅出面协调下，这批碑石由陕西省历史博物馆运回碑林[①]。

其二是1947年8月23日至9月8日，将抗战中（1940年6月）埋藏于碑林东院的《鸳鸯七志斋藏石》全部起出，并于11月26日至12月19日，将这批藏石重新嵌置于第八室楼下，共计292石，加上原来未埋藏者93石，总计385石[②]。第八室楼下原已改为办公室，此次为安置《鸳鸯七志斋》藏石全部腾出，另盖办公用房6间。

其三是1948年6月至7月，将省政府拆交的新城小碑林碑石38方迁置碑林[③]。西安新城小碑林是1928年由时任陕西省政府主席的宋哲元所建，设在省政府所在的新城院内，曾陆续收集陕西各地碑石。宋伯鲁、毛昌杰、宋联奎曾分别撰有《小碑林记》，刻碑以记其事。这次迁置的碑石，在档案中未发现有目录留存，不过其中大部分是可以考知的，它们是：

汉《武都太守等题名残碑》（清乾隆间整修华阴县华岳庙时发现）
唐《美原神泉诗序碑》（原在富平县美原镇）
唐《述圣颂并序碑》（原在华阴县华岳庙）
唐《颜勤礼碑》（1922年出土于西安西大街原清布政司署）
唐《慧坚禅师碑》（1945年出土于西安西郊机场工地）
宋《华严法界观残碑》（1929年出土于西安新城西门外）
清刻《黄庭坚诗碑》（5石，原在兴平县）
清《经锄堂法帖》（12石，原在兴平县）

此外，还有宋伯鲁、毛昌杰、宋联奎所撰书的3种《小碑林记》碑。小碑林碑石迁置碑林，是陕西省历史博物馆时期西安碑林在藏石方面最重要的收

①见《陕西省历史博物馆三十六年三月份工作报告》，陕西省档案馆藏碑林旧档，全宗号44，目录号1，案卷号30。

②民国三十六年十二月九日和十二月三十日，陕西省历史博物馆为《鸳鸯七志斋藏石》重新起出事项，两次致函省教育厅进行汇报，这二件公函见陕西省档案馆藏碑林旧档，全宗号44，目录号1，案卷号30。

③在陕西省历史博物馆1948年6月和7月的工作报告中，都提到监运新城小碑林碑石38方之事，应是此次迁置开始于6月，完成于7月。见陕西省档案馆藏碑林旧档，全宗号44，目录号1，案卷号31。

获。在此，择以上碑石中重要者略作介绍：

《武都太守等题名残碑》：又名“华岳庙汉碑阴残石”，因题名首行有“民故武都太守”字样，故名。系某一汉碑之残石，为碑阴的右上角，且斜向断裂为二。残高 103 厘米，宽 32 厘米。存题名文字两列，上列存 7 行，行字不等；下列存 4 行，行余一二字不等，隶书（图 5-46）。此石是清乾隆四十二至四十四年（1777—1779）重修西岳庙时发现于五凤楼下，此役主持者毕沅《关中金石记》云：“五凤楼下所出古碑残石甚多，此为称最焉。”①并认为是汉时碑阴无疑。华岳庙中汉碑，见于宋以来金石著作记载的有 6 种，即永和元年（136）《西岳石阙铭》，延熹八年（165）《西岳华山庙碑》，光和二年（179）《樊毅修西岳复民赋碑》《樊毅华山亭碑》《樊毅修华岳庙碑》，建安十年（205）《西岳华山堂阙碑铭》，但均未保存下来。此残石系哪种汉碑之碑阴，二百余年来前贤今人多有考辨，迄今仍无定论。1929 年，宋哲元将其迁至新城“小碑林”收藏，并另石加刻题记。1948 年，此残石随新城“小碑林”其他藏石一起，移置西安碑林。

图 5-46 《武都太守等题名残碑》（拓本）

《美原神泉诗序碑》：武则天垂拱四年（688）刻。尖首方趺，通高 188 厘米，宽 65 厘米。碑阳首行“五言夏日游神泉序”，韦元旦撰序，贾言淑及无名氏诗各一首，凡 17 行，满行 25 字，篆书；额题“美原神泉诗序”，隶书（图 5-47）。碑阴首行“五言同韦子游神泉诗并序”，徐彦伯撰序，尹元凯、温翁念、李鹏诗各一首，凡 15 行，满行 25 字，篆书；额题“大唐裕明子书”，篆书。两面碑

①清·毕沅《关中金石记》卷一“武都太守等题名残碑”条。

图 5-47 《美原神泉诗序碑》(拓本)

文均为尹元凯书。所刻序、诗，记美原县（今陕西富平县）东北隅有神泉，游览至此，各吟五言诗赞之。序、诗撰书者多见于史籍。撰序者韦元旦，京兆万年（今西安市）人，《新唐书》有传；徐彦伯，名洪，以字行，兖州瑕丘（治所在今山东兖州县东北）人，两《唐书》有传。作诗者李鹏，字致远，赵州高邑（今河北高邑县）人，两《唐书》有传；温翁念，字敬祖，太原祁县（今山西祁县东南）人，温彦博之孙，《新唐书·宰相世系表》有载。作诗及书者尹元凯，号裕明子，瀛洲乐寿（今河北献县）人，两《唐书》有传。此碑篆书古朴遒逸，是我们认识唐代篆书面貌的珍贵资料。碑原在富平县，民国时期移至西安新城小碑林，1948 年移置西安碑林。

《述圣颂碑》:唐开元十三年(725)刻。螭首方趺，高 280 厘米。宽 81 厘米。碑身下部横向断裂。达奚珣撰序，吕向撰颂并书。碑题“述圣颂并序”。碑文 19 行，满行 37 字，楷书。额题“述圣颂”3 字，楷书。碑文纪颂开元十二年（724）唐玄宗刻立《西岳碑铭》（又名“华山铭”，碑已毁，残石在西岳庙）之事。撰序者达奚珣，署“京兆府富平县尉”。撰颂并书者吕向，字子回，泾州（治所在今甘肃泾川县北）人，《新唐书》有传。开元十年（722）召入翰林，擢左拾遗。“帝自为文，勒石西岳，诏向为镌勒使”，即曾负责《西岳碑铭》之刻立。碑阴额部刻“开元十三年六月九日建”，系《述圣颂碑》刻立时间。碑阴上部刻唐天宝元年（742）《告华岳文》，韩赏撰文，韩择木书，凡 20 行，满行 15 字，隶书（图 5-48）。韩择木开元天宝间书名甚高，以隶书见长，被后世誉为唐隶书四家之一。碑阴下

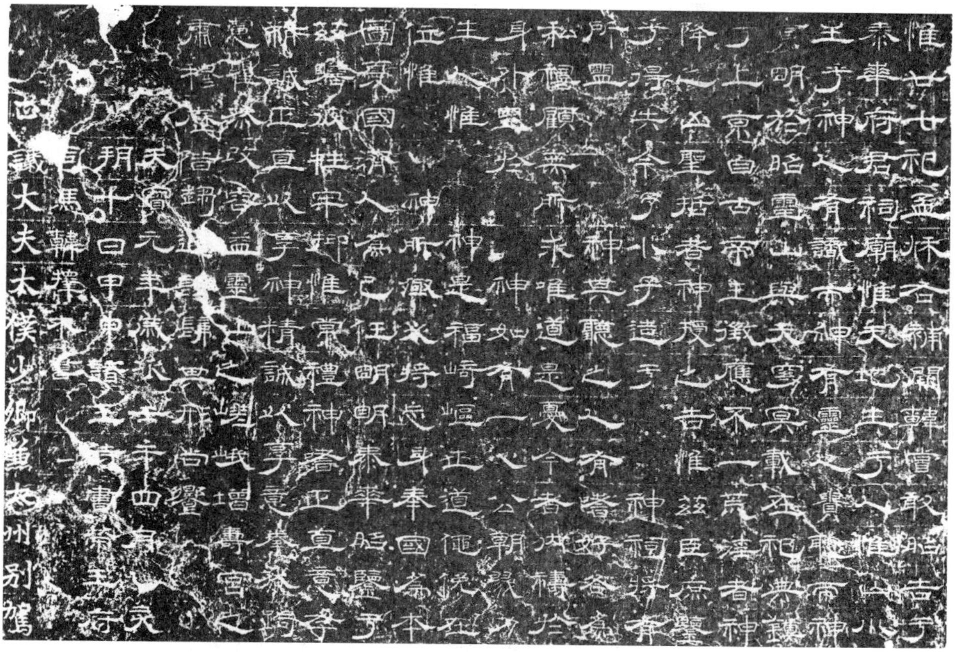

图 5-48 《告华岳文》（拓本）

部刻唐大历九年（774）《卢朝彻谒岳庙文》，及唐贞元间裴堪、郑全济题名，宋景祐间陈执中题名。碑两侧刻唐乾元元年（758）《张惟一等祈雨记》及王宥等题名。另外，正面额部空处刻金天会九年（1131）题记一则。碑原在华阴西岳庙，1929 年移至西安新城小碑林，1948 年入藏西安碑林。

《颜勤礼碑》：唐大历十四年（779 年）刻。螭首方座，高 268 厘米，宽 92 厘米。颜真卿自撰自书。碑题“唐故秘书省著作郎夔州都督府长□上护军颜君神道碑”。碑文刻于四面，正面 19 行，行 38 字；左侧 5 行，行 37 字；碑阴 20 行，行 38 字；右侧碑文宋代已被人磨去，按碑文顺序，应是铭文及所署年月。碑文横向断裂，每行损一至二字（图 5-49）。此碑见于宋人金石著作，后来不知所终。民国十一年（1922）出土于明清两代的陕西布政司署旧址，亦即刘镇华任陕西省长时之省长衙署。碑右侧刻宋伯鲁跋文，记出土经过。此碑是颜真卿为其祖父颜勤礼刻立的神道碑，记述颜氏家族世系及仕途功业甚详。其刻立早于《颜氏家庙碑》一年，二碑书法同为颜真卿老年劲笔，是后期颜体楷书的颠峰之作。然《颜勤礼碑》埋于地下八百余年，既无过度椎拓之害，又不曾被人剜剔，铓铩如新，更具神采，出土后曾风靡一时。1928 年迁置新

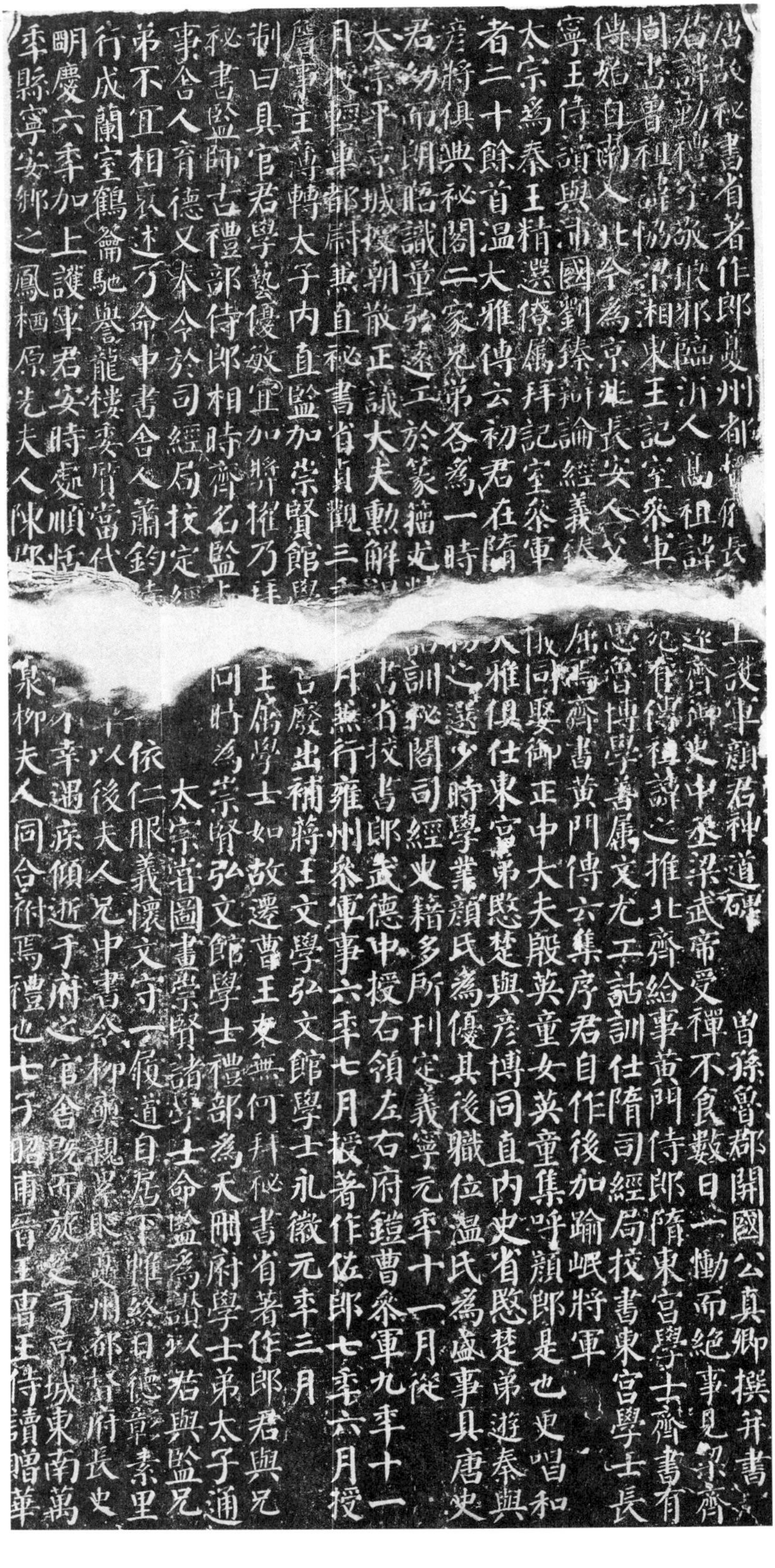

图 5-49 《颜勤礼碑》（正面，拓本）

城“小碑林”，1948年入藏西安碑林。

《马璘残碑》：唐大历十四年（779）刻。此碑曾见于宋代金石著作，名曰“马璘新庙碑”，称程浩撰，颜真卿书，后不知所终。清光绪十七年（1891）出土于陕西布政司署，当时的陕西布政使陶模有《陕西藩司增置颜柳碑记》（现亦藏西安碑林）记其始末。残碑存断石5块，尺寸不计。存二百余字，文字不相连接，撰书姓名及置碑年月均不可见（图5-50）。惟额题比较完整，为隶书4行，行5字，每行缺第一字，可推知其额题为：“（唐）故尚书左（仆）射知省事（扶）风王赠司（徒）马公庙碑”。碑主马璘（721—776），字仁杰，岐州扶风人，两《唐书》有传。代宗朝拜四镇、北庭行营节度使，泾原节度使，进封扶风郡王。1994年灞河河道中发掘出古石桥遗址，在桥墩间泥沙中出土已改凿成石料的《马璘神道碑》；1995年西安东郊新出《马璘墓志》，均可相互印证。马璘残碑出土后即嵌置于布政司署仪门之壁。1947年移置西安碑林。

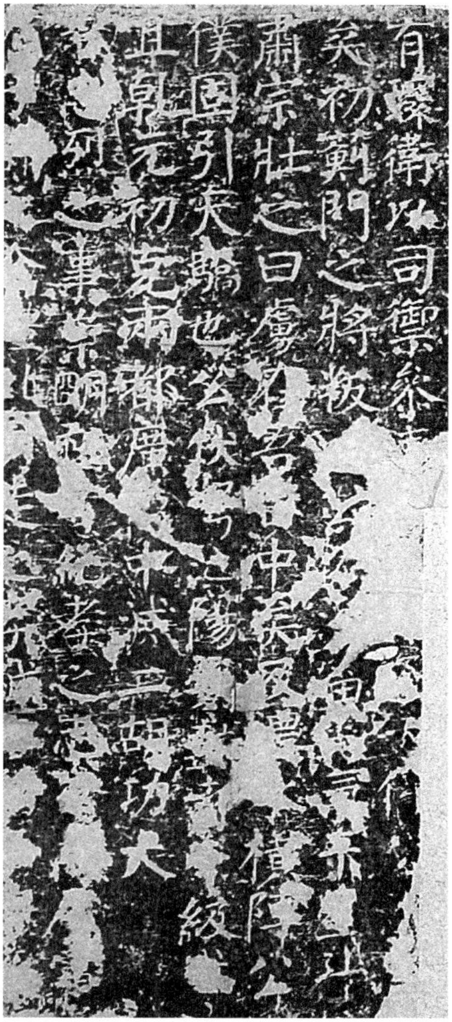

图5-50 《马璘残碑》（拓本，局部）

《慧坚禅师碑》：唐元和元年（806）刻。螭首方趺，高254厘米，宽91厘米。徐岱撰，孙藏器书。碑题“唐故招圣寺大德慧坚禅师碑铭并序”。碑文29行，满行65字，行书。额题“唐故招圣寺大德慧坚禅师碑”，隶书（图5-51）。慧坚禅师和他所在的长安招提寺，均不见于史籍佛典。据碑文，慧坚禅师俗姓朱，陈州淮阳（今河南淮阳）人。弱冠出家，于洛阳拜于菏泽大师神会门下。“安史之乱”后西至京师，止化度、慧日二寺。贞元间见知于德宗，“诏

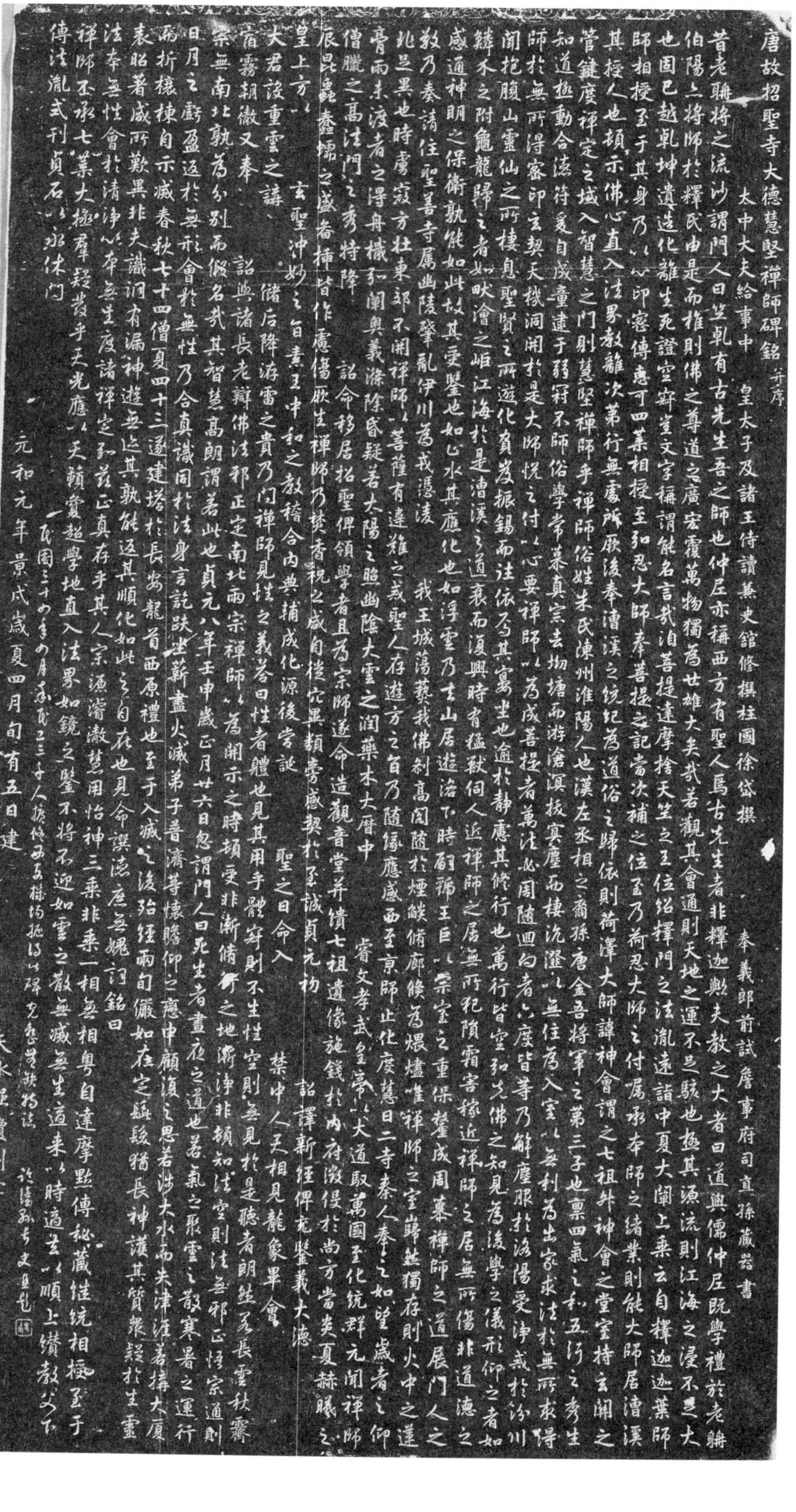

图5-51《慧坚禅师碑》（拓本）

译新经，俾充鉴义”，俨然是七祖神会的嫡传。撰文者徐岱，字处仁，苏州嘉兴人，两《唐书》有传。书者孙藏器，史籍不载，除此碑外，西安碑林还藏有近年所出的其所书的两方墓志。此碑是慧坚去世 15 年后所刻，是一篇关乎唐代禅宗史的珍贵文献，因其出土较晚，不见于金石著录，受重视不够。孙藏器之行书，出自《集王圣教序碑》，埋藏地下千余年，字画犹如新刻。碑末空处加刻民国三十四年（1945）临潼县长史直题记一行，记此碑为当时“扩修西安机场掘得”，出土地即西安西郊老机场，遂移置新城小碑林，1948 年入藏西安碑林。

最后，将陕西省历史博物馆时期西安碑林新入藏碑石列表如下：

表十三　　陕西省历史博物馆时期（1944—1949）新入藏碑林碑石目录

碑名	时代	撰书者	书体	石数	出土地或原存放地	入藏碑林时间
武都太守等题名残碑	东汉		隶	1	清乾隆四十四年（1779）整修华岳庙时出土，1929 年移置西安新城小碑林	1948 年
孟显达碑	隋开皇二十年（600）		楷	1	1910 年长安县南里王村唐韦顼墓出土（被改作石椁盖），后存西安湘子庙街	1948 年
美原神泉诗序碑	唐垂拱四年（688）	韦元旦等序，贾言淑等作诗，尹元凯书	篆	1	原在富平县美原镇，1929 年移置西安新城小碑林	1948 年
述圣颂碑	唐开元十三年（725）	达奚珣撰序，吕向撰颂并书	隶	1	原在华岳庙，1929 年移置西安新城小碑林	1948 年
告华岳文	唐天宝元年（742）	韩赏撰，韩择木书	隶	1	刻在《述圣颂碑》碑阴	1948 年
颜勤礼碑	唐大历十四年（779）	颜真卿撰并书	楷	1	1922 年原清布政司署旧址出土，1929 年移置西安新城小碑林	1948 年
马璘残碑	唐大历十四年（779）	程浩撰，颜真卿书，韩秀实题额	楷	1	清光绪十七年（1891）原清布政司署旧址出土，后原地保存	1947 年

续表

碑名	时代	撰书者	书体	石数	出土地或原存放地	入藏碑林时间
慧坚禅师碑	唐元和元年（806）	徐岱撰，孙藏器书	行	1	1945年西安西关机场工地出土，遂移置西安新城小碑林	1948年
重修文昌台记碑	五代周显德五年（958）	刘从乂撰并书	楷	1	原在西安市社会路清布政司署旧址	1947年
华严法界观残碑	北宋	考残存文字及书法，应为梦英书	楷	1	1929年西安新城西门外出土，遂移置西安新城小碑林	1948年
修西协记碑	明嘉靖十九年（1540）	尹嗣忠书	楷	1	原在西安市社会路清布政司署旧址	1947年
水调歌头词	明	杨觐光书	楷	1	原在西安市社会路清布政司署旧址	1947年
复置颜柳碑记	清雍正十二年（1734）	杨馝撰并书	楷	1	原在西安市社会路清布政司署旧址	1947年
黄庭坚诗帖	清咸丰三年（1853）	黄庭坚书，倪人垧上石并跋	行	1	原在兴平县，1929年移置西安新城小碑林	1948年
经锄堂法帖	清咸丰三年（1853）	董其昌、翁方纲、刘墉书，倪人垧上石	行、楷	12	原在兴平县，1929年移置西安新城小碑林	1948年
增置颜柳碑记	清光绪十七年（1891）	陶模撰并书	楷	1	原在西安市社会路清布政司署旧址	1947年
陕西新城小碑林记	民国十七年（1928）	宋伯鲁撰并书	楷	1	原在西安新城小碑林	1948年
小碑林记	民国十八年（1929）	毛昌杰撰并书	楷	1	原在西安新城小碑林	1948年
小碑林记	民国十八年（1929）	宋联奎撰并书	楷	1	原在西安新城小碑林	1948年

陕西省历史博物馆在研究方面也做了不少工作。1947年2月，陕西省历史博物馆铅印出版了曹仲谦作序的《西京碑林藏石目录》一书。1948年5月底，该馆研究出版组完成了《鸳鸯七志斋》志石的全部录文工作，编成《鸳鸯七志斋志石汇编》，当时因经费无着，未能出版，曾油印十五份，“发送博

雅君子，互相参证，俾免贻误，决为定本，再行出版”[①]。数年前西安碑林博物馆整理馆藏善本图书，发现前辈们所编《鸳鸯七志斋志石汇编》的原稿仍在，毛笔手书誊清，装订成数十册。笔者看到那发黄的纸页，工整的笔迹，心中感慨不已，当年前辈们付出的心血，终于没有被完全湮没。另外，1949 年 2 月，该馆还铅印出版了《陕西省历史博物馆概况及藏品照片册》。从当时馆里的人力、财力看，能完成以上工作，实属不易。就在陕西省历史博物馆 1948 年 6 月份工作报告中，研究出版组项下称：“七志斋志文至上月底抄录完毕，自本月起抄录碑林各室碑文。”[②]当时馆中不过寥寥数人，经费捉襟见肘，可他们着眼的和实际进行的，却是如碑刻录文这样繁难的基础性工作。与如此敬业的先辈们相比，今人动辄耗费大量人力财力，以做表面文章为能事，反躬自省，不该汗颜吗？

根据 1948 年 4 月该馆填报的《陕西省县市文献报告表》，当时陕西省历史博物馆的全部藏品为：石碑 1641 块，古物 946 件，书籍 4710 册，杂志 4606 册，图册 11 份，拓片 1194 份[③]。看来，除了西安碑林的碑刻，其他馆藏文物数量很小。另据该馆 1948 年每月工作报告中（缺 12 月份）所反映的参观人数统计，全年来馆参观者总计 7075 人次。

总之，直到民国时期结束，陕西省历史博物馆始终未能获得发展的机遇。1949 年初，全馆在册人员为：馆长 1 人，主任 2 人，干事 3 人，共 6 人；加上四名工友，也不过十人[④]，当时之窘况可以想见。也正在这时，中国大地上正经历着翻天覆地的巨变，黑暗的尽头应该是光明，古老的中华民族又一次迎来了历史的新纪元。而饱经沧桑的西安碑林，也在期待着巨变之后的柳暗花明。

①民国三十七年十一月二十三日陕西省历史博物馆呈教育厅历总字第一九七号公函。见陕西省档案馆藏碑林旧档，全宗号 44，目录号 1，案卷号 31。

②见陕西省档案馆藏碑林旧档，全宗号 44，目录号 1，案卷号 31。

③此报告表见陕西省档案馆藏碑林旧档，全宗号 44，目录号 1，案卷号 31。

④ 1949 年初物价飞涨，该馆员工工资改为发放实物，其员工人数据《陕西省历史博物馆领发三十八年一、二两月员工面粉领讫盖章证明册》可知。西安碑林博物馆藏碑林旧档。

第六章

中华人民共和国成立后的西安碑林

1949年中华人民共和国成立，中国历史又翻开新的一页。10月1日开国大典，毛泽东和他的战友们一起，登上北京天安门城楼，以胜利者的姿态向全中国和全世界宣告：中华人民共和国中央人民政府成立了！这是一个历史性的时刻。持续了3年的国共内战，至此胜败已定，刚刚落下帷幕的中国人民政治协商会议（新政协），确定了人民共和国新国号，定都北京，组成了新的中央政府，并通过了具有临时宪法地位的《共同纲领》。饱经战乱的中华大地上，四万万各民族同胞，共同企盼着一个新的开始，企盼着一个民主、富强的新中国。

在开国大典的万众欢呼声中，第一面五星红旗升起来了。它象征着任人欺凌、任人宰割的百年屈辱终于过去，中华民族终于又在全世界面前挺直了腰杆，昂起了头颅。尽管她当时衣衫褴褛，面黄肌瘦，可她勇敢地面对着整个西方资本主义世界敌视和封锁，维护着自己失而复得的独立和尊严。

新生的人民共和国，按照自己所选择的社会主义道路，在一穷二白的基础之上，开始了建设现代化国家的伟大事业。短短十几年间，一个小农经济的落后的农业国，勒紧裤带，自力更生，奠定了自己工业化的基础。虽然传统中国走向现代化的道路依然漫长，虽然前进的路上发生了曲折和反复，但共和国成立60余年来所发生的翻天覆地的变化，尤其是改革开放30余年取得的巨大的经济成就，却有目共睹。随着国家现代化建设的发展和经济实力的增强，文化教育事业和文物博物馆事业越来越受到重视，而经历过千年沧桑西安碑林，也得到了此前任何一个历史时期都无法比拟的发展机遇。

1949年5月20日，中国人民解放军进驻西安。7月，西安市军管会接收陕西省历史博物馆。1950年5月，改馆名为西北历史文物陈列馆，隶属西北军政委员会文化部，馆长仍由曹仲谦担任。

1952年7月，武伯纶接替曹仲谦任馆长。11月，改馆名为西北历史博物馆。1955年西北大行政区撤销。6月，改馆名为陕西省博物馆，隶属陕西省文化局，仍由武伯纶担任馆长（图6-1至6-3）。武伯纶（1902—1991）是当代著名历史学家，陕西文博事业的开拓者和领军人物。其祖籍山东益都，1902年出生于陕西临潼县关山乡武屯村（今属西安市阎良区）。从建国初期接掌陕西省博物馆，到1991年在名誉馆长任上病逝，他的后半生与陕西文物、考古和博物馆事业的发展息息相关，与西安碑林息息相关（图6-4）。在繁忙的领导

图 6-1　西北历史文物陈列馆大门

图 6-2　西北历史博物馆大门

图 6-3　陕西省博物馆大门（20 世纪 50 年代）

和管理工作之余，先生笔耕不辍，著书立说，出版有《西安历史述略》《古城集》《传播友谊的丝绸之路》等专著，并发表大量论文。他和与他同时期的文博界的前辈们，筚路蓝缕，为今天陕西文博事业的繁荣奠定了基础。

从 20 世纪 50 年代起，随着国家第一个五年计划开始实施，各项建设蓬勃兴起，陕西省博物馆也由此进入了一个稳定发展的阶段，而西安碑林始终是博物馆的基础藏品和基本陈列。1961 年，西安碑林被国务院公布为首批全国重点文物保护单位。

图 6-4　武伯纶

1949 年至今这段西安碑林的当代史，不在笔者的研究范围之内。作为个体的研究者，获取当代资料不易，也很难驾驭和把握尺度。这个题目理应留给我们的后代，在时间上拉开一段距离，待各种档案资料充分公开，到那时，由他们在充分占有资料的基础上，去做客观公正地评说吧。在此，只想利用一点篇幅，从藏石和建筑与陈列这两个方面，对1949年以来西安碑林的发展变化，加以粗线条的概括。

第一节　藏石的大量增加和品类的多样化

中华人民共和国成立至今60多年来，西安碑林的发展最值得称道的，是藏石数量的大幅度增加。这一时期入藏碑林的各类碑刻和石刻艺术品的数量，远远超过此前任何一个历史时期。而从藏石的品类看，清代以前以碑石为主，包括石经、各种纪事碑、颂德碑、神道碑、祠庙寺观碑以及宋以后兴起的各类书法刻帖。民国时期，得益于《鸳鸯七志斋藏石》入藏碑林，墓志数量大增，成为碑林藏石的重要品类。1949年后，不仅各代墓志尤其是唐代墓志大量入藏碑林，更有以陵墓石刻、宗教石刻为大宗的大量汉唐石刻艺术品入藏碑林，大大丰富了碑林藏石的内涵。据2006年《西安碑林博物馆藏碑刻总目提要》一书的统计，截至2005年，西安碑林所藏碑石、墓志、经幢、造像（只含有铭刻文字者）共计1842种，3187石[1]。

一、新入藏碑石

就碑石而言，1949年后新入藏碑林的就有六十余种。东汉《苍颉庙碑》《曹全碑》《仙人唐公房碑》，前秦《邓太尉碑》《广武将军碑》，北魏《司马芳残碑》《晖福寺碑》等原来碑林所缺的唐以前碑石，都是近些年来入藏碑林的。新入藏的唐碑则有褚遂良书《同州圣教序碑》，颜真卿书《郭氏家庙碑》《臧怀恪碑》，柳公权书《迴元观钟楼铭》等等。下面择其要者略加介绍：

《仓颉庙碑》：东汉延熹五年（162）刻。碑为圭形，有穿，高147厘米，宽79厘米，两面、两侧均刻文字，均为隶书。因风化剥落严重，碑文仅存200余字。（图6-5）此碑系衙县（今陕西白水县东北）令孙羡奉左冯翊太守刘明

①陈忠凯、王其祎、李举刚、岳绍辉编著《西安碑林博物馆藏碑刻总目提要》，北京线装书局，2006年。

府之命，为传说中汉字的创始者仓颉立祠刊石。据残存文字判断，正面碑文是对仓颉造字之功的颂赞及对刘明府德政的赞誉；碑之左侧记孙羡仕途经历及迁衙令后立祠刊石之缘由；左侧所余部分及碑阴并右侧，则刻其掾属姓名、籍贯和出钱数。此碑宋代时便为金石学家所重视，欧阳修《集古录跋尾》、赵明城《金石录》等宋代金石著作已有著录。碑原在白水县史官村（即汉代衙县县治所在）苍颉庙旧址，1975年移藏西安碑林。

图 6-5 《苍颉庙碑》

《曹全碑》：东汉中平二年（185）刻。碑为长方形，高 272 厘米，宽 95 厘米。无额，无题。正面碑文 20 行，行 45 字，隶书。碑阴分 5 列刻故吏及三老、义士 57 人姓名、官职和出钱数目，每列行数、字数不等，隶书（图 6-6）。此碑是郃阳县令曹全之门生故吏为其刻立的颂德碑。碑文记述曹全生平经历，与东汉末年历史事件多有涉及，可与史籍相印证。此碑明万历初年出土于陕西合阳县莘里村（汉时郃阳县故城所在），应是刻成后不久便埋没地下，出土时一字未损，宛如新刻。该碑隶书以秀润典丽见称，平和简静，柔中藏刚，被明清两代书家、金石家珍爱，誉为汉石中之至宝。碑出土后不久便移至合阳县城文庙中。康熙十一年（1672）碑身断裂，加之出土后不断椎拓，字画已有残损。1956 年移藏西安碑林。

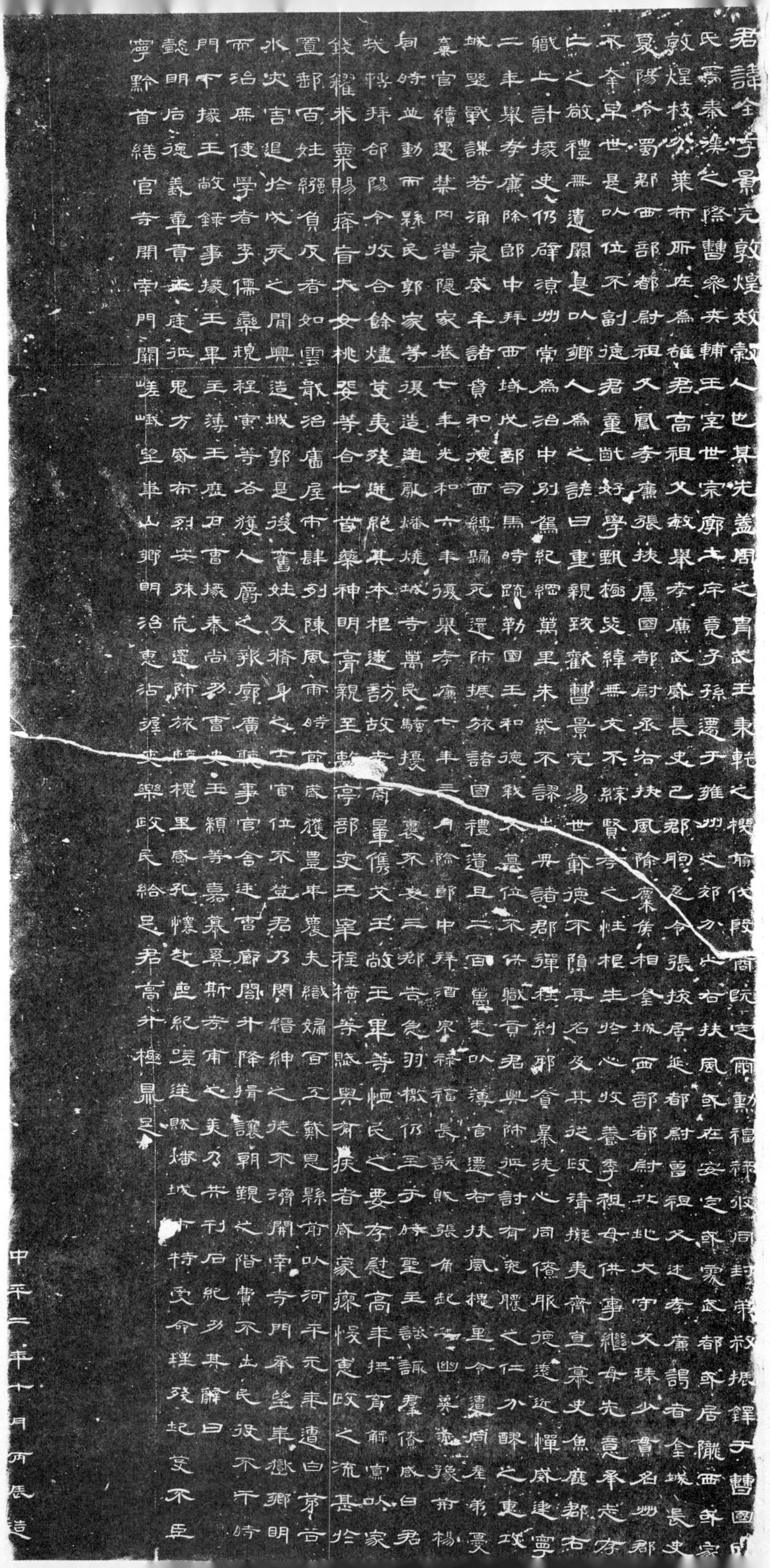

图6-6 《曹全碑》（拓本）

《仙人唐公房碑》：现存碑文未见刻立年月，应是东汉晚期道教初兴之时所刻。圆首方座，高 202 厘米，宽 67 厘米。有穿，有晕。正面碑文 17 行，行 31 字，隶书。碑晕内侧有额题“仙人唐君之碑”6 字，篆书。碑阴有题名 15 行，行字不等，隶书（图 6-7）。碑文大部已漫漶不可识。此碑是汉中太守郭芝重修唐公房庙的纪事碑。按碑文所记，唐公房系汉中郡吏，西汉末王莽当政之居摄二年（公元 7 年），食真人所授神药，得道成仙，并在其师帮助下，携妻子、房宅、六畜翛然升天而去。他还能德佑故乡，当地百姓为其建祠立碑。此“一人得道，鸡犬升天”的故事，亦见于晋人张华《博物志》、葛洪《神仙传》、常璩《华阳国志》，以北魏郦道元《水经注》所记稍详。然记述最早最详者应是此碑，很可能是该故事之“原版”。碑原在陕西城固县许家庙镇唐仙观小学，1970 年移藏西安碑林。

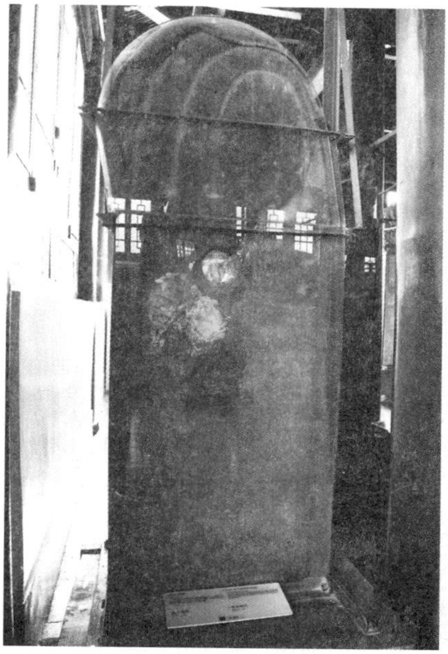

图 6-7 《仙人唐公房碑》

《邓太尉祠碑》：碑为圭形，尖首方座，有穿。高 170 厘米，宽 64 厘米。碑阳原有碑文，应是晋初张冯翊为邓艾建祠时所刻，已漫灭不存。现存碑阴文字，是前秦建元三年（367）郑能进重修邓艾祠时的题记及其属吏题名，隶书（图 6-8）。记文历数当时冯翊护军所统辖的和戎、宁戎、鄜城、洛川、定阳等五部，屠格、上郡夫施黑羌、白羌、高

图 6-8 《邓太尉祠碑》

凉西羌、卢水、白虏、支胡、粟特、苦水等“夷类十二种”，为研究十六国、北朝时期各少数部族内迁关中地区的史实和相互关系，提供了珍贵的史料；而属吏题名则提供了内迁少数部族的汉译姓氏。该碑隶书是十六国时期正体隶书的典型代表。碑原在蒲城县西头乡坡底村，应是当年邓艾祠所在，旁有邓艾墓，系衣冠冢。1972 年移藏西安碑林。

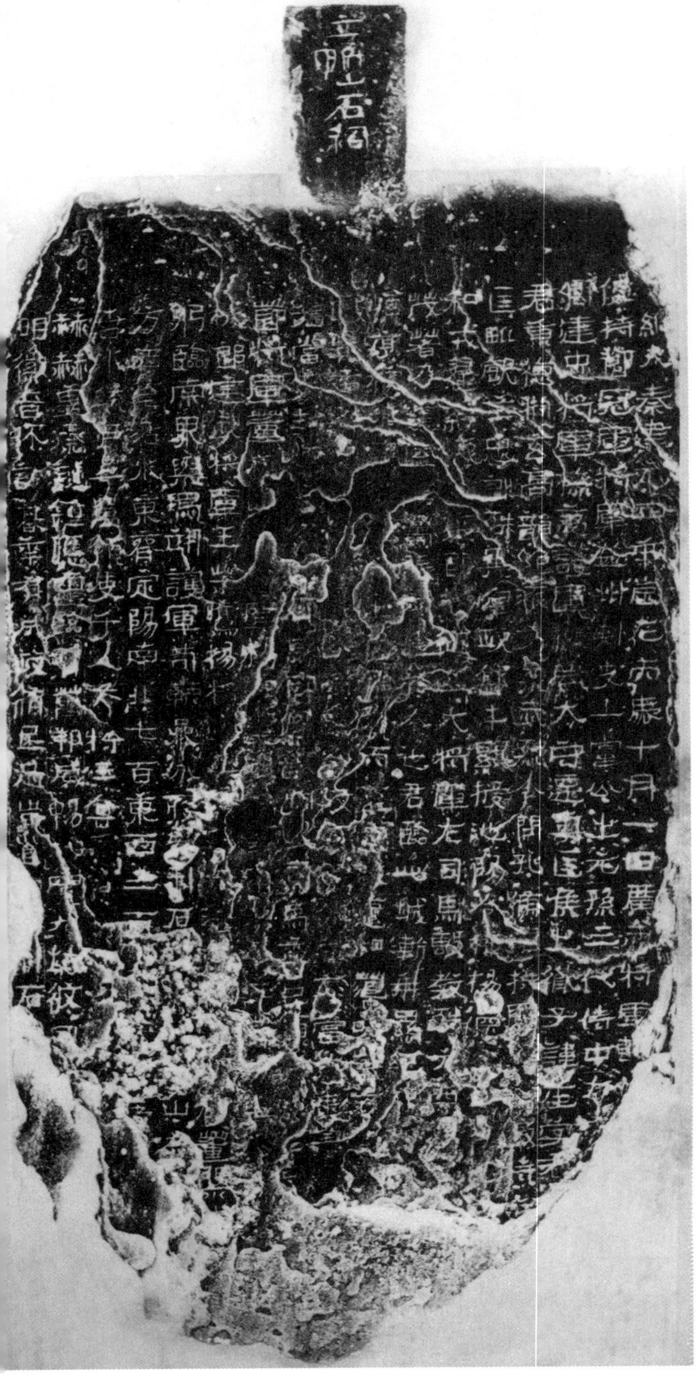

图 6-9 《广武将军碑》（正面，拓本）

《广武将军碑》：前秦建元四年（368）刻。碑为圭形，无穿。高 174 厘米，宽 73 厘米。正面碑文 17 行，行 31 字，额部刻“立界山石祠”5 字；碑阴、碑阴额部、碑左右两侧刻满题名，行字不计。碑阳的下部和中部，碑阴的下部和右部，均剥蚀严重，已无字迹。碑文和题名涉及当时各级文武官秩及其属吏，还有部落系统的部大、酋大、大人等官号，多达数十种，是研究前秦至北朝官制的重要史料（图 6-9）。残存 134 个题名中，从姓氏、官号即可判定是少数部族者，占一半以上。此碑书法为夹杂楷法的不规范的隶书，经过一千多年风化销磨，配以斑驳石花，产生一种朴拙浑厚、渊茂古雅的美感，赢得了清代碑派书法家的高度赞誉，康有为称其“古雅第一”。此碑长期埋没无闻，清乾隆间才被发现。1972 年由陕西白水县纵目镇南彭衙村移藏西安碑林。

《晖福寺碑》：北魏太和十二年（488）刻。螭首方座，高 294 厘米，宽 90 厘米。额下有穿，碑身下部两侧呈弧形对称内收。额题“大代宕昌公晖福寺碑”9 字，篆书阳文。碑文 24 行，满行 44 字，楷书。碑阴刻题名 9 行，行字不等，亦楷书。（图 6-10）碑文记述宕昌公王庆时为“二圣”即北魏文明太后和孝文帝祈福，在其家乡冯翊郡李润镇之北乡（今陕西澄城县北寺村）建造晖福寺“三级佛图”之事。“宕昌”是古代羌族一支，原活动于今甘肃东南部白龙江流域。王庆时即王遇，字庆时，是北魏太和年间大宦官，属渭北内迁之西羌，《魏书》《北史》均有传。清代碑学兴起后，北魏楷书成了碑派书法的楷模，此碑所代表的，正是迁都洛阳之前北魏楷书已经达到的水平，高简古茂，书法艺术价值很高。碑原在陕西澄城县北寺村，1919 年当地驻军为筹军饷，将碑移至澄城县城劝业所，摹拓出售。1971 年移藏西安碑林。

图 6-10　《晖福寺碑》（拓本）

《司马芳残碑》： 约刻于北魏前期。1952 年西安市西大街北广济街口修下水道时偶然发现，随即入藏西安碑林。只存碑身上半截，裂为 4 块，通常称《司马芳残碑》。圆首，饰浮雕蟠螭纹，残高 98 厘米，宽 97 厘米。两面刻字，正面碑文 16 行（存 15 行），每行余 5-15 字不等，隶书；额题“汉故司隶校尉京兆尹司马君之碑颂”4 行 15 字，篆书（图 6-11）。碑阴上部刻属吏题名 14 行，下部应为一篇记文，共 18 行，每行仅存开首 1 — 3 字，亦为隶书。碑主司马芳（《晋书》作司马防）系司马懿之父，亦即晋武帝司马炎之曾祖。此碑是晋故扶风王司马亮之六世孙、刘宋代晋后于泰常八年（423）投降北魏的司马准，为其八世祖追立于长安的，时间应在长安归属北魏的神䴥三年（430）之后。残存碑文及碑阴题名，具有重要的史料价值，而其书体在楷隶之间，笔画锐头尖尾，结字欹侧，别具一格，反映了北魏前期铭刻书体的新旧交替。

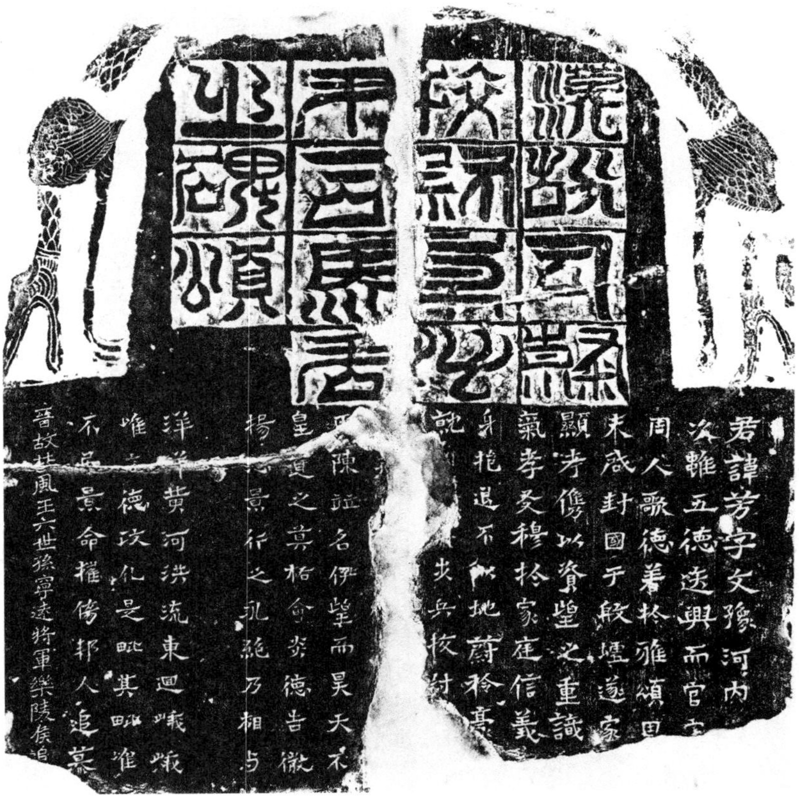

图 6-11 《司马芳残碑》（正面，拓本）

《同州圣教序碑》： 唐龙朔三年（663）刻。《雁塔圣教序碑》刻成10年后，在同州（今陕西大荔）龙兴寺又刻一碑，仍刻太宗《大唐三藏圣教序》和高宗《述三藏圣教序记》，仍为褚遂良楷书，只是二帝序、记合刻一碑，后人称《同州圣教序碑》。螭首方趺，高350厘米，宽113厘米。太宗之序文15行，行58字；高宗之记文12行，行58字，楷书。额题“大唐三藏圣教之序”8字，隶书。（图6-12）碑阴有宋至民国题记12则，其中宋7则，金3则，明及民国各1则。此碑刻立时，褚遂良已被贬斥出京，且已死于谪地5年，或以为是据《雁塔圣教序》重刻，或以为褚遂良生前曾另书此碑，尚无定论，然其为褚书之可靠性当无问题。北宋时曾移至州署，明代又移至本地金塔寺，1970年入藏西安碑林。

《郭氏家庙碑》： 唐广德二年（764）刻。螭首方座，高371厘米，宽126厘米。颜真卿撰并书，代宗李豫题额。正面碑文30行，行58字，楷书。额题“郭氏家庙之碑”6字，隶书。碑阴分三截刻子孙名字职衔，共34行，行字不等，行书（图6-13）。此碑是郭子仪为其父郭敬之建家庙时所立，碑文记述郭氏家族世系颇详，可弥补正史之缺误。郭子仪（697 — 781）“安史之乱”时任朔方节度使，收复长安、洛阳，对唐王朝有再造之功，官至中书令，封汾阳郡王。父以子贵，郭敬之被追赠太保。颜真卿所撰碑文，很大篇幅是对郭子仪功业的赞颂。此碑书法正值颜真卿楷书形成自己独特风格的时期，风骨秀劲，有别于晚年诸碑。此碑北宋时已见于金石著作，称其在“京兆府廨”。之后近千年或仆或立，一直在原地未动。1950年由陕西布政司署旧址移藏西安碑林。

《臧怀恪碑》： 唐大历三年至六年（768—771）刻。螭首方座，高467厘米，宽134厘米。颜真卿撰并书，李秀岩模勒。碑文28行，行58 — 64字不等，楷书。额题“唐故东莞臧公神道碑”9字，篆书。（图6-14）碑主臧怀恪，两《唐书》无传。据碑文可知，他开元间官至陇右节度副使、关西兵马使，驻屯河西，“吐蕃不敢东向者累年”。其子臧希让“安史之乱”中有功于唐室，肃宗、代宗朝官至渭北节度使，封鲁国公，臧怀恪父以子贵，死后三次被追封。碑下半截字迹剥蚀残损颇多，但上半截相当完好，字迹清晰，锋颖毕见，颇受后世喜爱。书碑时颜真卿六十左右，其楷书方折用笔渐少，圆转笔法更多，表现了颜体楷书发展的阶段性。此碑原立于三原县臧怀恪墓前，1980年移藏

图 6-12 《同州圣教序碑》（拓

西安碑林。

《迴元观钟楼铭》：唐开成元年（836）刻。石为横置，高 60 厘米，宽 124 厘米。令狐楚撰文，柳公权书。碑题“大唐迴元观钟楼铭并序”，刻文 41 行，满行 20 字，共计 761 字，楷书。（图 6-15）碑文记述迴元观始建于至德元年（756），此前为唐玄宗赏赐给安禄山的宅第。大和四年（830）创建钟楼，以悬置文宗所赐铜钟。此碑的埋没，当与唐末五代战乱有关。柳公权是晚唐著名书法家，后世将其与颜真卿并称，同为唐代楷书代表人物，有“颜筋柳骨”之谓。此碑埋没千年而重现人间，是今人所能见到的柳书碑刻中最完整的一块，字口清晰如新刻，柳书筋骨显露、锋芒凌厉的个性特征，因其久埋地下绝少椎拓磨损而更为显著。此石原应嵌置于长安城安仁坊迴元观钟楼壁间。1986 年化工部第六设计院基建施工时出土，随即入藏西安碑林。

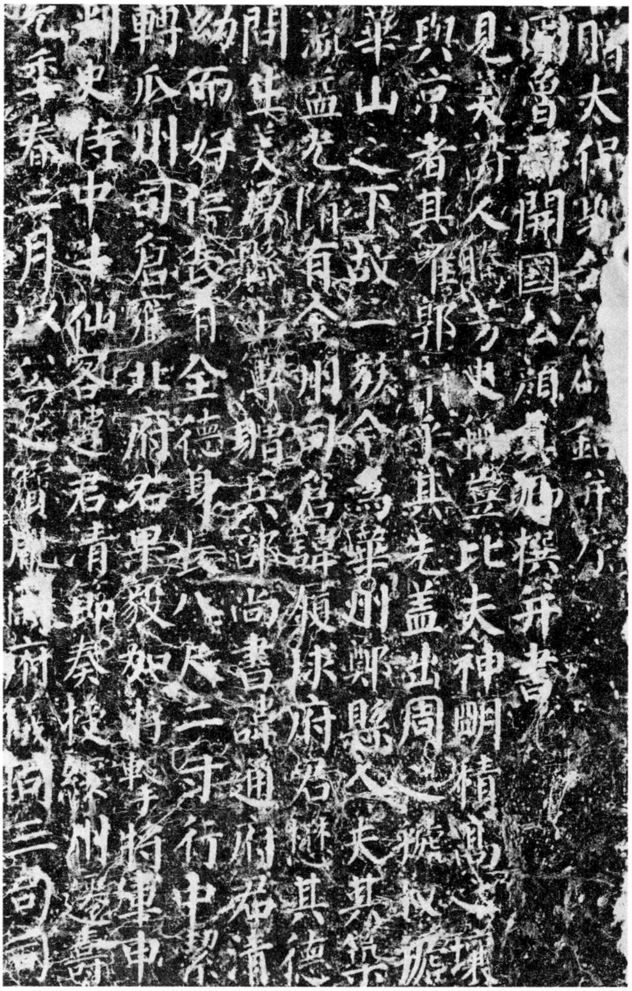

图 6-13 《郭氏家庙碑》（拓本，局部）

此外，还有曹魏《正始石经》残石、隋《赵芬残石》、唐《智该法师碑》《李愍碑》《李畅碑》《杨孝恭碑》《李夷简家庙碑》《梁匡仁碑》《道德寺碑》，以及北宋《德应侯碑》《折继闵神道碑》《折可行神道碑》《归去来辞诗刻石》等等，恕不一一述及。

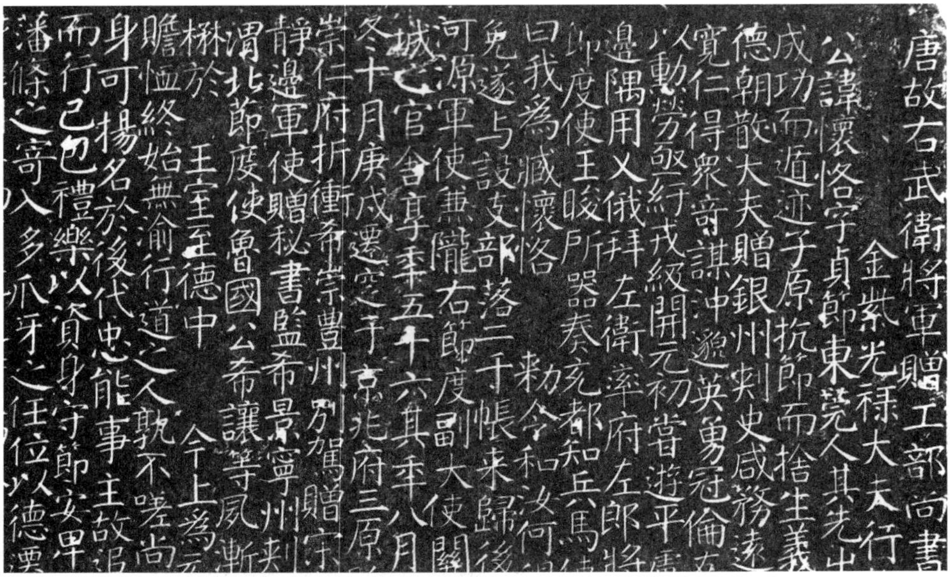

图 6-14 《藏怀恪碑》（拓本局部）

二、新入藏墓志

今日碑林藏石，除碑石为大宗外，各代墓志已占去半壁江山。从 20 世纪 50 年代开始，随着国家基本建设的大规模进行和考古工作者有计划地科学发掘，西安及附近地区有大量古墓葬被发现，其中尤以唐墓为多。据中国社科院考古所编《唐长安城郊隋唐墓》[1]，截至 1980 年，被清理的唐墓已达两千余座。而改革开放以来，城市建设和房地产开发规模更大，被发现和清理的唐墓应该更多。通常情况下，墓中多有墓志出土，这为碑林的墓志收藏提供了源源不断的补充。在《鸳鸯七志斋藏石》入藏碑林之前，碑林所藏墓志很少，而于右任所捐者，又多为北朝和隋墓志，20 世纪 50 年代以来新入藏的唐代墓志，恰好填补了碑林藏志的缺项。据统计，截至 2005 年，碑林已收藏历代墓志 1053 种，其中唐墓志就有近 600 种[2]。如今又历 10 年，相应的数字还在增

①中国社会科学院考古研究所编著《唐长安城郊隋唐墓》（考古学专刊丁种第 22 号），文物出版社，1980 年。

②陈忠凯、王其祎、李举刚、岳绍辉编著《西安碑林博物馆藏碑刻总目提要》，北京线装书局，2006 年。

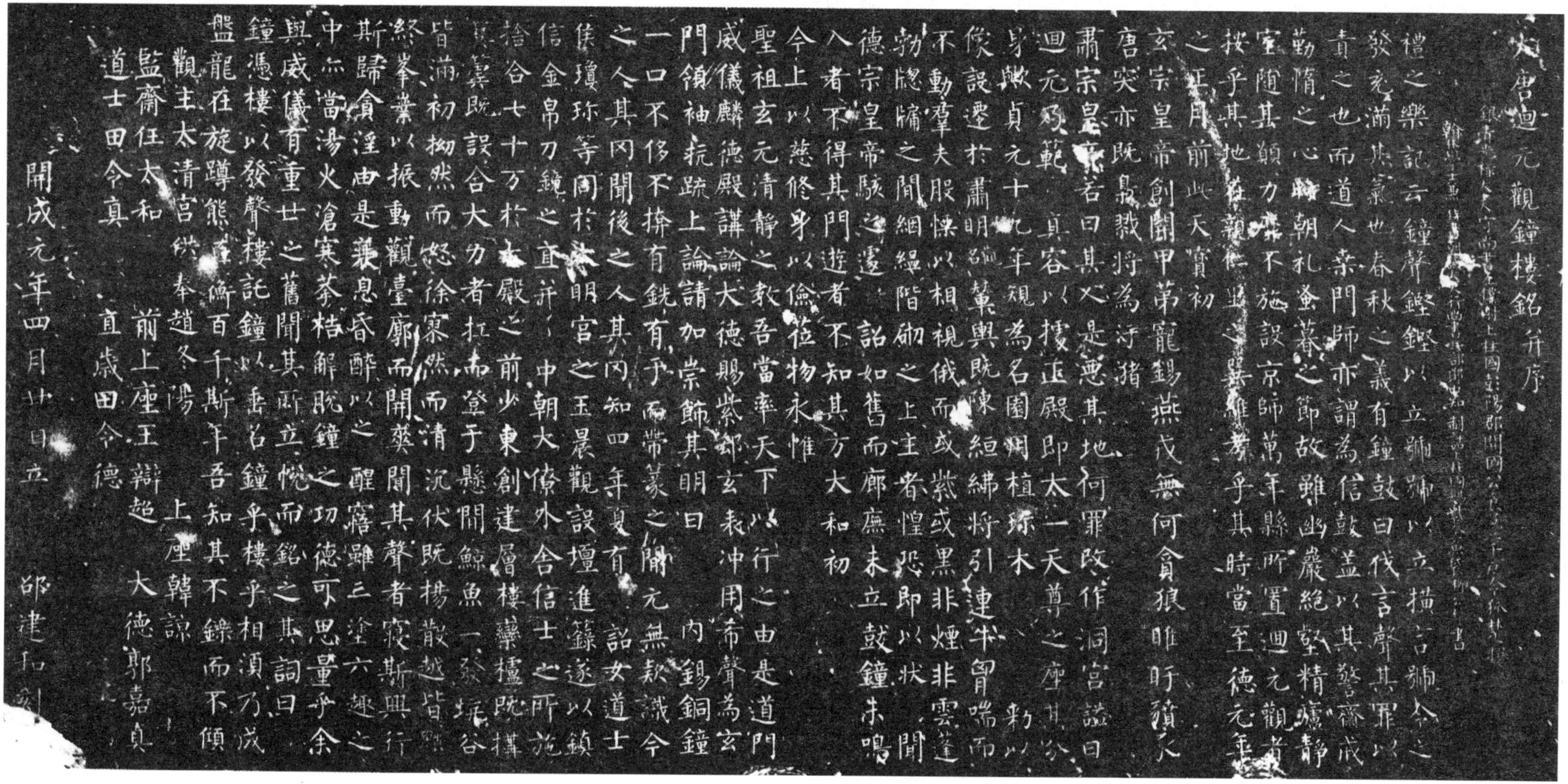

图 6-15 《迴元观钟楼铭》（拓本）

加。由于西安地区是唐代京畿之地，所发现唐墓的墓主多为当时的贵族和高官显宦，其墓志的史料价值很高，如《李寿墓志》《李爽墓志》《李凤墓志》《阿史那毗伽特勤墓志》《杨执一墓志》《南川县主墓志》《张去奢墓志》《苏谅妻马氏墓志》，以及近年才入藏的《韦应物墓志》《郭晞墓志》《康王李汶墓志》《似先义逸墓志》《庆王李沂墓志》等等[①]。这些墓志对研究唐代的政治、经济、文化、风俗，研究唐长安城的建置和坊里布局，研究唐代中原与边疆少数民族的关系以及中西文化交流，均有重要的学术价值。（图 6-16 至 6-28）

限于篇幅，这里不再对具体的墓志进行介绍。对碑林所藏各代墓志的著录和研究，多以论文的形式刊载于各考古、文博刊物上，如《考古》《文物》《考古与文物》及《碑林集刊》等，读者如果需要，自可去查阅。关于碑林所藏墓志的总体情况，可参见历年来所编碑林碑目，如 1963 年陕西省文物管理委员会、陕西省博物馆所编《西安碑林》一书，附有《西安碑林藏石简目》，收录碑石、墓志 1119 种[②]。又如 1983 年李域铮、赵敏生、雷冰编著《西安碑林书法艺术》一书，附有《西安碑林藏石细目》，收录碑石、墓志、经幢、造像、线刻画碑 1698 种，其中墓志 869 种[③]。相比之下，收录最全、编纂最为精当的，当属 2006 年陈忠凯、王其祎、李举纲、岳绍辉编著的《西安碑林博物馆藏碑刻总目提要》，收录碑石、墓志、造像、经幢 1842 种，其中墓志 1153 种，囊括了 2005 年之前入藏碑林的全部墓志。

近年来，西安碑林的研究人员编辑出版了多种大型图录，图文并茂，向社会公布了馆藏北朝、隋唐墓志的资料，供学界研究利用，发挥了馆藏文物的社会服务功能。如 1988 年出版的张伯龄所编《北朝墓志英华》，选取者为《鸳鸯七志斋藏石》中的精品[④]。1991 年出版的《隋唐五代墓志汇编 · 陕西卷》（共 4 册），其第 1、2 两册以西安碑林藏品为主，由王仁波、贺忠辉主编，其中有

①赵力光《西安碑林新入藏墓志略论》，刊于《碑林》集刊第 15 辑，三秦出版社，2009 年。

②陕西省文物管理委员会、陕西省博物馆编《西安碑林》（附碑林藏石目录），内部铅印，1963 年。

③李域铮、赵敏生、雷冰编著《西安碑林书法艺术》，陕西人民美术出版社，1983 年。

④张伯龄编《北朝墓志英华》，三秦出版社，1988 年。

图 6-16 《吕他墓表》

图 6-17 《李和墓志》（拓本，局部）

图 6-18 《李寿墓志》

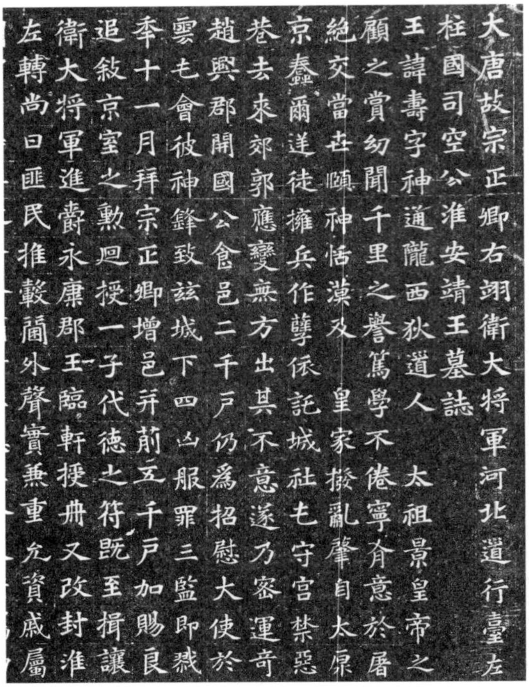

图 6-19 《李寿墓志》（拓本，局部）

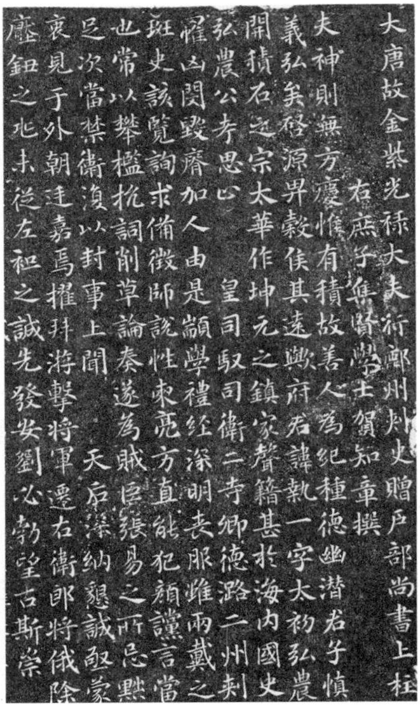

图 6-20 《杨执一墓志》（拓本，局部）

图 6-21 《阿史那毗伽特勤墓志》（拓本，局部）

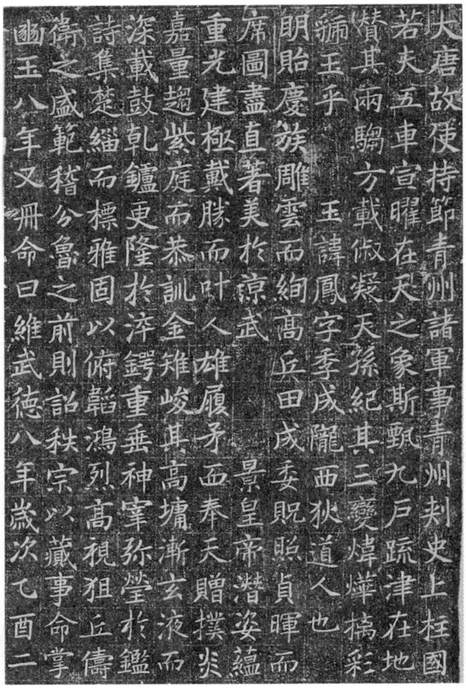

图 6-22 《李凤墓志》（拓本，局部）

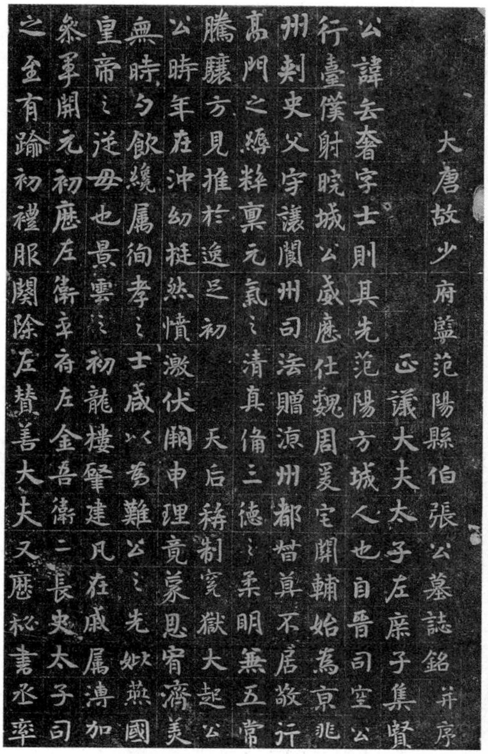

图 6-23 《张去奢墓志》（拓本，局部）

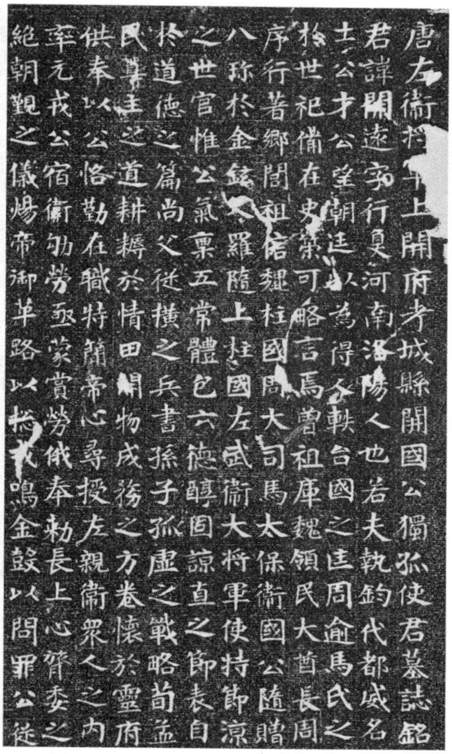

图 6-24 《独孤开远墓志》（拓本，局部）

大量 20 世纪 50 年代以来新入藏的唐代墓志[①]。1995 年赵力光所编《鸳鸯唐代墓志七志斋藏石》出版，这是于右任捐归碑林的《鸳鸯七志斋藏石》的全本[②]。1999 年西安碑林博物馆编、高峡主编《西安碑林全集》出版，收录碑林藏墓志近 800 种[③]。2007 年西安碑林博物馆编、赵力光主编《西安碑林博物馆新藏墓志汇编》出版，收录了 1980—2006 年间新入藏碑林的北朝、隋唐、宋

①王仁波、贺忠辉主编《隋唐五代墓志汇编·陕西卷》（共 4 册）第 1、2 册，天津古籍出版社，1991 年。

②赵力光编《鸳鸯七志斋藏石》，三秦出版社，1995 年。

③西安碑林博物馆编、高峡主编《西安碑林全集》，广东经济出版社、海天出版社，1999 年。

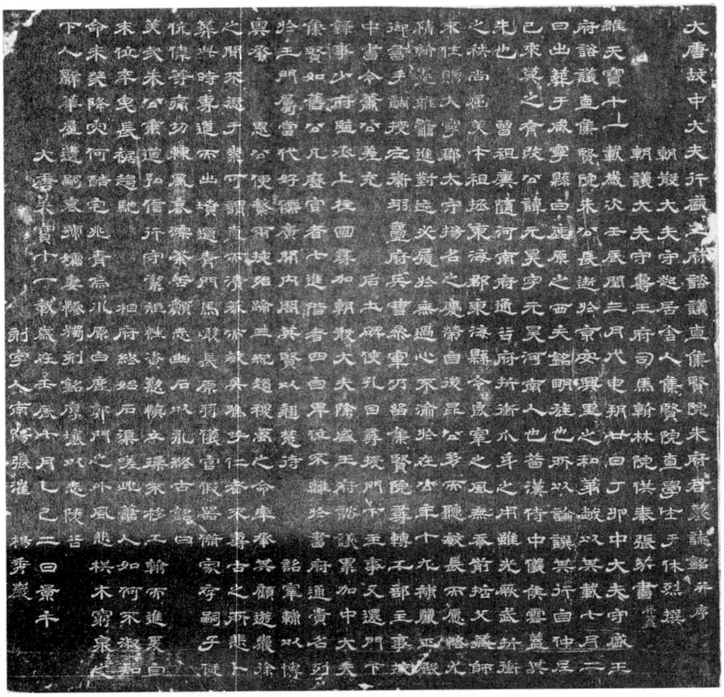

图 6-25 《朱元昊墓志》

图 6-26 《南川县主墓志》

图 6-27 《康王李汶墓志》

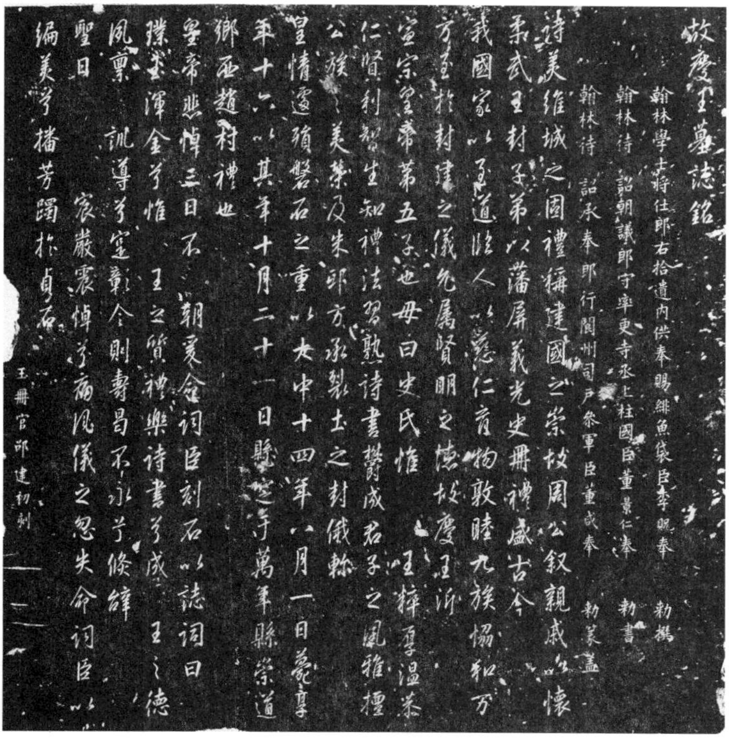

图 6-28 《庆王李沂墓志》

元墓志381种，其中唐代墓志占绝大多数，达346种[1]，反映了改革开放以来西安碑林博物馆墓志征集工作的新成果。另外，碑林所藏墓志的图版，还见于赵万里《汉魏南北朝墓志集释》，北京图书馆金石组编《北京图书馆藏中国历代石刻拓本汇编》，中国文物研究所、陕西省古籍整理办公室编《新中国出土墓志·陕西卷贰（上下）》[2]等大型图书中。

碑林所藏墓志的录文，见于周绍良、赵超主编《唐墓志汇编》、赵超《汉魏南北朝墓志汇编》、毛汉光《唐代墓志铭汇编附考》和陕西省古籍整理办公室所编《全唐文补遗》（1—9辑）[3]等石刻文献汇编中。在此值得特书一笔的是，新近出版的王其祎、周晓薇《隋代墓志铭汇考》（全六册），是碑林墓志整理研究的重要成果[4]。该书以碑林藏志为基础，广泛搜罗，收录全国范围内隋代墓志651种，有图版，有录文，有题跋，考释精当，体例科学，把零星出土的石刻文献汇聚起来，服务于学界，而这正是碑林藏石整理研究所应遵循的方向。

三、石刻艺术品

西安碑林所藏汉至隋唐的石刻艺术品，绝大部分是1949年之后陆续入藏的，它们使碑林藏石的内涵更加丰富，为西安碑林增添一笔浓重的艺术色

---

①西安碑林博物馆编、赵力光主编《西安碑林博物馆新藏墓志汇编》，北京线装书局，2007年。

②赵万里《汉魏南北朝墓志集释》（十卷补遗一卷），科学出版社，1956年；北京图书馆金石组编《北京图书馆藏中国历代石刻拓本汇编》，中州古籍出版社，1989年；中国文物研究所、陕西省古籍整理办公室所编《新中国出土墓志·陕西卷贰（上下）》，文物出版社，2003年。

③周绍良、赵超主编《唐墓志汇编》（全二册），上海古籍出版社，1993年；赵超《汉魏南北朝墓志汇编》，天津古籍出版社，1992年；毛汉光《唐代墓志铭汇编附考》（十八册），台湾中研院历史语言研究所1984—1994年陆续分册出版、发行；陕西省古籍整理办公室编，吴钢主编《全唐文补遗》（1—9辑），三秦出版社，1994—2007年陆续出版。

④王其祎、周晓薇《隋代墓志铭汇考》（全六册），线装书局，2007年。

彩[1]。

1. 陵墓石刻

碑林现藏的石刻艺术品，大致可分为陵墓石刻和宗教造像两大类。陵墓石刻有地下的，即装饰墓室的画像石、石墓门和作为葬具的石棺、石椁等；也有地面上的，即陵墓前神道两侧的石人、石兽等仪卫性石刻，以及陵园内的纪念性石刻。碑林所藏陵墓石刻之精彩者，均陈列于碑林广场西侧的“西安石刻艺术室”。

进入序厅，首先看到的是一对被称为“辟邪”的东汉圆雕石兽，其形象综合了狮、虎的特征，昂首鼓胸，曲腰疾走，怒目圆睁，四肢强健有力，是东汉石雕中的上乘之作。（图 6-29、6-30）接下来陈列的是馆藏陕北东汉画像石中的精品。东汉画像石是当时墓室、墓祠的一种石刻装饰，山东、河南、四川、江苏等地均有发现。出自陕北者，是东汉上郡地区的遗物，以绥德、米脂出土最多。其风格质朴简洁，题材丰富多样，富于生活气息和乡土气息。如牛耕图、放牧图、狩猎图、出行图、宴饮图、蹴鞠图等，以及画面中大量家养和野生的动物形象，反映了东汉时期陕北高原农牧业地区的社会生活面貌。

图 6-29　东汉石兽之一

图 6-30　东汉石兽之一

①关于西安碑林所藏石刻艺术品，可参见陕西省博物馆编《陕西省博物馆藏石刻选集》，文物出版社，1957 年；陕西省博物馆、陕西省文物管理委员会编《陕北东汉画像石刻选集》，文物出版社，1959 年；陕西省博物馆编《陕西省博物馆》（大型图册），文物出版社、日本讲谈社，1983 年；陕西省博物馆编、王仁波主编《陕西省博物馆藏宝录》（中国珍宝鉴赏丛书之一），上海文艺出版社、三联书店（香港）有限公司，1995 年。

图 6-31 四神墓门

图 6-32 流云狩猎图

图 6-33　孔子见老子图

图 6-34　牛耕谷物图

其神话传说题材也相当丰富，如西王母、东王公、羽人、应龙、玉兔等等，则是当时人们精神生活的反映。（图 6-31 至 6-34）

唐代的陵墓石刻雕工精湛、恢宏大气，折射出当时中华民族开放自信、进取向上的时代精神。展厅中的永康陵蹲狮，李寿墓石墓门、石椁，献陵石犀、石虎，昭陵六骏，昭陵石狮等等，无不给参观者留下深刻的印象。

李寿石椁 1973 年出土于陕西三原县陵前乡，是一座由 28 块青石板构建成的歇山顶式石屋，前有两扇可以开合的石门。外部用减地平雕并以粗线条加饰细部的手法，刻四神、文武侍从、骑龙驾凤的仙人等画面；椁内以阴线刻男女侍从、乐伎舞伎、星象图等。李寿是唐高祖李渊的堂弟，在开国的征战中立有战功，得以陪葬高祖献陵。李寿墓志通体雕作龟形，以龟背甲为志盖，刻篆书志题，盖下刻楷书志铭，其形制十分罕见。（图 6-35、6-36）

献陵石犀躯体硕壮，重达 10 吨，原立于陕西三原县唐高祖李渊献陵前。唐代的能工巧匠以简洁凝炼的刀法，用几条粗壮的线条，再现了犀牛的形象特征，整体比例准确，生动逼真。中国并不产犀牛，汉唐史籍中有外邦向中国赠送犀牛的记载，这件唐朝开国皇帝陵墓前的石犀，不仅是古代石雕艺术珍品，也是中外文化交流的见证物。（图 6-37）

昭陵六骏的名气非常大，是唐太宗李世民为了纪念当年驰骋疆场时为他立下战功的六匹战马，在修建昭陵时，下令把它们镌为真形，置之左右。相传是由唐代著名画家阎立本绘制样稿，选派最好的刻工精雕细刻，刻成后李世民还为它们分别写下赞语。六骏最初置于昭陵北司马门内祭坛东西两侧的庑房中，东侧为特勤骠、青骓、什伐赤，西侧为飒露紫、拳毛騧、白蹄乌。民国初年，军阀与古董商勾结，将六骏中的飒露紫和拳毛騧盗运至北京，后由

图 6-35　李寿墓门

图 6-36　李寿石椁

图 6-37　献陵石犀

美国宾夕法尼亚大学博物馆购得，从此流落海外。其余四骏不久后也险些被盗卖，幸而在盗运至西安时被民众发现并拦截下来，遂收藏于陕西省立图书馆，直到1950年入藏西安碑林。六骏以浮雕刻成，造型准确，刀法细腻，生动地刻画出战马矫健的雄姿和坚韧的性格。（图6-38至6-43）

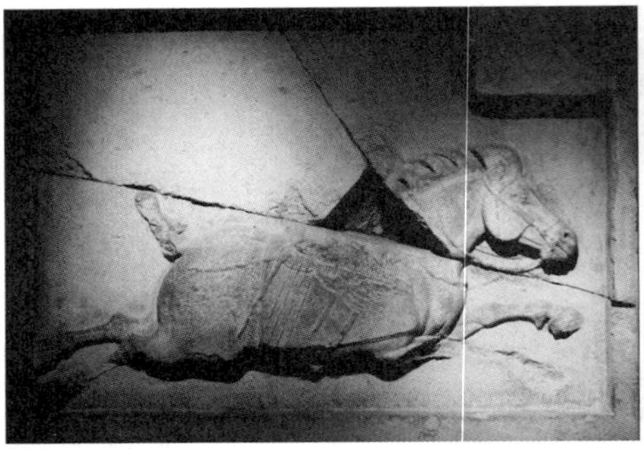

图6-38　昭陵六骏·什伐赤

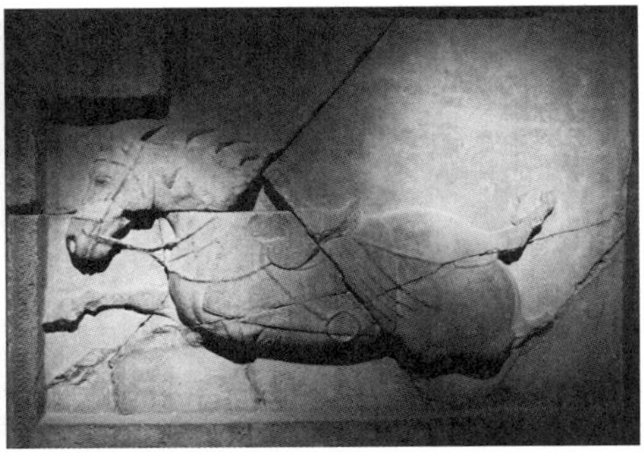

图6-39　昭陵六骏·白蹄乌

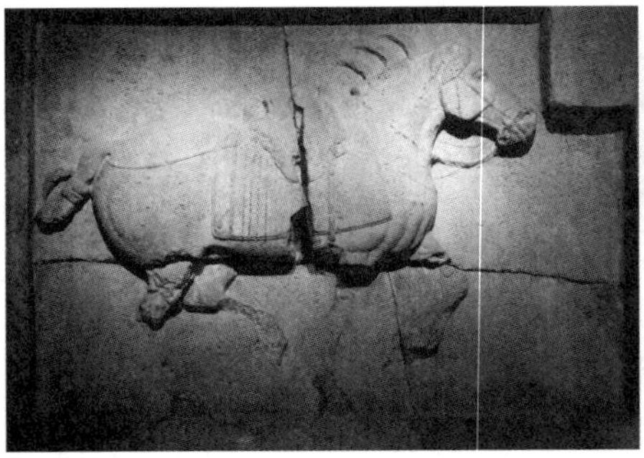

图6-40　昭陵六骏·特勤骠

图6-41　昭陵六骏·飒露紫（复制品）

图6-42　昭陵六骏·拳毛騧（复制品）

图6-43　昭陵六骏·青骓

图 6-44　大夏石马

这里还有一件需要特别加以介绍的珍贵石刻——大夏石马，它陈列于孔庙西庑南端的一座亭中。这件圆雕石马原在西安市长安区查家寨村，1954 年入藏碑林。石马两前腿之间刻有楷书铭文，尚残留“大夏真兴六年岁在甲子夏五月辛酉……大将军……”等字样。大夏是十六国时期南匈奴的后裔赫连勃勃建立的王朝，全盛时据有今陕西北部、内蒙古南部和甘肃一部。413 年筑统万城（今陕西靖边县白城子）为都。418 年，赫连勃勃乘东晋刘裕攻灭后秦之机，南下攻克长安。其长子赫连璝领大将军、雍州牧，受命镇守长安城。真兴六年为 424 年，此石马很可能是赫连璝墓前之物。十六国夏立国仅 25 年，是一个短命王朝，遗物极罕见，这件石马造型简括，风格朴实，是中国早期石雕刻艺术的珍贵遗存（图 6-44）。

2. 宗教造像

碑林现藏的宗教造像已有 400 余种，以佛教造像占绝大多数，也有道教造像和佛道合刻造像。造像的年代始于北魏，迄于明清，而以北朝、隋唐为主。石刻造像的形式，则可分为造像碑和单体造像两大类。在碑林广场东侧，2010 年建成了新的石刻艺术馆，展厅中以“长安佛韵”为题的基本陈列，所展示的就是馆藏北朝、隋唐佛教造像的精品[①]。

造像碑是中土原有的石碑造型,与西来的佛教艺术相结合而产生的一种造像类型，流行于北魏至隋，入唐后便很少见。造像碑的形制有碑形的，于碑面（或碑阴乃至碑侧）开一层或数层佛龛，雕凿佛像，并刻发愿文及供养人姓名，刻供养人像、伎乐飞天和瑞兽图案，如北魏朱辅伯造像碑、朱奇兄弟造像碑（佛道合刻)、茹氏一百人造像碑、邑子六十人造像碑（佛道合刻）等。其形制也有方柱形的，多四面开龛造像，如北魏普泰四面造像碑、朱黑奴造像碑、田良宽造像碑等。有的还在碑面雕刻排列整齐的小型佛像，被称为千佛造像，如北魏杨美问千佛造像碑、西魏释迦多宝千佛造像碑、隋释迦千佛造像碑等。（图 6-45 至 6-52）

图 6-45　北魏朱辅伯造像碑

图 6-46　北魏朱法曜造像碑

①关于碑林藏佛教造像及新建石刻艺术馆的陈列，可参见西安碑林博物馆编、赵力光主编《长安佛韵——西安碑林佛教造像艺术》一书，陕西师范大学出版社，2010 年。

图 6-47　北魏普泰四面造像碑

图 6-48　北魏朱黑奴造像碑

图 6-49　北魏田良宽造像碑

图 6-50　北周释迦弥勒造像碑

图 6-51　隋释迦千佛造像碑

图 6-52　隋千佛造像碑

碑林现藏单体造像的数量要大得多，时代跨度也长。基本形式有背屏式造像、龛式造像和圆雕造像三种。展厅中的北魏和平二年造像、皇兴造像、刘保生夫妇造像等，即为背屏式造像。龛式造像则有北周的杨连熙佛造像等。而最为精彩、题材更加丰富的，是北周和隋唐时期的圆雕造像。北周以后，佛教造像更多圆雕的立体造型，经隋而入唐，佛教造像艺术已从外来的影响束缚中摆脱出来，与汉民族原有的艺术传统相融合，创造出更为本土化的艺术风格，这与佛教中国化的进程大致同步。（图 6-53 至 6-56）兹将单体造像中可圈可点者略举几例：

北魏和平二年造像：1974 年西安市西关王家巷出土。为背屏式造像，高 65.5 厘米，宽 38 厘米。佛结跏趺坐于方形束腰方座之上，面相丰圆，神情宁静端庄。身后为雕刻精美的舟形背光，饰以火焰纹、飞天、草叶纹。背光两侧下部雕两胁侍菩萨。背光背面线刻佛传和佛本生故事，并有旁题如“太子诞生”“行七步生莲”“九龙灌顶”“阿斯陀占相”“婆罗门八人乞白象”等。线刻画最下部刻发愿文数行，漫漶严重，可辨 “□平二年”等字，结合造像风

图 6-53　北周佛头像

图 6-54　唐天王立像

图 6-55　唐佛坐像

图 6-56　唐观音菩萨坐像

图 6-57　北魏和平二年造像

图 6-58　北魏和平二年造像背面

格和题材推断，应为北魏和平二年（461）所刻。（图 6-57、6-58）

北魏皇兴造像： 民国时期出土于陕西兴平县。为背屏式弥勒佛像，高 86 厘米，宽 55 厘米。佛身着通肩圆领袈裟，双手相叠置于胸前，交足坐于二层台座之上。其头光、背光刻饰莲花纹、忍冬纹、小化佛、火焰纹。在背光背面，饰以减地平雕的佛传和佛本生故事，画面分 7 层，每层又分若干格，如一篇生动的连环画。画下刻发愿文 20 行，文中有“遂于大代皇……次辛亥为亡父母并”字样，北魏有“皇兴”年号，“辛亥”为皇兴五年（471），则此像应为北魏皇兴五年所刻。（图 6-59、6-60）

北周武成二年佛立像： 1953 年由渭南县移置西安碑林。圆雕，通高 250 厘米，宽 76 厘米。佛身着圆领通肩袈裟，跣足立于方形覆莲座上。右手已残断，左手牵握衣角。方座四面刻发愿文及供养人像，文中有“武成二年九月十五日，合方邑子等百数人敬造释迦像一区……”，则此像有明确纪年，为北周武成二年（560）所刻。所刻供养人共计 156 人，题名多为少数民族姓氏。（图 6-61）

图 6-59　北魏皇兴造像

图 6-60　北魏皇兴造像背面

图 6-61　北周武成二年佛立像

北周佛立像（五尊）： 2014年西安市灞桥区湾子村一次出土5件大型石雕佛立像，有4件带莲花座，似为一处窖藏，随即移藏碑林。其中一件基座正面刻有发愿文20行，行12字，文末题“大象二年七月廿一日建”，则此件佛像有确切纪年，即北周大象二年（580），而其他4件亦大致同时。五尊佛像形体高大，带座均高2米以上，均身着轻薄袈裟，右手施无畏印，左手牵握衣角，其手印身姿衣纹的刻画，具有北周长安地区佛像的造型特征。4件基座都是方形覆莲座，四侧用减地平雕和线刻手法，刻出神王、伎乐等形象①。（图6-62、6-63）

图6-62　北周佛立像

图6-63　北周佛立像

①关于这五尊北周佛立像的详情，可参阅赵力光、裴建平《西安市东郊出土北周佛立像》一文，刊于《文物》2005年第9期。

唐安国寺遗址出土密宗造像：1959年在今西安城东北隅，即唐长安城长乐坊安国寺遗址，出土了11件密宗造像，均为白石圆雕，有文殊菩萨像、马头明王像、不动明王像、降三世明王像、宝生佛造像、菩萨头像、金刚像等。它们出于距地面约10米深的圆形窟穴，相互叠压，颇多残损，推测是武宗会昌灭佛时遭到破坏并做掩埋处理。这批密宗造像造型别致，雕饰华丽，形象生动，是唐代佛教造像中不可多得的精品。（图6-64至6-68）

唐乐善尼寺遗址出土佛头、菩萨头像：1978年和1983年，西安市西郊空军通讯学校两度在施工中发现佛像窖藏，共清理出40余件佛头、菩萨头像，随即移藏碑林。出土地点应是唐长安城金城坊乐善尼寺遗址，所出者当是该寺遗物。从头像颈部断痕判断，是人为打断后埋入地下的，亦应与武宗会昌灭佛有关。这些头像高度多在30厘米以上，风格多样，造型精美。从其发髻和冠饰判断，或属北朝，或属隋代，或属唐代。（图6-69至6-72）

图6-64　唐金刚像

图6-65　唐菩萨头像

图 6-6　唐文殊菩萨像

图 6-67　唐降三世明王像

图 6-68　唐马头明王像

图 6-69　唐佛头像

图 6-70 唐佛头像

图 6-71 唐菩萨头像

图 6-72 唐菩萨头像

图 6-73　唐残菩萨立像

唐菩萨立像：1958 年西安火车站工地出土。为白石圆雕，头部、双臂、双足已残断，残高 110 厘米，最宽处 42 厘米。此像虽头、臂残断，却不减其艺术魅力。颈佩戴璎珞式颈圈，溜肩细腰，体态丰腴，坦露的胸腹微微隆起，腰身稍稍扭动。衣纹简洁流畅，两条帛带由肩斜披至腰，下束裙带，系于腹前。其造型之美，曲线之美，雕刻之细腻，体现了唐代佛教造像艺术的高超水准。（图 6-73）

唐老君像：这件白石圆雕造像与以上佛教造像不同，它属于中国土生土长的道教，是唐代所刻的老子像，也称老君像，原是唐代华清宫朝元阁内遗物，1963 年移置碑林。像高 190 厘米，台座方形束腰，高 80 厘米，长 153 厘米，宽 145 厘米。无名的唐代艺术家，把这位道家始祖塑造得极富艺术感染力。睿智的哲人身着交领道袍，腰束帛带，正襟危坐，恬静肃穆，仿佛仍在玄思冥想。台座上层雕饰番莲，束腰部分四面浮雕莲花，基座表面刻变形牡丹花。（图 6-74）

这些北朝、隋唐的宗教石刻，不仅是供人欣赏的珍贵的艺术品，也是研究中国艺术史、宗教史、民族史、中外文化交流史的重要史料。通过对石刻造像上佛、道宗教人物和供养人形象的研究，对刻铭文字解读，可以为探讨当

图 6-74　*唐老君像*

时佛教的传播，佛教、道教的对抗和融合，以及民族关系、艺术源流等诸多课题，提供可靠的实物证据。

以上是对中华人民共和国成立至今 60 多年来碑林藏石情况的概述。今天，博物馆馆藏文物都有等级评定，而根据最新的鉴定结果，西安碑林博物馆现拥有国宝级文物 19 件（套），一级文物 272 件（套）。这是一笔巨大的文化财富，它的形成不仅得益于古都西安得天独厚的地利之便，不仅得益于历代前贤的不断搜集保护，同时也是中华人民共和国成立后，各级政府和全社会重视文物保护和博物馆建设的结果。如果想要了解今日碑林藏石的总体状况，可以去看我的同事们编著的《西安碑林博物馆藏碑刻总目提要》，此书前文多次提及，它是截至目前最为详备的碑林藏石总目。有赖于它，本书便可以省却编纂现阶段碑林藏石总目之繁难了。在此，只将中华人民共和国成立后入藏碑林的碑石、墓志及石刻造像中重要者，列表如下：

表十四　　中华人民共和国成立后入藏碑林的重要碑刻及石刻造像

（一）碑石

碑名	时代	撰书者	书体	石数	出土地或原存放地	入藏碑林时间
苍颉庙碑	东汉延熹五年（162）		隶	1	原存白水县苍颉庙内	1975年
曹全碑	东汉中平二年（185）		隶	1	明万历初合阳县莘里村出土	1956年
仙人唐公房碑	东汉		隶	1	原存城固县许家庙镇唐仙观小学内	1970年
正始石经残石	曹魏正始二年（241）		古文、篆、隶	1	1957年西安市青年路出土	1957年
邓太尉碑	前秦建元三年（367）		隶	1	原存蒲城县邓太尉祠	1970年
广武将军碑	前秦建元四年（368）		隶	1	原存白水县仲目镇	1970年
晖福寺碑	北魏太和十二年（488）		楷	1	原存澄城县	1971年
司马芳残碑	北魏		楷	1	1952年西安市广济街口出土	1952年
赵芬残石	隋		楷	2	清初出土，原在长安县中兆村，	1965年
郭荣碑	唐武德三年（620）		楷	1	1953年西安灞桥东慧王村出土	1956年
智该法师碑	唐贞观十三年（639）	明濬法师撰，沙门明解书	楷	1	1979年长安县王家庄百塔寺出 土，后存长安县文化馆	1981年
李愍碑	唐贞观二十三年 (649)	僧善感撰，裴守真书	楷	1	1956年西安东郊郭家滩出土	1956年
李畅碑	唐显庆五年（660）		楷	1		2001年

续表

碑名	时代	撰书者	书体	石数	出土地或原存放地	入藏碑林时间
同州圣教序碑	唐龙朔三年〈663〉	唐太宗、高宗撰，褚遂良书	楷	1	原立于同州（今陕西大荔）龙兴寺，北宋移置州署，明代移至金塔寺	1970年
杨孝恭碑	唐开元十五年（727）	崔聂平撰，陆尚宾书	隶	1	1983年西安西郊三民村出土	1983年
臧怀恪碑	唐广德元年（763）	颜真卿撰并书	楷	1	原在三原县陵前乡三合村臧怀恪墓前	1980年
郭氏家庙碑	唐广德二年（764）	颜真卿撰并书	楷	1	原存西安市社会路(清布政司署旧址）	1950年
李夷简家庙碑	唐元和十五年（820）	裴度撰，肖祜书	楷	1	1974年西安市南郊公路学院出土	1974年
迴元观钟楼铭	唐开成元年（836）	令狐楚撰，柳公权书	楷	1	1986年西安太乙路化工部第六设计院基建工地出土	1986年
梁匡仁碑	唐大中三年（849）	张模撰并书	行	1	2001年西安灞桥国棉六厂院内出土	2001年
道德寺碑	唐	到范书	楷	1	1950年西安西郊梁家庄出土	1950年
德应侯碑	宋元丰七年（1084）	张隆撰并书	楷	1	原存铜川市黄堡镇小学	1974年
折继闵神道碑	宋政和八年（1118）	张叔夜撰，蔡靖之书	楷	1	1976年府谷县杨家沟西瑜头出土	1976年
折克行神道碑	宋政和八年（1118）	毛友撰，宇文虚中书	楷	1	原在府谷县杨家沟西瑜头	1976年
大观圣作碑	宋大观二年（1108）	赵佶撰并书，李时雍摹	楷	1	原存乾县文庙	1962年
归去来辞诗刻石	宋	苏轼诗并书	行	1	原在西安府学旧址即府学巷原三学街小学分校	1964年
刘尚神道碑	元元贞二年〈1296〉	王利用撰，骆天骧书	楷	1	原存富平县庄里镇	1970年

续表

碑名	时代	撰书者	书体	石数	出土地或原存放地	入藏碑林时间
牛山土主忠慧王庙碑	元至正十四年（1354）	黄理山撰，高忙奇撒儿书	楷	1	原存安康县	1970年
感时伤悲记	明崇祯十六年（1643）		楷	1	原存华县	1960年
祝允明书乐志论	明	仲长统撰，祝允明书	草	1	原在西安府学旧址即府学巷原三学街小学分校	1964年
明德受记碑	大顺永昌元年（1644）	杨振世撰	楷	1	原存富平县上官村	1957年
式好堂法帖	清乾隆年间（1736—1795）	董其昌书，张士范辑	楷、行、草	36	石原在蒲城县张家，后归张凤翙	1955年
张东白手翰	清道光年间（1821—1850）	张文显、张曦书	楷、行、草	22		1952年张钫捐
荒岁歌碑	清光绪七年（1877）		楷	1	原存陕西省阶级教育展览馆	1970年
平利教案碑	清光绪二十九年（1903）	郭为撰	楷	1	原存平利县	1970年
张化龙碑	清光绪三十三年（1907）	杨煜撰并书	楷	1	原存扶风县	1970年
杨增龙墓表	民国十三年（1924）	蔡元培撰文，李大钊撰铭，黄福藻书	楷	1	原存华县	1981年
杨松轩墓表	民国二十一年（1932）	张伯苓撰，于右任书	楷	1	原存华县	1981年
朱子桥纪念碑	民国三十五年（1946）	冯玉祥撰并书	隶	1	原存长安县杜曲	1981年

（二）墓志

志名	时代	撰书者	书体	出土地或原存放地	入藏碑林时间
吕他墓表	后秦弘始四年（402）		隶	20 世纪 70 年代咸阳市渭城区窑店镇北出土	1998 年
赫连悦墓志	北魏普泰元年（531）		楷	1936 年洛阳出土，1955 年由陕西省文物管理委员会移交	1955 年
李和墓志	隋开皇二年（582）		楷	1964 年三原县双盛村李和墓出土	1965 年
段威及妻刘氏墓志	隋开皇十五年（595）		楷	1953 年咸阳底张湾出土	1953 年（1959 年调拨北京中国历史博物馆）
尼那提墓志	隋大业九年（613）		楷	1952 年出土于西安市长安区韦曲附近	1952 年
李寿墓志	唐贞观五年（631）		楷	1973 年三原县陵前乡焦村李寿墓出土	1973 年
独孤开远墓志	唐贞观十六年（642）		楷	1953 年出土于咸阳市底张湾	1953 年
执失奉节墓志	唐显庆三年（658）		楷	1957 年长安县郭杜镇出土	1957 年
李爽墓志	唐总章元年（668）	崔行功撰	楷	1956 年西安东郊红庆村出土	1956 年
李凤墓志	唐上元二年（675）		楷	1974 年富平县吕村李凤墓出土，	1974 年
李凤妃刘氏墓志	唐上元二年（675）		楷	同上	1974 年
史怀训墓志	武周长安二年（702）		楷	1992 年西安市长安区郭杜镇居安村出土	1992 年
韦泂墓志	唐景龙二年（708）	刘宪撰	楷	1959 年长安县南李王村出土	1959 年
杨执一妻独孤开墓志	唐开元四年（716）	王丘撰	楷	1951 年咸阳市底张湾出土	1951 年
阿史那毗伽特勤墓志	唐开元十二年（724）	徐峻撰，李九皋书	楷	1956 年西安市西郊枣园村出土	1956 年
杨执一墓志	唐开元十五年（727）	贺知章撰，杨汲书	楷	1951 年咸阳市底张湾出土	1951 年

续表

志名	时代	撰书者	书体	出土地或原存放地	入藏碑林时间
豆卢建墓志	唐天宝三年(744)	吕向撰，裴炫书	隶	1953年咸阳市底张湾出土	1953年
契苾李中郎墓志	唐天宝三年(744)		楷	1955年西安市东郊韩森寨出土	1955年
张去奢墓志	唐天宝六年(747)	韦述撰，裴冕书	楷	1953年咸阳市底张湾出土	1953年
张去逸墓志	唐天宝七年(748)	李赍撰	楷	1953年咸阳市底张湾出土	1953年
南川县主墓志	唐天宝十一年(752)	赵楚宾撰，韩择木书	楷	1954年西安市东郊郭家滩出土	1954年
郭晞墓志	唐贞元十年（794）	杜黄裳撰，郑云逵书	楷	2007年西安市长安区出土	2007年
韦应物墓志	唐贞元十二年（796）	丘丹撰	楷	2007年西安市长安区韦曲镇东北出土	2007年
韦应物妻元苹墓志	同上	韦应物撰	楷	同上	2007年
米继芬墓志	唐永贞元年(805)	翟运撰并书	行	1955年西安市西郊三桥出土	1955年
会王李纁墓志	唐元和五年(810)	白居易撰	行	1951年长安县席王村出土	1951年
秦朝俭墓志	唐元和十二年(817)	裴询撰，孙藏器书	行	1955年西安市东郊韩森寨出土	1955年
张怙墓志	唐元和十三年(818)	崔复本撰，杨夅书	楷	1953年咸阳市底张湾出土	1953年
似先义逸墓志	唐大中四年（850）	王式撰，张模书	行	1993年西安市灞桥区务庄乡出土	1993年
苏谅妻马氏墓志	唐咸通十五年(874)		楷	1955年西安西郊土门出土	1955年
康王李汶墓志	唐乾符四年（877）	萧遘撰，牛德殷书	行	1986年西安市东郊纺北路十字街出土	1986年
广王李澭墓志	唐乾符四年（877）	裴澈撰文，牛德殷书	行	1991年西安市灞桥区席王村出土	1991年
张居翰墓志	后唐天成三年（928）	杨希俭撰，崔若拙书并篆盖	楷	1989年西安西郊车刘村征集	1989年
刘鉴墓志	明弘治七年（1494）	杨一清撰，陶琰书	楷	1955年西安南郊鲁家村出土	1955年

续表

志名	时代	撰书者	书体	出土地或原存放地	入藏碑林时间
高隆及妻墓志	明弘治八年（1495）	杨一清撰，严永濬书	楷		1963 年
刘鉴妻李氏墓志	明弘治十六年（1503）	邵宝撰，高胤先书	楷	955 年西安南郊鲁家村出土	1955 年
杨凤墓志	明正德八年（1513）	杨廷和撰，雍泰书	楷	1970 年华阴县红星村出土	2003 年
王泾墓志	明嘉靖二十一年（1542）	马理撰，王准书	楷	1952 年长安县查家寨出土	1952 年
杨宏墓志	明嘉靖二十二年（1543）	王九思撰，杨余庆书	楷	1954 年西安南郊沙坡村出土	1954 年

（三）陵墓石刻

名称	时代	刻铭文字	出土时间地点	入藏碑林时间
郭稚文墓文字刻石（画像石墓门门框）	东汉永元十五年（103）	一石刻“环阳西乡榆里郭稚文万岁室宅”，一石刻“永元十五年三月十九日造作居”。	1957 年绥德县东汉郭稚文墓出土	1957 年
车马出行与西王母图（画像石墓门门框与门楣）	东汉永初元年（107）		1971 年米脂县官庄四号东汉墓出土	1971 年
狩猎云车图（画像石墓室之横额和左右竖框）	东汉永初元年（107）		1971 年米脂县官庄一号东汉墓出土	1971 年
西王母博山炉图（画像石墓室之竖框）	东汉永初元年（107）		1971 年米脂县官庄四号东汉墓出土	1971 年
画像石墓门	东汉永初元年（107）		1971 年米脂县官庄二号东汉墓出土	1971 年
牛文明墓文字刻石	东汉永初元年（107）	刻“永初元年九月十八日牛文明于万岁室长利子孙”	1971 年米脂县官庄四号墓出土	1971 年
牛耕谷物图（画像石墓室竖框）	东汉永初元年（107）		1971 年米脂县官庄四号墓出土	1971 年

续表

名称	时代	刻铭文字	出土时间地点	入藏碑林时间
狩猎出行与盘鼓舞图（画像石墓室横额）	东汉		1957 年绥德县五里店征集	1957 年
孔子见老子图（画像石墓门门框）	东汉		1955 年绥德县军刘家沟东汉墓出土	1955 年
牛耕图（画像石墓室竖壁）	东汉		1962 年绥德县境内出土	1962 年
朱雀铺首白虎独角兽门扇（画像石墓门门扇）	东汉		1955 年榆林县古城滩乡南梁村出土	1955 年
歌舞图（画像石墓门左右门框）	东汉		1956 年绥德县四十里铺出土	1956 年
歌舞图（画像石墓门左右门框）	东汉		1956 年绥德县四十里铺出土	1956 年
狩猎放牧图（画像石墓门门楣）	东汉		1957 年在绥德县境内征集	1957 年
狩猎出行图（画像石墓门门楣）	东汉		1957 年于绥德县苏家圪坨征集	1957 年
蹴鞠图(画像石墓门）	东汉		1956 年于绥德县大坬梁村征集	1956 年
东王公拜会西王母图（画像石墓门门楣）	东汉		1955 年于绥德县军刘家沟征集	1955 年
迎宾图（画像石墓室横额）	东汉		1956 年于绥德县园子沟征集	1956 年
流云狩猎图（画像石墓室竖壁）	东汉		1957 年于绥德县五里店征集	1957 年
流云动物图（画像石墓室竖壁）	东汉		1957 年于绥德县五里店征集	1957 年
朱雀铺首青龙白虎独角兽门扇（画像石墓门门扇）	东汉		1946 年绥德县贺家沟出土	20 世纪 50 年代
阴刻铺首衔环门扇（画像石墓门门扇）	东汉		1963 年于绥德县境内征集	1963 年

续表

名称	时代	刻铭文字	出土时间地点	入藏碑林时间
朱雀铺首青龙门扇（画像石墓门门扇）	东汉		1957年绥德县贺家湾出土	1957年
西王母执彗人牛车门框（画像石墓门门框）	东汉		1957年绥德县五里店出土	1957年
车马出行图（画像石墓室竖框）	东汉		1957年绥德县五里店出土	1957年
执戟门吏图（画像石墓门门框）	东汉		1957年绥德县贺家湾出土	1957年
游猎图（画像石墓室横额）	东汉		1956年绥德县境内征集	1956年
西王母图门框（画像石墓门门框）	东汉		1956年绥德县快华岭板佛寺征集	1956年
四神墓门（画像石墓门完整组合）	东汉		1951年绥德县后思家沟出土	1951年
东汉双兽（一雄一雌）	东汉		1960年咸阳沈家村陕毛一厂工地出土	1960年
大夏石马	十六国夏真兴六年(424)		原在西安市北郊汉城遗址内查家寨村	1954年
李和石棺	隋开皇二年（582）		1964年三原县双盛村李和墓出土	1965年
李静训石棺	隋大业四年（608）		1957年西安市西郊梁家庄李静训墓出土	1957年
永康陵蹲狮	唐武德年间（618-626）		原立于三原县陵前乡李虎（李渊祖父）永康陵前	1960年
李寿墓石椁	唐贞观五年（631）		1973年三原县陵前乡李寿墓出土	1973年
李寿墓石门	同上		同上	1973年
献陵石犀	唐贞观九年（635）		原在三原县徐木乡永和村唐高祖李渊献陵前	1960年
献陵石虎	同上		同上	1960年
昭陵六骏之特勤骠	唐贞观年间（627-649）		原在礼泉县九嵕山唐太宗昭陵北司马门内，1918年遭盗运被截获，遂藏陕西省立图书馆	1950年

续表

名称	时代	刻铭文字	出土时间地点	入藏碑林时间
昭陵六骏之青骓	同上		同上	1950年
昭陵六骏之白蹄乌	同上		同上	1950年
昭陵六骏之什伐赤	同上		同上	1950年
昭陵双狮	同上		原在礼泉县九嵕山唐太宗昭陵陵园，1934年移至昭陵小学门前	1960年
端陵鸵鸟	唐会昌六年（846）		原在三原县徐木乡桃沟村唐武宗端陵陵园	1960年

（四）宗教造像

名称	时代	造像人	题记	出土时间地点	入藏碑林时间
天郁造像	北魏太和二十年（496）	天郁造	龛柱刻发愿文4行，有年款，楷书	1962年西安市南郊瓦胡同村出土	1962年
景明四面造像	北魏景明二年（501）		龛下刻题记14行，有年款，楷书	1953年西安北郊查家寨出土	1953年
刘保生造像	北魏景明二年（501）	刘保生造	背光刻题记6行，有年款，楷书	1952年林丛捐献	1952年
朱奇造像碑	北魏延昌元年（512）	朱奇兄弟三人等造	龛下刻题记4行，碑阴1行，有年款，楷书	1959年华县瓜坡支家村出土	1959年
邑子六十人造像碑	北魏熙平二年（517）		一侧龛下刻发愿文9行，有年款，楷书	1960年富平县征集	1960年
朱辅伯造像碑	北魏建明二年（531）	朱辅伯造	阳面刻题记9行，侧面发愿文10行，楷书	1959年华县瓜坡支家村出土	1959年
朱法曜造像碑	北魏普泰元年（531）	朱法曜造	两侧刻供养人姓名及发愿文，楷书	同上	1959年
四面造像碑	北魏普泰元年（531）	邑子合有一百人造	正面龛左侧刻题记1行，有年款，各面均有题刻，楷书	乾县出土	1953年

续表

名称	时代	造像人	题记	出土时间地点	入藏碑林时间
朱黑奴造像碑	北魏	朱黑奴造	四面均刻供养人姓名，楷书	1959年华县瓜坡支家村出土	1959年
武成二年佛立像	北周武成二年（560）		佛座四面刻供养人姓名凡156人，多为少数民族姓氏，楷书		1953年
吕建崇造像碑	北周建德三年（574）	吕建崇（宇文建崇）造	龛下刻供养人姓名16行，楷书		1954年
大象二年佛立像	北周大象二年（580）		佛座正面刻发愿文21行，有年款，楷书，并雕饰狮子、大象和驯象人	2004年西安市灞桥区湾子村出土	2004年
佛立像	北周			同上	2004年
佛立像	北周			同上	2004年
佛立像	北周			同上	2004年
佛立像	北周			同上	2004年
荔非氏造像碑	北周	荔非氏家族造	两面龛下刻12供养人姓名官衔，均荔非氏，楷书		1953年
白显景造老君像	隋开皇三年（583）	白显景造	像背及侧面刻题记14行，有年款，楷书	1958年彬县出土	1958年
巩智才造像	唐咸亨元年	巩智才造	刻题记7行，有年款，楷书	1960年韩城征集	1960年
王仁静造像	唐仪凤二年（677）	王仁静造	刻发愿文5行，有年款，楷书	1963年潼关县老虎城村出土	1963年
白石老君造像	唐开元、天宝年间			原在临潼骊山老君殿遗址	1960年
白石残菩萨立像	唐			1958年西安北郊大明宫遗址附近出土	1958年

续表

名称	时代	造像人	题记	出土时间地点	入藏碑林时间
白石观音头像	唐			1959年西安市东北郊唐安国寺遗址出土	1959年
马头明王造像	唐			同上	1959年
降三世明王造像	唐			同上	1959年
不动明王造像	唐			同上	1959年
天王造像	唐			同上	1959年
虚空藏菩萨坐像	唐			同上	1959年
唐乐善尼寺遗址出土佛头、菩萨头像（40余件）	北朝、隋、唐			1978、1983年西安市西郊空军通讯学校两度在施工中发现	1983年
如来佛立像	唐			1973年西安南郊沙滹沱村出土	1973年
白石天王造像	唐			1974年西安市东关王家巷出土	1974年

第二节　今日碑林的建筑和陈列

1949年后，随着国家现代化建设的进程和文物博物馆事业的不断发展，西安碑林所在的陕西省博物馆，已由共和国成立之初一个设备简陋、藏品单一的小馆，逐步发展成为一个具有世界影响的大型博物馆。西安碑林的建筑，也在保持1937—1938年整修后的原有基础上，进行了多次维修和扩建。

1952年8月至1953年10月，在国家百废待兴、抗美援朝战争尚在进行之际，由政府拨出专款，对碑林各展室和孔庙房屋进行了一次全面翻修[①]。与此同时，还对碑林各室的陈列加以调整，并按照当时的标准，对碑林藏石作了清理和剔除。前文提到的明清两代有关整修西安孔庙和府县三学的记事碑，就是这时埋入孔庙院内的。

1963 年 10 月 1 日，西安石刻艺术室建成并正式开放。这是位于碑林展室西侧的一座大型仿古建筑，用于陈列新中国成立后陆续入藏的汉至隋唐的陵墓石刻和宗教石刻。

1973 年和 1985 年，分别拆除棂星门内西面和东面两排廊房，建成两座大型展室，用于举办各种临时陈列。

1973 年，对当时台基破裂、碑身倾斜、碑身四石不能合拢的《石台孝经》碑，在未拆除碑亭的情况下，进行了整理修复，重新夯实地基，扶正碑身，恢复原貌。

1974 年，对碑林第一室进行翻修。

1979 年，为防止地震破坏，对碑林各展室的碑石进行了加固处理。在碑首、碑身、碑座以及各碑之间，用角钢相互连接，增强其抗御地震的能力。

1982 年，在碑林第六室前新建展室一座，为仿古建筑，列为第七室，专门用于陈列清刻《淳化阁帖》。

1984 年，对孔庙戟门（又称启圣门、仪门，俗称小殿）进行翻修，更换椽瓦，重新彩绘。

1998 年，对孔庙院内 7 座碑亭进行全面维修。

2001 年，孔庙戟门进行翻修。

2010 年，在碑林广场东侧建成新的石刻艺术馆。以“长安佛韵”为题，陈列北朝、隋唐佛教造像。

以上罗列的建筑维修、扩建情况，只是述其大要，像碑林和孔庙这样的古建筑群，日常的维护修葺几乎年年都有，不胜枚举。

当然，也有损失。原西安孔庙大成殿，面阔七间，进深五间，重檐庑殿顶，覆黄色琉璃瓦，具有显著的明代建筑特征，宏伟庄严，可惜 1959 年毁于

①见西安碑林博物馆基建档案。

雷电引起的火灾，其台基后来也于上世纪70年代被平毁，辟为碑林广场（图6-75、6-76）。这是1949年以来碑林和孔庙在建筑方面的最大损失。

纵观历史，对于文物古迹、古建筑、古遗址以及像西安碑林这样的历史文化遗产，除了无法抗拒的自然灾变，威胁最大的还是人为破坏，如战争和社

图 6-75　西安孔庙大成殿（1955 年）

图 6-76　孔庙大成殿台基（1964 年）

会动乱，而离我们最近的一次社会动乱就是“文化大革命”。1966年动乱初起之时，席卷全国的红卫兵“破四旧”运动，曾毁掉了多少文物、图书和古建筑。据统计，仅就北京市而言，1958年第一次文物普查中确认的6843处文物，就有4922处被毁，占去七成之多，其他各省、市的损失，亦可想而知。

然而，西安碑林却能平安地度过这场浩劫。当“破四旧”潮流席卷而来时，附近中学的红卫兵也曾跃跃欲试，要来碑林“破四旧”。当时，上级委任的馆领导已无法履行职责，由全馆职工投票选举出来的“文革领导小组”主持馆务。他们得知消息后连夜开会，决定第二天以陕西省博物馆革命造反派的名义发布通告，先下手为强，宣布立即闭馆，即日起对保存大量“封建毒素”的碑林予以查封。这急中生智、以毒攻毒的一招果然灵验，本单位的革命群众造了“封资修”的反，谁也无话可说。就这样，一张告示几张封条，竟然把红卫兵挡在了碑林门外①。而且，陕西省博物馆从此闭馆，直到4年之后社会秩序逐步趋于稳定，才恢复对外开放。

行文至此，笔者不由得想起了五代后梁时劝诱刘鄩将已丢弃于城外的唐石经迁置于城内的那位机智的书生尹玉羽，想起了蒙古国初占关中时将“悉以摧仆”的唐石经“奉而起立”加以整修的“行省幕吏”王琛，还有一千年来为碑林的形成、延续和发展做出贡献的历代前贤。正是这种一代一代的传承、接力，碑林这笔文化财富才能在经历了千年的王朝更迭、治乱交替之后得以保全。在共和国历史上最大的一次动乱中，碑林又一次逃过了一劫，其建筑和藏石完整地保存下来，这是当代陕西文物和博物馆工作者向历史、向后代交出的一份合格的答卷。

在“十年动乱”期间，西安碑林不仅没有遭到破坏，其藏石数量还有了大幅度的增长。1970年，陕西省博物馆和省文管会（当时合署办公）派员参加由省革委会文化组组织的文物普查，调查全省各地文物的破坏情况和保存现状。其间及稍后，先后将许多保存状况较差的碑刻运回碑林保护，如《苍颉庙碑》《仙人唐公房碑》《邓太尉碑》《广武将军碑》《晖福寺碑》《同州圣教序

①卢桂兰《十年动乱中的西安碑林——对于历史的点滴回忆》，刊于《碑林》集刊第14辑，陕西人民美术出版社，2008年。据其文，当时陕西省博物馆"文革领导小组"成员为：黄碧芳、卢桂兰、冯改民、柴忠言、董文喜。

碑》《德应侯碑》《折继闵神道碑》《折克行神道碑》《刘尚神道碑》《牛山土主忠慧王庙碑》《荒岁歌碑》等等。

1971年2月，陕西省博物馆恢复对外开放，举办“何家村窖藏文物展览”。12月，举办“陕西省出土文物展览”。1972年5月，恢复历史陈列，将原来的通史陈列，改为周、秦、汉和隋、唐断代史陈列，突出陕西地方史特点。6月，石刻艺术馆和西安碑林恢复对外开放。与此同时，对碑林第二、三、四室的陈列格局进行调整，增加了此前新入藏的碑刻[1]。至此，西安碑林及其所在的陕西省博物馆，终于恢复了自己的社会功能。这在当时是走在全国前列的，对全国文物博物馆事业的恢复和重建，起到了示范作用。

在西安碑林的当代史上，还有一个重大事件须记，即陕西历史博物馆建成开放和西安碑林的独立建馆，而这又与周恩来总理曾三次来碑林有关。周恩来总理第一次来碑林是1955年5月，他和陈毅副总理参加万隆会议后回国，途经西安时来陕西省博物馆参观。第二次是1961年10月，周总理和陈毅副总理陪同尼泊尔国王马亨德拉访问西安，参观陕西省博物馆。第三次是在1973年6月，他陪同越南民主共和国总理范文同访问延安、西安，一起参观陕西省博物馆（图6-77）。第一次来碑林时，周总理就指出：古人把这些碑排列得太密，应该疏朗一些。还说：应该把珍贵的石碑用玻璃罩起来保护才好[2]。第二次来碑林，周总理又对陪同的陕西省领导说：碑林拥挤，空间太小，光线太暗，看起来不方便。第三次参观碑林后，周总理再次对当时的陕西省委负责人讲：陕西文物很多，展室窄小，在适当的时候，新建一个博物馆[3]。这位日理万机的大国总理，对一个地方博物馆的发展如此关心入微，至今想来仍让人感动。

正是有了周总理的这些指示，从1977年开始，在陕西新建一座博物馆便提到了当政者的议事日程。当时周总理去世不久，动乱刚刚结束，在此政治气氛之下，为“落实周总理生前指示”而建新馆，有着难以抗拒的说服力。

①乔文征《陕西省博物馆陈列展览大事记（1949-1988）》，载陕西省博物馆学会、陕西省博物馆编《博物馆学论丛》，陕西人民出版社，1990年。

②张伯龄、卢桂兰《周总理三次到碑林》，刊于1998年3月10日《陕西日报》。

③李西兴《陕西历史博物馆与碑林博物馆》，刊于《陕西历史博物馆馆刊》第一辑，三秦出版社，1994年年。

图 6-77　1973 年周恩来总理陪同范文同参观碑林

1978 年 3 月，国家计委批复了陕西省革命委员会关于建新馆的请示报告，并下拨专款。后因在新馆选址问题上存在分歧，建馆计划无法落实。

1983 年，新馆馆址终于确定，各项筹备工作随即开始。1986 年 1 月，国家计委下达《关于陕西省新建陕西历史博物馆设计任务书的批复》，确定了馆名、建筑规模、标准及投资方案。当年 3 月，在全国人大六届四次会议通过的“七五计划”中，陕西历史博物馆被列为重点建设项目[①]，总投资 1 亿元人民币（实际耗资 1.44 亿元）。工程于 1986 年 11 月破土动工，1991 年 6 月落成并正式开放。这座占地面积 104 亩，建筑面积 45800 平方米的大型现代化博物馆，地处唐长安城靖善、靖安、光福、永乐四坊交界处[②]，与著名的大雁塔相距不远，比肩而立，成为古城西安又一座标志性建筑。

①王仁波、张腊梅《新建陕西历史博物馆的初步设想》，载陕西省博物馆学会、陕西省博物馆编《博物馆学论丛》，陕西人民出版社，1990 年。

②张锦秋：《形式与实质，感觉与理性--陕西历史博物馆建筑创作的体会》，刊于《陕西历史博物馆馆刊》第一辑，三秦出版社，1994 年。

新的陕西历史博物馆落成开放，原陕西省博物馆同时撤销。其原有馆藏文物按分馆后新馆与老馆的不同功能进行了切割：西安碑林、石刻艺术品及与书法相关的文物，留原址不动；此外所有历史文物，全部移交陕西历史博物馆进行收藏和陈列。与此同时，原有人员也进行了分流。1993 年 1 月，以西安碑林为主体的老馆正式命名为西安碑林博物馆（图 6-78），成为一座以收藏、陈列和研究历代碑石、墓志和石刻艺术品为主的专题博物馆。以 “西安碑林” 来命名博物馆及其藏品和陈列体系的更加专门化，标志着从 1944 年陕西省历史博物馆成立时开始的西安碑林向现代博物馆转化的过程，至此最终完成。

今日的西安碑林博物馆，坐落于明代西安城墙内老城区的三学街上，西接书院门古文化街和关中书院旧址，东临柏树林街和卧龙寺，北依东木头市街，南抵明代西安城墙。其馆址由西安孔庙旧址和西安碑林两大部分组成，前半部分为孔庙，后半部分为碑林，坐北面南，中轴对称布局。以现有围墙为界，大致呈长方形。总占地面积 3.4 万平方米，其中建筑面积 1.4 万平方米，陈列面积 8100 平方米。

西安孔庙旧址现存者多为明清建筑。在中轴线的最南端，是一面照壁，也

图 6-78　西安碑林博物馆大门

称万仞宫墙，为土砖结构，覆歇山式琉璃瓦顶，其下饰以砖雕斗拱，外侧楷书“孔庙”二大字（图 6-79）。

图 6-79　照壁外侧“孔庙”二大字

沿中轴线由南向北，紧挨照壁的是太和元气坊，这是一座四柱三间三楼式的木牌坊，高约 10 米，面宽 12 米，覆歇山式琉璃瓦顶，有吻兽，檐下施斗拱与彩画，立柱侧置戗木。其北面为泮池，围以石栏，池上有泮桥（图 6-80）。

图 6-80　泮池与木牌坊

棂星门正对着泮池，俗称石门，是三座石牌坊以夹墙相连，构成“连三门”形式，门上有石蹲兽，石柱及额枋均雕有鸟兽花卉等图案。中门额题“文庙”，两侧门分别题“德配天地”“道冠古今”（图 6-81）。

图 6-81　棂星门

进入棂星门便是孔庙的第一进院落，甬道两旁可见两对形制古朴的华表，东西两侧是近年新建的两座展厅。正北面是戟门，也称仪门，面阔三间，进深二间，单檐歇山顶，琉璃瓦屋面，明间设门，为明代建筑（图 6-82）。戟门东侧有碑亭一座。

穿过戟门进入第二进院落，中轴线的北端原为孔庙大成殿，是孔庙的正殿，1959 年毁于雷

图 6-82　孔庙仪门

电引起的火灾，其基址现辟为广场。两侧为东西两庑各 18 间，两庑之间甬道两旁，对称而立 6 座碑亭，形制相同，均为八角攒尖顶，圈梁式结构，上覆黄色琉璃瓦。东西两庑南端各建有一亭，东侧亭中陈列唐“景云铜钟”（图 6-83），西侧亭中陈列“大夏石马”。

广场北面正中，矗立着一座绿栏红柱、双重飞檐的碑亭，即著名的《石台孝经》碑亭。其平面呈正方形，面阔、进深均为三间，重檐四角攒尖顶，上覆青瓦，梁架饰彩绘。碑亭正面所悬匾额楷书“碑林”二字，相传是林则徐当年充军伊犁途经西安时留下的手迹（图 6-84）。此亭是碑林的标志性建筑，由此即进入碑林。

碑林第一室以卷棚与《石台孝经》碑亭相接，平面呈“U”字形，歇山式屋面，进深 6.2 米，正面面阔 15 间，东西两面均面阔 9 间，面积 841 平方米。主要陈列唐《开成石经》，凡 114 石，228 面，刻儒家 12 部经典，共计 160 卷，65 万余字。此外，还有明刻《石经补字》、清刻《孟子》以及北宋《京兆府府学新移石经记碑》等与唐石经迁置有关的记事碑刻。

碑林第二室进深三间，面阔五间，歇山式屋面，面积 124 平方米。该室陈

图 6-83　唐景云铜钟

图 6-84　《石台孝经》碑亭

列的几乎全是唐代名碑，既有《大秦景教流行中国碑》《梵汉合文陀罗尼经幢》这样的中外文化交流的珍贵史料，又有欧阳询《皇甫诞碑》、欧阳通《道因法师碑》、褚遂良《同州圣教序碑》、怀仁《集王圣教序碑》、颜真卿《多宝塔碑》《颜氏家庙碑》《争座位稿》、史惟则《大智禅师碑》、李阳冰《三坟记碑》《栖先茔记碑》、柳公权《玄秘塔碑》等唐代书法大家的传世名作。

碑林第三室进深三间，面阔五间，歇山式屋面，面积238平方米。该室陈列汉至北宋真、草、隶、篆不同书体的碑刻，如东汉《曹全碑》《仙人唐公房碑》《熹平石经·周易》残石，前秦《广武将军碑》《邓太尉碑》，北魏《司马芳碑》《晖福寺碑》，隋《孟显达碑》，唐颜真卿《颜勤礼碑》《郭氏家庙碑》《臧怀恪碑》、孙藏器《慧坚禅师碑》，宋刻唐虞世南《孔子庙堂碑》，宋赵佶《大观圣作之碑》、梦英《篆书目录偏旁字源碑》，以及智永《真草千字文》、张旭《草书千字文》断石、怀素《东陵圣母帖》等宋代书法刻帖，是一部浓缩了的中国文字发展史和书法史。

碑林第四室进深三间，面阔五间，硬山式屋面，面积192平方米。该室陈列着宋至清代书法名家苏轼、黄庭坚、米芾、文征明等人的书迹刻石，以及这一时期具有史料价值的碑刻，如明《黄河图说碑》《感时伤悲记》、清《荒岁歌碑》《平利教案碑》等。这里还集中陈列了诸多石刻线画，如宋刻《唐太极宫图》残石和《唐兴庆宫图》残石，及《王维画竹》《达摩像》《松鹤图》等。

碑林第五室进深三间，中间面阔五间，歇山式屋面，面积194平方米。该室陈列有宋刻秦《峄山刻石》以及宋至清代修庙、赡学、筑城、开渠等内容的与地方经济、文化状况相关的纪事碑刻。

碑林第六室进深三间，面阔五间，歇山式屋面，面积195平方米。该室陈列的碑石以元、明、清各代文人学士的诗词歌赋为主，如赵孟頫《游天冠山诗》、董其昌《秣陵旅舍送章生诗帖》、林则徐《游华山诗》、邓廷桢《文赋》等。

碑林第七室为1982年新建的仿古建筑，专门用来陈列清刻西安本《淳化阁帖》，凡145石，289面。

在碑林第二、三室之间，第三、四室之间，第五、六室之间，均有碑廊相接，主要用于陈列历代墓志。于右任所捐《鸳鸯七志斋藏石》的精品，近年新出土隋唐墓志中的精品，均陈列于此（图6-85）。

在碑林广场西侧，是1963年建成的大型仿古建筑“西安石刻艺术室”，由陈毅元帅题写馆名（图 6-86）。展厅主要陈列汉唐陵墓石刻，前文曾简要介绍过的碑林所藏陕北东汉画像石中的精品，东汉双兽，唐李寿墓墓门、石椁，献陵石犀、石虎，著名的昭陵六骏，以及唐代的老君像，均荟萃其中。

在碑林广场东侧，是 2010 年新建成的石刻艺术馆（图 6-87）。在这座设计理念和陈列方式颇为现代的大型展厅里，以“长安佛韵”为题，主要陈列北朝、隋唐佛教造像。其中有北魏的邑子六十人造像碑、朱辅伯造像碑、田良宽造像碑、朱黑奴造像碑、释迦千佛造像碑、皇兴造像、和平二年释迦坐像、刘保生夫妇造像等造像碑和单体造像，有近年新出土的北周五佛立像，有唐长安安国寺出土的文殊菩萨像、金刚像、马头明王像、降三世明王像、菩萨头像等密宗造像，有唐长安乐善尼寺遗址出土的一大批精美的佛头像、菩萨头像，以及唐菩萨立像、天王立像等等，堪称是一座古代佛教造像艺术的宝库。

以上是今日西安碑林博物馆的建筑和陈列的大致情况。在我们回顾了碑林形成、发展的历史之后，可以说，中华人民共和国

图 6-85　碑林墓志廊

图 6-86　西安石刻艺术室

图 6-87　新建石刻艺术馆

成立后这 60 多年来碑林的发展，远远超过了此前任何一个历史时期。今日的西安碑林，早已不是府学、孔庙附属，它已成为一座国内外知名的大型的现代博物馆，再也不是只供儒生校勘经文、只供文人士大夫赏玩消遣的场所，它已成为社会教育的重要课堂，成为学校教育的重要补充，成为世界各国人民认识中华文化，了解中国、了解西安的重要窗口。

回首碑林千年历史，我们可以看到，其形成和发展的历史进程，与传统经学、金石学的升沉起伏息息相关。从某种意义上说，碑林的历史，就是中国传统文化发展的一个缩影。而发展至今日的西安碑林本身，是我们的祖先一代一代积累积淀下来的一笔珍贵的文化遗产。它是一部厚重的大书，一部内涵丰富的中国传统文化的百科全书。今人读它，可以有不同的角度，不同的侧重。研究哲学、研究思想史的学者，看重的是儒家经典，是《开成石经》；研究历史的学者，看重的是碑石墓志的史料价值、文献价值；研究文字学的学者，感兴趣的是汉字书体演变发展的轨迹；研究书法史的学者、书法家及书法爱好者来到碑林，是来看历代书法名家的书迹刻石；而研究美术史的学者，要看的是汉唐盛世的石刻造型艺术、装饰艺术……

在今日中国改革开放的新形势下，面对商品经济大潮的猛烈冲击，作为一座现代博物馆，西安碑林今后将如何发展？特别是当我们全面回顾了碑林形成以来九百余年的历史之后，更应该反躬自问：我们这一代人该怎样为碑林的延续和发展做贡献？怎样使这笔珍贵的文化遗产得到更好的保护和研究，并使其内涵不断丰富？需要对此做出回答的，不仅是西安碑林博物馆的领导者和工作人员，也应是政府主管部门乃至全社会的所有成员。因为碑林属于全社会，碑林的发展要靠全社会的努力，需要有政府和社会各界的支持。相信随着国家经济实力的不断增长和全民族文化素质的不断提高，人们一定会像珍惜土地、矿产资源那样，加倍珍惜同样无法再生的文物资源。而西安碑林这座中国传统文化的宝库，也一定会在祖国现代化的进程中持续发展，有一个光明的前途。

附录

附录一

西安碑林史大事年表

（唐末——中华人民共和国成立）

历史纪年	公元纪年	事件
唐天祐元年	904 年	正月，朱温胁迫唐昭宗迁都洛阳，并令长安居民按籍迁居，长安城遭到毁灭性破坏
唐天祐元年至天祐三年	904—906 年	昭宗东迁后，韩建任佑国军节度使、京兆尹。在此期间，以原皇城范围缩建长安城，并将原在郭城务本坊之国子监及唐石经迁入新城内原尚书省之西隅
唐天祐四年，后梁开平元年	907 年	朱温迫唐哀宗李柷禅让，唐朝亡。朱温在开封称帝，建立梁朝，史称后梁。中国历史进入五代十国时期
后梁开平三年至乾化四年	909—914 年	刘鄩任永平军（即长安）节度使。其间，在幕吏尹玉羽劝诱下，将城外委弃于野的“六经石”即《开成石经》迁置于新城内原唐尚书省之西隅
后周显德七年，北宋建隆元年	960 年	正月，赵匡胤在陈桥驿发动兵变，回师开封，取代后周建立宋朝，继而重新统一中国
北宋建隆三年	962 年	永兴军（即长安）节度、京兆尹王彦超重修京兆文宣王庙（即韩建移入新城内之国子监）及其中唐石经。王彦超任职京兆期间（建隆二年至乾德二年，即 961-965 年），重刻虞世南书《孔子庙堂碑》于文宣王庙
北宋太平兴国七年	982 年	权知永兴军府事李準在李延袭建议下，将《颜氏家庙碑》移入文宣王庙，梦英秉笔书记
北宋淳化四年	993 年	陕西转运副使郑文宝依徐铉摹本，重刻《峄山刻石》于文宣王庙
北宋大中祥符二年	1009 年	知永兴军府事孙仅新修文宣王庙大门
北宋景祐元年	1034 年	知永兴军府事范雍创建京兆府学，其址应与文宣王庙在一起，即亦在原唐尚书省之西隅
北宋至和元年	1054 年	京兆府学在文宣王庙内置小学
北宋元丰三年	1080 年	知永兴军府事吕大防将京兆府学与文宣王庙迁至“府城之坤维”
北宋元祐二年	1087 年	陕西转运副使吕大忠将唐石经及诸多唐宋碑刻徙置于“府学之北墉”

续表

历史纪年	公元纪年	事件
北宋崇宁二年	1103 年	知永兴军府事虞策将府学、文宣王庙由“府城之坤维”迁建于“府城之东南隅”，即碑林现址，唐石经及诸多唐宋碑刻也一并迁移
北宋靖康元年，金天会四年	1126 年	十二月，金军南下攻陷开封。次年四月，金军掳徽、钦二帝北归，北宋亡。两年后，金军占领关中地区
金贞元三年	1155 年	京兆府尹完颜胡女重修京兆府孔庙、府学
金正隆五年	1169 年	前河中府同知府尹耶律隆、陕西东路转运副使周维甫重修碑院（当时对碑林的称谓）和七贤堂
金正大二年	1225 年	行省参政完颜合达重修京兆府学、孔庙和碑林
金正大八年	1231 年	二月，蒙古军攻克凤翔。不久，金军主动放弃京兆，退守潼关，并迁民于河南，京兆城遭极大破坏。《类编长安志》所记唐石经“正大辛卯迁徙，悉以摧仆”，当与此次撤退有关。自此，关中进人蒙古族统治之下
蒙古国庚戌岁	1250 年	省幕王琛将仆倒之唐石经“奉而起立”
蒙占国中统建元前后	1260 年前后	陕西行省平章廉希宪、行省参政商挺整修孔庙，重建府学
元至元之初		任佐、雷时中整修碑林，重立“石经之次诸碑”，断者重续，废者载立，得还旧观
元至元七 至八年	1270—1271 年	陕西行省平章赛典赤·赡思丁、行省佥事严忠范大规模整修孔庙、府学、碑林
元元贞二年	1296 年	骆天骧撰成《类编长安志》，书中“石刻”一卷著录了长安及附近 140 余种碑刻，包括碑林藏石 40 余种（书中称“在文庙”）。这是迄今所知关于碑林藏石最早的正式记载
元惠宗至元二至五年	1336—1339 年	陕西诸道行御史台御史赡思贴木儿不花等整修孔庙、府学、碑林
元至正二十五年	1365 年	陕西行省右丞韩元应诸儒户之请，整修孔庙、府学、碑林
元至元二十八年，明洪武元年	1368 年	正月，朱元璋在应天（今南京）称帝，建立明朝，年号洪武。八月，明军攻陷大都（今北京），元朝亡。洪武二年四月，明军入陕，占领奉天城，并改名西安。
明正统年间	1436—1449 年	陕西巡抚陈镒、王文整修西安孔庙
明成化七年	1471 年	咸宁、长安二县学由其县治迁建于西安孔庙东西两侧，形成一庙三学格局

续表

历史纪年	公元纪年	事件
明成化九年	1473 年	陕西巡抚马文升、西安知府孙仁整修西安孔庙、碑林
明成化之初		西安知府余子俊重修府学
明嘉靖九年	1530 年	陕西巡抚刘天和、西安知府李文极重修西安孔庙、府学
明嘉靖十二年	1533 年	陕西巡抚王尧封、左布政使黄臣重修西安孔庙、府县三学
明嘉靖二十四年十二月	1556 年 1 月	关中大地震，碑林建筑和藏石遭受极大破坏
明万历十六年	1588 年	陕西左布政使姚继可整理碑林，主要是对嘉靖地震时遭到破坏的唐石经进行补救，其文义断阙者，稽群书补之。所补文字刻于 97 块 114 面小石上，立于石经旁
明万历二十二年	1594 年	陕西巡抚刘光国、咸宁知县李得中、长安知县沈听之重修西安孔庙、府县三学和碑林
明万历四十六年	1618 年	赵涵撰成《石墨镌华》八卷，著录当时碑林藏石 46 种（书中称“在西安府学”），是研究明代碑林藏石情况的重要资料。该书是迄今所知金石著作中最早使用 “碑林”称谓的
明万历四十六年至四十七年	1618—1619 年	西安知府梁鼎贤重修西安孔庙和府县三学
明崇祯九年	1636 年	巡按陕西监察御史钱守廉重修西安孔庙
明崇祯十七年，清顺治元年	1644 年	3 月 19 日，李自成军攻入北京，崇祯皇帝自缢，明朝亡。4 月 23 日， 清军入山海关。4 月 30 日，李自成放弃北京，向陕西撤退。5 月 1 日， 清军占领北京，开始建立清王朝对全中国的统治
清顺治二年	1645 年	正月 12 日，清军攻占潼关。13 日，李自成弃西安，走龙驹寨，入湖北境。18 日，清军占领西安
清顺治三年	1646 年	陕西巡抚雷兴重修西安孔庙、府县三学。当年，费甲铸依兰州肃府本重刻《淳化阁帖》于碑林，共 143 石
清顺治十年	1653 年	陕西提学使田厥茂重修西安府学
清康熙三年	1664 年	陕西巡抚贾汉复集唐石经字样，补刻《孟子》16 石，立于《开成石经》旁，补足“十三：经”
清康熙十年	1671 年	陕西巡抚鄂善重修西安孔庙
清康熙五十九年	1720 年	西安知府徐容、候补令徐朱爀整修碑林
清乾隆三至四年	1738—1739 年	陕西巡抚崔纪、布政使帅念祖重修西安孔庙、府学

续表

历史纪年	公元纪年	事件
清乾隆三十七年	1772 年	陕西巡抚毕沅整修碑林，重新规划和改建了碑林建筑，对碑林藏石进行了整理筛选，并建立了相应的管理制度
清嘉庆十年	1805 年	西安知府盛惇崇整修碑林
清道光二十一年	1841 年	陕西巡抚富呢扬阿整修碑林
清光绪三十三年	1907 年	丹麦人何尔谟来西安，盗《景教碑》（当时立于西安城西崇仁寺亦即金胜寺）未遂，8 月 27 日（公历 10 月 4 日），陕西巡抚曹鸿勋将《景教碑》移入碑林保护
清宣统三年，民国元年	1912 年	1 月 1 日，中华民国临时政府在南京成立。2 月 12 日，清帝退位，清朝统治结束。入民国后，碑林由陕西省立图书馆代管
民国三年	1914 年	陕西图书馆编《图书馆所管碑林碑目表》，这是迄今所知最早的一份正规的碑林藏石目录
民国六年	1917 年	2 月，李根源就任陕西省长。4 月，为省立图书馆筹拨款项，在重修图书馆北院的同时，也对碑林房屋加以修葺
民国二十四年	1935 年	3 月，陕西省立图书馆馆长张知道编著《西京碑林》一书出版 是年春，中央古物保管委员会在西安设立办事处，黄文弼任主任 9 月，在中央古物保管委员会第三次全委会上，与陕西省政府联合整修西安碑林的议案获得通过。12 月，整理西安碑林计划被国民政府行政院批准，由中央财政拨款 5 万元 是年冬，于右任将其所藏《鸳鸯七志斋》藏石捐归陕西公有。马文彦受杨虎城委托，在宋哲元帮助下，将其中原存北平的二百余方墓志运回西安，暂存孔庙
民国二十五年	1936 年	4 月，于右任存于南京、洛阳两地的碑石运至西安，暂存孔庙。其中包括《熹平石经》残石 10 月 17 日，国民政府内政部聘请邵力子、张继、黄文弼为整理西安碑林监修委员会委员（后又加聘孙蔚如等），黄文弼兼任秘书，实际主持整修事宜 11 月 9 日，整修西安碑林工程由北平鸿兴公司得标承造 12 月 12 日，西安事变
民国二十六年	1937 年	4 月 19 日，整理西安碑林监修委员会与鸿兴公司正式签定合同。4 月 21 日，工程破土动工 7 月 7 日，抗日战争爆发 11 月，中央古物保管委员会西安办事处停止工作，整修碑林工程由陕西省政府接管主持，仍聘请黄文弼具体负责

续表

历史纪年	公元纪年	事件
民国二十七年	1938 年	3 月，整修碑林工程全部竣工。4 月 19 日，陕西省政府根据建设厅查验结果，予以验收 4 月，于右任所捐《鸳鸯七志斋》藏石 380 余方全部由孔庙运入碑林，在整修中新建之第八室楼下以青砖砌墙，嵌石于其上 5 月 1 日，西安碑林管理委员会正式成立，由张鹏一任主任委员。这是碑林有史以来第一个专门的管理机构
民国二十八年	1939 年	8-10 月，西安碑林管理委员会为防日军空袭，实施碑林第一、二、三室碑石的防护工程 10 月，《熹平石经》残石由张鹏一移藏至其富平家中
民国二十九年	1940 年	6 月，为防日军空袭，西安碑林管理委员会将《鸳鸯七志斋》藏石之大部分及《禹迹图》《华夷图》等碑石，在碑林院内掘坑深埋
民国三十三年	1944 年	4 月，陕西省政府委员会第十次会议通过省教育厅提案，决定以西安碑林和孔庙为基础，并接收省立图书馆、省考古会、民众教育馆等单位所藏文物及陈列品，成立陕西省历史博物馆 5 月 21 日，省政府正式任命康耀辰为陕西省历史博物馆馆长 6 月 19 日，康耀辰在西安碑林就职，开始筹备 6 月 20 日，陕西省历史博物馆正式启用公章，对外办公
民国三十四年	1945 年	5 月 1 日，曹仲谦接替辞职的康耀辰，任陕西省历史博物馆馆长 8 月 15 日，日本宣布无条件投降，抗日战争胜利
民国三十六年	1947 年	2 月，由陕西省历史博物馆编辑、曹仲谦作序的《西京碑林藏石目录》出版 3 月，陕西省历史博物馆将拆除原民政厅仪门房屋时拆下的唐《马璘残碑》、五代周《重修文昌阁残碑》等历代碑石数种移藏碑林 6-7 月，由陕西省教育厅主持，陕西省历史博物馆、孔教会等有关单位组成“陕西省整修孔庙委员会”，拍卖孔庙死柏，并对孔庙房屋和碑林各室进行维修、粉刷 8-9 月，陕西省历史博物馆将抗战中埋藏于碑林院内的《鸳鸯七志斋》藏石全部启出，11-12 月，将这批藏石重新嵌置于第八室楼下

续表

历史纪年	公元纪年	事件
民国三十七年	1948 年	6 -7 月，陕西省历史博物馆将陕西省政府拆交的新城小碑林碑石汉《武都太守等题名残碑》，唐《颜勤礼碑》、唐《慧坚禅师碑》等 38 方移藏碑林
民国三十八年	1949 年	2 月，陕西省历史博物馆所编《陕西省历史博物馆概况及藏品照片册》出版 5 月 20 日，中国人民解放军进占西安，国民党政府在西安的统治结束 7 月，西安市军管会接收陕西省历史博物馆 10 月 1 日，中华人民共和国成立

附录二

西安碑林史碑刻资料汇编

前　言

西安碑林史碑刻资料汇编，收集了 41 种与西安碑林、西安孔庙及府县三学历史有关的记事碑文。其中碑石至今仍藏于碑林者 20 种，20 世纪 50 年代初掩埋于孔庙院内者 15 种（基本上都是明代以后重修孔庙和府县三学的记事碑），原碑已佚而地方史志中录有碑文者 5 种。此外，1938 年张鹏一所撰《重修西安碑林记》碑文，虽最终未能刻石，但它是研究民国时期碑林史的一篇重要文献，亦附录于此。当然，有关碑林史的资料已知和未知者还有许多，但当时人所写的记事碑文，应该是最重要的第一手资料。

抄录和标点古代碑文，是一件费时费力的繁难之事，不仅要具有扎实的古汉语功底，而且要具有对中国古代社会的广泛的知识。自己所以不揣浅陋，耗费大量精力和时间，抄录和标点这些碑文，实在是有感于以往碑林史研究的薄弱和资料搜集之不易，而自己有在碑林工作的地利之便，于是便将所能见到的有关碑文一一录文、断句，并在自己功力所及的范围内，反复推敲，力求把错误减少到最低限度。我希望这份碑刻资料汇编对今后有志于碑林史研究的学者能有所帮助，起码使他们免去重新搜集碑刻资料的诸多不便，从而有益于碑林史研究乃至整个碑林基础性研究的不断深人。如果这一目的能够达到，哪怕是部分达到，我所付出的心力便得到了报偿，即便以自己的浅薄在方家面前露了怯，也是值得的。

目　录

3. 中书门下牒永兴军　北宋景祐二年（1035）
4. 永兴军中书札子　北宋景祐二年（1035）
5. 京兆府小学规　北宋至和元年（1054）
6. 京兆府府学新移石经　北宋元祐五年（1090）
7. 京兆府重修府学记　金正隆二年（1157）
8. 重修碑院七贤堂记　金正隆五年（1160）
9. 大金重修府学教养之碑　金正大二年（1225）
10. 大元国京兆府重修宣圣庙记　元至元十三年（1276）
11. 府学公据　元至元十三年（1276）
12. 重立文庙诸碑记　元至元十四年（1277）
13. 奉元路重修庙学记　元至正六年（1346）
14. “粤惟泮宫”碑　元至正二十四年（1364）
15. 大元重修宣圣庙记　元至正二十六年（1366
16. 重修西安府学文庙记　明成化十一年（1475）
17. 西安府重修学庙之碑　明嘉靖十一年（1532）
18. 陕西西安府县儒学先圣庙重修记　明嘉靖十五年（1536）
19. 陕西会城文庙附建名宦乡贤祠记　明嘉靖十五年（1536）
20. 重修咸宁县学记　明万历十三年（1585）
21. 重修孔庙石经记　明万历十七年（1589）
22. 咸宁长安二县尹修葺文庙记　明万历二十二年（1594）
23. 重修儒学碑　明万历二十二年（1594）
24. 秦贤宗建文庙坊亭记　明万历四十二年（1614）
25. 重修庙学记　明万历四十八年（1620）
26. 重修文庙碑记　明崇祯九年（1636）
27. 重修庙学碑记　清顺治三年（1646）
28. 重修文庙碑记　清顺治七年（1650）
29. 重修咸宁县学记　清顺治十二年（1655）
30. 咸宁县学营建亭舍记　清康熙三年（1664）
31. 重修西安府文庙记　清康熙四年（1665）
32. 重修文庙记碑　清康熙十一年（1672）

33. 重修碑亭碑记　清康熙五十九年（1720）
34. 重修西安府学碑林记　清康熙五十九年（1720）
35. 修长安学记、崇圣祠记、重修关中名臣祠序　清乾隆七年（1742）
36. 重修西安府学宫碑记　清乾隆九年（1744）
37. 中丞崔公方伯帅公倡捐重修文庙颂并序　清乾隆九年（1744）
38. 重修西安府学碑林记　清嘉庆十年（1805）
39. 复修碑林记　清道光二十二年（1842）
40. 重修孔庙记　民国九年（1920）
41. 重修西安碑林记　民国二十七年（1938）

重修文宣王庙记

北宋建隆三年（962）刻。螭首方趺，碑高 221 厘米，宽 83 厘米。刘从乂撰文，马昭吉书并篆额，安仁祚刻字。碑题“重修文宣王庙记”。碑文 25 行，行 48 字，楷书。额题“重修文宣王庙之记”，篆书。《金石萃编》有录文，《类编长安志·石刻》《关中金石记》《寰宇访碑录》《陕西金石志》等有著录。此碑当时刻立于京兆孔庙。今碑身下部横向断裂，碑文有残损。西安碑林现藏。

重修文宣王庙记

观察判官朝散大夫检校尚书工部员外郎兼殿中侍御史刘从乂撰

（上缺）昭吉书并篆额

昔在先王，法龟图而画卦，降于中古，效鸟迹而成文。吉凶生而爻象兴，仁义起□□□□□□□□□□所以察鬼神之情状，穷天地之变通，考往知来，钩深索隐，则物无遁形矣。是知典坟者，所以复父子之孝慈，正君臣□□法，立言垂范，与士作程，则人知所措矣。非规矩则不能定方圆之用，非准绳则不能质曲直之疑，宪章开八政之源，名教挈五常之器，必由是也。何其盛□，故得国有庠，乡有校，党有序，家有塾。虽设教不伦，其归一揆。譬乎贞筠劲挺，假□羽以滋深；美璞珍奇，成琮琼璜而益贵。然后□仲尼之道，揭而行之，与日月以俱悬；仲尼之德，推而广之，与江河而同润。辅相皇王之大业，天纵多能；弥纶宇宙之全功，日彰圣绩。其于遗风余烈，贲古辉今，□□复书。昔唐之季也，大盗寻戈，权臣窃命。地维绝纽，八銮迁胁于东周；天邑成墟，三辅悉奔于南雍。天祐甲子岁，太尉许国□公时为居守，才务葺修，遂移太学并石经于此。露往霜来，雕墙半圮，尘封藓驳，塑像全堕。属吾道之有归，见斯文之不坠。我太师令公禀岳秀川灵之英概，负虎眉犀额之雄标，张智勇以立邦，立诚明而驭下。鸣钟沸鼓，辛勤讨伐之勋；揽辔登车，慷慨澄清之志。皇帝辟统之明年也，念汉五陵之豪族桀骜轻浮，秦四塞之要冲推埋剽掠，将祛故态，每念难材。阃外牙璋，方思宿将，关中管钥，荐委通贤。一角来而上应玉绳，九苞鸣而动谐金奏。仰分忧寄，旁奉攻条，投惠而民怀，发奸而吏慑。申明狱讼，引决如神，劝课农桑，服勤务本。令出而随如注壑，化行而速如置邮。加以钤阁晓开，剧谈名理，玳筵夜洽，高会英儒。一日因谒灵祠，顾谓宾佐曰：厚禄高官，咸称弟子，隤垣坏宇，孰念宗师？岂□□务通方，不资于国耶？致功成利，无益于民耶？观风吏敛袵而对曰：昔者仲尼生于周之末世，事于鲁之乱邦，长幼失宜，冠婚亡序。繇是删诗书而定礼乐，赞易象而修春秋，扶世导民，劳形役智。卑栖下位则席不暇温，历聘诸侯则车无停响。斥于齐而逐于宋，厄于卫而困于陈，每屈己以救时，欲化风而成俗。昭王厚礼，固轻千社之封，矧寸禄乎？灵公奇待，不顾万钟之粟，矧束脩乎？孟轲所谓生人已来未有如夫子者也，功如是，德如是，岂无益于民乎？岂无资于国乎？我太师令公取制度之规，以模黉舍，量经营之费，遂出俸财。霞张梦奠之楹，粉耀藏书之壁，增华崇丽，眩目惊心。青璅丹梁，见廊庑轩墀之洁；藻扃黼帐，有豆笾庋椟之仪。莫不赋采挥毫，参灵运思。尧身禹状，□神凛凛以如生；月角山庭，画像莘莘而在列。介珪华衮，享王爵于高封；八簋三牲，遵国章于常祀。工徒告毕，庙貌斯严。英旄□□之贤，瞻之如市；揖让周旋之教，靡若从风。里闾焜耀于搢绅，文雅阐扬于洙泗。从乂巧亏摛椠，才类编苫，叙美图芳，俾刊贞赞，□□课拙，强扣庸音。时大宋建隆三年八月二十五日记。

推诚奉义翊戴功臣永兴军节度管内观察处置等使特进检校太师兼中书令京兆尹上柱国瑯琊郡开国公食邑四千五百户实封一千三百户王彦超

安仁祚刻字

大宋永兴军新修玄圣文宣王庙大门记

北宋大中祥符二年（1009年）刻。螭首方座，碑高278厘米，宽92厘米。孙仅撰文，冉宗闵书，张格篆额，安文璨刻字。碑题“大宋永兴军新修玄圣文宣王庙大门记”，碑文22行，行44字，楷书。额题“玄圣文宣王庙大门记”，篆书。《金石萃编》有录文，《关中金石记》《陕西金石志》等有著录。此碑当时刻立于京兆孔庙。今碑身中部斜向断裂，后半部分碑文有残损。西安碑林现藏。

大宋永兴军新修玄圣文宣王庙大门记

朝奉郎尚书比部员外郎知制诰知军府兼管内劝农使上轻车都尉赐紫金鱼袋孙仅撰

朝奉郎尚书屯田员外郎通判军府兼管内劝农渠河事上骑都尉赐绯鱼袋冉宗闵书

左班殿直监军资库张格篆额

孔子之道，屈于三代之末，伸于千古之下。故其生也，位□□□，没也，爵极王者。王者之居，自有制度，不壮不丽，则偪下甚矣。是军，古京邑也，斯庙，古国学也。自浚郊建都，降□□府，百司之盛，空余坏垣，三辅之雄，宛若列郡。然而故地虽易，旧名尚存，是以民到于今或以监名呼之。丁未岁末，仅奉令出守。至止之翌日，举行故事，首趋墙仞。次年上丁释奠，□奉苹藻，环视乎内，殆非前闻。石壁外周，既异乎藏书之所，苔碑中立，又殊乎丽牲之具。至于斋戒之室，讲习之堂，□□之器，三者交阙。加之闬闳不峻，阛阓俯近，隘类晏宅，陋同颜巷。因退思曰：文举相北海，旌康成之门衡；孝若游猷□，颂曼倩之祠宇。况儒宫先觉，圣域元龟，百代所宗，万民取则，虽未能更诸爽垲，极乎轮奂，□可坐视其卑庳而不为之改张者耶？乃审制度以造俎豆，由是祭器列焉；乃限嚣尘以严启闭，由是重门辟焉；□□□衺以建厅事，由是洗心者肃焉，解颐者萃焉。巍巍乎高，眈眈乎深，俾及门者，趋庭者，升堂者，入室者，摄齐□□□□，得步骤修愸于其外，进退周旋于其内。信可以移四教于风俗，被六艺于人伦，混泾渭于洙泗之流，变□□□□□之地。功既毕，会国家采诗书之义，草封禅之□，既检玉于介丘，□□□□阙里。寅奉祀典，顺考礼文，因开元之旧，封增庙讳，圣之新号，徽名允洽，盛德惟新。傥门间未崇，则牌□□□□□□幽赞有开必先。不然，何缮完修饰，迎合天意之如此？昔鲁恭王闻金石之韵，旧宅载存，钟□□□□□□□尺壁斯睹□之今日，宁后古人？考室有期，正辞无愧。庶后之观者知元后之勃兴，吾道守臣之诞□诏条，岂独效春秋家流。谨（以下缺）

大中祥符二□□□己酉六月甲申朔十一月甲午立

安文璨刺字

陕府西诸州水陆计度转运使兼本路劝农使（下缺）

陕府西诸州水陆计度转运使兼本路劝（下缺）

银青光禄大夫检校尚书左仆射使持（缺）部署骑都尉雁门郡开国侯食邑一千六百户（下缺〉

（上缺〉德郎试大理评事兼监察御史范巽

（上缺〉监押兼在城巡检马守钦

（上缺〉侯兵马都监兼在城巡检张延招

观察推官承奉郎试大理评事王献可

节度推官承奉郎试大理评事杨舒

中书门下牒永兴军

北宋景祐二年（1035）二月刻于唐《梁守谦功德碑》碑阴。碑高251厘米，宽122厘米。碑文分上下两栏，上者16行，下者14行，行字数不等，楷书。《金石萃编》有录文，《关中金石记》《寰宇访碑录》《陕西金石志》等有著录。西安碑林现藏。

中书门下牒永兴军

户部侍郎知永兴军范雍奏

国家剽甲敦儒，宅中开绪。继人文而布度，建皇极以凝猷。三公论道于岩廊，九牧倨功于方岳。内则启集仙之署，招吁□髦，外则崇太学之官，典教胄子。臣伏见本府城中见有系官隙地，欲立学舍五十间。乞于国子监请经典史籍一监，仍拨系官庄田一十顷，以供其费。访经明行修者为之师范，召笃学不倦者补以诸生。候敕旨。

牒奉敕依奏，许建立府学。仍勘会于系官荒闲地土内量拨伍顷，充府学支用。及令国子监赐与九经书籍，不得假借出外及有损污散失。仍令本军常切选差官一员管勾。候得替，批上历子，递相交割。牒至，准敕，故牒。

景祐元年正月五日

刑部侍郎参知政事宋

户部侍郎参知政事王

工部尚书平章事李

门下侍郎兼吏部尚书平章事吕

西蜀眉阳僧惟悟书

专知官滑仁□

时大宋景祐二年岁次乙亥二月八日立石

应高蹈丘□科府学讲授高□

节度推官宣德郎试大理评事赵惟清

宣德郎试秘书省校书郎权节度掌书记管勾府学陈谕篆额

朝奉郎试大理司直兼监察御史权观察判官周宗范

节度判官朝请大夫试大理司直兼殿中侍御史何□

礼宾副使兵马都监在城巡检兼管勾驻泊军马公事蔚信

礼宾副使驻泊兵马都监兼管就粮本城军马公事贾璘

朝奉郎尚书比部员外郎通判永兴军府兼管内劝农事上轻车都尉赐绯鱼袋梁吉甫

六宅使昌州刺史驻泊兵马钤辖兼管勾屯驻本城就粮兵马公事卢守懃

邠州观察使驻泊兵马步军副都部署兼管勾屯驻本城就粮兵马公事张遵

金紫光禄大夫行尚书户部侍郎知永兴军府兼管内劝农使管勾驻泊军马提点乾耀商华坊丹同等州巡检兵甲公事上柱国高平郡开国公食邑三千八百户实封一千二百户范雍

皇叔推诚保顺同德协恭赞治崇仁亮节守正佐运翊戴功臣永兴凤翔等军节度管内观察处置等使守太师尚书令兼中书令行雍州牧荆王赐剑履上殿诏书不名食邑二万二千三百户实封壹万户□□

永兴军中书札子

北宋景祐二年（1035）十一月刻。碑高 168 厘米，宽 77 厘米。碑文 11 行，行 28 字，楷书。《金石萃编》有录文，《关中金石记》《陕西金石志》等有著录。西安碑林现藏。

中书札子

户部侍郎知河阳军范雍奏：臣昨知永兴军，体量得前资，寄住官员颇多，子弟辈不务肯构，唯恣嘲遞轻薄，斗诔词讼。自来累有条约，与诸处不同，有过犯情理重者，并奏听敕裁，然终难悛革，盖由别无学校励业之所，是致轻悍成风。臣到任后，奏乞建置府学，兼赐得九经书，差官主掌，每日讲授。据本府分析，即今见有本府及诸州修业进士一百三十七人在学，关中风俗稍变，颇益文理。见是，权节度掌书记陈谕管勾，欲乞特降敕，令指挥下本府管勾官员，令常切遵守所立规绳，不得堕废。候敕旨。右奉

圣旨，依奏。札付永兴军准此者。

景祐二年十一月一日宣德郎试秘书省校书郎节度掌书记管勾府学陈谕立

安亮刻

京兆府小学规

北宋至和元年（1054）刻于宋《篆书目录偏旁字源》碑阴。碑高 300 厘米，宽 99 厘米。裴袗书，李綖篆额。碑文分 4 截，各 18 行，行 7 字，楷书。《金石萃编》有录文，《关中金石记》《寰宇访碑录》《陕西金石志》等有著录。西安碑林现藏。

京兆府小学规

府学榜准使帖指挥于宣圣庙内置立小学，所有合行事件须专指挥。

一应生徒入小学，并须先见教授，投家状并本家尊属保状其保状内须声说情愿令男或弟侄之类入小学听读，委得令某甲一依学内规矩施行，申学官押署后上簿拘管。

一于生徒内选差学长二人至四人，传授诸生艺业及点检过犯。

一教授每日讲说经书三两纸，授诸生所诵经书文句音义，题所学书字样，出所课诗赋题目，撰所对属诗句，择所记故事。

一诸生学课分为三等：

第一等

每日抽签问所听经义三道，念书一二百字，学书十行，吟五七言古律诗一首，三日试赋一首或四韵，看赋一道，看史三五纸内记故事三条。

第二等

每日念书约一百字，学书十行，吟诗一绝，对属一联，念赋二韵，记故事一件。

第三等

每日念书五七十字，学书十行，念诗一首。

一应生徒有过犯，并量事大小行罚。年十五以下，行扑挞之法，年十五以上，罚钱充学内公用。仍令学长上簿学官教授通押。

行止逾违，盗博斗讼，不告出入，毁弃书籍，画书窗壁，损坏器物，互相往来，课试不了，戏玩喧哗。

一应生徒依府学规，岁时给假，各有日限。如妄求假告，及请假违限，并关报本家尊属，仍依例行罚。

右事须给榜小学告示，各令知委。

以前件如前。

至和元年四月日

权府学教授蒲宗孟

府学说书兼教授裴渎

大理寺丞签署观察判官厅公事专管勾府学李綖篆额

秘书丞通判军府兼管内劝农事提举府学韩绎

尚书比部员外郎通判军府兼管内劝农事提举府学薛俅

忠武军节度使特进检校太尉知军府事文

本学教授兼说书草泽任民师

乡贡进士裴袗书

三峰进士李邵管勾立石

丰邑樊仲刻

京兆府府学新移石经记

北宋元祐五年（1090）刻。碑高130厘米，宽83厘米。黎持撰文，安宜之书。碑文23行，行37字，楷书。《金石萃编》有录文，《关中金石记》《寰宇访碑录》《陕西金石志》《碑帖叙录》有著录。西安碑林现藏。

京兆府府学新移石经记

汲郡吕公龙图领漕陕右之日，持适承乏雍学。一日谒公，公喟然谓持曰：京兆阛阓间，有唐国子学存焉，其间石经乃开成间镌刻。唐史载：文宗时太学勒石经，而郑覃与周墀等校定九经文字上石，及覃以宰相兼祭酒，于是进石壁九经一百六十卷，即今之石经是也。旧在务本坊，自天祐中韩建筑新城，六经石本委弃于野。至朱梁时，刘鄩守长安，有幕吏尹玉羽者，白鄩请辇入城。鄩方备岐军之侵轶，谓此非急务。玉羽绐之曰：一旦虏兵临城，碎为矢石，亦足以助贼为虐。鄩然之，乃迁置于此，即唐尚书省之西隅也。地杂民居，其处洼下，霖潦冲注，随立辄仆，埋没腐壤，岁久折缺，殆非所以尊经而重道。予欲徙置于府学之北墉，子且伻图来视。厥既视图，则命徒役具器用，平其沟堑而基之，筑其浮虚而寔之。凡石刻而偃者仆者，悉辇置于其地，洗剔尘土，补锢残缺，分为东西次比而陈列焉。明皇注孝经及建学碑则立之于中央，颜、褚、欧阳、徐、柳之书，下迨偏旁字源之类，则分布于庭之左右。俄而如登道山，如入东序，河图洛书，大璧琬琰，烂然盈目，而应接或不暇矣。先是，有兴平僧诞妄惑众，取索无厌，大尹刘公希道没入其赀，有欲请于朝以修慈恩浮图者，公即建言：崇饰塔庙非古，而兴建学校为急。朝廷乃以五百千畀之。不费公，不役民，经始于元祐二年初秋，尽孟冬而落成。门序旁启，双亭中峙，廊庑回环，不崇不庳，诚故都之壮观，翰墨之渊薮也。学者暇日于此游息，得之于目而会之以心，固已有超然远诣之意，岂曰小补之哉。窃惟六经，天人之道备，圣人所以遗天下来世之意，尽在于是。自周末至隋，千余载之间，已遭五厄。汗简以载，或焚或脱，缣楮鱼蠹，易腐易裂，道虽无穷而器则有弊。唯鑱之金石，庶可以久。有唐之君相，知物之终始而忧后世之虑深，故石经之立殆于此也。然以洛阳蔡邕石经四十六碑观之，其始立也，观视摹写者车乘日千余两，填塞街陌，可谓盛矣。乃范蔚宗所见，其存者才十有六枚，余皆毁坏磨灭，然后知不得其人以护持，虽金石之固亦难必其可久。此吕公所以为有功于圣人之经而不可不书也。然持书此者，岂特纪其岁月而已哉，将使后之君子知古人之用心而不废前功，庶斯文之有寄云尔。元祐五年岁次庚午九月壬戌朔二十日辛巳京兆黎持谨记。

河南安宜之书

安民镌

京兆府重修府学记

金正隆二年（1157）刻于宋《永兴军中书札子》碑阴。碑高168厘米，宽77厘米。李果撰文，潘师雄书。碑文30行，行70字，楷书。《金石萃编》有录文，《类编长安志·石刻》《关中金石记》《寰宇访碑路》《陕西金石志》等有著录。西安碑林现藏。

京兆府重修府学记

三代之治莫隆于周，蔼蔼王多吉士，维君子使媚于天子。后世追仰风猷，常叹其不及者，何耶？世态淳于前而浇于后也，非人物兴于古而衰于今也。盖以庠序学校之设，成于当时者备，涵濡长养之方尽于其道也。人故教化有所格，器质有所就，而贤人众多能为邦家立太平之基矣，岂以浇淳兴衰有前后古今之异哉？晚周东驾，王室衰微。吾夫子患圣人之道熄，删诗书，定礼乐，赞易道，述春秋，皇皇然辙环天下，历聘诸国。以微言大义垂世立教，授三千之徒于洙泗之间，祖述尧舜，宪章文武，蕲帝王之道，坦明于时，俾民受其赐于万世之后。呜呼，其念天下后世之如此，至于叹凤鸟之不至，泣麟出之非时，岂独为一身而已哉！暨乎梦奠两楹，异端并起，继以秦焚汉滥，得毁烬之余者不绝如线。当是时也，微吾夫子之道，其谁与归？斯所以明君哲后有意帝王之治者，莫不诏郡县立学，春秋享先圣先师于庙焉。京兆旧学，在府城之坤维，地非亢爽。前宋崇宁二年，命郡县建学，以宾兴贤能。府帅枢密直学士虞公策承命诣学，谓诸生曰：鲁修泮宫，有思乐泮水、薄采其芹之颂，是知泮水以育人才也。今府城之东南隅，水易就下，地且文明，欲改卜其处可乎？诸生怡然曰：诺。乃范湖州规制，经营建立。庙学之成，总五百楹，宏模廓度，冠伟一时。水润木荫，清泠懋郁，儒衣冠而入者日不啻千人，弦诵之声，洞澈霄汉。厥后学古入官，贡名于桂籍，登书于天府者，未蕲一二数也。自罹兵革，残毁几尽。贞元乙亥岁，河间韩公希甫亚尹京兆。视事之三日，谒奠于文宣王。酌献礼毕，见诸生于学，喟然叹曰：我国家经文纬武，进用贤能，每三岁设科，以经史取士，乡升之府，府升之朝，而皇帝临轩，赋业见贤焉，然后用之，诚夸越复古之制也。谨按尚书省批送礼部节文，应有宣圣庙去处，即便修整。今此庙皃倾圮，黉宇颓弊，何以仰副明天子作成之意？遂即议于府尹完颜公胡女，遵奉朝廷之命，鸠工计役。拾堕瓦于废基，抡坚材于坏屋，新寝祠而重俨像，创修廊而绘列贤。师儒讲诵之有堂，生员居处之有庐，以至斋祭之室，庖福之所，各有其序。补苴罅漏，剔秽治芜，期年而成。韩公又出己俸，重修祭器，俎豆之属，大率皆备，乃延诸生入学隶业。仍与漕使李公、同知张公、副运周公暨诸幕属共议，申敕朝廷养士，著令具馔焉。继而府推张公仲堪，下车提领教纲，力赞其务。而又府判毕公棣，入幕之初，首督斯举，能事于是。毕矣，学正来昌国帅其徒请记于栗。栗以鄙陋少文屡辞，屡属，牢不可让。且告之曰：在昔，宗周作都丰镐，人材萃出，一本于学，故诗人谓文王曰：于乐辟雍；谓武王曰：镐京辟雍；以至：世之不显，厥犹翼翼，思皇多士，生此王国，王国克生，维周之桢，济济多士，文王以宁[1]。且京兆处宗周之域，被文武之化，薰陶渐渍，数千百载之后，风声气俗宜乎不改。今诸公克承朝廷美意，主张吾道，重建庙学，岂非翼翼然思皇多士复生，我国家如文王时耶？勒铭金石，不足以归美于上。诸生当勉学夫子之道，处则孝于其亲，友于兄弟；出则忠于其君，施于有政，抱道怀德，升名仕版，为当世之显儒。远不忝宗周习俗之美，仰不负吾皇乐育之诚，俯不愧诸公主张之德，使诸公异时闻诸生行业于庙堂之上，奚复有慊于心欤？大金正隆二年十一月十有五日京兆前进士李栗谨记。

①以上碑文所引诗句，均出自《诗经·大雅·文王之什》。“于乐辟雍”句，出自《灵台》篇；“镐京辟雍”句，出自《文王有声》篇；“世之不显……文王以宁”句，出自《文王》篇。

河南潘师雄书丹，开封钱义方题额，学正来昌国等立石
斋谕韩观
斋长姚褒
司书宋端弼
直学任俣
学谕曹谊
监修使臣唐安
监修学忠显校尉充京兆府军器库副使兼知作院武骑尉李宏
监修学奉信校尉可充京兆府军器库使兼知作院飞骑尉刘端
提振修学昭信校尉行京兆府录事飞骑尉王景晖
提振修学奉政大夫专一规措京兆府耀州三白渠公事骁骑尉王堪

重修碑院七贤堂记

金正隆五年（1160）刻。高134厘米，宽82厘米。碑横向断裂，其上截又竖向断裂，只余右半块残石，故碑文后半部缺损。曹谊撰文，郭孝忠书。碑文26行，满行26字，楷书。《寰宇访碑录》有著录，云其原在临潼县，误。西安碑林现藏。

重修碑院七贤堂记

京兆府学乃唐之太学，暨前宋崇□[1]岁迁于兹地。宣圣殿后，旧有玄宗序注孝经石台并文宗群经碑院一区。昨自刘齐扰攘，饥谨连迹，继踵学士解散，宣圣庙宇，迄为草莽。彼所谓石经者，虽森然壁立，而严霜烈日，暴其燥烁，淫风涕雨，饱其渐渍，苍苔翠藓之斓斑，牧童樵子之□琢，逾二十载，几不免湮没于荆榛瓦砾间。会前河中府同知府尹耶律公隆，陕西东路转运副使周公维甫，被命监修利用。监日二公恭谒庙貌，叹其□露，爰命匠民相与计度，宏模廓度，逾越旧制者一百三十有六椽。而耶律公（以下阙）……周（以下阙）

①应为“崇宁”二字，碑文此处残损，然崇字之“山”字头仍可辨，宁字之末笔一竖钩亦可辨。

……（以上阙）给，总判吕公应熊，府判毕公棣，户判田公彦皋，度判孙公鼎年，……（以上阙）时复诣学助其犒劳，翌日……（以上阙）总管，由是鸠工并力，自春徂夏。钉头雨集，柱脚云矗，栋影……（以上阙）风，四廊彩膜，远延瑞雾。而蝌蚪篆隶，龟趺龙首之属，乃始……（以上阙）余檩，工才过半，而……（以上阙）前后瞩望，烂然一新，可谓能始能终者也。初……（以上阙）学舍，人人以为莫大之美。至是二公之绩特与争辉噫……（以上阙）坚石冀传之不朽，公乃加之以翚飞跂翼，使蔽霪而……（以上阙）不朽之典传无穷矣。谊忝诸儒列，亲见美事，未容缄默，敢……（以上阙）辰采实而书之。学谕曹谊谨记并立石，进士郭孝忠书丹。……（以上阙）书宋端弼，直学王丙，学正来昌国。

大金重修府学教养之碑

金正大二年（1225）刻。碑高235厘米，宽86厘米。刘渭撰文，杨焕书，张邦彦篆额。碑文28行，行48字，楷书。《金石萃编》有录文，《类编长安志》《关中金石记》《寰宇访碑录》《陕西金石志》等有著录。西安碑林现藏。

大金重修府学教养之碑

盖闻扰攘之后，必有惟新之图，忧患之余，必有增益之智。不然，安得勋高前古，措世隆平者哉？我国应天顺民，虽马上得天下，然列圣继承，一道相授，以开设学校为急务，以爱养人材为家法，以策论词赋经义为擢贤之首，天涵地育，磨砺而成就之。是以将相全材磊落间出，其大者俊伟雄杰，光华汗简，其次者犹能以谨朴廉洁自重。从源徂流，号称多士，郁郁彬彬，追踪三代。及乎妖孛缠次，氛翳元都，素教皇风，开阐未暇。仰惟行省参政金源完颜郡公，卓然忠节，深结主知，名高建武之功臣，亲沐贞观之政化。英风义概，北伐南征，沙漠江淮，威名大震。轻裘缓带，歌雅投壶，硕德元勋，超今迈古。军国议余，乃会参议知府石盏公、尚书张公暨潭府英髦而谓曰：自兵凶以来，贵胄氏族子弟流离关中者为多，伍庸隶，侪浮民，恣意于蒲博弹弋之间，相与扇慝为恶，未见能善其后也。事有似缓而急者，其此之谓乎？

闻之府庠赡士田舍，皆前贤清俸所营，吝而弗与，何以副明天子崇儒设学之意？乃发廪粟，出帑资，以为斋盐之费而教育之，虑规矩之不肃，以行省郎中宏文裴满蒲先、外郎集贤上党张士贵、都事裴满世论，龙山高谊，柱石庙堂，蓍龟帷幄，胸中万卷书，笔下数千言，道学渊源，为世摹范，俾提举焉。奉政兀颜德正、承直邳邦用，皆当世闻人，老于学问，俾教授焉。于是檄有司督工役，支倾补缺，联断洗昏，植踣碑于芪草，基废址于藾蔬。殿宇翚飞，石经堵立，斋厨廊庑，焕然一新。济济乎，洋洋乎，聚秀异而诲焉。易以经之，礼以纬之，诗书以成之，春秋以断之，标准语孟，鼓吹韩柳。博采于历代史氏，日渐月滋，作为文章，华国藩身，厥绩芪矣。可谓过晁董，丽卿云，诚贯道之器，异夫雕花草而状风云也。每月旦，二公洎学宫，锁院私试择掾属，驰声场屋者同考之，选犹礼贡，严类棘围。明镜前，平衡下，蚩妍即辨，铢两不差。士子得占榜者，同华衮之赐，其勉励又可知已。屡以省酝百壶见赐，助醉经之余旨，讲乡射之遗风。酌唐虞薰酿，味周孔醇厚，斥诸子之浇漓，黜老庄之淡泊。吸幽挹玄，发为英华，陶然于洪均之中，岂设醴之比哉。将见直玉堂，待金马，谋王体，断国论，诏感卒泣，檄愈头风，一书下燕国，三箭定天山，孰谓秦无人也。诸生其勉旃，勿负我良相贤大夫教养作成之意。

正大二年十二月中浣日蒙泉刘渭谨记。奉天杨焕书，征事郎张邦彦篆额。

直学元善长、张师德，学录吴昕，学正安济，直学蒲察贞固、颜盏公直，学录蒲鲜元庆，学正蒲察成

朝列大夫长安县令赐紫金鱼袋范昂霄、少中大夫咸宁县令赐紫金鱼袋纥石烈阿邻督役

宣武将军录判张和、奉国上将军录判完颜得哥、宣武将军京兆府录事孙立立石

承直郎省差教授赐緋鱼袋邳邦用、奉政大夫京兆府教授赐绯鱼袋兀颜德正立石

大元国京兆府重修宣圣庙记

元至元十三年（1276）刻于宋《兴庆池禊宴诗》碑阴。碑高250厘米，宽96厘米。徐琰撰文。碑文31行，行62字。《陕西金石志》、《金石萃编未刻稿》有录文，《类编长安志》《关中金石记》等有著录。

西安碑林现藏。此碑今漫漶已甚，以下碑文据罗振玉《金石萃编未刻稿》。

大元国京兆府重修宣圣庙记

前陕西四川□□行尚书省左右司郎中徐琰撰

古之教者，家有塾，党有庠，术有序，国有学。凡始□□□□学，必□□□奠于先圣先师，故学必有庙。后世以孔子为先圣，颜孟为先师，冉闵而下九人益以曾子为十哲，皆侍坐而配享焉。自余六十一弟子及左丘明、公羊高、孔安国、刘□、荀□、扬雄、郑玄、王弼之等二十四大儒，绘于两庑，春秋二仲月日取上丁祀，用王者事。自天子京师，达于郡邑，咸遵此制，唐以来莫之或废也。金季板荡，中原丘墟，所在庙学，例为灰烬。大元开创，抚有方夏，谓生民不可一日无教，孔子不可一日无祀所，首命东诸侯岁□□平益□济南历日银□宣圣庙于兖州曲阜之阙里，其他郡邑，起废之议未遑及之。然修之与否，各在其土□贤不贤、为不为耳。京□旧有宣圣庙，辛卯弃城，殿宇倾颓，总管田侯，护持仅存。甲辰岁，征南先锋使夹谷公□□扈国昌言，慨然以修复自任。既葺正殿，复起二门，工粗毕而力不继。又十余年，平章廉公、参政商公宣抚陕□，乃为构其两庑，绘事未兴，二公入相。□转运使□公假馆于学也，率□属僦工为图之。年岁既久，后就者虽新，而先成者已复坏矣。正殿□建，规制□□，材植挠弱。天雨浸□，上栋为之腐败，□床之漏，适当黼□，学之师生，蹙额仰视，无以措手。教授李庭腾书有司，走谒当路，遑遑焉，汲汲焉，若不能一朝居者。时陕西四川行尚书省平章赛公属有疆埸之事，驻□巴蜀。□省正奉严公视事之明日，祇谒庙下，徘徊顾瞻，已而叹曰：今夫为教于世者三，而吾夫子居其一，彼二教者何其崇敬之甚也，且以一□□□宝□琳宫，金碧□□，觚棱相望，介于民□□□□者□数区，少犹不减二三。一县凡几乡，一州凡几县，一府凡几州，合而言之，则不可胜计矣。京兆独辖八州，□□□台□□□是秦□九道□之以为风化□□□□宣圣一庙，方之二家，不为过分，而狼藉若此。食人之德，袭人之教，游于其门者，宁□愧于心欤？其议所以□葺之□□□俸聊□经□，且以为诸公倡。于是省府僚吏暨在学儒生，莫不欣然赞叹，咸愿出钱而助之。会平章赛公之檄至，许以栾材，别廪余□糯米三伯石□□通计□□。所鸠之赀，总为钱二千□□缗。以新易旧，以崇易庳，□徒葳事，绰绰然有余裕矣。命京兆总管府判寇君元德董其役，经始于至元七年之冬，断手于明年之夏。□大成殿为七楹，高其□□□□□□乃命工更塑先圣先师及从祀者十人之像。内外二门，榷□尤甚，悉从改作。石台孝经，唐明皇之御书也，为之起楼以贮□。石刻九经，开成间之故物也，为□架□以庥之。又作二堂于大门之内，东□先正七贤之祠，西则亭□。斋居之次，祭器有库，烹饪有厨，□其坛槐，其市缭垣、疏屏、□窗、绰楔，丹雘之华，涂垩之饰，无所不用其力。虽皆严公之指授而纲维□□是修饰之，润色之，判府寇君之功为多。爰择吉日，舍菜告成，诸生济济，骏奔在庙。礼殿高明，法庭宏敞，周庑深□，重门洞彻，笾豆有嘉，笙镛间作，进退周旋，登降揖让，三献而退。邑里之民，观礼识古，剔耳刮目，愉愉怿怿，有感道怀和之意。既卒事，教授先生招诸生立馆下诲之曰：汝知行台诸相作新斯庙之本旨乎？非直为观美也，盖以懿德之在人，非学无以就之；人伦之在人，非学无以明之；选秀俊造之资之在人，非学无以辨论之。有民则有学，有学则有庙，庙以致墙羹之思，学以囿渐摩之域，其所由来尚矣。秦中自古帝王所都，首善之制，历代相承，人材之盛，号为渊薮，风声气习，薰醲涵浸，视他道为独异。于论鼓钟，以乐辟雍，有周之典也。继之以蔼蔼，王多吉士，惟君子使媚于天子，开设学校，旁求儒雅，以阐大猷，西汉之规也。终之于数路□人，文武并兴，名臣辈出，增筑□舍千二百区，鼓箧升筵八千余士，大唐之则也。卒之以积学成功，□谈辩治，邈有其人，光乎信史，曰宋曰金。簉迹于泮宫，登名于天府，□传记所载，曾不让乎邹鲁，□□素教之效。方今圣天子孜孜求治，网罗贤俊，郡国文学，妙龄秀发之士，朝取一人焉，拔其尤，暮取一人焉，拔其尤。□□台阁，安置殆遍，自关以东，无郡无之，独吾京兆未有一人应诏者。非天降材尔殊，是亦教诲涵养敦劝之不至也。行台诸相增崇庙学，其意以此。窃□□□□□儒□国家宽恤之典，世世复其家，无茧丝之供，无过践之徭，饱食暖衣，恣其读书，业稍精，行稍□，官□禄之矣。□□谓儒于道最高，乃今始知为不妄，何惮而不自□哉。庙之不葺，有官君子□其责而塞之矣；学之不讲，吾与汝曹之事也，诸君幸努力焉。东平徐琰在侧，适闻其语，请志于石以为重修庙记，先生曰：诺，于是乎书。

至元十三年九月

昭勇大将军京兆路总管兼府尹诸军奥鲁总领营缮使司大使赵炳立石

助刊石人山东刘彬

府学公据

碑文末署元至元十三年（1276）十二月，应与《重立文庙诸碑记》同时所刻，同刻一石。碑高156厘米，宽63厘米。碑文21行，行字数不等，楷书。《金石萃编未刻稿》《陕西金石志》有录文，《关中金石记》等有著录。西安碑林现藏。

皇帝圣旨里

皇子安西王令旨里

王相府据京兆路府学教授孟文昌呈照得先钦奉圣旨节文道与陕西等路宣抚司并达鲁花赤管民官管匠人打捕诸头目及诸军马使臣人等：

宣圣庙，国家岁时致祭，诸儒月朔释奠，宜恒令洒扫修洁。今后禁约诸官员、使臣、军马，无得于庙宇内安下或聚集，理问词讼，及亵渎饮宴，管工匠官不得于其中营造，违者治罪。管内凡有书院，亦不得令诸人骚扰，使臣安下。钦此。卑职切见府学成德堂书院地土四至：东至庙，西至泮濠，南至城巷，北至王通判宅。四至内地土及房舍，诚恐日久官司占作廨宇，或邻右人等侵占，乞给付公据事。相府准呈，今给公据付府学收执，仍仰诸官府并使臣军匠人等，钦依圣旨事意，无得骚扰、安下，及邻右人等，亦不得将府学房舍四至地基侵占。须议出给公据者：

一成德堂七间，计五十六椽。东廊一十间，计四十椽。西廊九间，计三十六椽。缄膳厅三间，计一十四椽。厨房三间，计一十二椽。勃海舍三间，计六椽。门屋三间，计一十二椽。门西舍三间，计六椽。又舍三间，计六椽。土地堂一间，计三椽。门东舍二间，计八椽。又旧舍三间，计一十二椽。

一采芹堂七间，计四十二椽。门屋一间，计二椽。

一西院正堂七间，计四十二椽。厨房三间，计一十二椽。小舍三间，计六椽。

右给付京兆路府学收执，准此。

至元十三年十二月十三日

重立文庙诸碑记

元至元十四年（1277）一月刻，与《府学公据》碑同刻一石，同时所刻。碑高156厘米，宽63厘米。孟文昌撰文，骆天骧书。碑文22行，行24字。《金石萃编未刻稿》《陕西金石志》有录文。西安碑林现藏。

重立文庙诸碑记

府学正骆天骧书

物生天地间，有象则有滋，有滋则有体。凡物之大小虽异，至于显晦成坏，莫不存乎数。夫石之寓物，盖有形而无情，伐而为碑，刻鑱诸文章、字画，垂法后世，兹石之幸者也。不幸而毁折摧仆，人能用术智使合本然之质，实旷代罕遇之奇事也。京兆府学，昔为国子监。石经之次诸碑，它郡所亡有。如秦丞相李斯暨阳冰之小篆，晋右军王羲之之行书，唐颜真卿、柳公权、虞世南之真楷，宋郭忠恕、僧梦英之众体，是皆古今昭昭，著人耳目，争先睹之为快者。其毁折摧仆，不知其几年矣，观者叹息，未如之何。一日客僧远方来，自称能炼药补石，时人始弗知。案牍雷君，因事在庙学，仰瞻殿障之未具，首出净赀，命工增葺而绘饰之，遂试僧术，倡之于前。总管任公，慨然为仆言：予之先世尝以贡士读书是庠，遭乱以殁，予幸复居长安，家稍优饶，有子有孙，岂非由圣人之门、父祖垂裕所致欤？愿卒成胜事。乃备钱百余缗，经费一资于己。俾前代名碑，断者重续，废者载立，得还旧观，皆公之力也。公讳佐，为人诚笃，仕锦院大使。雷君讳时中，字敬之，幼失父，事母尽孝，友爱同气，乡党称之，领提举司案牍。二公乐于向善，在流俗中诚不易得。仆嘉二公用心，喜物数有归，文教复兴之兆，姑书以为乐善之劝，并识岁月云。

王府典书京兆路府学教授孟文昌记

大元至元十四年正月望日学录徐鼎、学正董溥立石

府学生王仁刊

奉元路重修庙学记

元至正六年（1346）刻于金正大二年（1225）《金京兆府进士题名碑》（又名《改建题名之记》碑）碑阴[①]。碑原立于西安孔庙，20世纪50年代初被掩埋于西安孔庙院内，有拓本资料留存。虞集撰文，王守诚书，苏天爵篆额。碑文30行，行62字，楷书。《金石萃编未刻稿》《陕西金石志》有录文，《关中金石记》《寰宇访碑录》等有著录。

奉元路重修庙学记

翰林侍讲学士通奉大夫知制诰同修国史虞集撰

嘉议大夫礼部尚书王守诚书

中奉大夫陕西诸道行御史台侍御史苏天爵篆额

我国家龙飞朔方，奄有中夏。世祖皇帝既定大统，人文聿兴，学校之设为急务。奉元本京兆，汉唐故都，地望尤重，是以分镇于陕者，平章廉公希宪、参政商公挺、佥事严公忠范，先后作成宣圣庙、儒学于郡东南，有礼殿，有仪门，东西庑为从祀之舍，殿后有石经之亭，唐人石刻附焉。仪门之外有斋宫，外□都宫，有棂星门，此其大略也。时东平徐公琰方为行省左右司员外郎，实记而刻诸石，则至元十三年丙子之岁也。其后陕西行中书省、行台皆治奉元，有司校官治庙学无敢阙失。会岁荐饥，匆遑缮葺。仍改至元之二年，岁在丙子，瞻思贴木儿不花为行台御史，乃建言曰：今岁事有成，民汔小康，礼义之教需此焉。出岁行六十，时其复矣，以更治庙宇为请，且曰：从祀诸贤，如国子监庙制，皆塑像为宜。台端唯而从之。相继以就其功者，则御史李伯述、何执礼、李中、蔡明、安达尔诸君，教授则张冲也。于是陕西行省、行台咸割公用以为之先，豫王闻而资以五千缗，王傅官，巩昌帅府，奉元路泊怯邻、

①参见路远《西安孔庙旧藏碑刻叙录》一文之《金京兆府进士题名碑》一节，载《碑林》集刊第十五辑，三秦出版社，2009年。另见路远《金代京兆府学登科进士辑考》一文，载《碑林》集刊第十七辑，三秦出版社，2011年。

屯田二总管府，下至郡邑，率皆翕从. 好义之士闻风劝助者相续。四月命工度材，各给其直，工佣之费，稍廪之给，凡为钞二万緡。如民间之通工易事，无官府之扰，是以明年八月告成，而民不如有是役也。是年二月，官又给费修石经廊庑。五年夏，御史李中又计学廪之赢，修神厨、仓屋、更衣之室及提学官廨。冬，御史蔡明、安达尔更建棂星门。是年，李御史巡行西道，得豪民所侵学田五十余顷，刻石著其疆畔，租入之数，畀之学官。六年，御史燮理溥化司廩，以为学校之政既修，风纪之效为大，使学生姜硕以其事来征予为文以为记。噫，前有徐公之文在，集何敢有所纪载于其后乎？而二君知集之先雍人也，集其敢不为雍之父兄子弟颂宪台君子之美而纪其成绩，推本关陕道学之自，以成诸君子作成人材之意乎？集闻之兹土也，昔者周公尝治而教之矣，礼乐其具也。出之于宗庙朝廷之上，行之乎学校井田之间。因其秉彝好德之懿，而咏叹夫天命之不已；因夫卦画示人之蕴，而发挥乎变通之无穷；致严于闺门衽席之微，而推至于天地神明之著；致察乎时物衣食之末，而究极乎辅成化育之功。耕禄之均，施之四海而无不准也，祭祀之达，传之子孙而无不保也。三代以降，人文莫过焉。世降俗易，仲尼犹有不复梦见之叹，而况于千载之下乎？汉唐之遗迹无复存者，又何有于教之可言邪？昔二程子得周子之传而起于洛，邵子在焉。横渠张子特起于关中，其学一源也，而尤有意于制作之事焉。程子言有关雎麟趾之意，而后可行周官之法度，此周公之遗意而张子之志也。与正蒙之书，学者受读，订顽之铭，推极乎事亲事大之诚。而程子以为其修辞之不可及，其勇知之所造，非振古之豪杰孰能与此。而其言曰：贫富不均，教养无法，虽欲言治，皆苟而已。议与学者，买田画井，正其经界，不失公家之赋。而立敛法，广储蓄，救灾恤患，厚本抑末，以见先王之遗意，而当今可行也。又曰：今欲以正经为事，自古圣贤莫不由此而始，远者大者有所未及，而可于家庭见之。又曰：学者且须识礼，可以滋养德性，集义养气，盖有所据依，即有常业，可以见诸行事，其端绪可见如此。方是时，关洛相望，表里经纬，孟子以来，亦未有盛于此时者哉。其为言也，衣被天下后世至于今，赖之咏歌周南者，不亦归求而有余乎？世祖皇帝初年，覃怀许文正公亦尝与师友讲明于斯矣。去之朝廷，儒者之效遂大见于当世。而至元、大德之间，犹有守志厉操之士，高蹈深隐于其乡，朝廷不爱尊位显爵，以延致之，以表式于四方，闻其风而及其门者亦多矣，未必其寂然也。夫其风气四塞之固，土厚而水深，其生人也，质直而忠厚，是以文王、周公之教易行焉。仲尼所以赞诸易，咏诸诗，载之于书者，莫非其事，至于关洛诸君子而大明焉，舍此无以为教矣。学于斯者，思周公之为治，以极于孔子之道，因横渠之学而博通乎濂洛之原，则化行俗美，贤才众多，岂不于雍学而见之乎？诗曰：南山有台，北山有莱，乐只君子，邦家之基。不有圣贤之遗教，则斯焉取斯乎？请以复诸大夫君子而与其都人士讲焉。

至正六年十月望日教授赵翥等立石

提举司吏目雒惟中

学正王哲，学录王珪

吏陈勗、毛复礼

直学贾鼐、宋有弘、赵恂

司书王仲贤

京兆何信刻

“粤惟泮宫”碑

元至正二十四年（1364）刻。此碑并非严格意义的碑，只是一长方形刻石，高60厘米，宽75厘米。李祺撰文，马懿书。此“粤惟泮宫”亦不是碑名，是碑文开首第一句。碑文26行，行20字。此碑未见著录。西安碑林现藏。

粤惟泮宫，宣圣有庙，爰自唐宋，以迄于今。近因兵兴，风摧雨剥，守官者迫于军务，不遑葺理。今年夏，戎事稍戢，监府笃公仲渊睹廊庑倾圮，瓦木狼藉，慨然以为：清庙乃安神灵、彰礼教之所，既乏观瞻，孰知企慕。予忝牧是邦，讵忍日就废坠乎？于是率府吏李淳暨学官马懿，度材计工，董役敦匠，补罅漏，端攲侧，新腐败，饰漫漶，裁正方隅，崇峻阶陛。经始落成，曾不逾月，殿庑斋廊，门廧庖库，焕然一新，若未经毁者焉。由是，虽被坚执锐之士来游来观，莫不知吾道尊崇而加敬礼。呜呼，教化，国家之元气；学校，王政之大本，皆自吾夫子之道而立。公方设扰攘，剖繁制剧，必日诣指画，诚可谓勤于职而知为政所本矣。如诸贤佐又能以公之心为心，乐事劝功，毕集厥绪，尤可嘉尚。况兹奉府，环莅州县数百里，适当礼法旷弛之余，俾各守宰咸仰效公勤事务本之意，黾俛承宣，兴文化俗，人人知爱敬有道，尊卑有等，以启其向善之良心者，又自监府公率励而作新也。是宜刻石壁间，姑述其梗概云。前学录李祺记。时至正甲辰秋八月吉日。学正摄教授事马懿等立石并书。

提举司吏樊思奇，直学李弘道，司书刘守谦

督工府吏李淳

奉元路儒学录陈振

从仕郎陕西等处儒学副提举张默

征事郎陕西等处儒学提举寇靖

大元重修宣圣庙记

元至正二十六年（1366）刻。碑高205厘米，宽93厘米。董立撰文，张冲书，王武篆额。碑文30行，行56字，隶书。《关中金石记》《寰宇访碑录》有著录。西安碑林现藏。

大元重修宣圣庙记

前征士陕西诸道行御史台治书侍御史董立撰

资善大夫陕西诸道行御史台御史中丞张冲书丹

朝列大夫佥陕西汉中道肃政廉访司事王武篆额

至正二十五年乙巳冬十有一月，耆儒李扩、王及等具事状，礼贽谒余请曰：吾侪先世，涉金季，归皇元，由亡国末裔为起家始祖，以诵法孔子，获占儒籍，遂复其家，世无所与。若子若弟，幼则群居庠序，肄业讲学，薰陶德行而涵养气质；长则乡举里选，论材辩官，策名天朝而荣居禄位。虽或不学无术而混于农工商贾，亦获免于追呼笞诟之辱，奔走服役之劳，视编氓仆仆然日困于里胥社吏之征需者，盖不啻十百倍之相悬也。所以蒙是殊私者，繄谁是赖，实先圣先师道德之余庇也。求其图报于万一者，惟旦望祝釐，春秋释典，与祭执事，骏奔走在庭，对越在天而已。学之有庙，岁久必圮，失于兴葺，则神不以宇揭处妥，灵将无所依。吾乡庙学，旧在府城坤维，宋崇宁间改建于此，其规模之大，至五百楹。国初辛卯岁，乱离城弃，殿宇仅存。甲辰岁始葺正殿，起二门。又十余年，当至元十三年丙子，乃大加兴缮。其时国运方亨，纲纪始振，年丰物阜，家给人足，膺分陕之寄者，皆一时名公，前后接武，经营规度，输财发廪，劝相其役，盖历数稔，乃底于成。自时厥后，赡学有田，修庙著令，随毁随葺，事小无记。甲子一周，当至元复号之二年丙子，复增修之，实出于行台群执法之所建白倡率。于时四方无虞，关辅全盛，上自宗王藩镇，下而庶府郡邑，皆发帑割俸以赞襄之，亦逾岁月乃讫，其功距今迨三十年矣。顷因河南盗起，天下兵兴，祸延各乡，横罹荼毒，城市丘墟，黄蒿没野，风雨摧剥，殿宇敝漏，正当先圣神座。加以乱兵屯集庙庭，毁撤户牖，蹂躏阶砌。教授于炳累尝陈情，欲事修治，有司以公私困竭，弗遑暇及。大比取上，适在今年。行省右丞韩元，被总兵檄为知贡举，馆于庠舍，宾兴礼成，进谒于庙，顾瞻庭宇，慨然兴叹，乃飏言曰：吾总兵以文武忠孝职兼将相，任国讨伐，军务倥偬之际，不忘礼文之治，恪遵成宪，增广贡额，网罗俊秀，辅成朝廷侧席求贤之意。此邦为古今都会，而庙学如此，任方面者忍坐视而不恤？爰谋于平章台间、平章许国佐、参政谢聚，数公翕然响应，各捐己俸，为诸儒劝。鸠木庀工，计庸给饷凡百。所需取具，一时率掇拾于官府民间之弃余。如以筑城阙之修椽，易大屋之坏椽，裒废寺观之完瓦，补正殿之漏瓦，和泥取造楮币之灰，捣麻用悬门桥之绠，此类不可缕数。物力之出于民者，一司两县肄儒籍者数十家而已。然所输不过数椽，所当止于一夫。兴役于农隙之时，毕工于日至之候，易漫漶为鲜华，变破败为完整。正殿、两庑、仪门、神库、七贤，及二处衣堂、石经廊、孝经亭，梁栋榱桷，门窗阶陛，灿然改观。其主张措画，一出于韩公，督工则镇抚文谅，转输录事王世中，始终经营者，教授于炳也。役大而民不劳，费广而财不损，功速而众不知，斯时斯举，不可无述。幸为之文，以载于石。余窃谓：前丙子兴缮，郎中徐琰记之，后丙子增修，翰林虞集记之。立何人哉，殺继二公之后？固以朴钝辞，而请益坚。因惟未胜冠时，忝厕诸生之末，受教于学，亦尝司盥洗罍爵，执事于庙，目礼仪之盛，耳声乐之美，其得于观感之间者盖无数也。今老矣，衰病里居，屡经丧乱，当恐惧忧患之余，复睹敬教劝学之举，岂容无言以答其意？爰谂之曰：国家之建学立庙，守臣之营缮兴葺，所以尊尚吾夫子之道也。是道传之文武周公，而垂宪万世，其体则三纲五常，其用则礼乐刑政，其说具于方册，其理根于人心。邠岐丰镐之间，乃文武周公兴行王化之地，去古虽远，遗风尚存。吾党之士，知学其道，惟以入耳存心，蕴之为德行，行之为事业。穷而在下，则进修于一身，达而在上，则化被于所及。无惑于他术，无局于小艺，不以富贵势利荡其心，不以患难忧虞改其操，惟日孜孜，毙而后已。斯不负圣贤垂世立教之功，国家崇儒重道之意，守臣修饬庙貌之勤也。诸儒应之曰：然，斯可以为记矣。遂书以畀之。

至正二十六年丙午三月吉日府学众儒户等立石

京兆何惟敬刊

（碑阴附诸儒户题名）

重修西安府学文庙记

明成化十一年（1475）刻。螭首龟趺，高495厘米，宽144厘米。商辂撰文，项忠书丹，马文升篆额。碑文20行，行51字，楷书。额题“重修西安府儒学文庙记”，篆书。《陕西金石志》有录文。西安碑林现藏。

重修西安府学文庙记

赐进士及第资政大夫户部尚书兼翰林院学士知制诰经筵官淳安商辂撰文

赐进士资政大夫兵部尚书嘉禾项忠书丹

赐进士通议大夫都察院左副都御史钧阳马文升篆额

孔子万世师，凡建学育才，必严庙祀，所以感人心，敦化本，诚治道所当先者。西安府学文庙，建自有宋。元至元中，平章廉希宪、参政商孟卿辈缮理一新，学士虞伯生为之记。我朝正统间，都御史陈镒、王文相继出镇，以庙庑岁久颓敝，尝命有司重加修葺。然规制卑窄仍旧，春秋祭享，乐具既设，或风雨间作，几至废礼。两庑回曲，诸贤像设因以迁就弗序。门庭、厨库、碑亭、文昌、七贤诸祠等威弗辨。成化戊子，副都御史马君文升巡抚是邦，祗谒庙下，顾瞻咨嗟，意图恢拓。时属边方多事，未果。越壬辰秋仲，举释奠礼，适大风雨，殿庑益倾圮。乃谋诸巡按御史苏盛，左布政使朱英，按察使宋有文辈，撤而新之，众意克合。遂令西安知府孙仁，出公帑羡余之积，以市材木，集在官民夫匠□，以供诸役。扩其旧址，首建大成殿七间，崇四丈有五，深五丈，袤九丈有二。两庑各三十间，崇深视殿半之，袤且数倍。次作戟门，又次棂星门，又次文昌祠、七贤祠、神厨、斋宿房、泮池。及殿后汉唐石刻之属，旧覆亭宇，咸增新之，饰以丹漆，加以藻绘，高卑大小举以法，无复昔时之陋。经始于癸巳春正月，至秋八月讫工。先是，君以附郭长安、咸宁二学僻从县治，去庙甚远，师生望朔，艰于行礼，乃命所司徙长安学于庙之东，咸宁学于庙之北，而府学旧在庙西，是庙岿然居中。檐楹翚飞，庭墀轩豁，遗像肃然，瞻者起敬。佥谓此举有关风教，不可无述，君因具事状，走书征记。窃惟孔子之道，万世常行之道也。其大虽包罗天地万类，而其实不离乎彝伦日用之间。如父子之亲，君臣之义，夫妇之别，长幼之序，朋友之信，以至一事物之接，一言行之发，无非道之所寓。人能循而行之，则人纪以立，风俗以厚，天下国家可不劳而治矣。学校之设，明此道也。庙貌之立，崇此道也。都宪当训兵御戎之际，而拳拳及此，其知急先务者哉。邦人士继自今由学校而勤讲习之功，因庙貌而起欣慕之意，为子尽孝，为臣尽忠，以求无负圣明之教育，无负都宪之作兴，则风化有补，治道有赖，而予之言亦预有荣矣。幸相与勉焉。

成化十一年岁次乙未春正月之吉立

（碑阴官员题名）

钦差镇守陕西都知监太监刘祥

钦差镇守陕西前军都督府都督佥事白玘

巡按陕西监察御史薛纲、王锦、黄杰

陕西等处承宣布政使司布政使干□、宋有文，参政梁暻、王育、孙仁、秦紘，参议刘潺、张琳、鲁能、王瓘

陕西等处提刑按察司按察使王朝远，副使吴玘、王瀛、胡德盛、伍福、周鼐、任玺、罗明，佥事左钰、刘谦、边完、杨冕、王继、曹奇、李进、姚明

陕西都指挥使司都指挥使张瑛，同知顾缘

西安府知府王洋，同知萧赞、时绎、张侃、赵瑀，通判何本，儒学训导葛潭、高明、石钺

西安府重修学庙之碑

明嘉靖十一年（1532）刻。碑原立于西安孔庙，20 世纪 50 年代初被掩埋于西安孔庙院内，有拓本资料留存。现存拓本高 230 厘米，宽 88 厘米。康海撰文，刘储秀书，田登篆额。碑文 20 行，满行 76 字，楷书。额题“西安府重修学庙之碑”，篆书。《陕西金石志》有录文，《咸宁长安两县续志》有著录。

西安府重修学庙之碑

赐进士及第前翰林院国史修撰儒林郎经筵讲官武功康海撰

赐进士出身大中大夫河南布政使司右参政前奉敕整饬临清兵备长安田登篆

赐进士出身大中大夫河南布政使司左参政前奉敕视学山西咸宁刘储秀书

嘉靖丁亥，海东游华山，道过长安，因谒宣圣庙，观碑洞古刻，见庙瓦渐坏，台陛倾圮，斋堂学舍敝漏弗治，私心感焉。以为当昌隆熙皞之世，公卿大夫谒庙视学，月凡两至，顾皆无能兴心裨力，使前人所为坐致于敝，岂不可太息也。今春赴理省府，过庙私望，则比昔加壮矣。嗟叹久之，乃知为今知西安南埠李侯文极所为。冬十月壬午，李侯以书贻海谓：庙学，成化初修于余公，今六十年。往岁戊子，府尝请于巡抚榆次寇公，将举行矣，值岁灾不果。去年庚寅，巡抚麻城刘公，巡按昆山朱公，与藩、臬诸公亟命举行。檐牙榱桷增数尺，覆瓦易以琉璃，阶陛围以石槛，两庑与戟门、棂星，更用新木，改以石柱，坚致工好，大异往观。而牲房，斋宿所，乡贤、名宦祠，及府学圣制箴亭与明伦堂、斋号、膳房，新者创之，谬者正之，敝者理之，罔不焕然即绪。所作止于半载，所费未及千金，夫匠一募于官，财力弗扰于下。同知衡水李君梅，实承委专事者。工用既讫，当以岁月勒之坚石，用告有位，惟吾子所不辞也。海惟学校之教，莫备于昌世，倾圮之惨，亦极于近年。盖风俗奢俭相推，而时论倚劘难据，非豪杰之才，高世之见，则鲜不推移于时论矣。惟侯行方而履贞，中融而外煦，岂弟之道，渥被民心，恭俭之风，敦受古训。故政治丕宣，教道明显，余徐之后，厥骖鲜焉。落成之盛大，逾往昔良有繇也。于是为之辞曰：

有明聿兴，开我文教，首建庙学，无远弗照。繄此关中，华夏之奥，列郡有八，西安惟要。煌煌学宫，胜国所劭。厥觏弗宏，曷以示效。前哲殚心，聿追来孝。有伟余公，罔不留料。嗣事恢功，铿轰辉耀，物久或磷，我心用悼。历年六十，李侯是绍。有严有翼，允匡允导。吏民不挠，绪业惟懋，理废葺颓，靡思弗到。肇工度材，先事伊校，笃庆宣猷，从民之好。财用有章，力作罔躁，惟兹巨工，倏焉终告。岩岩慧慧，有阒其庙，既隆厥堂，况秩伊号。士有所趋，民得瞻效，弦诵不辍，洋洋浩浩。圣箴在亭，表裹训诰，准古师今，见闻偕妙。日就月将，何寤弗觉。殆多哲人，距止检操。上溯洙泗，克光皇造。诸公具熙，群黎咸跃。刻石志功，君子用眺。于万斯年，永绥常道。

嘉靖十一年岁次壬辰孟冬吉日

赐进士第中顺大夫陕西西安府知府汝南李经，同知洪万立、白镒、刘启东，通判李玦，推官乔瑞，咸宁县知县张敕，长安县知县杨博同立

（碑阴署名）

修理督工官：

西安府经历乔柱，知事米银，照磨张炫，检校蔚义

咸宁县县丞范九章，主簿张恩，典史孙春茂

长安县县丞吴凤兴，主簿陈希德，典史陈求昌

盩厔县县丞周□璋

商南县县丞秦安

西安府学教授张玠，训导凌衢、吴可度、金銮

咸宁县学教谕雍相，训导宋珠、张恩

长安县学教谕张□，训导杨文

府学生员□□麒

府吏杨儒、刘绶、石得宝

刊字匠卜文晓、张锦、萧璋

重修西安府儒学碑

明嘉靖十二年（1533）刻。圆首方座，高 242 厘米，宽 88 厘米。

碑文26行，满行65字，楷书。额题“重修西安府儒学碑”，篆书。许宗鲁撰文，书、篆者不详。此碑是2005年8月在西安碑林西侧府学巷修路时出土的，随即入藏西安碑林博物馆。府学巷即原西安府学旧址，此碑原应立于西安府学，不知何时埋入地下。其所记者，也是嘉靖十二年王尧封、黄臣整修西安府县三学之事，只是更侧重府学。此碑不见于金石著作著录，是新发现的资料。

重修西安府儒学碑

许宗鲁曰：余读《孟子》曰：尧舜之知而不遍物，急先务也；尧舜之仁不遍爱，急亲贤也。夫政有本末，施有先后，程计序施，政以之成。是故振网在纲，运弩维机，我操其要，庶采斯集，释要图棼，厥为仆仆，厥伐罔臻已。凡今之为政者，章宪阐令，号曰振颓，严核精校，号曰剔蠹，重文累词，号曰宣化，毫稽粒计，号曰经用。上以是召，下以是效，固有积岁而无庸，力行而终格者，何居？遗本而急末也。乃若鉴于兹弊，赋政有方，不事雕饰，深探源本，吾于巡抚都御史定兴王公尧封有取焉。往嘉靖壬辰，公始奉命巡抚陕西，下车庙谒，退观于学，目其废也，蹙然自咎曰：是非我辈之责耶？是不为首务哉？夫风也者，物之感者也，夫才也者，民之望者也。风不树，物恶乎动，才不养，民恶乎系。维斯二者之图，曷先务哉？是岁大侵，工作维艱。明年癸巳，农事有祥。于是通议于巡按御史安阳范公安，左布政使济南黄公臣，按察使钧州任公洛、萍乡文公明，参政肃宁易公瓒、益都黄公卿、霑化丁公汝夔、钟祥张公汉、襄垣刘公夔，副使昌乐刘公雍、汝阳李公经、磁州葛公覃、淄川王公纳言、平湖沈公圻、蒲州孟公易、岳池张公大用、泽州钟公锡、南充张公芊、代州崔公允、武乡窦公明、利津魏公纶、阳谷吴公铠，参议临安李公文中、泸州萧公廷杰、金乡周公允中、吉州刘公从学，佥事固始郑公重、汾州孔公天胤、洛阳李公茂元、内黄张公问行、石州张公九叙、文安纪公常、高阳刘公恩、冀州张公玺、广南施公昱，西安知府盐城夏公雷。议若曰：维西安、咸、长郡邑儒学骈建，省会所以表倡全陕，首先列郡者也。今兹倾废，堂斋仅存，居业无所。凡我有政，宁用恝然？将为令图，以永风教，维我二三君子，盍共相成。曰：事集维人，其邻属之才，而廉者以董役。曰：工作维财，其出府之陈，而积者以给费。曰：规维旧也，维是覆漏锢隙，植欹易腐，损长易阙，恢隘崇卑，则维相宜。曰：凡是营室，公费钜而寻败，家费节而久固，维我有政君子于兹役也，相与力图，视维家毋视维公。于是诸君子协议维同，工乃大作。董者竭虑，匠者尽力，公与诸君子间日督视。费仅若干金，时仅几月，学工告成。由门而垣、而屏、而梁、而泮、而阶、而序、而阁、而堂、而斋、而廨，焕然新矣。于时提学孔公，率其官师，暨其生徒，朝游暮习，弦诵维勤，士竞自奋，风教大行。乃郡学教授大理张公琢石纪绩，俾鲁文之。许宗鲁曰：往余为生徒游于学，闻诸学士先生语曰：曩青神余公莅兹时，会建三学于兹地，旧建丽壮有矩，生徒处学□家室。然是时比舍□□□□兴作，才秀汇发，彬彬然盛矣。乃后建书院，当事者尚之，士益厌苦学居，学校宇舍渐至陵废。然其时群于学者，十尚三四。比余入官□□□□造学焉，则茂草颓屋，寂无诵声矣。余尝慨然思得君子，大有振作，以复古昔，而未之见也。今王公倡之，诸君子协焉，黉宇大新，矩范复故，风教沛行，以追昔时之□□□伟绩也已。昔者僖公修□复泮，鲁教中振，奚斯作颂，于今为烈。鲁实不文，忝游学校，目兹嘉绩，不敢退逊，既述其事，乃作颂曰：

于维西雍，实开有周。文武肇源，造化斯流。历汉及唐，世远风存。祖习不远，绍启人文。煌煌我明，统天御极。敦儒崇教，光于古昔。百七十年，圣泽涵濡。才俊郁兴，前揖后趋。穆穆学官，在城之阳。作才树风，实维其乡。中□年所，下震上陵。茂草交交，延于后庭。学士涣处，讲筵昼寂。过者兴思，居者首疾。皇眷斯文，中丞惠来。躬力而任，以复以治。爰倡厥始，既饰且周。□尔君子，罔不协谋。乃召匠民，乃敕庶僚。工作维虔，自昏及明。不日不月，爰奏厥功。宏于旧观，焕此新宫。官师至止，委蛇委蛇。学子来思，朝弦暮歌。沨沨洋洋，化浃政行。髦彦汇征，翊我文明。显显中丞，懋树戎绩。鲁述颂言，载之贞石。爰告后贤，绍续休美，百亿斯龄，不崩不圮。

嘉靖癸巳仲冬吉日

赐同进士出身中宪大夫巡抚京畿都察院右佥都御史致仕西京许宗鲁撰

同知刘启东、霍鹏、高凤鸣，通判李玞，推官杨贤，咸宁知县孙继先，长安知县赵允□，训导□銮、高□、何钦、冯芹，教授张玠立

陕西西安府县儒学先圣庙重修记

明嘉靖十五年（1536）刻。碑原立于西安孔庙，20世纪50年代初被掩埋于西安孔庙院内，有拓本资料留存。现存拓本高272厘米，宽88厘米。李时撰文，管楫书，苏民篆额。碑文24行，满行102字，楷书。额题“重修西安府儒学文庙记”，篆书。《咸宁长安两县续志》有著录。

陕西西安府县儒学先圣庙重修记

赐进士光禄大夫柱国少保兼太子太保吏部尚书武英殿大学士知制诰经筵国史总裁奉敕总经理重书八朝宝训实录官河间李时撰

赐进士嘉议大夫工部右侍郎苏民篆

赐进士通议大夫巡抚山东都察院右副都御史管楫书

今陕西，古秦雍地也。自抚、按以及藩、臬、阃司，均杂治于西安郡城。而西安所统州县，唯咸宁、长安依郭。是西安者，陕西之首郡，而咸宁、长安者，西安之首邑也。郡城在古，九为大□，四为要镇，虽尝一染于强，屡滑于戎，而地势之胜，懿风之遗，固有不可泯者。皇朝开国，树为大藩，规防输给，视他为甚。故论者以今天下诸藩，莫重乎陕西，而陕西列郡，莫重乎西安，信矣。况其土沃，以朦故士之赋者厚；其民殷，以庥故士之出者恒。然其俗庞五而不齐，故士之所趋，犹有未协于一。是以皇朝既建西安府学，以养阖郡之士，而咸宁、长安二县又各有学，以养其邑之士焉。盖欲以此而保其厚，达其恒，以定其不一者也。城一而学三焉，其弗盛矣乎？惟昔孔子，生于周末，尝之四方，欲行其道，独未至秦雍。后代□□□□之主兴于斯，然其时经晦习舛，则孔子之道著于兹者，宜其朱大皇朝圣祖神宗以作以遹以兴孔子之道于晦裂舛匡之后。列书著度，尊示卑随以化九有者，百六十年，遂使孔子之道沛然四达。著于秦雍者，炘炘冯冯，皆彬彬然埒齐鲁。矧兹郡邑，既首一藩，则士养于学以观而化者，自当弟诸邑而兄之矣。则孔子亦何少于秦雍之未至乎？然则为庙以寅其祀，为学以褒其徒者，宜备其制矣。今圣天子绍统中兴，唯孔子之道是崇是长，间尝亲极宸思，制为敬一之箴，以扬孔子之道于天下，虽庠序在芃逖者，皆勒贞珉而亭奉之，以章孔子之道之益兴于圣天子，况兹郡邑之学为重藩者，讵可不日新之乎？嘉靖壬辰，巡抚陕西都御史庙谒孔子，遂诣三学而周视之。见庙学未备而亭弗新也，乃蹶然进学，□诸生于堂下而问故，则对曰：郡学自宋已在兹矣，二邑学成化辛卯始□□治之西迁于今庙学左右，载尘肆倾而圮。今三学唯有庙，有庑，有门，有堂，学官赁舍而栖，诸仝差寂而肆，盖不适以兹为蘧庐而畴克悰之。都御史曰：嗟，敉一方者，予责也，其士之不能敉，而况民乎哉？是诚在予也已。雇今兹不熟，其待来兹。越明年癸巳岁登，乃□□陕西左布政使曰：庙学之修，以君职之，百用悉取若司羡财之在藏者，勿烦于郡邑。布政使遂承都御史意，乃命属曰：官吏府胥正长；乃鸠匠曰：土木金石陶绘；乃会需曰：稍食勿估僦费；乃茹规曰：远近崇卑广从；乃县法曰：戒令纠禁期约。落乎玄，卒乎事。□□□孔子庙者，为侠垣堵廿，树墉一，疏槛四。修于郡学者，为敬一亭、明伦堂各五栋，正门、次门各三栋，斋室有四，教授、训导廨五区，粟廪、吏屋九栋，横舍为八栋者十有二，墩墉为堵四百有九。修于二邑学者，为敬一亭、明伦堂、正门、次门各举三栋，教谕、训导廨各举三区，斋室、粟廪、吏屋各举六栋。横舍在咸宁者为栋四十六，在长安者为栋六十一。墩墉在咸宁者为堵百四十有奇，在长安者为堵百十有二。表三坊于外，而各有颜。盖历旬未十，而昔之缺者尽备，故者尽新矣。君子谓是役也，可以见都御史之能崇教而振士焉，可以见布政使之能矢教而重士焉，均为肩釆之急，不可不载其详于石也。继自今士之生于兹郡兹邑而养于三学者，其勿剜其厚，勿铄其恒，勿徇其末，一以宏乃器，邃乃业，臧乃政，令乃名，晦则蕴焉，出则施焉，以求不朽乎？孔子之道，斯永有光于都御史、布政使之为是役哉。都御史姓王氏，名尧封，直隶定兴县人，登弘治乙丑进士，雅有誉，实为时名卿。左布政使姓黄名臣，山东济阳县人，登正德辛未进士，由中历外，有声方岳，故能相与崇而矢，振而重，以成兹役也。其他有劳于役者，附其名族于石之阴。

大明嘉靖十五年岁次丙申春二月吉日西安府知府盐城夏雷立

陕西会城文庙附建名宦乡贤祠记

明嘉靖十五年（1536）刻。碑原立于西安孔庙，20世纪50年代初被掩埋于西安孔庙院内，有拓本资料留存。现存拓本高180厘米，宽64厘米。段炅撰文，管楫书，苏民篆额。碑文18行，满行80字，楷书。

陕西会城文庙附建名宦乡贤祠记

赐进士第前翰林院检讨修国史经筵讲官诏致仕关中段炅撰

赐进士第嘉议大夫工部右侍郎苏民篆

赐进士第通议大夫巡抚山东都察院右副都御史管楫书

巡抚陕西右副都御史即墨蓝公章，既平汉中盗，节还省台，语藩臬曰：往吾始临斯地，治兵惟急，靡暇治他政，今兵偃矣，文教其当急乎？吾受天子命，治在保民善俗，此政之大而宜先也。于斯地仕而贤以先吾者，吾得数人焉，人而贤以名乡先生者，吾得数人焉。吾以表名宦以立保民之的，以表乡先生以立善俗之的，此治法之宜固，吾职之当为耶。遂命有司于礼殿戟门内辟道，于东而止建名宦祠，于西而止建乡贤祠，开院树楹，胥以南向。并下议曰：祀公众论无我，独知其论时以世泽未艾，论政以惠利有绩，论人以志定品高，论学以继往开来，扶世立教，论心以因事立诚，随其小大。治有久近，事势有常变，难易其值，有遇不遇非其论。无为偏饰矫伪盗名者欺，无因名而不稽实，无取言而不究行，无先人爵而后天爵，无取光和而尘同，以俾乡原乱德。此省会也，师德贵周，合省乡贤，宜悉表祀。地无论于远迩，斯无遗德。学官弟子，次得其议，遂以复于府，而府以复于藩臬而上之。于是以元中丞廉公希宪、张公养浩，总管赵公延世[①]，明都御史耿公九畴、王公翱、陈公谥[②]、余公子俊、郑公时、秦公竑[③]，布政使李公得成，提学副使戴公珊十一人者，

①碑文有误，应为赵世延。

②碑文有误，应为陈镒。

③碑文有误，应为秦紘。

列祀名宦；宋蓝田吕先生大忠、大防、大钧、大临，武功苏先生昞，奉天范先生育，元中丞董先生立，学士杨先生恭懿、杨先生奂，祭酒萧先生㪺、同先生恕，明学士马先生巨江，都御史景先生清，尚书张先生紞、王先生竑、杨先生鼎、王先生恕，太仆丞姚先生显，府同知李先生锦，同吾先君子南阳太守容思先生段公讳坚二十人者，以为乡贤。各题以木主，岁用春秋上丁，同礼殿备祀事，度数节文，一视礼殿之仪。而帛爵奠献，视礼殿分献，俎豆序陈，视礼殿配哲。蓝公以议复下有司，著为典式，俾炅记之。炅曰：论祀之道，礼有二焉，德与功耳。而论名宦以功先，论乡贤以德先，是又义之存也。吾闻功德之大同天地以范斯世者，惟吾夫子焉。后之人其有功德，孰有出夫子之范围以成之耶？以二祠而翼附宫墙，有以见夫子迪泽，行于万世，不独三千，其偶在门墙于当世也，夫子之道不益有章乎？而使瞻谒宫墙，因睹祠祀，感动兴起，以勉修于功德，公斯举有功于世教大矣。或以功德弗逮者以泛列焉，是不深愧于夫子乎？斯反贻宫墙之羞也。后之论祀者，其惟公而不阿，精而不偏，以慎择之，斯无负蓝公之意，以同有功于世教矣。祠建于正德甲戌之夏，于冬公升南京刑部侍郎，文成石砻，公去弗及刊，有司以碑他用。嘉靖乙未，巡抚都宪济阳黄公臣知其事，更为斫珉，取文付西安守夏公雷刻之。黄公固宿学文儒，兹举有功于世教，符蓝公夏公之志，其亦同者，予于文故附增焉。二祠祀凡三十三贤，记不能详载其实，因于碑阴叙之。
大明嘉靖十五年丙申孟夏朔旦西安府知府盐城夏雷立

（碑文末加刻两行楷书小字：）

后嘉靖乙巳秋七月望日督学古燕杨公守谦续尚书近山刘先生玑、侍郎泾野吕先生柟秩祀焉。

重修咸宁县学记

此碑已佚，资料出自嘉庆本《咸宁县志·学校志》。其“县学”条下记曰：“万历十三年，邑大夫李成芳重修，顺天府尹长安王鹤为之记。”后附王鹤记文，未详刻碑年月，亦无题目。暂以整修之万历十三年为准，并以“重修咸宁县学记”名之。

重修咸宁县学记

西安郡治之东南为孔庙，而左为咸宁县儒学。岁久学敝，邑令李公新之。典学事甘君三人者，请王子曰：咸宁儒学与郡学、长安学并建，乃圣朝宏化造士之地。嘉靖癸未，司府以颓圮一修葺之，迩来几三十年，复积渐就敝，莫能为省问者。李公下车之初，振举废坠，首先学校。谓闵子长府之讥重改作也，其旧贯又安可弗论也？于是以学宦弟子游怠荒陋白于上官，上官可之，遂经营其事焉。门垣敝于剥落则圬之，泮池荒于蒿莱则刈之，陋而无拦则砖以饰之，学舍可葺者葺之，不可则新之、益之，堂规制侵于风日则广其檐楹五架深邃之。自此宫墙整饬，气象宏丽，焕然称壮观矣。盖费出于俸金，力假于役夫，不劳民而肤功奏，公之善政征于缮学者如此，乃其意非藉此为名也，有实焉。简士之颖异者，第其材品，开其愤悱，时其廪饩，立章程以督之，出文稿以式之，是故士之从而化者若云拥川至，不啻如大比所录二三子已尔。公之善政征于课士者如此，匪直课士缮学已也。其见于劳民，若父老所称述，则相原隰以兴水利也，筑桥梁以广利涉也，惩胥徒之渔食小民也，纠豪姓之阴猎耗羡也，讼狱则折以片言不留宿也，徭赋则薄其出人省十一之费也。公之善政其征于民事者又如此。斯三者虽不足以尽公美，然美在学校，则学校纪之，美在民庶，则民庶纪之，今所称则学校事也，其美之昭著者可俾之泯没不传耶？余辈将勒石以图永久，先生其文之。王子作而赞曰：贤哉令乎！自圣学不明，人心不古，一受民符，遂期速化，其以传舍视官署者有矣，以陌路视生儒者有矣，宁有留心首善之地孳孳汲汲如李公者？昔鲁侯在泮，诗人歌之，文翁化蜀，汉史传之，以今所睹记公之善政，则鲁侯、文翁似不能专美于前矣。三君者欲勒石以传永久，固诗人、汉史意也。余既乐道公贤，又重三君之请，遂次其事，笔之为记。

重修孔庙石经记

明万历十七年（1589）刻。碑高214厘米，宽79厘米。王鹤撰文。碑文19行，行72字，楷书。西安碑林现藏。

重修孔庙石经记

今陕城孔庙，在西安府儒学之左，而石经则列于孔庙之后。世传汉唐之末，兵燹相残，石经尝弃于野。朱梁时，始移置尚书省之西隅。至宋元祐间，迁于学宫，即今孔庙地也。其云石经，谓所书九经、论语、尔雅、孝经及五经诸籍，海内士大夫重之若珙璧焉。岁月既久，印摹者多，渐有磨灭残阙不可读之疵。左布政使今宁夏巡抚姚公阅之，叹曰：经，所以载道也，字，所以翼经也。文字既残，经籍就敝，道斯因之坠矣。好古之士得一器物，尚珍之以为奇，矧石经乎？乃今瓦砾视之，殆非右人文崇教化意也。遂以其事请于抚、按两台，询于藩、臬诸司，计于府、县，命督工修复焉。凡点画失真者正之，苔藓污者新之，泐而欲欹者理之，文义断阙者稽群书补之，凡五阅月而石经完。府县以公之盛美不可泯没，谋于前京尹王子记之。王子曰：今所称石经，其书或谓汉之蔡邕，或谓唐之欧阳询。其谓蔡邕者，以邕尝奉诏书五经文字于太学；谓询书者，询在武德贞观时，其书为艺林所推。今考之似矣，然未为得也。夫记载所传，谓邕书备古文、篆、隶六体。今石经则今文隶书一体耳。经之目录定次，咸依本疏，而《礼记》首《月令》，则缘明皇删定之故。且其书避纯，又为宪宗讳也。询当武德贞观之时，宁知预尊宪宗讳乎？即此观之，邕书亡矣，此盖唐人书又未必尽询书也。夫邕值末世，自汉而三国，而两晋，而五胡，神器迁移，迄无宁处，问鼎者有矣，有问石经者乎？斯知邕之书不存者久矣。谓询之书，亦不可尽信也。耀州乔先生曰：唐开成间，文宗刊定石经，集众人所书成之，其佳者则虞、褚、欧、薛之遗意耳。斯言盖得之矣。然善美兼至，亦非近世书家可及，无怪乎海内士大夫重之也。龙马呈象，鸟迹示文，乾坤之灵秘泄焉，圣贤之心神寄焉。鬼神呵护，自有不得废坠者。即如邕之书数百年亡矣，而唐人继之。唐人之书数百年残阙矣，而姚公修复之。安知数百年后不有彰美传盛继姚公而兴起者乎？公名继可，河南襄城人。保厘之功著于三辅，旬宣之化达于八郡。其伟绩烜赫，有不能殚述者，修复石经则其绪余云尔。是举也，崇文重道，尚友先哲，则先任巡抚都御史王公旒，今赵公可怀，先任巡按御史姚公三让，今连公格。表彰文献，嘉惠后学，则布政使司左布政使王公礼复，先任右布政使李公承式，升任艾公可久，今陈公渠，左参政梅公淳，升任左参议原公一魁，按察司先任按察使刘公中立，今房公如式，督学副使余公寅，先任副使许公评，先任佥事范公守己，今张公季思，匡公铎。赞襄美意，嘉乐盛举，则西安府升任知府吕君三才，今郭君有金，同知李君承武，高君拱宸，先任刘君廷梅，今李君梦麟，升任通判杜君存，今张君四知，升任推官张君守乾，今左君之宜。伐石纪言，永兹令名，则行取知县咸宁李君生芳，长安荆君州俊，今咸宁李君宗延，长安王君立贤。督视锲刻，则咸、长县丞张鸣雷、张大成，主簿李庄、陈道隆，典史马好义、朱焜。订补残缺，则西安学教授曹光启，训导叶时荣、薛继愚、赵寀、牛国宾、稍一本，咸宁教谕石可大，训导管绎如、杨千庭，长安学训导王元吉、郝邦宰。咸终始其事者，法得备书。
大明万历十七年己丑冬十月上吉
赐进士第嘉议大夫应天府府尹前提督翰林院四夷馆太常寺少卿两京太仆寺卿吏兵二科部给事中赐一品服长安王鹤撰

咸宁长安二县尹修葺文庙记

明万历二十二年（1594）刻。碑原立于西安孔庙，20 世纪 50 年代初被掩埋于西安孔庙院内，有拓本资料留存。王道统撰文。碑文 20 行，行 50 字。《陕西金石志》有录文。

咸宁长安二县尹修葺文庙记
大哉圣人之道，亡古亡今，不增不损，非晦非显，能为而能不为，爰有律历所不能契者。修道之谓教，则贤者勉焉。故圣人以宣圣为极，道德作万世师，安在无土不王，而庙貌穆穆，匪曰神道设教，实以报德报功焉耳。自有祼典以来，事人人崇，莫之敢輶，有司之骏奔于焉豫矣。是岁之春，抚台刘公，瞻拜庙廷，已而下修葺之令，礼也。督学沈公，讲道堂皇，唯修葺之令是申，职也。咸宁县尹李君，长安县尹沈君，唯修葺之令是从，有司存也。受令以来，属属唯谨，诹日蠲吉，庀材鸠工，尤数数躬自周旋于松桧间，指挥厝置一切。工役亦莫不驩然趋事，鼛鼓无庸。于是乎，坏者更，阙者补，敝者新，繇殿宇而两庑，繇门舍而诸厨，繇泮池以及学宫，靡不毕举。丹雘金碧，夭蛟黝纠，炜炜煌煌，若阳若阴，瞠焉悚神，□之悦目。岿乎数仞之墙，俨乎宗庙之美，恍乎百官之富，大哉圣人之道，能令修道者之心恢拓于崇报之坠若此。

咸宁丞杨君炅，主簿施君永寿，一日过不敏，曰：二邑君侯有文庙之役也，已告成矣，藐予下吏，朝夕是从，亦获效其劳。二邑君侯之从事而劼毖急先也。工不日竣，口所不能罄，且砻石以纪其事，下吏之愿也，公其图之。不敏闻之则揖而对曰：大哉孔子，百代景行，步趋者仿佛其心神，私淑者摹拟其遗范。至于荐绅缝掖之士，欲蒲伏者安归乎？归于朝廷也。是故，经之营之□之豆之，则良有司任也，传之述之弦之歌之，则诵法者事也。兹二君之修葺而善也，岂待政教发征期会哉？是心说诚服之谊也，是人子晨昏之节而人臣不敢后君之念也。恶庸言。若夫纪其岁月，以启后人之继修者，不容诿也，是石亦何可少哉。李君名得中，内乡人。沈君名听之，皆繇贤科而为西安之循良吏。时万历二十二年岁在甲午夏五月上浣之吉。

赐进士出身中宪大夫四川按察司兵备副使长安王道统顿首记

修职郎咸宁县县丞前光禄寺良醞署盐事蒲坂杨炅、登仕郎咸宁县主簿泰安施永寿立

重修儒学碑

此碑已佚，资料出自嘉庆本《咸宁县志·学校志》。其“县学”条下记曰：“万历十八年，知县李得中谒庙视邑学，瓦毁栋欹，慨然动兴废补敝之思，申之提学沈季文，西安知府曹璜，移会长安令沈听之，并文庙、三学因其旧址重加修饬，庙舍焕然改观。周宇为记。”并录有周宇《重修儒学碑》碑文。据碑文，此碑应立于万历二十二年。

天下郡邑学宫建置，必师祀孔庙，制也。凡以重德报功，端表直影，一道术而兴士类也。吾西安居省会，郡一邑二，故学三而庙一。庙当城南门之东，宅巽离中，郡学掖而右，咸宁邑治在东，故学亦东，长安邑治在西，学亦在西。东学之东为启圣公祠，庙之后环列古诸石经、石刻，覆以步栏，陆离盘纡，港洞若洞署，俗谓之碑洞。洞后正南面建亭，奉崇敬一箴。而箴之东西学者，各为亭，尊制也。郡学明伦堂后，特峙尊经一阁，典籍藏焉。一庙三学，翼比朋翔，乔木联荫，清泮通流，宏规壮观，盖凡为学宫者，或鲜其俪。余常景慕先达经营次第，良用苦心，而莫知伊始。寻读金石诸记，乃知郡学宋巳居

此，二邑学则我朝成化中，青神余公会建东西云。嗣后或敝或葺，不可殚记。盖嘉靖壬辰癸巳间，有若都御史定兴王公尧封，布政使济阳黄公臣，知府南埠李公文极，盐城夏公雷，诸大夫辈接踵共济，聿新旧贯。迄今甲子逾周，间或亦有继定兴诸公绸缪垩暨之者，然无志可睹述焉。迩年震圮相继，滋久滋剥，瓦有毁，栋有欹，庳有颓，檐扉陁陊，丹雘尘蚀，遂使愿观宗庙之美者瞻拜成叹，而追诵泮水之什，则远怀思乐矣。于是内乡李公以万历庚寅冬来令咸宁，首谒先师，遍观殿庑，次第东视邑学，问子弟业，过郡学访郡博士，徘徊睥睨间，瞿然兴曰：吁，宫耶墙耶，孰尸其责，今淫鬼丛祠，在在干霄耀日，吾圣人徒专民社，乃不如乡闾檀越乎？意渠渠谓此首务当急者。顾日贤劳，吏治不暇给。会往岁癸巳，淫潦弥时，公私垣舍强半大坏，庙学滋甚。令公益奋然曰：簿书何物？乃迟我首务至此！遂议诸长安令商丘沈公。时杨文襄公所建正学书院奉正学祠，比连提学道，举需缮完，乃相与共请诸府，府请之道，道俞如请，且嘉令知务云。于是又相与议曰：故事一区护作，二令骈临，今兹不然，庙学东，东令董之，书院西，西令董之便，若夫计徒庸，虑财用，其交赞各半焉。李令公遂得专所事如初愿，乃曰：赋法方更，较若画一，吾民不可重劳，藏金无庸侈贷。娓娓然，翊翊然，心计节缩，身先观率，日惟约己以佐费，减舆仆以济工，丰廪饩以劳匠。取材于市，取甓于陶，取颜于肆，惟勿爽其直。而沈令公亦以其半者集于役也。先殿庑、庭堂、门序，以及牲厨诸舍，若启圣，若名宦、乡贤诸祠，后若箴亭，若石经步栏，次郡学堂斋、横舍，以及门序，若尊经阁，次若东邑学，一视郡学，罔不毁者完，欹者直，颓者峙，陁陊者，尘蚀者，巩以密，辉以丽矣。役兴于是岁三月某日，讫以某日。令实戴星出入于舁辇畚锸间，而沈令公且时来加一力。故工成不日，民不知有土功。於乎，观令于邑者，庶事概视诸此。周生曰：宇闻之，圣道不容词赞，圣修必由风起。庙学修，令修职也，修职所以风士也，令职修矣。君师之道存焉，乃于兹修焉，藏焉，息焉，游焉者，倘习敝不自加修，不几上玷数仞墙，下负令乎？故修道谓教，修身为本。且令公日简诸誉髦，与之乐群敬业，飧用肥甘，躬临品藻，意岂直雕缋瓃瓃章句云尔已哉？所贵居肆修业，待问修词，仕宦修政，大遇修大猷，不遇修独行，家修孝弟，国修忠顺，乡党修礼让，修德不修容，修实不修名，修以义不以利，是谓圣修。令修职望士，愿毕此矣。夫慎修我无能焉，聊告多士，以宣令意。诗云：

济济多士，克广德心。令德心也，其克广之。李令公名得中，己丑进士。沈令公名听之，壬辰进士。俞令请而嘉知务者，提学副使乌程沈公季文，西安知府益都曹公璜。乐观而赞之成者，同知东阿马公英，井陉李公邦平，麻城罗公树声，通判巴县曾公士毅，推官益都李公时辉。相长吏与有劳绩者，咸宁丞杨君炅，主簿施君永寿。书其凡征余记者，为教授李君果，教谕石君可大、赵君万邦，训导牛君国宾、萧君一本、张君恕、李君凌云、侯君宾王、杨君桔、祁君邦宰、杨君遇春凡十一文学。

秦贤宗建文庙坊亭记

明万历四十二年（1614）刻。碑原立于西安孔庙，20世纪50年代初被掩埋于西安孔庙院内，有拓本资料留存。现存拓本高166厘米，宽76厘米。洪翼圣撰文，碑文25行，满行72字，楷书。民国《咸宁长安两县续志》有著录。

秦贤宗建文庙坊亭记

万历辛亥之春，翼圣谬以樗才视学西秦。祇谒圣庙，用罄明经，仰台庑之阆阆，瞻乔木之蓁蓁，羡咸京之文教，并华岳以嶙峋。尔乃趋出庙门，徘徊泮水，则见一坊巘巘，两亭旁峙。余横览久之，窃叹兹坊与亭也，气象峥峣，霞泽云歊，增歙艳于庙貌，益茀蔚于雍桥，而第不知何年经始也。至癸丑冬，抚台李建旗施于雍岐，沛雨露于函谷，下所司清陈牍而后知，坊亭构造，乃万历二十年秦府永寿王府辅国中尉讳惟焬用金四百余两所成也。愍贤宗之已逝，爹高义之冠群，檄藩司以旌异，属翼圣以撰文。盖章德载于皋谟，扬善象于大有，苟德善之不褒，世焉知所趋取。抚台此举，即虞书周易，励世维风之意也。翼圣恪遵成命，乃为辞以记之。其辞曰：自鸿蒙始判，两仪肇分，逾绳越契，丘索坟典。虽群圣之戢舂，然沉奥而烟煴。惟我夫子者，铎响鲁山，经成麟囿，络五典于紘埏，开长夜为白昼。自历代以迄今，崇庙宇而云构，盖夫子天也，尊夫子所以尊天也。悖凶修吉，惠详逆殃。罔尊而不淑畴，违圣而能昌第。圣教炯晃，习俗易流，阴曀漉潏，滔滔可忧。矧夫天潢之派，世禄之家，每怙侈而敝化，易席宠而矜侉。谁能景行圣道，脱埃堨而出纷华？

惟兹贤宗，赋性超然，钦崇夫子，如尊昊天。于是捐金四百有奇，于庙门外特构一坊，上书："太和元气"。坊之左右，各建碑亭，左书："道妙时中百代斯文之主"，右书："德弘参赞万年儒教之宗"。其坊则嶈嶈屹立，彧彧华滋，势嵚崟而轩翥，彩濯濩以陆离，飞髹彤之绣桷，烂楹舄之瑰奇。其碑亭则丹绮鞞鞢，文藻嫮敷，影横清泮，照耀绅儒。斯诚华标之峥嵘，庙门之壮观也。嗟嗟世人趋利，有如江河，滫瀡泼漫，谁能不波？黄金四百，亦云孔多，居然弃掷而不恤，何其俶傥而巍峨。圣益旷度，揣其神游，岂非眦娍人间之蠛蠓。扈纫圣道以为珍，睎泰山以企想，眣沧海而遗尘。不然，胡为捐人所不能捐，而为人所不能为，有如斯乎？昔沧浪歌于孺子，采掇动于尼□。斯固明藩之盛事，实乃贤达所心孚。假令为诸生者而麨其趣，则将断放利之意，息锥刀之求，惟□兰而擥萝，正后乐而先忧。又使诸生得志莅官而钦其风，则将等阿堵如瓦砾，励廉贞其若水，方餐冰而噏霞，岂瘠民而肥己。然则贤宗之为此举也，鸞鶩炎举兮万里，虬螭蹫跜兮忽荒。夫且洒濯乎人心，匪直娖蔚乎宫墙。身已没而事未纪，良可为之歔伤。抚台慨慕而欣赏，敝心仰高而倾芳，爰搦兔颖，副以墨卿，祗赋其事，锓石用旌。庶几乎此高义于不朽，挽世教于清明。

万历甲寅季夏吉日

奉国中尉男怀雉、孙敬鑠

赐进士第提督学校陕西按察司副使洪翼圣撰

陕西等处承宣布政使司左布政使王舜鼎，右参政史允中，副使兼右参议史文焕

陕西等处提刑按察司按察使熊应占，副使陈鸣睿

西安府知府杨邦宪，同知毕如松、伍维新，通判白鋐，推官程策

咸宁县知县张允登

长安县知县李烨然、府学教授贾重华同立石

西安府学生员□□□□

重修庙学记

明万历四十八年（1620）刻。碑原立于西安孔庙，20 世纪 50 年

代初被掩埋于西安孔庙院内，有拓本资料留存。现存拓本高 220 厘米，宽 94 厘米。碑文 30 行，满行 78 字，楷书。额题“重修庙学记碑”6 字，篆书。王绍徽撰文，李光辉书篆。

重修庙学记

赐进士第通政司右参议前户科右给事中咸宁王绍徽撰

钦差提督学校陕西等处提刑按察司副使夏邑梁鼎贤重修

会省文庙，府县三学，建自宋元。其故址居城东南隅，地称形胜，人文蔚起。二百五十年来，其缮葺各有记存，秩祀严备。历时既久，土木败蠹，庙貌弗饬，学舍相次颓塌，弦诵乐育之区，几于附赘，风气日漓，青衿之士进取诎焉。先是，学士大夫，孝廉茂才，数请当事新之，思振起式微。会夏邑梁公领郡此土，岁时谒奠文庙，眷怀圮敝，隐文治之未朗，谓宜如前请。乃檄咸宁尹丁，长安署篆，郡丞伍，纠役徒，料木璧丹雘，计非数千缗不可。适当上下告匮，无所取办，于是周计帑中，得库贮各属扣解廪银壹千贰拾陆两有奇。具牍请之，院司俱报，可。遴选府知事潘善督文庙、府学工，咸宁丞张待礼、长安丞郭知彰督两县儒学工。公复亲莅视之而即工焉。于万历四十六年孟夏肇工，增俾营缮，先庙堂门庑，次祠斋廨舍，次棂星泮壁，与夫庖廪厩库之属，并协殚厥□，次第大饬其旧。榱敝者□，栋挠者易，垣倾者筑，路秽者辟。又增修云路于府学门外，层台南向，高可登览。并丹垩两旁坊牌，新建碑亭，规模益拓宏丽，风气攸完。越明年仲春告成，数十年之废，一朝具兴。是知昌明之运启于一方，亦有其时，非偶然也。邑大夫相与骏奔，歌舞其中，谓公实妥我圣灵，大造人士。思勒伐用垂不朽，而征记于余。余追维西安，固成周盛地。当文武时，家有塾，党有庠，无地非学。故其教洽丰镐，思皇辈出，蔚为国桢，讫千载不泯。迨我明以来，章缝之士，被服成俗，家诗书而户礼乐，其襄南宫之举，与公车之上，累累右贯，勋名昭揭，齐轨前镳，思皇而桢国者，犹周也。迩来因循固陋，流习失真，其文采之著，升进之数，于昔不无少替也。堂故具在，尔邦人士所扼腕也。窃意山川之气，不尽于宣泄，则将有所储，以钟其灵淑。今天子申饬功令，广厉学宫，弟子一时首先丰芑，矧又身值文翁、吴公为之师帅，广薪檲而辟周行，固尔千载一时已。夫事有启而兴有兆，而合士躬逢于今，宜何如矜奋先王之教，务以性命相期，使天下自得乎性命而还其质，出则效其实，处则植其表，其为道也贵，为文也尊。今世学士，溺于见闻，支离糟粕，修身正心真切之学废，而训诂词章之习滋，多骈藻饰，黠慧趫捷，而先王之文澌尽矣。明体□用，安所取给，其所关离合大数，良不外是。夫宫室敝，必改新之，而后可观；学术敝而必改新之，而后可久。梁公以前郡守，复督学关西，近所程量取士，一准诸先王之正鹄，而不少徇源流。正学溯于前，修业固有其人焉。传曰：不有废也，孰能兴之。夫修业有力而遵道有仪，其在斯乎，其在斯乎？余因建学造士之意，敢并及之，以俟游斯地者览焉。是役也，文庙、府学公用金柒百壹拾柒两有奇，两县学共用金叁百玖两有奇。额给不足，复于募夫银两申请，共动银壹百壹拾玖两有奇。云路两旁坊牌、碑亭，共用前樽节支剩金柒拾捌两有奇。梁公工未讫，升本省提学副使。嗣郡守陈并先署印，郡丞潘踵继始讫功，先后协力经营。咸宁尹丁，长安尹李，其功俱可述矣。

万历岁次庚申仲秋吉日

西安知府陈并先，同知潘达、伍维新、吴之才，通判苏桂，推官金新祚

咸宁县知县丁流芳

长安县知县李□茂

督工：知事潘善，咸宁县丞张待礼，长安县丞郭知彰

西安府儒学教授郭胜基，训导刘涝、杨多学、王涎

咸宁县儒学教谕杨可大，训导关世教

长安县儒学教谕王宪，训导景文秀、李应祥同立石

西安府学生员李光辉书篆

重修文庙碑记

明崇祯九年（1636）刻。碑原立于西安孔庙，20世纪50年代初被掩埋于西安孔庙院内，有拓本资料留存。现存拓本222厘米，宽90厘米。碑文22行，满行70字，楷书。额题“重修文庙碑记”，篆书。钱守廉撰文，唐泰熙书篆。《咸宁长安两县续志》有著录。

重修文庙碑记

丙子秋八月，营大成殿，厥工既成，廊、庑、亭、祠、门、坊、池、阁各如其制。时藩、臬诸长偕司李襄乃事者，咸诣余，谓当纪言以示来兹。余曰：此诸君子之绩也，余不縠且嘉赖，再谢不敏。诸君子以余实倡斯举，益复请，余不能辞，乃为之纪曰：

国家立太庙，即立文庙，檄郡县春秋享礼至隆也。诸君亦知文之所以为文乎？自鸟迹代绳，文字始炳，炎皞遗事，记在三坟。溯唐虞则焕乎称盛，援成周则郁哉可从，此政化贵文之征也。大人虎变其文则炳，君子豹变其文则蔚，此饬身贵文之征也。郑伯入陈，以立辞为功，宋置折俎，以多方举礼，此事为贵文之征也。然则熔殖六籍，金声玉振，写天地之辉光，晓兆民之耳目，可不问其宗主哉？汉高帝马上定天下，过鲁以大牢祀孔子，千古美之。唐宋令主，亦踵其徽。我朝正师礼，寻易木主，经大儒条定精且详，是以淑古修行，名贤辈出。关以西为理学渊薮，数年前，少墟冯氏尚能诠明绝学，以训释多士，则文教之所流亦既远矣。比年秦大饥，萑苇作难，汲汲治武备不遑，虽率循故事祠春秋，而庙貌浸圮，顾瞻不扬，文事遂衰。余巡兹土，心窃痛之。谓士人诵法孔子，无所观感，而恍然见诸羹，见诸墙，此上士也，岂可多得。太史公过阙里，观孔子车服礼器，则心向往之。故入庙思敬，治身之要言也。若徘徊几楹之下，周旋俎豆之间，而无所以示观瞻，易耳目则名教之闇沕不光亦已甚矣，而况乎为禋祀之大典也哉。余于是出俸金百，以告诸一时同志，司、道、府、厅以及州县长吏，咸允乃心，各捐俸金有差，不借官帑一镪，民间一力，而大工毕。其殿七楹，东西庑各十九楹，启圣三楹，覆以琉璃，坚以材木，饰以丹垩。而棂星门、戟门、敬一亭、碑亭、牌坊，悉比于旧焕丽有加。尊经阁峙于后，泮池带于前，祭祀之具，各瞻其物。自棂星门而入，池深而宇崇，如见阙里焉，见车服焉，见礼器焉。多士于此见羹见墙，以对越尼山之灵，追关西先辈之盛，岂偶然哉？落成之日，会军师克捷，获伪王献俘，余乃为之赓泮水之诗曰：既作泮宫，淮夷攸服，矫矫虎臣，在泮献馘。其六章曰：烝烝皇皇，不吴不扬，不告于訩，在泮献功。然则文事克修，武烈益光，孰谓此举非助我折冲之要务也哉？而又焉可以萑苇未靖，治武备不遑为辞乎？此一役也，提调率作，则藩司梁黄三、陈壶云、李和廷，臬司朱澹修、闵符娄、贺见吾也。索材鸠工，则西安李融峰、王景仲、孟能儒也。料资图物，经画指掌，事不废而民不扰，则司李王禹烈也。督催夫匠，日省月试，则咸宁宋胎簪、长安贾西铭也。若谓余，敬事右文，不敢以身为诸君后，则余岂敢。是为记。

龙飞崇祯九年岁次丙子仲秋之吉

赐同进士出身巡按陕西监察御史钱守廉撰

督工：西安府学训导张牧民，理刑厅吏役张擢、唐泰熙并书篆，张大利、田有年、巨国臣、王允升

长安卜桢、卜栋、卜得魁镌

重修庙学碑记

清顺治三年（1646）刻。碑原立于西安孔庙，20 世纪 50 年代初被掩埋于西安孔庙院内，有拓本资料留存。现存拓本高 214 厘米，宽 80 厘米。碑文 22 行，满行 64 字，楷书。额题“重修庙学记”，篆书。杨璥撰文，邵震元篆额，华开先书。《咸宁长安两县续志》有著录。

重修庙学碑记

粤稽历代哲王，肇造区夏，必先钦崇宣圣，广厉黉序，以为敷治本，盖以文运昌明，国治休隆，相蒸而蔚所固然已。秦省庙学，居城东南隅，建自唐宋，历年久远，前辈贤达修葺，各有记存。余来视学兹土，祗□先师，环瞻殿宇，倾圮荆蓁，非所以尊圣道而敷名教也。洪惟皇清定鼎，□三灵而肇兴，布四海以文治，岂可令庙学颓敝有玷盛化？感慨久之，实有志而力未逮焉。大中丞雷公出镇雍土，抱匡定之材，翊斯文之统。丙戌仲春，行释奠礼，目睹咨嗟，慨志修饬。乃不费公藏，不扰民力，捐俸伍拾金为诸僚倡，属吏暨乡士景高风者，咸乐助之，汇数百金。遂以其事责诸余，余曷敢辞？殚厥心力并鸠工教官上官弘道等，生员邵震元等，作之平之，既涂既雘；笾豆簠簋，修其残缺；管籥笙镛，考其遗亡；庙貌改观，芹藻壮丽，而西安之学遂焕然聿新矣。昔僖公修学于鲁，诗诵其功，文翁修学于蜀，史赞其烈。雷公较二公之功何多让焉？呜呼，孔子为帝王师，兴学系风化源，矧西安乃历代畿辅胜地，郡学即国学遗址在焉。文武周公之化，素所渐被，先儒横渠张子，近如少墟冯公，阐明绝学，垂世立教，人□□蒸蔚起。说者谓世变风移，士□不

古，岂其秉性有殊，良由训迪未至耳。果能敦诗书，明礼乐，蹈忠孝，守廉让，出而登朝，伟树鸿勋，为国之光者，咸雷公之有造于□西，大裨于文运也乎。落成，余故为文以记之。其辞曰：

文明攸渐，肇自义轩。姚姒嗣兴，心学丕宣。逮子暨姬，孰得心传。惟我夫子，斯道之渊，六经诞敷，两仪攸奠。河山亘地，日月守天，洙泗汪洋，百代弗湮。皇清飞龙，薄海宴然。惟兹奎壁，炳炳灿灿，节钺硕辅，来甸来宣。邦家之桢，道德之干。式濯圣域，陆离彩焕，菁莪朴棫，于斯万年。丽诸贞珉，佳绩克阐。后祀子衿，悠悠永念。

顺治三年岁次丙戌黄钟月吉旦

钦差陕西提督学政按察司佥事杨璥撰

钦差总督陕西三边军务兼理粮饷兵部右侍郎兼都察院右副都御史孟乔芳

钦差巡抚陕西都察院右副都御史雷兴

巡按监察御史赵端

布政使司左布政使聂明楷，右布政使刘弘遇，参议白士麟、张国泰

按察司按察使刘傓，佥事冯仕标、陈□春

西安府知府崔允升、白龙升，同知王缵圣、贾含真，通判刘文淇，推官秦镜，教官上官弘道、全国桢、赵凤儒，廪生邵震元、王琳

咸宁知县白秉真，教官任鸿业、李冲星，廪生杨克敏、华开先

长安知县王允中，教官李淳、宋诗□、郭眉，廪生张素贤、晋尔□

西安府学生邵震元篆

咸宁县学生华开先书

卜材镌

重修文庙碑记

清顺治七年（1650）刻。碑原立于西安孔庙，20 世纪 50 年代初被掩埋于西安孔庙院内，有拓本资料留存。现存拓本高 164 厘米，宽 78 厘米。碑文 17 行，满行 46 字，楷书。额题“重修文庙碑记”，篆书。霍达撰文，费甲铸书，王乃牧篆额。《咸宁长安两县续志》有著录。

重修文庙碑记

若稽古大义衍言：未有易前，易在天地，既有易后，天地在易。余三复斯言，恍然曰：未有夫子，夫子在天地，既有夫子，则天地在夫子。人知画后有易，不知画前原有易也。人知周后有夫子，而不知周前原有夫子也。说者曰：尧舜立君，不极孔子立师之祖，德比乾坤，光齐日月，崇高足以长世，宽容足以包广，幽明足以测神，文藻足以辩物。所以历代春秋，俎豆在用，牺象在列，四海九州，咸奉如一，庙貌巍焕，炫丽日新。矧我关中，自秦汉隋唐以来，邦国肃焉，无思不服。后之君子，范其绥来动和，足以创百代之业；式其仕止久速，可以立一身之仪。人日在曲常伦教中，如戴天而不知高，履地而不知厚也。今时值清帝龙飞，斯文丕振，一时皋夔稷契，乘运而起，腾骧虎变。如大总制孟公乔芳，大司农王公朱用，大中丞黄公尔性，三公祖秉钺督镇，忠君爱民，劳瘁悉备，狐举潜消，士民安堵者。顺治己丑，总制孟公祖□出督师，二公长至日拜庙，阅殿楹、两庑、泮水、宫墙，渐为倾圮，怆焉兴怀，各捐俸五十金，命西安府学广文杨先春董葺。损者易栋，缺者增补，风雨妒蚀者妆颜。绀宇琉甍，靖白云而亘起，丹栅碧树，映泮水以澄鲜。此皆三公祖念根本而重源流，敦师崇儒之念所不容已者也。三越月而事竣，广文杨子问言□记其事，聊赘一颂。颂曰：

祖述尧舜，宪章文武。上律天时，下袭水土。三皇之宗，斯文之主。代崇岁新，俎豆千古。

钦差巡按福建等处监察御史长安霍达□□拜撰

长安后学费甲铸书丹

西安后学王乃牧篆额

顺治七年岁次庚寅仲夏吉

卜材镌字

重修咸宁县学记

这篇记文出自嘉庆本《咸宁县志·学校志》，很可能是碑文，是否刻碑不得而知。志文曰：“皇清顺治十二年，邑令崐山余国柱捐俸庀材，绅衿各输赀助工，而堂序为之一新。邑人韩文镜有记。”未言记文题目，时间应在清顺治十二年（1655）或稍晚。且以“重修咸宁县学记”名之。

重修咸宁县学记

稽古建国，必先置学，聚摛华饬行之儒于数亩宫，千百世之治道键维斯，千万人之心术萃维斯。从来戡乱之后，加意右文循卓之风，端本崇教，矧神皋隩区，七代所都，成周礼乐，西汉文章，晔晔如昨，庸听其茂草芜之，震飚凌雨澌之乎？吾咸为三辅首邑，学制夙称雄丽，其始建继葺，先辈记之详矣，兹不具赘。洎癸未而后，铜鐎铁驷之砰訇，蚀吾镛鼓，堂庑斋舍，鸟鼠相疑争，治道人心，弗维听其芜焉澌焉，而轮奂丹雘之历数祀，皆谢弗遑也。昆山余公，来至吾邑，冰玉之操，慈惠之政，业与氓庶，蠲涤烦苛。且晋博士弟子员课艺考经，口碧鸡，手灵蛇，砥以鹖膏，澹以琴韵，文翁之化蜀，宓子之治单父，不是过时。见桥门颓圮，公毅然曰：是予任也。游荒台废榭，则黯焉以思，瞻宏阁伟构，则奋焉以肃。物异不迁，与地俱灵，是又多士之任也夫。遂倡议修葺，聚财鸠工，为费不赀，皆出公俸余。佐政诸君及广文先生，亦莫不同心勷成。饬旧补漏，古初雄丽之观于焉复睹。自是风气攸转，士习丕变，岁方大比，士于吾乡邑中售者四，而元牍实出公门。将来以班马之才，树皋夔伊博之伐者，方兴而未艾。始叹黉泮数亩宫，关系如此之重，而公之大有造于邑人士者，为不朽也。今兴朝御极以来，修明礼乐，欲追菁莪朴棫，寿考作人之盛，轹往代为独优。公之此举，宁第誉髦斯士哉，于国家建学养贤之意，良不负矣。工兴于甲子之夏，告竣于乙未之春。广文先生率诸生有事修葺者，假余文以记之。

咸宁县学营建亭舍记

这篇碑文亦出自嘉庆本《咸宁县志·学校志》，记余国柱修葺咸宁县学后，“乃未几以内艰行，宅舍究未就绪。康熙三年，知县黄家鼎捐俸重修，营建亭舍，自为文记之。”其文末有“因碑其言，以志吾职”句，应该是曾经刻碑，时间在清康熙三年（1664）或稍晚，然其碑不知所终。且以“咸宁县学营建亭舍记”名之。

咸宁县学营建亭舍记

古帝王之治天下也，政之大者有三，曰学校，曰封建，曰井田。井田、封建去古既远，废难复矣，惟学校之政，所以端彝教淑人心淳风俗而陶成经世之贤才，历千百亿万禩，恒存而不毁。我国家法古为治，天下之学校自若也。育陶课试，董以教官，又裁分署以耑其任，尊师道，严教化也。故三岁大比，一准以经明行修为进退取舍，士之抱璞怀瑜者，亦类能仰副作人之雅。自汉唐宋明而后，教化之醇，学术之正，人才之盛，未有踰于斯时者也。邑自建学以迄今日，人文遞盛，由兹往者，德业文章，炳蔚辉煌。今之视昔，不难衿背相望，追棫朴菁莪之盛，而顾令其泽頖蓁芜，宫墙颓圮，诚缺典也。顺治间旧令崑山余石臣柱国，曾葺之矣，大抵因陋就简，而广文先生退食无所，揆以师严道尊之义，不能不媟亵为慨也。窃尝课士于兹，诚心焉伤之。捐俸鸠工，积以岁月，由堂及庑，圮者扶，故者新，即不及当年藻缋之丽，而荒唐颓塌，庶几免矣。堂后建敬一亭一，亭后设一门，为退食堂三楹，堂前左右各置舍、厨、厕、马厩悉如度。由功竣计始期，大约寒暑再易矣。当其时，与广文先生邑文武之俊秀登斯堂也，举酌而劝之曰：泽宫焕则学政新，今而后模以模，范以范，治义治事，可以来鱣若苏湖之教授者乎？释耒横经，罢市听讲，日异而月不同，可以移风易俗若河西之秉铎者乎？更举酌而饬之曰：学政新则士气奋，今而后相观而称先王，则古昔敦天彝，躬道范，出可以辅治宁人，为王孝伯、范文正、诸葛武侯其人乎？即未出，而孝友称于乡族，和敬著于州闾，何不可为泣竹之孟，同被之姜，相敬如宾之郤缺，陶陶款款之范张尹班者乎？审若是，则体立而用有以行，上之为真儒为名臣，次亦不失为孝子悌弟，庶几哉无负此文明之运而光大乎？甄育之典矣，笃信而力行，是所望于教者与受教者。广文先生与文武诸俊秀返觞而酬之曰：畴敢不敬听以负明诲。因碑其言，以志吾职。

重修西安府文庙记

清康熙四年（1665）刻。碑原立于西安孔庙，20世纪50年代初被掩埋于西安孔庙院内，有拓本资料留存。现存拓本高166厘米，宽78厘米。贾汉复撰文，书者不详。碑文20行，满行60字，楷书。额题“重修文庙碑记”，篆书。此碑漫漶已甚，勉强句读。《咸宁长安两县续志》有著录。

重修西安府文庙记

粤稽古雍州，神圣诞育，文教丕兴，自□□而下几万年。我清统一寰瀛，嘉惠道绪，将自今而后几万年。惟兹西安，古京兆，为□郡三陲一州之会。□□□先师孔子文庙，历代尊崇，礼器乐悬，秩秩皇皇，春秋之祀惟虔。汉复自中州来抚此郡，□入宫墙，瞻拜祠下，□□□□灵降□□，为殿，为庑，为亭，为堂。石经□萃，遗文炳蔚。予谘于学士大夫，何以维新？佥曰：癸甲之交，城既破甑，庙□□草。伪逆□之，先师九天之鉴弗歆，其牢礼嗣？人民狼狈，衿佩流离。虽幸鼎初底定，财用匮诎，抚兹土者不忍以土木役众。迨三韩张大中丞，乃倡捐输而为之。予昔在豫，□□用事于文庙矣。其会城灾于□泥淤数仞，官民之宇，不可踪迹，矧□庙祀。今见西安庙学，而深为雍州幸也。犹记与张公、元公奉诏入都门，谈及缮修文庙事，公之锐意经营也，其于雍□首善，□□卓识，在纪纲法度之上矣。甚矣，雍州之□于向化□，得朝廷怙冒之后泽也。工成于顺治庚子秋，未有记。雍人士念于予，求载事以纪其功，并告将来，乃仰记为之。安□□□西周之丰□在焉，周兼四代，□□□□之事备，严师重道，故有天下者之大典。周公以□圣亲臣，羽翼道统，制□经纬，诗书所载，□□□哉。是故尼山文□□敢及文考□□□□□□周公□□□初之孔，于子，乃春秋之周公，盖前代以周、孔并祀于文庙。其祀孔子独也，犹同□也；其有文庙独也，犹□□□□同也。雍州郡□，视□安为斗枢。庙新则学兴，学兴则道明，道明则心正，心正则才成，才成则俗美。上有裨于国家，下有益于风俗，元公之举与予殆有同心焉。中州为周公营洛之区，卫、宋、陈、蔡，孔子之车之所经也。故雍州师周公，庙孔子，不必孔子之入秦也。□其时□孔子游者，七十人中有数人焉。孔子之香坛，周公之辟雍，即谓俱在关中可也。汉唐大儒，不胜史仆。中州有二陈，眉县有子厚，周孔之道，雍豫同□。独□有明理学，关中为盛。予于书院，因怀关学之授受，仰□西河□夏之址，实□郃阳，□紫阳，客云台，□安定，治延安，皆孔子之徒而行周公之道者也。或谓秦土□水深，有豳岐同先□之遗风也。公孙鞅用以富强，文教几□，几有虎狼之訾。然□戎驷骄，蒹葭□露，不相矛盾，其使士贱之秦□□□士贵之□由元公之意，以昭兴代之化，文庙□□有造于雍者，且数万年矣。公之属员同事者，例得备书。

大清康熙四年岁次乙巳夏吉

钦差巡抚陕西等处地方兵部尚书兼都察院右副都御史加二级曲沃贾汉复撰

重修文庙记碑

清康熙十一年（1672）刻。碑原立于西安孔庙，20世纪50年代初被掩埋于西安孔庙院内，有拓本资料留存。现存拓本高192厘米，宽88厘米。碑文30行，满行80字，楷书。额题“重修文庙记碑”，篆书。钟朗撰文，晋文煜、张奋鹏集唐石经书并篆额。《咸宁长安两县续志》有著录。

重修文庙记碑

皇上御极之九年庚戌，特命大中丞鄂公来抚关中，以关中境接边壤，地实丰镐，揆文奋武，非才德兼备如公者，弗能奏绩以舒西顾也。公下车谒至圣庙，趋进伏墀，行礼毕，环顾而叹：栋摧檐剥若斯乎，栊损甃圮若斯乎，丹垩琉璃毁败黯澹若斯乎，何以安圣之灵，肃士民之望也？于是偕前制府晋大司寇莫公，鞠筹轮奂，因咨藩伯今抚军阿公，臬使今藩伯吴公，以暨天参金公，阃使张公，及职学使朗，属其郡县僚吏而告之曰：余与诸君子承天子命，来□兹土，虽所司不一，而文教之倡均有责焉。至圣文教之宗，为人才□出，首宜聿新庙貌，使观瞻严肃，则多士之气不振而自奋矣。今天子以聪明神圣之资，敦缉熙光明之学，拨万几行临雍礼，为之隆祀典，新庙宇，以先天下，且欲天下之祀典无不隆，九州之庙貌无不肃，重道崇儒，迈古越今，匪区区过鲁一祀所能彷佛其峻极。臣子承宪出守，可漫不敬事，□敷扬天子之风化哉？闻者咸拜手恭命，而制府罗公亦□。于是倡表群僚，鸠工庀材。自大成殿、两庑、东西序、厨库、以及棂星门、木石坊、泮池，皆易檐改栋，变栊申簃。资费既浩，公一以己力独任。凡朱壁漆瓮琉璃黝甃，无不焕然一新。工起于辛亥之春，迄岁暮而落成焉。大役既寝，新臬巴公来复补缀其宜备。既不淫用乎民力，又非徒市乎虚名，公之倡德文教，可谓公而笃矣。昔者鲁公子鱼好洁，其宫庙取徂徕新甫之材以治之。夫子录其诗曰：新庙弈弈，奚斯所作，孔曼且硕，万民是若。公今率作于斯，功成而已不有，业集而人思善，较乎视之弗为，为之弗力，引誉以传名，因动以计利者，其相距为何如耶？秦省，隋唐旧京也，其先文庙所在，远不可稽。自皇清定鼎而后，屡经重修，为记不一其人，而王公给谏为记于庚申者，犹近而可考。然彼其视而为、为而力者，亦不能有过于公焉。公好善如渴，操持严正，纪纲表率，一事不苟。凡敬孔夫子之道者，得之天□与问学，宜其尽心竭力之诚，补饬润色之备，集庶尹之功以为事，而不敢有自私自伐之心也。公修文庙毕，又立社学五所，自减薪资以为塾师馆穀，有司良者欣承教之。民间駸駸知学，□达之风既息，□狳之俗亦化，熙熙然礼陶乐淑，陕以西，已复召公之旧，丰镐不独为成周之美矣。天子因最嘉其绩，而有少司马总督全陕之命。其奠安疆域，巩固金汤，以揆文教者，奋武卫，知不类，宵旰而乃顾也。由是进端，揆专调变，必以夫子之言为言，夫子之行为行，夫子之心为心。而今日所修夫子之庙，亦可垂千百祀而不朽云。公讳善，莫公讳洛，罗公讳多，阿公讳努春，巴公讳锡，俱帝里人。金公国器，三韩人。张公梦椒，代州人。郡县输修职名，以次列于碑左。时康熙十一年岁在壬子季秋之吉。

陕西提督学政按察司佥事石门钟朗撰文并立石

郡邑弟子员晋文煜、张奋鹏集唐石经书并篆额

西安府知府邵嘉胤，前署府事西延捕盗同知刘显第，西安府清军同知陈天植，西安府抚民同知胡戴仁，西安府管粮通判□斌

商州知州孔兴洪，华州知州冯昌弈，乾州知州杨胤昌，咸宁县原任知县莫之伟，咸宁县知县杨佐国，长安县知县胡琏，前署长安县事王鸿胤，咸阳县原任知县吴绪扬，兴平县原任知县来国用，蓝田县知县赵人鉴，临潼县知县陈荼，高陵县原任知县许琬，泾阳县知县王际有，三原县原任知县沈础楹，盩厔县知县马芝，渭南县知县唐组钦，富平县知县邹曰仁，醴泉县知县郑廷秀，韩城县知县翟世琪，郃阳县知县陈平，澄城县知县杨乾晋，白水县知县崔迪吉，华阴县知县孙云锦，蒲城县知县姜兴齐，署同官县事西安府经历王尔谦，武功县知县陈昌谟，三水县知县林逢泰，淳化县知县文秉濂，长武县知县陈

所抱

监修官：布政司理问前署西安府清军同知事茹珍，西安府儒学教授李敬修

镌字匠卜昇

重修碑亭碑记

清康熙五十九年（1720）刻。碑高228厘米，宽86厘米。张钟、姚文思立石，李珩书。碑文分5栏，每栏18行，行8字，楷书。此碑未见著录。西安碑林现藏。

重修碑亭碑记

西安府学东北隅，有大碑亭四十余楹，孟子碑亭十二楹，孝经碑楼一座，杂碑一十三楹，及禹王篆、峄山碑、淳化阁帖诸石刻，并未记其始自何年，创自何人。考诸传记，唐明皇天宝中，刻九经于长安，《礼记》以《月令》为首，从李林甫请也。今碑上“民”字不全，《孝经》系明皇御书，其为唐人之遗迹无疑矣。称十三经者，系后人之续增也。世远年遥，颓圮几尽，其所存者，亦复栋折榱凋，不可支持。康熙五十七年，府宪徐公补授兹土，凭吊久之，欲为重修之举。会边塞用兵，日无宁晷。其叔祖太老先生慨然自任，曰：是余之责也夫。夫诸经之在天下，如日月经天，江河行地，一日不可泯灭。昔汉灵帝熹平四年，蔡邕与五官中郎将高堂谿，议郎张训、韩说，太史令单飏，奏求正定六经文字，蔡邕自书丹，镌刻立于太学门外。三国纷更，渺无存焉。魏正始中，又立古、篆、隶三体石经于洛阳。迨晋永嘉，王弥、刘曜人洛，焚毁过半。今长安石经，自天宝迄今千余年矣，沧桑几变，遗迹犹存，安知非天地珍秘，鬼神呵护，留此以贻后世，而顾于今，风雨漂摇而不为之所耶？越二年庚子，遂捐己资，商度修葺。府宪徐公以余二人司训西安，命董厥事。起工于四月初旬，先修十三经碑亭四十五楹，次孟子碑亭十三楹，次杂碑一十三楹，以御书孝经殿其后。围以墙垣，固以栅栏，饰以丹雘，至七月终而次第告成焉。前后计费若干金。於戏，刘鄩守长安，将晋唐碑碣移之以砌城基，古迹遭劫，千古贻憾。今徐太老先生不募一钱，不假手一人，独解私囊，成此钜业，其为人贤不肖何如也。谨序其始末，勒诸贞珉，使后之君子有所

观感兴起，互相保护。如硕果蒙泉之相延于不替，是徐公今日重修之义也，亦即徐宪台之意也欤。公讳朱爔，字孚尹。由岁贡候铨，即用知县加一级，浙江嘉兴府秀水县人。

时康熙五十九年岁次庚子七月穀旦。

西安府儒学教授加一级张钟、西安府儒学训导加一级姚文思同立石

咸宁县儒学生员李珩书丹

重修西安府学碑林记

此碑已佚。乾隆本《西安府志·学校志》“府学”条下述及碑林时称：“本朝康熙庚子，候补令徐朱爔重加辑治。”并录盛熙祚《重修西安府学碑林记》碑文，未言何人所书，亦无刻立年月。因所记同是康熙五十九年整修碑林事，其刻立时间应与《重修碑亭碑记》相当。

重修西安府学碑林记

唐文宗开成二年，宰相郑覃判国子祭酒，勘定九经，勒于太学。先是，大历间司业张参撰五经文字，岁久传写，点画参差。翰林待诏唐玄度依司业旧本复撰九经字样，既成，表请附五经之末，兼请于国学创立石经。是石经虽郑覃辈成之，而其议实始于玄度。当韩建筑新城，石经弃于野矣。朱梁刘鄩守长安，幕吏尹玉羽请辇人城，得置尚书旧省。宋元祐五年，龙图吕大忠领漕陕西，始置于此。学官黎持作新移石经记曰：分为东西比次成列，明皇注孝经及建学碑立于中央，颜、褚、欧阳、徐、柳之书，下迨偏旁字源之类，则分布于庭之左右。今历考之，惟建学碑及褚书不存。然其遗规宛然元祐之旧，是知碑林端自龙图始。又曰：金石之固，不得其人以护持之，亦难必其可久，此吕公为有功于圣人之经。又曰：使后之君子知古人之用心而不废前功，庶斯人之有寄。推其意直欲千百世下，好古之士相与宝此翰墨之渊薮也。嗟呼，关中汉唐碑版不可枚举，宋天圣间，诏建浮图，姜遵知永兴军，取汉碑之坚好者以代砖甓，有县尉具言不可，遵以故隔朝命，按罢之。时何斯举作诗云：长安古碑用乐石，虿尾银钩擅精密。缺讹横道已足哀，况复镌裁代砖甓。有如天吴与紫凤，颠倒在衣吁可惜。则元祐以前碑版之厄亦不知凡几，而九经

岿然灵光，屡厄不磨，所谓神物呵护，洵不诬矣。今名十三经者，在唐惟九经，并孝经、论语、尔雅。康熙七年，中丞贾汉复补刻孟子七卷，遂合为十三经。今上天纵多能，精摩古人书法，群工勒石建御书之亭，琬琰之光．超越今古，此又当代之文明也。自金元以来，好事者又往注重勒旧本，而能书家亦各摹片石于其中，栋宇虽存元祐之旧，而朽于风雨，殆不可支。吾里徐君来游于秦，摩挲其侧，仰而叹曰：石经行且委瓦砾，龙图之功于斯废矣，斯文所寄，予且新之。遂倾其橐鸠工焉，三阅月而告成。故都壮观，复在于目。其有功于圣人之经，龙图之后又何多让。余乐观其成，不可不书也。君名朱爀，字孚尹，浙之秀水人也，博学好古，负才具，将令县云。

修长安学记、崇圣祠记、重修关中名臣祠序

清乾隆七年（1742）刻。碑为竖长方形，高 143 厘米，宽 72 厘米。碑文分 4 栏刻，每栏刻碑文一篇，共 4 篇，均为长安县令杨毓芳撰文，均为楷书，且年款相同。其一《崇圣祠记》，其二《重修关中名臣祠序》，其三《修长安学记》，其四《长安义学田记》。西安碑林现藏。在此录与府县三学有关的前三篇。

崇圣祠记

祠以安神，礼缘情制。以余所历，诸省崇圣祠，类皆同，建圣人之庙而地居其上，尊之也，亲之也。关中独另为一祠。前郡守朱公意欲仿照他省，移建圣庙内，议久未定。以故虽有倾圮不治，遂致宫墙剥落，户牖无存，行乞无赖，睡卧其中。儒学请木主于署，祭之日迎而祀之，如是者有年。余进而请曰：闻公欲改建崇圣祠，窃以为礼在宜然，奈何久而未定，岂不以诸生意见多歧，而庙后隙地又尽为古碑林立乎？余观关中文庙，规模最为式廓，其初另构，非不足于地，或别有所见。今观其所植松柏，皆数围难合，一旦迁之，诸生殊未忍，文风其犹后也。西安碑洞又知名天下，皆古帝王名臣大儒之遗，且旧于年而石易损，搬移上下，万难保全如初，工费所不言也。且余观自古上皇之宫，或同居朝内，或另为离宫别馆，非若庶民之家，必同屋而居者始为亲且敬也。则崇圣祠之址，可以迁，可以无迁。纵或礼在必迁，一日不迁，

亦当洁一日之敬，未便遂视为废祠也。公曰：然。于是，余始捐赀筑其垣墉，修其户牖，倾圮者缉之，腐朽者易之，乃墍乃涂，始觉焕然，而木主于焉获安。祠成，偕郡邑司铎诸君子议曰：祠之未成，诸君子为余言之，祠之既成，余且为诸君子望之。户牖不封，与无户牖同，诸君子何以善其后？咸宁司铎郝君鼟瑞者，名孝廉也，慨然起而应曰：余学署与祠最近，余不能如公为圣道光辉，顾不能为圣庙锁钥乎？经理有人，吾知其不朽矣。爰笔而志之，以俟后之考古者。

乾隆七年岁在壬戌春三月吉

长安长吏贵阳杨毓芳

重修关中名臣祠序

古来仕关中称名臣者有祠焉，建于文庙之侧。有司春秋祭享，捐置品物，同丁祭并祀之，岁以为常。乾隆六年辛酉之夏，余由武功调剧长安。越三月乃秋，偕咸宁大尹主其祭，见其倾颓圮毁，风雨不避，覆之席而屏围之，率诸生行礼其间。祭毕召诸生议之曰：名宦之得祀于文庙，旧矣，其名臣即名宦，祀之日同，建之地又同，礼祭不欲数，数则渎是祠也，何为而建？诸生曰：是历代有功德于民，民不能忘而私创其祠以祀之者，故其中所祀诸贤，有为祠名宦之所已入，有为祠名宦之所未入，不尽同也。余曰：有功德者当请于朝，大尊贤，宏表彰，示鼓励，重典祀，私祭非礼也，何为相延以至于今？诸生曰：功大者难忘，德厚者报切，请于朝不无有待，感生于心，念迫于诚，爰用私祭，民之真也。惟真，故今与古同，历代之名臣咸在。余曰：然小民愚，神私而公，非其功与德实足以系其思。相契者一二人，而众人挠之，邀结者遍众人，而一二人抗之，欲其入是祠而俎豆其间也，知必不能。是祠诚重其建也最宜，奈何任倾颓，听圮毁，遂至若兹，及此不为，久且被淹，古道之无存，谁之过也？于是捐俸备物，命工重构。维时韩城卫君敬生为县司铎，府外翰则长武尚君湄，雅有同志，乐董其事而告成焉。勒之石，非敢矜缔构功，亦欲司是土者，知是祠之重，俾不朽相与后先俎豆于其间也云尔。

乾隆七年岁在壬戌春三月吉

长安长吏贵阳杨毓芳

修长安学记

戊申岁之秋八月，余奉命试用于秦，未授地，因得偕咸长两大尹随祭关中夫子庙廷，观其规模式廓，未尝不叹辟雍钟鼓气象犹存。越十有三年，由武邑调剧长安，益觉焕然其不可及，盖一切备饬，皆非寻常大木。而学宫顾倾圮，岂诸君子不知其关重，无复有过而问之者？不问，知其为诸君子之将次第举行也。然而，余今已司是土矣，奈何复以重烦我诸君子？于是谋所以新之。召工曹朱佐谓之曰：闻尔素能事且自爱，今以修学一事任尔。堂以明伦，伦不可轻，堂亦不可轻。泮水者，泗水之渊源，多士所澡，躬而浴德也，何可任崩壅？宫墙之不修，维草其宅矣，学舍门之不扃，牛羊践踏可乎？学署为先生休息之地，尊师重道之谓，何而顾坐视其风雨不蔽也？“兴贤”“造士”坊，工最精，非数百金不办，前人具苦心焉，迨毁而造之难为继矣。授尔百金，先明伦堂，次泮池，次牌坊，次宫墙学舍等门，遞及于先生之学署。其堂务构如新，勿徒粉饰为也，泮池以砖砌焉。牌坊功最大，惟尔加意筹之，勿毁我古迹。余悉如法以办，需用不足，据实请领，勿侵扣以累民，勿苟且而塞责，功竣重为尔犒。时学师卫君敬生者，偕余前后图度，闻其言乐甚，欣然欲董其事。观成之日，偕诸生而议之，谓余不谋于众，不吝于赀，不需于时日，慨然举诸君子所欲为而未及为者力为之，悉归功于余，勒诸石以志不朽。余滋愧焉，爰笔而叙之，见非诸君子不为，特未及为，余分所应为，遂为之，以附于诸君子之余光云。

乾隆七年岁在壬戌春三月吉

长安长吏贵阳杨毓芳

重修西安府学宫碑记

清乾隆九年（1744）刻。碑原立于西安孔庙，20世纪50年代初被掩埋于西安孔庙院内，有拓本资料留存。现存拓本高218厘米，宽86厘米。帅念祖撰文，李品镐书。碑文23行，满行62字，楷书。《咸宁长安两县续志》有著录。

重修西安府学宫碑记

学校之设，为国家元气所盘。自古驭天下者，敦崇圣道，攸叙彝伦，储贤养才，以为世用。上自二千石，下及令长，皆有学，诚重之也。西安首关中郡，大宋时即建有学，元、明代修之，制未光也。本朝康熙十一年，总制鄂公善捐资劝修学，使者钟公朗为记，规模倍曩昔。今又逾年岁，周遭倾圮。乾隆三年，中丞崔公纪抚秦，以绅士十六人董翰鹏等捐修之请闻于朝报，可之，令董其役。而中丞崔公遂移节，余适奉令旬宣是邦。夫秦，故伏羲、神农、黄帝、尧、舜、禹、汤、文、武、周公之所治，开辟以来，神圣继作，十常九人秦产也。厥后以祖龙烈焰，功鏖六国，而儒风灰烬。汉高跨马上收三秦，而诗文阙遗。然自惠文酝酿，以逮唐宋，千余年间其鸿儒伟彦，纬武经文，若孟坚、伏波、汾阳、横渠、权载之之徒，犹蝉联不媿前哲，炳炳烺烺，照耀史册。此岂徒渭水流清，二华耸秀，山川间气所成哉，其亦储之者厚而养之者豫矣。夫我皇上，承重熙累洽之后，天亶首出，锐意兴文。雕题凿齿之乡，咸知奉圣人为依归，顾关中以首郡学，而令制仍其朔，颓圮相寻，无以壮陕左右之观瞻，亦曷以副圣天子储贤育才之至意？爰是踵前贤武，捐资率属，得金一千八百余，合咸、长、临潼三邑绅士所捐，共计八千金。遂于戊午夏鸠工庀材，揆日始事。撤旧变新，腐者以易，倾者以立，隘者阔，卑者崇，缺者补，丹垩黝漆，彩缋加昔，垣墉塈茨，增修悉备，而告成于己未之冬。盖是举也，财不敛民，工不扰下，规制宏丽，功成迅驶，亦前所无而今有之者。夫昔者鲁僖复土宇而新泮宫，奚斯董役，史克作颂，千载下艳称之。睹兹伟举落成，其与僖有光欤？虽然育才在学，兴学在教，生才在山川，而成才则存乎其人。自制科之途辟，假文义以梯荣贵，或逞其师说，炫他术以叛我大同之道，人心风俗阶之厉矣。痿痹不仁，元气内耗，岂建学者意哉？继自今入斯门，怃然而动遐思，慨然为己任，念孔氏家法，淑身心者惟天德王道，养穷节者惟廉静，励达施者惟忠荩。群说乱经，功利背道之谋，屏绝退听，未尝为纯粹之瑕翳。幸而发闻当时，则为德为民，扬名显亲，金石出声，生色汗青而后已。即不得志，则展庭闱之乐，抱江湖之忧，以其学私淑诸乡人，亦不失善人君子之归。斯学成而教兴，教兴而才美，家国赖之，所谓元气固也。夫秦风小戎，女子奋以王之兵，忠义激于性生，况礼陶乐淑之久也。则自一郡而声全秦，士气完粹，足为世用，其将与孟坚以下诸贤后先争烈欤？盖元气固，国脉之永，文治之隆，其征之也。是为记。时乾隆九年岁次甲子新正中浣穀旦。

钦命护理陕西巡抚印务特授陕西等处承宣布政使司布政使加二级纪录一次奉新帅念祖撰

长安县拔贡生李品镐书

频阳张忠义、杜之孝镌字

中丞崔公方伯帅公倡捐重修文庙颂并序

清乾隆九年（1744）刻。碑原立于西安孔庙，20 世纪 50 年代初被掩埋于西安孔庙院内，有拓本资料留存。现存拓本高 240 厘米，宽 90 厘米。亢宗耀撰文。碑文 24 行，满行 62 字，楷书。碑阴为捐资人署名及捐资数额。《咸宁长安两县续志》有著录。

中丞崔公方伯帅公倡捐重修文庙颂并序

今上御极之三年，中丞崔公，方伯帅公，相继莅西安。以学宫颓圮，无以称朝廷重道作人至意，于是倡捐修议。一时当道各宪咸襄盛举，而宗耀等乐从其后。崔公闻于朝报，可，叨委宗耀等董其役，鸠工庀材，揆日始事。自戊午五月迄己未十二月，凡年余工成。维西安关中首郡，炎宋时建立学宫，历元、明代加修葺。本朝康熙十一年，总制鄂公善捐资劝修。兹则址仍其旧，材取其良，而人乐趋事，规模布置，恢廓于前。自殿庭及庑、及门、及屏，递相标揭，木巧之饰，层峦浮柱，瓴翔榱翚，墄平阁扇，文砖雕膢，启庠并焕，戟门两张，翼翼延延，灿如星日。睹者莫不肃然于杰峙，伟峨而翘首，斯文之蔚起矣。且夫学校之设，国家元气之所聚也，守土者所谓宣上德意，修叙彝伦，为国家维固根本，首先乎此。春秋传曰：郑人游于学，而可以议执政之善否，良有以也。我朝崇儒重道，自二千石以及令长皆有学，典至钜矣。而奉命旬宣者，咸礼圣天子储贤育才之意，加意振作，偶见倾落，即矢志兴修。绅士以白于邑长，邑长即以告于台使者，台使者即以达于朝廷。自台使者以下，悉捐俸钱，踊跃趋事，为绅士倡，遂咨嗟立成之。上不耗国，下不朘民，是执政之有为而议善之不可已也，况乎修复者学力之籍也。我秦士风质朴，材多可造。值我皇上锐兴文教之秋，更遭上宪作养人材之典，继自今入斯门，有不砥廉砺隅，敦崇实学，以副兹盛心也哉？崔公名纪，永济人，戊戌科进士。帅公名念祖，奉新人，癸卯进士。中丞工未竣移节而去，而方伯公实始终其事。兹又立石，以志颠末，宗耀等亦乐述而为之颂。颂曰：

尔惟三代，首建学宫。九房八闼，通于国中。三辅巍巍，庙貌穹窿。大昕入奏，圣教是崇。汉唐而暨，惟尼山宗。发蒙振習，如日之瞳。报诸课瓒，飨之钟镛。日月既积，风雨攸降，欂栌瓦确，散失难封。谁其兴之，大吏之功。又谁成之，群僚以共。鸿材博植，以匠以工。既勤拔擢，乃资垣墉。栌丹桷赤，山雕木砻。翠钱结牖，黄金为釭。睹兹巍焕，群材以风。佑文重士，盛典欣逢。幸厕奔走，勉效寅恭。奏功迅驶，鼛鼓无庸，民安其业，费不烦公。终南郁郁，八水融融，伟烈并峙，同流罔终。布之后来，以昭明临。

乾隆九年岁次甲子春正月穀旦

督工绅士尚芝庭、晋运泰、何秉瑁、郭荣宾、亢宗耀、安永贞、孙宗敖、董翰鹏、杨天爵、亢宗荣、王文铨、王元善、李生茎、马呈图、王章、苏焜同拜手泐石

频阳张忠义、杜之孝镌字

（碑阴刻川陕总督庆复、陕西巡抚崔纪以下捐资人姓名及捐资数额）

重修西安府学碑林记

清嘉庆十年〈1805〉刻。碑高280厘米，宽86厘米。庄炘撰文，盛惇崇书，庄逵吉篆额。碑文18行，行64字，楷书。《咸宁长安两县续志》有著录。西安碑林现藏。

重修西安府学碑林记

古之所谓三不朽者，亦或假于物以传。三代以金，彝、鼎、尊、卣、盉、甗、敦、匜之有铭是也。三代而还以石。夫碑用丽牲，亦以识日景，而刘熙谓葬时所设，臣子追述君父之功美，书其上而建于道陌。由斯以谈其制，殆昉自两汉，而后世仍之。关中固历代京邑，石刻号为繁富。余往岁入秦，所至之地，故宫墟墓，浮图寺观之属，其遗刻仅有存者，必摩挲审视，将以考见古人之立事立功。若或遇之，然按籍以求，无论郦元所载，如龙门石室诸碑，渺

不可见，即欧、赵、洪、薛以及陈思之宝刻丛编所论列者，亦什不二三。间以请巡抚毕公曰：顷游富平，见李临淮神道碑虽置学宫，而镌凿就尽，有峄山野火之厄。今碑林之在西安府学者，栋宇倾圮，古刻率委诸榛莽，将不为李碑之续乎？公瞿然顾虑，遂命葺治。其事实自余发之。尔来三十年矣，会上元叶君来丞是郡，兼掌书院之教令，博学嗜古，为政有声迹。暇日观乎碑林，以为昔之葺者将废，不可不复加缮完。乃谋诸郡守阳湖盛君，相与出俸钱以倡，而士大夫之有文好事者踵成之，焕然复还旧观，属余为之记。夫碑以林名，盖上下数千年诸刻在焉，而开成石经最重。且碑之萃于郡学，由宋吕大忠移石经始也。唐时在务本坊，朱梁时刘鄩用尹玉羽请，迁唐尚书省之西隅，宋元祐中始迁今学。则自未迁以前，虽以先圣训典，犹慭置之，其他之不碎为礮石，及以供杠梁柱础之用者几希。夫惟有吕公之移，而后诸石刻亦得林立黉序，俾无坠失，厥功茂焉。由开成而上，若汉之熹平，魏之正始，皆尝正定五经文字，立于太学，载祀悠远，刓削消磨，固然其无足怪。乃若由开成而下，孟蜀亦刻六经于石，毁弃之余，得者视如残圭裂璧。而宋之开封立石，扫地无存。又若光尧御书立于仁和县学者，亦非足本。独兹刻岿然尚在，微吕公之力不及此，而继之者毕公，今兹复克绍厥美，殆于人存则政举乎？后之服官兹土者，苟有同志，虽至于无穷可也。间尝论之，夏之有关石和钧，周之有河图大训，皆所以昭法守，若群经之托于贞石者，大书深刻，悬诸日月，其为宝贵，何多让焉。矧近世如京兆之石林，吴兴之墨妙，区区游观翰墨之好，犹有咏歌记述之者。兹郡学之所裒集，固汉史所谓正文字惟学林者，足以佐盛世稽古右文之治。斯事体大，曷为乎寂寥而无称？余所以不能已于言也。载考石经，独遗孟子，盖唐时七篇未登于经，故陆氏经典释文亦缺，孟蜀犹唐制也。国朝康熙中，巡抚贾公效宋席益知成都，取石经字摹勒凡十七石。然如顾氏炎武，朱氏彝尊，杭氏世骏，于石经本末最为详洽，亦皆未之及。余故表而出之，以彰盛美。若夫枚数诸碑之甲乙次第，察若列眉，则叶君所刊之碑目具在，故不备书。

嘉庆十年岁次乙丑八月日陕西邠州直隶州知州庄炘撰

赐进士出身前掌江西道监察御史军机处行走署陕西督粮道道衔西安府知府盛惇崇书丹

咸宁县知县庄逵吉篆额

江南黄润章镌

复修碑林记

清道光二十二年（1842）刻。碑高244厘米，宽85厘米。未署撰、书人姓名。据碑文，应是此次整修的倡修者陕西巡抚富呢扬阿自撰。碑文15行，行50字，楷书。《咸宁长安两县续志》有著录。西安碑林现藏。

复修碑林记

关中碑林之建，自宋龙图阁学士吕大忠移置石经始。石经由汉迄唐凡六刻，其开成以前石，均已荡为寒烟，渺无见者。而碑林独如鲁灵光，巍然具存，书贾日毡椎诸帖，以饷遗天下士，非有神力抝呵守护之不及此。我朝天帝炳焕，畺臣恭奉列圣宸翰，摹刻尊藏于敬一亭之北。盖自康熙七年，巡抚贾汉复补刻孟子七篇。后至康熙庚子，县令徐朱爀葺之。乾隆壬辰，巡抚毕沅再修之，嘉庆乙丑，知府盛惇崇续葺之。逮今已三十余年矣，臣富呢扬阿来抚是邦，仰瞻御墨，并旁览汉唐以下各家书，恪然思所以垂示万世者，惟庭楹廊庑，日就摧落，爰商司、道诸君，亟捐赀新之，三阅月工毕。窃惟关中为金石薮，而图经载，宋姜遵知永兴军，取汉碑代砖甓以建浮图，是碑林未建时，碑版已多散佚，况其爬搜抉剔于元明兵燹之后者，其珍惜更当奚若也。昔昌黎公作石鼓歌，患其销铄埋没，至欲移之太学。论者谓：公三为国子博士，一为祭酒，卒不得取岐阳旧刻，安置妥帖于深檐大厦之间，以实其言，其于中朝大官又何责焉？不知公当德宗朝，政出多门，方摈斥佛老异端不暇，何暇讲求石墨。今海内承平久，好古之士益众，居是邦者，与二三同志从容访古于公退之余，又兴值年丰民乐，政平讼理，得乘农隙以修举废坠，一复开成旧规，固非躬逢重熙累洽之日不能也。视昌黎之西望吟哦，蹉跎自慨者，相越岂不远哉。惟时布政使为黔阳陶廷杰，按察使为宝应朱士达，督粮道为安化罗绕典，署潼商道为那丹珠，署凤邠道为贵麟，例得备书。

道光二十二年岁次壬寅二月吉日建

重修孔庙记碑

民国九年（1920）刻。碑原立于西安孔庙，20 世纪 50 年代初被掩埋于西安孔庙院内，有拓本资料留存。现存拓本高 250 厘米，宽 84 厘米。郭希仁撰文，贺伯箴书。碑文 20 行，满行 60 字，楷书。额题“重修孔庙记”，篆书。

重修孔庙记

长安文庙，肇于盛唐，宋元明情，代有修葺。自乾隆九年后，迄今甲子三周，曾否重修，则无记载可考。历年既久，破损遂多。民国纪元，迭经奉祀官呈准修理在案，惟以时艰款绌，迄未动工。七年春，希仁代理教育厅长，重申前请，蒙省长嘉允，令会同财政厅办理。七月动工，十一月竣事。谨遵祀孔典礼颜，曰：孔庙既于八年一月朔落成致祭，兹再记述工程始末，俾后来有所考鉴焉。大殿后檐正中西偏大柱，建置之初，不知如何较他柱低尺四五寸，以致屋上低凹聚水。又后檐因隔在碑林，修理时多不措意，破坏特甚。比拆动后，则长二丈径尺四五寸之槽檩朽者三，并随方径尺许者亦朽大半，计共易大檩三根，大方二根，椽二三百根，栈板更十之七八，琉璃瓦亦在二千以上。东西庑原估除东庑倒塌数间照旧式新补外，其余牮正挖补者半，揭瓦者半。后以房大且牮正不易，兼之檩柱横梁亦有必须更易者，遂加增工料，一体拆毁改建。墙壁硝杀者，从新修砌。暖阁座位，旧用土砌，既碍观瞻，且不坚固，今统易以砖。神主旧用墨书，有两次改作、一主上现二名者，乃改用镌刻朱髹，字涂以金，用昭敬重。从祀先贤先儒，旧列木主，未具事实，无以起人观感，兹因修理之余，编为小传，端书屏幅，装轴分悬，虽限于篇幅，不详不尽，然随人观览，不无裨益也。旧制有照壁，有围墙，张翔初兼长民政时，拟改门首，规模拆去，致泮池石栏不能保存，数年塌坏过半。此次重修照壁，本刘省长之意，力求堂皇冠冕，围墙亦剔透玲珑，藉起人瞻仰之心。又新修东西门房各三间，计用款约在二千元以上。此外乡贤、名宦二祠，二门，碑亭，官厅，月台，泮池，甬道，亦一律修补整齐。惟宫庙前后，因款乏尚未髹漆，崇圣祠及西面宰牲所，亦未及修理，是为憾耳。材料一项，共用大小木料约五百根，椽约一千根，栈板约三百丈，砖瓦各约十万，铁三千余斤，石灰十万余斤。琉璃瓦、猫头筒瓦、滴水之属，无以购置，从陆军监狱、师范附属小学等处拆换若干，张翔初家捐助七百余件，张聚亭家捐助百余件。自去冬以来，道路梗塞，建筑材料短少且昂贵，石灰需用最多，无以购买，其九万斤挪自教堂，省款约在千元上下。至木料，则农业学校捐助大小二百四十八根，皆辛亥反正后从各地拆积，拟修学校未动用者，所值亦不下二千元，此则万难之中凑巧者矣。初经费预算四千五百元，由财政厅拨付。嗣以宫庙建筑规模宏大，一切材料，均极伟壮，即有损坏，难遽塌倒，勘工之初，仅能就表面估计，及动工兴修拆启以后，始知与原估相差甚钜。既已改作，又未可敷衍涂饰，为苟且一时之计，且军需紧急，公款亦不能即付，不得已募捐接济。幸蒙督军、省长热心提倡，又得各界同情赞助，始克蒇事。计共用款约九千元，财政厅付三千元，又拨陕北赈捐尾数约六百元，余以捐款弥补，谨刻碑阴以彰义举。是役也，监修者胡焕章、翁焕章、贺昌麟，编小传者毛昌杰、李博、贺景贤、雷溥、梁海峰、杨鹤年、张鹏一，书匾额、木主小传者刘晖、张绍元、贺伯箴、黄福藻、洪道昭、康寿、沈伯龙、郝成德、李德声，泥木工头雷万魁、张文涛。记事碑张聚亭所捐，书石者贺伯箴，刻石者王尚玺，例得叙及，与捐款题名并垂永久也。临潼郭希仁记。

中华民国九年十月穀旦

（碑阴刻督军陈树藩、省长刘镇华以下捐款人姓名、捐款单位名称及捐款数额）

重修西安碑林记

这是张鹏一为1937—1938年整修西安碑林撰写的记事碑文。据民国时期碑林档案，此碑文曾请于右任书丹，且于氏也已答应，但不知何故并未刻石。所幸此文稿保存于档案中，为我们研究民国时期碑林整修提供了珍贵资料。

重修西安碑林记

富平张鹏一撰文

文字之流传，竹帛卷册外，有镌金刻石之作。然金少石多，钟鼎镂刻，工费事繁。秦汉以来，刻石大兴，碑版遍天下，文字记载，无问官私，考古者莫不以石刻为校经证史重要物矣，故大书深刻，照耀通衢。而历劫兵火，石刻每与之具毁，是以访碑记录，名目浩繁，传世长久者，千百之中不过二三而已，是可惜也。西安一隅，汉唐都会之所在，汉碑见于《水经注》诸书者，今多不存。唐时碑刻尤多，今惟开成石经屹然存在，余则各方搜集之下，得以观仰当时制作，盖自吕汲公大防保存于前，元明清三朝地方大吏防护于后，西安碑林之名，始闻于天下。民国以来，碑林屋宇日就倾圮，只以兵事不息，修葺不暇。民国二十四年春，中央古物保管委员会于西安设立办事处。本年九月，古物保管会开第三次委员大会，委员黄文弼、腾固、徐炳昶三君提议，与陕西省政府合组修理碑林，请中央政府补助经费。当时决议，由黄君文弼拟具工程计划。适国民政府行政院蒋院长中正莅西安视察碑林，亦赞成修理事，于是在西安设立整理西安碑林工程监修委员会。二十五年九月，内政部聘请陕西省政府主席邵力子、西京筹备委员会委员长张继、中央古物保管委员黄文弼，为碑林监修委员会委员，又以黄君兼秘书，专任监修事。外由监修委员会聘绅耆宋联奎、寇遐、赵玉玺、张知道暨不佞，为本会顾问。其工程指导，又聘李仪、张羽甫、刘祝君、沈诚诸君为工程顾问。二十六年六月，又由内政部加聘现任陕西省政府主席孙蔚如、民政厅长彭昭贤、教育厅长周伯敏、财政厅长续式甫、建设厅长雷宝华为监委会委员。各碑中以开成石经一百一十四石最为巨制，而自明代地震石裂，此次移碑接补，又请耀县张木生君详审校正，计其中错行者三十一石，残缺者四十八石，均分别改正。碑依原样排立，分段加钢筋混凝土梁柱，以期巩固。工兴启土，又得石经残石二方，计《论语·子禽问于子贡》二十七字，《左传·吾闻胜也好复言》亦得二十七字，嵌补碑中。又发现石台孝经石座三层，雕刻花纹，计高合营造尺三尺一寸二分。又得唐碑赑屃九座，皆雕刻精美，埋没于数百年间，今始轩豁呈露。又发现唐不空和尚译经碑、唐慧日寺真言碑、佛经残碑，其他碑侧雕刻、各碑残石，尚有数种。此外碑石一千余石，迁移补修，分类排列，繁难殊甚，说详黄君工程报告。其覆碑各室，此次重新建筑为第一、二、三、四、五、六、七各陈列室，排列各碑。又划入旧咸宁县学地基一段，建第八室楼房一座，分储今监察院于右任院长收藏汉石经一方，魏唐墓志石三百八十七方。此外储藏室、休息室、大门楼、卷棚、游廊、引路，均依次修筑。碑林后围墙倾圮已久，无界可考，居民赵姓让地基宽五公尺，长三十六公尺七寸，盛姓让宽五公尺，长六公尺七寸，得以修筑围墙，划清界址。各工程均由北平鸿兴公司承造，经始于二十六年四月，毕工于二十七年二月。凡用国币约七万圆，内中央政府发五万圆外，余由陕西省政府补发。惟自去年七月北平战事发生，上海失陷，国府迁移，本会工程，时生戒心。幸赖国民抗战，士气奋发，而本省军政各方，后援维持，千余年名迹巨观，轮焕一新。黄君毅力任事，筹划工程，昕夕督促，其劳尤不可没也。工程将竣，监修诸君请撰文叙述其事，谨备始末，以告来者。与修工程诸君，例得列名，今以次备书于后。

整理西安碑林工程监修委员会委员：

西京筹备会委员长　沧县　张继

陕西省政府主席　绍兴　邵力子

陕西省政府主席　长安　孙蔚如

陕西民政厅厅长　牟平　彭绍贤

陕西教育厅厅长　三原　周伯敏

陕西财政厅厅长　崞县　续式甫

陕西建设厅厅长　安康　雷宝华

中央古物保管委员会委员兼西安办事处主任　汉川　黄文弼

整理西安碑林工程监修委员会顾问：

陕西通志馆馆长　长安　宋联奎

陕西考古会委员长　富平　张鹏一

西京金石书画会会长　蒲城　寇遐

孔教会会长　兴平　赵玉玺

西京图书馆馆长　华县　张知道

陇海铁路西段工程局副总工程师　闽侯　李俨

陕西建设厅工程师　南阳　张羽甫

西京市政建设委员会工务科科长　江宁　刘祝君

西京市政建设委员会工程师　浙江　沈诚

整理西安碑林工程监修委员会：

监工员　闽侯　朱声远

工程兼监工、中央古物保管委员会西安办事处测绘员　虞乡　朱观会

会计兼庶务、中央古物保管委员会西安办事处办事员　汉川　张廷魁

职员、西京图书馆助理员　长安　晁炳堃

雇员　新昌　吕颂三

北平鸿兴建筑公司经理　深县　李世源

民国二十七年　月　日刻石

附录三

西安碑林史人物志

前　言

历史是一座舞台，在这座舞台上表演的，是各色各样的人。不过绝大多数人，所谓芸芸众生，不会在历史上留下属于个人的痕迹，他们只是作为一个整体，把他们的劳动和创造，信仰和追求，乃至悲欢离合、生死恩怨的人生经历，一代一代积淀于民族历史文化的基础之中。只有极少数人，或者由于社会地位高，或者由于才华和技艺超众，或者由于与重要历史事件相关，抑或仅仅是偶然，能够在历史上留下他们的名字和事迹。

西安碑林作为一笔重要的历史文化遗产，自然会有不少能在历史上留下姓名的人与它发生关系，而这正是它的价值所在。一般来说，与西安碑林相关的人大致可分为三类：

其一是碑林所藏历代碑石、墓志之碑文、志文本身所涉及的人，包括墓碑、神道碑、墓志、塔铭等所记之死者及其家族世系中人物，各种功德碑、纪事碑所赞颂之对象和所记事件的主人公。这类人物历史学者最感兴趣，称西安碑林是内容丰富的史料档案库，正是因为它提供了诸多人物的个人传记资料及与其相关的历史事件的记录。

其二是这些碑文、志文的撰者、书者、立碑者及刻碑工匠，包括儒、释、道经典刻石之主持者，宗教造像碑题名之供养人，专门以艺术欣赏为目的之书法刻帖和石刻画之书者和画者，以及在前人碑碣上留下题刻之题名者。这类人物中最受重视的是碑、志的撰者和书者，尤其是著名书法家，人们多从书法艺术的角度对他们进行研究。

其三是自唐末韩建第一次迁置唐石经后千余年来，历代收集（包括重刻）和保护前代碑刻，整理和修葺碑林（包括碑林所依附的孔庙和府学）建筑者，即为碑林的形成、延续和发展做出过贡献的人物。本人物志所辑录的就是与西安碑林历史相关的后者，所以题曰“西安碑林史人物志”。

西安碑林的历史，可以一直追溯到唐末、五代初对唐《开成石经》的迁置和保护，这一点应该没有什么异议，本人物志在时间跨度上即以此为上限。至于下限，则迄止于民国。中华人民共和国成立半个多世纪来，曾为西安碑林发展做出贡献且今已故去者如武伯纶、杨励三、何正璜、贺梓城、段绍嘉、王仁波等前辈，无疑也应为他们立传，但对当代人的取舍评价，似乎已超出了作为个人辑录史料做点小学问的范围，理应由某一级官方机构或权威组织来做此事。笔者自知人微言轻，未敢越俎代庖。

中国封建时代留给我们的文献资料有很大局限性，在那个官本位的社会里，能入正史、地方志者，能立碑记事留名者，多为各级官吏。今天我们利用这些资料，也很难摆脱这种局限，这份以辑录资料为主的人物志就更是如此，其中所录人物以地方官居多。不过，这也与西安碑林、孔庙、府学的特殊地位有关。历来整修庙学都是官府分内之事，即便有民间出资者，亦须有官府出面方能为之。能留下姓名的为官者也许什么都没做，一切都由其未留下姓名的下属来操办，可我们根据有限的史料，无法恢复事情的本来面目。即便有幸留下了姓名，各人的资料也多寡不同，高官显宦者，正史有传，其他资料也多，低级官吏和一般文人，资料就少，反映在每人的小传上，尤其是生平介绍部分，自然详简不一。也有生平不可考者，如蒙古国初占陕西时的王琛，仅《类编长安志·石刻卷》“石经”条下一笔带过，可他于金末战乱之后重立石经之举，与碑林能否存在和延续关系甚大。又如元初之刘斌，也是《类编长安志》中一笔带过，但他是碑林历史上唯一能留下姓名的参与整修的工匠。类似这种情况，便只记其对碑林的贡献，如日后能发现其生平资料，再作补充。

20 年前，为撰写《西安碑林史》，笔者查找了许多相关人物的资料，记有笔记，录下出处，当时曾想把它们整理成一份人物志，作为《西安碑林史》的附录。可是初版时人物志尚未最终成稿，总觉得还需要再查、再改，怕仓促撰就出差错，就先放下了。直到几年后才把它整理出来，刊载于《碑林》集刊第 7 辑。此次修订《西安碑林史》，又作了修改和补充，添加为附录三。

下面的 83 篇人物小传，以传主与碑林发生关系之年代先后为序，于篇后列出所参考的资料，为需要查阅原文，作进一步研究的读者提供方便。由于碑林早期历史中有若干问题存在不同观点，笔者对相关传文加了几条注释，作了说明。

目　　录

杨璥
黄尔性
田厥茂
张瑃
贾汉复
鄂善
黄家鼎
徐朱爃
崔纪
帅念祖
毕沅
庄炘
盛惇崇
叶世倬
富呢扬阿
曹鸿勋
足立喜六
朱先照
郭希仁
李根源
高培支
张知道
黄文弼
滕固
徐炳昶
邵力子
张继
于右任
孙蔚如
梁思成
张鹏一
康耀辰
曹仲谦

韩　建

韩建（854—912），字佐时，许州长社（今河南许昌）人。生逢唐末乱世，僖宗乾符元年（874），王仙芝、黄巢起义爆发。时秦宗权据蔡州（今河南汝南县），招合亡命，遂投其麾下，由军士升至小校。广明元年（880）黄巢军入长安，僖宗出逃入蜀。秦宗权部将鹿宴弘率军入援京师，韩建从征。中和三年（883）黄巢军退出长安，鹿率军西迎僖宗于蜀，路出南山，据有兴元（今陕西汉中），自为留后，以韩建为蜀郡刺史，率所部入蜀。时宦官田令孜把持朝政，暗中遣人以厚利诱韩建率所部归行在，补为神策军都校、金吾将军。僖宗返长安后，遂出为潼关防御使、华州刺史。自此，韩建以华州为基础经营发展，逐步羽翼丰满。

昭宗乾宁二年（895），韩建与凤翔李茂贞、邠州王行瑜，以三镇之兵犯京师，并谋废昭宗，未果。次年李茂贞复犯京师，诸王护昭宗出逃，欲至河东，行至富平，韩建奉表迎驾，昭宗遂驻跸华州，落入其掌握之中二年之久。其间，韩建遣散昭宗宿卫之殿后军，杀通王以下十一王。光化元年（898）昭宗还京，册拜韩建太傅、中书令，封颍川郡王，建辞王爵，乃改封许国公。天复元年（901），宣武节度使朱温率四镇之兵攻入关中，韩建降之。天祐元年（904）朱温迫昭宗东迁洛阳，以韩建为佑国军节度使、京兆尹，留守长安。天祐三年（906）改任青州节度使。次年朱温称帝，建立梁朝，征为司徒、平章事。后梁乾化二年（912），朱友珪篡位，韩建被部将害于衙署，年五十八。

韩建虽为唐末乱世中崛起之军阀，却不同于一般武夫。初任华州刺史时，其地数经大兵，户口流散，能劝课农事，问民疾苦，不数年流亡毕复，军民充实。他本不知书，治郡之暇，日课学习，遣人于器皿、床榻之上各题其名，视之既久，渐通文字。昭宗东迁，长安居人按籍迁居，撤屋木，自渭浮河而下，官室百司及民庐舍遂成废墟。韩建留守长安，弃原外郭城与宫城，以原皇城城垣为基础，重建长安新城。尤为可贵者，他将原在务本坊之国学及其中唐石经，亦迁置于新城内。此保护民族文化典籍之举，发生在这位尚知学习、向往文化之武人身上，想必不是偶然。

参考资料：

《旧五代史》卷一五《韩建传》

《新五代史》卷四〇《韩建传》

《旧唐书》卷二〇上《昭宗纪》

《新唐书》卷一〇《昭宗纪》

《资治通鉴》卷二六〇、二六一唐纪七六、七七

北宋建隆三年《重修文宣王庙记》碑

元·李好文《长安志图》

刘　鄩

刘鄩（856—920），密州安丘（今山东安丘）人。少有大志，涉猎史传，尤好兵略。初事青州节度使王敬武，敬武卒，又事其子王师范。唐光化年间

（898—900），先后为登州（今山东蓬莱）刺史，淄州（今山东淄博市淄川）刺史。天复元年（901），宦官韩全诲迫昭宗至凤翔，朱温发四镇之兵西攻关中，围困凤翔城。韩全诲与李茂贞矫诏征天下兵入援，王师范乘虚袭取朱温管内州郡，刘鄩率部攻占兖州。昭宗返长安，朱温引兵东还，王师范兵败而降，刘鄩亦献兖州，并得朱温重用。及朱温称帝，授其右金吾上将军，充诸军马步都指挥使。

后梁开平三年（909）夏，同州刘知俊叛梁，引凤翔李茂贞军入袭长安。刘鄩奉命西讨，遂取潼关，复长安，出为永平军（以佑国军改）节度使，行大安（后梁改京兆府为大安府）尹，镇守长安，与占据关中西部之李茂贞成对峙局面。乾化三年（913），梁末帝即位，次年夏，诏刘鄩入京，授开封尹。贞明元年（915），魏博节度使杨师厚卒，魏军内乱，晋王李存勖乘机占领魏州（今河北大名）。刘鄩率军与晋军战于河朔诸州，周旋二年之久，终于败绩。贞明六年（920），刘鄩受命讨河中朱友谦，晋军来援，兵败，被人以其与朱友谦为婚家，逗留养寇，作战不力构罪，末帝逼令饮鸩而卒，时年六十四，诏赠中书令。

刘鄩镇守长安时，其幕吏尹玉羽建议将当时已委弃于郊野之唐《开成石经》迁于城内。刘鄩以方备岐军侵轶，此非急务为由，未允。尹玉羽绐之曰：一旦岐军临城，碎为矢石，亦足以助贼为虐。刘鄩然之，乃将石经迁置于城内原尚书省之西隅（当在今西安市北广济街东侧一带）。且不论刘鄩当年搬迁石经之动机如何，此举在客观上保护了《开成石经》这一重要文化遗产，也为日后碑林之形成奠定了基础。

参考资料：

《新唐书》卷一〇《昭宗纪》
《旧五代史》卷二三《刘鄩传》
《新五代史》卷二二《刘鄩传》
北宋元祐五年《京兆府府学新移石经记》碑

尹玉羽

尹玉羽，京兆长安人，生卒年不详，活动于唐末五代时。唐天复年间（901

—903），曾应京师科考，颇有文称。会居父丧，守制毕，隐居杜门，无仕宦之意。后梁之初刘鄩守长安，曾为其幕吏。贞明年间（915—920），被刘鄩辟为保大军（治所在鄜州，今陕西富县）节度判官。后唐清泰年间（934—936），曾为光禄少卿。此后退归秦中，以林泉诗酒自乐，号自然先生。宰臣张延朗曾手书而召，高卧不从。及石敬塘（后晋太祖）称帝入洛，曾以所著《自然经》五卷贡之，且告其老，授少府监致仕。尹玉羽性仁恕，好静默，家虽屡空，不渝其廉，时虽乱离，不废其业。有《武库集》五十卷行于世。

后梁之初刘鄩守长安时，尹玉羽曾建议将委弃于野之唐《开成石经》迁入新城内。时刘鄩正练兵抚众，以备凤翔李茂贞进攻，谓此非急务。玉羽绐之曰：一旦敌兵临城，将石经碎为矢石，足以助贼为虐。刘鄩遂听从其劝告，将石经迁置于城内原唐尚书省之西隅。尹玉羽为一介书生，身处乱世，不忘保护文化典籍，以其机智说服主官，使《开成石经》在战乱之中免遭厄运，其功不可没。

参考资料：

《旧五代史》卷九三《尹玉羽传》

《册府元龟》卷八一三《总录部·退迹》

北宋元祐五年《京兆府府学新移石经记》碑

王彦超

王彦超（913—986），字德升，大名临清（今河北临西县西）人。少事后唐魏王李继岌，同光三年（925）从其讨蜀，回师渭南。会明宗即位，继岌遇害，左右离散。时石敬塘帅陕，乃召之帐下，委以心腹，后随其移镇太原。后晋天福年间（937—943），领蒙州刺史。后汉初，领岳州防御使，出为复州防御使。后周太祖郭威称帝（951），拜为武宁军（治所徐州）节度。显德元年（954），加平章事。时北汉刘崇南犯，王彦超引兵拒之。师还，改忠武军（治所许昌）节度，加兼侍中。显德二年（955），随李穀征淮南，败淮南军于寿州。回朝，改任京兆尹、永兴军（治所京兆）节度。显德六年（959），移镇凤翔。宋太祖赵匡胤称帝，加兼中书令。建隆二年（961）复为永兴军节度。乾德二年（964）复镇凤翔。开宝二年（969），为右金吾卫上将军。太平兴国六年（981）封邠国公。两年后致仕，加太子太师。雍熙三年（986）卒，年七十三，赠尚书令。

王彦超于后周末、北宋初两度出任永兴军节度、京兆尹。北宋建隆三年（962），重修京兆府城文宣王庙（即唐末韩建移入新城内之太学，五代时演变为府城文宣王庙）及其中唐石经，“霞张梦奠之楹，粉耀藏书之壁”。此为韩建迁置太学及石经后首次见于记载之整修。在此期间，还重刻唐虞世南所书《孔子庙堂之碑》，立于文宣王庙，此碑亦是除唐《开成石经》《石台孝经》碑之外，迄今所知最早人藏京兆孔庙的前代名碑。

参考资料：

《宋史》卷二五五《王彦超传》

吴廷燮《北宋经抚年表》卷一“永兴节度使”

宋・王称《东都事略》卷十九《王彦超传》

宋・曾巩《隆平集》卷十七《武臣》

北宋建隆三年《重修文宣王庙记》碑

唐虞世南书《孔子庙堂之碑》重刻题记

吴廷祚

吴廷祚（918—971），字庆之，并州太原人。初事后周太祖为亲校，广顺年间（951—953），知怀州，权知郓州。世宗即位（954），迁右羽林将军，充内客省使，判河南府（今河南洛阳），知西京（即洛阳）留守事。时汴河决口，督数万壮丁堵塞决口，增筑堤防。世宗北征，权东京（即开封）留守。师还，升左骁骑上将军，检校大傅，充枢密使。恭帝即位（960），加检校太尉。北宋初，加同中书门下二品。宋太祖征李筠，任东京留守兼判开封府。建隆三年（962），出为雄武军（今甘肃天水）节度。乾德二年（964）改镇京兆，任永兴军节度。开宝四年（971）卒，年五十四，赠侍中。

吴廷祚任职京兆之乾德三年（965），将当时著名书家梦英所书《篆书千字文》刻碑立于京兆府文宣王庙，两年后又于该碑之阴，刻皇甫俨所书《梦英篆书千字文序》。

参考资料：

《宋史》卷二五七《吴廷祚传》

吴廷燮《北宋经抚年表》卷一“永兴节度使”

宋·王称《东都事略》卷二五《列传八·吴廷祚传》

北宋乾德三年《梦英篆书千字文》碑题记

北宋乾德五年《梦英篆书千字文序》碑题记

李 準

李準，籍贯与生卒年不详，五代末北宋初之人。太平兴国三年（978），以起居郎出知越州（今浙江绍兴），在任三年。太平兴国七年（982），以朝散大夫行尚书考功员外郎权知永兴军府事。当年，在都院孔目官李延袭建议下，将当时已倒于郊野尘土之内的颜真卿所书《颜氏家庙碑》移入京兆府城，立于文宣王庙，并命梦英秉笔书记。此碑是最早移入京兆孔庙加以保护的唐代名碑之一。此外，当年还刊刻梦英所书《夫子庙堂记》碑，立于孔庙。

参考资料：

吴廷燮《北宋经抚年表》卷三“永兴军路”

唐建中元年《颜氏家庙碑》附刻太平兴国七年八月重立题记

北宋太平兴国七年《夫子庙堂记》碑重刻题记

郑文宝

郑文宝（953—1013），字仲贤，一字仲玉，宁化（今福建宁化）人。其父仕于南唐，其以荫授奉礼郎、校书郎。入宋后登太平兴国八年（983）进士，历大理评事、光禄寺丞、著作佐郎、颍州（今安徽阜阳）通判、知颍州。淳化年间（990—994）任陕西转运副使。会岁歉，诱豪民出粟三万斛，活饥民八万六千口。真宗即位（997），召授殿中丞。咸平四年（1001）李继迁陷清远军

（治所在今甘肃环县西北），王超援灵武（今宁夏灵武西南），郑文宝为随军转运使。后历任河东转运使、陕西转运使、刑部员外郎、兵部员外郎。大中祥符六年（1013）卒，年六十一。

郑文宝早年曾从南唐徐铉学习书法，在其处得秦《峄山刻石》摹本。淳化四年（993）任陕西转运副使时，依徐铉所授摹本刊石于京兆孔庙。秦《峄山刻石》原石早已不存，有赖于郑文宝重刻，后人得见其字形风采，从而认识秦代小篆之面貌，而此宋刻《峄山刻石》，则成为碑林最早藏石之一。此前端拱元年（988），郑文宝还与知永兴军府事柴禹锡刻《大宋新译三藏圣教序》碑，立于京兆孔庙。

参考资料：

《宋史》卷二七七《郑文宝传》

宋·王称《东都事略》卷一一五《文艺传九十八·郑文宝传》

北宋淳化四年重刻《峄山刻石》之题记

北宋端拱元年《大宋新译三藏圣教序》碑刻立者题衔

孙 仅

孙仅（969—1017），字邻几，蔡州汝阳（今河南汝南）人。北宋咸平元年（998）举进士第一，与其兄孙何均有名于时。初任舒州（今安徽潜山）团练推官，擢光禄寺丞，直集贤院。景德初，拜太子中允、开封府推官。后迁右正言、知制诰，同知审官院。景德四年（1007），知永兴军府。太中祥符元年（1008）加比部员外郎，知审刑院。后历任右谏议大夫、左谏议大夫、集贤院学士，知开封府、河中府。天禧元年（1017）卒，年四十九。

孙仅出知永兴军府事期间，大中祥符元年上丁释奠，至文宣王庙见石壁外周（《开成石经》），异乎藏书之所，苔碑中立（《石台孝经》碑），殊乎丽牲之具，斋戒之室，讲习之所，俎豆之器，三者交阙，加之闬闳不峻，阛阓俯近，溢类晏宅，陋同颜巷，遂决意为之改张。乃审制度造俎豆以列祭器，辟重门限嚣尘以严启闭，增其崇袤以建厅事。这是继王彦超之后对京兆孔庙及唐石经保护建筑的又一次重要整修。

参考资料：

《宋史》卷三〇六《孙仅传》

吴廷燮《北宋经抚年表》卷三“永兴军路”

宋·王称《东都事略》卷四七《列传三十·孙仅传》

北宋大中祥符二年《大宋永兴军新修玄圣文宣王庙大门记》碑

范 雍

范雍（979—1046），字伯纯，世家太原，祖葬河南（今河南洛阳），遂为河南人。中进士第，初为洛阳县主簿，知端州（今广东高要）。寇准辟为河南府通判，历河北、陕西转运使。以平滑州水患有功，拜枢密副使，迁给事中。时玉清昭应宫火灾，章献太后欲重建，范雍以民不堪命抗言，遂止。后以户部侍郎知陕州（今河南三门峡市西旧陕县）。明道二年（1033），改知永兴军。是岁关中饥疫，妥为赈恤。次年以疾请近郡，遂知河阳军（今河南孟县）。后徙知应天府、河南府，进资政殿学士。康定元年（1040）西夏赵元昊犯边，拜振武军节度使，知延州（今陕西延安），于三川口败于西夏军。庆历元年（1041）再知永兴军府兼转运司事，其间曾修葺永兴城。此后复徙河南府，迁礼部尚书。庆历六年（1046）卒，年六十八，赠太子太师，谥忠献。

范雍首次知永兴军府事时，京兆府并无府学。北宋初八十年间，朝廷重科举轻学校，各地方官学并不普遍。景祐元年（1034），范雍奏请朝廷获准，用府城中系官隙地建造学舍，访明经行修者为之师范，召笃学不倦者补以诸生，京兆始有府学，关中风俗稍变，结束了五代以来京兆城有庙无学之状况。所建府学，当与京兆府城孔庙同在一处，即原唐尚书省之西隅[1]。范雍建学为日后孔庙、府学、碑林三位一体之格局奠定了基础。

参考资料：

《宋史》卷二八八《范雍传》

---

①曾有一种流行说法，认为范雍所建府学是在碑林现址，此说并无根据。详见本书第一章第三节对这一问题的辨析。

清・万斯同《宋大臣年表》

吴廷燮《北宋经抚年表》卷三“永兴军路”

宋・王称《东都事略》卷五四《列传三十七・范雍传》

北宋景祐二年《牒永兴军》碑

北宋景祐二年《永兴军中书札子》碑

北宋至和元年《京兆府小学规》碑

吕大防

吕大防（1027—1097），字微中，其先汲郡（今河南汲县）人，祖吕通葬于蓝田（今陕西蓝田），遂为蓝田人。北宋仁宗皇祐初进士及第，初任冯翊（今陕西大荔）主簿、永寿令，迁著作佐郎，知青城县（今四川灌县东南）。英宗即位（1063），命为监察御史里行。因谏英宗勿追崇其父濮王，出知休宁县（今安徽休宁）。神宗即位（1067），历淄州通判、知泗州、河北转运副使，又兼河东宣抚判官，除知制诰。熙宁四年（1071）出知延州，会环庆兵乱，落知制诰，以太常博士知临江军（治所在今江西清江）。后徙知华州、秦州，除龙图阁待制。元丰初，徙知永兴军。时用兵西夏，调度百出，有不便者辄上闻，务在宽民。元丰五年（1082），改知成都府。哲宗即位（1085），召为翰林学士，权知开封府，迁礼部尚书。元祐元年（1086）拜尚书右丞、中书侍郎，封汲郡公。元祐三年（1088）拜尚书左仆射兼门下侍郎，自此任宰执达八年之久。其间，反对王安石新法，恢复旧制。哲宗亲政后失势，屡遭贬斥。绍圣四年（1097）贬为舒州团练副使，安置循州（今广东龙川县西南），行至虔州（今江西赣州）病卒，年七十一。南宋高宗绍兴初年，追赠太师，谥正愍。

吕大防元丰之初知永兴军时，曾迁移京兆文宣王庙及府学①。此正值王安石推行兴学新政，各州县普遍建立官学之际。吕大防将京兆文庙、府学由“地

①元人骆天骧《类编长安志・石刻卷》录有《宋京兆府移文宣王庙记》碑，并注曰：“龙图阁待制知永兴军府事吴防撰，鄜州观察使石苍舒书，元丰三年二月日。”此“吴防”应为“吕大防”之误。由此可知，吕大防知永兴军期间，曾迁移文宣王庙。又据立碑时间“元丰三年二月日”，其迁移时间当在前一年即元丰二年。

杂民居，其处洼下”之地另迁新址[①]，应是贯彻朝廷兴学新政之举，也是七年后吕大防迁置唐石经及前代碑刻于“府学之北墉”之前因。值得一提的还有，吕大防任职京兆当代元丰三年（1080），曾主持绘制并刊刻了《长安图碑》，按计里画方、二寸折一里的比例，刻画出唐代长安城之城郭、街道、坊里、宫殿、衙署及寺庙、道观、楼阁等。对按此比例无法详尽的太极宫、大明宫、兴庆宫，则另刻放大比例的《三宫图碑》。这些图碑久佚，然清末及民国时期，不断有残石出土，成为中外学者研究唐代长安城的珍贵史料。

参考资料：

《宋史》卷三四〇《吕大防传》

清·万斯同《宋大臣年表》

吴廷燮《北宋经抚年表》卷三“永兴军路”

宋·王称《东都事略》卷八九《列传七十二·吕大防传》

元·骆天骧《类编长安志》卷十《石刻》

金正隆二年《京兆府重修府学记》碑

吕大忠

吕大忠，字进伯，蓝田人，吕大防之兄。北宋皇祐间举进士，历华阴尉、晋城（今山西晋城）令、提举永兴路义勇。熙宁年间（1068—1077），知代州（今山西代县）、石州（今山西离石），屡与契丹使者议，以理折之。元祐年间（1078—1085），历工部郎中、陕西转运副使、知陕州，以直龙图阁知秦州（今甘肃天水）。绍圣二年（1095），加宝文阁直学士，知渭州（今甘肃陇西）。后徙知同州，旋降待制致仕。卒，诏复学士官。

元祐二年（1087）吕大防任陕西转运副使时，见唐《开成石经》地杂民居，其处洼下，霖潦冲注，随立辄仆，埋设腐壤，岁久折缺，遂与京兆府学

①据金正隆二年《京兆府重修府学记》碑，京兆府学与孔庙是北宋崇宁二年（1103）虞策由“府城之坤维”迁至碑林现址的，那么元丰之初吕大防迁移孔庙，只能是迁至“府城之坤维”。详见本书第一章第 三节“唐石经的迁置经过”。

教授黎持商议，将石经徙置于府学之北墉。工程始于当年初秋，尽孟冬而落成。迁至新址后，石经分东西次比而陈列，《石台孝经》碑及建学碑立之于中央，颜、褚、欧阳、徐、柳之书，下迨偏旁字源之类，即诸多唐代名碑与梦英所书之碑，分布于庭之左右。门序旁启，双亭中峙，廊庑回环，不崇不卑。吕大忠此举，是其弟吕大防元丰之初迁移京兆孔庙、府学于府城坤维之继续[①]，是唐石经第二次迁置。至此，碑林之雏形已经形成，不仅有由碑亭、碑廊组成之独立院落，且藏石数量已颇具规模，陈列规范有序，为日后进一步发展奠定了基础。

参考资料：

《宋史》卷三四〇《吕大忠传》

吴廷燮《北宋经抚年表》卷三“永兴军路”

宋·王称《东都事略》卷九一《列传七十四·吕大忠传》

北宋元祐五年《京兆府府学新移石经记碑》

虞 策

虞策，字经臣，杭州钱塘（今浙江杭州）人。北宋嘉祐五年（1057）登进士第，初为台州（今浙江临海）推官、知乌程县（今浙江吴兴县南）、蕲州（今湖北蕲春）通判、湖南转运判官。元祐五年（1090）召为监察御史。哲宗亲政，迁侍御史、起居郎、给事中，以龙图阁待制知青州、杭州。后历刑部尚书、户部尚书，拜枢密直学士。崇宁二年（1103）知永兴军，旋徙知成都府。入为吏部尚书。曾奏请徽宗深裁浮冗，以宽用度。后属疾祈外，加龙图阁学士，知润州（今江苏镇江），卒于道，年六十六。赠左正义大夫。

崇宁二年虞策知永兴军时，逢朝廷命郡县建学，乃将府学、孔庙由府城之坤维迁至“水易就下，地且文明”之府城东南隅即碑林现址，并大兴土木，范

①根据明清以来旧说，吕大忠此次迁置唐石经于“府学之北墉”，是迁至碑林现址，此说不能成立。当时“府学之北墉”应在“府城之坤维' 详见本书第一章第三节“唐石经的迁置经过”。

湖州规制，经营建立．宙学之成，总五百楹，宏模廓度，冠伟一时①。原在府学北墉之唐石经及诸多唐宋碑刻亦一并迁来新址，置于孔庙宣圣殿后。这是唐石经第三次也是最后一次迁置，虞策终于为这部珍贵的石刻典籍找到了一处可靠归宿。自此，历金、元、明、清诸代，府学、孔庙和碑林再未加迁动，而碑林则以此为基础不断发展，终于发展为今日规模。虞策崇宁建学在碑林史上地位之重要，不言而喻。

参考资料：

《宋史》卷三五五《虞策传》

吴廷燮《北宋经抚年表》卷三“永兴军路”

金正隆二年《京兆府重修府学记》碑

元·骆天骧《类编长安志》卷十《石刻》

完颜活女

完颜活女（1097—1158）②，女真族完颜部人，为金初名将完颜娄室之子。公元 1114 年，完颜阿骨打（金太祖）征辽，活女年十七，从攻江宁州（今吉林夫余县石头城子），力战创甚，阿骨打问知为娄室子，抚慰赐药。金天会三年（1125），金太宗伐宋，活女从其父围攻太原，击败来援宋军。灭北宋后，娄室军西取陕西，攻凤翔，活女先登。天会八年（1130）娄室卒，袭合扎猛安，代为黄龙府路万户。天眷三年（1140）为元帅右都监，迁左监军。贞元三年（1155）任京兆府尹，封广平郡王。后以正隆例，改封代国公，进封隋国公。正隆三年（1158）卒，年六十一，谥贞济。

---

①对虞策崇宁建学的记载，仅见于金正隆二年《京兆府重修府学记》碑之追述。骆天骧《类编长安志·石刻卷》著录有《宋永兴军创修府学记》碑和《宋永兴军府学开泮水记》碑，均注“大观元年十月立”，较崇宁二年仅晚四年，无疑是虞策崇宁建学之记事碑，可惜此二碑均已亡佚，仅存碑目。

②此次整修之记事碑金正隆二年《京兆府重修府学记》碑称“府尹完颜公胡女”，《金史》则作“活女”，在此从《金史》。又《金史》只云其卒年六十一，未记卒于何年，其生卒年则据攻宁江城时（1114）年十七岁推知。

金贞元三年，活女在京兆府尹任上，接受同知府事韩希甫建议，对庙貌倾圮、黉宇颓弊之京兆孔庙、府学如以整修。拾堕瓦于废基，抡坚材于坏屋，新寝祠而重俨像，创修廊而绘列贤，工程期年而成。金灭北宋后，陕西关中曾是宋、金之间反复争夺的重要战场，此次整修是战乱过后第一次整修，也是虞策崇宁建学后第一次整修，对形成不久的碑林能否存在下去关系重大。

参考资料：

《金史》卷七二《完颜活女传》

吴廷燮《金方镇年表》

金正隆二年《京兆府重修府学记》

韩希甫

韩希甫，河间（今河北河间）人，生卒年不详，北宋末金初之人。金贞元三年（1155）出任京兆府同知府尹，视事之三日，谒奠于文宣王庙，见诸生于学，慨叹于庙貌倾圮，黉宇颓弊，遂建议府尹完颜活女加以整修，对孔庙和府学中遭战乱破坏之殿庑房舍进行重建或修复，并重绘孔子和列贤画像，出己俸重修祭器。整修后，师儒讲诵之有堂，生员居处之有庐，斋祭之室，庖福之所，各有其序。另据《金史·文艺列传》之《王竞传》，韩希甫在任京兆府同知之前，曾做过河内县令，是王竞的前任，且颇有政声。

参考资料：

金正隆二年《京兆府重修府学记》碑

《金史》卷一二五《王竞传》

耶律隆

耶律隆，籍贯及生卒年不详，依其姓氏，当为仕于金之契丹族人。曾任河中府（治所在今山西永济县蒲州镇）同知府尹。金正隆五年（1160），与陕西东路转运副使周维甫一同受命整修京兆孔庙宣圣殿后之碑院。时战乱甫息，碑院中唐石经虽森然壁立，但原有保护建筑却完全毁坏，严霜烈日，暴其燥烁，淫风涕雨，饱其渐渍，几不免湮没于荆榛瓦砾间。二人爰命匠民相与计度，鸠工併力，宏模廓度，逾越旧制者一百三十有六椽。工程自春徂夏，历时数月。竣工后，碑院建筑柱脚云矗，四廊彩獲，远延瑞雾，灿然一新。唐石经与“蝌蚪篆隶，龟趺龙首之属”即前代名碑，始得有效保护。这是崇宁建学后对碑林第一次有正式记载之整修，且在少数民族政权统治下进行，在碑林历史上具有重要地位。

参考资料：

金正隆五年《重修碑院七贤堂记》碑

周维甫

周维甫，籍贯及生卒年不详。金正隆五年（1160）任陕西东路转运副使，与前河中府同知耶律隆被命监修利用京兆孔庙宣圣殿后碑院，即当时之碑林。整修情况，见耶律隆传。

参考资料：

金正隆五年《重修碑院七贤堂记》碑

完颜合达

完颜合达（？—1132），一名瞻，字景山。金贞祐三年（1215），授临潢府（今内蒙古巴林左旗波罗城）推官，权元帅府右监军。时蒙古军大举南侵．金宣宗南迁，中都（今北京）已陷，临潢亦弃守，与全、庆两州之民退据平州（今河北卢龙县）。会临潢军兵变，杀经略使乞住，拥合达为帅。当年六月蒙古军兵临平州城下，合达以本军降，北上，留半岁，令还守平州。次年十一月，率所部及州民归金，升镇南军节度使，驻益都（今山东益都）。兴定元年（1217）改通远军节度使，平西军节度使。次年改知延安府事，兼鄜延路兵马都总管。兴定五年（1221），蒙古、西夏兵合攻延安，合达夜袭西夏军营，大败之。又与蒙古军木华黎部战，受重创，退守延安城。元光元年（1222）迁元帅左监军，参知政事，行省事于京兆。正大三年（1226）迁平凉行省。次年拜平章政事、芮国公。正大七年（1230），蒙古军攻灭西夏后，再度大举入陕，合达与蒲阿（时行省京兆）同行省事于阌乡（今河南省灵宝县文乡），以备潼关。次年二月凤翔失守，二省遂弃京兆，迁居民于河南，留庆山奴守之。不久庆山奴亦弃城。正大九年正月，合达兵败钧州（今河南禹县），城破被杀。

完颜合达行省京兆之正大二年（1225），因兵凶连年，贵胄氏族子弟流离关中者为多，亟待教育约束，遂整顿府学，任命教授及提举学校官，并对府学、孔庙和碑林加以整修。支倾补缺，联断洗昏，植踣碑于芪草，基废址于藉蔬，殿宇晕飞，石经堵立，斋厨廊庑，焕然一新。其在战争之间隙，仍不忘兴办教育，保护碑林，实属难能可贵。

参考资料：

《金史》卷一一二《完颜合达传》
《金史》卷一一二《移剌蒲阿传》
《元史》卷二《太宗本纪》
金正大二年《大金重修府学教养之碑》

田　雄

田雄（1190—1247），字毅英，金北京（指金中京大定府，因在新迁中都大兴府即今北京市之北，故称北京。旧址在今内蒙古宁城县大名城）人。为当地豪族，金末曾署军都统。辛未岁（1211），成吉思汗攻北京，率众出降，归木华黎麾下从征各地，颇有战功。辛巳岁（1221）被授雄州（今河北雄县）、隰州（今山西隰县）、吉州（今山西吉县）刺史，兼镇戎军（治所在今宁夏固原）节度使。次年授河中帅。窝阔台汗时，从征西和、兴元诸州，论功尤最，赐金符，授行军千户，召为御前先锋。癸巳岁（1233），授镇抚陕西总管京兆等路事。此时距金军正大八年弃京兆城仅二年，关中苦于兵革，战事尚在进行。田雄作为地方军政长官，在战争条件下能对京兆文庙旧址“护持仅存”，已属难得。贵由汗二年丁未（1247）病卒，年五十八，追封西秦王。

参考资料：

《元史》卷一五一《田雄传》

清·邵戒山《元史类编》卷二八《庶官三·田雄传》

元·李庭《寓庵集》卷六《故宣差京兆府路都总管田公墓志铭》

元至元十三年《大元国京兆府重修宣圣庙记》碑

王琛

王琛，籍贯及生卒年不详，金末元初之人。蒙古国初占关中之庚戌岁即1250年，为京兆行省幕吏。此时京兆孔庙中之唐石经，自金末正大辛卯（即正大八年，1231）弃城迁徙"悉以摧仆"后，已经十九年。王琛将仆倒之石经"奉而起立"，加以整修。唐石经是碑林主要藏品，石经若毁则刚刚形成的碑林将不复存。当时战乱刚过，百业未兴，王琛重立唐石经，实关系碑林之存亡。此次重立石经之举，未见有记事碑，王琛其人除《类编长安志》一笔带过外，亦不见于其他史籍，然而他有大功于碑林，他的名字不应被忘记。

参考资料：

元·骆天骧《类编长安志》卷十《石刻》"石经"条

廉希宪

廉希宪（1231—1280），字善甫，号野云，汉化之畏兀尔人。十九岁入侍忽必烈帐下，笃好经史，手不释卷，甚得宠信。甲寅岁（1254），忽必烈受封京兆，命其为宣抚使。希宪讲求民病，抑强扶弱，推荐许衡为京兆提学，释放被掠为奴之儒士。庚申岁（1260）忽必烈即汗位，改称皇帝，建元中统，以希宪为京兆、四川宣抚使。旋设秦蜀行中书省，为中书右丞，行省事。后进拜平章政事。中统三年（1262），山东李璮叛，平叛后忽必烈罢世侯，削兵权，希宪亦罢行省事，诏还京师，拜中书平章政事。其在中书，振举纲维，兴利除弊，推行官吏迁转法。至元七年（1270）坐事罢相。至元十一年（1274）出任北京行省（治所在大定府）平章政事。次年行省荆南（治所在江陵，今湖北江陵），禁杀俘虏，救赈饥民，兴办学校。后因病召还，诏征名医视其疾。至元十七年（1280）卒，年五十。赠太傅开府仪同三司，追封魏国公，谥文正。

廉希宪宣抚陕西期间，除延请许衡为提学使，恢复京兆府学外，还整修了京兆孔庙。此前甲辰岁（1244），一位谷姓征南先锋使曾修复孔庙，既葺正殿，复起二门，工粗毕而力不继。十余年后中统之初，希宪与商挺又构其两庑，尚未彩绘，便入京为相。后由此间一转运使善终其事。其整修虽然规模小，但因他与商挺均为元初名臣，所产生之影响甚大，此后元代历次整修记事碑文均追述其事。

参考资料：

《元史》卷一二六《廉希宪传》

元·苏天爵《元朝名臣事略》卷七《平章廉文正王希宪》

清·邵戒山《元史类编》卷十一《宰辅·廉希宪传》

清·魏源《元史新编》卷三十《世祖相臣·廉希宪传》

吴廷燮《元行省丞相平章政事年表》

元至元十三年《大元国京兆府重修宣圣庙记》碑

元至正六年《奉元路重修庙学记》碑

元至正二十六年《大元重修宣圣庙记》碑

商　挺

商挺（1209—1288），字孟卿，曹州济阴（今山东荷泽）人。逢金亡，曾依附山东豪强严实，被其聘为诸子之师。癸丑岁（1253）忽必烈受封京兆，闻其名，遣使征召，时杨惟中为京兆宣抚使，商挺为郎中。次年廉希宪代惟中，商挺为宣抚副使。庚申岁（1260）忽必烈即位，以希宪与商挺宣抚陕、蜀，后改行中书省，商挺为佥行省事。次年，进参知政事。中统四年（1263），行四川枢密院事。至元元年（1264）入拜参知政事。建议撰修辽、金二史，参与编纂《五经要语》。历佥书枢密院事、枢密副使。至元九年（1272），封皇子忙阿剌为安西王，建藩京兆，商挺为安西王相。至元十六年（1279），牵连赵炳一

案，罢相。至元二十年复为枢密副使，俄以疾免。至元二十五年（1288）卒，年八十。赠太师、开府仪同三司、上柱国，封鲁国公，谥文定。

商挺与廉希宪宣抚陕西期间，曾整修京兆孔庙。参见廉希宪传。

参考资料：

《元史》卷一五九《商挺传》

《元史》卷一六三《赵炳传》

元·苏天爵《元朝名臣事略》卷十一《参政商文定公挺》

清·邵戒山《元史类编》卷十一《宰辅·商挺传》

清·魏源《元史新编》卷三六《平叛藩诸臣·商挺传》

吴廷燮《元行省丞相平章政事年表》

元至元十三年《大元国京兆府重修宣圣庙记》碑

元至正六年《奉元路重修庙学记》碑

元至正二十六年《大元重修宣圣庙记》碑

许　衡

许衡（1209—1281），字仲平，号鲁斋，怀州河内（今河南沁阳）人。幼有异质，嗜学如饥渴。遭金末世乱，逃难鲁中。乱定还怀，往来河洛间，从柳城姚枢得学程朱理学。寻居苏门（今河南辉县），与枢及窦默相讲习。甲寅岁（1254）忽必烈出王秦中，以姚枢为劝农使，以许衡为京兆提学。中统元年（1260）忽必烈即皇帝位，召至京师，任国子祭酒。未几，谢病归。至元二年（1265），复召至京师，命议事中书省。上奏“时务五事”，劝忽必烈实行汉法，修德、用贤、爱民，重农桑，设学校。至元六至七年，受命参与制定朝仪、官制，任中书左丞。后与权臣阿合马不和，辞官。至元八年（1271）改国号大元，以许衡为集贤大学士兼国子祭酒，择蒙古弟子俾教之，此为元朝国学之始。十年，因权臣屡毁汉法，辞归故里。至元十三年（1276））诏定新历，召还。领太史院事，与太史令郭守敬等改革金《大明历》，正讹完阙，编成《授时历》颁行天下。至元十七年（1280）以疾请归，次年病卒，年七十三。有《鲁斋遗书》传世。

许衡为元代理学宗师，也是大教育家。其任京兆提学时，关中战乱初定，“郡县皆建学校，民大化之”。京兆府学应是此时许衡重建[1]。蒙古国初占关中时京兆孔庙、府学的重建，对碑林得以恢复和延续关系至大。

参考资料：

《元史》卷一六三《许衡传》

元·苏天爵《元朝名臣事略》卷八《左丞许文正公衡》

明·冯从吾《元儒考略》卷一《许衡传》

清·邵戒山《元史类编》卷三一《儒学一·许衡传》

清·魏源《元史新编》卷三一《世祖文臣上·许衡传》

元至元十三年《府学公据》碑

赛典赤·赡丁

赛典赤·赡思丁（1211—1279），一名乌马尔，西域回回人。成吉思汗西征时，率千骑迎降，命入宿卫。窝阔台汗即位（1229），授丰、净、云内三州都达鲁花赤，后改太原、平阳二路达鲁花赤。蒙哥汗即位（1251），迁燕京路总管。忽必烈登基（1260），升燕京宣抚使，次年拜中书平章政事。至元元年（1264）出为陕西四川行中书省平章政事。至元七年（1270）出征四川，次年元军围困襄阳，行省事于兴元（今陕西汉中），专给粮饷。至元十一年（1274），行省云南。时云南诸少数民族未归附者尚多，赛典赤统一政令，州县皆置令长，移风易俗，教民耕种，兴修水利，并修孔庙，办学校。其在云南六年，对巩固和开发边疆，改善各民族关系，均做出重大贡献。至元十六年（1279），病卒于云南任上，年六十九。赠太师、开府仪同三司、上柱国，封咸阳王，谥忠惠。

至元七年（1270），赛典赤率军驻巴蜀，作为陕、川行政长官，千里传檄，批准行省佥事严忠范重修京兆孔庙之建议。工程始于当年冬，毕于次年夏，以

①迄今尚未发现直接记述许衡重建京兆府学的资料。元初京兆府学之状况，可参见元至元十三年《府学公据》碑。

新易旧，以崇易庳，是对孔庙和碑林一次大规模重建。恰在整修完竣之至元八年（1271），忽必烈改国号大元，这一巧合象征着碑林终于度过了金末和蒙古国时期之战乱动荡，以此为新起点，继续其发展历程。

参考资料：

《元史》卷一二五《赛典赤赡思丁传》

清·邵戒山《元史类编》卷二十《功臣四·赛典赤赡思丁传》

清·魏源《元史新编》卷三二《世祖文臣中·赡思丁传》

吴廷燮《元行省丞相平章政事年表》

元至元十三年《大元国京兆府重修宣圣庙记》碑

严忠范

严忠范，生卒年不详，泰安长清（今山东长清）人，为金末元初山东豪强严实之子。元至元七年（1270），任陕西四川行省佥事。见京兆孔庙虽经修葺，依旧破败，遂建议重修，且捐己俸以为倡。时行省平章赛典赤·赡思丁出征巴蜀，檄至准予整修。遂命京兆总管府判寇元德主持工程事宜，经始于元至元七年（1270）之冬，断手于次年之夏，以新易旧，以崇易庳，重修孔庙大成殿，更塑孔子及从祀者之像，改作内外二门，重建《开成石经》《石台孝经》碑保护建筑，以及斋居、神厨、祭器库等。整修后礼殿高明，法庭宏敞，周庑深邃，重门洞彻。此次对孔庙和碑林全面整修，不仅由严忠范首倡，亦由其统筹规划，“指授而纲维”。

参考资料：

《元史》卷一四八《严实传》

清·邵戒山《元史类编》卷一八《功臣二·严实传附忠范传》

元至元十三年《大元国京兆府重修宣圣庙记》碑

李 庭

李庭（1199—1282），字显卿，华州奉先（今陕西蒲城）人[①]。生逢金末乱世，虽自幼颖悟，十余岁已有能诗声，却不能一赴簾试，取得功名。金末战乱中父母双亡，逃难奔窜于商邓山中即今商洛、豫西一带山区。后北渡黄河入居平阳府（今山西临汾），开馆授徒。甲辰岁即 1244 年回陕，被辟为议事官。不久辞官返故里，潜心学问。1253 年忽必烈分藩关中，关中大儒杨奂应召任京兆宣抚司参议，招致李庭来长安，得与长安名士巨德交游，智刃日益利，文宪日益开。中统元年（1260），廉希宪、商挺复莅宣抚之职，署李庭为讲议。至元七年（1270），被敕授京兆府学教授。其为京兆学官首尾三十年，达官显仕多出其门。至元九年（1272）安西王建藩京兆，被授王府谘议。至元十九年（1282）卒于安西路学宫即京兆府学之西馆，年八十四。

至元七至八年（1270—1271）全面整修孔庙、府学和碑林之时，李庭正在府学教授任上。元至元十三年（1276）《大元国京兆府重修宣圣庙记》碑记述整修前破败状况时曾提到："教授李庭腾书有司，走谒当路，遑遑焉，汲汲焉，若不能一朝居者。"可知他曾为此次大规模整修向当政者奔走呼吁。李庭是金元之交动荡年代的亲历者，是元初由乱而治、社会生活逐步恢复正常的见证者。且多年供职京兆府学，又是当年府学、孔庙及碑林从废墟上恢复重建的参与者和见证人。李庭一生著述颇丰，可惜大多散佚，流传至今者为八卷本《寓庵集》，是研究金末元初陕西地方史的珍贵资料。

参考资料：

元·王博文《故谘议李公墓碣铭并序》，附录于李庭《寓庵集》卷八

元至元十三年《大元国京兆府重修宣圣庙记》碑

① 《元史》卷一六二有《李庭传》，该李庭字劳山，本金人蒲察氏，金末来中原，家于济阴，改称李氏，后为忽必烈征南宋时功臣，大德八年（1304）卒。其与本篇所记字显卿、籍贯奉先之李庭并非一人。

寇元德

寇元德，籍贯及生卒年不详。元至元七年（1270）任京兆总管府判，受命具体主持至元七至八年京兆文庙及碑林大规模重建，“修饰之，润色之，其功为多。”此次整修情况见赛典赤和严忠范传。

参考资料：

元至元十三年《大元国京兆府重修宣圣庙记》碑

任　佐

任佐，长安人，其先世曾就读于京兆府学。元至元初[1]，任职京兆，见文庙中石经之次诸多前代名碑毁折摧仆，不知其几年矣[2]，遂应提举司案牍雷时中之倡，备钱百余缗，经费一资于己，将前代名碑断者重续，废者载立，得还旧观。此前庚戌岁（1250），省幕王琛已将仆倒之唐石经“奉而起立”，至此石经之次诸碑重立，金末辛卯弃城时仆倒之碑林藏石便基本恢复原貌。

参考资料：

元至元十四年《重立文庙诸碑记》碑

元·骆天骧《类编长安志》卷十《石刻》

刘　斌

刘斌，山东堂邑（今山东聊城县西北之堂邑）人，元代工匠。中统四年

①此次重立石经之次诸碑的时间，《重立文庙诸碑记》碑未具体说明，该碑刻于至元十四年，而此前至元七至八年京兆孔庙、碑林已经历过大规模整修，那么重立诸碑之举只应在此之前，定在至元之初较妥。

②石经之次诸碑的毁折摧仆，当与金末正大辛卯京兆弃城迁徙有关。

（1263），旅秦还至灞河，会秋水泛涨，斌驾车仅达岸次，同行二车人畜随流漂没，遂誓修石梁。回乡后，询亲辞妻，家事悉委其弟，曰：石桥不成，誓不东归。至元三年（1266），结庐灞岸，先架木梁，以济不通，遂自营石桥。刘斌智略巧思，匠石、工梓、锻冶无所不能，以出卖自身手艺所得，供造桥所费。日夜不息，手足胼胝，前后历十五年，至落成，石桥凡一十五虹，长八十余步，阔二十四尺，中分三轨，傍翼两栏。一位普通工匠，远离故土，不为妻孥挂怀，凭一己之力，为异乡百姓修建石桥，真可谓大德大善。

刘斌再度来陕期间，于至元之初曾应约参与京兆孔庙重立石经之次诸碑[1]，为当时碑林重建贡献过智慧才艺。石经之次诸碑，多为唐代名家所书，至今仍是碑林精华所在。历代整修碑林，能在文献中留下姓名者，均为地方官绅。有多少普通工匠曾在此抛洒汗水，付出辛劳，姓名却早已湮没无闻，刘斌只是一个罕见的例外，值得后人格外重视。

参考资料：

元·骆天骧《类编长安志》卷七《桥渡》、卷十《石刻》

元·李庭《寓庵集》卷五《创建灞石桥记》

元至元十四年《重立文庙诸碑记》碑

骆天骧

骆天骧，字飞卿，号藏斋，京兆长安人，约生于金宣宗（1213—1223 年在位）末年。元至元年间，曾任京兆府学学正、教授。作为世居长安旧家子弟，早年受传统文化熏陶，曾随硕儒故老遍游周秦汉唐遗迹。有感于种种长安旧志“故事散布州县，难以检阅”，遂引用诸书，检讨各家传记，门分类聚，穷一生精力，于元贞二年（1296）撰成《类编长安志》十卷。骆天骧自幼酷嗜古人法书石刻，见长安古都名贤法书石刻已十亡其八九，便对当时仅存者不

①骆天骧《类编长安志·石刻卷》之“石经”条下注曰：“……至元十四年，碑尽摧倒，天骧与孟文昌充西府教官，请灞桥堂邑刘斌而复立焉。”此刘斌之复立，与至元十四年《重立文庙诸碑记》所记之重立石经之次诸碑，应是一回事。

惮涉远披荆莽而追访，抄录书撰人名及所在，垂六十年，集成“石刻”一卷，附于《类编长安志》后。共著录长安及附近碑刻146种，其中存于碑林者（书中称“在文庙”）41种。这是迄今所知最早记录碑林藏石之文献。“石刻”卷还著录数种当时尚在别处、后来入藏碑林者，对研究碑林藏石之迁变很有价值。骆天骧善书法，碑林现藏数种元代碑刻，如《重立文庙诸碑记》《安西王盛德碑》《文庙释奠记》《刘尚神道碑》等，均为其书写或篆额。按《类编长安志》著录有大德四年（1300）骆天骧篆额之碑，其卒年当在此后，年约八十。

参考资料：

元·骆天骧《类编长安志》卷首贾鮍序，王利用序，卷十《石刻》自序，及附录今本点校者黄永年《述类编长安志》

雍正本《陕西通志》卷六四《人物十·隐逸》

赡思贴木尔不花

赡思贴木尔不花[1]（1278—1351），字得之，其先大食国（古人对阿拉伯帝国之称谓）人，祖为官真定（今河北正定），遂为真定人。自幼熟读经传，及弱冠，从学于翰林学士王思廉，由是博极群籍。虽屡被举荐，然不应科第，不干仕进，屡召屡辞。元后至元二年（1336），拜陕西行台监察御史，即上封事十条，言群臣所不敢言者。次年除佥浙西肃政廉访司事。后至元四年，改佥浙东肃政廉访司事，以疾辞归。其职任均为监察官员，所至皆以理冤泽物为己任，平反大辟之狱甚众。至正十一年（1351）卒于家中，年七十四。赠嘉议大夫、礼部尚书，追封恒山郡侯，谥文孝。

赡思精通经书，尤深易学，兼及天文、地理、钟律、算数、水利乃至外国之书。有《四书阙疑》《五经思问》《河防通议》等著述十二种、文集三十卷。后至元二年出任陕西行台御史时，建言重修庙学，得行台主官批准，并得豫王府及行省至郡邑各级官府支持。当年四月至次年八月，重修孔庙，并如国

①《元史》列传七十七“儒学二”有“赡思传”，而至正六年《奉元路重修庙学记》碑则作“赡思贴木尔不花”，二者所述为同一人无疑，在此依整修记事碑文。

子监庙制，立从祀诸贤塑像；次年重修石经廊庑；后至元五年，又修神厨、仓屋、更衣之室及提学官廨，更建棂星门。此役前后历时四年，耗资二万缗，相继以就其功者，为李伯述、何执礼、李中、蔡明、安达尔等诸位御史及府学教授张冲，是元朝后期包括孔庙、府学、碑林在内的一次全面整修。赡思虽未终其事，但有首倡之功。

参考资料：

《元史》卷一九〇《赡思传》

明·冯从吾《元儒考略》卷二《赡思传》

清·邵戒山《元史类编》卷二四《台谏二·赡思传》

清·魏源《元史新编》卷四六《儒林二·赡思传》

元至正六年《奉元路重修庙学记》碑

张　冲

张冲，渭南人。元至元年间（1335—1340）曾任奉元路府学教授。至正二十六年（1366）为资善大夫、陕西诸道行御史台御史中丞。后至元二至五年（1336—1339）以府学教授参与陕西行御史台对奉元城孔庙、府学和碑林的全面整修，与诸御史一同“相继以就其功”。整修情况见赡思贴木尔不花传。

参考资料：

元至正六年《奉元路重修庙学记》碑

元至正二十六年《大元重修宣圣庙记》碑

韩　元

韩元，籍贯及生卒年不详。元至正二十五年（1365）任陕西行省右丞。时已值元末，“河南盗起，天下兵兴”，红巾军起义已席卷全国，并数度攻入关中。奉元城孔庙、府学因“乱兵屯集庙庭，毁撤户牖，蹂躏阶砌”，遭到很大破坏。韩元乘至元二十五年举行乡试并由其知贡举之机，提出整修建议，得行省平章台间、许国佐及参政谢聚响应，各出己俸，为诸儒劝。由于时事艰难，公私困竭，整修所需取具，皆掇拾于官府民间之废旧材料。工程于当年十一月完竣，易漫漶为鲜华，变破败为完整，涉及孔庙正殿、两庑、仪门、神库、七贤堂及石经廊、孝经亭。其主张措画，皆出于韩元，始终经营者，为府学教授于炳。这是对庙学及碑林一次较全面维修，也是元朝灭亡前最后一次。

参考资料：

元至正二十六年《大元重修宣圣庙记》碑

陈　镒

陈镒（？—1453），字有戒，吴县（今江苏苏州）人。明永乐十年（1412）进士，授御史。历湖广、山东、浙江按察副使。英宗即位（1435），升右副都御史，与都督同知郑铭镇守陕西。正统四年（1439），任陕西巡抚。时陕西用兵，奏请停免派征。巡延绥、宁夏边镇，多所废置，充实边储。正统六年，受代还朝。次年再度巡抚陕西。正统九年（1444），进右都御史。当年秦中大饥，乞免租十之四，条上抚安军民二十四事。正统十年还朝。土木之变后，景帝监国，与大臣廷议权阉王振，诛王振侄王山。景泰二年（1451），陕西复大饥，军民万余人呼请“愿得陈公活我”，遂受命第三次抚陕。其先后抚陕十余年，陕人戴之若父母，每还朝，必遮道拥车泣，再至，则欢迎数百里不绝。其得军民之心，前后抚陕者莫及。景泰四年（1453）致仕，卒，谥僖敏。

陈镒二度抚陕之正统十年（1445）前后，与其继任者王文，对“岁久颓敝”之西安孔庙，命有司重加修葺[①]。这是入明以来首次见于记载之整修。

参考资料：

《明史》卷一五九《陈镒传》

---

①明成化十一年《重修西安府学文庙记》碑追述：“我朝正统间，都御史陈镒、王文相继出镇，以庙庑岁久颓敝，尝命有司重加修葺。”碑文未言具体年份，且二人短期内各修一次亦不大可能，所以将此次整修西安孔庙时间，定在王文接替陈镒抚陕之正统十年前后，较为稳妥。

吴廷燮《明督抚年表》卷三“陕西”
明·项笃寿《今献备遗》卷十《陈镒传》
雍正本《陕西通志》卷五一《名宦二》
明成化十一年《重修西安府学文庙记》碑

王 文

王文（？—1457），字千之，初名强，束鹿（今河北束鹿）人。明永乐十九年（1421）进士，授监察御史。宣德末奉命治彰德张普祥案，还奏称旨，赐名文。英宗即位（1435），迁陕西按察使。正统三年（1438），升右副都御史，巡抚宁夏。正统五年召为大理寺卿，寻迁右都御史。正统十年（1445），代陈镒巡抚陕西，寻进左都御史。会平凉、临洮、巩昌饥，奏免其租。在陕五年，镇静不扰。正统十四年（1449），英宗亲征蒙古瓦剌部，兵败并于土木驿被俘，景帝即位。景泰元年（1450），召掌都察院事。景泰三年加太子太保。时南京地震，江淮大水，奉旨巡视灾区，尽发徐、淮仓粟赈贷。后得宦官王诚相助，改任吏部尚书，兼翰林院学士，直文渊阁。景泰五年（1454）江淮复大水，奉命再度出巡，发廪赈饥民360余万。还进少保，兼东阁大学士，再进谨身殿大学士。此前景泰元年，英宗由瓦剌归，廷臣议奉迎礼，王文时任都御史，曾予反对，后又支持景帝改立太子。至英宗复辟（1457），与兵部尚书于谦等获罪下狱，同斩于市，诸子悉戍边。宪宗成化初，其子赦还。不久王文亦复其官，赠太保，谥毅愍。

王文正统十年（1445）接替陈镒任陕西巡抚时，接手陈镒在任时已开始之整修西安孔庙工程，使之善始善终。

参考资料：

《明史》卷一六八《王文传》
明·雷礼《国朝列卿纪》卷十《内阁大学士行实·王文》
吴廷燮《明督抚年表》卷三“陕西”
明成化十一年《重修西安府学文庙记》碑

余子俊

余子俊（1428—1489），字士英，青神（今四川青神）人。明景泰二年（1451）进士，授户部主事，进员外郎，在部十年，以廉干称。天顺年间（1457—1464）出知西安府。逢岁饥，发廪十万石赈贷，官不损而民济。成化元年（1465），与陕西巡抚项忠，以西安城患水泉咸苦，凿渠引城西潏水入城，民利之。后历陕西右参政、右布政使、左布政使，其间曾主持重修灞桥。成化六年（1470），调任浙江左布政使。次年拜右副都御史，巡抚延绥。时河套蒙古常轻骑入掠为患，余子俊自绥德移镇榆林，增卫益兵，拓城置戍。成化九年，又修东起清水营（今陕西府谷北），西至花马池（今宁夏盐池），延袤千七百七十里城墙，军民自此得安耕牧。成化十二年（1476），改任陕西巡抚，于城西北开渠泄水，经汉故城达渭河，公私益便，号“余公渠”。又于泾阳凿山引水，溉田千顷。开通南山道，直抵汉中，以便行旅。成化十三年召为兵部尚书，后拜户部尚书，寻加太子太保。成化二十年（1484），命兼左副都御史，总督大同、宣府军务。奏请依照延绥边墙法，于旧长城基础上重修一千三百里新长城。此役兴起后，遭宦官、朝臣弹劾，成化二十二年以耗财烦民构罪罢官。次年，复召为兵部尚书。弘治二年（1489）卒。年六十一，赠太保，谥肃敏。

余子俊成化之初任西安知府时，曾重修西安府学。当时未立碑记事，而其后之记事碑文及方志中多有追述。此外，成化六年（1470）余子俊曾重刻《怀素千字文》碑于碑林。

参考资料：

《明史》卷一七八《余子俊传》

《明史》卷八七《河渠志五》

明·雷礼《国朝列卿纪》卷三二《户部尚书行实·余子俊》

明·项笃寿《今献备遗》卷二九《余子俊传》

吴廷燮《明督抚年表》卷三“陕西”

雍正本《陕西通志》卷五一《名宦二》

明嘉靖十一年《西安府重修学庙之碑》

马文升

马文升（1425—1510），字负图，钧州（今河南禹县）人。明景泰二年（1451）进士，授御史。历山西、湖广、福建按察使。成化初，召为南京大理卿。成化四年（1468），满俊在开城县（今宁夏固原）起事称王，文升以右副都御史巡抚陕西，与总督项忠共事进剿。乱平后，以功进左副都御史。其抚陕七年，修边墙烽堠，救赈饥民，抚安流移，颇有政绩。成化十一年（1475），迁总制三边军务，寻入为兵部右侍郎。次年至辽东整饬军务，成化十四年（1478）又至辽东平息兵变，与辽东巡抚陈钺、宦官汪直构怨，遭陷下诏狱，谪戍重庆卫。成化十九年（1483）汪直败，得复官。次年巡抚辽东。成化二十一年进右都御史，总督漕运，移江南粮十万石、盐价银五万两赈淮、徐饥民。当年，召为兵部尚书，次年又为人所谗，离职调南京。弘治改元（1488），召拜左都御史，掌院事。次年复任兵部尚书，自此掌兵部十三年。弘治末，以八十高龄出任吏部尚书，汰裁朝官不职者二千余人。武宗继位后，朝政已由宦官专擅，遂于正德二年（1507）辞官家居。正德五年（1510）卒，年八十五，赠特进光禄大夫、太傅，谥端肃。

成化四年（1468）马文升抚陕之初，见文庙规制卑窄，曾有修葺之意，因“边方多事”未果。至成化八年（1472）仲秋举释奠礼，适逢大风雨，殿庑益倾圮，遂重提整修之议，得诸地方大员支持，乃命西安知府孙仁负责实施。工程始于成化九年正月，当年八月竣工。对文庙旧有建筑“撤而新之”，并“扩其旧址”，首建大成殿七间，崇四丈有五，袤九丈有二，两庑各三十间，崇深视殿半之，袤且数倍。其他如戟门、棂星门、文昌祠、七贤祠、神厨、斋宿房、泮池等，均予重修。对大成殿后碑林旧有之亭宇，“咸增新之，饰以丹漆，加以藻绘，高卑大小举以法，无复昔时之陋。”这是明代前半期对西安孔庙和碑林一次有相当规模之重建和扩建，孔庙主要建筑大成殿和两庑之规格尺度，记事碑文亦有较明确记载，这在历代整修记事碑中尚属首次。此外，成化七年（1471）马文升依提学佥事伍福建议，将“去庙甚远，师生艰于行礼”之咸宁、长安二县学，由其县治迁至孔庙、府学之东西两侧，从而形成明清时期一庙三学之局面。

参考资料：

《明史》卷一八二《马文升传》
明·雷礼《国朝列卿纪》卷二五《吏部尚书行实·马文升》
明·项笃寿《今献备遗》卷三一《马文升传》
吴廷燮《明督抚年表》卷三“陕西”
雍正本《陕西通志》卷五一《名宦二》
乾隆本《西安府志》卷一九《学校志》
嘉庆本《咸宁县志》卷一三《学校志》
明成化十一年《重修西安府学文庙记》碑

孙　仁

孙仁，字世荣，南直隶贵池（今安徽贵池）人。明景泰二年（1451）进士，授户部主事，后历工部主事，顺庆（今四川南充）知府。成化年间任西安知府，后迁陕西右参政、陕西右布政使、左布政使。成化十五年（1479）升右副都御史巡抚四川，成化二十一年（1485）升户部右侍郎。弘治年间又任河南左布政使。弘治七至九年（1494—1496）以右副都御史巡抚宁夏。

成化九年（1473）孙仁在西安知府任上，奉巡抚马文升之命，主持重修和扩建西安孔庙和碑林，是此次工程的具体实施者。整修情况见马文升传。此外，成化七年（1471）孙仁曾将原在长安县百塔寺之《草书心经》碑移置碑林。

参考资料：

明·雷礼《国朝列卿纪》卷三六《户部左右侍郎行实·孙仁》
吴廷燮《明督抚年表》卷三“陕西”
雍正本《陕西通志》卷五二《名宦三》
乾隆本《西安府志》卷二四《职官志》
明成化十一年《重修西安府学文庙记》碑

刘天和

刘天和，字养和，麻城（今湖北省麻城）人。明正德三年（1508）进士，授南京礼部主事，迁监察御史、陕西按察使，因抗命镇守宦官廖堂，被陷下狱，经吏部尚书扬一清疏救，贬为金坛县丞。后又迁湖州知府。嘉靖初，改任山西提学副使，累迁南京太常少卿，以右佥都御史督甘肃屯政。嘉靖九年（1530），出任陕西巡抚。请撤镇守中官及罢为民患者三十余事，帝皆从之。嘉靖十二年（1533）受命总理河道。时黄河改道南徙，历济、徐皆旁溢，天和疏汴河，浚其下流，不三月讫工，加工部右侍郎。嘉靖十五年（1536），改兵部左侍郎，总制陕西三边军务。任内屡败寇边之蒙古军，因功进右都御史、左都御史、兵部尚书，加太子太保。嘉靖十九年（1540），迁南京户部尚书，召为兵部尚书督团营。嘉靖二十一年（1542）告老休归，家居三年卒。赠少保，谥庄襄。

刘天和出任陕西巡抚之嘉靖九年，应西安知府李文极之请，下令重修西安孔庙、府学。工程于当年完成，由西安府同知李梅具体实施。孔庙大成殿檐牙榱角增数尺，覆瓦易以琉璃，阶陛围以石槛。两庑与戟门、棂星门更用新木，改以石柱。牲房、斋宿所、乡贤、名宦祠及府学圣制箴亭与明伦堂、斋号、膳房，新者创之，谬者正之，敝者理之，罔不焕然即绪。此外，西安碑林现藏明嘉靖十四年（1537）《黄河图说》碑，为刘天和撰文并书写。该碑除阴线刻黄河下游及两岸地貌图外，尚有“国朝黄河凡五入运”“古今治河要略”“治河臆见”等三篇文字，当是其治理黄河后再度任职陕西时刻于碑林，具有重要科学价值。

参考资料：

《明史》卷二〇〇《刘天和传》

明·雷礼《国朝列卿纪》卷一〇二《总理河道行实·刘天和》

吴廷燮《明督抚年表》卷三“陕西”

雍正本《陕西通志》卷五一《名宦二》

明嘉靖十一年《西安府重修学庙之碑》

王尧封

王尧封，直隶定兴（今河北定兴）人，明弘治十八年（1505）进士。嘉靖十一年（1532）出任陕西巡抚。上任之初，庙谒孔子，巡视三学，见庙学未备而亭弗新，学官赁舍而居，遂以整修为己任。逢次年即嘉靖十二年岁登，乃命左布政使黄臣主持实施，所费取之布政司，勿烦郡邑。因三年前刘天和、李文极刚修过孔庙，此次重点在于全面整修府县三学。工程当年完竣，“历旬未十”。整修后府县三学之建筑大致相仿，惟规格有别，均为敬一亭、明伦堂、正门、次门、教授训导廨所、粟廪、吏屋以及供在学生员住宿和自修之学舍，并重修了各学围墙，且三学外各建有牌坊。此次整修记事碑文颇详备，是研究明代西安府县三学建筑情况之重要资料。整修后第二年即嘉靖十三年(1534)，王尧封改任南京右副都御史。

参考资料：

《明史》卷一一二《七卿年表二》

吴廷燮《明督抚年表》卷三“陕西”

明嘉靖十五年《陕西西安府县儒学先圣庙重修记》碑

黄　臣

黄臣，山东济阳人。明正德六年（1511）进士。历任刑科右给事中、工科都给事中。嘉靖十一年（1532）出任陕西左布政使。两年后以右副都御史巡抚陕西。嘉靖十五年改任总理两淮盐法。嘉靖十二年（1533）其在陕西左布政使任上，受巡抚王尧封之命，主持整修西安府县三学。二人能崇教而重士，以布政司出资，终成兹役。整修情况见王尧封传。

参考资料：

明·雷礼《国朝列卿纪》卷一〇一《敕使淮南行实·黄臣》

吴廷燮《明督抚年表》卷三“陕西”

明嘉靖十五年《陕西西安府县儒学先圣庙重修记》碑

姚继可

姚继可，字光殳，河南襄城人。明嘉靖四十四年（1565）进士。曾任定边兵备道，命郡邑卫所修筑简练，警尘遂息。后迁陕西左布政使，时关中灾疫频仍，粮饷征发无虚日，他拮据应办，军民两利。万历十六年（1588）十月升任宁夏巡抚。万历二十年至二十一年（1592—1593），又任陕西巡抚。

万历十六年（1588）姚继可在陕西左布政使任上，曾首倡修复孔庙石经即唐《开成石经》。嘉靖三十四年（1556年年初）关中大地震曾使碑林遭受严重破坏，此次修复石经实质是对震灾后果之补救。“凡点画失真者正之，苔藓污者新之，泐而欲欹者理之，文义断阙者稽群书补之。”工程于年初开始，耗时五个月。除对唐石经本身进行修复外，还对经文中“文义断阙者”，参照各种版本经书加以补刻。所补文字刻在96块113面小石上，共约五万三千字，立于石经旁。补刻由西安府学教授曹光启、训导叶时荣等府县三学师生完成。这是明代对碑林的一次重要整修。

参考资料：

吴廷燮《明督抚年表》卷三“陕西”

雍正本《陕西通志》卷五一《名宦二》

明万历十七年《重修孔庙石经记》碑

朱惟炌

朱惟炌，明秦府永寿王府辅国中尉。其五世祖第一代永寿王朱尚灴，为第一代秦王朱樉之庶五子。万历二十年（1592），朱惟炌捐金四百有奇，于西安孔庙门前构建木牌坊一座，上书“太和元气”。坊之左右各建碑亭一座，左书“道妙时中百代斯文之主”，右书“德宏参赞万年儒教之宗”。至今立于泮池之前、正对石桥和棂星门者，当为此坊。两座碑亭则不知所终。

参考资料：

明万历四十二年《秦贤宗建文庙坊亭记》碑

李得中

李得中，河南内乡人。明万历十七年（1589）进士，次年就任咸宁县令。时西安碑林、孔庙和府县三学自嘉靖三十四年大地震后，虽间或亦有修复之举，但未经较大规模的全面整修，瓦有毁，栋有欹，庳有颓，檐扉陁陊，丹雘尘蚀。加之万历二十一年（1593）西安淫雨弥时，公私垣舍强半大坏，庙学尤甚。李得中遂与长安县令沈听之商议，以整修庙学及正学书院请示于府、道，得西安知府曹璜、提学副使沈季文赞许。二县令除修各自县学外，孔庙、府学（包括碑林）在东，由咸宁令董之，正学书院在西，由长安令董之，所耗经费，交赞各半。万历二十二年（1594）三月兴工，年内告成。李得中心计节缩，身先观率，日惟约己以佐费，减舆仆以济工，戴星出入于舁辇畚锸间。整修后，孔庙之殿庑、庭堂、门序、牲厨诸舍以及名宦、乡贤诸祠，碑林之石经廊庑，府、县学之堂、斋、横舍等，莫不毁者完，欹者直，颓者峙，陁陊者、尘注者，巩以密、辉以丽矣。这是嘉靖年关中大地震后，对碑林、孔庙、府县三学乃至正学书院一次全面整修，在碑林历史上有重要地位。

参考资料：

雍正本《陕西通志》卷二七《学校志》

乾隆本《西安府志》卷一九《学校志》、卷二五《职官志》

嘉庆本《咸宁县志》卷一三《学校志》、卷一七《良吏传》

明万历二十二年《咸宁长安二县尹修葺文庙记〉碑

明万历二十二年《重修儒学碑》（碑已佚，嘉庆本《咸宁县志·学校志》有录文）

沈听之

沈听之，字启聪，河南商丘人。明万历二十年（1592）进士，授长安县令。万历二十二年（1594），与咸宁县令李得中联手整修西安碑林、孔庙、府县三学及正学书院。整修情况见李得中传。其为政尚平易，而大节屹不可夺。在长安令任上，会为宗室奸奏，逮下诏狱，后台省上章白其诬，迁荆州司理。

参考资料：

雍正本《陕西通志》卷二七《学校志》

乾隆本《西安府志》卷一九《学校志》、卷二五《职官志》

明万历二十二年《咸宁长安二县尹修葺文庙记》碑

明万历二十二年《重修儒学碑》（碑已佚，嘉庆本《咸宁县志·学校志》有录文）

周　宇

周宇，西安左卫人。明嘉靖二十八年（1549）举人，曾任户部主事。精识古文奇字，喜临池草书，为世所重。万历二十二年（1594）曾撰《重修儒学碑》文，记述咸宁县令李得中、长安县令沈听之联手整修西安孔庙、府县三学及碑林事。碑文对当时碑林、孔庙和府县三学在西安城中之方位、彼此之间位置关系及其中建筑情况作了概要介绍，是研究明代碑林、孔庙和府县三学历史的重要资料。此外，该碑文还首次使用“碑洞”称谓，对探讨碑林称谓之沿革亦有重要意义。

参考资料：

乾隆本《西安府志》卷三六《人物志·儒林文苑》

嘉庆本《咸宁县志》卷二三《文艺传》

明万历二十二年《重修儒学碑》（碑已佚，嘉庆本《咸宁县志·学校志》有录文）

赵 崡

赵崡，字子函，一字屏国，陕西盩厔（今陕西周至县）人。明万历三十七年（1609）举人。出身书香门第，“家有傲山楼，藏书万卷”。博学好古，尤嗜金石，一生遍访名碑名拓。时跨一蹇，挂偏提，注浓醨，童子负锦囊，拓工携楮墨从，周畿汉甸，足迹迨遍。每得一碑，亲为拭洗，椎拓精致，内之行簏。其家近西安，常访碑林，每至其下，必坐卧观之，至于忘返。以所得碑拓，仿欧、赵体例，编目跋尾，穷三十年之力，于万历四十六年（1618）撰成《石墨镌华》一书八卷。书中著录“在西安府学”即藏于西安碑林之碑刻 46 种，是研究明代碑林藏石情况之重要资料。其书中有“西安泮宫碑林”之语，是迄今所知“碑林”称谓首次出现于金石著作中。

参考资料：

明·赵崡《石墨镌华》卷首“自叙”

雍正本《陕西通志》卷六三《人物志·文学》

乾隆本《西安府志》卷三六《人物志·儒林文苑》

梁鼎贤

梁鼎贤，河南夏邑人。明万历四十六年（1618）任西安知府，见孔庙及府县三学历时既久，土木败蠹，庙貌弗饬，学舍相次颓塌，遂出库银之盈余，予以整修。以西安府知事潘善督工孔庙、府学，以咸宁县丞张待礼、长安县丞郭知彰督工各自县学。当年孟夏肇工，次年仲春告成。先庙堂门庑，次祠斋廨舍，次棂星泮壁，以及庖廪厩库之属，榱敝者新，栋挠者易，垣倾者筑，路秽者辟，次第大饬其旧。又增修云路于府学门外，层台南向，高可登览。工程尚未完竣，梁鼎贤升任陕西提学副使，继任知府陈并先、同知潘达继始迄功。

参考资料：

雍正本《陕西通志》卷二二《职官三》

乾隆本《西安府志》卷二五《职官志》

明万历四十八年《重修庙学记》碑

钱守廉

钱守廉，河南信阳人。明崇祯九年（1636）以监察御史巡按陕西。此时已值明末，陕西连年大饥，又是明军镇压李自成起义之主要战场，“汲汲治武备不遑”。钱守廉上任后，见西安孔庙“庙貌浸圮，顾瞻不扬”，遂捐己俸百金以为倡，各司、道、府、厅以及州县长吏亦各捐俸金，对孔庙进行整修。整修后大成殿为七楹，东西两庑各十九楹，启圣三楹，覆以琉璃，坚以材木，饰以丹垩，棂星门、戟门、敬一亭、碑亭、牌坊，悉比于旧焕丽有加。尊经阁峙于后，泮池带于前，祭祀之具，各瞻其物。这是明朝灭亡前对文庙的最后一次整修。

参考资料：

雍正本《陕西通志》卷二二《职官三》

明崇祯九年《重修文庙碑记》

雷　兴

雷兴（？—1653），辽东人。明末时投后金努尔哈赤，以诸生选直文馆。后历秘书院副理事官、都察院理事官。汉军旗制定，隶正黄旗。清顺治元年（1644），以右副都御史巡抚天津。顺治二年改任陕西巡抚。时陕西方被兵，民多流亡，雷兴招徕抚绥，安定地方，与总督孟乔芳镇压孙守法、贺珍抗清起义。顺治四年（1467）以疾卸任。顺治十年（1653）复起为河南巡抚，未上任而先卒，赠兵部侍郎。

雷兴是清朝第一任陕西巡抚，当时关陕大地饱经战乱，西安庙学颓敝，殿宇倾圮荆蓁。顺治三年（1646）仲春，雷兴行释奠礼，目睹咨嗟，慨志修饬，遂捐俸五十金为诸僚倡。属吏及乡绅咸乐助之，汇数百金，由陕西提学杨璥董其役。工程于当年完成，作之平之，既涂既雘，庙貌改观，芹藻壮丽，西安之学遂焕然聿新。

参考资料：

《清史稿》卷二三九《雷兴传》

雍正本《陕西通志》卷二三《职官四》

清顺治三年《重修庙学碑记》

费甲铸

费甲铸，字子范，咸宁（今陕西西安市）人，活动于明末清初。为人旷逸不羁，植竹筑圃，以丘壑自怡。宾客往来，接谈忘倦，独不喜谈世务。好吟咏，工书画，著有《西湖草》行于世。清顺治三年（1646），费甲铸依兰州肃府本《淳化阁帖》摹勒上石，由当时陕西提学杨璥刻立于西安碑林。全帖共刻 145 石，289 面，称“西安本”。《淳化阁帖》原帖刻于北宋淳化三年（992），分十卷，存历代帝王、名臣及二王、颜、柳等书家 103 人，作品 420 篇。大型法帖西安本《淳化阁帖》之刻立，丰富了碑林内涵，是清代对碑林一大贡献。此前明崇祯十五年（1642），费甲铸还以册页形式摹刻《集王圣教序碑》28 石，立于碑林，以利后学。

参考资料：

雍正本《陕西通志》卷六四《人物十・隐逸》

乾隆本《西安府志》卷三七《人物・隐逸》

顺治三年西安本《淳化阁帖》重刻题记

杨　璥

杨璥，字执玉，顺天宛平（今北京城西南）人。明崇祯十六年（1643）进士。明亡后降清，授礼部主事。清顺治二年（1645）任提督陕西学政。顺治三年，受陕西巡抚雷兴之命，主持整修西安孔庙工程，并撰《重修庙学碑记》纪其事。同年，将费甲铸依肃府本摹勒上石之《淳化阁帖》刻立于西安碑林，计

145 石，289 面，增加了碑林藏石之内涵。顺治四年离陕，任山西布政使司参议。其后，历任湖广布政使司参议、江南布政使司参政、河南布政使司参政等职。

参考资料：

雍正本《陕西通志》卷二三《职官四》

清顺治三年《重修庙学碑记》

清顺治三年西安本《淳化阁帖》重刻题记

黄尔性

黄尔性，辽东盖州（今辽宁盖县）人。清顺治四年（1647）以右佥都御史巡抚陕西。顺治六年，与司农王朱用拜谒孔庙，见殿楹、两庑、宫墙渐为倾圮，怆然兴怀，各捐俸五十金，命西安府学教官杨先春董葺。损者易栋，缺者增补，风雨剥蚀者妆颜，三越月而事竣。此役是对西安孔庙一次粉饰维修。

参考资料：

雍正本《陕西通志》卷二三《职官四》

清顺治七年《重修文庙碑记》

田厥茂

田厥茂，字心耕，山西蒲州（今山西永济）人。清顺治三年（1646）进士。顺治七年（1650）任提督陕西学院。任职三年间，表扬忠节，名教赖以维持。顺治十年（1653）重修西安府学，在明代旧址基础上有所增建。这是入清后第一次专门修葺府学。此外，田厥茂还将正学书院中兵燹之后只存遗迹之正学、名臣二祠易地重建，正学祠移建于府学尊经阁下，名臣祠移建于孔庙敬一亭西。顺治十一年，调任福建布政使。

参考资料：

雍正本《陕西通志》卷二三《职官四》、卷二七《学校》、卷二八《祠祀一》、卷五二《名宦三》

乾隆本《西安府志》卷一九《学校》

张　瑃

张瑃（1621—1663），字伯珩，山西阳城人。明崇祯十六年（1643）进士。清顺治二年（1645）任原武（今河南原阳）知县，因政绩卓异召为御史。顺治六年（1649）巡按四川，后历大理寺丞、顺天府丞、大理寺卿、工部右侍郎。顺治十七年（1660）以兵部右侍郎兼都察院右副都御史巡抚陕西。时秦中灾沴之余，又值军兴烦费之日，其综理缓急，悉合机宜。旧例宁、甘、延三抚只握兵柄，不与民事，张瑃力陈不便，割所辖临、巩、庆、延、平五郡民务分隶三抚，使钱粮刑名便民易处。任内曾疏郑、白二渠，泽及百姓。顺治十八年（1661）调任福建督粮道，二年后即康熙二年（1663）以积劳卒于任上，年四十二。

张瑃性沉潜浑厚，为官正直廉明，精练吏事，历烦剧而不乱，肩巨任而裕如。顺治十七年其任陕西巡抚之初，即倡修西安孔庙，工成于当年之秋。当时未立碑纪事，四年后其继任者贾汉复应郡人之请，立碑追记其功。

参考资料：

雍正本《陕西通志》卷二三《职官四》、卷五一《名宦二》

清·钱仪吉《碑传集》卷六一《国初督抚上·张瑃》

清康熙四年《重修西安府文庙记》碑

贾汉复

贾汉复（1606—1677），字胶侯，号静庵，山西曲沃人。明末时曾为淮安副将。清顺治二年（1645）归清入京，隶籍正蓝旗。顺治十一年（1654）简授都察院理事，旋升工部右侍郎。顺治十四年（1657），以兵部右侍郎都察院右副都御史巡抚河南。时中州兵燹孑遗，凋残未复，其兴民休息，平刑简赋，整肃吏制，民乐其宽而吏惮其严。康熙元年（1662）调任陕西巡抚，抚陕七载，民安吏肃。其间捐资募工，指授方略，修复自煎茶坪至鸡头关即连结宝（宝鸡）、凤（凤州）、褒（褒城）三邑之栈道，绵亘六百余里，公私便之。疏竣西安龙首、通济二渠，以为民利。重视文教，抚豫期间主修《河南通志》，抚陕期间又修《陕西通志》，朝议取为他省范本。康熙三年（1664）整修关中书院，扩大院基，增建堂廨号房。康熙七年（1668）回京候补。康熙十六年（1677）卒于私第，年七十二。

贾汉复抚陕之康熙三年（1664），将《孟子》一部七卷集唐石经字体摹勒上石，刻立于西安碑林中唐《开成石经》之旁。此石经《孟子》凡十七石，在唐《开成石经》基础上补足“十三经”。此外，康熙四年（1665）贾汉复撰《重修西安府文庙记》碑，追述其前任张瑃顺治十七年整修西安孔庙之事。

参考资料：

雍正本《陕西通志》卷二三《职官四》、卷五一《名宦二》

清·钱仪吉《碑传集》卷六二《国初督抚下·贾汉复》

清·党崇雅《贾大司马修栈记》（见雍正本《陕西通志·艺文志》）

清康熙四年《重修西安府文庙记》碑

鄂　善

鄂善，姓纳喇氏，满洲镶黄旗人。初自侍卫授秘书院学士，迁副都御史。清康熙九年（1670）出任陕西巡抚。两年后升山西、陕西总督，寻改专督陕西。康熙十二（1673）年调云南，会吴三桂反，诏留湖广。次年改兼云贵总督，从师进征。吴三桂陷湖南郡县，降级留任。后参与平定王辅臣叛，移驻榆林、延安，招抚流民，分守栈道。乱平后授甘肃巡抚。康熙十七年（1678），坐失察布政使伊图蚀帑案，部议当夺官，命留任。次年以计典罢，寻卒。

鄂善抚陕之初，进谒孔庙，见栋摧檐剥，梲损甃圮，遂会商于总督莫洛以及藩、臬诸司，决定重修。工程起于康熙十年（1671）之春，迄岁暮落成。自大成殿、两庑东西序、厨库，以及棂星门、木石坊、泮池，皆易檐改栋，变栊申篴。所耗资费，鄂善以己力独任。这是对西安孔庙建筑的一次全面翻修。

参考资料：

《清史稿》卷二五六《鄂善传》

雍正本《陕西通志》卷二三《职官四》

清康熙十一年《重修文庙记碑》

黄家鼎

黄家鼎，安徽颍上人。清康熙初年任咸宁知县。当时咸宁县学虽经顺治年间知县余国柱整修，大抵因陋就简，宅舍究未就绪，教官退食无所。黄家鼎遂于康熙三年（1664）捐俸鸠工，再加全面整修。由堂及庑，圮者扶，故者新。堂后建敬一亭，亭后设一门，为退食堂三楹，堂前左右各置舍、厨、厕、马厩悉如度。工期“寒暑再易”，即耗时一年。

参考资料：

雍正本《陕西通志》卷五三《名宦四》、卷二七《学校》

嘉庆本《咸宁县志》卷一三《学校》

徐朱爊

徐朱爊，字孚尹，浙江秀水（今浙江嘉兴）人。清康熙间由岁贡候铨，即用知县加一级。康熙五十七年（1718），其侄孙徐容出任西安知府。此时西安碑林之建筑，因世远年遥，颓圮几尽，其所存者，亦复栋折榱凋，不可支持。徐容凭吊久之，欲为重修之举，会边寒用兵，日无宁晷。于是徐朱爊慨然自任，于康熙五十九年（1720）捐己资重修碑林。徐容命府学教授张锺、训导姚文思董其事。起工于四月初旬，至七月末而告成。先修十三经碑亭四十五楹，次孟子碑亭十三楹，次杂碑十三楹，以御书孝经亭殿其后，围以墙垣，固以栅栏，饰以丹雘。又据西安碑林现藏清乾隆初年所刻《保举题名碑》，此徐朱爀于雍正年间由人保举，“命往河南，任温县知县”。其仕途上也许不甚得意，然其独解私囊，对西安碑林年久失修的建筑重加修整，以保护唐石经及前代碑刻，却做了一件功及后代之大好事。

参考资料：

乾隆本《西安府志》卷一九《学校》

清康熙五十九年《重修碑亭碑记》

清康熙五十九年《重修西安府学碑林记》碑（碑已佚，乾隆本《西安府志·学校志》有录文）

清乾隆初年《保举题名碑》

崔　纪

崔纪（1693—1750），初名珺，字南有，号虞村，一号定轩，山西永济人。清康熙五十七年（1718）进士，授翰林院编修。后历国子监司业、国子祭酒、提督顺天学政，曾署甘肃巡抚。乾隆二年（1737）出任陕西巡抚。抚陕期间颇有善政，鼓励民间挖井溉田，以补雨泽之缺，并奏准免以水田科税。修复龙洞渠，于龙洞高筑石堤，以纳众泉，不使入泾。乾隆三年调任湖北巡抚。后遭弹劾降职。乾隆六年（1741）再任国子祭酒，后历提督江苏学政、山东布政使。乾隆十五年（1750）再任江苏提学，当年卒于任上，年五十八。

崔纪抚陕之乾隆三年（1738），应董翰鹏等陕西士绅捐修之请，对西安孔庙、府学进行全面整修。工程开工后，崔纪调任湖北，陕西布政使帅念祖兼护巡抚印务，继续主持其事，由士绅亢宗耀等具体实施。乾隆三年五月肇工，次年十二月告成，历时一年半。经费由地方官吏及咸宁、长安、临潼三邑士绅所捐，共计八千金。自殿庭及庑、及门、及屏，递相标揭，撤旧变新，腐者以易，倾者以立，隘者阔，卑者崇，缺者补，丹垩黝漆，彩缋加昔，垣墉墍茨，增修悉备。从工期及所耗资金看，此次整修规模颇大。崔纪虽未终其事，然作为地方主官，当有提倡决策之功。

参考资料：

《清史稿》卷三〇九《崔纪传》

民国《续修陕西通志稿》卷六五《名宦二》

清·钱仪吉《碑传集》卷七〇《乾隆朝督抚上之上·崔纪》

清乾隆九年《重修西安府学宫碑记》

清乾隆九年《重修文庙颂并序》碑

帅念祖

帅念祖，江西奉新人，清雍正元年（1723）进士。乾隆三年（1738）署任陕西布政使，乾隆七年（1742）实授。其上任之初，会巡抚崔纪整修西安孔庙、府学，遂受命董其役。崔纪调任后，其兼护巡抚印务，捐资率属，继续主持此次大规模整修。整修情况见崔纪传。乾隆九年（1744），帅念祖调任广西布政使。

参考资料：

民国《续修陕西通志稿》卷一三《职官四》

清乾隆九年《重修西安府学宫碑记》

清乾隆九年《重修文庙颂并序》碑

毕　沅

毕沅（1730—1797），字纕蘅，一字秋帆，号灵岩山人，江苏镇洋（今江苏太仓）人。清乾隆十八年（1753）乡试中举，授内阁中书，充军机处章京。乾隆二十五年（1760）以一甲一名进士，授翰林院修撰，升侍读学士。历甘肃巩秦阶道、安肃道。乾隆三十五年（1770）迁陕西按察使，旋升陕西布政使兼护巡抚印务，乾隆三十八年（1773）实授巡抚。至乾隆五十年（1785）调任河南巡抚，毕沅在陕任职达十五年之久，并两度署陕甘总督之职，颇多善政。其间疏浚泾阳龙洞渠，以溉民田。全面整修西安城墙，疏通护城河及龙首、通济二渠。清理八旗及提标马厂空地，召民开垦。注重文化教育，扩建关中书院。尤其重视对陕西文物古迹的保护和利用。他主持编著的《关中胜迹图志》，相当于对关陕大地上文物古迹的普查和建档，至今仍具参考价值。他在陕期间整修过的古迹有华阴西岳庙，韩城司马迁祠，凤翔东湖景观和东坡祠，临潼华清池，西安慈恩寺及灞桥等。对关中地区汉唐帝王陵寝和重要墓葬，毕沅亲临踏访，重定封域，安置界石，设陵户守护，并亲自书名立碑。在各代陕西地方大吏中，毕沅对陕西历史文化遗产的保护贡献最大。离陕后历任河南巡抚、山东巡抚、湖广总督。乾隆五十三年在湖广总督任上，长江决堤荆州，督工修复治理。乾隆末嘉庆初，两湖白莲教起义、苗民起义，毕沅受命进剿。嘉庆二年（1797）病卒于军中，年六十七，赠太子太保。嘉庆四年追论其教乱初起失察贻误之罪，夺世职，没家产。

毕沅不仅官至封疆大吏，且长于治学，由经史旁及小学、金石、地理，著述甚丰。礼贤下士，一时名儒多招至幕府。主持编定《续资治通鉴》220卷，著有《传经表》《经典文字辨正》《山海经校注》《晋书地理志校注》《关中胜迹图志》等，监修《西安府志》，搜求善本古籍，校勘辑佚。酷爱金石，宦迹所至，广为搜罗，著有《关中金石记》《中州金石记》《山左金石记》等。能诗文，有《灵岩山人文集》《灵岩山人诗集》传世。

乾隆三十七年（1772）毕沅抚陕之初，至碑林访古刻，见墙宇倾圮，经石及诸碑率弃榛莽，兼以俗工日事椎拓，贞珉将有日损之势，遂瞻顾悚息，决意整修。工程于当年完竣，不仅重新规划和改建了碑林之建筑，为日后碑林建筑格局打下基础，且对碑林藏石进行整理，将已“多失其故”之《开成石经》重新加以编排，旧刻陷于土中者洗而出之。将宋元以前碑刻与明清碑刻区别对待. 前者帖估不得恣意摹拓，以使其存诸永久；对后者则进行筛选，存其佳者集中安置，以资拓工口食。此外，碑林之屋宇周以阑楯，为门以限之，派员专司管理，掌其启闭。这是有清一代对碑林最全面最重要的一次整修，直至清末，碑林之设计与屋宇，仍悉毕沅当时之遗楷，毕沅则因此次整修而成为碑林史上重要人物。

参考资料：

《清史稿》卷三三二《毕沅传》

民国《续修陕西通志稿》卷六五《名宦二》
乾隆本《西安府志》卷一九《学校》
清·钱仪吉《碑传集》卷七三《乾隆朝督抚下之下·毕沅》
清·毕沅《关中金石记》《关中胜迹图志》《陕甘资政录》
日·足立喜六《长安史迹考》(杨炼译，商务印书馆，1935 年)
清嘉庆十年《重修西安府学碑林记》碑
清道光二十二年《复修碑林记》碑

庄　炘

庄炘（1735—1818），字景炎，一字似撰，江苏武进人。清乾隆三十三年（1768）中顺天乡试副榜贡生。得陕西巡抚毕沅赏识，“奏留陕西”，历任渭南县丞、咸宁知县、兴安府汉阴通判，署乾州知州。乾隆五十九年（1794），署兴安府（今陕西安康）知府，参与镇压白莲教起义。嘉庆二年（1797）迁邠州（今陕西彬县）直隶州知州，仍留军中。两年后因病不宜军旅，回邠州任上。后又权知凤翔、榆林府事。嘉庆九年（1804）又回邠州，两年后乞休就养。嘉庆二十三年（1818）卒，年八十四。

乾隆间毕沅抚陕之初，庄圻曾向其进言，请修碑林。三十余年后嘉庆十年（1805）西安知府盛惇崇又修碑林，庄忻撰《重修西安府学碑林记》碑以纪其事。

参考资料：

民国《续修陕西通志稿》卷六八《名宦五》
清·钱仪吉《碑传集》卷一一〇《嘉庆朝守令下·庄忻》
清嘉庆十年《重修西安府学碑林记》碑

盛惇崇

盛惇崇，江苏阳湖（今江苏常州）人。进士出身，清嘉庆间曾任同州知府。嘉庆八年（1803）调任西安知府。嘉庆十一年升任陕西督粮道。嘉庆十年（1805）其在西安知府任上，接受同知叶世倬整修碑林建议，并相与出俸钱以倡，士大夫有文好事者踵成之，对碑林旧有建筑进行了一次维护修缮，使昔之葺者焕然复还旧观。盛惇崇书法颇精，碑林现藏其所书碑刻有 7 种之多。

参考资料：

民国《续修陕西通志稿》卷一三《职官四》

清嘉庆十年《重修西安府学碑林记碑》

叶世倬

叶世倬（1752—1823），字子云，江苏上元（今江苏南京）人。清乾隆三十九年（1774）举人。时朝廷开四库馆，举为写书官。乾隆五十一年（1786）以知县分发四川，署长宁县。后历浙江嘉兴府同知、湖北德安府同知。嘉庆四年（1799）任西安府同知。后署同州知府、凤翔知府。嘉庆二十二年（1817）迁福建延建邵道。二十五年调任台湾道兼提督学政。道光元年（1821）升任山西布政使，兼护巡抚印务。次年拜福建巡抚，兼署总督。道光三年（1823）因病以原官致仕，卒于归途中，年七十二。

嘉庆十年（1805）叶世倬任西安府同知时，兼掌书院教令，博学嗜古，为政有声。暇日观乎碑林，见昔之葺者将废，须复加缮完，乃谋诸知府盛惇崇，相与出俸钱以倡，遂促成当年对碑林之整修。

参考资料：

清·缪荃孙《续碑传集》卷二一《叶世倬传》

民国《续修陕西通志稿》卷一三《职官四》

清嘉庆十年《重修西安府学碑林记》碑

富呢扬阿

富呢扬阿，满洲镶红旗人。清道光十年（1830）任浙江巡抚。道光十五年任科布多参赞大臣，旋任乌鲁木齐都统。道光十六年（1836）改任陕西巡抚，在任六年。道光二十二年升任陕甘总督。道光二十五年（1845）卒于任所。在他任陕西巡抚的道光二十一年（1841），见西安碑林之庭楹廊庑“日就摧落”，爰商于司、道同僚，捐资加以维修，工期为三个月。这是清代见诸于记载的最后一次整修碑林。

参考资料：

《清史稿》卷一九七《疆臣年表一》

民国《续修陕西通志稿》卷一三《职官四》

清道光二十二年《复修碑林记》碑

曹鸿勋

曹鸿勋（1846—1910），字仲铭，又字竹铭，号兰生，山东潍县（今山东潍坊）人。清同治十二年（1873）拔贡，朝考一等一名。光绪二年（1876）以一甲一名进士，授翰林院修撰。光绪七年（1881）提督湖南学政。光绪十三年（1887），命在上书房行走。光绪二十三年（1897）任永昌（今云南保山）知府，次年改任云南（今云南昆明）知府，旋任云南按察使。光绪二十九年（1903）升贵州布政使，暂署贵州巡抚。光绪三十一年（1905）任陕西巡抚。抚陕期间有扩建陕西高等学堂和创建延长油矿之德政。两年后应召回京，受命协理开办资政院事务。宣统二年（1910）病卒，年六十五。

曹鸿勋抚陕之光绪三十三年（1907），有丹麦人何尔谟来西安，以重金收买金胜寺僧人，企图将立于该寺之《大秦景教流行中国碑》盗运出境，并以相同石料、尺寸重刻一碑代之。消息走漏，曹鸿勋命将《景教碑》移置西安碑林保护，允许何尔谟将复制碑运走。此记载基督教在唐代首次入传中国重要史实之名碑终于未流失国外，而西安碑林也因此有了这件最具世界影响、堪称国宝之藏品。

参考资料：

《清史稿》卷二〇四《疆臣年表八》

清·汪兆镛《碑传集三编》卷一六《曹鸿勋传》

民国《续修陕西通志稿》卷一三《职官四》

日・足立喜六《长安史迹考》（杨炼译，商务印书馆，1935 年）

日・桑原骘藏《考史游记・长安之旅》

足立喜六

足立喜六（1871—1949），日本静冈县人。明治三十一年（1898）毕业于东京高等师范学校。明治三十九年至四十三年，即清光绪三十二年至宣统二年（1906—1910），应聘来华，任陕西高等学堂教习，主讲算学、理化。居陕第二年，逢日本著名学者桑原骘藏来陕考察文物古迹，受其影响并得其具体指导，足立喜六开始在教学之余暇，致力于西安及附近文物古迹的调查。此后三年间，先后踏查汉、唐长安城遗址，调查长安、咸宁、咸阳、三原、高陵、临潼、泾阳、鄠县（今户县）、盩厔（今周至）、兴平、醴泉（今礼泉）、乾州（今乾县）等地各类遗址，进行实地测量，拍摄大量照片，并参考各种历史文献和前人研究著作，草成《长安史迹研究》初稿。

足立喜六任满回国后，在任教爱知县立第一高等女子学校和一宫高等女子学校期间，继续整理研究所得资料，于昭和元年（1926）完成《长安史迹研究》书稿，并请桑原骘藏校阅订正。昭和八年（1933）该书纳入东洋文库论丛出版。内容涉及关中地区山川形势，周代、秦代遗迹，汉代长安城和汉代陵墓，隋唐长安城，唐代长安名胜古迹、佛寺、道观及外教寺院，唐代十八陵，长安的古碑及西安碑林等。尤为可贵的是，书中有插图 23 幅，附照片 171 幅。以往中国学者多注重典籍文献，忽视实地调查，而此书以实地踏查测量为基础，对古都长安及周边史迹，以当时所能达到的近代科学方法和科学视角加以研究，客观展现了清朝末年西安地区文物古迹的真实面貌，具有重要的学术价值和资料价值。外国人研究长安史迹，足立喜六是最早也是最有成就的一位。《长安史迹研究》出版不久，商务印书馆便推出了它的中译本（书名《长安史迹考》，杨炼译，1935 年）[①]，书中专设“长安之古碑”一章，考述碑

① 2003 年三秦出版社又出版了由王双怀等翻译的《长安史迹研究》新译本，这部重要文献 至今仍为陕西文物古迹的研究提供着依据和有用的线索。

林之沿革及现状，所附“碑林平面图”系用近代绘图法绘制，与文字记载相互印证，使清末碑林之建筑及位置关系乃至重要碑刻之陈列位置更为直观。书中述及当时碑林藏石总数为667方，并对主要碑刻加以重点介绍，今人研究西安碑林历史，不能忘记足立喜六这位日本学者，亦不能不读《长安史迹考》这部重要文献。足立喜六毕生从事东洋史学研究，除《长安史迹研究》之外，还有《法显传——中亚、印度、南海纪行的研究》《大唐西域求法高僧传》（上下册）、《入唐求法巡礼行纪》（上下卷）等著作行世。

参考资料：

日·足立喜六《长安史迹考》，杨炼译，商务印书馆，1935年

日·足立喜六《法显传考证》，何健民、张小柳译，商务印书馆，1937年

侯甬坚《足立喜六先生与长安》，《西安教育学院学报》2001年第十六卷第4期

朱先照

朱先照（1864—1935），字佛光，陕西三原人。为前清举人，未入仕途，在家乡开馆以新学授徒。其治经由小学人手，治西学则由自然科学人手。于右任年轻时曾投其门下，以师礼事之，深受其影响，称“陕西提倡新学最力而又最彻底，当推三原朱佛光先生先照”。曾发起成立“天足会”，创办“励学斋”，集资买西学书籍，以开风气。民国建立后，1913年出任陕西图书馆馆长，次年去职。任职期间曾主持编定《图书馆所管碑林碑目表》，是迄今所知第一份西安碑林藏石之正规目录，收录碑林藏石172种，961石，包括元代之前所有碑刻和部分明清碑刻。1918年于右任回陕主持靖国军，曾在总部设学术讲演会，聘朱先照为主讲。1935年1月病逝，年七十一，于右任专程回陕西主持其葬礼。

参考资料：

陕西图书馆《图书馆所管碑林碑目表》，1913年铅印

刘延涛《民国于右任先生年谱》，台湾商务印书馆，1981年

《陕西省图书馆馆史》，陕西省图书馆《馆史》组编，陕西人民教育出版社，1989 年

《陕西省图书馆馆史》上册，谢林主编、梁经旭撰稿，三秦出版社，2009 年

郭希仁

郭希仁（1881—1923），原名忠清，字时斋，一字思斋，陕西临潼人。清光绪二十九年（1903）壬寅、癸卯并科举人。1907 年赴日本考察政治、教育。次年回国，在西安组织陕西省教育会。1909 年任陕西咨议局副议长，同年加入同盟会，次年被推为同盟会陕西分会会长。1911 年 10 月武昌起义爆发，与井勿幕等革命党人积极策划西安起义。西安光复后，任军政府高级顾问。民国建立后，被推为国会参议院议员，辞未就。1913 年游历欧洲诸国，两年后归国。于华山下聚徒讲学。1917 年出任陕西省水利局局长兼林务专员。1918 年任陕西省教育厅长，仍兼水利、林务，并任孔教会、教育会、天足会、红十字会等会会长。1921 年西安教职员罢课索薪，遂辞职。1923 年 5 月病逝于西安，年四十二。

郭希仁 1918 年任陕西省教育厅长时，曾报请省长刘镇华同意，主持整修西安孔宙。当年 7 月动工，11 月竣事。大成殿更换檩椽、栈板、琉璃瓦，东西两庑一体拆除重建，乡贤、名宦二祠，二门、碑亭、月台、泮池、甬道，亦一并修补整齐，并新修东西门房，重建照壁。工程用款约九千元，除省财政厅拨付三千余元外，余皆各界捐款。此外，还由个人或单位捐助大量建筑材料。1920 年郭希仁撰《重修孔庙记》，立碑以纪其事。

参考资料：

《民国人物大辞典》，徐友春主编，河北人民出版社，1991 年

民国九年《重修孔庙记》碑

李根源

李根源（1879—1965），字雪生，又字印泉，别署高黎贡山人，云南腾冲

人。1903 年考入云南高等学堂，次年考取云南选送日本留学陆军生，入日本振武学校。1905 年加人同盟会。1908 年入日本陆军士官学校。1909 年回国，出任云南讲武堂监督、总办。1911 年云南光复，蔡锷任大都督，李根源任军政部总长，兼参议院议长，并任陆军第二师师长。1912 年当选国会众议院议员。二次革命失败，再赴日本入早稻田大学学习政治经济。1915 年筹安会起，回国讨袁。1917 年 2 月抵西安任陕西省省长，5 月被督军陈树藩拘囚，10 月离陕回京。1918 年赴广州任驻粤滇军总司令，后历任广东海疆防务总办、航空署总办，署农商总长。1923 年去职，闲居上海。国民党统治时期历任监察院监察委员、云贵监察区监察使、国民政府顾问等职。1948 年起闲居苏州。1965 年病逝，年八十六。

李根源重视文教，雅好金石。1917 年在陕西省长任上虽短短数月，却做了不少有利于陕西地方文化之事，向省立图书馆捐赠图书二万余册，为图书馆筹拨款项，重修馆内北院房屋园圃，并饬图书馆长高培支在重修北院同时，对当时由图书馆代管之西安碑林一并加以修缮整理。这是对碑林一次规模不大的维修，不过在兵荒马乱之民国初年已属难得。

参考资料：

《中华民国史事件人物录》黄美真主编. 上海人民出版社，1987 年

《民国史资料丛稿·人物传记》，中国社科院近代史所民国史研究室编，中华书局，1988 年

《中国国民党历史事件人物辑录》，马齐彬等编，解放军出版社，1988 年

《陕西省图书馆馆史》，陕西省图书馆《馆史》组编，陕西人民教育出版社，1989 年

李根源《饬图书馆长高树基整理碑林令》，见《新编曲石文集》，李希泌编校，云南人民出版社，1988 年

《陕西省图书馆馆史》上册，谢林主编、梁经旭撰稿，三秦出版社，2009 年

高培支

高培支（1882—1960），字树基，一字吾皆，陕西富平人。毕业于陕西高

等学堂。辛亥革命后，曾任秦陇复汉军总务府篆印官。1913 年任北京政府教育部读音统一会陕西省代表，陕西省模范巡行宣讲团团长。1916 年至 1927 年，任陕西图书馆馆长达十一年之久，其间还兼任陕西省教育厅咨议、陕西省政府咨议。其任馆长后，省立图书馆业务和管理逐步走上正规。上任之初，即设法收回被军队占据之图书馆北院。1917 年在省长李根源支持下，重修北院房屋园圃，开辟阅览室、标本室、动物室等，并受命对年久失修之西安碑林房屋加以修葺。1924 年公布实施《陕西图书馆章程》，制定包括《管理碑林规则》在内各项管理办法 14 项 132 条。高培支长期从事戏剧改革和创作，热心教育事业。1912 年曾发起创办易俗社，三度出任社长，创作《鸳鸯剑》《夺锦楼》等多种剧本，并在西安师范、省立女子师范、西安三中等校任教。中华人民共和国成立后，仍任西安易俗社副社长，并任省、市政协委员，省、市文联委员。1960 年病逝于西安，年七十八。

参考资料：

《陕西省图书馆馆史》，陕西省图书馆《馆史》组编，陕西人民教育出版社，1989 年

《民国人物大辞典》，徐友春主编，河北人民出版社，1991 年

《陕西省图书馆馆史》上册，谢林主编、梁经旭撰稿，三秦出版社，2009 年

张知道

张知道（1905—1963），又名力行、之道、致道，陕西华县人。毕业于华县咸林中学。1926 年冯玉祥国民军驻华县，张知道受该部共产党员宣侠父影响，随军出潼关参加北伐。蒋冯合流反共后，脱离冯部。后考人南京中央政治学校，中途退学，回陕后任教于华县、西安等地。1933 年出任陕西省立第一图书馆（即今陕西省图书馆）馆长。任职 6 年间．主持对馆藏图书重新分类编目，线装古籍依传统经、史、子、集、丛五大类编目，中外文新书则以王云五"中外图书统一分类法”进行科学分类，有开创之功。1935 年编著出版《西京碑林》一书．为近代以來专以碑林为题材之第一本正式出版物。书中有西安碑林藏石目录两种，其一是按碑刻之时代排列，其二是按碑刻陈列位置

排列，是迄今所知最早的碑林藏石全目。1936年10月被聘为整理西安碑林工程监修委员会顾问。1939年调任陕西民众教育馆馆长。1948东回乡任华县高唐中学校长。中华人民共和国成立后，先后在西安尊德中学、工人子弟中学、市三十五中等校任教。1963年病逝于西安，年五十八。

参考资料：

张知道《西京碑林》，1935年

张鹏一《重修西安碑林记》碑文稿

《陕西省图书馆馆史》，陕西省图书馆《馆史》组编，陕西人民教育出版社，1989年

《陕西省图书馆馆史》上册，谢林主编、梁经旭撰稿，三秦出版社，2009年

黄文弼

黄文弼（1893—1966），字仲良，湖北汉川人。1918年毕业于北京大学哲学门，随即留校，在研究院国学门任助教、副教授，后转而研究考古学和西北史地。1927年参加由徐炳昶（北大教务长）、斯文赫定任团长的中瑞（典）西北科学考察团，作为考古学家，与袁复礼、贝格曼等中外各学科学者同赴绥远、新疆，进行地质学、气象学、人类学、考古学、民俗学等多学科综合考察，范围包括吐鲁番盆地、塔里木盆地、罗布淖尔、额济纳河流域等地区，持续至1933年方告结束。回北平后整理所得田野考古资料，出版《高昌砖集》《高昌陶集》。1935年出任中央古物保管委员会西安办事处主任，筹备整修西安碑林。1938年整修碑林完竣，先后任教于西北联大（时迁至陕西城固）、四川大学。1940年任西北大学历史系、边政系主任。1943年受西北大学委托，再赴新疆考察。1947年任北平研究院史学研究所研究员，翌年出版《罗布淖尔考古记》。新中国成立后，任中国科学院考古研究所研究员，继续整理研究历次新疆考察收获，先后出版《高昌砖集》增订本、《吐鲁番考古记》《塔里木盆地考古记》。1957年又一次率队赴新疆考察经年，于哈密、焉耆、库车等地进行发掘。他一生四进新疆，对西北史地和新疆考古贡献巨大，有“中国西北考古第一人”之誉。近年其遗稿被整理出版者尚有《西北史地论丛》

（1981）、《新疆考古发掘报告》（1983）。

黄文弼对陕西文物保护的最大贡献，是筹备和主持整修西安碑林。1935年9月，他与滕固、徐炳昶在中央古物保管委员会第三次委员会上提出与陕西省政府联合整修西安碑林议案，获得通过，并受命拟定计划和预算。当年底整修计划和预算方案被行政院批准，由财政部拨款五万元资助。1936年10月，内政部聘邵力子、张继、黄文弼三人为整理西安碑林工程监修委员会委员，黄兼秘书，具体负责实施。1937年4月破土动工，1938年4月竣工验收，耗资七万元，共建成陈列室八所，储藏室二所，卷棚三所，游廊六所。除《石台孝经》亭和第四、五两室（即今第三、四室）照旧翻新外，其余均为拆旧重建和新建，且为《开成石经》加做水泥梁柱，以防地震损坏。整修中将全部藏石分类、分室排列，改变以往碑石陈列凌乱无序的状况。此次整修由中央文物管理机构出面，由中央政府拨款，是民国时期陕西地区最大的一次文物保护工程，在建筑格局和陈列形式上为今日西安碑林打下了基础。黄文弼从最初提案、筹备，到工程实施、完竣，一直负责具体事务，毅力任事，悉心筹划，协调各方，在抗战爆发的艰难条件下，使整修能善始善终，其功尤不可没。

参考资料：

陕西省档案馆藏西安碑林旧档

西安碑林博物馆藏西安碑林旧档

《民国人物大辞典》，徐友春主编，河北人民出版社，1991年

《中国大百科全书·考古学》，中国大百科全书出版社，1986年

张鹏一《重修西安碑林记》碑文稿

刘观民《悼念黄文弼先生》，《考古》1982年1期

滕 固

滕固（1901—1941），字若渠，江苏宝山（今属上海）人。1918年毕业于上海图画美术学校。1920年东渡日本，入德法语言学校。1921年考入东京日本东洋大学，主修艺术学与历史学，1924年毕业，获文学士学位，回国后任

教于上海美术专科学校。1930年又赴德国入柏林大学，专攻美术史，1932年获该校哲学博士学位，是中国人得此美术史博士第一人。同年回国，从事考古与美术史研究、著述和翻译，任金陵大学教授，中山文化教育馆美术部主任，并出任国民政府行政院参事。1934年中央古物保管委员会成立，任常务委员。当年底，与黄文弼一道受中央古物保管委员会委托视察陕豫古迹。此外，还担任北平故宫博物院理事，中国博物馆协会委员，中华全国美术研究会理事等。抗战爆发后1938年，北平与杭州两艺术专科学校合并，成立国立艺术专科学校，迁往昆明，他被聘为校长兼教务主任。1941年病逝于重庆，享年40岁。

滕固是中国现代艺术史学的奠基者，是中国美术考古的先驱者。他学贯中西，研究领域涉及美术史、考古学、文学乃至档案学，著述甚丰，著有《中国美术小史》《唐宋绘画史》《中国唐宋时期的绘画理论》及大量学术论文，以及《先古考古学方法论》等译著。而对于西安碑林来说，他1934年底和黄文弼来陕视察古迹，考察碑林，并与在宝鸡斗鸡台进行考古发掘的徐炳昶，共商保护陕西古迹，共同向中央古物保管委员会提出政府出资整修西安碑林的提案，促成了民国时期碑林最重要的一次整修，其对碑林的贡献是不应该被忘记的。

参考资料：

滕固《征途访古述记》，商务印书馆，1936年初版

沈宁《滕固艺术活动年表》，《美术研究》2001年第3期

薛永年《滕固与近代美术史学》，《美术研究》2002年第1期

徐炳昶

徐炳昶（1888—1976），字旭生，笔名虚生、遯庵等，河南唐河人。1906年入京师译学馆学习法语。1913年入巴黎大学学习哲学。1919年学成回国，任教于河南开封第一师范学校。1921年任北京大学哲学系教授。1926年任北京大学教务长。1927年，瑞典探险家斯文·赫定与北京的中国学术团体协会合组中瑞西北科学考察团，对中国西北地区进行多学科大规模科学考察，徐

炳昶任中方团长。其后，曾任国立北平大学第二师范学院院长、国立北平师范大学校长。1932 年任北平研究院史学研究会考古组主任，兼北京大学哲学系教授。1933 年，受北平研究院委派赴陕西，与陕西省政府联合组建陕西考古会，任委员、工作主任。徐炳昶主持了宝鸡斗鸡台三次考古发掘，这是近代考古学大规模田野发掘在陕西的第一次实践。1934 年任中央古物保管委员会常务委员。1936 年任北平研究院史学研究所所长、研究员。抗战时期迁居昆明，任中法大学、西南联大教授。中华人民共和国成立后，任中国科学院考古研究所研究员，主要从事于史前考古研究。1959 年，赴豫西地区对“夏墟”进行田野考古调查，踏察了告成、石羊关、阎砦、谷水河、二里头等重要遗址，写成《1959 年夏豫西调查“夏墟”的初步报告》，对探索夏文化有开创之功。

1933—1937 年任职陕西考古会期间，徐炳昶在陕西、甘肃进行了大量考古调查，撰写《徐旭生陕西考古日记》《陕西渭河附近考古调查报告》《陕西调查古迹报告》《陕西最近发现之新石器时代遗址》等，是陕西考古的拓荒者。他一生致力教育和学术，留下大量著述，如《斯文赫定小传》《徐旭生西游日记》《欧洲哲学史》（译著）《试论传说材料的整理与传说时代的研究》《中国古史的传说时代》《略谈研究夏文化的问题》《〈山海经〉的地理意义》等。1934 年底，与来陕视察古迹的黄文弼、滕固，共商保护陕西古迹之策，共同向中央古物保管委员会提出整修西安碑林的提案，促成近代以来碑林最大的一次整修，他对陕西文物事业和对西安碑林的贡献，值得后人铭记。

参考资料：

徐炳昶《徐旭生西游日记》，西北科学考察团丛刊之一，中国学术团体协会西北科学考察团理事会出版，1930 年；上海书店 1990 年收入民国丛书第二辑影印出版；宁夏人民出版社 2000 年新版

徐炳昶、常惠《陕西调查古迹报告》（国立北平研究院调查报告第三种），国立北平研究院出版，1933 年

徐炳昶《徐旭生自传》，载于政协河南省委员会所编《河南文史资料》第十四辑，1985 年

罗宏才《陕西考古会史》，陕西师范大学出版社，2014 年

罗明《徐炳昶古史研究初探》，华东师范大学硕士学位论文，2014 年，中国知网研究生学位论文数据库

邵力子

邵力子（1882—1967），初名景奎，字仲辉，浙江绍兴人。清光绪二十八年（1902）乡试中举人，然轻视科举，向往新思想，先后就学于上海南洋公学、震旦公学、复旦公学。1906 年赴日本学习新闻学，并加入同盟会。1907 年协助于右任在上海创办《神州日报》，后于右任办《民呼日报》《民吁日报》，均参与之。1910 年至陕西高等学堂任教，因宣传革命思想被陕西当局驱逐。回上海后与于右任再办《民立报》。1913 年二次革命失败，《民立报》停刊，任教于复旦公学。1916 年与叶楚伧在上海创办《民国日报》。1917 年复旦公学改复旦大学，任中文系主任。1920 年与陈独秀等在上海组织马克思主义研究会，后转入共产主义小组，是中共最早党员之一。1922 年与于右任等创办上海大学，任副校长。1925 年南下广州，任黄埔军校秘书长，旋任政治部主任。1926 年 7 月出任国民革命军总司令部秘书长。8 月代表国民党赴莫斯科参加共产国际第七次扩大会，并退出共产党。会后入莫斯科东方大学学习，1927 年 5 月回国。1928 年 2 月任国民党中央政治会议委员、国民革命军总司令部秘书长。1932 年出任甘肃省政府主席。次年 4 月改任陕西省政府主席。西安事变后辞职，旋任国民党中央宣传部长。抗战期间，曾任驻苏联大使、国民参政会秘书长。1945 年 8 月，参加国共两党重庆谈判。1949 年 2 月参加“上海人民和平代表团”，飞北平、石家庄，会见毛泽东。4 月参加南京政府和谈代表团再飞北平，和谈失败后与张治中等脱离国民党政府，留北平。中华人民共和国成立后，曾任全国政协常委、全国人大常委。1967 年病逝于北京，年八十五。

邵力子主陕期间兴修水利，赈灾救济，禁种鸦片，热心文化事业。1935 年中央古物保管委员会驻西安办事处主任黄文弼等，提出与陕西省政府联合整修西安碑林议案，邵力子积极响应，与黄书信往来，具体筹划，争取到内政部、财政部乃至行政院批准和支持，并提出将于右任捐归公有之《鸳鸯七志斋藏石》入藏碑林。1936 年 10 月被内政部聘为整理西安碑林工程监修委员会委员。虽然西安事变后邵力子辞职离陕，但他对促成此次大规模整修，对

整修筹备工作顺利进展，起着举足轻重之作用。

参考资料：

陕西省档案馆藏西安碑林旧档

西安碑林博物馆藏西安碑林旧档

《中华民国史事件人物录》，黄美真主编，上海人民出版社，1987年

《民国史资料丛稿·人物传记》，中国社科院近代史所民国史研究室编，中华书局，1988年

《中国国民党历史事件人物辑录》，马齐彬等编，解放军出版社，1988年

傅学文《邵力子生平简史》（刊于全国政协《文史资料选辑》第六十七辑）

晨朵《邵力子年表》（《和平老人邵力子》一书附录，文史资料出版社，1985年版）

张　继

张继（1882—1947），字溥泉，河北沧县人。十六岁入读保定莲池书院。1899年赴日本留学，入东京善邻书院，后入早稻田专科学校。1903年与黄兴等组织拒俄义勇队，被逐回国，在上海任《苏报》参议。《苏报》被封后，与章士钊等办《国民日报》。1904年末再赴日本，次年加入同盟会，任《民报》编辑及发行人。1908年赴巴黎。1911年武昌起义后回国。1913年被选为国会参议院议长，不久反袁去职，再度赴日。1917年任护法军政府驻日代表。次年返广州任军政府顾问，国民党中央宣传部长。1925年参加北京西山会议。1927年后历任国民政府立法院副院长、北平政治分会主席、北平故宫博物院副院长。1932年就任西京筹备委员会委员长。抗战期间曾任国史馆筹备委员会主任委员，中苏文化协会四川分会会长。1946年出任国史馆馆长。1947年病逝于南京，年六十五。

1936年10月，张继被聘为整理西安碑林工程监修委员会委员，积极参与整修筹备。在监修委员会第一次委员顾问联席会议上，提议《开成石经》应加做钢筋水泥梁柱，以防地震破坏，后在整修中予以实施。整修完竣后，日军已逼近潼关，远在重庆之张继来电来函，嘱请陕西省政府设法保护碑林藏石。

参考资料：

陕西省档案馆藏西安碑林旧档

西安碑林博物馆藏西安碑林旧档

《中华民国史事件人物录》，黄美真主编，上海人民出版社，1987 年

《民国史资料丛稿·人物传记》，中国社科院近代史所民国史研究室编，中华书局，1988 年

《中国国民党历史事件人物辑录》，马齐彬等编，解放军出版社，1988 年

张鹏一《重修西安碑林记》碑文稿

于右任

于右任（1879—1964），名伯循，字右任，以字行，陕西三原县人。曾就读于三原宏道书院、泾阳味经书院、西安关中书院。清光绪二十九年（1903）中举人。次年因诗集讥议时政，被指为革命党，革去举人并严令通缉，遂亡命上海，得马相伯帮助，更名入震旦公学。光绪三十一年（1905）因外籍教员干涉校务而罢课离校，与校友创办复旦公学。光绪三十二年（1906）赴日本考察新闻并会见孙中山，加入同盟会。次年回国在上海创办《神州日报》，任主编。后相继办《民呼日报》《民吁日报》《民立报》，鼓吹革命，并两度入狱。1912 年南京政府成立，任交通部次长。1913 年二次革命失败，《民立报》停刊，东渡日本。1918 年应胡景翼之邀，回陕西任靖国军总司令，与南方护法军遥相呼应。1922 年靖国军失败，辗转返上海，与叶楚伧、邵力子等创办上海大学，任校长。1924 年在广州出席国民党一大，当选为中央执委。当年底随孙中山北上，任北京政治分会委员。1926 年 7 月赴莫斯科联络冯玉祥，9 月与冯五原誓师，成立国民联军，解西安之围，并主持陕西军政。1928 年出任国民政府审计院院长。1931 年出任国民政府监察院院长，此后长期担任此职。抗战期间曾任国防最高委员会常务委员。1949 年离开大陆去台湾。1964 年病逝于台北。

于右任精于书法，尤擅长草书，有“当代草圣”之誉。其书以魏碑为基础，博采众长，自成一体。他把魏碑笔法融入草书，创“标准草书”，以“易

识、易写、准确、美丽”为原则，致力于草书标准化。酷爱金石，从民国初到 20 世纪 30 年代，留心搜集洛阳地区出土的北朝墓志等珍贵碑刻，渐成规模，此即著名的“鸳鸯七志斋藏石”。1935 年平津受日军威胁，他与时任陕西省主席的邵力子联系，愿将这批藏石捐归陕西公有。1936 年 2 月，他委托杨虎城派员将存于北平之大部运至西安，其余存于南京、洛阳者，亦于当年 4 月运至西安，均暂存西安孔庙。1938 年整修西安碑林竣工，藏石全部入藏碑林，嵌置于新修第八陈列室楼下。这批藏石共计 387 石（包括墓志盖），多出于南北朝时期中国北方政治、文化中心洛阳，志主多为宗室贵族，史料价值极高。其书法则体现了北朝碑版楷书雄强刚健、古朴浑厚的艺术特色，被视为魏体楷书的代表，是一笔珍贵的艺术财富。“鸳鸯七志斋藏石”捐归陕西并入藏西安碑林，是民国时期陕西文物的重大收获，填补了陕西碑刻在时代上的空白，是于右任对西安碑林和陕西文物事业的重要贡献。

参考资料：

陕西省档案馆藏西安碑林旧档

西安碑林博物馆藏西安碑林旧档

《民国于右任先生年谱》，刘延涛编，台湾商务印书馆，1981 年

《中华民国史事件人物录》，黄美真编，上海人民出版社，1987 年

《民国史资料丛稿·人物传记》，中国社科院近代史所民国史研究室编，中华书局，1988 年

张鹏一《重修西安碑林记》碑文稿

孙蔚如

孙蔚如（1896—1979），陕西长安人。1915 年毕业于陕西陆军测量学校。1916 年加入中华革命党。1917 年参加靖国军，历任连长、营长。1924 年任陕北国民军第二支队参谋长。1927 年任国民革命军第二集团军第十军参谋长。北伐后部队整编，任陆军十七师旅长，后历任十七师师长、三十八军军长。西安事变时任西安戒严司令。1937 年 1 月出任陕西省政府主席。抗日战争中任第三十一军团军团长、第四集团军总司令、第一战区副司令长官。抗战胜利

后任武汉行营副主任，总统战略顾问委员会委员。中华人民共和国成立后，曾任国防委员会委员，陕西省政协副主席，陕西省副省长。1979 年病逝，年八十三。

1937 年 6 月，孙蔚如已主持陕政，被内政部加聘为整理西安碑林工程监修委员会委员。当年 11 月，因抗战全面爆发，中央古物保管委员会经费停发，会务暂行结束，整修碑林工程由陕西省政府就近接管主持，仍请黄文弼具体负责。工程经费除财政部拨款 5 万元外，陕西省政府先后补助 18000 余元，并于整修完工后予以验收。

参考资料：

陕西省档案馆藏西安碑林旧档

西安碑林博物馆藏西安碑林旧档

《中华民国史事件人物录》，黄美真主编，上海人民出版社，1987 年

《民国人物大辞典》，徐友春主编，河北人民出版社，1991 年

张鹏一《重修西安碑林记》碑文稿

梁思成

梁思成（1901—1972），广东新会人，梁启超之长子。1915 年入读清华学堂。1924 年赴美留学，入宾夕法尼亚大学建筑系。1927 年毕业，获硕士学位，旋入哈佛大学研究院学习。1928 年回国，创办东北大学建筑系，任系主任、教授。1931 年参加北平中国营造学社，任法式部主任。次年被聘为中央研究院历史语言所通讯研究员。自此至 1937 年，梁思成与营造学社同人跋山涉水，足迹遍及一百余县，调查古建筑和造像石窟数百处，如五台山佛光寺、蓟县独乐寺、赵县赵州桥、应县木塔、大同华严寺、太原晋祠、正定隆兴寺等，都是通过他发现鉴定而被学界所认识。其间，还主持北平故宫之测绘，曲阜孔庙之勘察，《中国建筑参考图集》之编辑出版，并兼北京大学、清华大学教授，主讲中国建筑史。抗战爆发后，辗转至昆明，恢复营造学社工作，调查西南地区古建筑。1940 年学社随中央研究院迁至四川南溪县李庄（今属宜宾市），梁思成潜心于古籍《营造法式》的研究，编撰《中国建筑史》。抗战胜利后返

北平，创办清华大学建筑系，任系主任。1948 年被选为中央研究院院士。中华人民共和国成立后，仍任清华大学建筑系主任，发起筹建中国建筑学会，创办《建筑学报》。曾任中国科学院学部委员、全国政协常委、全国人大常委、北京市政协副主席、北京都市计划委员会副主任。曾主持设计国徽图案、人民英雄纪念碑建造方案。1972 年病逝于北京，年七十一。

1936 年冬和 1937 年 5—6 月，梁思成曾两次来陕西调查古建筑，逢西安碑林整修在即，对原工程计划中改建第二陈列室（即今陈列《开成石经》之碑林一室）和新建第六、第七陈列室（即今碑林第五、六室）之方案，提出修改意见，设计为保护《开成石经》所加之钢筋水泥梁柱，并据其建议将各室碑石（除《开成石经》外）横排改为竖排，以利采光和拍照。

参考资料：

陕西省档案馆藏西安碑林旧档

西安碑林博物馆藏西安碑林旧档

《民国史资料丛稿·人物传记》，中国社科院近代史所民国史研究室编，中华书局，1988 年

林洙《困惑的大匠·梁思成》所附《梁思成生平年表》，山东画报出版社，1997 年

张鹏一

张鹏一（1867—1943），字扶万，号在山主人，晚号一叟、一翁。祖籍山西曲沃，迁陕西富平而籍。清光绪十八年（1892）入泾阳味经书院，师从关中名儒刘古愚。二十三年（1897）乡试中举人。次年赴京参加会试，其间拜识康有为，参加维新运动，参与筹备“保国会”。回陕后“百日维新”失败，避居乡间考据经典史籍。光绪二十八年（1902）任山西清源县衙文案。三十年（1904）回家乡富平董庄创办文昌小学堂，并受聘临潼横渠书院任主讲。三十四年（1908）署山西长治县知县，次年任山西大学堂庶务长。辛亥革命后，1913 年在北京任中国银行秘书长。1914 年回陕，历任陕西督军署秘书，陕西吏治研究所所长，陕西通志局分纂。1923 年康有为来陕，陪同游览讲学并充

任翻译。1934 年国立北平研究院与陕西省政府共组陕西考古会，任委员长。1937 年成立西北史地学会，被选为理事长。1939 年任陕西临时参议会参议员。

张鹏一毕生致力经籍研究，潜心金石考古，著述甚丰。生前已刊印者有《颜李学考》《魏略辑本》《晋令辑存》《苻秦疆域志补正》《太史公年谱》《唐代日人往来长安考》《中国法制考》《刘古愚年谱》《在山草堂诗存》等 16 种，尚未印行之遗稿，仍有《唐金石考》《后魏延昌地志》《后周地志》《史记类正》《儒学源流》《吕刻唐长安图考证》等 38 种之多（遗稿现存陕西省政协资料室）。他对陕西早期文物考古和社会文化事业卓有贡献。1917 年陕西省立图书馆修葺西安碑林，1918 年陕西省教育厅整修西安孔庙，均积极参与。陕西考古会成立后，与北平研究院徐炳昶等在宝鸡做考古调查，促成省长邵力子批准对宝鸡斗鸡台遗址的发掘。此次由徐炳昶、苏秉琦主持的科学发掘，是中国考古学者独立完成的早期田野实践之一。1936 年中央古物保管委员会与陕西省政府联合整修西安碑林计划获行政院批准后，被内政部聘为整理西安碑林工程监修委员会顾问。撰写整修纪事碑《重修西安碑林记》碑文。1938 年整修完竣，出任碑林有史以来第一个专门管理机构——西安碑林管理委员会主任委员，主持编制《西安碑林藏石目录》，制定《拓印碑帖规则》《游览规则》等规章制度。抗战形势紧张后，为保护碑林藏石尽心竭力，领导管委会对《开成石经》《石台孝经》及唐代名碑，以土坯铺泥包裹，外用青砖砌固，将《鸳鸯七志斋藏石》于碑林东院挖坑深埋，并将《熹平石经・周易》残石亲自护送至富平老家，秘藏于一枯井中。此外，还主持将陕西考古会所藏宝鸡斗鸡台发掘品及其他文物，挖坑埋藏于考古会院内，使这些珍贵文物免遭兵燹毁损，体现了对祖国文化遗产的热爱和高度责任感。

参考资料：

陕西省档案馆藏西安碑林旧档
西安碑林博物馆藏西安碑林旧档
张鹏一《重修西安碑林记》碑文稿
富平县文史资料第十七辑《张扶万先生专辑》，1993 年

康耀辰

康耀辰（1879—1953），字乐山，原籍陕西城固，世居汉中，为当地望族，家学渊源。早年中秀才，就学于汉中汉南书院。清光绪二十九年（1902），考入三原宏道书院。光绪三十一年（1905），考取赴日本官费留学生，入日本东京高等师范学校学习地质博物馆专业。在日期间结识孙中山，加入同盟会。1913 年学成回国，旋即受北京政府教育部委派，重返日本考察实业和教育。1917 年回陕，先后任教于陕西省立一中、省立二中、省立三中，曾任校长、省视学。1922 年返回故乡，任汉中联立中学校长，致力于地方教育。1937 年，出任陕西省教育厅督查专员。次年，受聘于西北联大（时校址在城固、南郑），任生物系教授。1942 年出任陕西省立图书馆（时称西京图书馆）馆长。

1944 年 6 月，康耀辰受命筹建陕西省历史博物馆，并出任馆长，馆址设在西安碑林。上任后接收西安孔庙及孔庙文物、碑石。当年 10 月，他呈书省教育厅提出建馆计划，建议陕西省历史博物馆由古文化研究部、地质矿产部、植物园、动物园、农产物及家畜部、新式工艺部等 6 部分组成，即建立一个集历史、地矿、自然、科技于一身的综合性博物馆。如此宏大计划在当时似不合时宜，却反映出他对陕西博物馆事业合乎世界潮流的思考。当年底，康耀辰辞职返回汉中，任教于汉中中学。中华人民共和国成立后，曾任陕西省文史馆馆员。1953 年夏病逝于汉中。

康耀辰毕生以科学教育和社会文化为事业，著述甚丰，有与教育和实业相关的《日本教育考察记》《日本实业考察记》《陕西省联合县立汉中中学校志》，有与地质矿产相关的《梁山煤矿调查记》《梁山化石考察记》《留坝大坝沟铁矿调查记》《城固盐井坝盐沙矿考察记》《天台山地质矿产考察记》，以及《毕原考古记》《陕西关中道历史博物馆考察记》等文物博物馆著作。作为陕西地区第一所博物馆——陕西省历史博物馆的第一任馆长，他是陕西博物馆事业的拓荒者和标志性的人物。

参考资料：

陕西省档案馆藏碑林旧档

西安碑林博物馆藏碑林旧档

《陕西省图书馆馆史》，陕西省图书馆《馆史》组编，陕西人民教育出版社，1989 年

《陕西省图书馆馆史》上册，谢林主编、梁经旭撰稿，三秦出版社，2009 年

冯岁平《康耀辰事迹补考》，《文博》1999 年 3 期

张礼智《康耀辰与陕西省历史博物馆》，《碑林》集刊第十九辑，三秦出版社，2013 年

曹仲谦

曹仲谦（1880—1959），字符谦，陕西长安县（今西安市长安区）王曲镇人。其父曹建业，号勤斋，曾受业于名儒刘古愚门下，交游甚广，收藏颇丰。仲谦自幼耳濡目染，倾心于古物金石。清光绪三十四年（1908），毕业于陕西两级师范学堂优级选科博物科。旋考取官费赴日留学生，入东京同文书院学习地质博物馆学。宣统三年（1911）学成回国，曾任教于省立一中、省立二中、省立三中。1929 年宋联奎主持纂修《咸宁长安两县续志》，他被聘为分纂。民国二十三年（1934）宋联奎任陕西通志馆馆长，主持纂修《续修陕西通志稿》，又聘他为通志馆文牍。

1938 年 5 月，整修西安碑林工程完竣，西安碑林管理委员会成立，曹仲谦任该会主任干事，协助主任委员张鹏一处理日常会务。抗战时期，为避免日寇空袭破坏，1939 年 8—10 月，西安碑林管理委员会对碑林第一室《石台孝经》碑，第二室《开成石经》全部，第三室唐代名碑全部，采取防护措施。时张鹏一年迈避居富平，此工程由曹仲谦具体负责实施，将碑石以土坯铺泥四面包裹，用青砖砌固，展室四周窗心用青砖砌封。1940 年 6 月，又主持将原计划运至眉县埋藏的《鸳鸯七志斋藏石》之大部，就地挖坑深埋于碑林东院。1945 年 4 月，接替康耀辰任陕西省历史博物馆馆长。上任后主持制定《陕西省历史博物馆组织规程》《工作大纲》《设计委员会组织规程》《研究委员会组织规程》等多种规章制度，设置机构，馆务进入正轨。任馆长期间，该馆于 1947 年将唐《马璘残碑》、五代后周《重修文昌台残碑》等碑石，由社会路原清布政司署迁置西安碑林。当年 8—9 月，将埋藏于碑林东院的《鸳鸯七志

斋藏石》全部起出，重新嵌置于第八室楼下。1948 年 6—7 月，将原新城小碑林所藏碑石汉《武都太守等题名残碑》、唐《颜卿礼碑》等 38 种移置西安碑林。在研究方面，其任职期间，该馆铅印出版了《西京碑林藏石目录》《陕西省历史博物馆概况及藏品照片册》，并完成《鸳鸯七志斋藏石》的录文，编成《鸳鸯七志斋志石汇编》（曾出油印本）。

1949 年 5 月，中国人民解放军占领西安。7 月，西安市军管会接收陕西省历史博物馆，曹仲谦留任馆长。1950 年 5 月，改馆名为西北历史文物陈列馆，隶属西北军政委员会文化部，仍担任馆长。1952 年 7 月，调西安市文史研究馆任馆员、副馆长。他供职于西安碑林和陕西省历史博物馆十余年，勤勉务实，恭谨谦虚，在当时人力、物力极端困难的条件下，做了大量实际工作，为陕西早期博物馆事业做出了重要贡献。曹仲谦有志于文物博物馆事业，精于版本目录之学，工书，能诗，善治印，富于金石书画和古籍善本的收藏。1952 年，他将毕生收集的 18000 余册藏书，无偿捐献给西安市文史研究馆。1959 年，病逝于西安。

参考资料：

陕西省档案馆藏西安碑林旧档

西安碑林博物馆藏西安碑林旧档

翁维谦《曹仲谦先生略传》，载《碑林文史资料》第五辑，政协西安市碑林区委员会编，1990 年

《碑林区志》，三秦出版社，2003 年

《陕西省志 · 文化艺术志》，陕西人民出版社，2005 年

书评与推荐

编辑案语

1998 年《西安碑林史》出版后，西安出版社曾以此书参加第四届（1999 年）中国国家图书奖评选，并邀约专家撰写书评和推荐书。虽然《西安碑林史》最终与这项优中选优、万里挑一的国家图书奖无缘，却收获了诸多知名学者对此书之选题与内容的充分肯定和中肯评价。对于一本学术著作而言，这比获奖本身更有意义。值《西安碑林史》修订再版之际，将当年的这些书评和推荐书，汇录于此，想必会对读者有所帮助，并借此对已经仙逝的史念海先生、黄永年先生表示深切的怀念，对曾关心西安碑林、关心祖国文化遗产的各位先生表示由衷的敬意。

读《西安碑林史》

石兴邦

最近，我从西安出版界获知一个令人欣喜的信息，这就是路远同志所著《西安碑林史》一书，已由西安出版社付梓问世。当我翻阅了这本书的章章节节后，深感这是一部严肃的科学论著，它的出版，是西安碑林研究带有里程碑意义的一件大事。

西安碑林是驰誉中外的一座历史文化宝库，这里收藏着上起汉代、下至民国数以千计的碑石、墓志和石刻艺术珍品。

碑林的历史，从唐末五代初第一次迁置保护《开成石经》起，已千年有余。其间沧桑世变，碑石聚散，不知凡几，幸赖历代前贤不断搜求、保护、庋藏，追前启后，代代相续，遂积累而成此辉耀千古的文化宝库。然而，这样珍贵的历史文化载体，长期以来缺乏完整系统的历史记述，即对碑林在千余年间形成和发展沿革的历史这一研究课题，未得到足够的重视，人们只知赞赏文物之精美而不知其所以萃集之由。幸有路远同志以强烈的历史使命感，毅然选择这一重要课题，数年来孜孜不懈，勤恳耕耘，钩沉索隐，考核稽实，终于为我们献上了第一部系统研究西安碑林历史的学术专著。

《西安碑林史》一书，以30余万字的篇幅，向我们清晰而系统地展示了碑林形成和发展演变的历史过程，起点高，视野宽，考述精当，取得了超迈前人的成绩。

第一，作者在构筑这一学术工程时，采用了时序与事件相结合的体制框架，以时代为经，以历史事件为体，围绕历史上治乱交替的时空主轴，来加以考察和论述，体例合宜，结构严谨，层次分明，主次有序。在探讨研究对象时，采用多维研究方式，将综合研究、个案研究和专题研究相互结合，依据大量史料，旁征博引，有论、有史，有据，最后达到历史与逻辑的统一。可以说，《西安碑林史》是以严肃的科学态度和严密的科学方法写出的一部值得信赖的高水平的信史。

第二，作者能从宏观视野出发，将西安碑林置于世界文化和中国文化的总框架中加以认识。在《绪论》中，他先从宏观上对碑石刻铭这一人类共有的历史文化现象予以概述，通过与世界各古代文明中心的碑石刻铭作横向比较，归纳出中国古代碑刻的源流和特点，并在此基础上阐述西安碑林的历史地位。这样，就把碑林史这一微观的局部，与中华民族五千年的文明史，乃至整个人类的文明史联系了起来，在作者笔下，西安碑林史不是孤立的，它是中国文化史和世界文化史一个有机的组成部分。包括碑林藏石在内的中国古代碑刻，是与中国社会历史发展相适应而产生的特殊的文化产品，是与长期封建社会及其意识形态紧密相连的，是随着社会的发展而发展并形成体系的。碑刻不论是标彰经义，还是记事颂德，还是单纯作为书法艺术的载体，都是在适应中国社会文化模式之需要，这就是中国古代碑刻之所以特别发展的原因所在。读者能明乎此义，就对西安碑林的学术价值和历史意义有了正确的认识。

第三，作者在考察碑林史的过程中，搜集和占有资料的范围很广，除了与碑林历史有关的历代记事碑文，他还在历代金石著作、地方史志以及民国时期的碑林档案中广泛搜寻相关资料，而且对这些原始资料驾驭和处置得很得当，并能注意在探讨不同时期碑林历史状况时，与当时所处的历史背景结合起来加以考察。比如，有关唐末至北宋碑林形成时期的史料很少，而且记载有相互矛盾的地方，作者把自己对有关碑文资料的理解与对当时历史背景的分析结合起来，加以合乎逻辑的推论，基本上理清了碑林形成时期历史的大致轮廓。尤其是他不受几乎已成定论的传统观点的束缚，结合北宋时期三次兴学的背景，提出并论证了唐石经曾三度迁置之说，即唐石经是北宋崇宁二年（1103 年）与文庙、府学一同迁至碑林现址的，纠正了所谓元祐二年（1087 年）迁至碑林现址的明清以来的传统观点。至于碑林形成之后的发展沿革，作者以历代碑林的整修、藏石的变化以及建筑面貌和陈列形式等方面，对碑林进行了全面考察，脉络、层次可谓清晰。特别值得一提的是，碑林在民国时期这段历史，几十年来由于政治的原因，涉足者很少，作者为恢复这段历史的本来面目，查阅了大量民国时期的碑林旧档案，对1937—1938年大规模整修碑林的始末，当时的西安碑林管理委员会和陕西省历史博物馆为保护碑林所做的贡献，进行了客观的记述和恰当的评价，这也是做了前人未做和做得不够的工作。

总之，《西安碑林史》是一部高水平、见功力的学术专著，它的出版，必然会引起学术界的重视。我还希望本书作者在自己的学术道路上锲而不舍，再创佳绩。

（见1999年3月17日《中国文物报》）

西安碑林史研究的丰碑

——评《西安碑林史》

周伟洲

西安碑林是中国著名的历史文化宝库之一，素有中国最大石质书库、古代书法、石刻艺术宝库的称誉，对于研究中国传统文化，包括史学、经学、书法、绘画、雕塑、中外文化交流等方面，均有极高的价值。而西安碑林本身发展的历史，也有九百多年。这同样是一笔丰厚的文化遗产。从某种意义上讲，它也是中国绵延不断的传统文化发展的一个缩影。因此，研究西安碑林史的意义，绝不亚于对碑林所藏碑石的研究。只是过去我们对碑林史研究认识不足，除了有少量的碑林史论文发表外，还没有一部详尽的科学的著作。

然而，这种情况终于有所改变。去年八月，西安出版社出版了由西安碑林博物馆路远撰写的《西安碑林史》一书。笔者拜读此书后，掩卷深思，甚感此书对西安碑林的历史研究，既全面、系统，又深入、细致。作者学风严谨朴实，文字通俗流畅，在文化遗产研究方面，属上乘之作。

《西安碑林史》一书最突出的优点是摒弃了过去就碑林论述碑林史的局限，它将碑林史置于世界和中国历史文化发展总的趋势中去认识和分析。书中绪论及各章的开头部分，均论述了当时的历史背景，如王朝更迭、政治变乱、吏治清浊、民族矛盾、自然灾害等，凡是对碑林发展有影响的各种社会和自然因素，均在作者的视野之中。特别是碑林从其创建始，始终是与府学（明以后还有县学）及文庙结合为一体，历代整修府学、文庙均与碑林有关。因而，碑林本身就与历代中国传统文化息息相关，如果没有历代传统文化的发展变迁，就不会有碑林的存在和发展。

其次，碑林历史长达九百余年，如果从唐末首次迁移《开成石经》算起，更有千余年的历史。而有关碑林史上许多重大事件和问题，如今已模糊不清，以致于众说纷纭。《西安碑林史》的撰者从大量的史料入手，爬梳整理，钩沉探微，基本上解决了碑林史上的一些重大问题。如是唐天祐元年至三年（904—906）佑国军节度使韩建，还是后梁开平三年（909）永平军节度使刘鄩，迁缩建后长安城外的《开成石经》入城内“尚书省之西隅”的？作者经过缜密的考证后，认为两人任职相差仅两年，应是任职仅两年的韩建先迁了石经的一部分，最后由镇守长安的刘鄩最终完成。

作者之所以能在书中对碑林史的研究达到较高的水平和取得丰硕的成果，除了本身的学术水平和三年的勤奋努力之外，还与他广泛收集整理有关碑林各种史料有关。他先后收集整理了历代整修府学、文庙和碑林的记事碑文，花费了大量的精力和心血，将这些碑文标点、著录，作为附录，置于全书之末，以为后人作继续研究。同时，作者还查阅了大量金石著作、地方史志和碑林旧档案。毕三年之苦功，再现碑林千余年之历史真面目，其功甚伟。

（见 1999 年 3 月 12 日《光明日报》）

《西安碑林史》折射古代文化

宋镇豪

八十年代初，香港中文大学著名教授饶宗颐先生，在所撰《法国远东学院藏唐宋墓志拓本图录引言》一文中曾指出："向来谈文献学（philology）者，辄甲骨、简牍、敦煌写卷、档案四者为新出史料之渊薮。余谓宜增入碑志为五大类，碑志之文，多与史传相表里，阐幽表微，补缺正误，前贤论之详矣。"碑志对于经学、金石考古学、碑学、文字学、书法艺术史、美术雕塑史、文物鉴赏等等的探讨，亦均具有很重要的意义，在中国古代文化史上的地位不容低估。居全国收藏碑志之冠的西安碑林，珍藏着汉至民国各代碑志刻石达2500余通，名碑名刻难以尽数，碑院建筑古典风貌犹存。

但有关西安碑林本身历史沿革的考索，长期以来却显得相当薄弱，总让人感到一种尴尬的缺憾。可喜的是，最近路远同志著《西安碑林史》一书出版，填补了空白。全书从唐石经的迁置与北宋碑林的最初形成，金元时期的碑林、明代的碑林、清代的碑林、民国时期的碑林、今日的碑林等六个方面，详细勾勒出其间大约千年的兴衰升沉史。此书精彩之阐述随处可见，如书中有关历代碑林的规模布局、建筑设置和历史上数以多记的碑林重修事委，以及各代碑林藏石目录的详细变化表，若干名碑残石流迁入藏碑林的经过等等，娓娓道出，读来余韵隽永。本书还有以下特色：

一是本书注重于碑林在中国文化史上的独特影响和作用，把视点定格在有机结合传统儒学升沉史的运作氛围中，提高了全书的知识性和可读性。

从一定意义上说，碑林乃是儒学经学文化的产物。碑林的文化迁延，也常常直接紧随历代政治气候的变幻及儒学经学发展的升沉而相起伏。考察碑林的沿革与变迁，作者正是试图从儒学经学文化断代史的角度，进行纵向与横向两方面相兼的立体式阐述。从全书可以看出，作者还是取得了一定的成功，中国古代经学史经历了经学——理学——金石学（碑学）的发展途径，碑林的鼎盛与兴衰，自与之休戚相关。

二是本书注重于文献、碑志、碑林及陕西省档案馆新旧档案资料等等的利用，特别注意发掘碑林碑志和题跋的原始材料，提高了本书在史料上的系统性、著述上的学术性和史著定位。

本书属于实证性史著，必须有信史的著述意识，要注意避免一切不实之辞，但由于历朝碑林史料不齐，这就决定了本书需要进行全面系统的学术考证，并且考证的方法和途径也会受限于各朝材料的制约而异。作者想方设法通过各种手段，在吸收前人成果基础上，努力钩沉索颐，收到了良好的效果。书中对历朝碑林入藏碑石的考索即是显示这方面功力的例子。

书中还分别详列了历朝藏石的一览表和一批名碑名刻的照片，使得内容更为翔实可信。再如历朝对碑林的整修，作者不仅细细考证了各次整修背景与原委，还考证了因整修而出现的建筑形式面貌的变化，这对于研究中国古代建筑史也会有所补益。书后附 37 种历朝重修碑林的有关碑记原文，上起北宋（962 年），下至民国（1938 年），具有很高的史料价值，蒐集抄录殊属不易，其中甘苦可以想见，亦大大加强了本书的学术意蕴。

本书也有某些不足，如经学史上一些人文活动史实及儒学政治升沉内涵对碑林沿革史与碑林碑石入藏史的影响，科举制度与碑林之关系等等，尚可深挖，但本书作为第一部碑林史专著，在学术性和可读性方面必能有惠于学林，故谨向大家推荐。

（见 1999 年 3 月 24 日《中华读书报》）

《西安碑林史》读后

辛德勇

在我国现有的历史文化类博物馆当中，有许多博物馆本身就有着悠久而又丰富的历史。相形之下，却很少能够看到详细研究这些博物馆的著述。随着社会公众文化需求的提高，简单的导游性的导游手册以及华过于实的图片集之类的读物，已无法满足人们的需要。近日读到路远著《西安碑林史》，感到在这方面的研究中有了一个令人欣喜的开端。读过此书后的第一个印象就是，此书内容非常详臻、平实。“平实”二字说起来简单，做起来却常常有人办不到。这首先是要花力气广泛搜集资料，再本着实事求是的精神做出科学的分析。《西安碑林史》一书在这两方面都做出了很好的努力，所以它体现出很深的学术深度，准确地反映了西安碑林自唐代以来的整个发展历程。例如在西安碑林的早期阶段，前后有过三次位置迁移，第一次是五代时期，第二次是在北宋哲宗元祐二年（1087 年），第三次是在北宋徽宗崇宁二年（1103 年），至此才迁至今西安碑林所在的地方。然而前人在研究碑林历史时，却都未能认真分析相关史料，错误地把碑林迁至今址的时间定在宋哲宗元祐二年，并曾在 1987 年举行了隆重的碑林建成九百周年纪念活动。我在 1993 年发表过一篇短文，提出了这一错误。文章本来发表在海外一份很不显眼的刊物上，路远先生这次撰写《西安碑林史》，却也注意到了这篇文章，并在一一仔细审核原始记载后，肯定并采用了拙见。在历史学研究中，仔细审辨史料记载并充分利用已有成果，虽然是自然而然的事情，但在牵涉到研究者本人某些利害关系时，却常常出现偏差。而路远先生虽然供职于碑林，却能够不拘于世俗的利害见解，勇于实事求是地处理这一问题，充分反映出作者严谨求实的治学作风，是值得称赞的。

史料丰富，考证严密，是读后感受到的又一印象。研究碑林这座有上千年历史的博物馆，如果没有充足的史料研究就无从谈起。为此，作者花费了数年的精力和心血，把涉及碑林的史料如历代整修府学、文庙和碑林的记事碑文、金石著作、地方史志以及碑林旧档，无不悉心搜罗，加以利用。这种严谨的治学方法，与目下那种信手抄撮而来的学术著作有天壤之别。占有史料之后，最重要的就是考证。如何恢复碑林历史上的本来面目，成为作者不断努力证明与探讨的一个问题。作者从大量史料入手，通过对当时历史背景的分析，再加上自己合乎逻辑的推理，对涉及碑林历史的一些重大问题，如第一次迁置唐石经是节度使韩建还是节度使刘鄩、“正大辛卯迁徙”的真实情况如何等一系列问题，都做了缜密细微的考证，言之有据，令人信服。

（见 1999 年 4 月 1 日《西安日报》）

推荐书

西安出版社出版的路远所著《西安碑林史》一书，其选题十分重要，这是迄今第一部系统研究西安碑林历史的学术专著。中国古代碑刻数量巨大，内涵丰富，历来受到学者珍视，具有与官修和私撰的古籍同样重要的文献价值，不仅是历史学、考古学、古文字学、古文献学重要的研究对象，也为其他多种学科的研究提供丰富的实物资料。而西安碑林不仅所藏古代碑刻的数量和质量在全国首屈一指，其本身的历史也相当久远，在中国文化史上有着重要地位。这笔文化财富是唐末五代以来我们祖先一代一代积累起来的，所以对千余年来碑林形成和发展历史的研究，意义重大。

本书作者在广泛占有资料的基础上，爬梳缕析，索隐钩沉，对唐末至北宋碑林的形成过程及形成后各历史时期碑林的整修、藏石、建筑和陈列形式，进行了全面考述，既汲取前贤的研究成果，又有自己独到的见解，脉络清晰，层次分明，文笔通俗流畅，勾勒出西安碑林历史沿革的基本轮廓，反映了西安碑林研究的最新成果。

本书的学术价值还在于其资料性强。凡可以得到的与碑林历史相关的史料，如历代整修碑文、金石著作、地方史志及碑林旧档，作者均加以利用，并将有关碑刻资料附录于正文之后，既是自己立论的依据，又为后人进一步研究提供素材。

另外，本书不仅内容好，学术价值高，而且封面和版式的设计，编校和印刷的质量，亦属上乘，是作者和出版者共同为祖国文化遗产的整理和研究做出的一大贡献。鉴于此，我推荐《西安碑林史》一书参加国家图书奖的评审。

陕西师范大学教授　史念海

1999年3月1日

推荐书

西安的碑林，从创建至今已有上千年的历史，所收藏的碑刻无论从数量以至质量均堪称海内第一。但多年来未见有为之撰写专史者。今路远副研究员撰成《西安碑林史》，由西安出版社刊行问世，实起填补空白作用，为学术界一大盛事。

此书之学术价值，在于史料丰富，且考订精密。举凡关涉碑林之史料，为赵宋以来之石刻文字与夫文献记述，下及民国时期之档案文书，无不悉心搜罗，以臻完备，其中多有寻常不易窥见、至可珍贵之物。说明路君在文献学、碑刻学上确有极为深厚之功力，与时下信手抄撮，敷衍以成书者，有上下床之别。

史料具备，贵在考订。路君此书考订之精密，在在可见。如金元时期碑林之记述，向付阙如，此书采集残存碑刻，更据近年整理出版之《类编长安志》，考得其时藏石细目。朱明时通常但知有嘉靖三十四年关中大地震之破坏，而此书能详考其先后成化、嘉靖、万历之多次整修，并详考《石墨镌华》所记藏碑之下落。凡此种种考订，在今日学术界亦均堪称上选。

以此，路君此书实是一高水平之学术专著。欲知碑林史实，以至涉足我国碑刻之学，此书是必备必读之佳作。

西安出版社刊印此三十余万字之专著，编审校勘认真，设计印制美观，为学术界提供精品，亦殊可嘉尚。

谨推荐路君此书参加第四届国家图书奖。

陕西师范大学教授　黄永年

1999 年 1 月 31 日

推荐书

西安碑林有近千年的历史，拥有三千余藏石，可以说是中国古代文化艺术的宝库，是名副其实的石刻精品荟萃之地，对于中国这一最大的石质书库，学术界很早就想探寻它的历史奥秘，但是，苦于见不到全面系统地研究、介绍它的专著。西安出版社出版的、由路远所著《西安碑林史》，补上了学术研究领域的一项空白，它也是国内为碑林写史的第一部专著。

《西安碑林史》是作者路远先生多年钻研的心血结晶。本书对西安碑林进行了深入、细致多方面的研究。从纵的方面讲，作者在广泛占有资料的基础上，不仅清理了西安碑林自唐末五代至中华人民共和国千余年的历史沿革，而且对有关西安碑林的许多疑点、难点问题进行缜密的考证，纠正了许多谬说，澄清了许多疑点。特别是对金、元少数民族政权对碑林的整修，对藏石的梳理，以及实事求是地对民国时期碑林情况的描述，对解放后碑林新面貌的介绍，更加全面地勾勒出西安碑林的完整轮廓，说明了西安碑林是中华各族人民共同创造的文化宝库，反映了西安碑林史研究的最新成果。从横的方面讲，作者在书中对历代石刻珍品有选择地作了介绍，说明那些石刻珍品，对研究中国优秀传统文化，包括文学、史学、经学、书法、绘画、雕塑、中外文化交流等方面，都具有极高的学术价值。作者在介绍这些石刻精品时，不仅吸收了前人的研究成果，也显示了作者的独到功力，独到见解，使读者认识到西安碑林为不同领域的研究者提供了难得的珍贵资料，西安碑林以其丰富的内涵在中国文化史中具有不可替代的地位。可以这样说，书中收录的历代藏石目录、图表及书后的两个附录，对于研究西安碑林都有很高的实用价值。

《西安碑林史》文笔流畅，层次分明，深入浅出，雅俗共赏，且印制精良，封面设计厚重大方，版式设计独具匠心。总之，本书从形式到内容都堪称上乘之作，既是一部具有较高学术价值的史学专著，也是一本图文并茂的优秀图书，特此推荐。

河南大学教授　朱绍侯

1999年1月29日于开封

参考书目

《史记》〔西汉〕司马迁著，中华书局点校本，1959 年

《汉书》〔东汉〕班固著，中华书局点校本，1962 年

《后汉书》〔刘宋〕范晔撰，中华书局点校本，1965 年

《晋书》〔唐〕房玄龄等撰，中华书局点校本，1974 年

《魏书》〔北齐〕魏收等撰，中华书局点校本，1974 年

《周书》〔唐〕令狐德棻等撰，中华书局点校本，1971 年

《隋书》〔唐〕魏徵等撰，中华书局点校本，1973 年

《旧唐书》〔后晋〕刘昫等撰，中华书局点校本，1975 年

《新唐书》〔北宋〕欧阳修等撰，中华书局点校本，1975 年

《旧五代史》〔北宋〕薛居正等撰，中华书局点校本，1976 年

《新五代史》〔北宋〕欧阳修等撰，中华书局点校本，1974 年

《宋史》〔元〕脱脱等撰，中华书局点校本，1977 年

《金史》〔元〕脱脱等撰，中华书局点校本，1975 年

《元史》〔明〕宋濂等撰，中华书局点校本，1976 年

《明史》〔清〕张廷玉等撰，中华书局点校本，1974 年

《清史稿》〔民国〕赵尔巽等撰， 中华书局点校本，1998 年

《资治通鉴》〔宋〕司马光编著，〔元〕胡三省音注，中华书局，1956 年

《封氏闻见记》〔唐〕封演著，上海古籍出版社影印文渊阁《四库全书》本，1987 年

《建康实录》〔唐〕许嵩撰，张忱石点校，中华书局，1986 年

《唐会要》〔北宋〕王溥撰，中华书局，1955 年

《册府元龟》〔北宋〕王钦若、杨亿、孙奭等编修，中华书局，1960 年

《通典》〔唐〕杜佑撰，中华书局点校本，1984 年

《续通典》〔清〕嵇璜、刘墉等编撰，浙江古籍出版社，2000 年

《文献通考》〔南宋〕马端临编撰，中华书局点校本，1986 年

《太平寰宇记》〔北宋〕乐史编撰，上海古籍出版社影印文渊阁《四库全书》本，1987 年

《元丰九域志》〔北宋〕王存等编撰，中华书局点校本，1984 年

《东都事略》〔南宋〕王称撰，齐鲁书社，2000 年

《北宋经抚年表》 吴廷燮编撰，见二十五史刊行委员会编《二十五史补编》第六册，中华书局，1955 年

《宋大臣年表》〔清〕万斯同编撰，见二十五史刊行委员会编《二十五史补编》第六册，中华书局，1955 年

《金方镇年表》 吴廷燮编撰，见二十五史刊行委员会编《二十五史补编》第六册，中华书局，1955 年

《元行省丞相平章政事年表》 吴廷燮编撰，见二十五史刊行委员会编《二十五史补编》第六册，中华书局，1955 年

《元朝名臣事略》〔元〕苏天爵辑撰，中华书局，1996 年

《元儒考略》〔明〕冯从吾编撰，上海古籍出版社影印文渊阁《四库全书》本，1987 年

《元史类编》〔清〕邵戒山编撰，台北文海出版社，1988 年

《元史新编》〔清〕魏源编撰，收入《魏源全集》，岳麓书社，2004 年

《明太祖实录》 中研院史语所校勘本，上海书店，1982 年

《明督抚年表》 吴廷燮编撰，见二十五史刊行委员会编《二十五史补编》第六册，中华书局，1955 年

《国朝列卿纪》〔明〕雷礼编撰，上海古籍出版社影印之《续修四库全书》本，2002 年

《今献备遗》〔明〕项笃寿编撰，上海古籍出版社影印文渊阁《四库全书》本，1987 年

《国朝献徵录》〔明〕焦竑辑，上海古籍出版社影印之《续修四库全书》本，2002 年

《碑传集》〔清〕钱仪吉纂，中华书局，1993 年

《续碑传集》〔清〕缪荃孙纂录，台北文海出版社影印江楚编译书局本，1966 年

《碑传集三编》〔清〕汪兆镛纂录，台北明文书局影印微尚斋刊本，1966 年

《中华民国史事件人物录》 黄美真主编，上海人民出版社，1987 年

《民国史资料丛稿 · 人物传记》 中国社科院近代史所民国史研究室编，中华书局，1988 年

《中国国民党历史事件人物辑录》 马齐彬等编，解放军出版社，1988 年

《民国人物大辞典》 徐友春主编，河北人民出版社，1991 年

《水经注》〔北魏〕郦道元著，陈桥驿点校，上海古籍出版社，1990 年

《两京新记辑校》〔唐〕韦述撰，辛德勇辑校，三秦出版社，2006 年

《长安志 · 长安志图》〔宋〕宋敏求撰，〔元〕李好文撰并图，台北成文出版社据民国二十年排印本影印，1985 年；三秦出版社 2013 年新出辛德勇、郎洁点校本

《雍录》〔宋〕程大昌撰，黄永年点校，中华书局，2002 年

《唐两京城坊考》〔清〕徐松撰，张穆校补，中华书局，1985 年

《增订唐两京城坊考》〔清〕徐松撰，李建超增订，三秦出版社，1996 年第一版，2006 年修订版

《游城南记 · 游城南 · 秦游日录》〔宋〕张礼、〔明〕赵崡、〔民国〕傅增湘著，陈元方等辑注，西安地图出版社，1989 年。

《游城南记校注》〔宋〕张礼撰，史念海、曹尔琴校注 ，三秦出版社，2006 年

《类编长安志》〔元〕骆天骧撰，黄永年点校，中华书局，1990 年

嘉靖本《陕西通志》〔明〕赵廷瑞修，马理、吕柟纂，三秦出版社点校本，2006 年

雍正本《陕西通志》〔清〕刘於义等修，沈青崖等纂，雍正十三年刻印，上海古籍出版社影印文渊阁《四库全书》本，1987 年

康熙本《咸宁县志》〔清〕黄家鼎修，陈大经、杨生芝纂，康熙七年刊本

《关中胜迹图志》〔清〕毕沅撰，乾隆四十四年刊印，上海古籍出版社影印文渊阁《四库全书》本，1987 年

乾隆本《西安府志》〔清〕舒其绅等修，严长明等纂，乾隆四十四年刊本， 台北成文出版社据民国二十年排印本影印，1985 年

嘉庆本《咸宁县志》〔清〕高廷法修，董佑诚等纂，嘉庆二十四年刻印，台北成文出版社据民国二十五年重印本影印，1985 年

嘉庆本《长安县志》〔清〕张聪贤修，董曾臣等纂，嘉庆十七年刻印，台北成文出版社据民国二十五年重印本影印，1985年

民国《续修陕西通志稿》〔民国〕杨虎城、邵力子修，宋伯鲁、吴廷锡纂， 1934年排印本

民国《咸宁长安两县续志》〔民国〕翁柽修，宋联奎纂，1936年排印本

《集古录跋尾》〔北宋〕欧阳修著，见《石刻史料新编》第一辑第24册，台北新文丰出版公司影印出版，1979年[①]

《金石录》〔北宋〕赵明诚著，见《石刻史料新编》第一辑第12册

《集古录目》〔北宋〕欧阳棐著，见《石刻史料新编》第一辑第24册

《隶释》〔北宋〕洪适著，见《石刻史料新编》第一辑第9册

《隶续》〔北宋〕洪适著，见《石刻史料新编》第一辑第10册

《通志·金石略》〔南宋〕郑樵著，见《石刻史料新编》第一辑第24册

《宝刻丛编》〔南宋〕陈思著，见《石刻史料新编》第一辑第24册

《宝刻类编》〔南宋〕佚名，见《石刻史料新编》第一辑第24册

《东观余论》〔北宋〕黄伯思著，见《石刻史料新编》第三辑第40册

《广川书跋》〔北宋〕董逌著，见《石刻史料新编》第三辑第38册

《金石例》〔元〕潘昂霄著，见《石刻史料新编》第三辑第39册

《类编长安志》卷十《石刻》〔元〕骆天骧著，黄永年点校，中华书局，1990年

《金薤琳琅》〔明〕都穆著，见《石刻史料新编》第一辑第10册

《石墨镌华》〔明〕赵崡著，见《石刻史料新编》第一辑第25册

《金石史》〔明〕郭宗昌著，见《石刻史料新编》第三辑第39册

《金石文字记》〔清〕顾炎武著，见《石刻史料新编》第一辑第12册

《曝书亭金石文字跋尾》〔清〕朱彝尊著，见《石刻史料新编》第一辑第25册

①笔者参阅之金石著作，绝大部分见于台北新文丰出版公司影印出版的《石刻史料新编》。这部资料汇编已出版四辑，第一辑30册，102种，1979年；第二辑20册，242种，1979年；第三辑40册，700余种，1986年；第四辑10册，78种，2006年。以下各金石书只列其所在辑数册数，不再重复出版单位和版别。

《潜研堂金石文字跋尾》〔清〕钱大昕著，见《石刻史料新编》第一辑第25册

《雍州金石记》〔清〕朱枫著，见《石刻史料新编》第一辑第23册

《来斋金石刻考略》〔清〕林侗著，见《石刻史料新编》第二辑第8册

《关中金石记》〔清〕毕沅著，见《石刻史料新编》第二辑第14册

《寰宇访碑录》〔清〕孙星衍著，见《石刻史料新编》第一辑第26、27册

《金石萃编》〔清〕王昶著，见《石刻史料新编》第一辑第1-4册

《金石续编》〔清〕陆耀遹著，见《石刻史料新编》第一辑第4-5册

《金石萃编未刻稿》〔清〕罗振玉著，见《石刻史料新编》第一辑第5册

《授堂金石跋》〔清〕武亿著，见《石刻史料新编》第一辑第25册

《八琼室金石补正》〔清〕陆增祥著，见《石刻史料新编》第一辑第6-8册

《关中金石文字存逸考》〔清〕毛凤枝著，见《石刻史料新编》第一辑第14册

《关中石刻文字新编》〔清〕毛凤枝著，见《石刻史料新编》第一辑第22册

《陕西金石志》〔民国〕武树善编纂，即民国《续修陕西通志稿》之《金石志》三十二卷的单行本，铅印，1934年

《语石》〔民国〕叶昌炽撰，王其祎校点，辽宁教育出版社，1998年

《语石·语石异同评》〔民国〕叶昌炽撰，柯昌泗评，中华书局，1994年

《增订碑别字》 罗振鋆、罗振玉辑，上虞罗氏石印本，1928年；1957年文字改革出版社再版

《历代石经考》 张国淦著，哈佛燕京学社，1930年

《景教碑考》 冯承钧著，商务印书馆，1931年

《金石书录目》 容媛著，1936年中研院史语所初版，1981年台北中研院史语所再版。

《金石学》 朱剑心著，商务印书馆，1940年；文物出版社1981年再版

《石刻题跋索引》 杨殿珣编，商务印书馆，1941年初版，1957年、1995年二度修订再版

《凡将斋金石丛稿》 马衡著，中华书局，1977年

《金石论丛》 岑仲勉著，上海古籍出版社，1981年

《郎官石柱题名新考订》 岑仲勉著，上海古籍出版社，1984 年

《增补校碑随笔》 方若原著，王壮弘增补，上海书画出版社，1981 年；2008 年上海书店出版社修订再版

《碑帖叙录》 杨震方编著，上海古籍出版社，1982 年

《秦汉碑述》 袁维春撰，北京工艺美术出版社，1990 年

《陕西石刻文献目录集存》 陕西省古籍整理办公室编，李慧主编，三秦出版社，1990 年

《宋代著录石刻纂注》 刘昭瑞著，北京图书馆出版社，2006 年

《全唐文》〔清〕董诰、阮元、徐松等编纂，嘉庆二十四年刻印，中华书局据嘉庆本影印，1983 年

《法书要录》〔唐〕张彦远编纂，刘石校点，辽宁教育出版社，1998 年

《宣和书谱》〔北宋〕佚名，上海古籍出版社影印文渊阁《四库全书》本，1987 年

《苏轼全集》〔北宋〕苏轼著，上海古籍出版社，2000 年

《山谷集》〔北宋〕黄庭坚著，上海古籍出版社影印文渊阁《四库全书》本，1987 年

《宝章待访录》〔北宋〕米芾著，上海古籍出版社影印文渊阁《四库全书》本，1987 年

《道山清话》〔北宋〕王暐著，上海古籍出版社影印文渊阁《四库全书》本，1987 年

《能改斋漫录》〔北宋〕吴曾著，上海古籍出版社，1960 年

《中州集》〔金〕元好问编纂，中华书局，1959 年

《金文最》〔清〕张金吾辑，中华书局，1990 年

《归潜志》〔元〕刘祁著，上海古籍出版社影印文渊阁《四库全书》本，1987 年

《清容居士集》〔元〕袁桷著，上海古籍出版社影印文渊阁《四库全书》本，1987 年

《寓庵集》〔元〕李庭著，上海古籍出版社影印之《续修四库全书》本，2002 年

《弇州续稿》〔明〕王世贞著，上海古籍出版社影印文渊阁本《四库全书》

本，1987 年

《日知录》〔清〕顾炎武著，周苏平、陈国庆点注，甘肃民族出版社，1997 年

《经学历史》〔清〕皮锡瑞著，周予同注释，中华书局，2004 年新版

《中国近三百年学术史》 梁启超著，东方出版社《中国文库》版，2004 年

《长安史迹考》〔日〕足立喜六著，杨炼译，商务印书馆，1935 年；2003 年三秦出版社出版王双怀、淡懿诚、贾云译本（书名《长安史迹研究》）

《考史游记》〔日〕桑原骘藏著，日本东京弘文堂刊行，昭和十七年（1942）

《唐代长安与西域文明》（燕京学报专号） 向达著，燕京大学哈佛燕京学社，1933 年初版；北京三联书店 1957 年新版

《陕西省图书馆所管碑林碑目》 陕西省图书馆编，铅印本，1914 年

《西京碑林》 张知道编，陕西省第一图书馆印行，1935 年

《西京碑林藏石目录》 陕西省历史博物馆编，铅印本，1947 年

《陕西省历史博物馆概况及藏品照片册》 陕西省历史博物馆编，铅印，1949 年

《中国古代石刻画选集》 王子云编，中国古典艺术出版社，1957 年

《陕西省博物馆藏石刻选集》 陕西省博物馆编，文物出版社，1957 年

《陕北东汉画像石刻选集》 陕西省博物馆、陕西省文物管理委员会编，文物出版社，1959 年

《西安历史述略》 武伯纶著，陕西人民出版社，1959 年第一版，1979 年修订版

《西安碑林》（附碑石目录） 陕西省文物管理委员会、陕西省博物馆编，内部铅印，1963 年

《唐陵石刻》 陕西省博物馆编，长安美术出版社，1963 年

《陕西历代碑石选辑》 陕西省博物馆编，陕西人民出版社，1979 年

《历代书法论文选》 上海书画出版社、华东师大古籍整理研究室选编，上海书画出版社，1979 年

《西安史话》 武伯纶、武复兴著，陕西人民出版社，1981 年

《陕西唐墓壁画、石椁线刻画、东汉画像石选集》 陕西省博物馆编，陕西人民美术出版社，1981 年

《西安碑林研究文稿汇编》(一) 陕西省博物馆碑林研究室编，内部铅印，1982 年

《陕西省博物馆》(大型图册) 陕西省博物馆编，文物出版社、日本讲谈社，1983 年

《书林藻鉴·书林记事》 马宗霍辑，文物出版社，1984 年

《西安碑林书法艺术》 李域铮、赵敏生、雷冰编著，陕西人民美术出版社，1983 年

《碑铭所见前秦至隋初的关中部族》 马长寿著，中华书局，1985 年；三秦出版社 2006 年再版

《陕西古代石雕刻(Ⅰ)》 王子云著，陕西人民美术出版社，1985 年

《林则徐年谱》(增订本) 来新夏编著，上海人民出版社，1985 年

《陕北东汉画像石——陕西古代美术巡礼之二》 陕西省博物馆编，陕西人民美术出版社，1985 年

《世界通史·上古部分》 周一良、吴玉廑主编，人民出版社，1962 年

《世界文明史·第一卷》〔美〕E. M. 伯恩斯著，罗经国等译，商务印书馆，1987 年

《考古学一百五十年》〔英〕格林·丹尼尔著，黄其煦译，文物出版社，1987 年

《古代西亚埃及美术》〔苏〕罗塞娃等著，严摩罕译，人民美术出版社，1985 年

《文字的产生与发展》〔苏〕B. A. 伊斯特林著，左少兴译，北京大学出版社，1987 年

《中东艺术史》(古代)〔埃及〕尼·伊·阿拉姆著，朱威烈等译，上海人民美术出版社，1985 年

《古代埃及艺术》 刘汝醴著，上海人民美术出版社，1985 年

《金石录校证》〔宋〕赵明诚著，金文明校证，上海书画出版社，1985 年

《北朝墓志英华》 张伯龄编，三秦出版社，1988 年

《中国历史地名辞典》 复旦大学历史地理研究所编，江西教育出版社，1988 年

《陕西省图书馆馆史》《陕西省图书馆馆史》编写组编，陕西教育出版社，

1989年

《陕西省图书馆馆史》（上册） 谢林主编，梁经旭撰稿，三秦出版社，2009年

《中国古都和文化》 史念海著，中华书局，1998年

《隋唐文化》（中华五千年文化系列） 王仁波主编，学林出版社，1991年

《隋唐五代墓志汇编·陕西卷》（四册） 吴钢、王仁波主编，天津古籍出版社，1991年

《隋唐两京丛考》 辛德勇著，三秦出版社，1991年；2006年作为《长安史迹丛书》之一再版

《中国历代官制词典》 徐连达主编，安徽教育出版社，1991年

《从长安到雅典——中外美术考古游记》 王子云著，陕西人民美术出版社，1992年；2005年岳麓书社增订再版，全三册

《陕西古建筑》 赵立瀛等著，陕西人民出版社，1992年

《汉魏南北朝墓志汇编》 赵超编，天津古籍出版社，1992年初版，2008年再版

《淳化阁帖》 赵力光编，三秦出版社，1992年

《唐代墓志汇编》（全二册） 周绍良主编、赵超副主编，上海古籍出版社，1992年。

《中国景教》 朱谦之著，东方出版社，1993年；人民出版社1998年再版

《历代书法论文选续编》 崔尔平选编点校，上海书画出版社，1993年

《陕西省博物馆藏宝录》（中国珍宝鉴赏丛书） 陕西省博物馆编，王仁波主编，上海文艺出版社、三联书店（香港）有限公司，1995年

《陕北汉代画像石》 李林、康兰英、赵力光编著，陕西人民出版社，1995年

《鸳鸯七志斋藏石》 赵力光编，三秦出版社，1995年

《陕西碑石墓志资料汇编》 西安碑林博物馆编，西北大学出版社，1995年

《中国的石刻与石窟》 徐自强、吴梦麟著，商务印书馆，1996年

《石版文章——历代碑刻琐谈》 路远、裴建平著，四川教育出版社，1996年

《中国古代石刻概论》 赵超著，文物出版社，1997年

《唐代长安词典》 西安市地方志办公室编，张永禄主编，陕西人民出版社，1990 第一版，2011 年第二版

《明清西安词典》 西安市地方志办公室编，张永禄主编，陕西人民出版社，1999 第一版，2012 年第二版

《民国西安词典》 西安市地方志办公室编，张永禄主编，陕西人民出版社， 2012 年

《汉唐美术考古与佛教艺术》 杨泓著，科学出版社，2000 年

《陕西古代佛教美术》 李凇著，陕西人民教育出版社，2000 年

《唐代墓志汇编续集》 周绍良、赵超编，上海古籍出版社，2001 年

《善本碑帖论集》 施安昌著，紫禁城出版社，2002 年

《中国书法史·先秦、秦代卷》 丛文俊著，江苏教育出版社，2002 年

《中国书法史·两汉卷》 华人德著，江苏教育出版社，1999 年

《中国书法史·魏晋南北朝卷》 刘涛著，江苏教育出版社，2002 年

《中国书法史·隋唐五代卷》 朱关田著，江苏教育出版社，1999 年

《中国书法史·宋辽金卷》 曹宝麟著，江苏教育出版社，1999 年

《中国书法史·元明卷》 黄惇著，江苏教育出版社，2001 年

《中国书法史·清代卷》 刘恒著，江苏教育出版社，1999 年

《古都沧桑》（陕西文物古迹旧影） 西安碑林博物馆编，赵力光主编，陈财经、李举纲、张岩撰文，三秦出版社，2002 年

《唐代景教再研究》（唐研究基金会丛书之一） 林悟殊著，中国社会科学出版社，2003 年

《中古三夷教辩证》 林悟殊著，中华书局，2005 年

《古代石刻通论》 徐自强、吴梦麟著，紫禁城出版社，2003 年

《古代墓志通论》 赵超著，紫禁城出版社，2003 年

《金代科举》 薛瑞兆著，中国社会科学出版社，2004 年

《西安碑林博物馆藏碑刻总目提要》 陈忠凯、王其祎、李举纲、岳绍辉编著，线装书局，2006 年

《探寻碑林名碑》 罗宏才著，三秦出版社，2006 年

《西安碑林博物馆新藏墓志汇编》 西安碑林博物馆编，赵力光主编，线装书局，2007 年

《隋代墓志铭汇考》（全六册） 王其祎、周晓薇著，线装书局，2007 年

《陕西佛教艺术》 李凇著，文物出版社，2008 年

《新中国出土墓志·陕西卷贰（上下）》 中国文物研究所、陕西省古籍整理办公室编，文物出版社，2003 年

《景教遗珍——洛阳新出唐代景教经幢研究》 葛承雍主编，文物出版社，2009 年

《景教与〈景教碑〉》 路远著，西安出版社，2009 年

《碑林语石——西安碑林藏石研究》 路远著，三秦出版社，2010 年

《长安佛韵——西安碑林佛教造像艺术》 西安碑林博物馆编，赵力光主编，三秦出版社，2010 年

《片石千秋——隋代墓志铭与隋代历史文化》 周晓薇、王其祎著，科学出版社，2014 年

《陕西考古会史》 罗宏才著，陕西师范大学出版社，2014 年

《陕西博物馆百年史》 张礼智著，三秦出版社，2014 年

后　记

十九年前，当我脱下军装，踏进西安碑林大门时，并没有想到，有一天我会正经八百地研究起碑林史来。坦白地讲，在很长一段时间里，我对这一通通冰冷的石碑几乎视而不见。那时还算年轻吧，尚未“而立”，总觉得一切还在未来，等待着自己的，应该是一方要比碑林更宽广的天地。而碑林对于我，不过是人生旅途中的一个驿站,是经过十年漂泊之后急于想要停靠的一片陆地。

碑林接纳了我。但不是作为驿站，很可能是作为归宿，因为我至今未能搭乘上下一班驿车。也就是说，在我能为社会工作的已很有限的时间里，要与碑林为伴了。这一点，是我最近几年才真切地意识到的。这大概是命运的安排。好在碑林这片“陆地”是坚实的和底蕴深厚的，在它积淀了近千年的土壤上，只要你有心开辟一片园地，洒下劳作的汗水，就一定会得到回报。而我，正如一个愚拙的农夫，在自己开出的园子里默默地埋头耕作，于是便有了收获，便有了这本《西安碑林史》。

我知道，这收获算不上丰厚，与大学者的大学问相比，它可能微不足道。然而对我来说，收获什么，收获多少，其实并不是最重要的，对我来说最重要的我已经得到了：就在这埋头耕作之中，在朝着既定目标的努力之中，我在精神上得到了一种支撑和充实。有了这支撑和充实，当我面对这纷纷攘攘、急剧变化的社会时，就能够多几分从容和自信；而对一时间的红尘滚滚、物欲横流，就能在心灵中多保留一点清洁和清静；面对似乎是要吞没一切的金钱和权势，就能多一些傲骨和尊严；对待被时人追逐着的名利、地位，就能有一个澹然平和的心态。碑林给予我的，已远远超出我的付出，所以我对碑林怀着深深的感激，并把这本书献给它。

本书有幸由北京图书馆馆长任继愈先生题写书名，由陕西师范大学教授史念海先生撰写序言。两位德高望重的学界老前辈对本书如此厚爱，是出于他们对西安碑林及其研究的关怀，是对我等后学的鼓励和鞭策。我惟有日后加倍努力，在祖国文化遗产的整理研究中多做贡献、多出成果，以回报老前辈的殷切期望。

本书的出版，受到西安碑林博物馆成建正等诸位馆领导，西安出版社毛健民、王莹等诸位社领导的重视和支持，特别是王莹同志为本书的题名和顺利出版付出了不少心血。与那些因经费无着而无法出版的学术著作相比，我不能不为《西安碑林史》感到庆幸，并对有关领导的支持表示衷心感谢。本书责任编辑李宗保先生曾对书稿提出许多宝贵意见，为保证出书质量做了大量工作，在此也向他表示由衷的谢意。

本书的完成，离不开诸多同人和朋友的帮助。书中插页的外景照和文中插图照片，由路新安拍摄，线图由刘东平摹绘。张虹冰、李秀兰、裴建平等同志协助提供拓本资料，董玉芬、黄晓芸等同志协助借阅图书资料，陈财经、张虹等同志协助查阅我馆所藏碑林旧档。查阅陕西省档案馆所藏碑林旧档时，该馆保利二处车增亮、张保卫等同志曾提供方便和帮助。另外，在本书写作和出版过程中，吴梓林、芦桂兰、张伯龄等本馆前辈，马骥、王其祎、罗宏才、马咏钟、陈忠凯、陈根远、张岩等诸位同事，曾给了我热情鼓励和具体帮助。在本书付梓之际，谨向以上各位以及西安出版社、安康印刷厂的有关同志鞠躬致谢！

路　远

1998 年 4 月于西安碑林

修订版后记

史念海先生在为《西安碑林史》初版撰写的序言中，有这么一句话："这部专著毕竟是作者第一部西安碑林史，自有待来日进一步修改和充实。"迄今已过了整整20年，先生也已驾鹤仙去，可这句话我却时时记起，不敢有忘。我心里明白，先生在肯定本书的选题和作者的努力的同时，也在委婉地指出：此书还需进一步修改和充实。先生这是在鞭策我，鼓励我。正是在此鞭策之下，这些年来，我一直继续搜集碑林史的资料，一直在为修改和充实这本书做准备。

临近退休时，规划自己退休后要做的事情，第一件就是重新修订《西安碑林史》。只是后来情况有变化，在将退而未退的2009年，应吴晓丛先生之邀，参与了《陕西省志·文物志》的编纂，而当这部厚厚三册的大书终于出版时，已经7年过去。作为一个在博物馆工作了30余年的普通文博工作者，能将余热贡献给这一惠及后人的文化工程，与诸同仁甘苦与共，亦为幸事。所以，从2016年下半年开始，我才专心致志地投入到《西安碑林史》的修订中。

此次修订，全书的基本框架没有变，笔者下工夫修改和完善的，是各章节的文字及表格，述及具体的事件和人物，则对与其相关的史料做了补充。书中不管是直接引用的引文，还是引用前人观点，均加有注释，且以脚注形式替代原版的尾注，以符合当下的学术规范。与原版相比，新版增加了大量插图，尤其是不同历史时期入藏碑林的重要碑刻，除了文字介绍，大都配有图，以使读者能有更直观更感性的认识。此外，新版增加了附录三"西安碑林史人物志"，收入83篇人物小传，以纪念自唐末第一次迁置唐石经以来千余年间，为碑林的形成、延续和发展做出过贡献的历代前贤。

《西安碑林史》初版面世后，西安出版社曾以此书参加国家图书奖的评选，约请专家撰写书评和推荐书。所约请者，均为著名的学界前辈和卓有成就的学者。虽然此书未能获奖，可是能够得到诸位先生的肯定和好评，却更为珍贵。当我最初读到这些文字时，感到更多的是不安和惶恐。自己当然清楚，相对于碑林的千年历史，我的研究还很肤浅，所形成的文字还很粗糙，配不上他们的褒奖。先生们所看重的，是西安碑林这笔历史文化遗产的独一无二的地位，是碑林确实需要有一部史。这种不安伴随我多年，也成了我在碑林史的研究上继续努力并重新修订此书的动力。此次再版，谨将诸位先生的书评和推荐书收录书中，借此对已经仙逝的史念海先生、黄永年先生表示深切怀念，对曾关心碑林、关心此书的石兴邦先生、周伟洲先生、朱绍侯先生、宋镇豪先生、辛德勇先生，表示衷心感谢。

20 年后《西安碑林史》修订再版，又蒙张岂之先生慨允，为修订版作序。先生是研究中国古代思想史、哲学史的大家，曾任西北大学校长，是我等后学晚辈所景仰的学界前辈，先生能拨冗为拙著作序，实乃拙著之幸，笔者之幸。

在《西安碑林史》修订本完稿付梓之际，我还要特别感谢的，是西安出版社，是该社屈炳耀社长，是这本书的责任编辑、该社编审李宗保先生。整整 20 年前，我捧着一摞书稿，一家一家跑出版社。那时候，各单位的经费都紧张，对这种不会产生经济效益的学术书，能够提供的资助很有限。当年工资也很低，个人自费出书更是无从谈起。幸亏朋友介绍认识了李宗保先生，经他推荐，当时的西安出版社诸位领导着眼于社会效益，对拙著网开一面，承担了大部分出版经费，此书才得以问世。而这次修订再版，又是已成挚友的李宗保先生，不断鼓励我帮助我，又是西安出版社承担了经费，作为只知埋头书案的作者，夫复何言，唯有感激！

书稿交出去了，多年的心愿就要实现，心里感到了轻松。虽然经过反复修改，但毕竟水平有限，学养不足，书中依旧会有错误，有疏漏，在此谨向读者致歉，并请方家指教。我只能说，在自己学力所及的范围内，我努力了，尽力了。对我而言，恐怕再无机会修改，此事就此放下。想必日后还会有对碑林历史感兴趣的研究者，尽可在此基础之上继续努力，挖掘更多的史料，提出新的观点，取得新的成果。

路　远

2018 年 12 月于西安朱雀门外家中

图书在版编目（CIP）数据

西安碑林史（修订版）/ 路远著. —西安：西安出版社，2018.12
ISBN 978-7-5541-3073-5

Ⅰ. ①西… Ⅱ. ①路… Ⅲ. ①碑林—历史—研究—西安 Ⅳ. ①K877.424

中国版本图书馆 CIP 数据核字(2018)第 087053 号

西安碑林史（修订版）

著　　者：路远
出版发行：西安出版社
社　　址：西安市长安北路 56 号
电　　话：（029）85253740
邮政编码：710061
网　　址：www.xacbs.com
印　　刷：陕西博文印务有限责任公司
开　　本：787mm×1092 mm　1/16
印　　张：44
字　　数：676 千
版　　次：2018 年 12 月第 1 版
2019 年 1 月第 1 次印刷
书　　号：ISBN 978-7-5541-3073-5
定　　价：168.00 元